Politik

entdecken

Band 2

Politik und Wirtschaft

Hessen

D1723965

mit Beiträgen von

Dr. Thomas Berger-v. d. Heide
Prof. Dr. Wilhelm Bernert
Claudia Bernert (MA)
Peter Brokemper
Nadine Di Pardo
Christian M. Ernst
Bernd Gerken
Mechthild Freifrau von Gillhaußen
Karl-Heinz Holstein
Dr. Elisabeth Köster
Christel Löscher
Prof. Dr. Udo Margedant
Uta Möhlenkamp
Bärbel Oelmann
Susanne Patzelt
Dr. Michael Piazolo
Tanja Rüchardt
Ellen Rudyk
Dr. Gabriele Schreder
Lothar Schwandt
Ellen Wilms
Thomas Zimmermann
Reinhard Zinner

in Zusammenarbeit
mit der Verlagsredaktion

Redaktion Jürgen Grabowski

Bildassistenz Dagmar Schmidt

Umschlaggestaltung Klein & Halm Grafikdesign, Berlin

Layout Buchgestaltung+, Berlin

Technische Umsetzung Klein & Halm Grafikdesign, Berlin

www.cornelsen.de

Die Links zu externen Webseiten Dritter, die in diesem Lehrwerk angegeben sind, wurden vor Drucklegung sorgfältig auf ihre Aktualität geprüft. Der Verlag übernimmt keine Gewähr für die Aktualität und den Inhalt dieser Seiten oder solcher, die mit ihnen verlinkt sind.

1. Auflage, 1. Druck 2012

Alle Drucke dieser Auflage sind inhaltlich unverändert und können im Unterricht nebeneinander verwendet werden.

Druck Stürtz GmbH, Würzburg

ISBN 978-3-06-064179-6

 Inhalt gedruckt auf säurefreiem Papier aus nachhaltiger Forstwirtschaft.

Inhalt

11 Friedens- und Zukunftssicherung in der einen Welt 288

Anhang

Liebe Schülerin, lieber Schüler,

bevor du dich beim Durchblättern und Bearbeiten der ersten Kapitel daran machst, zu entdecken, was Demokratie bedeutet, soll dir diese Doppelseite einen Einstieg zur Arbeit mit dem Buch geben.

Methode

Hier geht es nicht so sehr um Inhalte und Sachwissen, sondern um die Methoden des Faches Politik. An einem Beispiel lernst du kennen, wie das Wissen für dieses Fach zustande kommt. Das können Umfragen, Erkundungen und andere Methoden sein. Hier bekommst du Hilfestellungen, sodass du die Methoden auch praktisch anwenden kannst.

Auftakt

Die blauen Auftaktseiten markieren jeweils den Beginn eines Kapitels. Auf diesen Seiten findest du erste Anregungen, dich mit einem Thema zu beschäftigen. Unter dem Button „Am Ende dieses Kapitels kannst du" findest du einen Überblick über die Kompetenzen, die du auf den Folgeseiten erwerben kannst.

KOMPETENZ-Trainer

In jedem der 11 Kapitel kannst du dein Wissen und deine Kompetenzen in unterschiedlichen Themengebieten erweitern und vertiefen. Am Ende jedes Kapitels kannst du deine neu erworbenen Kompetenzen überprüfen und trainieren.

Anhang

Innerhalb der Kapitel dieses Buches wirst du immer wieder auf die unten aufgeführten Symbole stoßen. Wie ein Link im Internet sollen sie dich auf Seiten im Anhang dieses Buches führen. Dabei unterscheiden wir drei Anhangteile:

📖 Lexikon, 🔧 Arbeitstechniken, und 🗣️ Arbeitsformen.

In den entsprechen Anhangteilen findest du jeweils alphabetisch sortiert nähere Angaben zu den gekennzeichneten Begriffen.

Themenseite

Die Themenseiten beleuchten jeweils einen zentralen Aspekt innerhalb des Kapitels.
Einleitungstexte geben dir eine kurze Einführung in das Thema. Anschließend kannst du alleine oder in Gruppen das Thema mithilfe der Materialien und Arbeitsaufträge selbstständig erschließen.

Die Webcodes weisen dich auf Internetseiten hin, auf denen du aktuelle und weitere interessante Informationen findest. Gib den Webcode auf der Internetseite www.cornelsen.de im Fenster oben rechts ein und klicke auf den Pfeil rechts.

Suche	Webcode	Login

PE641796-158 ➤

1 Alle Menschen haben Rechte

C =
J =
A =
B =
D =
K =
I =
E =
O =
Q =

Am Ende dieses Kapitels kannst du

- erklären, was Grundrechte sind und ihre Bedeutung an Beispielen aufzeigen.
- darüber berichten, wie es um die Menschenrechte weltweit steht. Außerdem kannst du Institutionen nennen, die sich um die Einhaltung der Menschenrechte kümmern.
- strukturiert die Grundzüge unseres Rechtssystems erklären.
- die rechtliche Sonderstellung von Jugendlichen beschreiben. Außerdem kannst du unterschiedliche Maßnahmen als Sanktion benennen und begründet beurteilen.

M =

F =

P =

H =

L =

G =

N =

1. Recht auf Nahrung
2. Recht auf Gleichberechtigung von Mann und Frau
3. Recht auf gesunde Umwelt
4. Recht auf Frieden
5. Recht auf Liebe
6. Recht auf Anerkennung
7. Recht auf Freiheit
8. Recht auf Wahlen
9. Recht auf medizinische Betreuung
10. Recht auf Demonstrationsfreiheit
11. Recht auf Religionsfreiheit
12. Recht auf Arbeit
13. Recht auf Gleichheit vor Gericht
14. Recht auf Meinungsfreiheit
15. Recht auf Bildung
16. Recht auf Asyl als Flüchtling
17. Recht auf gleichen Lohn für gleiche Arbeit

1 Ordne die Rechte (Zahlen) den richtigen Abbildungen (Buchstaben) zu. Erläutere jeweils kurz.

2 Erstellt für eure Klasse eine 🗣️ Hitliste der Rechte.

3 a Stellt mithilfe der Abbildungen auf dieser Seite (Spiel-)Karten her. Mischt die Karten gut durch und verteilt die verschiedenen Rechte untereinander.
b Nun soll jeder für das Recht, das ihm zugefallen ist, eine kleine Rede halten. Ein Gegensprecher oder eine Gegensprecherin versucht diese Argumente zu widerlegen.

4 a Informiere dich mithilfe des Lexikons zu den Begriffen 📘 Menschenrechte und 📘 Grundrechte.
b Formuliere, was Menschen- und Grundrechte miteinander verbindet und worin sie sich unterscheiden.

5 Auf den folgenden Seiten geht es um alltägliche Konflikte, in denen wichtige Grundrechte eine Rolle spielen. Bearbeitet diese Beispiele in Gruppen und stellt den Zusammenhang zum jeweiligen Grundrecht her. Welche Bedeutung hat es in diesem Konflikt? Stellt auch eure Lösungsvorschläge dar.

Die Würde des Menschen ...

Die Würde des Menschen muss geschützt werden

Die Verfasserinnen und Verfasser des Grundgesetzes haben den Staat dazu verpflichtet, die Menschenwürde zu schützen und zu achten. Sie handelten aus historischer Erfahrung: Denn sie standen unter dem Eindruck der NS-Gewaltherrschaft, die Menschenwürde und Menschenrechte zutiefst verletzt hatte, und sie erlebten aktuell die Missachtung der Menschenrechte im östlichen Teil Deutschlands. Das wollten sie für den freien Teil Deutschlands verhindern.

Demokratie live! Hg. vom Bundesministerium des Innern. Bonn, o. J., S. 4

Der Fall

Als Frau Heidenreich von ihrer Schülerin Katrin angerufen wird, kann sie das Mädchen kaum verstehen. Katrin ist aufgeregt, sie kämpft mit den Tränen. Sie bittet ihre Klassenlehrerin sofort zum Altenheim zu kommen, es gebe dort Schwierigkeiten. Katrin ist Schülerin der Klasse 9 b und macht im Altenheim St. Anna gerade ein Praktikum.

Frau Heidenreich erfährt im Altenheim von Katrin den Grund für den Hilferuf: Katrin hat am Morgen – wie schon an den Vortagen – auf der Station das Essen ausgeteilt. Eine der Pflegerinnen hatte sie dann gebeten, ihr nachher bei der Pflege einer alten Dame behilflich zu sein. Als Katrin ins Zimmer dieser Frau kam, saß sie in einem Sessel, ihre langen, schönen weißen Haare waren gelöst, sie reichten fast bis auf den Boden.

„Die Haare müssen ab, die kosten zu viel Zeit bei der morgendlichen Pflege", sagte die Pflegerin.

„Ich möchte meine langen Haare behalten, ich hab immer lange Haare gehabt, davon trenne ich mich nicht!", widersprach die alte Frau energisch.

„Blödsinn, Sie können Ihre Haare ja selbst nicht mehr pflegen, die kommen ab. Katrin, nimm ihre Hände, damit ich die Haare ungestört abschneiden kann", ordnete die Pflegerin an.

M 1 Schülerinnen und Schüler beim Rollenspiel: „Gespräch mit der Heimleitung"

„Nein, das mache ich nicht!", rief Katrin spontan.

„Wenn du das nicht kannst, dann bist du hier fehl am Platz. Dann solltest du dich um einen anderen Praktikumsplatz bemühen", warf die Pflegerin Katrin vor. Weinend hatte Katrin darauf das Zimmer verlassen und ihre Klassenlehrerin angerufen. „Ich habe mir dabei vorgestellt, das wäre meine Oma", nannte sie als Grund für ihre Weigerung.

Katrin und ihre Lehrerin lassen die Angelegenheit nicht auf sich beruhen.

1 Diskutiert, ob hier die Würde der alten Frau verletzt wurde (siehe Artikel 1 und 2 GG).

2 Nehmt Stellung zu Katrins Entscheidung, „Nein" zu sagen.

3 Stellt euch vor, Katrin hätte euch angerufen. Wie könntet ihr helfen?

4 Legt fest, welches Ziel Katrin und ihre Lehrerin erreichen wollen. Welchen Weg sollen sie dazu einschlagen?

5 Spielt im Rollenspiel verschiedene Stationen des Falles durch.

Jeder hat das Recht ...

M 1 Body Piercing und Tattoos

Artikel 2 GG

Jeder hat das Recht auf die freie Entfaltung seiner Persönlichkeit, soweit er nicht die Rechte anderer verletzt und nicht gegen die verfassungsmäßige Ordnung oder das Sittengesetz verstößt.

Webcode:
PE641796-011

Der Fall

Die Anordnung von Herrn Kreuzer ist klar und unmissverständlich: „Wenn du, Daniel, so zur Klassenfahrt erscheinst, wie du jetzt vor mir sitzt, dann nehme ich dich nicht mit nach Berlin." Nun wäre es einfach, wenn Daniel nicht mitfahren möchte. Aber er hat sich, wie alle anderen in der 10 a, schon monatelang auf diese Fahrt gefreut. Es sollte die Abschlussfahrt der Klasse sein, das versprach richtig Stimmung.

Was ist denn Besonderes an Daniel, dass er nicht mitfahren soll? Wenn man es kurz ausdrücken will, dann kann man sagen: alles. Farbe und Schnitt seiner Haare, die Tätowierungen, Piercingringe, seine Kleidung, seine Schuhe. Alles war nach Ansicht des Lehrers nicht dazu geeignet, Museum und Theater zu besuchen. Das aber gehörte zum Pflichtprogramm der Klassenfahrt. Keine Chance also für Daniel? Die Eltern standen voll hinter der Entscheidung des Lehrers: Sie hatten Daniel schon zur Hochzeit seiner Cousine nicht mitgenommen, aber das hatte er ganz gut verkraftet.

M 2 Freiheit nur für Deutsche?

In der sächsischen Kleinstadt Wurzen versuchen Rechtsradikale Gebiete zu Sperrzonen für Andersdenkende und Ausländer zu machen: die S-Bahn, die Diskothek, die Straßen um den Jugendtreff Schweizergarten. Die 135 Ausländer, die noch in Wurzen leben, meiden diese Orte nach Einbruch der Dämmerung. Und auch für Jugendliche, die lange Haare haben, sind diese Zonen „no-go-areas".

DIE ZEIT, Nr. 27, 1. 7. 1999

M 3 *Zeichnung: F. Behrendt, www.c5.net*

1 Analysiert die Anordnung des Lehrers mit Bezug auf Artikel 2 des Grundgesetzes.

2 Nennt Möglichkeiten, die sich für Daniel innerhalb der Schule bieten, seine Berlinfahrt durchzusetzen.

3 Welche Wege sollte Daniel eurer Meinung nach beschreiten, wenn er innerhalb der Schule keinen Erfolg hat?

4 Betrachtet das Bild M 1 oben. Stellt euch vor, eine der abgebildeten Personen käme als neuer Mitschüler in eure Klasse. Welches Verhalten würdet ihr von ihm erwarten, wie würdet ihr euch ihm gegenüber verhalten?

5 Kommentiere die in M 2 geschilderten Vorgänge. Beziehe dich dabei auf die Artikel 1 und 2 des Grundgesetzes.

„Da bewerb' ich mich trotzdem"

Landhaus-Brennerei Büggel

Wir bieten für sofort oder nach Vereinbarung eine

Ausbildungsstelle als Koch

Eine anschließende Übernahme als Jungkoch ist vorgesehen. Kreative und motivierte junge Männer erhalten bei uns schon während der Ausbildung eine überdurchschnittliche Bezahlung. Wir bieten Ihnen eine interessante und abwechslungsreiche Aufgabe in einem jungen Team.
Senden Sie uns bitte Ihre Bewerbungsunterlagen oder rufen Sie uns einfach an.

Ihr Team von der **Landhaus-Brennerei Büggel**

M 1 Zeitungsanzeige

M 2 Koch – ein Männerberuf?

Der Fall

„Hier, lesen Sie sich die Anzeige mal durch, ist das nicht ungerecht?" Sonja ist so empört, dass sie sogar vergisst ihrem Lehrer Herrn Schmiechen einen guten Morgen zu wünschen. Die Ursache ihrer Empörung hält sie in der Hand: eine Stellenanzeige, die sie aus der Tageszeitung geschnitten hat. „Aber eins ist sicher, da bewerb' ich mich trotzdem!" „Da kannst du dich mit Recht aufregen", sagt Herr Schmiechen, nachdem er die Anzeige gelesen hat, „zumal du so gern Köchin werden möchtest."

1 Lest die Anzeige M 1 und sucht die Textstellen, über die Sonja sich so geärgert hat.

2 Nennt die Formulierungen aus M 1, die gegen Artikel 3 des Grundgesetzes verstoßen.

3 Sonja hat sich trotzdem beworben, doch das Restaurant hat Sonjas Bewerbung abgelehnt mit der Begründung, es gehe ja aus der Anzeige klar hervor, dass sie sich nicht zu bewerben brauche. Was kann Sonja nun unternehmen?

4 Schreibt die Anzeige so um, dass sie Frauen nicht benachteiligt.

5 a Wertet die ✂ Karikatur M 3 aus.
  b Diskutiert in der Klasse die Frage, ob es Männer- und Frauenberufe gibt.

M 3 Frauen- oder Männerarbeit?

Grundrechte sind kostbar:
„Dafür gehe ich auf die Straße!"

Der Fall

Die Astrid-Lindgren-Grundschule liegt an zwei stark befahrenen Straßen. Zwar ist sie durch Hinweisschilder „Vorsicht, Schule!" und Tempo 30 gut ins Bewusstsein der Autofahrer gerückt, aber viele von ihnen scheinen ein kurzes Gedächtnis zu haben. Mit kaum verminderter Geschwindigkeit preschen sie an der Schule vorbei nach dem Motto: „Es wird schon keiner kommen!".

In Zusammenarbeit mit dem benachbarten Gymnasium haben Eltern, Schüler und Lehrer ein umfangreiches Programm entworfen, um mehr Sicherheit zu erreichen.

Hier ein Auszug:

- Durchführung von Geschwindigkeitsmessungen durch die Polizei unter Beteiligung von Eltern und Schülern;
- Sichern der Fußgängerüberwege durch Schülerlotsen, Spannen von Transparenten und Aufstellen von Zusatzschildern, die von Kindern gemalt werden, Bemalen der Asphaltdecke mit bunten Kinderbildern usw. …

Einige Tage nach Schulbeginn kam es erneut zu einem schweren Unfall: Ein Grundschüler war beim Verlassen des Busses von einem zu schnell fahrenden Auto erfasst und schwer verletzt worden.

„Jetzt reicht es uns, nun gehen wir für mehr Sicherheit auf die Straße!"

Dieser Satz, den der SV-Sprecher noch unter dem Eindruck des Unfallgeschehens gesagt hatte, fand an beiden Schulen großen Anklang. Bereits in der nächsten Stunde wurden Schüler und Lehrer aktiv, unterstützt durch Eltern und Nachbarn der Schule.

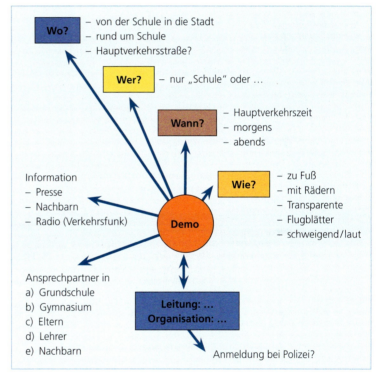

M 2 **Aktionsprogramm**

M 1 **Das Demonstrationsrecht – ein Grundrecht**

1 Begründet, warum Schüler, Lehrer und Eltern der Schulen auf die Straße gehen. Was sagt das über die Demonstration als politische Aktion aus?

2 Versetzt euch in die Lage der Schülerinnen und Schüler des Gymnasiums, das mit der Astrid-Lindgren-Schule zusammenarbeitet. Plant die Demonstration (s. M 2). Legt vor allem die Inhalte der Transparente und Flugblätter fest.

3 Berichtet von Demonstrationen in eurer näheren Umgebung (Anlass, demonstrierende Gruppen, Ergebnis) (s. auch M 1).

„Der Brief gehört mir"

Der Fall

Kurz vor Ende der Deutschstunde segelt ein Zettel durch die Klasse 8 a. Der Absender hofft, seine „Luftpost" komme unbemerkt von der Lehrerin an, die gerade die Hausaufgabe an die Tafel schreibt. Doch noch ehe Schülerinnen und Schüler reagieren können, setzt Frau Poschmann den Fuß auf den Zettel und nimmt ihn an sich. „Oh, das ist aber schön, eine Mitteilung für mich", wendet sie sich der Klasse zu. „Der ist nicht für Sie, ganz bestimmt nicht, ehrlich!", klingt es aus der Klasse zurück. Vanessa ist aufgestanden, sie ist rot im Gesicht, den Tränen nahe. „Vorlesen, vorlesen!", besonders die Jungen machen sich einen Spaß daraus, Vanessa noch mehr zu ärgern. Als Frau Poschmann den Zettel, den sie aufs Pult gelegt hat, wieder in die Hand nimmt, ruft Vanessa: „Das dürfen Sie nicht!"

M 2 Computer-Control, Bild der Stuttgarter Künstlerin Angela Gerry

M 3 Gläsern im Internet?

Das Internet mit seinen Abermillionen Anwenderinnen und Anwendern ist schwer zu überblicken und noch schwerer zu überwachen. Und dennoch kennt es keine Geheimnisse. Zumindest fast keine. Denn wer elektronische Post sendet und empfängt, der muss immer damit rechnen, dass er Mitleserinnen oder Mitleser hat.

Ein elektronischer Brief passiert vom Absender bis zum Empfänger einen oder mehrere Computer, die über Telefon-Standleitungen verbunden sind. In den Leitungen und auf diesen Computern können technisch versierte Angreifer mittels kleiner Programme E-Mails herausfischen und lesen. Dagegen können sich die Nutzer mithilfe von Verschlüsselungsprogrammen schützen. Der Absender codiert seine Nachricht. Lesen kann sie nur der ordnungsgemäße Empfänger, vorausgesetzt, er verfügt über den notwendigen „Schlüssel", (…) mit dem der Text wieder lesbar gemacht wird. Bei sieben von acht getesteten Programmen war es möglich, die Verschlüsselung zu knacken und an die geschützten Daten zu gelangen. Damit ist eine E-Mail nicht besser vor den Augen Unbefugter geschützt als zum Beispiel eine Postkarte.

Demokratie live! Hg. vom Bundesministerium des Innern. Bonn, o. J., S. 27

Sie (die Lehrer) dürfen weder selbst grundrechtsverletzende Handlungen vornehmen noch solche dulden. Deshalb darf der Lehrer auch nicht dazu beitragen, dass das Persönlichkeitsrecht eines Schülers dadurch verletzt wird, dass gegen einen einzelnen Schüler gerichtete ehrverletzende Äußerungen verbreitet werden. Diese Amtspflicht dient dem Schutz der Grundrechte der Schüler, da sie sich während der Schulzeit in der Obhut der Schule befinden. Sie besteht also gerade den Schülern gegenüber.

Aus einem Urteil des pfälzischen Oberlandesgerichts Zweibrücken, Az 701150/93, v. 6.5.1997, in: http://www.ra-kotz.de/lehrer.htm (Zugriff: 31.1.2012)

M 1 Aus einem Urteil

1 Diskutiert,
   a ob während der Stunde geschriebene Zettel auch unter das Briefgeheimnis fallen,
   b ob es rechtens ist, wenn Frau Poschmann den Brief vorliest. Berücksichtigt dabei Artikel 10 GG und M 1.

2 Überlegt, warum das Grundgesetz die in Artikel 10 erwähnten Nachrichtenformen unter besonderen Schutz stellt.

3 Vergleicht die Beschränkungen des Briefgeheimnisses (Art. 10 Abs. 22 GG) mit M 3. Besprecht, ob Art. 10 ergänzt werden muss.

Grundrechte von Ausländern

M 1 Abgeholt im Morgengrauen

Seit acht Jahren lebt Liana Grigorjan mit ihrer Familie in Hamburg, erst vor zwei Wochen hatte die Behörde die Duldung der Grigorjans verlängert. Jetzt haben die Beamten aber einen Bescheid mitgebracht, der diese Duldung mit sofortiger Wirkung außer Kraft setzt. (…) Die Polizisten bringen nur den Vater Ruben Grigorjan, Liana und ihren zehnjährigen Bruder Grischo zum Flughafen. Lianas kleinste Schwester, die vierjährige Sona, und die Mutter müssen in Deutschland zurückbleiben. Eine kaum nachvollziehbare Entscheidung und zudem ein klarer Verstoß gegen das deutsche Grundgesetz, das es verbietet, Familien langfristig und für eine unbestimmte Zeit zu trennen. (…)

Grund für die Flucht war damals ein tödlicher Autounfall, in den der Vater verwickelt war. Die Familie des Opfers bedroht seitdem die Grigorjans mit dem Tod. Deshalb flohen die Eltern zunächst nach Russland und sechs Jahre später in die Bundesrepublik.

In den vergangenen acht Jahren haben sich die Kinder in Deutschland gut eingelebt: Liana wurde 2007 sogar zur Klassensprecherin ihrer siebten Klasse gewählt. (…)

Es ist selten, dass geduldete Personen nach so langer Zeit noch aus Deutschland ausgewiesen werden. Meist erhalten sie, sofern sie eine Arbeit finden konnten, nach sechs Jahren sogar ein dauerhaftes Bleiberecht. Im Falle der Grigorjans verweigerten die Beamten aber diesen Schritt. Sie werfen der Familie vor, unter falschen Namen eingereist zu sein. Außerdem soll Ruben Grigorjan straffällig geworden sein.

Christian Maier: Abgeholt im Morgengrauen, Die Zeit Nr. 30/2008, in: http://zuender.zeit.de (Zugriff: 2.11.2011)

M 2 Schüler der Heinrich-Hertz-Schule demonstrieren gegen die Abschiebung ihrer Mitschülerin, 12.6.08

Mitschüler gehen auf die Straße
Unterwegs wurden Flugblätter verteilt, Transparente gezeigt und immer wieder „Liana und Grischo müssen zurück!" gerufen. Der beeindruckende Demonstrationszug am 04.06. zog gemeinsam mit der GEW, dem Flüchtlingsrat Hamburg, Freunden der Familie und SchülerInnen umliegender Schulen zur neuen Schulsenatorin. (…) Eine Delegation von SchülerInnen bat in einem Gespräch (…) um Unterstützung und Hilfe für das Geschwisterpaar. Es wurde ein Brief von Liana übergeben, indem sie darum bittet, wieder nach Hamburg und in ihre Klasse zurückkehren zu dürfen. (…) Am 12.06.08 fand eine Demonstration vor der Ausländerbehörde statt. (…)

M 3 Protest *(www.hh.schule.de/hhs/, 24.2.09)*

Artikel 16a GG
(1) Politisch Verfolgte genießen Asylrecht.
(2) Auf Absatz 1 kann sich nicht berufen, wer aus einem Mitgliedsstaat der Europäischen Gemeinschaft oder aus einem Drittstaat einreist, in dem die Anwendung des Abkommens über die Rechtsstellung der Flüchtlinge und der Konvention zum Schutze der Menschenrechte und Grundfreiheiten sichergestellt ist.

1 a Klärt, worum es in diesem Fall geht.
  b „Liana soll in Deutschland bleiben!" Zeigt anhand von M 2 und M 3, wie die Mitschüler von Liana vorgehen.
  c Nennt weitere Möglichkeiten.
  d Informiert euch unter der angegebenen Internetadresse (M 3) über den Ausgang des Falls.

2 Angenommen, ein ähnlicher Fall würde sich an eurer Schule abspielen. Wie würdet ihr vorgehen?
  – Wer ist euer Ansprechpartner innerhalb der Schule?
  – An wen müsst ihr euch beim Ausländeramt wenden?
  – Wo findet ihr sonst noch Ansprechpartner? (Politiker, Sportvereine)

3 Entscheidet, ob und in welcher Form ihr an eine größere Öffentlichkeit gehen würdet.

4 Überlegt, warum das Grundgesetz der Bundesrepublik Deutschland ein Asylrecht für Menschen garantiert, die politisch verfolgt werden.

Projekt: Menschenrechte – weltweit?

Jeder fünften Frau wird Gewalt angetan
Amnesty International stellt Bericht über Folter vor/ „Menschenwürde missachtet"

Frauenhandel hat in Europa Konjunktur
Zur Prostitution gezwungene Albanerinnen berichten dem Europarat von Versteigerungen und Folter durch Zuhälter

Tausende Kinder in Nahost und Nordafrika als Soldaten missbraucht

„Die nehmen uns ohne Grund Sohn und Enkel"
Mutter in Deutschland, Bruder in Deutschland, Arbeitsplatz in Deutschland – aber Ivica B. darf nicht hier bleiben

Syrien soll Tötungsquote vorgeschrieben haben
Human Rights Watch erhebt schwere Vorwürfe gegen das Regime in Syrien: Die Regierung soll von Scharfschützen eine bestimmte Abschussquote an Demonstranten gefordert haben.

M 1 Schlagzeilen zu Menschenrechtsfällen gibt es fast täglich

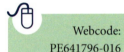

Webcode:
PE641796-016

Menschenrechte durchsetzen

Am 10. Dezember 1948 verkündete die UN-Generalversammlung die „Allgemeine Erklärung der Menschenrechte". Heute ist die Einhaltung der Menschenrechte ein wichtiger Maßstab der internationalen Politik. Ungeachtet dessen wird in vielen Staaten der Erde gegen Menschenrechte verstoßen. Durch die Schaffung des Internationalen Strafgerichtshofs mit Sitz in Den Haag können schlimmste Verbrechen wie Völkermord, Verbrechen gegen die Menschlichkeit und Kriegsverbrechen strafrechtlich verfolgt werden. Bisher arbeiten 106 Staaten mit. Staaten wie die Volksrepublik China, Iran, Kuba, Nordkorea, Pakistan, Russland, Syrien, Saudi-Arabien, die Türkei und die USA beteiligen sich jedoch nicht. In besonders schweren Fällen kann der UN-Sicherheitsrat die Verletzung der Menschenrechte zur „Gefahr für den Weltfrieden" erklären und damit einen militärischen Einsatz rechtfertigen. Dies geschah erstmals angesichts der Hungerkatastrophe in Somalia 1992, die v. a. wegen eines Bürgerkriegs entstanden war. Auf europäischer Ebene wacht der Europäische Gerichtshof für Menschenrechte über die Einhaltung der Europäischen Menschenrechtskonvention, die 1950 verabschiedet wurde. 47 europäische Staaten beteiligen sich daran.

Es gibt zudem eine ganze Reihe von nicht staatlichen Institutionen wie z. B. Amnesty International oder Brot für die Welt, die sich für die Einhaltung der Menschenrechte einsetzen.

1 Erstelle eine Tabelle zu M 2 (siehe Text auf S. 17).

	Kategorie	Länder
1		
2		
3		

2 Verfolgt über einen festgelegten Zeitraum Meldungen über Menschenrechtsverletzungen in den Medien. Die in der Charta der Vereinten Nationen festgelegten Menschenrechte findest du im Internet.

3 Dokumentiert Menschenrechtsverletzungen auf einer Weltkarte im Klassenzimmer.

4 Informiert euch über die Arbeit nicht staatlicher Menschenrechtsorganisationen. Gestaltet dazu Plakate und zeigt auch Möglichkeiten der Mitarbeit auf.

M 2 Aus dem Amnesty-Jahresbericht 2011

Amnesty International setzt sich seit 50 Jahren weltweit für die Wahrung der Menschenrechte ein – so auch für das Recht auf Meinungsfreiheit. Zahlreiche Staaten untergraben noch immer das Recht auf freie Meinungsäußerung. Menschen werden bestraft, weil sie den Staat oder die Regierung kritisieren. 2010 recherchierte und dokumentierte Amnesty International Menschenrechtsverletzungen in 157 Ländern und Regionen weltweit.

Seit 1977 setzt sich Amnesty International gegen die Todesstrafe ein und wird auch weiterhin dafür eintreten, dass sämtliche Staaten diese grausame, unmenschliche und erniedrigende Strafe abschaffen. Auf Druck von Amnesty International verabschiedeten die Vereinten Nationen 1984 das Übereinkommen gegen Folter, das bis heute von 147 Ländern ratifiziert wurde. Dennoch wird nach wie vor in vielen Ländern gefoltert.

- In 89 Staaten wird das Recht auf freie Meinungsäußerung auf rechtswidrige Weise eingeschränkt.
- In 48 Staaten sind Menschen allein aufgrund ihrer Überzeugungen inhaftiert.
- In 98 Staaten kommen Folter und andere Formen der Misshandlung vor.
- In 54 Ländern gibt es unfaire Gerichtsverfahren.
- Fast zwei Dritteln aller Menschen wird der Zugang zu fairen Gerichtsverfahren verweigert
- Aber: In 96 Ländern ist mittlerweile die Todesstrafe abgeschafft.

Nach: Amnesty-Jahresbericht 2011: Zahlen und Fakten; http://www.amnesty.de (Zugriff: 31.1.2012)

M 3 Demonstration von Amnesty International gegen Menschenrechtsverletzungen, *Berlin, Mai 2005*

Wir leben in einem Rechtsstaat

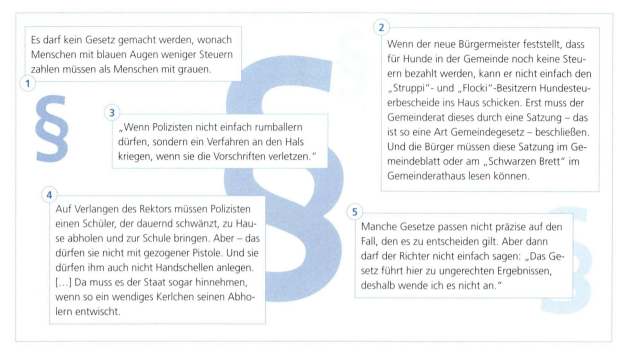

1 Es darf kein Gesetz gemacht werden, wonach Menschen mit blauen Augen weniger Steuern zahlen müssen als Menschen mit grauen.

2 Wenn der neue Bürgermeister feststellt, dass für Hunde in der Gemeinde noch keine Steuern bezahlt werden, kann er nicht einfach den „Struppi"- und „Flocki"-Besitzern Hundesteuerbescheide ins Haus schicken. Erst muss der Gemeinderat dieses durch eine Satzung – das ist so eine Art Gemeindegesetz – beschließen. Und die Bürger müssen diese Satzung im Gemeindeblatt oder am „Schwarzen Brett" im Gemeinderathaus lesen können.

3 „Wenn Polizisten nicht einfach rumballern dürfen, sondern ein Verfahren an den Hals kriegen, wenn sie die Vorschriften verletzen."

4 Auf Verlangen des Rektors müssen Polizisten einen Schüler, der dauernd schwänzt, zu Hause abholen und zur Schule bringen. Aber – das dürfen sie nicht mit gezogener Pistole. Und sie dürfen ihm auch nicht Handschellen anlegen. [...] Da muss es der Staat sogar hinnehmen, wenn so ein wendiges Kerlchen seinen Abholern entwischt.

5 Manche Gesetze passen nicht präzise auf den Fall, den es zu entscheiden gilt. Aber dann darf der Richter nicht einfach sagen: „Das Gesetz führt hier zu ungerechten Ergebnissen, deshalb wende ich es nicht an."

M 1 „So ist das im Rechtsstaat". *PZ, Nr. 15. Hg.: Bundeszentrale für politische Bildung. Bonn, S. 7 ff.*

Grundgesetz Art. 103 Abs. 2:
„Eine Tat kann nur bestraft werden, wenn die Strafbarkeit gesetzlich bestimmt war, bevor die Tat begangen wurde." Der § 1 des Strafgesetzbuches hat genau den gleichen Wortlaut.

M 2 Grundsätze des Rechtsstaats

A. Rechtsverbindlichkeit: Jeder Bürger, aber auch jede staatliche Einrichtung muss sich dem Recht unterordnen und die Gesetze beachten.

B. Rechtsgleichheit: „Alle Menschen sind vor dem Gesetz gleich" (Grundgesetz Artikel 3 Abs. 1). Niemand darf bevorzugt oder benachteiligt werden.

C. Rechtssicherheit: Jeder Bürger muss sich auf die Gültigkeit des Rechts verlassen können und wissen, was erlaubt und verboten ist. Gesetze sollen möglichst klar und widerspruchslos formuliert sein. Jeder darf nur auf der Grundlage eines Gesetzes bestraft werden.

D. Gebot der Verhältnismäßigkeit: Bei der Rechtsprechung müssen die Lebensumstände des Einzelnen berücksichtigt werden, z. B. die Einkommensverhältnisse bei der Festsetzung der Höhe von Geldstrafen. Ein leichtes Vergehen darf nicht so schwer bestraft werden wie ein schweres.

E. Rechtswegegarantie: Jeder Bürger, der sich in seinen Rechten verletzt sieht, kann ein Gericht anrufen.

F. Unabhängigkeit der Richter: Richterinnen und Richter sind in ihren Entscheidungen nur an das Gesetz gebunden. Kein Politiker, keine Behörde darf ihnen Weisungen erteilen oder versuchen, Einfluss auf den Ausgang eines Prozesses zu nehmen.

G. Bindung der Gesetzgebung an das Grundgesetz: Die Abgeordneten des Bundestages machen die Gesetze, aber sie müssen sich dabei an das Grundgesetz halten. Sie können also z. B. nicht die Todesstrafe per Gesetz einführen. Das wäre nicht mit dem Grundgesetz vereinbar.

Recht im Rechtsstaat

Das Rechtsstaatsprinzip soll den Einzelnen vor staatlicher Willkür schützen. In einem 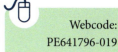Rechtsstaat beschließen gewählte Vertreter des Volkes die Gesetze. Staatliche Institutionen sorgen dafür, dass dem Recht Geltung verschafft wird. Dabei ist der Staat selbst an Gesetze gebunden. Ein Polizist, ein Richter oder ein Verwaltungsbeamter darf nur solche Maßnahmen anordnen, die ihm die Gesetze erlauben. Diese rechtsstaatlichen Grundsätze sind bei uns in der Verfassung, dem **Grundgesetz**, festgelegt.

Für alle Einwohner eines Landes, sogar für Touristen aus anderen Ländern gelten verbindliche und, wenn nötig, erzwingbare Regeln, die man als **Recht** bezeichnet. Aus der Gesamtheit der rechtsverbindlichen Regeln, Verordnungen und Gesetze ergibt sich die **Rechtsordnung** eines Staates.
Das Recht sorgt dafür, dass Konflikte nach bestimmten Regeln ausgetragen werden müssen. Dazu gehört vor allem das Verbot privater Gewaltanwendung. Außer im Falle von Notwehr ist der Gebrauch von Gewalt allein dem Staat erlaubt (**Gewaltmonopol des Staates**). Keiner darf sich sein Recht selbst verschaffen, er muss sich immer an die dafür vorgesehenen staatlichen Instanzen wenden.

Grenzenlose Freiheit?

Die **Grundrechte** garantieren die Freiheiten des Bürgers, aber sie schränken diese auch ein, damit die Menschen in der staatlichen Gemeinschaft zusammenleben können. So ist die Handlungsfreiheit des Einzelnen (Art. 2 Abs. 1) dadurch beschränkt, dass der Einzelne nicht das Recht anderer verletzen oder gegen die verfassungsmäßige Ordnung verstoßen darf. In der **Straßenverkehrsordnung** gilt z. B. die Grundregel, dass die Teilnahme am Straßenverkehr ständige Vorsicht und gegenseitige Rücksichtnahme erfordert.

M 3 **Justitia, die Göttin der Gerechtigkeit**

Webcode: PE641796-019

Staatliche Gewalt

Befugnis des Staates, Anordnungen zu erlassen und ihre Befolgung notfalls mit Zwangsmitteln durchzusetzen.

So ist auch das Recht auf freie Meinungsäußerung eingeschränkt, soweit dadurch Persönlichkeitsrechte anderer Menschen verletzt werden (wenn z. B. die Würde einer anderen Person durch Beleidigung oder durch üble Nachrede verletzt wird). Die Freiheit des Einzelnen endet also immer dort, wo das Recht des anderen beginnt. Jedoch kann jeder, der sich durch ein Gesetz in seinen Grundrechten verletzt sieht, vor dem Bundesverfassungsgericht Klage erheben. Das Bundesverfassungsgericht legt das Grundgesetz für alle verbindlich aus.

1 Stelle fest, welche der in M 1 genannten Beispiele welchen Grundsätzen des Rechtsstaates (M 2) zuzuordnen sind.

2 Erkläre, warum die römische Göttin der Gerechtigkeit mit einer Waage, einem Schwert und oft mit verbundenen Augen dargestellt wird (M 3).

3 „Das staatliche Gewaltmonopol verhindert eine Herrschaft der Stärkeren und sichert so den Frieden." Erkläre diese Aussage mit eigenen Worten.

4 Das Gegenteil von einem Rechtsstaat ist ein Unrechtsstaat. Schreibe einen Lexikonbeitrag zum Thema „Unrechtsstaat". Nenne dabei auch Beispiele für Unrechtsstaaten aus der Geschichte und der Gegenwart.

2 x Recht:
Öffentliches Recht und Zivilrecht

M 3 In jeder Gastwirtschaft muss ein Schild hängen, das auf das Jugendschutzgesetz hinweist: Das Verbot, Alkohol an Jugendliche unter 16 Jahren auszuschenken, ist Teil des öffentlichen Rechts.

M 1 Ein Jugendlicher hat eine Cola gekauft. Der Kaufvertrag liegt im Bereich des Zivilrechts.

Das Recht lässt sich in zwei große Bereiche einteilen: das öffentliche Recht und das Zivilrecht (auch Privatrecht genannt).

Im **öffentlichen Recht** stehen sich als Streitpartner meist Staat und Bürger gegenüber. Auch staatliche Behörden müssen sich an bestehende Gesetze halten und können vom Bürger verklagt werden. Es geht dabei um den Ausgleich zwischen den Interessen des Einzelnen und dem Interesse der Gemeinschaft (Gemeinwohl).

Im Strafrecht, das zum öffentlichen Recht gehört, droht der Staat jedem Strafe an, der sich mit schädlichen Handlungen am Leben, an der Gesundheit oder am Besitz anderer vergeht. Bei jeder Straftat, die an-

gezeigt wird, muss die Polizei Ermittlungen aufnehmen. Tatverdächtige werden von der Staatsanwaltschaft vor Gericht angeklagt. Das Strafgesetzbuch (StGB) enthält dazu wichtige Regelungen.

Im Zivilrecht geht es um Streitfragen zwischen Privatpersonen (z. B. um Mietfragen). Privatpersonen sind vor Gericht gleichberechtigt. Ein unabhängiges Gericht entscheidet, wer von wem geschädigt wurde und wer welchen Schadensersatz zu leisten hat. Anzeige wird im Zivilrecht nicht vom Staat, sondern von privater Seite erstattet. Die bestehenden Gesetze im Bürgerlichen Gesetzbuch (BGB) sollen besonders die schwächeren Vertragspartner schützen.

Öffentliches Recht		Zivilrecht
Straftaten		Scheidung
Jugendschutz		Erbschaft
Straßenverkehr		Schulden
Baugenehmigung		Erfindungen
Steuer und Rente		Handel
…		…

M 2 Öffentliches Recht und Zivilrecht

Fall 1: Mietstreit

Wenn das Baby weiter schreit, kann es passieren, dass der Vermieter der Familie Meier die Wohnung kündigt. Falls Familie Meier die Kündigung nicht für gerechtfertigt hält, kann sie der Kündigung widersprechen. Wenn der Vermieter die Kündigung dann doch noch durchsetzen will, muss er vor dem Amtsgericht klagen.

(Wichtige Gesetze bei Mietstreitigkeiten: Bürgerliches Gesetzbuch [BGB] Paragraf 535 und folgende, besonders Paragraf 565)

Fall 2: Einbruch

Der ertappte Einbrecher wird vor dem Strafrichter landen. Je nach der Schwere der Tat urteilt am Amtsgericht ein Einzelrichter oder ein Schöffengericht (ein oder zwei Berufsrichter mit zwei Laienrichtern).

(Wichtige Gesetze im Strafrecht: Strafgesetzbuch [StGB], Strafprozessordnung [StPO])

Fall 3: Autokauf

Wenn sich Käufer und Verkäufer im Streitfall nicht einig werden, kann der Autokäufer vor dem Gericht den Autohändler auf Herausgabe des Kaufpreises und Rücknahme des Autos verklagen.

(Wichtige Gesetze bei Kauf und Verkauf: BGB Paragraf 433 und folgende und Paragraf 459 und folgende)

M4 Öffentliches Recht oder Zivilrecht?

Mit Tempo 120 durch die Innenstadt

Überfall auf Kreissparkasse

Bauherr verklagt Architekt

Immer mehr Schüler schwänzen den Unterricht

Umgehungsstraße in Ammersbek: Bürgerinitiative zieht vor Gericht

Scheidung des Topstürmers von Schalke: Die Ex erhält zwei Millionen

M5 Zeitungsschlagzeilen

1 Gib mithilfe des Textes an, wie sich Zivilrecht und öffentliches Recht unterscheiden.

2 Nenne anhand der Übersicht M2 wichtige Bereiche des öffentlichen Rechts und des Zivilrechts. Ergänze weitere Beispiele.

3 Entscheide, zu welchem Rechtsbereich die dargestellten Fälle gehören (M4).

4 Diskutiert, wie ein Gericht vermutlich die Fälle in M4 entscheiden würde. Wenn ihr einen Gerichtsbesuch plant, dann könnt ihr auch den Richter nach seiner Einschätzung fragen.

5 Sammelt Artikel oder Schlagzeilen aus Zeitungen über Streitfälle vor Gericht und ordnet diese ebenfalls den jeweiligen Bereichen zu.

Rechtsstellung nach Altersstufen

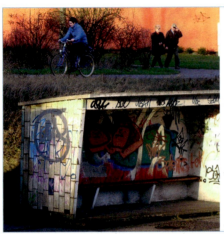

Ein Graffitisprayer

Hannes ist vor vier Wochen vierzehn Jahre alt geworden. Zum Geburtstag hatte ihm sein Lieblingsonkel heimlich zusätzlich 30 Euro in die Hand gedrückt und gesagt: „Du hast sicher einen Extrawunsch, den nicht alle zu erfahren brauchen. Hier, kauf dir was!"

Hannes hatte tatsächlich einen Extrawunsch. Seit drei Monaten ist er unter die Graffitisprayer gegangen. Ihm gefallen die herrlich bunten Bilder auf den öden Hauswänden und den einfallslosen Vorortzügen. Die 30 Euro kann er gut für neue Spraydosen gebrauchen.

Heute will er seiner Freundin Gabi seine Kunst vorführen. Die allerdings scheint nicht sehr begeistert zu sein. „Das ist doch verboten. Und was passiert, wenn uns jemand erwischt?", fragt sie. „Keine Sorge", erwidert Hannes, „bis jetzt hat mich noch keiner gesehen. Außerdem, was kann schon groß passieren? Bestrafen kann mich keiner. Ich bin doch noch nicht volljährig. Ich bin erst vierzehn!"

M 1 „Was kann schon groß passieren?"

Die Rechtsfähigkeit

Rechtsfähigkeit beinhaltet die Fähigkeit zur Übernahme von Rechten und Pflichten. Diese Fähigkeit ist abhängig vom Entwicklungsprozess der Heranwachsenden. Deshalb werden im Recht bestimmte Altersphasen unterschieden. Solange die jeweiligen Altersstufen nicht erreicht sind, sind die Sorgeberechtigten für ihre Kinder verantwortlich.

Grundsätzlich beginnt die Rechtsfähigkeit des Menschen mit der Geburt. Säuglinge genießen bereits den Schutz der Grundrechte. Sie haben das Recht auf Entfaltung ihrer Persönlichkeit. Sie können auch bereits Besitz oder Eigentum erwerben – obwohl sie noch gar nicht wissen, was das ist. In der Regel üben die Eltern die Rechte der Kinder in deren Interesse aus. Wo Eltern gegen Kindesrechte verstoßen, kann bzw. muss der Staat eingreifen. So verstößt Gewaltausübung in der Erziehung gegen die Menschenwürde und wurde gesetzlich ausdrücklich verboten.

Die Geschäftsfähigkeit von Kindern und Jugendlichen

Der Kauf ist im Deutsch der Juristen ein Rechtsgeschäft. Beim Kauf einer Ware wechselt das Eigentumsrecht – vom Verkäufer zum Kunden.

Die **Geschäftsfähigkeit** ist das erste Recht, das Kinder aktiv ausüben können. Allerdings wird die Geschäftsfähigkeit zwischen dem 7. und 18. Lebensjahr beschränkt.

Die meisten solcher Rechtsgeschäfte bedürfen der Einwilligung des gesetzlichen Vertreters, normalerweise also der Eltern. Die wichtigste Ausnahme ist der so genannte Taschengeldparagraf, der Kindern und Jugendlichen eine gewisse „Kauffreiheit" gewährt.

Deliktfähigkeit und Strafmündigkeit

Mit der Zunahme der Rechte nimmt auch die Verantwortlichkeit zu.

Wenn ein Kleinkind durch eine Unachtsamkeit einen Unfall „verschuldet", besteht keine Haftungspflicht. Bis zum 7. Lebensjahr sind Kinder nämlich nicht **deliktfähig**, d. h., sie können wegen ihres Alters rechtlich für ihre Handlungen nicht verantwortlich gemacht werden. „Bestraft" werden kann ein Kind zwischen 7 und 14 Jahren noch nicht. Bei der **Strafmündigkeit** geht es um die strafrechtliche

Überblick über Rechte und Pflichten eines Bürgers in Deutschland		
Lebensalter	Rechtsstellung	Gesetz
Geburt		
6 Jahre	Schulpflicht	Schulgesetz
7 Jahre	beschränkte Deliktfähigkeit	BGB
	beschränkte Geschäftsfähigkeit	BGB
14 Jahre	beschränkte Strafmündigkeit	Jugendgerichtsgesetz (JGG)
	Religionsmündigkeit	Gesetz über religiöse Kindererziehung
	Ende des Beschäftigungsverbots	Jugendarbeitsschutzgesetz
16 Jahre	Ehefähigkeit	Ehegesetz
	Eidesfähigkeit	Zivilprozessordnung (ZPO) Strafprozessordnung (StPO)
	Besuch von Gaststätten	Jugendschutzgesetz
18 Jahre	Volljährigkeit	BGB
	volle Deliktfähigkeit	BGB
	volle Geschäftsfähigkeit	BGB
	Strafmündigkeit	JGG
	Ehemündigkeit	Ehegesetz
	aktives und passives Wahlrecht	Grundgesetz
	Beginn der Wehrpflicht	Wehrpflichtgesetz (seit Juli 2011 ausgesetzt)
	Pkw-Führerschein	Straßenverkehrszulassungsordnung (StVZO)
21 Jahre	volle Strafmündigkeit	JGG
25 Jahre	Befähigung zum Schöffen	Gerichtsverfassungsgesetz
40 Jahre	Wahl zur/zum Bundespräsidentin/ Bundespräsidenten möglich	Grundgesetz

M 2 Rechtsstellung nach Altersstufen

Verantwortlichkeit, das Einstehen des Täters für eine Straftat vor der Öffentlichkeit, vor der Gesellschaft.

Die Strafmündigkeit tritt erst mit 14 Jahren ein. Jugendliche zwischen 14 und 18 Jahren gelten als beschränkt strafmündig.

Bei Straftaten zwischen 18 und 21 Jahren muss das Jugendgericht entscheiden, ob der Täter oder die Täterin als beschränkt strafmündig oder bereits als voll strafmündig anzusehen ist, was sich dann auf das Strafmaß auswirkt.

1 Lies M 1. Welcher „Tatbestand" liegt hier vor?

2 Hat Hannes Recht? Begründe.

3 Beurteile mithilfe der Übersicht M 2 folgende Fälle:
• Meike, 17 Jahre, kauft sich ein Fahrrad für 1000 Euro. Mit dem Händler vereinbart sie Ratenzahlung (80 Euro pro Monat).
• Anne, 17 Jahre, interessiert sich für die Arbeit des Gemeinderates. Darf sie sich wählen lassen?
• Lea, 13 Jahre, nimmt in den Sommerferien einen Ferienjob an.
• Jan, 5 Jahre, verkauft ohne Wissen seiner Eltern seinen wertvollen Steiff-Teddy an Markus.

4 Erkläre folgende Begriffe mit eigenen Worten: Rechtsfähigkeit, Geschäftsfähigkeit, Deliktfähigkeit, Strafmündigkeit.

5 Warum werden im Recht bestimmte Altersphasen unterschieden? Überlegt gemeinsam.

Jugendkriminalität – ein Dauerbrenner?

Delikt	Merkmale der Tat
§ 230 StGB Fahrlässige Körperverletzung	Durch mangelnde Vorsicht und Aufmerksamkeit die Verletzung eines anderen verschulden.
§ 223 StGB Körperverletzung	Eine andere Person körperlich misshandeln oder gesundheitlich schädigen.
§ 242 StGB Diebstahl	Jemandem etwas wegnehmen, um es selbst zu besitzen.
§ 303 StGB Sachbeschädigung	Eine fremde Sache beschädigen oder ganz zerstören.
§ 240 StGB Nötigung	Jemanden gegen seinen Willen durch Gewalt oder Androhung von Gewalt zu etwas zwingen.
§ 316 StGB Trunkenheit	Fahren eines Fahrzeuges, obwohl man wegen des Genusses alkoholischer Getränke nicht mehr zu einem sicheren Fahren in der Lage ist. (Dazu gibt es in der Straßenverkehrsordnung nähere Bestimmungen, z. B. Promillegrenzen.)

M 1 Bestimmungen des Strafgesetzbuches (StGB)

Fallbeispiele

Webcode:
PE641796-024

A. Nach einer Fete fährt der 15-jährige Gerd mit seinem Mofa nach Hause. Auf dem Fest hat er mit seinem Freund im Verlauf von zwei Stunden eine Flasche Wein geleert.

B. Caro möchte ein neues Fahrrad. Ihre Eltern finden jedoch, ihr altes sei noch gut genug. Deshalb meldet Caro ihr Fahrrad im Rektorat als gestohlen. Sie schädigt ihrer Meinung nach niemanden persönlich – die Versicherung der Schule hat ja genügend Geld.

C. Der 15-jährige Patrick raucht gerne. Leider reicht sein Taschengeld schon lange nicht mehr für seinen Zigarettenkonsum. Er hat nun eine ganz einfache Masche gefunden, an Geld zu kommen: Er droht Grundschülern mit Prügel, wenn sie nicht Geld bei ihm abliefern.

D. Kevin und seine Bande fühlen sich durch eine Äußerung des 12-jährigen Peter beleidigt. Sie lauern ihm im Park auf, um ihm „Anstand beizubringen". Dabei verprügeln sie Peter und lassen ihn verletzt liegen.

E. Katrin hat Mandy verpetzt. Diese hat daraufhin Rache geschworen. Alle haben es eilig und im letzten Moment, als Katrin nicht mehr bremsen kann, lässt Mandy ihr absichtlich die Tür vor der Nase zufallen. Katrin rennt gegen die Tür und hat starkes Nasenbluten.

F. Mirko empfindet im Nachmittagsunterricht Langeweile. Das ärgert ihn. Auf dem Nachhauseweg kommt ihm ein nagelneues Auto gerade recht. Er zückt seinen Hausschlüssel und zerkratzt damit im Vorübergehen eine Seite des Wagens.

G. 9. Januar 2008, Heilbronn. Ein 73-jähriger Rentner wollte einen 19-jährigen Bosnier, einen 16-jährigen Türken und einen 22-jährigen Deutschen von der Schändung einer Gedenktafel für eine ermordete Polizistin abhalten und wurde krankenhausreif geschlagen.

M 2 Was ist Jugendkriminalität?

Jugendkriminalität ist die Gesamtheit der Verstöße gegen das Jugendstrafrecht.

Unter das Jugendstrafrecht fallen Jugendliche im engeren Sinne (14 bis einschließlich 17 Jahre) sowie teilweise die so genannten Heranwachsenden (18 bis einschließlich 20 Jahre). Kinder unter 14 Jahren sind strafunmündig und strafrechtlich nicht verantwortlich.

Nach Deliktarten hat der Diebstahl in allen Varianten den größten Anteil an der Kinder- und Jugendkriminalität. Zwei Drittel aller Delikte, die Kinder begehen, sind Diebstahlsdelikte. Zweithäufigste Straftat ist in der Statistik die Sachbeschädigung. Delikte, die mit Gewalt und Zerstörung ausgeführt werden, sind fast ausschließlich von Jungen begangen worden.

nach: www.wissen.de/wde

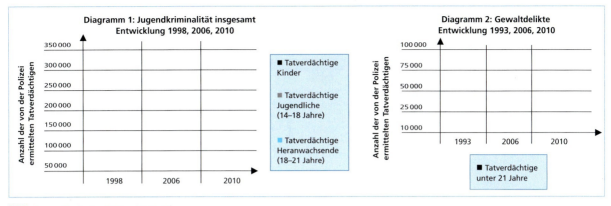

M 3 Jugendkriminalität – Statistik

M 4 Interview mit einer Diplom-Pädagogin

Frage: Warum differenziert man zwischen Jugendkriminalität und Kriminalität im Allgemeinen?

Antwort: Gerade bei der Jugendkriminalität gibt es neben der allen Straftaten vorausgehenden kriminellen Energie des Täters einen viel größeren Anteil von Straftaten, die aus pubertärem Leichtsinn und Übermut begangen werden.

Wann treten die Straftaten aus jugendlichem Leichtsinn gehäuft auf?

In einem Alter von 16 bis 18 Jahren.

Begehen mehr Jungen oder mehr Mädchen Straftaten?

Ungefähr drei Viertel der Straftaten werden von Jungen begangen, aber die Straftaten der Mädchen steigen geringfügig.

Begehen mehr Deutsche oder mehr Ausländer Straftaten?

(…) Tatsächlich sind drei Viertel der Tatverdächtigen Deutsche unabhängig von ihrem Migrationshintergrund. (…) Intensivtäter haben zu rund 80 Prozent einen Migrationshintergrund.

Was sind typische Jugendstraftaten?

25 Prozent der Straftaten sind Körperverletzungen (…). 25 Prozent der Straftaten sind Ladendiebstähle. Weitere 25 Prozent der Straftaten sind Sachbeschädigungen. (…) Weitere 25 Prozent der Straftaten sind Schwarzfahren, Raub und Drogenhandel.

Deutlich mehr Jungen als Mädchen begehen Straftaten, 8.6.2009; in: Berliner Morgenpost v. 8.6.2009; in: http://www.morgenpost.de (Zugriff: 6.9.2011)

Statistische Angaben zur Jugendkriminalität

Wie die Polizeiliche Kriminalstatistik des Bundeskriminalamtes ausweist, ist die Zahl tatverdächtiger Jugendlicher insgesamt noch bis 1998 angestiegen auf rund 150 000 Kinder, 300 000 zwischen 14- und 18-Jährige und 240 000 Heranwachsende zwischen 18 und 21 Jahren. Bei den Kindern sind es bis Ende 2006 100 000, bei den Jugendlichen 280 000. Bei den Heranwachsenden gab es 2006 kaum Veränderungen gegenüber 1998. Für 2010 sahen die Zahlen so aus: Bei den Kindern waren es 92 000 Tatverdächtige, bei den Jugendlichen 231 000 und bei den Heranwachsenden 217 000. Analyse der Gewalttaten: 2006 zählte die Polizei fast 90 000 Tatverdächtige unter 21. Vor 15 Jahren, 1993, waren es rund 44 000 (2010: 39 000).

Quellen (bearbeitet): netzeitung, 9.1.2008; in: www.netzeitung.de/deutschland/873670.html, und Polizeiliche Kriminalstatistik 2010; in: www.bmi.bund.de (Zugriff: 31.1.2012)

M 5 Jugendkriminalität – Statistik

1 Ordne die Fallbeispiele den angegebenen Paragrafen im Strafgesetzbuch zu (M 1/Text).

2 Erfahrung mit Kriminalität: Erzählt im Plenum, ob – und in welcher Form – ihr Erfahrungen mit Kriminalität gemacht habt. Wer ist bereits Zeuge von Kriminalität geworden, wer Opfer? Vergleicht mit M 4.

3 a Übertrage die vorbereiteten Tabellen (M 3) in dein Heft.
  b Trage die Daten aus der Kriminalitätsstatistik (M 5) in die Tabellen ein und erstelle ein Säulendiagramm.

4 Aussagen anhand von Fakten überprüfen: „Immer mehr Jugendliche werden kriminell". Überprüfe diese Behauptung (M 1, M 2, M 5).

Warum werden Jugendliche kriminell?

M 1 *Karikatur: G. Mester*

M 3 „Unsere Wirtschaft erzieht die Jugend zu Kriminellen!"

M 2 *Karikatur: Plaßmann*

M 4 *Karikatur: Plaßmann*

1 Warum werden Jugendliche kriminell? Werte die Karikaturen
M 1–M 4 aus und nimm Stellung zu den Aussagen der Karikaturen.

2 Warum werden Jugendliche kriminell? Werte den Sachtext M 5 aus.
Gehe dabei wie folgt vor:

a Erstelle von dem Text eine Fotokopie.

b Lies den Text einmal rasch durch, um dir einen Überblick zu verschaffen.

c Lies den Text noch einmal, aber sehr aufmerksam durch und unter-
streiche dabei wichtige (wenige) Stellen mit Buntstift oder Text-
marker.

d Notiere auf einem Blatt oder einer Karteikarte deine markierten
Wörter.

e Schreibe hinter diese Begriffe stichwortartig die weiteren Informationen aus deinem Text.

f Vergleicht die Aussagen des Textes mit den Karikaturen.

M5 Ursachen von Jugendkriminalität

In den meisten Fällen sind Straftaten eine episodenhafte Erscheinung, die in der Jugend gehäuft auftritt und mit zunehmendem Alter abnimmt. Dahinter stecken charakteristische Eigenschaften von Jugendlichen wie Neugier, Spiel und Spaß, Übermut, Abenteuerlust, Bewegungsdrang, das Ausprobieren von Grenzen. (…) Durch die begangenen Taten wird auch eine Steigerung des Ansehens bei den Altersgenossen angestrebt. Jugendliche suchen in kriminellem Verhalten oftmals Abwechslung von der Langeweile und „Nervenkitzel". Sie experimentieren mit ihrem Körper und probieren die Wirkung von Rauschmitteln aus. Bei den meisten Straftaten sind jugendliche Täter durch Alkoholeinfluss enthemmt, was ein aggressives Verhalten fördert (…).

Gesamtgesellschaftliche Einflüsse haben unbestritten Auswirkungen auf Kinder und Jugendliche. So sind beispielsweise Jugendarbeitslosigkeit, mangelnde Freizeitmöglichkeiten, Konsumorientierung oder der fehlende Halt im Elternhaus Gründe für die zunehmende Jugendkriminalität. Auch Gewalt in den Medien (Fernsehen, Computerspiele, Internet), mangelnde Sprachkenntnisse bei ausländischen Jugendlichen und sogar Langeweile kommen als Auslöser infrage.

Viele Jugendliche, die dauerhaft kriminell sind, kommen aus schwierigen Elternhäusern: Familien, in denen es oft Streit gibt, Familien, die keine Zeit für ihre Kinder haben oder in denen Kinder keine Zuwendung, oft sogar Ablehnung durch die Eltern erfahren. In der Sozialarbeit kursiert seit einiger Zeit ein neuer Begriff, die „Verwöhn-Verwahrlosung". Kinder werden materiell mit allem abgespeist, von dem die Eltern glauben, die Kinder könnten es haben wollen. Echte Zuwendung hingegen fehlt, die Kinder werden sich selbst überlassen. Das Ergebnis ist eine seelische Mangelernährung, die sich nicht in Magenknurren, sondern in „Seelenknurren", in Aggressivität und Bindungsunfähigkeit äußert.

Wie die Erwachsenen Konflikte austragen, prägt direkt die Fähigkeit oder Unfähigkeit der Kinder und Jugendlichen, Konflikte friedlich zu bewältigen. Jugendliche, die Gewalt anwenden, kommen meist aus Familien, in denen sie selbst Gewalt über einen längeren Zeitraum erlebt haben.

Problematisch ist, dass viele Taten bestraft werden, die von der Gesellschaft als „Kavaliersdelikte" toleriert werden, z.B. zu schnelles Fahren im Straßenverkehr oder Schwarzfahren in öffentlichen Verkehrsmitteln, Steuerhinterziehung oder bestimmte Arten von Diebstahl.

Zusammengestellt nach: www.wissen.de/ Stichwort: Kinder- und Jugendkriminalität. Stand: August 2004 sowie Justizministerium Baden-Württemberg ONLINE www.jum.land-bw.de/ Stichwort: Jugendkriminalität Stand: September 2004

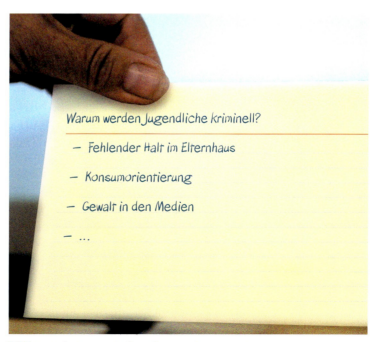

M6 Karteikarte mit Stichpunkten zur Textauswertung

Die Jugendgerichtsbarkeit

Maßnahmen, die ein Urteil gegen jugendliche Täter enthalten kann

Erziehungsmaßregeln
- Weisungen wie die Verpflichtung zu Arbeitsstunden, zur Teilnahme an einem sozialen Trainingskurs
- Anordnung eines Erziehungsbeistandes oder einer Fürsorgeerziehung
- Weisungen für die Lebensführung, z. B. Annahme einer Arbeitsstelle, Verbot, bestimmte Gaststätten zu besuchen

Zuchtmittel
- Verwarnungen
- Auflagen, z. B. Wiedergutmachung des Schadens durch gemeinnützige Arbeit
- Jugendarrest (Freizeitarrest) von maximal vier Wochen

Jugendstrafen
- Freiheitsentzug von sechs Monaten bis zu fünf Jahren
- Geht es um ein Verbrechen, bei dem nach allgemeinem Strafrecht mehr als zehn Jahre Freiheitsstrafe angedroht sind, beträgt das Höchstmaß für einen Jugendlichen zehn Jahre.

M 1 Erziehungsmaßregeln – Zuchtmittel – Jugendstrafen

Die Sonderbehandlung jugendlicher Straftäter

Der Grundsatz „Gleiches Recht für alle" gilt auch für die Rechtsstellung von Jugendlichen und Erwachsenen. Was nach dem Strafgesetzbuch als Straftat festgelegt ist, gilt unabhängig von der Person des Täters. Aber bei der Durchsetzung des Rechts vor Gericht werden große Unterschiede bei der Behandlung jugendlicher gegenüber erwachsenen Straftätern gemacht.

Grundlage für den rechtlichen Umgang mit den Straftaten Jugendlicher und Heranwachsender ist das **Jugendgerichtsgesetz** (JGG). Dessen Leitgedanke ist das Prinzip „Erziehung vor Strafe". „An erster Stelle steht das Ziel der Besserung des Täters", denn es müsse berücksichtigt werden, „dass Jugendliche und Heranwachsende noch keine fertigen Persönlichkeiten sind", heißt es in den Erläuterungen zum JGG.

Um eine positive Entwicklung junger Täter günstig zu beeinflussen, gilt das Prinzip der 📖 Subsidiarität: Harte Sanktionen sollen nicht verhängt werden, wenn „geringere Eingriffe" ausreichen. Das Instrumentarium des Richters reicht von Erziehungsmaßregeln über Zuchtmittel bis zur Jugendstrafe.

Endstation Jugendstrafanstalt

Reichen z. B. wegen der Schwere der begangenen Tat Erziehungsmaßregeln oder Zuchtmittel zur Erziehung eines straffällig gewordenen Jugendlichen nicht mehr aus, hat das Jugendgericht eine Jugendstrafe zu verhängen. Auch die Jugendstrafe hat die Erziehung des Jugendlichen zum Ziel. Sie wird regelmäßig in Jugendanstalten vollstreckt und dauert zwischen sechs Monaten und fünf Jahren (bei Heranwachsenden bis zu zehn Jahren). Dort haben die jugendlichen Straftäter die Chance, einen Beruf zu erlernen oder ihre Schulbildung abzuschließen, um die Eingliederung in den Alltag nach der Haft zu erleichtern.

M 2 Angriff auf die Schläger

Mit einem Lied fängt alles an. Zu Beginn jeder Trainingseinheit müssen die sieben Gewalttäter singen. Die Gesangseinlagen sind für die jungen Männer der unerfreuliche Auftakt einer Maßnahme, die sie über Wochen mit sich selbst und ihren Defiziten konfrontieren wird. Sie, die Musik als Rap oder Rock vom MP3-Player kennen, für die das Mitwippen in der Disko das höchste der musikalischen Gefühle ist, sollen jetzt „Kinderkram" vortragen und sich lächerlich machen. Verklemmt stehen sie da und ihr Krächzen füllt die Luft. Dabei geht es nicht um Demütigung, sie sollen lernen, sich zu überwinden, einzeln aufzutreten und peinliche Lagen souverän zu meistern. Über sich selbst lachen können gehört zum Erwachsenwerden und auch das Zeigen von Gefühlen. Dass sie sich selbst nicht mit Humor nehmen können und jede sentimentale Regung in

---

Rechtsgrundsätze, gültig seit 2000 Jahren, von den Römern übernommen:

Man soll auch die jeweils andere Seite anhören (Audiatur et altera pars)

Man soll nie jemand doppelt für dasselbe bestrafen (Ne bis in idem)

Man soll im Zweifelsfall für den Angeklagten entscheiden (In dubio pro reo)

Niemand darf verurteilt werden, wenn es zum Zeitpunkt der Tat kein gültiges Gesetz dafür gab (Nulla poena sine lege)

sich ersticken, ist Teil ihres Gewaltproblems.

Die sieben Teilnehmer sind von einem Jugendgericht zu Bewährungsstrafen verurteilt worden. Das Antiaggressionstraining ist ihre Bewährungsauflage. Für die meisten gilt: Wer nicht ordentlich mitmacht, muss in den Knast.

Sabine Rückert, Die Zeit, 16.6.2005, gekürzt

Geschlossener Vollzug	Offener Vollzug
Anstalten sind besonders gesichert, um die Flucht von Gefangenen zu verhindern.	Anstalten sind nicht oder weniger gesichert und die Insassen haben mehr Bewegungsfreiheit und größere Eigenverantwortung.
Bewegungsfreiheit der Gefangenen innerhalb der Anstalt ist eingeschränkt (Arbeit nur innerhalb der Anstalt, die Freizeit wird in der Zelle oder im Gemeinschaftsraum verbracht).	Einige Gefangene arbeiten tagsüber als Freigänger in einem Betrieb außerhalb der Anstalt und kehren abends in die Vollzugsanstalt zurück.
Besuchs- und Schriftverkehr wird überwacht.	

M 4 Offener und geschlossener Vollzug

Tagesablauf in der JVA Hannover – aus der Sicht eines Gefangenen

Wecken: 06.45 Uhr

Um 06.45 Uhr geht ein ganz normaler Tag in der JVA Hannover los, und zwar, wie draußen auch, mit Aufstehen – Kaffee kochen – Zähne putzen – Waschen – Radio hören. Um 07.00 Uhr wird die Tür aufgeschlossen und das Frühstück wird ausgeteilt.

Arbeitsbeginn: 07.30 Uhr

07.30 Uhr ist Arbeitsbeginn. Die Ausnahmen sind Küchen- und Kammerarbeiter, die fangen schon um 06.00 Uhr an. Haben die Arbeiter die einzelnen Häuser verlassen, ihre Arbeitsplätze erreicht, dann ist für so genannte Nichtarbeiter Einschluss. Das heißt, die Türen sind wieder verschlossen.

Mittagessen: 11.20 Uhr

11.20 Uhr ist die Zeit, wo das Mittagessen verteilt wird. Immer ein Thema in jeder JVA: Man kann ja leider nicht selbst bestimmen, was man essen will, man bekommt es einfach vorgesetzt.

Arbeiterfreistunde: 15.15 Uhr

In der Regel ist um 15.15 Uhr Feierabend. Um 15.45 Uhr findet schon die so genannte Arbeiterfreistunde statt – eine Stunde hinaus an die frische Luft. Nach genau einer Stunde ist diese tägliche Freude aber auch schon wieder vorbei.

Abendbrot: 17.00 Uhr

Um 17.00 Uhr gibt es Abendbrot. In der Zeit von 15.15 Uhr bis 19.00 Uhr muss man alle seine zu erledigenden Dinge geschafft bekommen, d.h. Duschen, Sport, Freizeitgruppen, soziales Training, eventuell Essen kochen usw. … Auch vollzugsinterne Dinge gehören dazu, wie: Gespräche mit dem Sozialen Dienst, Termine mit der Suchtberatung. Und ganz wichtig: Man muss in der Zeit von 15.30–18.30 Uhr auch seine sozialen Bindungen aufrechterhalten, mit dem Telefon. Denn nur zu dieser Zeit darf man telefonieren.

M 3 Alltag in der JVA

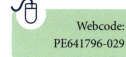

Webcode:
PE641796-029

1 Erläutere den Grundgedanken der Jugendgerichtsbarkeit.

2 Werte M 2 aus: Wo würdest du die getroffene Maßnahme einordnen (M 4)? Wird sie dem Grundanliegen des Jugendgerichtsgesetzes gerecht?

3 Erklärt mithilfe der Materialien die Zielsetzung und die Methoden im Jugendstrafvollzug.

4 Knüpft Kontakte zu Jugendstrafanstalten in eurer Nähe. Wie wird dort gearbeitet? Welche Erfahrungen werden gemacht?

Jugendstrafvollzug – so oder anders?

M 1 Militärischer Drill als Mittel der Wiedereingliederung. Jugendliche in einem Boot Camp in den USA

M 2 Boot Camps in den USA

Sie werden angebrüllt, in Uniformen gesteckt und über Hindernisstrecken gejagt. Redeverbot, Isolationshaft oder Fußketten sollen dafür sorgen, dass aus widerborstigen Teenagern mit Hang zu Drogen und Schulschwänzen fügsame Jugendliche mit den richtigen Idealen werden.

„Sir, yes Sir", lautet die devote *(unterwürfige)* Standardantwort der Kids auf Befehle ihrer „Instruktoren". Verbale Ausfälle, Beleidigungen und animalisches Gebrüll im Soldatenjargon sind in amerikanischen Boot Camps an der Tagesordnung. Die jugendlichen Normabweichler lernen, Ordnung zu halten, ihr Bett zu machen und brav den Rücken durchzudrücken. Weil die trägen Stadtkinder nicht an Bewegung gewöhnt sind, erleiden einige Kreislaufzusammenbrüche und Schwächeanfälle. Hysterische Ausbrüche ob des plötzlichen Freiheitsentzuges und der rüden Umgangsformen sind keine Seltenheit.

Befehlsverweigerung, Regelverletzungen und Fehlverhalten werden umgehend bestraft: In gepolsterten Einzelzellen, so genannten Get-right-rooms, sollen renitente *(widerspenstige)* Minderjährige in kompletter Isolation von der Außenwelt zur Vernunft kommen. Mit dem Paddle, einem in Amerika benutzten Schlagholz, versuchen sadistisch veranlagte Camp-Mitarbeiter, den Willen der Kinder zu brechen.

Die Minderjährigen werden mit Einverständnis ihrer Eltern in die so genannten Teen-Help-Programme gebracht. Üblicherweise unterschreiben die Erziehungsberechtigten vor Eintritt ihrer Kinder ins Camp einen Vertrag mit den Organisatoren, der das Personal autorisiert, für den verabredeten Zeitraum als Agenten der Eltern zu agieren. Ein Freibrief für die Wächter.

Dass diese in den Camps tobenden „Experten" häufig weder eine pädagogische noch eine therapeutische Ausbildung besitzen, scheint für die meisten Eltern nicht von Bedeutung zu sein.

In Deutschland steht man den amerikanischen Erziehungslagern von jeher skeptisch gegenüber. Nicht nur die mögliche Verletzung von Menschen- und Persönlichkeitsrechten steht hier im Vordergrund, sondern auch die Ineffizienz *(Unwirksamkeit)* der angewandten Methoden. Viele Experten und ehemalige Befürworter der staatlichen Boot Camps haben sich völlig von der Idee solcher Erziehungslager abgewandt. Der militärische Drill erhöht zwar die Anpassungsbereitschaft der Jugendlichen, aber die Persönlichkeit könne man damit im Kern nicht verändern.

Spiegel ONLINE. Verurteilt! Leben hinter Gittern. Von Annette Langer. 23. 9. 2001

M 3 Die Knast-Kommune in der JVA

Die Justizvollzugsanstalt Adelsheim ist Baden-Württembergs Zentralgefängnis für männliche Jugendliche zwischen 14 und 23 Jahren, die zu Freiheitsstrafen ohne Bewährung verurteilt wurden. In der für 400 Häftlinge konzipierten Anstalt arbeitet man mit dem Projekt „Just Community" schon seit sieben Jahren an einer Erziehung der Insassen zu mehr Selbstständigkeit und moralischer Verantwortung. 15 Jugendliche können an dem Selbstverwaltungsmodell teilnehmen, das die demokratische Alltagsbewältigung zum Ziel erklärt hat.

„Wir müssen die Verhältnisse in der Haft normalisieren, und zwar im Sinne einer Anpassung an das normale Leben jenseits der Gefängnismauern", betont der Leiter der JVA, Joachim Walter. Weil Lernen üblicherweise am Modell und am Beispiel erfolge, stünden die Verhältnisse im geschlossenen Vollzug einer moralischen Entwicklung des Einzelnen eher entgegen. Aus diesem Grund leben die Teilnehmer des „Just Community"-Projekts mit fünf Betreuern in einer Art Wohngemeinschaft zusammen. Je drei Gefangene teilen sich ein gitterfreies Zimmer in dem Fertighaus auf dem Anstaltsgelände. Die Türen sind bis Einbruch der Dunkelheit geöffnet, es gibt einen Fernseher und einmal im Monat eine Einkaufsfahrt in die Stadt. Sämtliche Entscheidungen werden gemeinsam getroffen: Die Jugendlichen stellen eigene Regelkataloge auf, schreiben Satzungen und verabschieden Entschlüsse per Zweidrittelmehrheit. Ein aus zwei gewählten Vertretern bestehendes „Leitungskomitee" führt die wöchentlichen Sitzungen. „Sowohl die Bediensteten als auch die Gefangenen schätzen diese Form des Zusammenlebens sehr", berichtet Walter. Auch würden die zahlenmäßig unterlegenen Betreuer bei Entscheidungsfindung in der Regel nie überstimmt, weil es bei den Abstimmungen eben um ganz konkrete all-

M 4 Häftlingswerkstatt der JVA Adelsheim

JVA Adelsheim	kaum	etwas	mittel	stark	sehr stark
Soll abschreckend wirken					
Disziplin					
Drill					
Soziales Miteinander					
Geordneter Tagesablauf					
Eigenverantwortung					
Hartes körperliches Training					
Unterwerfung					
Pädagogische Führung					
Teamgeist					
Menschlichkeit					
Einsicht in das eigene Verhalten					
Resozialisierung					

M 5 Auswertungstabelle

tägliche Belange ginge. „Ihre eigene Entlassung", ergänzt der Anstaltsleiter schmunzelnd, „können sie allerdings noch nicht beschließen."

Spiegel ONLINE. Gruppendynamische Knast-WG. Von Annette Langer. 23. 9. 2001

1 a Welche Prinzipien stehen bei den verschiedenen Strafvollzugsmaßnahmen (M1–M4) im Vordergrund?

b Erstelle je eine Tabelle nach Vorlage M5 für Boot Camps und für die JVA Adelsheim. Kreuze deine Einschätzung in den Tabellen an.

c Vergleiche die Erziehungs- bzw. Strafvollzugsmethoden miteinander.

2 Diskutiert die Vor- und Nachteile der Maßnahmen im Plenum.

Der Täter-Opfer-Ausgleich

Der Täter-Opfer-Ausgleich – eine Erziehungsmaßregel

Der Täter-Opfer-Ausgleich ist eine der im Jugendgerichtsgesetz genannten möglichen Erziehungsmaßregeln.

Nach der Zielvorstellung des Täter-Opfer-Ausgleichs soll der Täter über die persönliche Begegnung mit dem Opfer erkennen, was er mit seiner Tat angerichtet hat. Aber auch für das Opfer kann diese Begegnung eine positive Funktion haben. Viele Menschen, die z. B. Opfer einer Gewalttat wurden, leiden an Angst- und Ohnmachtsgefühlen. Die Auseinandersetzung mit den Tätern kann ihnen helfen, das Geschehene besser zu verarbeiten.

Die Teilnahme an einem Täter-Opfer-Ausgleich muss freiwillig sein. Zudem werden die Täter daraufhin überprüft, ob sie bereit sind, sich ernsthaft auf einen Dialog mit dem Opfer einzulassen.

Täter-Opfer-Ausgleich bei Bagatelldelikten

Bei leichteren Straftaten wie Sachbeschädigung, Beleidigung oder leichter Körperverletzung kann die Staatsanwaltschaft das Strafverfahren bei einer erfolgreichen Konfliktschlichtung einstellen oder dies bei Gericht anregen. In diesen Fällen kann die „Wiedergutmachung" eine echte Alternative zur traditionellen Strafrechtspraxis sein. Kommt eine Einstellung etwa bei Wiederholungstätern oder wegen der Schwere der Straftat nicht in Betracht, kann ein erfolgreicher Täter-Opfer-Ausgleich zumindest strafmildernd in der gerichtlichen Hauptverhandlung berücksichtigt werden.

http://www.justiz.nrw.de/Presse/PresseJM/archiv/2008_01Archiv/17_05_08/index.php 17.05.2008

M 1 Wiedergutmachung als Alternative

1 Beschreibe das Verhältnis von Erziehungsmaßregeln, Zuchtmitteln und Jugendstrafe nach dem Jugendgerichtsgesetz.

2 Erläutere, warum die Erziehungsmaßregel des Täter-Opfer-Ausgleichs in der Regel nur bei Bagatelldelikten (s. M 1) angewendet wird (Straftat von geringer Bedeutung).

3 Erarbeite mithilfe von M 2 und des Autorentextes die wesentlichen Elemente des Täter-Opfer-Ausgleichs.

4 Werte M 3 aus: Bewerte anhand der Äußerungen des Opfers in einem Täter-Opfer-Ausgleich diese Erziehungsmaßregel.

M 2 Ablauf eines Täter-Opfer-Ausgleichs (TOA)

1. Eine Strafanzeige ist erfolgt. Die Staatsanwaltschaft beauftragt die Jugendgerichtshilfe (JGH), einen TOA abzuklären. Die JGH überträgt die Durchführung des TOA an eine Konfliktschlichtungsstelle.

2. Ist der Fall für einen TOA geeignet, wird der Beschuldigte zuerst zum Vorgespräch eingeladen. Nach ausführlichen Informationen zum TOA, den Alternativen und der rechtlichen Einordnung wird die Meinung des Beschuldigten zum TOA nachgefragt. Erklärt sich der Beschuldigte zum TOA bereit, dient das weitere Gespräch der Vorbereitung.

3. Ist der Beschuldigte zu einem TOA bereit, wird der Geschädigte zum Vorgespräch eingeladen. Es dient ebenfalls der Information über den TOA, der Abklärung der Bereitschaft und der Sicht auf den Konflikt. Somit sind sowohl Geschädigter als auch Beschuldigter vorbereitet, um sich fair begegnen zu können.

4. Im Ausgleichsgespräch treffen sich Opfer und Täter, um mit Unterstützung des Vermittlers über den Vorfall zu sprechen und den Konflikt aufzuarbeiten. Jeder kann nun dem anderen direkt sagen, wie er den Vorfall erlebt hat. Wiedergutmachungsleistungen werden ausgehandelt.

5. Sind alle Beteiligten mit dem Ergebnis einverstanden, wird eine Vereinbarung über die Leistungen abgeschlossen. Die Einhaltung wird von der Konfliktschlichtungsstelle kontrolliert.

6. Die Konfliktschlichtungsstelle informiert den Staatsanwalt über das Ergebnis des Täter-Opfer-Ausgleichs.

www.jgh-dresden.de (24. 3. 2006)

„Die Sache ist gegessen"

Sara Schmidt traf den Mann, der ihr Nasenbein brach

An einem Frühlingsabend hatten die 17-jährige Sara Schmidt und ihre Freundin im Nordend eine heftige Begegnung mit drei angetrunkenen jungen Männern. Ein 21-Jähriger wollte auf einem Skateboard der Freundinnen fahren. Als Sara Schmidt sich weigerte, das Brett herauszugeben, brach ihr der Mann mit einem Kopfstoß das Nasenbein. Beim Täter-Opfer-Ausgleich traf die Schülerin den Schläger wieder. Über die Begegnung sprach sie mit FR-Redakteur Volker Mazassek.

FR: Hattest du damals im Nordend Angst vor dem Täter?
Sara Schmidt: Nein, gar nicht. Die Jungs haben uns zwar schnell beschimpft – wir hatten weite Hosen an, da hieß es gleich Mannsweiber –, aber dass der eine ein Schläger ist, hat man ihm nicht angesehen. Der war ein bisschen kleiner als ich. Ich denke, das war auch ein Problem von ihm. Er hat sich vor mich gestellt, mit dem Kopf ausgeholt, einmal direkt auf die Nase geknockt und es hat „krach" gemacht.

Warum hast du dem Täter-Opfer-Ausgleich zugestimmt?
Es war wohl eine einmalige Sache bei dem Täter. Ich habe mir gedacht: Warum soll ich für irgendeinen Eintrag in seine Akte sorgen? Ich wollte ihn auch mal sehen, ich hatte keine Angst vor dem Gespräch.

Aber wütend warst du schon?
Ja, natürlich. Am Anfang habe ich gesagt: Dem würge ich was rein, der kriegt jetzt richtig Strafe. Aber das Gespräch kam ja erst Monate später. Da ist das etwas abgeebbt. Irgendwann war ich es auch leid, das Thema immer wieder aufzugreifen.

Wie lief das Gespräch ab?
Ich habe gedacht, dass ich schon Wut im Bauch habe, wenn ich ihm gegenübersitze. Aber die Atmosphäre war relativ ruhig. Wir haben uns nicht angeschrien und konnten uns ganz sachlich unterhalten. Er hat die meiste Zeit geredet, weil es ihm so leidtat. Er hat sich geschämt, weil er sich anscheinend wegen seines Rausches an gar nichts mehr erinnerte. Er wusste nicht mal, wie ich aussah und dass ich ein Mädchen bin.

Wie hat er seine Aggressivität begründet?
Dieses „Nein", was ich gesagt habe, hat ihn wohl so gereizt, dass er gleich zugeschlagen hat.

Tolle Begründung. Gab's eine Entschuldigung?
Ja. Er wollte sogar noch einen Kaffee mit mir trinken gehen, weil es ihm so unendlich leidtut. Er zahlt auch 1200 Euro Schmerzensgeld in Raten. Also, er hat alles probiert, um es

wiedergutzumachen. Bei dem Gespräch hat er mir seine Telefonnummer gegeben, damit wir uns treffen. Aber das war mir dann doch zu viel. Ich habe mich nicht gemeldet.

Warum?
Die Sache ist gegessen. Da muss man sich nicht extra noch mal treffen.

Hast du die Sache verarbeitet?
Direkt danach wurde mir immer relativ mulmig, wenn ich abends Jugendlichen begegnet bin. Und meine Eltern fanden das nicht so schön, dass ich gleich wieder abends weggehen wollte. Aber das hat sich dann auch alles gelegt.

Bist du vorsichtiger geworden?
Demnächst gebe ich meine Sachen einfach ab, wenn jemand mich bedroht. Da sage ich nicht mehr Nein. Dann kriegt der halt das, was er will.

Frankfurter Rundschau 20. 4. 1999, S. 23

M 3 Zeitungsbericht zum Täter-Opfer-Ausgleich

Alle Menschen haben Rechte

M 1 Streitfälle vor Gericht

M 2 Screenshot und Urkunde aus dem Spiel Grundrechte-Jogging

M 4 Was ist rechtsstaatlich?

1. Alle Leute werden vom Gesetz gleich behandelt.
2. Die Bürgerinnen und Bürger können sich gerichtlich gegen staatliche Entscheidungen wehren.
3. Männer haben mehr Rechte als Frauen.
4. Ein Minister gibt einem Richter eine Weisung.
5. Die Verwaltung hält sich an die Gesetze.
6. Der Bundeskanzler muss sich nicht an alle Gesetze halten.
7. Wer mehr Steuern zahlt, hat auch mehr Rechte.
8. Gleiches muss gleich, Ungleiches ungleich behandelt werden.
9. Die Grundrechte werden außer Kraft gesetzt.
10. Der Bundestag überträgt die Gesetzgebung auf die Regierung.
11. Es gibt Ausnahmegerichte.
12. Wegen ein und derselben Tat kann man zweimal bestraft werden.

Politik und Unterricht. Heft 1, 1998

M 3 Wann gilt was? Rechte und Pflichten als Kind und als Jugendlicher (Auswahl). Ordne richtig zu.

Sie ist 15. Sie hat geklaut. Erst eine bunte Stofftasche. Dann noch ein paar Lippenstifte, Mascara, Kajal – alles zusammen Waren im Wert von rund 40 Euro. Dann kam der Kaufhausdetektiv. Auf der Polizeistation fühlte sich die Gymnasiastin bereits „wie eine Schwerverbrecherin". Und jetzt warten ihre Richter.

Chris, 17, Lara und Alex, beide 18, die Recht sprechen sollen, sind kaum älter als die Delinquentin. Nach 45 Minuten Verhandlung erweist sich die Angst des Mädchens, es könne womöglich zu „einer ganz schlimmen Strafe" verurteilt werden, als unbegründet. Statt des befürchteten „Ausgangsverbots für einen Monat" soll es lediglich eine Internetrecherche zu Jugend- und Erwachsenenkriminalität machen und aus dem Ergebnis eine Collage gestalten. Das Mädchen habe, befinden die drei Schülerrichter, echte Reue gezeigt.

(http://www.spiegel.de)

M 5 Strafe: Recherche zur Jugendkriminalität

Schülergerichte sind auf dem Vormarsch

Ein Schülergericht soll dem Täter sein Verhalten und das damit einhergehende Unrecht bewusst machen, sodass dadurch die Jugendkriminalität schon in einem frühen Stadium effektiver bekämpft werden kann. Selbstverständlich kommt dieser Ansatz bei Intensivtätern oder Gewalttaten nicht infrage. (…)

Dass die Schülergerichte immer mehr akzeptiert werden, zeigt die Einsetzung in den letzten Jahren. In Bayern sind solche Teen-Courts zuerst erprobt worden. Mittlerweile gibt es sie auch in Hessen, Nordrhein-Westfalen, Baden-Württemberg, Sachsen-Anhalt und Sachsen (…). Lediglich Hamburg hat die Schülergerichte nach eineinhalb Jahren wieder eingestellt, da zu wenig Fälle von der Staatsanwaltschaft an die Schülergerichte übertragen worden sind.

Schülergericht, „Rechtslupe" v. 16.8.2010; in: http://www.rechtslupe.de/straf-recht/schuelergericht-320901 (Zugriff: 31.1.2012)

M 7 Schülerrichter: Anne (17), Olga (16), Sarah (17) und Martin (16)

Felix Tegeler (15):
„Die Idee finde ich nicht gut. Bei mir würde das nichts bringen."

Saskia Holpert (16):
„Ich befürworte dieses Projekt, denn die ganze Verhandlung wird sicherlich fairer, wenn sie von Gleichaltrigen geführt wird. Die Jugendlichen sehen dann eher ein, warum sie etwas falsch gemacht haben, weil die Mitglieder des Gremiums ihnen aufgrund des Alters näherstehen."

Christina Rauber (17):
„Ich glaube nicht, dass Jugendliche ein solches Maß an Eindruck auf Gleichaltrige machen, dass sie ihnen zu Einsicht verhelfen können. Die konventionellen Verfahren, die von Erwachsenen geführt werden, strahlen mehr Autorität aus und werden die Jugendlichen sicherlich mehr beeindrucken."

„Gießener Anzeiger", 14. 10. 2005

M 6 Umfrage unter Jugendlichen zu Schülergerichten

Sachwissen und Analysekompetenz

1 Was entspricht rechtsstaatlichen Grundsätzen, was nicht? (M 4)

2 Ordne die Rechte und Pflichten in M 3 den passenden Altersstufen zu und übertrage M 3 als Übersicht in dein Heft.

3 Ordne die Schlagzeilen in M 1 den Bereichen öffentliches und ziviles Recht zu.

4 Überprüft eure Kenntnisse zu den Grundrechten, indem ihr das Grundrechte-Jogging (M 2) spielt. (http://www.lpb-bw.de/online-spiele/grundrechtejogging/spiel/spiel.html)

Urteils- und Handlungskompetenz

5 a Bewertet die Argumente in M 7 für die Errichtung von Teen-Courts kritisch.

  b Schülergerichte basieren auf dem Grundgedanken der Jugendgerichtsbarkeit (s. M 7). Erkläre.

  c Beurteilt die Möglichkeiten eines Schülergerichtes. Berücksichtigt M 5 und M 6.

  d Schreibt einen Leserbrief an den Gießener Anzeiger, in dem ihr zu den Aussagen in M 6 Stellung nehmt.

M 1

Am Ende dieses Kapitels kannst du

- an Beispielen aufzeigen, was eine demokratische Gesellschaft ausmacht.
- verschiedene Formen von Demokratie unterscheiden. Außerdem kannst du Vor- und Nachteile der verschiedenen Demokratieformen benennen und bist in der Lage, dir begründet ein Urteil darüber zu bilden.
- an Beispielen zeigen, warum eine Einschränkung der Mehrheitsregel in Demokratien sinnvoll ist.
- erklären, welchen Bedrohungen eine Demokratie ausgesetzt ist und wie die Verteidigung der Demokratie in unserem Staat möglich ist.

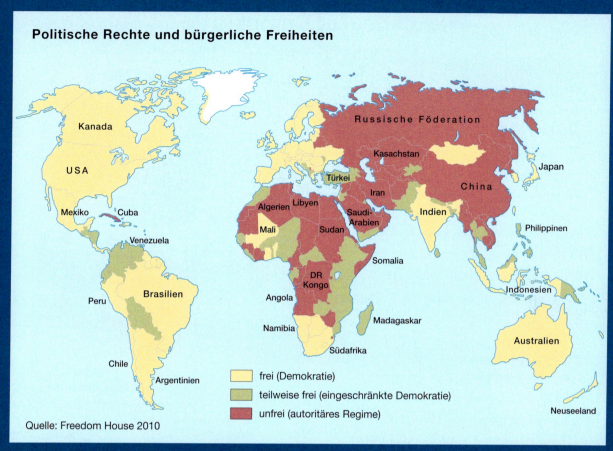

Politische Rechte und bürgerliche Freiheiten

Kanada

USA

Mexiko   Cuba

Venezuela

Peru   Brasilien

Chile

Argentinien

Russische Föderation

Kasachstan

Türkei   Japan

Iran   China

Algerien   Libyen

Saudi-   Indien
Arabien

Mali   Sudan

Somalia

DR
Kongo

Angola

Namibia   Madagaskar

Südafrika

Philippinen

Indonesien

Australien

Neuseeland

☐ frei (Demokratie)

☐ teilweise frei (eingeschränkte Demokratie)

☐ unfrei (autoritäres Regime)

Quelle: Freedom House 2010

M2 Verwirklichung politischer Rechte und bürgerlicher Freiheiten in der Welt, Quelle: Freedom House, 2010

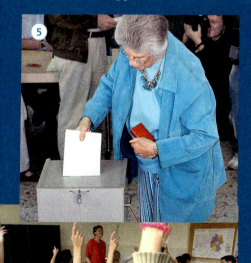

demokratisch	undemokratisch

M3

1 Was bedeutet für euch **demokratisch**? Ordnet die Bilder aus M1 einer der beiden Tabellenspalten (M3) zu und begründet eure Entscheidung jeweils.

2 Demokratie selbstverständlich? Wertet  Schaubild M2 aus.

3 Nennt mögliche Probleme im alltäglichen Leben, die sich für die Menschen in Ländern mit einem autoritären Regime ergeben können.

Was bedeutet Demokratie?

A. Jeder muss ein ausreichendes Einkommen haben.

B. Der Beruf muss frei wählbar sein.

C. Jeder muss seine Meinung frei äußern können.

D. Jeder darf an Demonstrationen teilnehmen oder sich Bürgerinitiativen anschließen.

E. Die Einkommensunterschiede in der Gesellschaft dürfen nicht zu groß sein.

F. Jeder muss reisen dürfen, wohin er möchte.

G. Die Gesetze müssen für alle gleich gelten.

H. Es darf keine Vorrechte für bestimmte Gruppen geben.

I. Die Richter sind von der Regierung unabhängig.

J. Es muss eine starke 📖 Opposition geben, um die Regierung zu kontrollieren.

K. Die staatliche Macht muss auf mehrere Institutionen verteilt sein, die sich gegenseitig kontrollieren.

L. Es muss ein Recht auf Arbeit geben.

M. Jeder muss eine Wohnung haben können.

N. Es muss unabhängige kritische Medien geben.

O. Es muss einen starken Staat geben.

P. Die Bürger müssen politisch gut informiert werden.

Q. Es muss auch in den Bundesländern Parlamente und in den Kommunen Gemeinderäte geben.

R. Die Bürger sollen über wichtige Fragen in Volksabstimmungen entscheiden können.

S. Das Privatleben muss absolut geschützt sein.

T. Es muss ein Recht auf freies Unternehmertum geben.

U. Es darf keine Verfolgung von Kritikern der Regierung oder politische Gefangene geben.

V. Staat und Kirche müssen getrennt sein.

W. Durch die Garantie der Menschenrechte werden Minderheiten geschützt.

X. Man muss bei Wahlen zwischen mehreren Parteien mit unterschiedlichen Parteiprogrammen wählen können.

Y. Es müssen regelmäßige Wahlen stattfinden.

Z. Durch Wahlen kann es zu einem Regierungswechsel kommen.

M 1 Forderungen an eine demokratische Gesellschaft

M 2 „Democracy is government of the people, by the people and for the people" (*Abraham Lincoln, 1863, ehemaliger amerikanischer Präsident*)

Wo viele Menschen zusammenleben, müssen sie Regeln für ihr Zusammenleben festlegen. Dabei kann das Zusammenleben in einem Staat ganz unterschiedlich geregelt werden und wir sprechen hier von verschiedenen 📖 Staatsformen. Weltweit behaupten heute nahezu alle Staaten, Demokratien zu sein. Eine Staatsform muss, um den Namen „moderne Demokratie" zu verdienen, jedoch einige grundlegende Anforderungen erfüllen, die nicht nur in der Verfassung niedergeschrieben, sondern auch im politischen Alltag von Politikern und Behörden umgesetzt werden müssen. Der Begriff Demokratie steht aber für mehr als eine Staatsform und seine Ordnung. Er ist auch Teil unserer Gesellschaft und beginnt schon in unserem Alltag, z. B. im Beruf, in der Schule oder in der Familie.

M3 Demokratie

Der Begriff kommt aus dem Griechischen und bedeutet „Herrschaft des Volkes". In Deutschland gibt es diese Staatsform seit 1949, zuvor gab es sie bereits einmal von 1918 bis 1933. Demokratie heißt: Alle Bürger und Bürgerinnen haben die gleichen Rechte und Pflichten. Über sie herrscht kein Kaiser, auch kein König und kein General. Alle Menschen dürfen frei ihre Meinung sagen, sich versammeln, sich informieren. Es gibt unterschiedliche Parteien, die ihre Vorstellungen in so genannten Parteiprogrammen kundtun. Die Bürger wählen Personen und Parteien, von denen sie eine bestimmte Zeit lang regiert werden wollen. Und wenn die Regierung ihre Arbeit schlecht macht, kann das Volk bei der nächsten Wahl eine andere Regierung wählen.

In einer Demokratie muss alles, was der Staat tut, nach den Regeln der Verfassung und den geltenden Gesetzen erfolgen. In Deutschland stehen diese Regeln im Grundgesetz. Der demokratische Staat ist also immer auch ein Rechtsstaat.

www.hanisauland.de, abgerufen am 5.5.2008

M4 Demokratie in der Clique

Dazu verpflichte ich mich:
Ich bin bereit, mich einem Beschluss der Mehrheit in meiner Clique anzuschließen. Ich tue dies aber nur, wenn:

- zuerst ausführlich diskutiert worden ist;
- wenn alle zu Wort gekommen sind;
- wenn alle Argumente bedacht worden sind;
- wenn andere nicht durch diese Entscheidung beleidigt, verletzt, diskriminiert oder ausgestoßen werden;
- wenn die Entscheidung nicht gegen meine prinzipiellen Vorstellungen von Freundschaft und Zusammenleben verstößt;
- …

M5

M6

1 In M1 findet ihr 26 Forderungen an eine demokratische Gesellschaft.
  a Welche sind für euch die wichtigsten? Arbeitet in Gruppen und streicht zehn Forderungen heraus, die ihr für weniger wichtig haltet. Begründet dies.
  b Bringt die verbleibenden Forderungen in eine Rangliste von 1–16.
  c Stellt eure Ergebnisse der Klasse vor und begründet sie. Wenn ihr euch nicht einig seid, formuliert abweichende Meinungen.
  d Formuliert eine Definition von Demokratie.

2 Vergleicht eure Gruppenergebnisse mit der Definition in M3. Stellt Gemeinsamkeiten und Unterschiede fest.

3 Seht euch das Foto M5 an. Informiert euch im Internet über Jugendparlamente. Wie kommen sie zustande? Ermittelt die Themen, mit denen sie sich beschäftigen (s. auch M6).

4 Sucht ein Jugendparlament in eurer Nähe. Nehmt Kontakt auf und besucht es. Besprecht, ob diese Einrichtungen geeignet sind, die Interessen von Jugendlichen zu vertreten.

5 Bearbeite M4 und vergleiche anschließend dein Ergebnis mit dem deines Tischnachbarn.

Demokratie – aber wie?

M 1 Sitzungssaal des Deutschen Bundestages

M 2 Versammlung der Bürgerinnen und Bürger in Glarus (Schweiz)

Webcode:
PE641796-040

M 3 Portal für interaktive Demokratie

Pro:

Die Bürgerinnen und Bürger nehmen durch Volksab-stimmung direkt Einfluss auf politische Entscheidun-gen. Bei Fragen, von denen sie direkt betroffen sind, sollten sie mitentscheiden können. Die „Macht" des Volkes darf sich nicht auf das Kreuz bei der Wahl alle vier Jahre beschränken.

Kontra:

Entscheidungen in der Demokratie können nicht nur nach Ja oder Nein abgestimmt werden. Viele Probleme können am besten von Fachleuten oder Politikern be-schlossen werden, die etwas von der Sache verstehen. Den Bürgerinnen und Bürgern fehlt oft das nötige Fachwissen. Auch besteht die Gefahr, dass aus augen-blicklichen Stimmungen heraus entschieden wird.

M 4 Direkte Demokratie – Pro und Kontra

M 5 Aussagen zum Thema Demokratie

1. Die Einführung von „E-Voting" bringt es mit sich, dass mehr/weniger/ vor allem junge/vor allem ältere Wähler als sonst sich an Wahlen nicht be-teiligen/beteiligen werden.

2. Die Gefahr, dass E-Votings durch Viren/schlechte Datenverbindungen/ mangelnde Kenntnisse … verfälscht werden, ist nicht sehr groß.

3. E-Voting ist ein/kein zusätzliches Angebot und kann normale Wahlen in der Zukunft ersetzen/nicht ersetzen.

4. E-Voting ist wegen/trotz der notwendigen Sicherheitsvorkehrungen nicht aufwändiger oder nicht teurer als herkömmliche Wahlen.

5. E-Voting ist keine/eine Spielerei für Computer-Freaks.

6. Über E-Voting kann auch nicht mehr Bürgerbeteiligung erreicht werden. Es wird nicht das Wahlverfahren der Zukunft sein.

7. Die Akzeptanz von Wahlen per Internet ist bei der Bevölkerung nicht groß.

M 6 Abstimmung per Internet?

1 a Beschreibt M 1. Haltet fest, auf welche Weise das Volk durch den Bundestag seine Macht ausübt (s. auch S. 56/57 und 60/61).
   b Erörtert, welche Schwierigkeiten sich bei diesem „Modell" der Demokratie (M 1) ergeben könnten.

2 a Beschreibt M 2. Haltet fest, auf welche Weise das Volk in Glarus seine Macht ausübt.
   b Erörtert, welche Schwierigkeiten sich bei diesem „Modell" der Demokratie (M 2) ergeben könnten.

3 Ordnet die Aussagen in M 5 den Standpunkten aus M 4 zu.

4 a Beschreibt M 3. Welcher Demokratieform kommt M 3 entgegen?
   b Wie lauten die Sätze für dich richtig? (M 6)
   c Besprecht eure Ergebnisse aus M 6 mit eurem Tischnachbarn.

5 Findet weitere Beispiele für direkte Demokratie (S. 45). Stellt in einer Tabelle Vor- und Nachteile gegenüber.

Die Mehrheit entscheidet – und die Minderheit?

M 1 „Tut mir leid, aber wir haben darüber abgestimmt."
Zeichnung: Markus

A) Die Klasse muss sich entscheiden, wohin die nächste Klassenfahrt gehen soll.

B) Ab wie vielen Punkten erhält ein Schüler/eine Schülerin eine 1, 2, 3 usw. in der Klassenarbeit in Mathematik?

C) Vier Schüler in einer Klasse können nicht schwimmen. Die restlichen 28 Schüler würden den Ausflug gerne ins Schwimmbad machen.

D) Auf der Klassenfahrt muss entschieden werden, ob vom restlichen Geld der Klassenkasse Eis gekauft wird oder ob alle zusammen in den Zoo gehen können.

...

M 2 Entscheidungssituationen

Haben Mehrheiten immer Recht?

In einer Demokratie gilt der Grundsatz, dass bei Wahlen und Abstimmungen die Mehrheit entscheidet und dass die Minderheit diese Entscheidung anerkennt (Mehrheitsregel). Sie hat dafür die Chance, bei den nächsten Wahlen und Abstimmungen ihrerseits die Mehrheit zu erringen, und kann erwarten, dass dann ihre Entscheidungen respektiert werden. Das Mehrheitsprinzip ist eine Kompromisslösung. Die Mehrheitsentscheidung muss nicht richtig sein. Das Mehrheitsprinzip gewährleistet aber, dass Konflikte friedlich ausgetragen werden.

Wenn jedoch die Interessen einer Minderheit immer wieder missachtet werden, können Demokratien Schaden nehmen. Aus diesem Grund gibt es einen Schutz für Minderheiten und es werden vielfach bei Entscheidungsverfahren Kompromisslösungen angestrebt.

Akzeptanz von Mehrheitsentscheidungen

Unter demokratischen Gesichtspunkten können Mehrheitsentscheidungen nur dann akzeptiert werden, wenn sie vom Prinzip her wieder rückgängig gemacht werden können. Selbst große Mehrheiten dürfen für sich nicht in Anspruch nehmen, auf alle Zeit unumstößliche und in ihren Auswirkungen nicht absehbare Entscheidungen zu treffen. In der Bundesrepublik sind Mehrheitsentscheidungen des Parlaments zudem immer den Grundprinzipien der Rechtsstaatlichkeit und dem Prinzip der Verfassungsmäßigkeit unterworfen. So dürfen Grundprinzipien der Demokratie selbst laut Verfassung nicht geändert werden und unterstehen auch nicht dem Mehrheitsprinzip.

M 3 Grundsätzliche Interessen

Eine Mehrheitsentscheidung ist brüchig und haltlos, wenn die betroffene Minderheit sich in grundsätzlichen Interessen betroffen fühlt; wenn es zum Beispiel um Überleben, Sicherheit, Freiheit, Glück, Menschenwürde und lebenswerte Umweltbedingungen geht. Mehrheitsentscheidungen dürfen nur über solche Sachfragen getroffen werden, die im Prinzip rückgängig zu machen oder korrigierbar sind.

Bernd Guggenberger/Claus Offe: Politik an der Basis. In: Politik u. Zeitgeschichte B 47, 1983, S. 6, 9

M 4 „Die Bahn muss weg"

Am 21.10.2011 wurde am Frankfurter Flughafen die neue Landebahn Nordwest eröffnet und in Betrieb genommen. Dagegen gab es große Proteste der von neuem Fluglärm betroffenen Menschen.

6000 Leute, so die Schätzung der Bürgerinitiativen, die Polizei sagt 3000, demonstrierten zum sechsten Mal gegen den Fluglärm, der ihnen seit der Eröffnung der neuen Nordwestlandebahn die Lust am Leben im Rhein-Main-Gebiet raubt.

Die Frankfurter beklagten in ihrer auf Tafeln montierten Todesanzeige das Sterben ihrer südlichen Stadtteile, ein paar Leute demonstrierten mit Plastiktöpfen auf dem Kopf, dass die Region im Eimer ist, wenn sich nicht bald etwas ändert. Die Region zwischen dem Main-Kinzig-Kreis und Mainz befindet sich in Aufruhr. Und der Ton der mittlerweile in 80 Bürgerinitiativen organisierten Menschen wird rauer: Immer öfter, immer lauter und immer bestimmter war gestern Abend der Ruf zu hören: „Die Bahn muss weg."

Viele unter den Demonstranten begnügen sich nicht mehr mit der Minimalforderung, ein (…) Nachtflugverbot zwischen 23 und 5 Uhr zu fordern. Das Mindeste ist nun eine von Flugbewegungen freie Zeit zwischen 22 und 6 Uhr. Immer dann, wenn Redner acht Stunden ungestörten Schlaf einforderten, erschallte im Terminal 1 auch der lautstarke Ruf der Mehrheit nach Stilllegung der 600 Millionen Euro teuren, gerade erst eröffneten Betonpiste.

Jürgen Ahäuser/Pitt von Bebenburg: Der Schrei nach Stilllegung der Landebahn, Frankfurter Rundschau v. 20.12.2011, in: http://www.fr-online.de (Zugriff: 2.2.2012)

M 5 Flughafen-Gegner protestieren gegen zunehmenden Fluglärm und die neue Nordwestlandebahn am Montag (12.12.2011) in der Abflughalle des Flughafens Frankfurt am Main.

1 Beschreibt die Karikatur M 1 und überlegt, was der Zeichner damit aussagen wollte.

2 Überlegt, bei welchem der Beispiele aus M 2 eine Mehrheitsentscheidung sinnvoll erscheint und wo nicht. Begründet und findet weitere Beispiele.

3 Erarbeitet anhand des Autorentextes und M 3, welche Probleme sich beim Mehrheitsprinzip ergeben.

4 Legt eine Tabelle mit folgenden Spalten an: Autoren/Was spricht für das Mehrheitsprinzip?/Was spricht gegen das Mehrheitsprinzip? Tragt eure Überlegungen ein und vergleicht.

5 Untersucht M 4. Recherchiert im Internet über die Erweiterung des Frankfurter Flughafens. Seht euch M 5 an und besprecht, ob die Demonstranten eine Minderheit vertreten. Wie könnte der Konflikt gelöst werden?

Demokratie ja – Beteiligung nein?

		++	+	0	–	– –
1.	Politik ist ein schmutziges Geschäft!					
2.	Die da oben machen doch nur, was sie wollen!					
3.	Politik geht jeden an!					
4.	Politik ist wichtig, damit man seine Rechte und Interessen durchsetzen kann!					
5.	Die Bürgerinnen und Bürger haben viel zu hohe Ansprüche an die Politiker!					
6.	Es ist ein Nachteil in der Demokratie, dass jeder glaubt, mitreden zu können!					
7.	In der Politik wird viel zu viel gestritten.					
8.	Die Politiker sind doch nur auf Stimmenfang aus!					
9.	Die Unzufriedenen sollten sich stärker in der Politik engagieren!					
10.	Die Regierung sollte mehr Macht haben, damit die ewige Streiterei aufhört!					
11.	Die Demokratie ist die beste aller Staatsformen.					
12.	Wenn ich will, kann ich mich einmischen – und das ist mir wichtig!					

++ = stimme der Ansicht sehr zu, + = stimme im Großen und Ganzen zu, 0 = ich bin unentschieden,
– = lehne die Ansicht im Großen und Ganzen ab, – – = lehne die Ansicht entschieden ab.

M1 Politik – ein Streitthema. Material für eine Umfrage

Auch wenn das politische Interesse bei Jugendlichen weiterhin deutlich unter dem Niveau der 1970er- und 1980er-Jahre liegt, ist der Anteil der politisch Interessierten im Vergleich zu 2002 und 2006 wieder leicht angestiegen.

Dieser leichte Anstieg ist zum einen auf die mittleren und gehobenen Schichten und zum anderen auf die Jüngeren zurückzuführen. Bei den 12- bis 14-Jährigen ist das Interesse von 11 Prozent in 2002 auf mittlerweile 21 Prozent gestiegen. Und auch bei den 15- bis 17-Jährigen gab es eine positive Trendwende: In 2002 waren in dieser Gruppe 20 Prozent politisch interessiert, heute sind es 33 Prozent. Kein Anstieg ist hingegen bei den Jugendlichen im Alter von 18 bis 25 Jahren zu verzeichnen. (…)

Trotz der allgemeinen Politik- und Parteienverdrossenheit sind Jugendliche durchaus bereit, sich an politischen Aktivitäten zu beteiligen, insbesondere dann, wenn ihnen eine Sache persönlich wichtig ist. So würden 77 Prozent aller jungen Leute bei einer Unterschriftenaktion mitmachen. Immerhin 44 Prozent würden auch an einer Demonstration teilnehmen.

Im Vergleich zu den Vorjahren sind immer mehr Jugendliche sozial engagiert: 39 Prozent setzen sich häufig für soziale oder gesellschaftliche Zwecke ein. Auch hier zeigen sich soziale Unterschiede. Aktivität und Engagement sind bildungs- und schichtabhängig. Je gebildeter und privilegierter die Jugendlichen sind, desto häufiger sind sie im Alltag aktiv für den guten Zweck.

Nach: Shell-Jugendstudie 2010, in: http://www.shell.de/home/content/deu/aboutshell/our_commitment/shell_youth_study/2010 (Zugriff: 3.2.2012)

M2 Ergebnisse der Shell-Studie 2010

M3 Voraussetzungen für jugendliches Engagement

1. Es darf keine Chefs geben, keine Altfunktionäre, die das Sagen haben.
2. Jugendliche wollen „Spaß haben", auch bei der Beschäftigung mit ernsten Angelegenheiten. Sie sind nicht bereit, ihre Freizeit für Termine zu opfern, die sie als „Stress" empfinden.
3. Wenn sie sich schon engagieren, wollen sie Gelegenheit haben, auch Freundschaften zu schließen.
4. Sie sind nicht bereit, lange zu taktieren und über Kompromisse zu reden, sondern bevorzugen eindeutige zeitlich begrenzte Interessengruppen.
5. Action ist angesagt, keine lange Schulung.
6. Jugendliche setzen sich für konkrete Dinge ein, z.B. Rücknahme einer Abschiebungsverfügung.
7. Man muss jederzeit wieder aussteigen können, wenn das Weitermachen nicht mehr sinnvoll und spannend erscheint.

Autorentext

Die Bildbeschriftungen:

- Schreiben von Leserbriefen an Medien
- Mitarbeit in der Schülervertretung oder im Jugendparlament
- Mitarbeit in Bürgerinitiativen
- Einlegen einer Verfassungsbeschwerde beim Bundesverfassungsgericht
- In Internetforen über politische Themen diskutieren
- sich für ein Bürgerbegehren einsetzen
- Gespräche mit Abgeordneten oder Kommunalpolitikern führen
- Demonstration
- Mitgliedschaft, Mitarbeit in einer Partei
- selbst für ein politisches Amt kandidieren
- Teilnahme an politischen Diskussionen
- mit anderen Volksbegehren in die Wege leiten
- Mitarbeit in Vereinen, Verbänden oder Gewerkschaften
- an Wahlen (Europaparlament, Bundestag, Landtag, Kommune) teilnehmen
- Unterschriften sammeln
- Eingaben, Beschwerden schreiben
- sich in Selbsthilfegruppen, Umwelt- oder Menschenrechtsgruppen engagieren

M 4 Möglichkeiten politischer Beteiligung

Politik – wen geht das was an?

„Politisch sein ist heute nicht unmittelbar in", stellen die Autoren der 15. Shell-Jugendstudie 2006 fest. Das politische Interesse von Jugendlichen ist seit vielen Jahren rückläufig. Hatten 1991 noch 57 Prozent der befragten Jugendlichen im Alter zwischen zwölf und fünfundzwanzig Jahren Interesse an Politik bekundet, so waren es 2006 nur noch 39 Prozent. Und wie ist euer Verhältnis zur Politik? Die Materialien auf dieser Doppelseite sollen euch helfen, eure eigenen Meinungen zu äußern, sie zu ordnen und so einen Überblick zu bekommen, wie das Meinungsbild in eurer Klasse aussieht.

1 In M 1 findest du verschiedene Aussagen über Politik. Überlege, wie du dazu stehst. Übertrage die Tabelle auf ein Blatt. Kreuze jeweils an. Diskutiert die Ergebnisse in der Klasse.

2 Nimm Stellung zu den Ergebnissen der Shell-Studie (M 2). Wo stellst du Gemeinsamkeiten, wo Unterschiede zu deinen Ergebnissen aus Aufgabe 1 fest?

3 Versuche, die Ergebnisse der Shell-Studie (M 2) mit den Aussagen von M 3 zu erklären. Ergänze die Liste M 3 um weitere Voraussetzungen.

4 a Klärt, welche Tätigkeiten mit den in M 4 dargestellten Beispielen politischer Beteiligung verbunden sind. Welche Möglichkeiten stehen dabei auch Jugendlichen offen?

b Besprecht, bei welchen dieser Beispiele ihr euch ein Mitmachen vorstellen könntet.

Demokratie verteidigen

Artikel 79 GG

(3) Eine Änderung dieses Grundgesetzes, durch welche die Gliederung des Bundes in Länder, die grundsätzliche Mitwirkung der Länder bei der Gesetzgebung oder die in den Artikeln 1 und 20 niedergelegten Grundsätze berührt werden, ist unzulässig.

Artikel 21 GG

(2) Parteien, die nach ihren Zielen oder nach dem Verhalten ihrer Anhänger darauf ausgehen, die freiheitliche demokratische Grundordnung zu beeinträchtigen oder zu beseitigen oder den Bestand der Bundesrepublik Deutschland zu gefährden, sind verfassungswidrig. Über die Frage der Verfassungswidrigkeit entscheidet das Bundesverfassungsgericht.

M 1 Demonstration gegen Rechtsextremismus (am 20.10.2007 in Frankfurt/Main)

M 2 Wappen des Bundesamts für Verfassungsschutz

Abwehr von Verfassungsfeinden

Als nach dem Zweiten Weltkrieg eine neue Verfassung – das Grundgesetz – für die Bundesrepublik Deutschland erarbeitet wurde, wollte man auf jeden Fall verhindern, dass die Grundrechte von verfassungsfeindlichen Gruppen außer Kraft gesetzt werden konnten:

- Bestimmte Grundsätze der Verfassung unterstehen der Ewigkeitsgarantie (Art. 79 Abs. 3 GG). Das bedeutet, dass sie niemals verändert oder gar abgeschafft werden dürfen. Dazu gehören u. a. die Menschenwürde und das Prinzip des sozialen Rechtsstaates.
- Die Grundrechte bilden die Leitschnur für die gesamte Gesetzgebung und sind beim Bundesverfassungsgericht einklagbar.

Unsere heutige Verfassung kann durch diese Schutzmaßnahmen in ihrem Kern durch keinen Rechtsakt beeinträchtigt oder gar beseitigt werden.

Parteienverbot

Damit sich der Staat vor erklärten Feinden der Verfassung schützen kann, sieht das Grundgesetz ausdrücklich die Möglichkeit eines Verbots von verfassungsfeindlichen Parteien und Gruppierungen vor (Art. 21 Abs. 2 GG). Über ein mögliches Parteienverbot kann jedoch nur das Bundesverfassungsgericht entscheiden. Es muss mit mindestens einer Zweidrittelmehrheit feststellen, dass eine Partei verfassungsfeindlich ist, wenn sie verboten werden soll. Andere verfassungswidrige Organisationen können vom Bundesinnenminister bzw. den Innenministern der Länder verboten werden. So wurde z. B. im Januar 2004 die Skinhead-Gruppierung „Fränkische Aktionsfront" durch das Bayerische Innenministerium verboten.

In Deutschland hat es bisher zwei Parteiverbote gegeben: 1952 wurde die rechtsextreme Sozialistische Reichspartei (SRP) verboten, 1956 die linksextreme Kommunistische Partei Deutschlands (KPD).

Rechtsextremismus

Der Rechtsextremismus in Deutschland stellt kein einheitliches ideologisches Gefüge dar, sondern weist unterschiedliche Begründungen und Zielsetzungen auf. Die rechtsextremistische Ideenwelt ist von nationalistischen und rassistischen Anschauungen geprägt. Dabei ist die Überzeugung vorherrschend, die Zugehörigkeit zu einer Nation oder Rasse entscheide über den Wert eines Menschen.

Linksextremismus

Linksextremisten sind Gegner der Staats- und Gesellschaftsordnung der Bundesrepublik Deutschland. Je nach ideologisch-politischer Orientierung wollen sie ein sozialistisches/kommunistisches System oder eine „herrschaftsfreie Gesellschaft" (Anarchie) etablieren.

Islamismus

Der Islamismus fordert unter Berufung auf den Urislam des 7. Jahrhunderts die Wiederherstellung einer „islamischen Ordnung".
Militante Islamisten denken, sie seien dazu bestimmt, die „islamische Ordnung" mit Gewalt durchzusetzen. Diese Ansicht widerspricht grundlegenden Prinzipien der freiheitlichen demokratischen Grundordnung.

(Extremismus in Deutschland. Ein Kurzlagebild. www.verfassungsschutz.de)

M 3 Formen des Extremismus

M 4 **Extremismus in Deutschland.** *Quelle: Verfassungsschutzbericht 2011*

polizeilichen Befugnisse, darf z. B. keine Verhaftungen vornehmen. Deshalb gibt es innerhalb der Polizei besondere Abteilungen, die für **Staatsschutzdelikte** zuständig sind. Damit sind alle Straftaten gemeint, die sich gegen den demokratischen Rechtsstaat richten, wie Landesverrat, Terrorismus, aber auch Delikte wie Wahlfälschung und Abgeordnetenbestechung.

Webcode:
PE641796-047

Kampf gegen den Extremismus

Zu den staatlichen Instrumenten zur Verteidigung der Demokratie gegen Extremisten zählen der Verfassungsschutz und spezielle Abteilungen innerhalb der Polizei. Aufgabe des Verfassungsschutzes ist die systematische Beobachtung aller extremistischen Aktivitäten. Jährlich werden die Erkenntnisse im **Verfassungsschutzbericht** zusammengefasst. Er dient dazu, die Bevölkerung zu informieren, welche Bestrebungen und Tätigkeiten im jeweiligen Beobachtungsjahr aufgedeckt wurden, die sich gegen die demokratische Grundordnung des Staates richten.
Der Verfassungsschutz liefert nur Informationen und Analysen. Er hat aber keine

1 Schreibe einen Artikel für die Schülerzeitung, in dem du erklärst, welchen Schutz unsere Verfassung vor verfassungsfeindlichen Gruppen bietet (Text, GG-Artikel in der Randspalte auf S. 46).

2 „Die Wiedereinführung der Monarchie ist in Deutschland ausgeschlossen." Nimm begründet Stellung zu dieser Behauptung.

3 Erläutere, welche extremistischen Gefahren in Deutschland drohen (M 3, M 4).

4 Sind Verbote verfassungsfeindlicher Parteien undemokratisch? Führt in der Klasse ein Streitgespräch pro und kontra Parteienverbote (s. auch S. 279).

5 Informiere dich über aktuelle Entwicklungen im Kampf gegen den Extremismus in Deutschland. Verfasse dazu einen kurzen Zeitungsartikel.

Fallstudie: Rechtsextremismus

M 1 Aufmarsch von Neonazis

Kleidungsstücke, Aufnäher und Schriftzüge

sind Kennzeichen der Zusammengehörigkeit der rechtsextremistischen Szene. Beliebt sind z. B. T-Shirts der Marke „CONSDAPLE" (womit man die Buchstabenfolge NSDAP zeigen kann).
Symbole mit dem Schriftzug „White Power" und der geballten weißen Faust dienen Rechtsextremisten dazu, ihre rassistischen Überzeugungen zu zeigen.

M 2 Was Rechtsextremisten wollen und wie sie denken

Rechtsextremisten

· denken übersteigert national und sind fremdenfeindlich.

· sind rassistisch, halten bestimmte Völker für minderwertig und sind antijüdisch eingestellt.

· sind intolerant gegenüber Minderheiten.

· wollen eine Diktatur.

· suchen die Auseinandersetzung in brutaler körperlicher Gewalt bis hin zum Mord.

· orientieren sich am Gedankengut aus der Hitlerzeit und verwenden deren Symbole und Gesten.

· sind über ein internationales Netzwerk gut organisiert.

· nutzen Unzufriedenheit bei Jugendlichen, sie für ihre Ziele einzuspannen.

H.-J. van der Gieth/W. Kneip: Werkstatt Politik. Gewalt stoppen. Berlin, 2000, S. 60

M 3 Der extreme Osten

Besonders hoch ist das rechtsextreme Potenzial in Ostdeutschland. (…) Experten nennen als wichtigste Ursache den radikalen Wandel der Orientierung in Ostdeutschland seit der Wende. Aus Autoritäten wurden über Nacht Feinde, der

„Klassenfeind" wurde plötzlich zum Freund. Für die Jugendlichen hat sich nach der Wende viel verändert. Gab es vor der Wende allein in Dresden rund hundert Treffpunkte für Jugendliche, sind es jetzt weniger als zwanzig. Mit dem Zusammenbruch vieler Betriebe schlossen deren Jugendclubs. Wichtige soziale Verbindungen gingen verloren. Hohe Arbeitslosigkeit, wenig Geld – und alles in Zeiten des rasenden Videoclips und der allgegenwärtigen Werbung. Viele, die an der schönen schnellen Welt nicht teilhaben konnten, suchten Halt bei rechtsextremen Gruppen. Das LKA (Landeskriminalamt) Sachsen nennt denn auch Orientierungslosigkeit, Alkohol und Gruppenzwänge als Hauptgründe für einen drastischen Anstieg der Fremdenfeindlichkeit in Sachsen.

H.-J. van der Gieth/W. Kneip: Werkstatt Politik. Gewalt stoppen. Berlin, 2000, S. 60

M 4 Was suchen Jugendliche in der rechtsextremen Szene?

· Geborgenheit, Zusammengehörigkeitsgefühl, soziale Wärme

· „Ich will da sein, wo meine Freunde sind"

· Selbstwertgefühl und Anerkennung

· Erkennbare Strukturen

· Deutung gesellschaftlicher Widersprüche (…)

· Mal richtig Dampf ablassen und die „Sau rauslassen"

· Orientierung und Halt auch in schwierigen Lebenssituationen

· Risiko- und Abenteuererfahrungen

· „Ich brauche jemanden, dem ich nicht gleichgültig bin"

· „Ich brauche jemanden, an dem ich mich mal festhalten kann"

Arbeitsgruppe SOS-Rassismus NRW

M5 Der Staat ist nicht wehrlos –
Auszüge aus dem Strafgesetzbuch

§ 86 a Verwendung von Kennzeichen verfassungswidriger Organisationen.
(1) Mit Freiheitsstrafe bis zu drei Jahren oder mit Geldstrafe wird bestraft, wer (…) Kennzeichen einer der (…) bezeichneten Parteien und Vereinigungen verbreitet oder öffentlich in einer Versammlung (…) verwendet. (…) Kennzeichen im Sinne des Absatzes 1 sind namentlich Fahnen, Abzeichen, Uniformstücke, Parolen und Grußformen. (…)

§ 130 Volksverhetzung
Wer in einer Weise, die geeignet ist, den öffentlichen Frieden zu stören, die Menschenwürde anderer dadurch angreift, dass er 1. zum Hass gegen Teile der Bevölkerung aufstachelt, 2. zu Gewalt- oder Willkürmaßnahmen gegen sie auffordert oder 3. sie beschimpft, böswillig verächtlich macht oder verleumdet, wird mit Freiheitsstrafe von drei Monaten bis zu fünf Jahren bestraft. (…)

§ 131 Gewaltdarstellung, Aufstachelung zum Rassenhass.
(1) Wer Schriften (…), die zum Rassenhass aufstacheln oder die grausame oder sonst unmenschliche Gewalttätigkeiten gegen Menschen in einer Art schildern, die eine Verherrlichung solcher Gewalttätigkeiten ausdrückt (…), 1. verbreitet, 2. öffentlich ausstellt, anschlägt, vorführt oder sonst zugänglich macht oder 3. herstellt, bezieht, liefert, vorrätig hält, anbietet, ankündigt, anpreist, (…) wird mit Freiheitsstrafe bis zu einem Jahr oder mit Geldstrafe bestraft. (…)

Zusammengestellt aus: T. Berger-v.d. Heide (Hg.): Menschen – Zeiten – Räume. Berlin 2002, S. 69

Rassismus beim Namen nennen, Opfern helfen, Mittel gegen Rechtsextremismus erhöhen
Das gravierende Versagen der Ermittlungsbehörden bei der Aufklärung der nun bekannt gewordenen rechtsterroristischen Mordserie *(s. S. 278/279)* belegt: Der Staat ist auf das Knowhow zivilgesellschaftlicher Initiativen gegen Rechtsextremismus dringend angewiesen. (…)
Mittel für Prävention deutlich aufstocken!
Wir müssen viel mehr Prävention *(Vorbeugung)* ermöglichen, um zu vermeiden, dass überhaupt ein Nährboden für rechtsextreme Gewalt entstehen kann. Deshalb fordern wir die Bundesregierung auf, die Mittel gegen Rechtsextremismus deutlich zu erhöhen. (…)
50 Millionen nachhaltig und unbürokratisch einsetzen!
Wir brauchen eine unbürokratische und nachhaltige Förderstruktur. Gute lokale Aktionspläne, mobile Beratungsteams und Opferberatungsstellen müssen langfristig gesichert und weiter ausgebaut werden. Jede Vermischung mit anderen „Extremismusformen" ist dabei inhaltlich nicht begründbar und verkennt die Gefahren von Rechts. (…)
Weg mit der erpresserischen Extremismusklausel!
Initiativen müssen inhaltlich weitgehend unabhängig von staatlichem Einfluss wirken können. Ministerin Schröder muss endlich aufhören, zivilgesellschaftliche Träger mit der „Extremismusklausel" zu gängeln. (…)
Demokratieförderung aus einem Guss!
Wer Rechtsextremismus erfolgreich zurückdrängen will, muss jeder Form von Diskriminierung entgegentreten. Die Antidiskriminierungsstelle des Bundes trägt dazu bei, Menschen hierzu zu befähigen. Dafür braucht sie mehr Mittel. Wir (…) fordern eine solide Finanzausstattung von 5,6 Millionen Euro jährlich. (…) Die politische Bildungsarbeit muss gesichert und verstärkt werden, wir fordern daher 3,5 Millionen mehr.

Bundestagsfraktion von Bündnis 90/Die Grünen: Maßnahmen gegen rechts, 23.11.2011; in: http://www.gruene-bundestag.de (Zugriff: 3.2.2012)

Zahlen und Zahlenkombinationen

Verwenden Rechtsextremisten, um ihre Einstellung zu zeigen. In der Zahl 88 stehen die Ziffern für entsprechende Buchstaben des Alphabets: „H" ist der achte Buchstabe, „88" ergibt damit „Heil Hitler".

Webcode:
PE641796-049

Extremismusklausel:
Schriftliche Einverständniserklärung, die unabhängige Initiativen gegenüber dem Bundesministerium für Familie, Senioren, Frauen und Jugend (BMFSFJ) seit 2011 als Voraussetzung für den Erhalt von Bundesfördermitteln abgeben sollen. Die Erklärung beinhaltet ein schriftliches Bekenntnis zur „freiheitlich demokratischen Grundordnung" und eine Verpflichtung, nur mit solchen Partner zusammenzuarbeiten, die die „Ziele des Grundgesetzes" teilen.

M6 Maßnahmen gegen Rechtsextremismus

1 Recherchiert mithilfe der angegebenen Links im Internet über Aktivitäten von Rechtsextremisten. Welche besondere Rolle kommt hier dem Internet zu?

2 Diskutiert, ob die vorgeschlagenen Gegenmaßnahmen angemessen sind (M6).

Demokratie entdecken

Demokratie	Opposition	Unsere Verfassung	Sind bei uns dem Prinzip der Verfassungsmäßigkeit unterworfen
Grundgesetz	Mehrheitsentscheidungen	Kontrolliert die Regierung	Staatliches Instrument zur Verteidigung der Demokratie gegen Extremismus
Regierung	Extremisten	Lehnen die Regeln in unserem demokratischen Staat ab	Wird in der Demokratie von den Bürgern gewählt
Verfassungsschutz	Volksverhetzung	Durch Volksabstimmungen werden politische Entscheidungen getroffen.	Wird mit Freiheitsstrafe (drei Monate bis 5 Jahre) bestraft
Rechtsstaat	Direkte Demokratie	Der Staat muss sich an die geltenden Gesetze halten.	In Deutschland Herrschaftsform seit 1949

M 1 Begriffe-Memory

M 2 Demokratie lernen

M 3 Auszug aus dem Comic „Andi". Comic für Demokratie und gegen Extremismus 1 *(www.andi.nrw.de)*

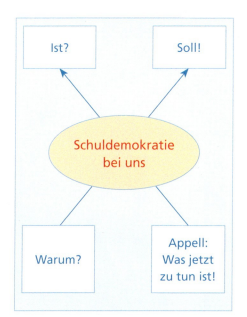

M 4 **Argumentationsposter** *Grundgesetz für Einsteiger und Fortgeschrittene, Bundeszentrale für politische Bildung, S. 12*

Sachwissen und Analysekompetenz

1 Findet die zusammengehörigen Begriffskarten in M 1.

2 a Beschreibt die Karikaturen in M 2.

   b Zeigt auf, welche Kritik am Demokratielernen jeweils geäußert wird.

Methoden- und Urteilskompetenz

3 a Sammelt Stichpunkte zur Frage: Kann Demokratie gelernt werden?

   b Diskutiert die Frage in der Klasse.

   c Bearbeitet das ✂ **Argumentationsposter** M 4.

4 a Fasse kurz die Handlung in M 3 zusammen.

   b Worauf genau beruft sich die Schülerin in M 3?

   c Wie wird die Lehrerin argumentieren? Notiert Antworten und vergleicht in der Klasse.

Handlungskompetenz

5 Angenommen, die Geschichte aus M 3 wäre an eurer Schule geschehen. Wie hättet ihr als Einzelner, als Klasse oder Schule reagieren können? Erstellt eine Liste mit Handlungsmöglichkeiten.

3 Die politische Ordnung der Bundesrepublik

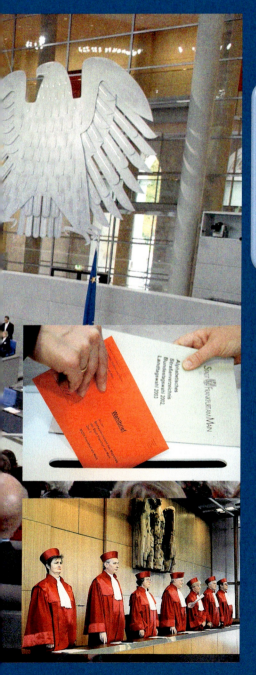

Am Ende dieses Kapitels kannst du

- erklären, was der Begriff „Gewaltenteilung" bedeutet. Außerdem kannst du begründen, warum es sich hierbei um ein wichtiges Prinzip in Demokratien handelt.
- die wichtigsten Institutionen, Beteiligten und Prozesse benennen und erläutern, die in unserem Staat an der Machtausübung beteiligt sind.
- die Rolle der Medien in der Demokratie beschreiben.
- mithilfe des Modells „Politikzyklus" beispielhaft politische Konflikte strukturiert beschreiben.
- erklären, welche Bedeutung die einzelnen Bundesländer in unserem Bundesstaat haben. Außerdem kannst du am Beispiel Hessen zeigen, wie sich ein Landtag zusammensetzt und welche Aufgaben von der Landesregierung übernommen werden.

HESSISCHER LANDTAG

1 Versucht in der Klasse zu klären, welche Rolle die abgebildeten Personen, Gebäude oder Situationen in der politischen Ordnung unseres Landes spielen.

Wer hat die Macht im Staat?

Gesetzgebende Gewalt
Legislative
Bundestag – Bundesrat

Bundestag wählt Bundeskanzler.
Bundestag und Bundesrat
beschließen Gesetze.
Bundestag und Bundesrat wählen
Bundesrichter.

Vollziehende Gewalt
Exekutive
Bundesregierung

Bundeskanzler bestimmt die Richtlinien der Politik. Bundesregierung
schlägt Gesetze vor.
Verwaltung (z. B. Polizei, Finanzbe-
hörden) führt die Gesetze aus.

Rechtsprechende Gewalt
Judikative
Bundesverfassungsgericht

Bundesverfassungsgericht überprüft
Gesetze, Urteile und Entscheidungen
auf ihre Übereinstimmung mit
Verfassung und Gesetzen.
Es entscheidet endgültig.

Verbände

Vereinigungen, die
versuchen, die beson-
deren Interessen ihrer
Mitglieder in den poli-
tischen Entschei-
dungsprozess einzu-
bringen (Lobbyisten).

Parteien

| Die Linke | Bündnis 90/ Die Grünen | SPD | CDU/CSU | FDP |

In den Parteien finden sich Menschen mit gemeinsamen
Interessen und gleichen politischen Zielen zusammen.
Sie werben bei den Wählerinnen und Wählern um die Wahlstimmen.
Im Allgemeinen werden Mitglieder der Parteien als
Abgeordnete in den Bundestag gewählt.

Medien

Als „vierte Gewalt"
in der demokrati-
schen Gesellschaft
informieren Medien
die Bürger und kon-
trollieren Politiker.

Das Volk

Die Wählerinnen und Wähler bestimmen alle vier Jahre, wer
die Macht im Staat ausüben soll.
Dazu wählen sie die Abgeordneten des Bundestages.

Über die Wahlen zu den Länderparlamenten nimmt das Volk
indirekt Einfluss auf die Mitglieder des Bundesrates; das sind
Mitglieder der Regierungen der Bundesländer.

M 1 Das politische System der Bundesrepublik Deutschland

Die drei Staatsgewalten

Gewaltenteilung ist heute ein Erkennungs-zeichen einer Demokratie: Nur die Teilung staatlicher Macht sichert die Demokratie vor Machtmissbrauch. Nicht eine Person, Partei oder Gruppe alleine kann bestim-men, sondern die Macht des Staates teilen sich verschiedene Organe. Damit soll ver-hindert werden, dass die, die politische Macht haben, ihre Macht missbrauchen. Die **Legislative** ist die gesetzgebende Ge-walt. Das Parlament ist die „gesetzgebende Versammlung" und entscheidet darüber, ob ein Gesetzesvorschlag angenommen und zum Gesetz wird. In Deutschland ent-scheiden auf Bundesebene über Gesetze der Bundestag und der Bundesrat (Län-dervertretung).

Die **Exekutive** ist die ausführende Gewalt. Die kennt jeder, z. B. in Gestalt eines (uni-formierten) Polizisten oder eines Mitar-beiters der Stadtverwaltung. Auf der Ebe-ne des Bundes ist das die Regierung, also der Bundeskanzler und die Regierung. Die **Judikative** ist die rechtsprechende Gewalt. Das höchste Gericht in Deutschland ist das Bundesverfassungsgericht. Es ent-scheidet z. B., ob ein Gesetz dem Grundge-setz entspricht oder dagegen verstößt. Die Richter müssen die Gesetze beachten, sind ansonsten aber unabhängig. Weder die Regierung noch das Parlament noch eine andere Einrichtung kann sie dazu zwin-gen, ein bestimmtes Urteil zu fällen.

Neben der so genannten **horizontalen** Gewaltenteilung innerhalb einer Ebene (z. B. innerhalb der Länderebene: Landtag, Landesregierung, Gerichte des Landes) wird die Macht auch noch **vertikal** auf Einrichtungen verschiedener Ebenen (Bund und Länder) aufgeteilt. Das Schau-bild M 3 zeigt die Länderebene (teilweise mit Gemeinde- und Landkreisebene) und die Bundesebene. Nicht berücksichtigt ist darin z. B. die europäische Ebene (s. S. 192).

M 2 Die Gewaltenteilung in Bund und Ländern

M 3 Charles de Montesquieu (1689–1755), Begründer der Gewaltenteilung

1 Beschreibe M 1. Kläre mithilfe der Erläuterungen die Beziehungen zwischen den Gruppen. Notiere offene Fragen.

2 Erkläre den Sinn der Gewaltenteilung. Welchen Gefahren soll damit vorgebeugt werden (Text)?

3 Überlege: Warum ist die Existenz der Bundesländer auch Machttei-lung?

4 Erkläre den Begriff „vertikale Gewaltenteilung" mithilfe der Abbil-dung M 2.

5 Bearbeitet die folgenden neun Doppelseiten als Lernzirkel.

Station 1: Wahlen und Wahlkampf

M 1 Wahlplakate der Parteien „Die Linke", „Die Grünen" und „FDP" sowie Fensehauftritt der Kanzlerkandidaten Angela Merkel (CDU) und Frank-Walter Steinmeier (SPD), Fotos 2009

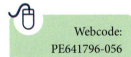

Webcode:
PE641796-056

Im Bundestag sitzen mehr als 600 Abgeordnete aus verschiedenen Parteien. Sie haben das Recht, den Bundeskanzler zu wählen, über die Einnahmen und Ausgaben des Staates zu entscheiden und Gesetze zu beschließen. Gewählt wird der Bundestag alle vier Jahre. Schon Wochen vor dem Wahltag werben die Politiker und Parteien im Wahlkampf um die Stimmen der wahlberechtigten Bürgerinnen und Bürger. Wer das 18. Lebensjahr vollendet hat, ist wahlberechtigt und erhält eine schriftliche Wahlbenachrichtigung. Bei der Bundestagswahl kann der Wähler eine Stimme für eine bestimmte Person und eine Stimme für eine Partei durch Ankreuzen auf dem Stimmzettel abgeben. Dieser Stimmzettel wird in eine Wahlurne eingeworfen. An vielen Orten können die Wähler ihre Stimme elektronisch abgeben.

Mehrheitswahl

Nach der Schließung der 📖 Wahllokale beginnt die Auszählung der Erst- und Zweitstimmen. Aber nach welchen Grundsätzen wird entschieden, wie viele Sitze die Parteien im Bundestag bekommen? Die Bundesrepublik Deutschland ist in 299 Wahlkreise eingeteilt. In einem Wahlkreis ist derjenige Kandidat gewählt, der die meisten Erststimmen bekommt. Beispiel: Kandidat/-in A bekommt 45 Prozent, Kandidat/-in B 35 Prozent, Kandidat/-in C 10 Prozent, der Rest verteilt sich auf verschiedene Personen. Nur die Stimmen von Kandidat/-in A werden berücksichtigt. Dieses Wahlverfahren wird Mehrheitswahlrecht genannt.

Verhältniswahl

Weitere 299 Sitze des Bundestages werden über die Zweitstimmen ermittelt. Jede Partei erhält entsprechend ihrem Anteil an Zweitstimmen Abgeordnetensitze, wobei die bereits mit der Erststimme errungenen Sitze abgezogen werden. Welche Abgeordneten in den Bundestag einziehen, richtet sich nach der Reihenfolge auf einer von der Partei vor der Wahl auf Landesebene festgelegten Liste. Dieses Wahlverfahren wird Verhältniswahlrecht genannt. Werden in einem Bundesland mit der Erststimme mehr Kandidaten gewählt, als einer Partei nach der Zweitstimme zustehen, bleiben diese überschüssigen Abgeordnetensitze (Mandate) bestehen. Man spricht dann von Überhangmandaten. Deshalb gibt es im Bundestag von 2009 auch 622 Abgeordnete. Noch eine Besonderheit: Eine Partei muss mindestens 5 Prozent aller Zweitstimmen bekommen oder in drei Wahlkreisen Direktmandate über die Erststimmen gewinnen, um Abgeordnete ins Parlament entsenden zu können.

M2 Bilderfolge zur Wahl
Fotos, 1983–2009

Die Wahlgrundsätze
... und was sie bedeuten

Art. 28 GG: „In den Ländern, Kreisen und Gemeinden muss das Volk eine Vertretung haben, die aus allgemeinen, unmittelbaren, freien, gleichen und geheimen Wahlen hervorgegangen ist."

Art. 38 GG: „Die Abgeordneten des Deutschen Bundestages werden in allgemeiner, unmittelbarer, freier, gleicher und geheimer Wahl gewählt."

allgemein
Alle Bürger sind wahlberechtigt, soweit sie die allgemeinen Voraussetzungen dafür erfüllen.
Keine Gruppe ist aus sozialen, politischen oder wirtschaftlichen Gründen von der Wahl ausgeschlossen.

unmittelbar
Die Wählerstimmen werden direkt für die Zuteilung der Abgeordnetensitze verwertet. Es gibt keine Zwischeninstanz wie z.B. Wahlmänner.

frei
Die Stimme kann frei von staatlichem Zwang oder sonstiger unzulässiger Beeinflussung abgegeben werden.
Niemand wird wegen seiner Wahlentscheidung benachteiligt.

gleich
Alle Wahlberechtigten haben gleich viele Stimmen zu vergeben. Alle Stimmen haben gleiches Gewicht.
Eine Ausnahme von dieser Regel macht die 5 %-Sperrklausel.

geheim
Es darf nicht feststellbar sein, wie der einzelne Bürger gewählt hat.

© Bergmoser + Höller Verlag AG
ZAHLENBILDER
86 030

M3 Die Wahlgrundsätze

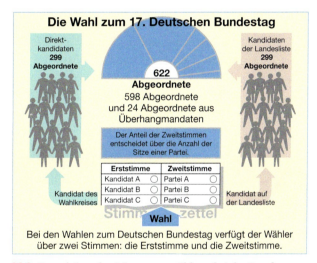

Die Wahl zum 17. Deutschen Bundestag

Direktkandidaten **299** Abgeordnete		Kandidaten der Landesliste **299** Abgeordnete

622 Abgeordnete
598 Abgeordnete und 24 Abgeordnete aus Überhangmandaten

Der Anteil der Zweitstimmen entscheidet über die Anzahl der Sitze einer Partei.

Erststimme	Zweitstimme
Kandidat A ○	Partei A ○
Kandidat B ○	Partei B ○
Kandidat C ○	Partei C ○

Kandidat des Wahlkreises   Stimmzettel   Kandidat auf der Landesliste

Wahl

Bei den Wahlen zum Deutschen Bundestag verfügt der Wähler über zwei Stimmen: die Erststimme und die Zweitstimme.

M4 Grundsätze der Stimmenauszählung bei der Bundestagswahl 2009. *Schaubild* (Die tatsächliche Zahl der Abgeordneten ist um die Überhangmandate erhöht worden.)

1 Nennt die in M1 dargestellten Wahlkampfmethoden. Welche ist nach eurer Meinung besonders erfolgversprechend? Begründet.

2 Beschreibe den Wahlvorgang mithilfe von M2 und M4.

3 Erkläre den Sinn der Wahlgrundsätze an Beispielen (M3).

4 Nennt die Vor- und Nachteile des Mehrheitswahlrechts.

5 Nennt die Vor- und Nachteile des Verhältniswahlrechts.

6 Erklärt, welchen Sinn die Fünfprozentklausel hat.

Station 2: Parteien

M 1 Aufgaben der Parteien. *Schaubild*

Was sind Parteien?

In einer Massendemokratie können die Bürgerinnen und Bürger die politischen Entscheidungen auf sich allein gestellt kaum beeinflussen. Um ihre Interessen durchsetzen zu können, schließen sich Menschen mit gleichen politischen Zielen zu einer Partei zusammen. Eine Partei will politischen Einfluss nehmen. Sie versucht dies, indem sie regelmäßig Kandidatinnen und Kandidaten für die Parlamentswahlen aufstellt. Jede Partei verfügt über eine eigene Parteiorganisation, sie braucht eine Mindestanzahl von Mitgliedern und muss sich öffentlich betätigen.

Webcode:
PE641796-058

Was heißt Mitwirkung an der politischen Willensbildung?

Das Grundgesetz legt in Artikel 21 fest, dass die Parteien an der Willensbildung mitwirken. Es sind die Parteien, die die unterschiedlichen politischen Vorstellungen und Interessen in der Gesellschaft in politischen Konzepten und Programmen bündeln. Die Konkurrenz der verschiedenen Parteien um die Wählerstimmen zwingt sie dazu, wichtige Fragen der Gesellschaft aufzugreifen und attraktive – aber auch glaubwürdige – Lösungsvorschläge für bestehende Probleme

anzubieten. Daran entzünden sich öffentliche Auseinandersetzungen. Interessengruppen nehmen Stellung, die Medien berichten und kommentieren. So vollzieht sich ein öffentlicher Willensbildungsprozess, der seinen Niederschlag in der Wahlentscheidung jedes einzelnen Wahlberechtigten findet.

Als Parlamentsmehrheit bilden sie dann die Regierung, als Opposition kontrollieren sie die Regierung und bieten politische Alternativen an. Die Rechte und Pflichten der Parteien sind durch ein Parteiengesetz geregelt. Bei Verstößen dagegen ist die normale Gerichtsbarkeit zuständig.

M 2 Aus dem Grundgesetz für die Bundesrepublik Deutschland:

Artikel 21

(1) Die Parteien wirken bei der politischen Willensbildung des Volkes mit. Ihre Gründung ist frei. Ihre innere Ordnung muss demokratischen Grundsätzen entsprechen. Sie müssen über die Herkunft und Verwendung ihrer Mittel sowie über ihr Vermögen öffentlich Rechenschaft geben.

(2) Parteien, die nach ihren Zielen oder nach dem Verhalten ihrer Anhänger darauf ausgehen, die freiheitliche demokratische Grundordnung zu beeinträchtigen oder zu beseitigen oder den Bestand der Bundesrepublik Deutschland zu gefährden, sind verfassungswidrig. Über die Frage der Verfassungswidrigkeit entscheidet das Bundesverfassungsgericht.

Organisation der Parteien

Wie andere Vereinigungen auch haben die Parteien eine Satzung, einen Vorstand und verschiedene Gremien, die nach demokratischen Prinzipien organisiert sein müssen. Die wichtigsten Entscheidungen sind von den Parteimitgliedern oder durch Delegierte in Wahlen und Abstimmungen zu treffen. Parteiämter müssen in geheimer Wahl besetzt werden, wobei alle Mitglieder gleiches Stimmrecht haben.

Parteien brauchen Geld

Parteien brauchen für ihre Organisation von der Gemeinde bis zum Bund hauptamtliche Mitarbeiter. Diese führen Veranstaltungen durch, stellen Informations- und Werbematerial her und beteiligen sich an Wahlkämpfen. Das alles kostet viel Geld. Die Einnahmen der Parteien setzen sich vor allem aus Mitgliedsbeiträgen, Spenden und öffentlichen Zuschüssen zusammen. So erhalten Parteien beispielsweise Wahlkampfkostenerstattung aus dem 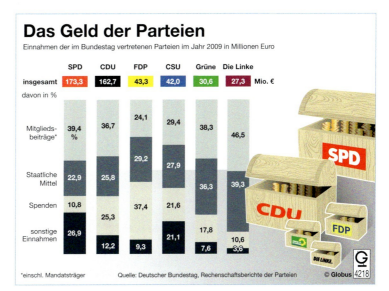 Bundeshaushalt. Die Höhe der Summe richtet sich nach dem Erfolg der Partei bei der Wahl.

Das Geld der Parteien

Einnahmen der im Bundestag vertretenen Parteien im Jahr 2009 in Millionen Euro

	SPD	CDU	FDP	CSU	Grüne	Die Linke	
insgesamt	173,3	162,7	43,3	42,0	30,6	27,3	Mio. €
davon in %							
Mitgliedsbeiträge* %	39,4	36,7	24,1	29,4	38,3	46,5	
Staatliche Mittel	22,9	25,8	29,2	27,9	36,3	39,3	
Spenden	10,8	25,3	37,4	21,6			
sonstige Einnahmen	26,9	12,2	9,3	21,1	17,8 / 7,6	10,6 / 3,6	

*einschl. Mandatsträger   Quelle: Deutscher Bundestag, Rechenschaftsberichte der Parteien   © Globus 4218

M 3 Einnahmen der Parteien

1 Arbeite heraus, was nach dem Grundgesetz die Aufgabe einer politischen Partei ist.

2 Nenne die wichtigsten Regelungen des Parteiengesetzes (Text).

3 Stelle fest, über welche Geldquellen die Parteien verfügen (M 3).

4 Besprecht,
   a wer als Geldspender hauptsächlich infrage kommt,
   b welche Absichten vor allem die Großspender mit ihrer Geldspende verbinden,
   c welche Probleme mit diesen Spenden verbunden sein könnten.

5 a Ordnet die Äußerungen über Parteien (M 4) nach positiven und negativen Meinungen.
   b Erstellt mithilfe von M 4 eine Zielscheibe und erstellt damit ein Meinungsbild der Klasse.
   c Untersuche die aktuelle Parteientwicklung nach dem Muster von M 5.

Ohne Parteien gibt es keine Wahlen und keine Demokratie. Deshalb müssen sie auch aus der Staatskasse finanziert werden.	Die Politiker in den Parteien denken nur an Geld und Macht. Bei einem Skandal versuchen sie sich herauszureden.
Die Parteien besetzen Stellen im Staatsapparat mit ihren Mitgliedern. Oft entscheidet nicht die Qualifikation, sondern nur das Parteibuch.	Wer ist noch bereit, sich zu engagieren, wenn Parteimitglieder immer nur im Verdacht stehen, Karriere machen zu wollen?
Die Medien behandeln die Parteipolitiker nicht fair und bauschen kleine Verfehlungen zu Skandalen auf.	Parteien stehen allen offen. Die Mehrheit der Bevölkerung und der Parteimitglieder ist aber nicht zur Übernahme von Ämtern und Funktionen bereit.

M 4 Aussagen über Parteien

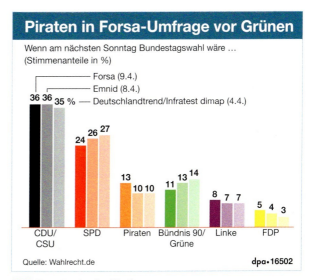

Piraten in Forsa-Umfrage vor Grünen

Wenn am nächsten Sonntag Bundestagswahl wäre … (Stimmenanteile in %)

Forsa (9.4.)
Emnid (8.4.)
Deutschlandtrend/Infratest dimap (4.4.)

CDU/CSU: 36 36 35 %
SPD: 24 26 27
Piraten: 13 10 10
Bündnis 90/Grüne: 11 13 14
Linke: 8 7 7
FDP: 5 4 3

Quelle: Wahlrecht.de   dpa•16502

M 5 Parteien in der Umfrage

Station 3: Das Parlament – Herzstück der Demokratie?

M1 Sitzverteilung im Deutschen Bundestag

Donnerstag, 11.01.2007 **14**

○ 7.00 *Radiointerview: Morgen-Magazin*
8.00
○ 9.00 *Plenarsitzung*
10.00 *Besuchergruppe*
○ 11.00 *Bürotermin mit IHK-Vertretern*
12.00 *namentliche Abstimmung; Plenum*
○ 13.00 *Ältestenrat*
14.00 *Fragestunde. Frage zum Haushaltsplan stellen!*
○ 15.00 *Aktuelle Stunde (staatliche Kreditaufnahme)*
16.00
○ 17.00 *Abstimmungsgespräch mit Fraktionskollegen*
18.00
○ 19.00
20.00 *namentliche Abstimmung; Plenum!*
○ 21.00 *Gespräch mit Botschaftern der ASEAN-Länder*
22.00

○ Nicht vergessen: *Informationsmaterial für Besuchergruppe mitnehmen!*

M2 Terminplan einer Bundestagsabgeordneten

Der Bundestag

Der Deutsche Bundestag hat seinen Sitz seit 1999 in der Bundeshauptstadt Berlin. Zuvor tagte er in Bonn. Er besteht aus 622 gewählten Abgeordneten. Seine wichtigsten Aufgaben sind:

· die Wahl des Bundeskanzlers;
· die Kontrolle der Regierung;
· die Beratung und Abstimmung über Gesetze und über den Staatshaushalt;
· die Diskussion wichtiger politischer Themen.

Aus der Arbeit des Bundestages

Wenn das Fernsehen eine Debatte im Bundestag überträgt, sieht der Zuschauer oft, dass nur 30 oder 40 Abgeordnete anwesend sind, von denen ein Teil auch noch Akten studiert oder Zeitung liest. Sind die Abgeordneten zu uninteressiert oder zu bequem, um an den Sitzungen teilzunehmen? Die Hauptarbeit des Bundestages findet nicht im Plenum statt, sondern wird in 📖 Ausschüssen oder Arbeitsgruppen geleistet. Wenn die Mitglieder der Bundestagsausschüsse in monatelangen Beratungen Argumente ausgetauscht haben, Interessenverbände und Medien zu Wort gekommen sind, dann kann im Plenum über Gesetzesvorschläge oft schon nach kurzer Debatte entschieden werden.

Fraktionsdisziplin

Bei den Abstimmungen halten sich die meisten Abgeordneten an die von ihrer Fraktion beschlossene Meinung. Dieses Verhalten wird als Fraktionsdisziplin bezeichnet. Das geschlossene Abstimmungsverhalten soll dem Wähler zeigen, dass die Fraktion handlungsfähig ist. Öffentliche Auseinandersetzungen könnten dagegen als politische Schwäche ausgelegt werden. Grundsätzlich aber sind die Abgeordneten nur ihrem Gewissen unterworfen.

M 3 Überforderte Abgeordnete?

Nach gründlicher Beratung in den Ausschüssen beschließen die einzelnen Fraktionen ihr – in der Regel einheitliches – Abstimmungsverhalten bei der Schlussabstimmung im Plenum. Dabei haben natürlich die Empfehlungen ihrer jeweiligen Experten besonderes Gewicht, die die Fraktion ja auch im Ausschuss vertreten haben. Der einzelne Abgeordnete ist heute angesichts der immer weiter fortschreitenden Spezialisierung außerstande, alle Details eines Gesetzes zu übersehen, für das er im Plenum die Hand heben soll. (…) Dies bestätigt der langjährige Bundestagsabgeordnete und Bundesminister Apel: „Sie (die Nichtexperten, die stets die Fraktionsmehrheit bilden) sind froh, wenn ihnen gesagt wird, wie sie im Plenum abzustimmen haben."

E. Thurich: Themenblätter im Unterricht. Herausgegeben von der Bundeszentrale für politische Bildung. Bonn, 2000, Nr. 3

M 4 **Fraktionszwang.** *Karikatur von Gerhard Mester*

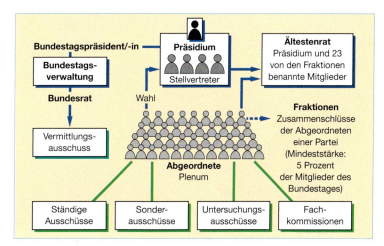

M 5 **Schaubild: Die Organisation des Deutschen Bundestages**

1 Beschreibt M 1 und tragt zusammen, was ihr über die dargestellten Personen/Gruppen und über den Ablauf einer Sitzung wisst.

2 Erläutert M 5 und versucht zu erklären, warum oft nur so wenige Abgeordnete im Plenum des Bundestages sitzen.

3 Ermittelt nach M 2, wie viele Stunden die Bundestagsabgeordnete an diesem Tag etwa zu arbeiten hat.

4 Überlegt, welches Problem sich dadurch ergibt, dass die Plenarsitzung des Bundestages von 9.00 Uhr bis 22.00 Uhr dauern soll.

5 a Beschreibt M 4 und versucht eine Deutung.
   b Stellt Argumente für und gegen die Fraktionsdisziplin gegenüber.

6 Nimm Stellung zu M 3.

Station 4: Kanzler und Regierung

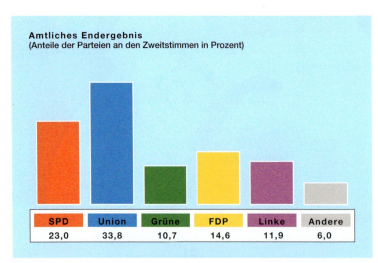

Amtliches Endergebnis
(Anteile der Parteien an den Zweitstimmen in Prozent)

SPD	Union	Grüne	FDP	Linke	Andere
23,0	33,8	10,7	14,6	11,9	6,0

M 1 Ergebnis der Bundestagswahl 2009 (Union = CDU und CSU)

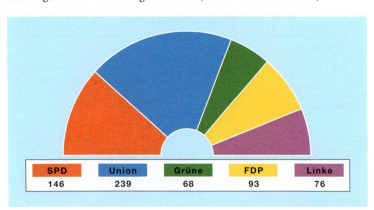

SPD	Union	Grüne	FDP	Linke
146	239	68	93	76

M 2 Sitzverteilung im Bundestag 2009

M 3 Regierungsbank im Bundestag, *Januar 2012*

Die Regierungsbildung

Nur einmal in der Geschichte der Bundesrepublik Deutschland gelang es einer Partei allein, die Regierungsmehrheit zu erlangen (CDU/CSU, 1957). Sonst mussten stets 📖 Koalitionen gebildet werden. Eine Regierung besteht aus dem Bundeskanzler und den Ministern. Wenn eine Regierung etwas durchsetzen will – z. B. neue Gesetze –, braucht sie eine stabile Mehrheit im Bundestag, also mindestens 50 Prozent der Stimmen. Man spricht von der absoluten Mehrheit.

Nach dem Wahlergebnis von 2009 besaß keine Partei im Bundestag die absolute Mehrheit. Die aus CDU und CSU bestehende Union meldete als stärkste Fraktion den Anspruch an, den Bundeskanzler zu stellen, und nahm deshalb Gespräche mit anderen Parteien auf, um eine Koalition zu bilden. Nach längeren Verhandlungen einigten sich die CDU/CSU und die FDP darauf, eine Regierung zu bilden. In einem Koalitionsvertrag wurden die Ziele der neuen Regierung für die nächsten vier Jahre festgelegt. Daraufhin wählte der Bundestag Angela Merkel (CDU) zur Bundeskanzlerin. Ihrer Regierung gehören zehn Minister der CDU/CSU und fünf Minister der FDP an. Die übrigen Parteien bilden die Opposition („Gegen-Parteien", die nicht in der Regierung sind).

Das Kanzleramt

Die Bundeskanzlerin/der Bundeskanzler bestimmt nach Artikel 65 GG die **Richtlinien** der Politik. Sie/er entscheidet, welche Minister vom Bundespräsidenten ernannt und entlassen werden. Da nur die Kanzlerin/der Kanzler vom Bundestag gewählt wird, steht sie/er allein gegenüber dem Parlament in direkter Verantwortung.

Die Amtszeit ist in der Regel identisch mit der 📖 Legislaturperiode des Bundestages; die Kanzlerin/der Kanzler kann nicht abgewählt werden. Eine **vorzeitige Beendigung** der Amtszeit ist durch einen freiwilligen Rücktritt oder durch das vom Bundestag ausgesprochene 📖konstruktive Misstrauensvotum möglich. Die Bundeskanzlerin/der Kanzler kann aber auch die Vertrauensfrage an die Abgeordneten richten. Verweigert der Bundestag das Vertrauen, so kann sie/er zurücktreten. Der Bundestag wählt dann einen neuen Bundeskanzler. Möglich ist aber auch die **Auflösung des Bundestages** durch den Bundespräsidenten. Als Folge muss der Bundestag neu gewählt werden.

Mit dem **Bundeskanzleramt** verfügt die Kanzlerin über einen Apparat, der die Regierungsarbeit aufeinander abstimmt. Der Kanzlerin untersteht außerdem das Bundespresseamt, das die Öffentlichkeit über die Politik der Bundesregierung unterrichtet. Wegen der herausragenden Stellung des Bundeskanzleramtes spricht man auch von einer Kanzlerdemokratie.

Funktionsweise und Aufgaben der Bundesregierung

Die Kanzlerin/der Kanzler bestimmt die Richtlinien, aber jede einzelne Ministerin/jeder Minister ist für ihren/seinen Aufgabenbereich allein verantwortlich. Minister und Kanzler bilden zusammen das so genannte **Kabinett**, das gemeinschaftlich über die von der Bürokratie erarbeiteten Vorlagen entscheidet.

Den einzelnen Ministerien sind die obersten 📖Bundesbehörden unterstellt, z. B. die Bundesagentur für Arbeit, die Bundesfinanzverwaltung, das Bundeskriminalamt oder die Bundespolizei.

Eine wichtige Aufgabe der Ministerien ist die Vorbereitung von Gesetzen. Die meisten **Gesetzesvorlagen** gehen von hier aus in Bundestag und Bundesrat. Auch wenn der Bundestag die Gesetzesinitiative ergreift, werden die fachlichen Aspekte weitgehend in den Ministerien erarbeitet.

M 4 So arbeitet die Bundesregierung

Bundeskanzler …	Bundesregierung …	Opposition …
bestimmt die grundsätzlichen Richtlinien der Regierungspolitik,	arbeitet Gesetzesvorlagen aus und bringt diese in den Bundestag zur Abstimmung ein,	gestaltet in Teilbereichen die Politik konstruktiv mit,
schlägt die Bundesminister dem Bundespräsidenten zur Ernennung bzw. Entlassung vor,	nimmt Stellung zu Gesetzesvorlagen des Bundesrates,	kritisiert und kontrolliert die Regierungstätigkeit,
übernimmt im Verteidigungsfall die Befehlsgewalt über die Bundeswehr,	erlässt Rechtsverordnungen und Verwaltungsvorschriften zur Umsetzung von Bundesgesetzen,	versucht eigene politische Ziele bei der Gesetzgebung durchzusetzen,
kann über den Bundestagspräsidenten eine Bundestagssitzung anberaumen.	kontrolliert die Ausführung der Bundesgesetze durch die Bundesländer.	hält sich für die Übernahme der Regierungsverantwortung bereit.

M 5 Beispielhafte Aufgabenverteilung innerhalb der Bundesregierung

1 Wertet das Ergebnis der Bundestagswahl 2009 (M 1) aus.

2 Beschreibe, welches Problem sich aus der Sitzverteilung (M 2) für die Regierungsbildung ergibt, wenn man davon ausgeht, dass eine Regierung die absolute Mehrheit (mindestens 50 Prozent) benötigt.

3 Klärt, welche Koalitionen möglich gewesen wären, um eine Regierung zu bilden.

4 Fertigt eine ✂ Mindmap zur Bundesregierung und zur Bundeskanzlerin/dem Bundeskanzler an.

5 Erkläre, was man unter Kanzlerdemokratie versteht. Welche Vor- und Nachteile hat sie? Begründe.

Station 5: Deutschland – ein Bundesstaat

M 1 Hessische Landesvertretung in Berlin

Bund und Länder

Deutschland ist ein **Bundesstaat**. So bezeichnet man den Zusammenschluss mehrerer Staaten – der Bundesländer – zu einem übergeordneten Gesamtstaat. Die politische Macht und die staatlichen Aufgaben werden aufgeteilt zwischen der Zentralregierung in Berlin, dem Bund und den Regierungen der einzelnen Bundesländer. Diese Form der Machtverteilung zwischen Bund und Bundesländern nennt man 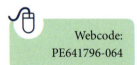 Föderalismus.

Entstanden ist die Bundesrepublik Deutschland nach dem Zweiten Weltkrieg aus den Ländern der westlichen Besatzungszonen, die sich 1949 zur Bundesrepublik zusammenschlossen. Nach dem Ende der Deutschen Demokratischen Republik (DDR) traten am 3. Oktober 1990 fünf weitere Länder der Bundesrepublik bei.

Jedes Bundesland hat ein eigenes Parlament, eine eigene Regierung und einen Staats- und Verfassungsgerichtshof.

Webcode: PE641796-064

Deutschland ist seit 1990 in 16 Bundesländer gegliedert, die selbstständige Staaten mit eigenen Verfassungen und Staatsorganen sind. Drei der Bundesländer sind Stadtstaaten: Bremen, Hamburg sowie Berlin.

16 Länder
1 Bundesstaat

ZAHLENBILDER
60 060

GG Artikel	Was dazu im Grundgesetz steht
20	„Die Bundesrepublik Deutschland ist ein demokratischer und sozialer Bundesstaat."
79	Das bundesstaatliche Prinzip darf nicht aufgehoben oder verändert werden.
30	Eigenstaatlichkeit der Länder
50 23	Mitwirkung der Länder an der Gesetzgebung des Bundes und in Angelegenheiten der Europäischen Union durch den Bundesrat
70–75	Gesetzgebung: Aufteilung der Zuständigkeiten zwischen Bund und Ländern
83–87	Zuordnung der staatlichen Verwaltungsaufgaben
104 a –107	Finanzhoheit, Verteilung des Steueraufkommens zwischen Bund und Ländern

© Erich Schmidt Verlag

M 2 Die bundesstaatliche Ordnung

Aufgabenteilung

In einem Bundesstaat sind die staatlichen Aufgaben zwischen der Bundesregierung und den Länderregierungen aufgeteilt. Wer wofür zuständig ist, wird durch das Grundgesetz geregelt. Danach gilt, dass für bestimmte Bereiche nur der Bund zuständig ist (z. B. Außenpolitik), für andere Bereiche nur die Länder. Das gilt insbesondere für Kultur und Bildung, also auch für das Schulwesen. Die meisten Aufgaben werden von Bund und Ländern gemeinsam behandelt.

Der Bundesrat

Der Bundesrat vertritt die Interessen der **Landesregierungen** gegenüber der Bundesregierung. In den Bundesrat – die Vertretung der Bundesländer auf Bundesebene – entsenden die Landesregierungen je nach der Einwohnerzahl des Bundeslandes zwischen drei und sechs Mitglieder ihrer Landesregierung (zum Beispiel den Ministerpräsidenten oder Minister). Sie dürfen nur einheitlich für ihr Land abstimmen.

In der Verfassung ist festgelegt, dass der Bundesrat bei allen Gesetzen mindestens angehört werden muss. Gesetze, welche die Länder besonders betreffen, bedürfen der Zustimmung des Bundesrates. So werden die Interessen der Länder gegenüber der Bundesebene geschützt.

Aufgabenverteilung zwischen Bund und Ländern (Auswahl)
Bundesangelegenheiten: Außenpolitik, Passwesen, Staatsangehörigkeitsrecht, Zoll, Währungswesen, Verkehrsrecht, Bundeskriminalamt, Bundeswehr
Länderangelegenheiten: Schul- und Kulturpolitik, Universitätswesen, Länderfinanzpolitik, Wirtschaftspolitik, Gemeinderecht, Kommunalpolitik
Angelegenheiten von Bund und Ländern: Rechtswesen, Vereins- und Versammlungsrecht, Flüchtlinge und Vertriebene, Fürsorge, Kernenergie, Arbeitsrecht, Förderung der Landwirtschaft, Straßen- und Schienenverkehr, Energiepolitik, Umweltschutz, Besoldungsrecht

M 4 Aufgabenverteilung zwischen Bund und Ländern (Auswahl)

M 5 Die Vertretung der Bundesländer im Bundesrat

M 3 Bund und Länder, *Karikatur: Mester*

1 Erstelle eine Liste der 16 Bundesländer mit ihren Hauptstädten (Atlas, M 5).

2 Nenne die charakteristischen Merkmale eines Bundesstaates. Beachte dabei auch die entsprechenden Artikel des Grundgesetzes (M 2, Text).

3 Erläutere, über welche Angelegenheiten die Landesregierungen der Bundesländer alleine entscheiden dürfen (M 4).

4 Erläutere die Aufgaben der Vertreter Hessens im Bundesrat. Welches Gewicht haben sie (Text, M 5)?

5 Werte die Karikatur M 3 aus: Wie ist die „Aufgabenverteilung" zwischen Bund und Ländern dargestellt?

6 Diskutiert in der Klasse die Vor- und Nachteile des Föderalismus.

Station 6: Die Gesetzgebung

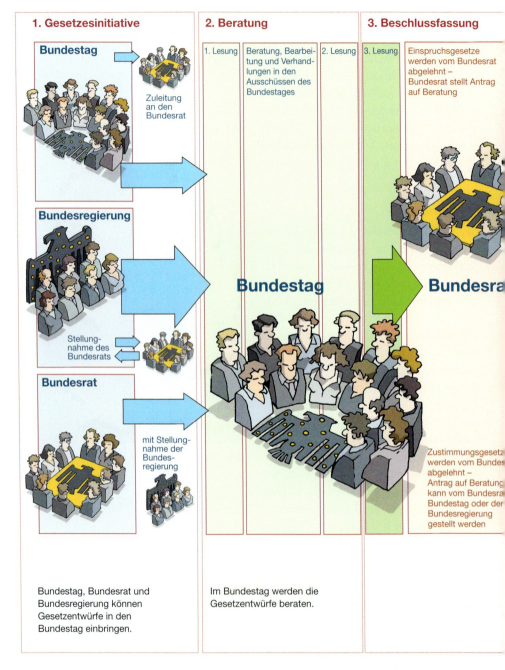

1. Gesetzesinitiative

Bundestag

Zuleitung an den Bundesrat

Bundesregierung

Stellungnahme des Bundesrats

Bundesrat

mit Stellungnahme der Bundesregierung

Bundestag, Bundesrat und Bundesregierung können Gesetzentwürfe in den Bundestag einbringen.

2. Beratung

| 1. Lesung | Beratung, Bearbeitung und Verhandlungen in den Ausschüssen des Bundestages | 2. Lesung |

Bundestag

Im Bundestag werden die Gesetzentwürfe beraten.

3. Beschlussfassung

| 3. Lesung | Einspruchsgesetze werden vom Bundesrat abgelehnt – Bundesrat stellt Antrag auf Beratung |

Bundesra

Zustimmungsgesetz werden vom Bundes abgelehnt – Antrag auf Beratung kann vom Bundesra Bundestag oder der Bundesregierung gestellt werden

Konkurrierende Gesetzgebung

In einem Bundesstaat ist die Gesetzgebung sehr kompliziert. Nach dem Grundgesetz sind die Länder überall dort für die Gesetzgebung zuständig, wo der Bund nicht ausdrücklich verantwortlich ist. In vielen Bereichen der Bundesgesetzgebung sind die Länder zur Gesetzgebung befugt, solange und soweit der Bund von seinem Gesetzgebungsrecht nicht Gebrauch macht. Diese so genannte konkurrierende Gesetzgebung macht es erforderlich, dass

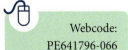

Webcode:
PE641796-066

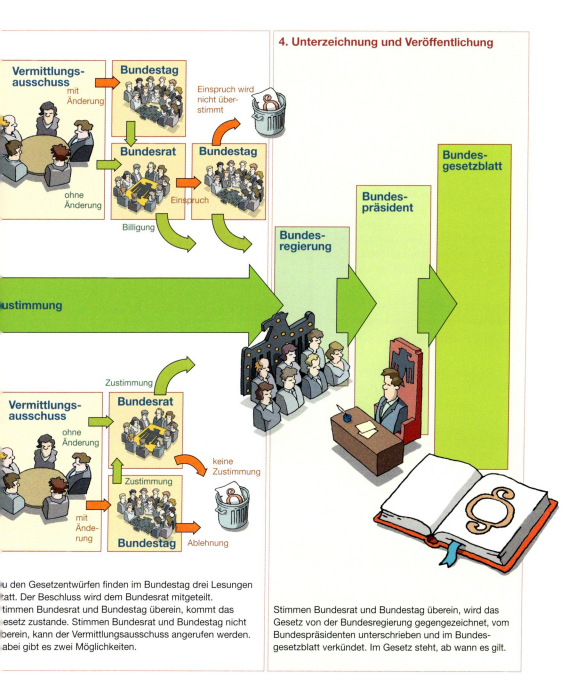

4. Unterzeichnung und Veröffentlichung

Vermittlungs-ausschuss mit Änderung

Bundestag

Einspruch wird nicht über-stimmt

ohne Änderung

Billigung

Bundesrat

Bundestag

Einspruch

Bundes-gesetzblatt

Bundes-präsident

Bundes-regierung

Zustimmung

Zustimmung

Vermittlungs-ausschuss ohne Änderung

Bundesrat

keine Zustimmung

Zustimmung

mit Ände-rung

Bundestag Ablehnung

...u den Gesetzentwürfen finden im Bundestag drei Lesungen ...att. Der Beschluss wird dem Bundesrat mitgeteilt. ...timmen Bundesrat und Bundestag überein, kommt das ...esetz zustande. Stimmen Bundesrat und Bundestag nicht ...berein, kann der Vermittlungsausschuss angerufen werden. ...abei gibt es zwei Möglichkeiten.

Stimmen Bundesrat und Bundestag überein, wird das Gesetz von der Bundesregierung gegengezeichnet, vom Bundespräsidenten unterschrieben und im Bundes-gesetzblatt verkündet. Im Gesetz steht, ab wann es gilt.

die Länder über den Bundesrat maß-geblich an der Gesetzgebung des Bundes mitwirken. Außerdem erlässt der Bund in einigen Fällen Rahmengesetze, die von den Ländern auszufüllen sind.

1 Erklärt euch in Partnerarbeit die wesentlichen Schritte im Gesetz-gebungsprozess. Unterscheidet dabei zwischen einfachen und zustimmungspflichtigen Gesetzen.

Station 7: Bundesverfassungsgericht und Bundespräsident

Nachtarbeitsverbot für Frauen gekippt

Karlsruhe sieht Verstoß gegen Grundgesetz

KARLSRUHE, 28. Januar. Das Nachtarbeitsverbot für Arbeiterinnen verstößt nach einem Urteil des Bundesverfassungsgerichts (BVG) in Karlsruhe gegen das Grundgesetz, weil es Männer und Frauen, Arbeiterinnen und Angestellte ohne sachlichen Grund ungleich behandelt. Nach der am Dienstag verkündeten Entscheidung des Ersten Senats dürfen Verstöße gegen das Nachtarbeitsverbot nicht mehr mit Bußgeldern geahndet werden, und der Bonner Gesetzgeber muss eine neue Regelung schaffen. Gleichzeitig stellt das Gericht fest, dass Nachtarbeit „für alle Menschen schädlich ist". Eine völlige Freigabe wäre ebenfalls verfassungswidrig, da das Grundrecht auf körperliche Unversehrtheit verletzt wäre.

(Aus: Frankfurter Rundschau, 28. 1. 1992)

Gleiche Kündigungsfristen angeordnet

Karlsruhe hebt unterschiedliche Behandlung von Angestellten und Arbeitern auf

KARLSRUHE, 19. Juli. Die unterschiedlichen Kündigungsfristen für Arbeiter und Angestellte verstoßen nach einer Entscheidung des Bundesverfassungsgerichts (BVG) in Karlsruhe gegen das Grundgesetz. In dem am Donnerstag veröffentlichten Beschluss heißt es, es sei mit dem Gleichheitsgrundsatz unvereinbar, dass Arbeiter kürzere Kündigungsfristen hätten als Angestellte. Bisher konnte Arbeitern binnen 14 Tagen gekündigt werden, Angestellten dagegen nur sechs Wochen vor Quartalsende.

(Aus: Frankfurter Rundschau, 19. 7. 1992)

M 1 Entscheidungen des Bundesverfassungsgerichts (BVG)

Aus der Geschichte der Rechtsprechung des Bundesverfassungsgerichts

Webcode:
PE641796-068

Mit den Entscheidungen in M1 hat das Bundesverfassungsgericht (BVG) 1992 zwei geltende Gesetze außer Kraft gesetzt. Grundlage der Entscheidungen war das Grundgesetz, die Verfassung der Bundesrepublik. Das Gericht stellte fest, dass beide Gesetze gegen den Gleichheitsgrundsatz des Grundgesetzes verstoßen.

M 2 Artikel 3 des Grundgesetzes

1) Alle Menschen sind vor dem Gesetz gleich. Männer und Frauen sind gleichberechtigt.
3) Niemand darf wegen seines Geschlechtes, seiner Abstammung, seiner Rasse, seiner Sprache, seiner Heimat und Herkunft, seines Glaubens, seiner religiösen oder politischen Anschauungen benachteiligt oder bevorzugt werden. Niemand darf wegen seiner Behinderung benachteiligt werden.

Das Bundesverfassungsgericht – Hüter der Verfassung

Das Grundgesetz hat bei der Gesetzgebung besonderen Wert auf Kontrollen und Gegengewichte gelegt. Eine zentrale Rolle kommt hier dem Bundesverfassungsgericht zu, das für die Überprüfung der Verfassungsmäßigkeit der Gesetze zuständig ist. Das Gericht prüft auf Antrag, ob ein Gesetz mit den Normen des Grundgesetzes übereinstimmt (Normenkontrollverfahren). Solche Verfassungsklagen können die Bundesländer, die Bundesregierung oder eine politische Partei einreichen. 1992 haben mehrere Gerichte das Verfassungsgericht angerufen, weil sie es für verfassungswidrig hielten, Besitz und Handel bestimmter Drogen unter Strafe zu stellen. Hier entschied das Gericht, dass das einschlägige Gesetz über Betäubungsmittel verfassungsmäßig sei.
Auch jeder Bürger kann sich an das Gericht wenden, wenn er sich durch ein Gesetz, eine Behörde oder ein Gericht in seinen Grundrechten verletzt sieht

(Verfassungsbeschwerden). Die Entscheidungen des Gerichts sind für alle Verfassungsorgane, die Gerichte und Behörden bindend. Das Bundesverfassungsgericht kann auch angerufen werden, wenn zwischen den Verfassungsorganen des Bundes oder zwischen den Ländern Meinungsverschiedenheiten über die Auslegung des Grundgesetzes bestehen (Organstreitigkeiten). So klagten zwei Bundestagsfraktionen gegen den Einsatz der Bundeswehr in Somalia (1992–1994). Das Verfassungsgericht lehnte die Klage ab, weil sich der Bundeswehreinsatz aus einer vertraglichen Verpflichtung begründete. Doch jeder Einsatz muss vom Parlament genehmigt werden.

Neben den drei wichtigsten Verfahrensarten – Normenkontrollverfahren, Verfassungsbeschwerden, Organstreitigkeiten – ist das Gericht für Parteiverbote und Wahlprüfungsbeschwerden zuständig.

Seinen Sitz hat das Bundesverfassungsgericht in Karlsruhe. Es besteht aus zwei Senaten mit fest umrissenen Zuständigkeiten. Die sechzehn Richterinnen und Richter werden je zur Hälfte vom Bundesrat und vom Bundestag gewählt und bleiben fünf Jahre im Amt.

In der politischen Auseinandersetzung zwischen den Parteien im Bundestag wird das Bundesverfassungsgericht immer häufiger als Schiedsrichter von der jeweils unterlegenen Partei angerufen. Dabei gerät das Gericht in Gefahr, ein **Ersatzgesetzgeber** zu werden, da es Aufgaben übernimmt, die Sache des Bundestages sind.

Die Rolle des Bundespräsidenten

Gesetze werden nach der Verabschiedung durch den Bundestag und den Bundesrat durch den zuständigen Minister, den Bundeskanzler und schließlich den Bundespräsidenten unterzeichnet. Obwohl der Bundespräsident keine direkte politische Macht hat – diese liegt beim Bundes-

M 3 Das Bundesverfassungsgericht

kanzler und den Mehrheitsparteien des Bundestages –, übt er ein wichtiges politisches Amt aus. Er vertritt die Bundesrepublik nach außen, er schließt Verträge mit anderen Staaten und ernennt und entlässt den Bundeskanzler und die Minister und die Beamten. Der Bundespräsident vertritt unser Land auf Staatsbesuchen in anderen Ländern und wirkt nach innen und außen vor allem durch seine Reden zu wichtigen Themen.

In politischen Krisenzeiten, wenn der Bundeskanzler nicht mehr das Vertrauen der Mehrheit des Parlaments besitzt, entscheidet der Bundespräsident, ob er den Bundestag auflöst und Neuwahlen herbeiführt oder ob er dem Bundestag vorschlägt, einen anderen Politiker zum Bundeskanzler zu wählen.

M 4 Bundespräsident Joachim Gauck. Der Bundespräsident wird durch die 📖 Bundesversammlung gewählt. Sie besteht aus den Mitgliedern des Bundestages und einer gleichen Anzahl von Mitgliedern, die von den Länderparlamenten gewählt werden. Die Amtszeit des Bundespräsidenten beträgt fünf Jahre, wobei eine Wiederwahl möglich ist.

1 Erläutert, worum es in den beiden Fällen in M 1 geht.

2 Beurteilt die beiden Entscheidungen des BVG (M 1) auf der Grundlage von Artikel 3 des Grundgesetzes (M 2).

3 Erkläre die Begriffe: Normenkontrollverfahren, Verfassungsbeschwerden, Organstreitigkeiten. Findet aktuelle Beispiele.

4 Überlegt, warum das BVG Gesetze aufheben darf, die das Parlament beschlossen hat (Text).

5 Diskutiert, ob eine häufige Anrufung des BVG als „Schiedsrichter" zwischen Regierung und Opposition dem Ansehen der Politik schaden kann.

Station 8: Macht der Verbände und Initiativen

Die Macht der Lobbyisten

Anzahl der beim Deutschen Bundestag registrierten Verbände

1973 **635**
'78 **889**
'83 **1 164**
'88 **1 376**
'93 **1 530**
'98 **1 673**
'03 **1 788**
'08 **2 040**

Quelle: Deutscher Bundestag

© Globus 2545

M 1 Lobbyisten beim Bundestag

mit insgesamt 72 Millionen Mitgliedern. 58 Millionen der über vierzehnjährigen Deutschen gehören einem oder mehreren Vereinen an. Als eigentliche Interessenverbände werden die über 5000 Verbände angesehen, die politische Interessen verfolgen. Interessenverbände versuchen politische Entscheidungen in Gemeinden, Ländern und im Bund zu beeinflussen. Man bezeichnet die Einflussnahme auf Politiker und hohe Beamte in den Ministerien auch als Lobby. Die Interessenverbände versuchen auf diesem Wege – aber auch durch direkte Mitarbeit in den Parteien sowie durch Veröffentlichung von Stellungnahmen und intensive Medienarbeit – politische Mehrheiten für ihre Interessen zu gewinnen. Über 1700 von ihnen sind bundesweit tätig und haben sich in eine offizielle Liste eintragen lassen, die beim Bundestag geführt wird. Diese Verbände werden auch offiziell als Lobby bezeichnet und können zu Anhörungen der Ausschüsse eingeladen werden.

Art. 9 GG

(1) Alle Deutschen haben das Recht, Vereine und Gesellschaften zu bilden.

Verband

Zusammenschluss mit einheitlicher Organisation zur Verfolgung gemeinsamer Ziele der Mitglieder

Lobby

v. engl. lobby = Vorhalle des Parlaments. Die in der Lobby vertretenen Verbände versuchen direkten Einfluss auf die Gesetzgebung zu nehmen.

Bürgerinitiative

Zusammenschluss zur Durchsetzung eines bestimmten Zieles, in der Regel lokal organisiert, parteiunabhängig und zeitlich begrenzt.

Interessenverbände

Wir leben in einer organisierten Gesellschaft mit vielfältigen Vereinen, Vereinigungen und Verbänden, die Interessen vertreten. Das eröffnet uns große Möglichkeiten, unsere eigenen Interessen zu verwirklichen, indem wir uns mit Gleichgesinnten zusammenschließen. In Deutschland gibt es über 240 000 Vereine

M 2 Lobbyisten. *Karikatur von Günther Kellner*

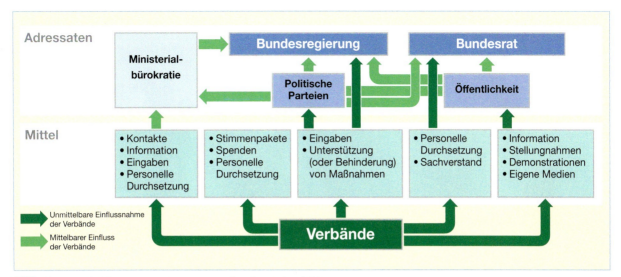

M 3 Einflussmöglichkeiten von Interessenverbänden. *Schaubild*

Bürgerinitiativen

Bürgerinitiativen sind spontane und zeitlich meist begrenzte Zusammenschlüsse von Bürgern, die sich zumeist aus einem konkreten Anlass zu Wort melden. Ihre Mitglieder sind in der Regel unmittelbar betroffen. Sie bemühen sich darum, in einem konkreten Anliegen (z. B. Bau einer Umgehungsstraße oder Ergreifen von Maßnahmen für einen sicheren Schulweg der Kinder) Abhilfe von Missständen zu erreichen. Bürgerinitiativen bedienen sich dazu unterschiedlicher Wege: Sie greifen zur Selbsthilfe (z. B. Bau eines Kinderspielplatzes), sie mobilisieren die öffentliche Meinung oder sie üben Druck auf die Politik aus (z. B. durch Unterschriftensammlungen). Solche Bürgerinitiativen sind locker organisiert. Sie sind attraktiv, weil jeder sie „machen" kann und nahezu jedes denkbare Anliegen zum Gegenstand einer Initiative werden kann.

Bürgerinitiativen sind in der Regel basisdemokratisch organisiert, d. h., dass alle wichtigen Entscheidungen von den Betroffenen selbst abgestimmt werden.

M 4 *Karikatur von Jupp Wolter*

1 Stellt fest, wer in eurer Klasse aus welchen Gründen Mitglied in einem Verein ist.

2 Erläutert die Grafik M 1. Mit welchen Mitteln und bei welchen Adressaten könnten die Interessenverbände versuchen, ihre Ziele zu erreichen?

3 Klärt, welche Kritik am Verbandseinfluss M 2 beinhaltet.

4 Erläutert M 3 und M 4. Diskutiert die Vor- und Nachteile der Einflussnahme der Verbände auf die Politik.

Station 9: Medien – die vierte Gewalt?

Politikshows dienen aus Sicht der Politiker weniger der Analyse als vielmehr ihrer Selbstdarstellung. Die Politiker sind meistens Medienprofis.
Jürgen Falter, Politikwissenschaftler

Freie Medien sind ein unverzichtbarer Bestandteil der demokratischen Gesellschaft.
Horst Pötzsch, Politikwissenschaftler

Politik ist Pop. Sie muss POPulär sein, sie muss sich verkaufen können. Mit denselben Mitteln, mit denen die 13. Boygroup auf den Markt gebracht wird, wird Politik verkauft.
Artikel aus einer Berliner Schülerzeitung.
www.bennoshuette.de

Die Bevölkerung folgt in ihrer Meinungsbildung in Bezug auf politische Fragen in sehr vielen Fällen dem Tenor der Berichterstattung nach.
Thomas Petersen, Meinungsforscher

Die schwierigen Prozesse der Politik schrumpfen in der Bearbeitung der Medien für ein großes Publikum häufig auf unterhaltsame Bilder der Stars der Politik. Der Bundeskanzler, der mit Bürgern eine Bockwurst isst, entschlossen auf einem Kriegsschiff steht oder in der Talkshow Witze reißt.
Thomas Meyer, Politikwissenschaftler

M 1 Medien und Demokratie

Politische Aufgaben der Medien

Der Ausdruck vierte Gewalt hebt die besondere Bedeutung der Massenmedien für die demokratische Gesellschaft hervor. Sie machen politische Entscheidungen durchschaubar, indem sie Bürgerinnen und Bürger informieren und politische Zusammenhänge erklären. Und sie üben eine wichtige Funktion aus, indem sie Politiker kontrollieren, Machtmissbrauch, Ämterwillkür und **Korruption** aufdecken.

Politik und Fernsehen

Politikerinnen und Politiker versuchen in den Massenmedien präsent zu sein, um möglichst viele Menschen, Wählerinnen und Wähler, zu erreichen. Das Fernsehen ist besonders begehrt wegen der hohen Einschaltquoten, aber auch weil die Menschen stärker durch das Sehen beeinflusst werden als durch Hören und Lesen. Viele Zuschauer interessiert an den Politikern mehr ihr Aussehen oder ihre Kleidung als ihre politischen Aussagen. Kritiker befürchten, dass Politik im Fernsehen zur reinen Unterhaltung verkommt. Und tatsächlich wird schon von „Infotainment" gesprochen. Der Begriff verbindet „information" (Information) und „entertainment" (Unterhaltung). Statt Nachrichten werden „news" oder gar „action news" gesendet. Kaum ein Politiker kann es sich

Webcode:
PE641796-072

heute leisten, die bunte Welt der Unterhaltung links liegen zu lassen. Im Gegenteil, Politiker werden für derartige Auftritte professionell geschult. Der „Feel-Good-Faktor" („Wohlfühlfaktor") ist zu einer unverzichtbaren Voraussetzung eines erfolgreichen Wahlkampfs geworden. Es gibt nicht nur ständig Talkshow-Auftritte, sondern auch Home Stories, Gesangseinlagen und immer häufiger sogar Gastspiele in TV-Serien.

Medienkonzentration

Medien kontrollieren nicht nur Mächtige, die Medienbetriebe stellen auch selbst große Machtapparate dar. 65 Prozent aller verkauften Zeitungen und Zeitschriften stammen von nur vier großen Konzernen: Bertelsmann, Springer, Burda und Bauer. Diese Mediengiganten besitzen auch hohe Marktanteile bei den privaten Fernsehsendern und damit eine große Machtfülle. Daraus können Gefahren entstehen: Einschränkung der Pressefreiheit, Abhängigkeiten von Werbekunden, politische Einflussnahme.

>>Bitte sehr – unser Entwurf für das optimale Politiker-Profil in Wahlkampfzeiten!<<

M3 *Karikatur: Mester*

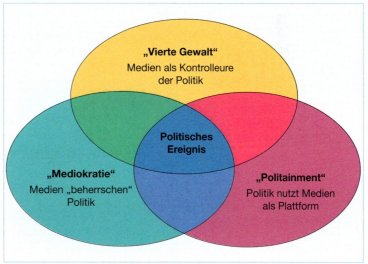

M4 *Zusammenspiel von Medien und Politik*

M2 **Politiker in Talksendungen**

1 Welchen der Behauptungen in M1 stimmst du zu? Begründe.

2 Erkläre den Begriff Infotainment.

3 Was ist deiner Meinung nach für einen erfolgreichen Auftritt eines Politikers im Fernsehen wichtig? Nenne sechs Merkmale (s. auch M2). Interpretiere die Karikatur M3.

4 Erkläre den Ausdruck „vierte Gewalt".

5 Erkläre das Zusammenspiel von Medien und Politik (M4).

Der Politikzyklus – das Beispiel G8

GEW gegen Kürzung der Ferien und des Unterrichtsangebots

Die Bildungsgewerkschaft GEW bezeichnet die Vorschläge der Landesregierung zur Reform des achtjährigen Gymnasiums als „enttäuschend" und schlägt vor, bis 2013 alle Gymnasien zu echten Ganztagsschulen auszubauen. (…) „Die Elternproteste gegen das G8 sind berechtigt. Die Kinder sind überlastet, weil im achtjährigen Gymnasium die traditionelle Halbtagsschule ohne Konzept nach hinten verlängert wurde. Eine verkürzte gymnasiale Schulzeit ist ohne Schaden für die Kinder nur denkbar, wenn sie mit einer echten Reform des Lernens verbunden ist. Kinder und Jugendliche brauchen zusätzliche professionelle Betreuung, Angebote für Ausgleichs- und Kreativitätsaktivitäten und einen Unterricht, der stofflich entlastet und altersgerecht auf individuelle Förderung setzt", so Dahlem. Die GEW lehnt eine Verkürzung der Ferien im Zusammenhang mit der G8-Reform ab. „Wir wissen seit langem, dass wir im Interesse einer sinnvollen Aufteilung des Schuljahres eine grundsätzliche Neuregelung der Ferien brauchen. Mit einer Verkürzung der Ferien lassen sich die Probleme des G8 nicht lösen", sagte Dahlem.

Stundenkürzungen am Gymnasium?

Sachsen-Anhalts Kultusminister Jan-Hendrik Olbertz (parteilos) hat sich gegen eine Stundenkürzung beim achtjährigen Gymnasium ausgesprochen. Er befürchtet eine Absenkung des Bildungsniveaus. Nach Niedersachsens Ministerpräsident Christian Wulff macht sich jetzt auch Baden-Württembergs Landeschef Günther Oettinger (beide CDU) für Stundenkürzungen stark.

Überforderte Kinder, gestresste Lehrer

In den meisten Ländern sei „G 8", das achtjährige Gymnasium, eine „unausgewogene und völlig verhunzte Reform", sagt die stellvertretende Vorsitzende der Gewerkschaft Erziehung und Wissenschaft (GEW), Marianne Demmer. Die Schulpolitik habe es versäumt, den Unterricht in Ganztagsschulen neu zu organisieren und ein pädagogisches Konzept mit Lern- und Ruhephasen einzuführen.

KMK-Präsidentin fordert Entrümpelung der Lehrpläne

Annegret Kramp-Karrenbauer, Präsidentin der Kultusministerkonferenz (KMK) und CDU-Bildungsministerin im Saarland ist offen für eine Straffung der Lehrpläne und plädiert für Unterricht auch am Sonnabend, um die Stundenpläne zu entzerren.

Wie viel Schule braucht ein Abiturient?

Die deutsche Wirtschaft warnt vor einer Rückkehr zum Abitur nach 13 Jahren. „Je früher junge Menschen die Erstausbildung hinter sich bringen, desto mehr Möglichkeiten haben sie im Leben", erklärt Ludwig Georg Braun, der Präsident des Deutschen Industrie- und Handelskammertages (DIHK). Dazu soll eine verkürzte Schulzeit beitragen. Außerdem ist das Abitur nach zwölf Jahren fast überall in Europa längst Standard, schreibt er in einem Gastbeitrag für die „Bild am Sonntag".

Schulsenatorin zurückgepfiffen

Wie explosiv das Schulthema im Hamburger Wahlkampf ist, erfuhr CDU-Schulsenatorin Alexandra Dinges-Diering am Donnerstag: In der Tageszeitung „Die Welt" schlug sie vor, den Sonnabend wieder als Schultag einzuführen, um den Stundenplan zu entzerren. Bürgermeister von Beust kritisierte dies als „Privatmeinung" und verteidigte das „Familien-Wochenende". Die GEW sprach von „familienfeindlichem Unsinn" und SPD Kandidat Naumann forderte Beust auf, die Schulsenatorin umgehend zu entlassen.

„Rückkehr zum Abitur nach 13 Schuljahren würde uns isolieren"

Bayerns Ministerpräsident Günther Beckstein (CSU) verteidigt das achtjährige Gymnasium. „Insgesamt betrachtet werden unsere Gymnasiasten nicht überfordert, sondern gefordert", sagte der bayerische Ministerpräsident der Tageszeitung „Die Welt". Dies ist notwendig, „weil jeder weiß, dass man auch im Leben gefordert wird. Eine Rückkehr zum Abitur nach 13 Schuljahren würde uns doch isolieren – unsere Jugendlichen kämen dann ein Jahr später als ihre Altersgenossen im Ausland auf den Arbeitsmarkt oder in die Hochschulen", ist Beckstein überzeugt.

M 1 Schlagzeilen und Berichte zum achtjährigen Gymnasium. *Zitiert nach: Bildungsklick.de*

M 2 Die Diskussion um das achtjährige Gymnasium

Spätestens seit Ende der 1990er-Jahre, als der damalige Bundespräsident Roman Herzog den Deutschen ins Gewissen redete, wurde der Kurswechsel auch in Westdeutschland vorbereitet. Roman Herzog fragte in seinen Bildungsreden: „Wie kommt es, dass die leistungsfähigsten Nationen in der Welt es schaffen, ihre Kinder die Schule mit 17 und die Hochschule mit 24 abschließen zu lassen?"

Doch wo sollte die Zeit aufgeholt werden? Zeitweilig war in Westdeutschland der Altersdurchschnitt der Schulanfänger näher am siebten als am sechsten Lebensjahr. Das wurde geändert. Vorreiter bei der Schulzeitverkürzung im Westen war das Saarland, das schon 2001/2002 auf das Abitur nach zwölf Jahren umstellte. Die großen Flächenländer Baden-Württemberg, Bayern und Niedersachsen folgten 2004/2005, Hessen und Nordrhein-Westfalen 2005 und 2006. Zwei Länder fallen völlig aus dem Rahmen: Sachsen-Anhalt und Rheinland-Pfalz. Sachsen-Anhalt hatte bis zum Jahr 1999 das Abitur nach zwölf Jahren ablegen lassen und stellte sich 2000 auf das Abitur nach zwölfeinhalb Jahren um. Es orientierte sich an Rheinland-Pfalz. 2003 kehrte Sachsen-Anhalt zum Schnellabitur zurück. Rheinland-Pfalz hält bis heute an einem Abitur fest, das nach zwölfdreiviertel Jahren abgelegt werden kann.

Uwe Schlicht: Vom Osten lernen, in: Tagesspiegel v. 11.2.2008

M 3 Elternprotest

Problem	Worin besteht das Problem? Welche Aufgabe hat die Politik zu lösen?
Auseinandersetzung	Was wirkt auf die Auseinandersetzung ein? Wer ist beteiligt? Wie verläuft die Auseinandersetzung? Was sind die Argumente und Vorgehensweisen?
Entscheidung	Zu welchen Ergebnissen hat die Auseinandersetzung geführt?
Bewertung der Entscheidung	Wie werden die Entscheidung und ihre Ergebnisse bewertet?

M 4 Vom Problem zur Entscheidung

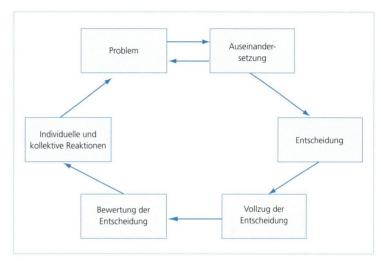

M 5 Der Politikzyklus

Webcode:
PE641796-075

1 Informiere dich über das Thema und die Diskussion „G8" (M 1 und M 2).

2 Die Grafik M 5 zeigt wichtige Stationen, die sich in allen politischen Konflikten wiederfinden lassen. Untersuche den Konflikt um das G8 mithilfe dieses Modells. Berücksichtige dabei M 4.

3 „Hat sich die Mehrheit einmal für eine bestimmte Problemlösung entschieden, sollte darüber anschließend nicht mehr diskutiert werden!"
   a Stellt die Aussage in Bezug zu M 5.
   b Nehmt Stellung zu der Aussage.

4 Findet weitere aktuelle politische Themen und ordnet sie in M 5 ein.

Der Hessische Landtag

M1 Der Hessische Landtag

M2 Die hessische Flagge

Hessische Verfassung vom 01.12.1946

Artikel 65
Hessen ist eine demokratische und parlamentarische Republik.

Artikel 69 (1)
Hessen bekennt sich zu Frieden, Freiheit und Völkerverständigung. Der Krieg ist geächtet.

den Landeshaushalt und wählt die Ministerpräsidentin oder den Ministerpräsidenten. Außerdem wirkt der Landtag an der Regierungsbildung mit und kontrolliert die Landesregierung.

Grundlage der Arbeit des Landtags ist die Hessische Verfassung.

Die Landesregierung

Die Landesregierung besteht in Hessen aus dem Ministerpräsidenten und derzeit zehn Ministerinnen und Ministern, die gemeinsam das Kabinett bilden. Das Kabinett bestimmt die Leitlinien der Landespolitik, verteilt die Aufgaben zwischen den verschiedenen Ministerien und beschließt Gesetzesentwürfe, die dann dem Hessischen Landtag zur Abstimmung vorgelegt werden müssen.

Auf die Bundesgesetzgebung nimmt die Landesregierung Einfluss über den Bundesrat. Das Kabinett legt jeweils fest, wie die Vertreter des Landes im Bundesrat abstimmen sollen.

Der Landtag

Der Landtag ist die gewählte Vertretung des Volkes und somit das oberste Verfassungsorgan des Landes. Der Landtag verabschiedet die Landesgesetze, beschließt

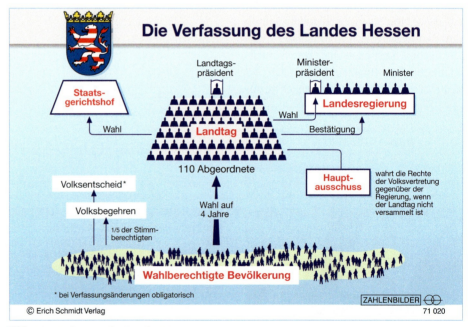

M3 Die Verfassung des Landes Hessen

Bund

Ausschließliche Gesetzgebung
- Auswärtige Angelegenheiten
- Verteidigung, Zivilschutz
- Staatsangehörigkeit
- Passwesen
- Währungs- und Geldwesen
- Zölle und Außenhandel
- Bundesbahn und Luftverkehr
- Post- und Fernmeldewesen

Rahmengesetzgebung*
Recht des Bundes, bei bestimmten Gesetzen nur die allgemeinen Regelungen (Rahmenvorschriften) zu erlassen, während es der Gesetzgebung der einzelnen Bundesländer überlassen ist, die näheren Einzelheiten zu regeln.
- Hochschulwesen
- Jagdwesen, Naturschutz und Landschaftspflege
- Bodenverteilung und Raumordnung
- Melde- und Ausweiswesen

* nur beispielhafte Aufzählung

Land Hessen

Ausschließliche Gesetzgebung
- Kultur
- Polizeiwesen
- Schul- und Bildungswesen
- Gesundheitswesen
- Rundfunk, Fernsehen
- Kommunalwesen

Konkurrierende Gesetzgebung*
Hier haben die Länder die Gesetzgebungsbefugnis, solange und soweit der Bund von seiner Gesetzgebungszuständigkeit nicht durch Gesetz Gebrauch gemacht hat.
- Bürgerliches Recht, Strafrecht und Strafvollzug
- Personenstandswesen
- Vereins- und Versammlungsrecht
- Aufenthaltsrecht für Ausländerinnen und Ausländer
- Erzeugung und Nutzung der Kernenergie
- Arbeits- und Wirtschaftsrecht
- Straßenverkehr

M 4 Aufgabenverteilung zwischen der Bundes- und den Landesregierungen

Der Bundestag hat am vergangenen Freitag mit der erforderlichen Zweidrittelmehrheit die Föderalismusreform gebilligt. Stimmt am 7. Juli auch der Bundesrat zu, wäre nach zweieinhalb Jahren Verhandlungen die umfangreichste Grundgesetzänderung seit 1949 vollzogen.

Die Änderung von insgesamt 25 Artikeln des Grundgesetzes ordnet die Beziehungen zwischen Bund und Ländern neu: Mussten bislang rund 60 Prozent aller Bundesgesetze von der Länderkammer abgesegnet werden, werden in Zukunft nur noch 35 bis 40 Prozent zustimmungspflichtig sein, so der stellvertretende Fraktionsvorsitzende der CDU/CSU-Bundestagsfraktion, Wolfgang Bosbach. Damit könnte der Bund in Zukunft (…) schneller mit neuen Gesetzen auf Probleme reagieren. (…)

Atomenergie, Terrorabwehr, das Meldewesen und der Schutz deutschen Kulturgutes gegen Abwanderung ins Ausland werden nach der Reform reine Bundesangelegenheit sein. Auch im Bereich Umwelt und Abfallwirtschaft gewinnt der Bundestag neuen Entscheidungsspielraum: Er darf ein eigenes Bundesumweltgesetz schaffen. Im Gegenzug erhalten die Länder die alleinige Zuständigkeit für die Besoldung und Versorgung von Landesbeamten, die Raumordnung und das Heimrecht, das die Behandlung von Pflegebedürftigen bestimmt. Auch Strafvollzug und Ladenschluss regeln die Länder künftig selbst. Bis zuletzt hart umkämpft war das Feld der Bildung (…). Der Bund behält zwar das Recht, Regelungen zu Zulassung und Abschlüssen an den Hochschulen zu beschließen. Allerdings können die Länder nun mit eigenen Gesetzen davon abweichen.

Eckart Thurich: Föderalismusreform, 3.7.2006; Bundeszentrale für politische Bildung; in: http://www.bpb.de (Zugriff: 8.9.2011)

M 5 Föderalismusreform

Der Hessische Landtag hat seinen Sitz in der Landeshauptstadt Wiesbaden. Er trifft sich einmal im Monat für zwei bis drei Tage, um die für das Bundesland Hessen geltenden Gesetze zu beraten und zu beschließen. Darüber hinaus ist er für die Beratung und Bewilligung des Landeshaushalts zuständig.

Gesetzesentwürfe können dem Landtag von der Landesregierung, aber auch von jeder Fraktion oder mindestens fünf Abgeordneten vorgelegt werden.

Webcode:
PE641796-077

1 Vergleiche Aufbau und Aufgaben des Hessischen Landtages mit denen des Bundestages. Welche Gemeinsamkeiten, welche Unterschiede kannst du feststellen (M 3, M 4)?

2 Nenne Politikbereiche, für die die Länder allein zuständig sind.

3 Klärt, ob die Föderalismusreform die Rechte des Bundes oder die der Länder stärkte. Diskutiert Vor- und Nachteile dieser Reform (s. auch S. 64/65, M 4).

4 Diskutiert Vor- und Nachteile der Föderalismusreform (M 4, M 5).

Die politische Ordnung der Bundesrepublik

KOMPETENZ-Trainer

- Bundestag
- Bundesregierung
- Bundesverfassungsgericht
- Landesregierungen
- Bürgerinnen und Bürger
- Bundeskanzler
- Bundesversammlung
- Bundesminister
- Landesparlament
- Bundesrat
- Bundespräsident

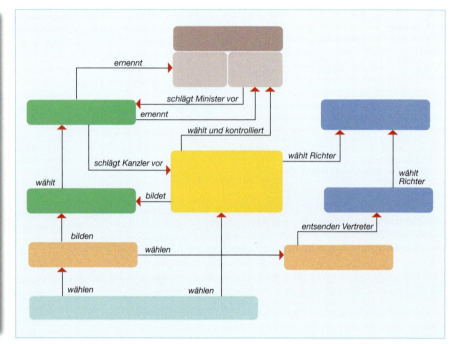

M 1 Der Bundestag im Verfassungsgefüge

	Richtig	Falsch	Weiß nicht
1. Alle Bundesländer entsenden die gleiche Zahl von Abgeordneten in den Bundestag.			
2. Die Zweitstimmen entscheiden über die Zusammensetzung des Bundestages.			
3. Bundestagswahlen finden in der Regel alle fünf Jahre statt.			
4. Bei den Bundestagsdebatten wollen die Abgeordneten sich gegenseitig mit Argumenten überzeugen.			
5. Der Wähler kann den Bundeskanzler direkt wählen.			
6. Um die Regierungsmehrheit zu erlangen, können die im Bundestag vertretenen Parteien Kabinette bilden.			
7. Der Bundestag beschließt, die Schulzeit in der Realschule in Baden-Württemberg von zehn auf neun Jahre zu kürzen.			
8. Parteien wirken bei der politischen Willensbildung mit.			
9. Medien werden wegen ihrer wichtigen Aufgaben in der Demokratie auch als „dritte Gewalt" bezeichnet.			

M 2 Richtig oder falsch?

Gesetze und Gesetzgebung

„Gesetze dienen dazu, die _____ zu gestalten und zu steuern. _____ regeln das Wirtschaftsleben, die soziale Sicherheit, den Arbeitsmarkt, die Berufsbildung, das Gesundheitswesen, die Erhaltung der Umwelt, den Datenschutz und vieles andere mehr. Damit werden Gesetze zu einem _____ und zur Gestaltung der _____. Die Parteien verkünden ihre _____ in Wahlprogrammen, Regierung und Koalitionsfraktionen formulieren sie im _____ und setzen sie auf dem Weg der _____ um. Gesetze sind aber nicht nur Umsetzungen politischer Programme. _____ für neue Gesetze können von einzelnen _____, Interessen _____, Bürger _____ und Petitionen ausgehen. Sachverständigenkommissionen, Untersuchungsausschüsse, wissenschaftliche Beiräte geben _____ für gesetzliche Regelungen. Aktuelle soziale und wirtschaftliche _____ können neue Gesetze erfordern. Länder und Gemeindebehörden melden Änderungswünsche an, wenn bei der Ausführung von Gesetzen _____ auftreten. Wenn das Bundesverfassungsgericht ein Gesetz als nicht vereinbar mit dem _____ erklärt, ist eine neue Regelung erforderlich. Viele internationale Verträge bedürfen eines Gesetzes (Ratifizierung), um in Kraft zu treten. Immer häufiger sind Gesetze erforderlich, die sich aus der Mitgliedschaft Deutschlands in der _____ ergeben und europäisches in deutsches Recht umsetzen.“

aus: Grundgesetz für Einsteiger und Fortgeschrittene, Bundeszentrale für politische Bildung

– Anstöße
– Gesetze
– politischen Absichten
– Grundgesetz
– Entwicklungen
– Gesetzgebung
– Verbänden
– gesellschaftlichen Verhältnisse
– Schwierigkeiten
– Mittel der Politik
– Europäischen Union
– Bürgern/-innen
– Empfehlungen
– Regierungsprogramm
– Initiativen
– Lebensverhältnisse

M 3 Lückentext

Ist zu viel Öffentlichkeit schädlich?

„Ohne Medien sind Politiker besser.“: Der sächsische Justizminister Thomas de Maizière provozierte am vergangenen Wochenende die Journalisten und Medienwissenschaftler, die in den Landtag von Sachsen gekommen waren, um über Medien und Demokratie zu diskutieren. Dem „unsichtbaren Politiker", der seine Akten studiert, sich mit Experten berät und Lösungen erarbeitet, stellte er den mediengewandten Showstar gegenüber, den man meist mit dem Sektglas in der Hand sieht. Er bedauerte, dass der „Was-und-warum-Journalismus" zurückgegangen sei gegenüber dem „Wer-gegen-wen-Journalismus". Sein Fazit für die Politiker: Wer inszeniert, wird selbst inszeniert; wer seine gute Ehe im Wahlkampf einsetzt, darf sich nicht wundern, wenn das Scheitern der Ehe in den Medien später genüsslich instrumentalisiert wird.

www.heise.de/tp/r4/artikel/12/12651/1.html, 24.2.2009

M 5 Medien und Demokratie

M 4 „Dem Politiker sein liebstes Interview"

Sachwissen und Analysekompetenz

1 Übertragt das Schema in euer Heft und schreibt die richtigen Institutionen in die unbeschrifteten Kästchen (M 1).

2 Richtig oder falsch (M 2)?

3 Kopiert den Lückentext M 3 und ordnet die richtigen Begriffe zu.

Urteils- und Handlungskompetenz

4 a Beschreibt die in M 4 und M 5 aufgezeigte Kritik an dem Verhältnis zwischen Medien und Demokratie.

b Diskutiert, welche Möglichkeiten es gibt, den aufgezeigten Problemen zu begegnen.

4 Angebot trifft Nachfrage – der Markt

M 1 Die Börse – ein Aktienmarkt

M 4 Ebay – ein virtueller Markt

M 2 Auf dem Wochenmarkt

M 3 Jugendliche im MediaMarkt

BMW 320i „Coupé" 2,0i, 110 KW, 67 500 km, Klima, LM-Felgen, elektr. SSD, 2. Hd, unfallfrei......11 900,–

Köln

Das gut erhaltene Wohnhaus in ruhiger Siedlungslage bietet auf ca. 120 qm Wohnfläche Platz für die ganze Familie. Die Terrasse verbindet den Wohnbereich mit dem südwestlich ausgerichteten Garten mit altem Baumbestand. Vollkeller, Garage und Ausbaureserven ergänzen das attraktive Angebot. Kaufpreis: 249 000 Euro.

Suche

Verkäufer/in

mit technischem Verständnis u. Interesse, im D2-Laden (Marsberg, Warburg od. Beverungen), für Handys, Telefone u. alles, was mit moderner Kommunikation zusammenhängt. Wünschenswert (nicht zwingend notwendig) ist eine kaufmännische od. techn. Ausbildung, gute Kenntnisse im Umgang mit Kunden, gepflegtes Erscheinungsbild und freundliches Auftreten.

Wer hat noch Karten? Suche dringend Konzerttickets für *Tokio Hotel* in Hamburg. 0175/335648911

Suchen für Nikolaus und Weihnachten für unsere Kinder günstig Lego, Duplo, Explore. 0234/787810

Trekkingbike, 5 Monate alt, 75,– EUR; City-Roller 10,– EUR. 02303/699447

Auszubildende zur Zahnarzthelferin zu sofort gesucht

Alleinunterhalter mit Humor und Witz hat noch Termine frei, auch wochentags.

Baugeld f. Kauf, Ablösung v. Baudarlehen, Zins 5,70 %, Ausz. 100 %, 10 J. fest, eff. Jahr.-z. 5,88 %, verm.

M 5 Märkte ...

M 6 Auswahl im Supermarkt

Am Ende dieses Kapitels kannst du

- mithilfe eine Marktmodells den Zusammenhang zwischen Angebot und Nachfrage beschreiben.
- erklären, welche Faktoren bei der Preisbildung eine Rolle spielen.
- Kriterien nennen, nach denen man Märkte unterscheiden kann. Außerdem kannst du mithilfe der Methode „Erkundung" selbst einen Markt und dessen Bedingungen erforschen.
- den Einfluss des Wettbewerbs auf die Preisbildung erläutern. Außerdem kannst du Vor- und Nachteile von Wettbewerb benennen.
- beschreiben, mit welchen Problemen ein Unternehmer im Wettbewerb konfrontiert ist und mit welchen Lösungsstrategien er diesen begegnet.
- an Beispielen erklären, warum Wettbewerb kontrolliert werden muss. Außerdem kannst du Institutionen nennen, die sich mit dieser Aufgabe beschäftigen.
- vergleichend aufzeigen, warum es sich beim Arbeitsmarkt um einen besonderen Markt handelt.

Immer da, wo Menschen 📖 Güter produzieren und verkaufen und andere Interesse an dem Angebot zeigen, also da, wo Handel getrieben wird, entsteht ein Markt.

Märkte haben schon eine lange Geschichte. Dabei hat „der Markt" jedoch mit der Zeit sein Gesicht verändert: Aus dem bunten Treiben auf dem Marktplatz, wo sich Händler und Kunden direkt begegnen, ist ein Wirtschaftsprinzip geworden, das keinen festen Ort kennt.

Warenmärkte (Konsumgüter und Produktionsgüter)

Dienstleistungsmärkte

Marktarten

Geld- und Kapitalmärkte

Arbeitsmarkt

Immobilienmärkte

M 7 Marktarten

1 „Als Markt bezeichnet man jeden Ort, an dem Angebot und Nachfrage zusammentreffen." Erläutere diese Begriffsbestimmung anhand von Materialien dieser Doppelseite.

2 Notiere in dein Heft, zu welchen Marktarten (M 7) die in M 1–M 6 vorgestellten Märkte gehören.

3 Welche Ziele verfolgen die verschiedenen Marktpartner auf einem Markt? Erkläre an einem selbst gewählten Beispiel.

Treffpunkt Markt:
Angebot trifft Nachfrage und umgekehrt

M1 Flohmarkt in Frankfurt am Main

Die Perspektive des Käufers

Mögliche Käufer besuchen aus unterschiedlichen Motiven einen Flohmarkt. Die einen kommen ohne ein bestimmtes Kaufinteresse. Sie lassen sich vom Angebot ansprechen, plötzlich findet irgendein Gegenstand ihr Interesse und ein Kaufbedürfnis entsteht. Andere sind auf der Suche nach ganz besonders günstigen Angeboten, ohne dass sie spezielle Produkte im Auge haben. Wieder andere Besucher kommen mit konkreten Kaufzielen, da sie ein spezielles Hobby haben oder sich als Sammler betätigen. Für sie steht die Ware im Vordergrund, erst in zweiter Linie der Preis.

„Das wäre etwas für den Flohmarkt …"

Endlich die Zimmereinrichtung, die man sich schon länger gewünscht hat – aber wohin mit all dem Kinderkram? Manches ist alt und verschlissen und wandert in den Müll, aber es finden sich auch Sachen, die für andere noch einen Wert besitzen könnten, wie z. B. Spiele, Bücher oder CDs. Ob das was für den 📖 Flohmarkt wäre? Man könnte damit sein Taschengeld aufbessern.

Faktoren der Preisbildung:

- persönliche 📖 **Bedürfnisse** von Käufer und Verkäufer,
- finanzielle Grenze des Käufers,
- vergleichbares Angebot auf dem Markt

Die Perspektive des Anbieters

Auf dem Flohmarkt werden Waren verkauft, die man nicht mehr braucht, die also für den Verkäufer keinen Wert mehr haben. Dennoch möchte er sich durch den Verkauf etwas Extrageld verdienen und könnte folgende Überlegungen anstellen:

- Will ich schnell und um jeden Preis verkaufen?
- Lege ich eine Preisuntergrenze fest?
- Lasse ich mir beim Verkauf Zeit und warte verschiedene Angebote ab?

Freie Preisbildung

Auf einem Flohmarkt haben beide Seiten die Möglichkeit, vor ihrem Handel auf dem Markt Angebote und Preise zu vergleichen. Diese Beobachtungen beeinflussen ihre Ausgangsposition und ihre Verhandlungsstrategie. Das, was eine Ware einmal gekostet hat, spielt auf dem Flohmarkt keine Rolle mehr. Die Preise werden frei festgesetzt bzw. ausgehandelt. Dabei orientieren sich Verkäufer und Käufer an ihren persönlichen Preisvorstellungen.

M2 Das Marktmodell

Kaufen beim Erzeuger

Der Wochenmarkt ist einer der seltenen Orte, wo sich heute noch die Erzeuger von Waren und ihre Verbraucher unmittelbar begegnen. Anbieter und Nachfrager sind gleichzeitig auch Produzent und Konsument.

Preisbildung auf Wochenmärkten

Im Vergleich zum Flohmarkt entstehen den Händlern auf Wochenmärkten ganz andere Kosten. Sie produzieren ihre Waren, z. B. Salat, Gemüse und Obst. Dafür benötigen sie **Produktionsfaktoren** wie Land, Pflanzen, Dünger und Arbeitskräfte. Es ist selbstverständlich, dass die Herstellungskosten der Waren wieder hereingeholt werden müssen. Der Erzeuger kalkuliert seine Preise anhand von Durchschnittswerten. Er überschlägt die Gesamtkosten, die ihm bei der Produktion entstehen, und verteilt sie auf seine Produktionsmenge. Daraus ergibt sich ein **Herstellerpreis**. Diesen Preis muss er mindestens erzielen, um seine Kosten zu decken. Er will aber einen Überschuss (📖 Gewinn) erzielen. Diese Unterscheidung ist für einen Bauern ganz wichtig: Gehälter für Angestellte oder Aushilfen zählen zu den Kosten. Der eigene Lebensunterhalt und der der Familie werden vom Gewinn bestritten. Dazu gehören auch die Altersversorgung und Rücklagen für Notfälle. Wie viel der Erzeuger auf den Herstellerpreis aufschlagen kann, also die Höhe des **Verkaufspreises**, richtet sich auch nach der Konkurrenzsituation.

Der Käufer auf dem Markt sichtet die Angebote, die alle mit Preisen versehen sein müssen. Er kann Qualitäts- und Preisvergleiche anstellen und trifft dann seine Entscheidung. Bei einem großen Angebot und wenig Nachfrage wird er günstiger einkaufen können als bei kleinem Angebot.

M 3 Direktvermarktung landwirtschaftlicher Produkte

M 4 Preisbildung auf dem Markt

1 Angebot trifft Nachfrage – und umgekehrt. Erkläre diesen Zusatz zur Kapitelüberschrift am Beispiel des Flohmarkts.

2 Werte M 2 aus. Erkläre das Marktmodell am Beispiel des Wochenmarktes. Erklärt, wann die Preise für Obst, Salat und Gemüse höher sind: Im Sommer oder im Winter? Begründet.

3 Welche Vorteile bringt die Direktvermarktung auf dem Wochenmarkt für die Bauern? Was schätzen die Kunden besonders an diesen Märkten? (Text, M 3)

4 Vervollständige die Liste der Kosten, die ein Verkäufer auf dem Markt wieder hereinholen muss. (Text)

5 Liste auf, welche Risiken sich aus den Besonderheiten des Wochenmarktes für die Marktbeschicker ergeben.

6 Vergleiche das Beispiel des Wochenmarkthändlers mit einem Ladengeschäft. Nenne Unterschiede und Gemeinsamkeiten.

Märkte erkunden

M 1 Im Auktionshaus

M 2 An der Frankfurter Börse

M 3 Im Internet: www.marburger-tauschring.de

Welche Marktarten gibt es?

Märkte sind Einrichtungen, die durch die Bekanntgabe eines Ortes, einer Zeit, eines Preises sowie der Art und Qualität eines Gutes Käufer und Verkäufer zusammenbringen. Dabei gibt es auf Märkten offizielle und inoffizielle Regelungen, z. B. Marktzeiten, Vorschriften für Anbieter oder Regeln, die vorschreiben, wie man sich beim Kauf eines Gutes verhalten muss.

Die Vielzahl der Märkte kann man nach verschiedenen Kriterien einteilen, z. B. nach

· **räumlichen Gesichtspunkten** (örtliche, regionale, nationale, internationale Märkte),
· **zeitlichen Gesichtspunkten** (z. B. der Wochenmarkt, der Weihnachtsmarkt, Märkte, die täglich stattfinden),
· **der Art der gehandelten Güter** (z. B. der Arbeits-, der Immobilien- oder der Handymarkt),
· **den Zutrittsmöglichkeiten** für Marktteilnehmer (Märkte ohne Zutrittsbeschränkungen, geschlossene Märkte).

Wie ein Markt im Detail funktioniert, könnt ihr durch eine Erkundung herausfinden.

Die Erkundung

Die Methode der Erkundung ist eine Möglichkeit, um sich vor Ort, außerhalb der Schule, ein Bild von Fragen und Problemen zu verschaffen, die im Unterricht behandelt werden. Was ihr bei einer Erkundung beachten müsst, wird im Folgenden am Beispiel einer Erkundung eines Wochenmarktes dargestellt. Ihr könnt aber auch einen anderen Markt erkunden, einen Supermarkt, einen Flohmarkt, einen Großmarkt oder einen Markt im Internet (z. B. ebay, www.tauschring.de).

Wir erkunden einen Wochenmarkt

1. Auswahl eines Wochenmarktes: Ist ein Termin während der Schulzeit möglich oder muss/soll die Erkundung am Samstag stattfinden? Es gibt auch Märkte am Nachmittag. Eine Ersatzmöglichkeit ist der Besuch bei einem Erzeuger, der selbst einen Hofladen betreibt, vielleicht auch noch zusätzlich auf Wochenmärkten verkauft. Hier würde zwar der Eindruck vom Markttreiben fehlen, aber die Bedingungen für Fragen und Gespräche wären wahrscheinlich besser.

2. Vorerkundung (durch die Lehrkraft – evtl. mit einer Arbeitsgruppe): Klärung der örtlichen Gegebenheiten; Organisation eines Gesprächs mit einem zuständigen Vertreter der Gemeinde; Kontaktaufnahme mit Marktbeschickern, ob (nach Marktschluss) ein kurzes Gespräch mit ihnen möglich ist.

3. Klärung, welche Aufgaben in Angriff genommen werden sollen und wer jeweils zuständig ist, z. B.:

· Überblick über den Markt: Aufbau, Zahl der Stände, Art des Angebots.

· Beobachtung der Marktstände: Wie verhalten sich Verkäufer und Kunden im Umgang miteinander? Wie sind die Warenpräsentation und die Verkaufsstrategie bei den Verkäufern? Auf Unterschiede achten; Preisvergleich; gibt es Sonderangebote (von Anfang an, zum Marktende)?

· Gespräche mit Marktbesuchern: Gründe für den Einkauf auf dem Markt; handelt es sich um Stammkunden? Wenn ja, haben sie feste Händler, bei denen sie immer kaufen, und warum? Wie ist allgemein die Einkaufsstrategie (Qualität/Preis der Produkte)?

4. Klärung, welche Hilfsmittel benötigt werden bzw. zum Einsatz kommen sollen (vom Schreibgerät über Fotoapparat bis zur Videokamera) und wer wofür zuständig ist.

M 4 Markterkundung

Tipps zur Händler-/Erzeugerbefragung

Wenn Gelegenheit zu einem Gespräch besteht, könnten zu folgenden Themen Fragen gestellt werden:

· Geschichte des Betriebs

· Produktionsstrategie (Zusammensetzung der Produkte, Ökologie)

· Marketingkonzept (Direktvermarktung, Verkauf an Händler, Firmen)

· Kalkulation des Betriebs (Herstellungskosten, Preisfestlegung)

· Welcher Gewinn sollte erwirtschaftet werden?

· Zukunft des Betriebs

Webcode:
PE641796-085

Auswertung

Jede Arbeitsgruppe sollte schon in der Vorbereitungsphase überlegen, wie sie die Auswertung ihrer Ergebnisse vornehmen möchte und wie die Ergebnisse präsentiert werden sollen.

Zur Auswertung gehört auch ein Gespräch über die Erfahrungen mit der Methode.

Wettbewerb und Preisbildung

Webcode:
PE641796-086

Das Preisbildungsmodell

Wenn eine Kältewelle über Florida hereinbricht, steigt in den amerikanischen Supermärkten der Preis für Orangensaft.

Wenn die Sommer an der Nordseeküste sehr heiß sind, drückt dies in manchen Orten am Mittelmeer die Hotelpreise.

Wenn im Nahen Osten ein Krieg ausbricht, steigt in Europa der Benzinpreis und es fallen die Preise für Gebrauchtwagen mit hohem Treibstoffverbrauch.

Warum das so ist, erklären die 📖 Ökonomen mit einem 📖 Modell, dem Preisbildungsmodell.

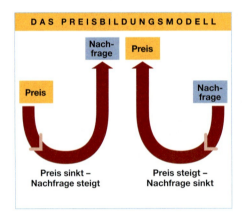

M 1 Das Preisbildungsmodell

Wodurch entsteht Nachfrage?

Nachfrage meint den Wunsch, eine bestimmte Dienstleistung oder ein bestimmtes Produkt zu erwerben. Wie groß die Nachfrage ist, hängt nicht nur vom Preis ab. Mit höherem Einkommen kann man größere Mengen oder Güter mit einer höheren Qualität erwerben.

Neue **technische Entwicklungen** z. B. auf dem Gebiet der Unterhaltungselektronik führen zu einer verstärkten Nachfrage – die Preise sind zunächst hoch. Wenn immer mehr Firmen die Neuheit anbieten, das Angebot also steigt, fallen selbst bei gleichbleibender Nachfrage die Preise.

Einfluss auf die Nachfrage hat auch die **Dringlichkeit des Bedarfs**. Bei nicht so dringend gewünschten Gütern (z. B. Softeis) reagieren die Kunden preisempfindlicher als bei dringend benötigten Gütern (z. B. Brot). Was man als besonders dringend einstuft, ist individuell verschieden.

Die Bedürfnisse werden in hohem Maße von außen beeinflusst, z. B. durch die Werbung oder Modeerscheinungen. So erklärt es sich, dass die Nachfrage nach manchen Luxusgütern trotz steigender Preise zunimmt (z. B. bei Markenartikeln in der Bekleidungsindustrie).

M 2 Die Tankstelle: Teurer als der Supermarkt, aber dennoch begehrt

M 3 Verkehrte Welt? Trotz Preissteigerungen bleibt die Nachfrage nach „Designer-Mode" stabil.

Wettbewerb – Fluch oder Segen?

Bereits auf dem Wochenmarkt (S. 85) wurde deutlich, wie ein Anbieter in die Klemme kommen kann, wenn er mit den Preisen und der Qualität seiner Waren schlechter dasteht als die 📖 Konkurrenz. Die Qualität kann er nicht mehr steigern. Die Preise senken, das geht. Doch wie weit? Die äußerste Grenze wäre erreicht, wenn er seine Ware verschenken würde. Aber am Ende steht nicht die Frage, ob er alle Waren losgeworden ist, sondern ob er genug Umsatz gemacht hat, um seine Kosten zu decken, und genug Gewinn, um den Lebensunterhalt bestreiten zu können. Sonst droht 📖 Insolvenz.

Das Marktmodell (M2, S. 82) geht davon aus, dass der Markt ausgeglichen ist, wenn die Kaufkraft der Nachfrage dem Angebot entspricht. Dieser Zustand wird nur kurzfristig erreicht. Die verschiedenen Anbieter kämpfen um Marktanteile, neue Konkurrenten erscheinen auf dem Markt. Vor allem in Zeiten einer Konsumflaute ist ein erbitterter Wettbewerb zu beobachten. Dabei werden die Preise gesenkt, um mehr Nachfrage zu erzeugen.

M4 Die Funktionen des Preises

Signalfunktion: Preise zeigen, wie knapp ein Gut ist, wenn es also in geringerer Menge vorhanden ist, als man seiner bedarf.

Lenkungsfunktion: Ein hoher Marktpreis regt die Unternehmen an, dieses Gut zu produzieren. Die Produktionsfaktoren werden dorthin gelenkt, wo sich die besten Gewinnchancen bieten.

Ausschaltungsfunktion: Unternehmen, die aus Preis- oder Qualitätsgründen nicht genügend Abnehmer für ihre Güter finden, werden vom Markt verdrängt. Gleiches gilt für Käufer, die nicht über die entsprechenden finanziellen Mittel verfügen.

Messfunktion: Durch die Preise werden Güter vergleichbar gemacht.

Ausgleichsfunktion: Preise stimmen Angebot und Nachfrage aufeinander ab.

Preis €	Nachfragemenge (Stück)	Angebotsmenge (Stück)
3	135	26
4	104	53
5	81	81
6	68	98
7	53	110

M5 Tägliche Nachfrage nach Pizza in einer Stadt

M6 Koordinatensystem

1 Erkläre mit M1 die im Text (S. 86 oben) genannten Beispiele zur Preisbildung.

2 Werte M1 aus. Erkläre an einem selbst gewählten Beispiel das Preisbildungsmodell.

3 Der Preis allein entscheidet nicht über Erfolg oder Misserfolg. Erkläre anhand von M2 und M3.

4 Welche Auswirkungen hat die Konsumflaute auf Angebot und Nachfrage? Beantworte diese Frage aus der Sicht des Anbieters und des Verbrauchers.

5 a Trage die Preise und die Nachfragemengen in ein Koordinatensystem ein und zeichne die Nachfragekurve (M5, M6).
  b Trage nun die Preise und die Angebotsmengen in das Koordinatensystem ein und zeichne die Angebotskurve (M5, M6).
  c Vergleiche den Verlauf beider Kurven. Den Schnittpunkt der Kurven bezeichnet man als Gleichgewichtspreis. Erläutere, worin das Gleichgewicht besteht.
  d Überlege: Was würde geschehen, wenn der tatsächliche Preis über bzw. unter dem Gleichgewichtspreis läge?
  e Erläutere mit eigenen Worten die Funktionen des Preises (M4).

Unternehmen im Wettbewerb

M1 Smartphone-Betriebssysteme

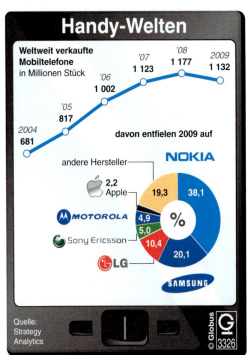

M2 Der Handy-Markt

Beispiel Smartphone-anbieter

Kaum ein Markt ist in den letzten Jahren so rasant gewachsen wie der für Smartphones. Und die Aussicht ist positiv – denn das Smartphone-Geschäft ist auf dem Weg zu einem Massenmarkt, wie es der PC- und Notebook-Sektor schon lange einer ist. Allein im ersten Halbjahr 2011 wurden in Deutschland fast 6,2 Millionen Smartphones verkauft – 139 Prozent mehr als im Vorjahreszeitraum. Das ist attraktiv für Unternehmen, denn es verspricht große Gewinne – vorausgesetzt, sie können sich gegen die konkurrierenden Unternehmen durchsetzen.

Das Besondere an dem Wettbewerb der Handyhersteller ist, dass er sich nicht nur auf die Geräte, sondern ebenso auf die darauf verwendeten Betriebssysteme bezieht. Denn neben den technischen Voraussetzungen des Geräts entscheidet letztlich das Betriebssystem, welche der beliebten 📖 Apps auf dem Smartphone verwendet werden können. Noch ist Nokia mit seinem Betriebssystem „symbian" Weltmarktführer. Doch angesichts der Beliebtheit und Fülle von Anwendungen, die es für die Betriebssysteme „android" von Google oder „iOS" von Apple gibt, ist damit zu rechnen, dass sich dies in absehbarer Zeit ändert.

Die konkurrierenden Unternehmen müssen sich also einiges einfallen lassen, um auf dem Markt zu bestehen.

M3 Nokia kurbelt Wettbewerb mit Kampfpreisen an

Nachdem Nokia in den vergangenen Monaten verstärkt Marktanteile in Europa eingebüßt hat, senkt der Elektronik-Hersteller nun die Preise für zahlreiche Smartphone-Modelle. (…) [Beim Kauf von ausgewählten Modellen können Kunden mit einem Preisnachlass von 15 Prozent rechnen.] (…) Auf Anfrage kommentierte das Unternehmen seine Strategie als Teil des täglichen Geschäfts. Preissenkungen hatte es [jedoch] bei dem finnischen Konzern bereits seit einigen Jahren nicht mehr gegeben. Branchenexperten gehen davon aus, dass die Konkurrenz durch diesen Schritt unter Druck gerät und eventuell mit Preisnachlässen ihrerseits nachziehen muss. (…)

http://www.pcwelt.de/news/Smartphone-Markt-Nokia-kurbelt-Wettbewerb-mit-Kampfpreisen-an-3263987.html (Zugriff: 12.12.2011)

M4 iKonkurrenz – warum Apple das nächste große Ding braucht

Die neuen Ideen bringen das große Geld – so kann man Apples aktuelle Bilanzzahlen knapp zusammenfassen, die 📖 Steve Jobs im Juli so bejubelte: „Das war das beste Quartal aller Zeiten." Fast 20 der gut 28 Milliarden Dollar Gesamtumsatz hat Apple in diesen drei Rekordmonaten (April bis Juni 2011) mit Produkten eingenommen, die sich Anfang 2007 kaum jemand vorstellen konnte: Mit iPhones machte Apple im dritten Geschäftsquartal

2011 gut 13,3 Milliarden Dollar Umsatz – im Vergleich zum Vorjahreszeitraum ein Plus von 150 Prozent. (…)

Smartphones sind Massenware

Zumindest im Smartphone-Bereich ist Apples technologischer Vorsprung erheblich geschrumpft. Die Konkurrenz attackiert Apple auf mehreren Ebenen.

Teure Edel-Smartphones von Anbietern wie Samsung kommen dem aktuellen iPhone schon sehr nah. So bewertet zum Beispiel die Stiftung Warentest in der aktuellen Ausgabe des Magazins „Test" das Samsung Galaxy S II besser als das iPhone 4. (…) [Aber auch] im mittleren Preissegment ist die Smartphone-Konkurrenz für Apple hart: (…) Die besten Angebote der Konkurrenz sind für viele Käufer doch gut genug – vor allem, wenn sie deutlich weniger als das iPhone kosten. (…) Die Konkurrenz holt auf – Apple braucht neue Ideen, um seinen Vorsprung zu halten.

http://www.spiegel.de/netzwelt/gadgets/ 0,1518,782313,00.html (Zugriff: 12.12.2011)

M 5 Apple 📖 Patentstreit – **Samsung erringt Etappensieg, Motorola erzielt Patenturteil**

Schwerer Rückschlag für Apple: Der Konkurrent Motorola hat vor dem Landgericht Mannheim ein Patenturteil erwirkt, mit dem er den Verkauf von iPhones und iPads in Deutschland stoppen kann. Motorola hatte ein Technik-Patent ins Feld geführt (…), das zum Grundstock des GPRS-Datenfunkstandards gehört. Apple kündigte umgehend rechtliche Schritte gegen das Urteil an und erklärte: „Beim Weihnachtseinkauf in Deutschland sollte es kein Problem geben, das iPad oder iPhone zu bekommen, das die Kunden wünschen." (…)

Mit der Entscheidung in Mannheim tritt Motorola im weltweiten Patentstreit in die erste Reihe. Bisher lag die Aufmerksam-

keit eher auf dem weltweiten Konflikt von Apple und Samsung.

www.focus.de/digital/digital-news/apple-motorola-erzielt-patenturteil-samsung-erreicht-etappensieg_aid_692557.html (Zugriff: 12.12.2011)

Sony Ericsson präsentiert das GreenHeart-Handy: Aspen

Handys verbrauchen nicht nur Strom, auch ihre Herstellung ist nicht umweltfreundlich. Sony Ericsson will mit so genannten GreenHeart-Mobiltelefonen die Belastung so gering wie möglich halten. Jetzt hat das Unternehmen das GreenHeart-Modell „Aspen" vorgestellt.

Das Gehäuse des Sony Ericsson Aspen besteht aus wiederverwertetem Kunststoff und ist mit wasserbasierter Farbe lackiert. Auf eine gedruckte Bedienungsanleitung hat der Hersteller verzichtet; das Handbuch ist auf dem Gerät installiert. Die somit mögliche kompakte Verpackung spart Transportemissionen ein. Ein weiteres Merkmal des Aspen ist die Energiesparfunktion. So wird zum Beispiel die Hintergrundbeleuchtung nur bei Bedarf aktiviert. Weiterhin benötigt das Ladegerät im Standby-Modus nahezu keinen Strom.

www.computerbild.de/artikel/cb-News-Handy-Sony-Ericsson-Aspen-Erstes-GreenHeart-Handy-mit-Windows-Mobile-5045082.html

M 6 **Handy mit grünem Herz**

1 Mit dem ersten iPhone legte die Firma Apple im Jahr 2007 den Grundstein für den wachsenden Smartphone-Markt.

  a Nennt Unterschiede zwischen Smartphones und normalen Mobiltelefonen.

  b Warum steigen immer mehr Menschen auf Smartphones um? Findet mögliche Motive.

2 Stellt mithilfe von M 1 und M 2 die momentane Situation auf dem Handy-Markt dar.

3 **a** Beschreibt, mit welchen Mitteln sich die konkurrierenden Unternehmen auf dem Smartphone-Markt zu behaupten versuchen.

  b Schätzt Vor- und Nachteile der jeweiligen Strategie ab.

  c Diskutiert: Welche Strategie eignet sich eurer Ansicht nach am besten, um auf dem Markt langfristig zu bestehen?

4 Beschreibt den Ansatz von Sony Ericsson (M 6). Könnte diese Strategie bei euch wirken?

5 Wettbewerb der Unternehmen: Nennt Vorteile für die Kunden.

Wettbewerb um jeden Preis?

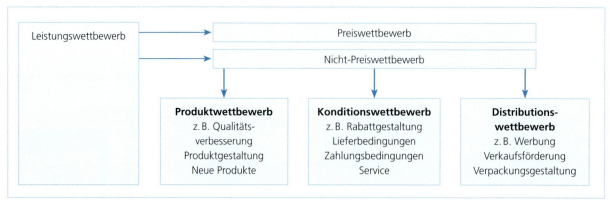

M 1 Formen des Wettbewerbs

W. Gruhler, Wettbewerb und Wettbewerbspolitik. Köln, 1979, S. 4

A Unerlaubte Telefonwerbung

Rund 14 000 Beschwerden und Anfragen zu lauterem Geschäftsverkehr hat die Zentrale zur Bekämpfung unlauteren Wettbewerbs e. V. im Jahr 2010 bearbeitet. „Während wir z. B. im Bereich der unerlaubten Telefonwerbung einen Rückgang der Beschwerden um ein Drittel zu verzeichnen haben, sind die Beschwerden wegen irreführender Werbung im vergangenen Jahr um über 5 Prozent angestiegen", erklärte Dr. Reiner Münker, geschäftsführendes Präsidiumsmitglied der Wettbewerbszentrale (…). (10.5.2011)

www.wettbewerbszentrale.de (Zugriff: 7.2.2012)

B Es kommt Bewegung in den Strommarkt!

Das Gebietsmonopol der Stromkonzerne fiel im Sommer 1999. Bis dahin war jeder Kunde auf einen Anbieter festgelegt. Jetzt kann sich jeder der 40 Millionen Haushalte in Deutschland einen der rund tausend Energieversorger frei aussuchen.

focus 17.5.2003

D EU eröffnet neues Kartell-Verfahren gegen Microsoft

Die Europäische Kommission hat ihre kartellrechtlichen Untersuchungen gegen Microsoft ausgedehnt. Nach einer heute verbreiteten Erklärung vertritt die Kommission die Meinung, dass Microsoft gegen die europäischen Wettbewerbsregeln verstoßen habe, indem der Konzern seinen Media Player rechtswidrig an sein marktbeherrschendes Betriebssystem Windows gekoppelt habe.

dpa 18.4.2003

E „Lebenslange Garantie"

Der Rechtsstreit über die Werbung mit einer „lebenslangen Garantie" für Opel-Fahrzeuge steht vor dem Ende: Der Automobilhersteller Opel hat sich gegenüber der Wettbewerbszentrale verpflichtet, es zu unterlassen, ab dem 1.1.2012 eine Anschlussgarantie mit einer Laufzeitbeschränkung für Neufahrzeuge der Marke Opel als lebenslange Garantie zu bewerben. (24.10.2011)

www.wettbewerbszentrale.de (Zugriff: 7.2.2012)

C „Servicegebühr" als Preiserhöhung

Mit Beschluss vom 17.8.2011 (…) hat der Bundesgerichtshof die Nichtzulassungsbeschwerde der Unister GmbH gegen die Untersagung der Gestaltung des Buchungsportals unter www.fluege.de durch das Oberlandesgericht Dresden zurückgewiesen. Das Unternehmen hatte im Rahmen des Buchungsvorganges zusätzlich zum Flugpreis eine so genannte „Servicegebühr" ausgewiesen. Ferner war im Rahmen des Buchungsformulars eine Reiseversicherung als gewünschte Nebenleistung eingestellt, die der Kunde erst im Wege des „OPT-OUT" ausdrücklich abwählen musste. (30.8.2011)

www.wettbewerbszentrale.de (Zugriff: 7.2.2012)

M 2 Verstöße gegen den Wettbewerb – Zeitungsmeldungen

Konkurrenz belebt das Geschäft

Der Wettbewerb macht es möglich: In einer Marktwirtschaft sorgt er dafür, dass die Anbieter auf den Märkten miteinander konkurrieren, möglichst kostengünstig produzieren und die Wünsche der Kunden berücksichtigen. Normalerweise. Immer wieder kommt es aber vor, dass diese Mechanismen unterlaufen werden:

· Unternehmen sprechen sich ab in der Höhe des Preises. Sie bilden ein 📖 Kartell.

· Auf Märkten gibt es nur einen einzigen oder einen marktbeherrschenden Anbieter. Durch dieses 📖 Monopol ist der Wettbewerb ausgeschaltet und die freie Preisbildung gefährdet.

· Wettbewerber halten sich nicht an die Spielregeln eines fairen **Leistungswettbewerbs** und versuchen Mitbewerber mit unlauteren Mitteln vom Markt zu drängen.

All dies sind Verstöße gegen die 📖 Wettbewerbsordnung. Das 📖 Bundeskartellamt **in Berlin** und die **europäische Kartellbehörde in Brüssel** überwachen die Einhaltung dieser Regeln. Bei Preisab-

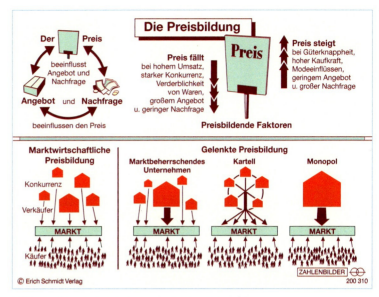

M 4 Marktwirtschaftliche und gelenkte Preisbildung

sprachen werden Geldbußen verhängt, Unternehmenszusammenschlüsse werden geprüft, und wenn sie den Wettbewerb gefährden, können sie verboten werden.

1 Erläutere wichtige Formen des Leistungswettbewerbs (M 1) an Fallbeispielen (Ein Computerhersteller erhöht die Garantiezeit für seine Computer auf zwei Jahre. Eine Firma gewährt einem Großkunden Sonderrabatt ...).

2 Leistungs- oder Nicht-Leistungswettbewerb? Was meint ihr?
– Mineralölanbieter schließen sich zusammen, um einen Konkurrenten durch Preisdumping in den Konkurs zu treiben.
– In einer Anzeige heißt es: „Wir – McDonald's – haben bessere Pommes als BurgerKing."

3 Erklärt die Zeitungsmeldungen in M 2
a Welche Ziele verfolgte die Unister GmbH mit der nachträglichen „Servicegebühr"?
b Was beabsichtigte Opel mit der „lebenslangen Garantie"?
c Warum kommt Bewegung in den Strommarkt? Welche Folgen hat dies für die Kunden?
d Warum sind die dargestellten Maßnahmen rechtswidrig? Wo liegen Verstöße gegen das Wettbewerbsrecht vor?

4 Erstelle eine ✂ **Pro-und-Kontra-Tabelle** zum Thema Preisbindung bei Büchern (M 3).

5 Erläutere den Unterschied zwischen der marktwirtschaftlichen und der gelenkten Preisbildung (M 4).

Harry Potter im Angebot
Endlich: Die englische Ausgabe von Harry Potter Band 6 erscheint am 16.7.05. Sichern Sie sich jetzt Ihr Exemplar für nur 15,95 EUR – ca. 35 % günstiger als der vom englischen Verlag empfohlene Ladenpreis.

www.amazon.de

Das Buchpreisbindungsgesetz verpflichtet Verlage für ihre Neuerscheinungen verbindliche Ladenpreise festzusetzen. Das hat zur Folge, dass ein und das gleiche Buch überall dasselbe kostet. Diese Ausnahmeregelung hat einen kulturpolitischen Hintergrund: Feste Ladenpreise sollen zu Erhalt einer intakten Buchhandelslandschaft beitragen – und damit dem Leser zugute kommen.

www.boersenverein.de (25. 5. 2005)

M 3 Preisbindung bei Büchern

Der Arbeitsmarkt – ein besonderer Markt

M 3 Der Arbeitsmarkt – ein besonderer Markt

Arbeitsmarkt heißt der Markt, auf dem das Angebot und die Nachfrage nach dem Faktor Arbeit zusammentreffen. Aus verschiedenen Gründen regelt er sich aller-dings nicht nach den klassischen Wettbewerbsgesetzen des Marktes (s. S. 86/87):

· Die meisten Menschen müssen Arbeit annehmen, um leben zu können.
· Häufig fehlt die Bereitschaft, den Beruf zu wechseln oder in einem anderen Ort eine angebotene Stelle anzunehmen (Immobilität).
· Die Preise auf dem Arbeitsmarkt, also Löhne und Gehälter, bilden sich nicht im freien Zusammenspiel von Angebot und Nachfrage. Sie werden vielmehr von den Gewerkschaften und Arbeitgeberverbänden im Rahmen von Tarifverhandlungen festgelegt.
· Zahlreiche Bestimmungen der Arbeits- und Sozialgesetzgebung wirken sich lenkend aus.

Frank W. Mühlbradt: Wirtschaftslexikon, 3. Aufl. Berlin 1992, S. 38

Arbeitslosenquote Jugendlicher (unter 26 Jahre) im August 2011 (in Prozent)

	Prozent
Berlin	14,9
Sachsen-Anhalt	12,0
Mecklenburg-Vorp.	11,7
Brandenburg	11,2
Bremen	11,1
Sachsen	10,5
Nordrhein-Westfalen	8,4
Thüringen	8,2
Schleswig-Holstein	7,6
Niedersachsen	7,4
Deutschland	7,0
Saarland	6,1
Hessen	6,0
Hamburg	5,8
Rheinland-Pfalz	5,3
Bayern	3,9
Baden-Württemberg	3,8

M 1 Arbeitslosenquote Jugendlicher (unter 26 Jahre) im August 2011 (in Prozent)

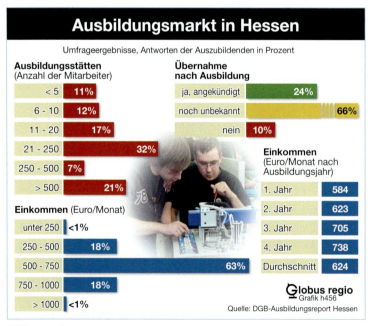

Ausbildungsmarkt in Hessen

Umfrageergebnisse, Antworten der Auszubildenden in Prozent

Ausbildungsstätten (Anzahl der Mitarbeiter)

< 5	11%
6 - 10	12%
11 - 20	17%
21 - 250	32%
250 - 500	7%
> 500	21%

Einkommen (Euro/Monat)

unter 250	<1%
250 - 500	18%
500 - 750	63%
750 - 1000	18%
> 1000	<1%

Übernahme nach Ausbildung

ja, angekündigt	24%
noch unbekannt	66%
nein	10%

Einkommen (Euro/Monat nach Ausbildungsjahr)

1. Jahr	584
2. Jahr	623
3. Jahr	705
4. Jahr	738
Durchschnitt	624

Globus regio
Grafik h456
Quelle: DGB-Ausbildungsreport Hessen

M 2 Ausbildungsmarkt in Hessen (Dezember 2010)

M 4 Hilfsangebote für den Berufseinstieg

Gut 35 000 junge Menschen zwischen 15 und 25 Jahren leben im Kreis Offenbach. In diesem Altersabschnitt steht der Einstieg in das Berufsleben im Vordergrund. (…) Doch immer mehr Jugendlichen gelingt dieser nahtlose Übergang nicht.

Die Gründe dafür sind sehr unterschiedlich: Auf der einen Seite wird die berufliche Integration durch fehlende Schulabschlüsse, persönliche Probleme oder mangelnde berufliche Orientierung erschwert. Auf der anderen Seite steigen die Anforderungen an die jungen Bewerberinnen und Bewerber, und es fehlen passende Ausbildungsstellen. Das zeigt sich an einer wachsenden Zahl derer, die auch ein Jahr nach Verlassen der Schule noch keinen beruflichen Einstieg finden konnten.

So vielfältig die Problemlagen der jungen

Menschen sind, so breit gefächert gestalten sich aber auch die Hilfsangebote, die in den vergangenen Jahren im Kreis Offenbach entwickelt wurden. Nur zwei erfolgreiche Projekte sollen an dieser Stelle beispielhaft hervorgehoben werden: Mit der „BerufsWegeBegleitung" wurde 2003 ein regionales Förder- und Beratungsangebot geschaffen, das junge Menschen von der Erstberatung bis zum 27. Lebensjahr aktivierend im Übergang Schule–Beruf begleitet. Die „Kompetenzagentur" unterstützt seit 2007 junge Menschen mit besonders schwierigen Ausgangsbedingungen durch eine persönliche und soziale Stabilisierung im Rahmen eines individuellen Case-Managements.

Carsten Müller, Kreisbeigeordneter: Vorwort für „Wege in die Zukunft – Angebote für junge Menschen", hg. vom Kreisausschuss Offenbach, 2. Aufl. Offenbach 2009, S. 5: in: http://www. kreis-offenbach.de (Zugriff: 13.2.2012)

M5 Pro und kontra Mindestlohn

Deutschland ist eines der wenigen Länder in der Europäischen Union, das keinen gesetzlich festgeschriebenen allgemeinen Mindestlohn hat. (…)

Es gibt sowohl gute Argumente für den Mindestlohn als auch dagegen. Dafür spricht vor allem, dass ein gesetzlicher Mindestlohn die Arbeitnehmer vor Lohndumping durch Arbeitskräfte aus Niedriglohnländern schützen könnte. Diese müssten dann nämlich in Deutschland zu denselben Bedingungen wie ihre deutschen Kollegen arbeiten. (…) Ein weiterer Punkt, der für die Einführung gesetzlicher Mindestlöhne spräche, ist der Schutz der Arbeitnehmer vor Verarmung trotz Vollzeitbeschäftigung. Der Mindestlohn könnte somit der arbeitenden Bevölkerung das Existenzminimum ohne eine Aufstockung durch Hartz IV (siehe S. 144/145) sichern und die Produktivität der Arbeitnehmer fördern, da diese bei ausreichender Bezahlung tendenziell motivier-

M6 Mindestlohn

ter ihrer Arbeit nachgehen würden. Doch hier setzt auch die Argumentation der Mindestlohnkritiker an. Ob ein Mindestlohn tatsächlich die Armut bekämpfen würde, ist nicht gewährleistet. Alleinerziehende oder Familien müssten unter Umständen trotzdem weiter staatliche Hilfen in Anspruch nehmen. Außerdem wird befürchtet, dass je nach Höhe des Mindestlohns auch negative Effekte auf dem Arbeitsmarkt eintreten könnten, z.B. dass die Niedriglohnjobs wegfallen oder ins Ausland ausgelagert werden könnten. Ein weiteres Problem ist die Kontrolle der Einhaltung des Mindestlohns, die wiederum mehr Bürokratie verursachen könnte. Und letztlich werden eine Einschränkung der Tarifautonomie und ein zunehmender Bedeutungsverlust der Gewerkschaften befürchtet.

Absolventa: Der Mindestlohn; in: http://www. absolventa.de/karriereguide/gehalt/mindestlohn (Zugriff: 7.2.2012)

Webcode:
PE641796-093

1 Erkläre, warum der Arbeitsmarkt ein besonderer Markt ist (M3).

2 Verdeutliche am Beispiel M4, wie der Staat in den Arbeitsmarkt eingreift.

3 Beschreibe die Aussichten, in Hessen eine Ausbildungsstelle zu bekommen (M1, M2).

4 Stelle die Argumente für und gegen den Mindestlohn gegenüber und nimm begründet Stellung (M5, M6).

Angebot trifft Nachfrage – der Markt

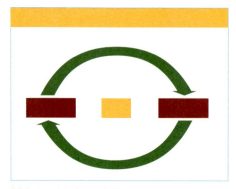

M 1 Das Marktmodell

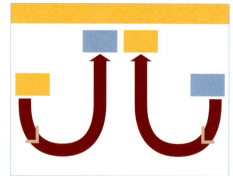

M 2 Das Preisbildungsmodell

Haben Sie schon einmal auf dem Wochenmarkt um den Preis für Kohl gefeilscht? Nein? Stimmt, da hängt ja immer ein Preisschild dran. Dennoch haben Sie Chancen auf einen günstigeren Preis, vor allem kurz vor Torschluss, wenn die meisten Leute schon auf dem Heimweg sind und die Händler ihre Tische leeren wollen. Das ist Markt! Aber das ist auch Börse. Verkäufer und Käufer treffen sich, und je nach Höhe von Angebot und Nachfrage kommt ein Warenpreis zustande. Börsianer handeln allerdings weniger mit Obst und Gemüse. Ihre Waren sind beispielsweise Schuldscheine von Unternehmen oder Staaten, Rohstoffe wie Gold, Silber oder Platin, aber auch Nahrungsmittel wie Schweinebäuche, Kakao oder Zucker. Meistens sind es aber Aktien.

[…] Wie dort handeln auch die Marktteilnehmer an den Finanzmarktplätzen nicht von Angesicht zu Angesicht, sondern per Computer. Ein Unterschied besteht dennoch: Während bei Ebay die Handelspartner direkt miteinander Geschäfte machen, werden diese an den Finanzmärkten von Mittlern ausgeführt. Diese handeln nach Regeln, die von der Deutschen Börse und speziellen Behörden überwacht werden. Das ist nötig, weil die Waren an der Börse Anteile an wertvollen Unternehmen mit Arbeitsplätzen, sozialer Verantwortung und volkswirtschaftlich wichtigem Know-how sind. Die Aufsichtsorgane wollen Schaden durch Betrüger ausschließen.

Mario Müller, www.boerse.ard.de (gekürzt)

M 3 Die Börse ist ein Wochenmarkt

M 4 Preiskämpfe

M 5 Fairer Wettbewerb?

M 6 Teuer oder preiswert?

a. Die Schlechtwetterperiode hält an. Wegen des Katastrophensommers liegt die Sommermode wie Blei in den Regalen des Handels.

b. Die Ölförderung ist im letzten Quartal um 10 Prozent gestiegen.

c. In der Einkaufspassage von R. eröffnet zu Beginn des Jahres ein weiteres Fleischerfachgeschäft. Nicht weniger als vier Fleischer werben dann um die Gunst der Kunden.

d. Filialleiter M. prüft die Waren in der Tiefkühlabteilung. Das Haltbarkeitsdatum bei Chicken Wings und Tiefkühlerbsen wird in fünf Tagen überschritten sein.

e. Unwetter vernichten weltweit die Baumwollernte.

f. Angenommen, im Jahr 2014 gibt es vorübergehend außergewöhnlich viele Neugeborene. Dieser Babyboom hat Einfluss auf die Entlohnung von Babysittern. Beobachtet werden sollen die Jahre 2017 und 2037.

g. Die gestiegene Kaufkraft der Verbraucher erfreut vor allem die Autohändler: Der Absatz von Neuwagen wird im nächsten Jahr vermutlich steigen.

h. Konkurrenzlos wird „Spiel & Spaß" den hiesigen Markt für Spielwaren beherrschen, wenn zum Jahresende der Inhaber von „Spielwelt" aus Altersgründen sein Geschäft aufgeben wird.

i. Der neue MP3-Player ist endlich auf dem Markt. Er ist jedoch vorerst nur in einem Laden erhältlich.

Wissenschaftsministerin gegen Einführung einer „Quotenregelung"
Dr. Eva-Maria Stange: „Ruf muss an den fachlich besten Bewerber, die fachlich beste Bewerberin gehen"
Dresden, 07. 03. 2008 „Der Ruf auf eine Professur muss an den fachlich besten Bewerber, an die beste Bewerberin erfolgen", sagte Sachsens Wissenschaftsministerin Dr. Eva-Maria Stange heute im Sächsischen Landtag. Vor dem Hintergrund einer Debatte zur Situation von Frauen an sächsischen Hochschulen erklärte sie, sie halte nichts von einer Regelung, pauschal die Hälfte aller Professor/-innenstellen bis 2020 an Frauen zu vergeben und so eine Art Quotenregelung einzuführen.

http://bildungsklick.de/pm/58956/wissenschaftsministerin-gegen-einfueh-rung-einer-quotenregelung/ (abgerufen am 13. 3. 2008)

M 7 Leistung oder Quote?

In Unternehmen:
In Deutschland sind nur 3,5 Prozent der erwerbstätigen Frauen in Führungspositionen und von den 525 Vorstandsposten in den rund 100 größten Unternehmen Deutschlands sind nur acht mit Frauen besetzt.

In Hochschulen:
Bei den Promotionen sind Frauen mit 39 Prozent vertreten. Eine Habilitationsschrift verfassten 22 Prozent. Unter den Professorinnen und Professoren sind 14 Prozent weiblich. In den – auch personalentscheidenden – Positionen der Hochschulleitungen finden sich nur mehr 14,6 Prozent Frauen.

http://www.frauennrw.de/tui/?fi=&id=75&nid=8

M 8 Gute Frauen setzen sich durch? Fakten und Zahlen

Sachwissen und Analysekompetenz

1 Übertrage M 1 und M 2 in dein Heft und und trage in die Kästchen die passenden Begriffe ein.

2 Erkläre: Auch die Börse ist ein Markt. Nenne drei weitere Märkte (M 3).

3 In M 6 sind Gründe für Preissenkungen und Preiserhöhungen versteckt. Ordne jedes Beispiel richtig zu und begründe.

Analyse- und Methodenkompetenz

4 Fairer Wettbewerb? Nimm ausführlich Stellung zu M 4 und M 5.

5 Nennt Merkmale, wie sich Güter- und Arbeitsmarkt unterscheiden.

6 Erkläre den Begriff „Quotenregelung" (M 7).

Urteils- und Handlungskompetenz

7 Diskutiert am Beispiel M 7/M 8 die Notwendigkeit bzw. die Gefahren eines staatlichen Eingriffs in den Arbeitsmarkt.

5 Wirtschaft verstehen

M 1 Wirtschaftseinheit privater Haushalt. Die wirtschaftliche Tätigkeit privater Haushalte wird als Konsum/Güterverbrauch bezeichnet.

M 2 Wirtschaftseinheit Unternehmen: Die wirtschaftliche Tätigkeit von Unternehmen wird als Güterherstellung/Produktion bezeichnet

M 3 Vorzüge eines Modells

„Biologielehrer im Gymnasium lehren die Grundlagen der Anatomie mit Nachbildungen des menschlichen Körpers aus Plastik. Diese Modelle haben alle wichtigen Organe – das Herz, die Leber, die Nieren und so fort. Das Modell ermöglicht es dem Lehrer, auf einfache Weise zu zeigen, wie die wichtigsten Körperteile zusammenpassen. (…) Die Volkswirtschaft besteht aus Millionen von Menschen, die sich in vielerlei ökonomischen Aktivitäten engagieren – kaufen, verkaufen, arbeiten, Leute einstellen, produzieren und so weiter. Um verstehen zu können, wie die Volkswirtschaft funktioniert, müssen wir einen Weg zur Vereinfachung des Nachdenkens über diese Aktivitäten finden. Mit anderen Worten brauchen wir ein Modell, das in allgemeinen Begriffen erklärt, wie die Volkswirtschaft organisiert ist." *(Gregory Mankiw)*

Am Ende dieses Kapitels kannst du

- den Wirtschaftskreislauf mit drei Sektoren erklären. Du kannst dabei Voraussetzungen der jeweiligen Wirtschaftseinheiten beschreiben.
- Kriterien benennen, die ein gerechtes Einkommen ausmachen. Außerdem kannst du zu unterschiedlichen Gerechtigkeitsaspekten begründet Stellung nehmen.
- die Bedeutung der Familie für den Wirtschaftskreislauf beschreiben. Dabei verwendest du die Begriffe Konsumenten und Produzenten. Außerdem kannst du das Problem entlohnter und nicht entlohnter Arbeit in Familien beschreiben und Lösungsansätze benennen.
- zeigen, welchen Herausforderungen sich Unternehmer am Markt stellen müssen. Du kannst Hilfsmittel (Kalkulation) erläutern, die ein Unternehmer einsetzt.
- mithilfe des Begriffs Nachhaltigkeit den Zusammenhang zwischen Umwelt- und Wirtschaftspolitik beschreiben.
- den Begriff Tarifautonomie erklären und strukturiert darstellen, wie ein Tarifvertrag zustande kommt.
- die Rolle des Staates im Rahmen der „sozialen Marktwirtschaft" beschreiben.
- Vorteile und Probleme der sozialen Marktwirtschaft benennen.

Schon im 18. Jahrhundert entstand der Gedanke, das Volkswirtschaftliche als einen Kreislauf darzustellen. Das Kreislaufmodell erfasst nur die wesentlichen Tatbestände und vereinfacht die komplizierten Zusammenhänge: In seinem Grundaufbau geht es von zwei Wirtschaftseinheiten aus, den privaten Haushalten und den Unternehmen. Dieses einfache Kreislaufmodell berücksichtigt nicht, dass die Produzenten und Konsumenten in der Regel nicht in direkten Kontakt treten, sondern auf Märkten: Auf den Gütermärkten sind die Haushalte Käufer – sie kaufen Waren und Dienstleistungen, die von Unternehmen hergestellt wurden. Auf den so genannten 📘 Faktormärkten sind die Haushalte Verkäufer, sie verkaufen Produktionsfaktoren: Ihre Arbeitskraft, ihre Grundstücke und Gebäude, 📘 Kapital werden von Unternehmen für die Herstellung von Gütern eingekauft.

Der einfache Wirtschaftskreislauf lässt sich wie ein Baukastensystem erweitern. Mit der Einbeziehung der öffentlichen Haushalte, zusammengefasst als Wirtschaftseinheit Staat, erfolgt eine weitere, wichtige Ergänzung, denn der Staat ist ein bedeutender wirtschaftlicher Akteur und das Kreislaufmodell berücksichtigt nun drei Wirtschaftseinheiten (private und öffentliche Haushalte, Unternehmen).

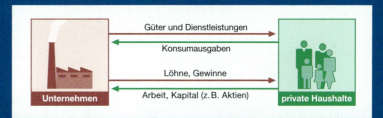

M 4 Wirtschaftskreislauf mit zwei Sektoren

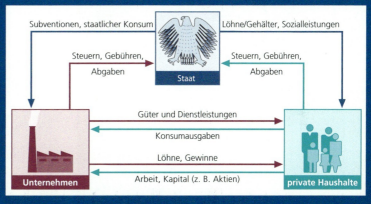

M 5 Der Wirtschaftskreislauf mit drei Sektoren/Wirtschaftseinheiten

1 a Welche der folgenden Wirtschaftseinheiten sind nach M 1 und M 2 „private Haushalte", welche sind Unternehmen? Ordne zu und begründe:
– Getränkekiosk Meier am Hauptbahnhof in Frankfurt/M.,
– Familie Schmidt (Vater, Mutter, zwei Kinder),
– Uwe Reents, alleinstehend, Facharbeiter in einer Elektrowerkstatt.

b Erläutere, wieso Gregory Mankiw (M3) vorschlägt, Volkswirtschaft in einem Modell zu betrachten.

2 Erkläre, wie das Kreislaufmodell die wechselseitigen Geldströme zwischen Haushalten und Unternehmen darstellt (M4).

3 Übertrage den einfachen Kreislauf (M4) in dein Heft und ergänze dabei die Bereiche „Gütermärkte" und „Faktormärkte".

4 Zeige an M5, warum es sinnvoll ist, den Staat in das Kreislaufmodell einzubeziehen.

Wirtschaften im privaten Haushalt

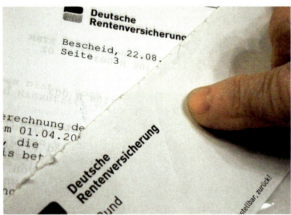

M 1 Woher kommt das Einkommen?

Einkommensarten				
Einkommen aus Erwerbsarbeit		**Einkommen aus Vermögen** z.B. Zinsen, Miete, Pacht	**Transfereinkommen**	**Einkommen aus Versicherungen**
Einkommen aus nicht selbstständiger Arbeit z.B. aus Lohn und Gehalt	**Einkommen aus selbstständiger Arbeit** z.B. Honorar und Gewinn		**aus Steuermitteln** z.B. Sozialhilfe, Kindergeld, Elterngeld	**aus gesetzlicher Sozialversicherung** z.B. Altersrente, Arbeitslosengeld, Pflegegeld

Vermögenseinkommen
Zum Vermögen zählen Grundstücke, Häuser, Unternehmen und Anteile an Unternehmen (Aktien). Eigentümer eines Hauses können Miete erhalten, Inhaber von Sparkonten Zinsen. Wer Aktien besitzt, kann eine Dividende erhalten.

Bei **Transfereinkommen** handelt sich um Einkommen, das der Staat an Bürger zahlt bzw. überträgt (Transfer = Übertragung), und zwar ohne Gegenleistung in Form früherer Einzahlungen wie bei Versicherungen.

M 2 Einkommensarten

M3 Was ist ein Privathaushalt?

Ein Privathaushalt oder Haushalt ist im ökonomischen Sinne eine aus mindestens einer Person bestehende systemunabhängige Wirtschaftseinheit, die sich auf die Sicherung der Bedarfsdeckung ausrichtet. Sofern ein privater Haushalt aus mehreren Personen besteht (Mehrpersonenhaushalt), sind einige dieser Personen häufig verheiratet oder sogar verwandt (Familie). Der Haushalt einer allein lebenden Person (Single) wird als Einpersonenhaushalt bezeichnet. Eine Wohngemeinschaft (WG) besteht im Allgemeinen aus mehreren einzelnen Haushalten. Je nach Definition von Haushalt und Charakter der WG kann sie aber auch einen Mehrpersonenhaushalt bilden.

http://de.wikipedia.org/wiki/Privathaushalt (Zugriff: 15.2.2012)

Private Ausgabenplanung

Ebenso wie Unternehmen müssen auch private Haushalte wirtschaften, also mit dem Einkommen auskommen. Dies soll ein Beispiel zeigen:

Die Familie Weber besteht aus den Eltern Herbert und Veronika sowie den Kindern Patrick (15 Jahre) und Vanessa (13 Jahre alt). Sie überlegen gemeinsam, ob sie in diesem Jahr in den Urlaub fahren können. Dieser würde für alle vier etwa 3000 € kosten. Das würde bedeuten, dass bei den monatlichen Ausgaben eingespart werden müsste. Herbert und Veronika sind voll- bzw. teilzeiterwerbstätig. Sie haben insgesamt im Monat rund 3200 € zur Verfügung. Der Urlaub würde also fast so viel kosten wie das monatliche Gesamteinkommen.

Veronika und Herbert haben eine genaue Aufstellung ihrer monatlichen Ausgaben angelegt. Sie unterteilen diese in feste Ausgaben, die sich kurzfristig nicht ändern lassen, und in veränderliche Ausgaben. Diese waren in den einzelnen Monaten sehr unterschiedlich.

Feste Ausgaben/Monat	Euro
Miete	550
Nebenkosten (für Müllabfuhr, Heizung, Wasser, Kabelanschluss)	150
Strom	35
Haftpflicht-/Hausratversicherung	15
Rundfunk-/Fernsehgebühren	12
Taschengeld Veronika und Herbert	120
Taschengeld Patrick	15
Taschengeld Vanessa	20
Telefon	30
Tageszeitung/Zeitschriften	25
Sportverein Kinder	20
Sparen für ein Auto	200
Rücklagen	50
Summe	**1242**

Veränderliche Ausgaben/ Monat	Euro
Ernährung/ Haushalt	560
Körper/ Gesundheit	100
Kleidung	250
Freizeit/Bildung	150
Verkehr (Auto bzw. öffentl.)	200
Geschenke/ Spenden	50
Sonstiges	100
Summe	**1410**

M4 Feste und veränderliche Ausgaben der Familie Weber

M5 Die Webers: Traum vom gemeinsamen Urlaub?

1 Ordnet die verschiedenen Abbildungen (M1) dem Schema der Einkommensarten (M2) zu. Begründet eure Entscheidung.

2 In welcher Art von Privathaushalt (M3) lebt die Familie Weber?

3 Können die Webers in den Urlaub fahren? Findet eine Lösung für sie in einem Rollenspiel. Berücksichtigt mögliche Wünsche der Familienmitglieder.

Einkommenshöhe – was ist gerecht?

M 1 Die real existierende Kluft. *Zeichnung: Sakurai*

Was ist gerecht?

Gerechtigkeit wird in verschiedenen Lebensbereichen gefordert, etwa:

- beim Zugang zu Bildungschancen,
- im internationalen Handel,
- bei der Verteilung von Einkommen,
- im Zusammenleben der Menschen (soziale Gerechtigkeit).

Soziale Gerechtigkeit bedeutet, dass die Lebensbedingungen, Chancen und Möglichkeiten für alle Menschen einer Gesellschaft annähernd gleich sein sollten. Ob es in einer Gesellschaft soziale Gerechtigkeit gibt, hängt vor allem davon ab, wie die Einkommen verteilt sind. Die soziale Stellung und die Höhe des Einkommens sollten nicht durch Herkunft, sondern durch eigene Leistung und Anstrengung bestimmt sein.

M 2 Ist die Einkommensverteilung gerecht?

Die Universitäten Konstanz und Bielefeld haben 2010 eine Studie zur Einkommensgerechtigkeit in Deutschland vorgelegt, in der Menschen u. a. danach befragt wurden, ob sie die Einkommensverteilung gerecht finden:

Fast alle antworteten mit Nein. Außerdem erwarten die meisten, dass die Ungleichheit weiter steigen wird. Ein Drittel der Leute empfindet sein Einkommen als gerecht. Zu hoch findet fast niemand, was er erhält. Vor allem Arbeiter und Selbstständige sehen sich ungerecht niedrig entlohnt. (…)

Interessant war schließlich, dass sich das Gerechtigkeitsempfinden ändert, je nachdem, ob nach Einkommenskriterien (Leistung, Erfahrung, Ausbildung, Alter) gefragt wurde, oder ob Beispiele (der Lokführer, die Ärztin) beurteilt werden sollten. Abstrakt halten die Leute Leistung als ausschlaggebend für gerechte Entlohnung. Konkret hingegen ist es der ausgeübte Beruf, den sie zugrunde legen.

Jürgen Kaube: Verdienst und Verdienen, Frankfurter Allgemeine Sonntagszeitung v. 16.7.2010; in: http://www.faz.net (Zugriff: 15.2.2012)

M 3 Deutschland wird amerikanischer

(Nach einer Studie der OECD) ist die Ungleichheit bei der Einkommensverteilung unter deutschen Arbeitnehmern stärker gewachsen als in den meisten anderen OECD-Ländern. Die obersten zehn Prozent der deutschen Einkommensbezieher verdienten demnach im Jahr 2008 durchschnittlich 57 300 Euro netto und damit rund achtmal so viel wie die untersten zehn Prozent, die im Schnitt auf 7400 Euro kamen. In den Neunzigerjahren hatte das Verhältnis noch sechs zu eins betragen. (…).

Allerdings steht Deutschland im Vergleich immer noch recht gut da: Im Durchschnitt der Industrieländer liegt das Verhältnis zwischen höchster und niedrigster Einkommensgruppe bei eins zu neun. Auch wird die Ungleichheit in Deutschland durch Steuern und Sozialtransfers um

29 Prozent reduziert – im OECD-Schnitt sind es 25 Prozent.

David Böcking: Soziale Ungleichheit – Deutschland wird amerikanischer; in: http://www.spiegel.de (Zugriff: 5.12.2011)

M 4 Managergehälter – „skandalöse Tendenzen"?

Die Finanzminister der Euro-Länder sind ihrem Sprecher Jean-Claude Juncker zufolge empört über unverhältnismäßig hohe Managergehälter in Unternehmen. In mehreren Mitgliedsstaaten seien „skandalöse Tendenzen", vor allem bei Abfindungen, zu beobachten, sagte Juncker in Brüssel (…). „Es ist nicht mehr hinnehmbar, dass bestimmte Unternehmenschefs von übermäßigen Gehältern und vor allem von goldenen Handschlägen profitieren, die nicht im Zusammenhang mit der Leistung stehen", sagte der dienstälteste Regierungschef der EU. (…) Die meisten Finanzminister wollten nicht länger dabei zusehen, dass hohe Abfindungszahlungen gefeuerter Unternehmenslenker auch noch von den Firmen steuerlich abgesetzt werden könnten.

Reuters/dpa: EU will hohe Managergehälter bekämpfen, Stern v. 14.5.2008; in: http://www.stern.de (Zugriff: 7.2.2012)

M 5 Managergehälter – berechtigt?

Es ist ja nicht so, dass diese Manager fürs Nichtstun Geld bekommen – im Gegenteil, sie arbeiten hart dafür und müssen dazu eine sehr hohe Verantwortung übernehmen. Jeder Fehler, den diese Manager machen, kann schwerwiegende Folgen haben – für das Unternehmen und natürlich auch für sie selber.

Uns Normalsterblichen mag das als viel zu viel Geld erscheinen – und ich bin der Ansicht, dass auch einige schwer neidisch sind auf diese schwerreichen Menschen. Aber ich sehe diese hohen Geldsummen als durchaus gerechtfertigt, denn, wie gesagt, beschäftigt man sich auch nur ein

Millionen für die Vorstände

So viel Millionen Euro (Direktvergütung*) haben DAX-Unternehmen 2009 an ihre Vorstandsvorsitzenden gezahlt

Unternehmen	Vorstandsvorsitzender	Mio. €
Deutsche Bank	Josef Ackermann	9,40
RWE	Jürgen Großmann	7,13
Siemens	Peter Löscher	7,03
Volkswagen	Martin Winterkorn	6,60
SAP	Léo Apotheker	6,56
Linde	Wolfgang Reitzle	6,18
Allianz	Michael Diekmann	4,79
Eon	Wulf H. Bernotat	4,42
Deutsche Post	Frank Appel	4,41
Daimler	Dieter Zetsche	4,23
Adidas	Herbert Hainer	4,16
Metro	Eckhard Cordes	3,66
Durchschnitt		*3,64*
Bayer	Werner Wenning	3,53
Münchener Rück	Nikolaus von Bomhard	3,38
BASF	Jürgen Hambrecht	3,27
Fresenius Medical Care	Ben Lipps	3,16
Henkel	Kasper Rorsted	2,81
Deutsche Telekom	René Obermann	2,69
BMW	Norbert Reithofer	2,57
Deutsche Börse	Reto Francioni	2,46
SAP	Henning Kagermann	2,34
K+S	Norbert Steiner	2,08
Beiersdorf	Thomas-B. Quaas	1,80
Salzgitter	Wolfgang Leese	1,50
Deutsche Lufthansa	Wolfgang Mayrhuber	1,45
MAN	Håkan Samuelsson	1,22
ThyssenKrupp	Ekkehard D. Schulz	1,17
Infineon	Peter Bauer	1,12
Commerzbank	Martin Blessing	0,50

*ohne Altersversorgungszuwendungen u. Nebenleistungen
Fresenius, Merck: k.A., bei SAP Wechsel der Vorstandsvorsitzenden

Quelle: Towers Watson
© Globus 3456

M 6 Die Gehälter der Manager

bisschen mit dem Aufgabenbereich dieser Menschen, merkt man schnell, dass nicht jeder dazu in der Lage ist und schon gar nicht sein möchte. Klar kann man denen eine Million abziehen, weil man denkt, es schmerzt sie nicht, wenn sie eben eine Million weniger auf dem Konto sehen, aber die Einbußen, die die Menschen in gesellschaftlicher Hinsicht machen müssen (Familie, kaum Zeit, stehen in der Öffentlichkeit) sind eben hoch.

Kev, in einem Chat-Forum; in: http://www.talkteria.de/forum/topic-25272.html (Zugriff: 8.2.2012)

Webcode:
PE641796-101

1 Lest M 2 und klärt, wovon die Menschen Einkommensgerechtigkeit abhängig machen.

2 Prüft anhand von M 3, ob die Selbsteinschätzung der Befragten der Wirklichkeit entspricht.

3 Interpretiert auf dieser Grundlage die Karikatur M 1.

4 Vergleicht die in M 6 genannten Gehälter mit den in M 3 genannten Durchschnittsgehältern. Diskutiert die Unterschiede.

5 a Untersucht die Materialien M 4–M 6. Stellt in einer Tabelle die Argumente pro und kontra hohe Managergehälter gegenüber.
  b Welche Argumente leuchten euch ein? Begründet.
  c Nehmt Stellung zur Forderung nach einer Obergrenze für Managergehälter.

Familien – Konsumenten *und* Produzenten

M 1 Arbeitsteilung in der Familie heute: Hausarbeit …

M 2 … und Erwerbsarbeit

Familien wirtschaften

Heute gehen wir ganz selbstverständlich davon aus, dass Wirtschaft und Familie zwei getrennte Bereiche sind. Mindestens ein Elternteil „arbeitet", d. h. geht morgens aus der häuslichen Wohngemeinschaft zu seinem Arbeitsplatz, um einer 📖 Erwerbsarbeit nachzugehen.

Dies war nicht immer so. Über Jahrhunderte war die Familie eine Lebens-, Arbeits- und Wirtschaftseinheit. Im Haus wurde alles arbeitsteilig hergestellt, was man zum Leben brauchte. Das galt insbesondere für die Bauernfamilien, die den größten Teil der Gesellschaft ausmachten, aber auch für Handwerker. Erst im Verlauf der 📖 Industriellen Revolution wurde die Familie von einer Betriebs- zu einer Wohngemeinschaft.

Die Familie als Konsument

Wirtschaften im privaten Haushalt ist vor allem der Umgang mit dem Einkommen, das durch die Erwerbsarbeit verdient wird. Wirtschaftlich erscheint die Familie als eine Verbrauchergemeinschaft.

Familien sind ein bedeutender Wirtschaftsfaktor. Die Höhe des Familieneinkommens, das durch die in der Regel ausgelagerte Erwerbstätigkeit erwirtschaftet wird, bildet die Grundlage für den Konsum. Rund 60 Prozent des 📖 Bruttoinlandsprodukts werden privat verbraucht. Wenn Familien ihre Nachfrage einschränken, z. B. in Zeiten hoher Arbeitslosigkeit, kann die Konjunktur insgesamt Schaden nehmen, da die Wirtschaft ihre Produkte nicht mehr in ausreichendem Maße absetzen kann.

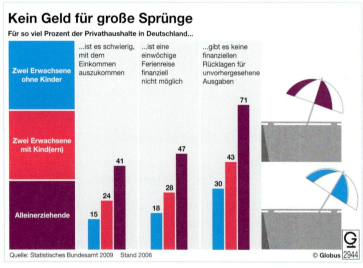

Kein Geld für große Sprünge

Für so viel Prozent der Privathaushalte in Deutschland...

...ist es schwierig, mit dem Einkommen auszukommen

...ist eine einwöchige Ferienreise finanziell nicht möglich

...gibt es keine finanziellen Rücklagen für unvorhergesehene Ausgaben

Zwei Erwachsene ohne Kinder: 15, 18, 30
Zwei Erwachsene mit Kind(ern): 24, 28, 43
Alleinerziehende: 41, 47, 71

Quelle: Statistisches Bundesamt 2009   Stand 2006

© Globus 2944

M 3 Familieneinkommen

Die Familie als Produzent

Das Familieneinkommen wird heute hauptsächlich durch Erwerbsarbeit verdient. Familien sind aber auch in hohem Maße produktiv tätig, denn sie erbringen wichtige Dienstleistungen für die Gesellschaft.

Die Versorgung und Erziehung der Kinder ist der Kern der Familienarbeit. Sie wird noch immer zum größten Teil von Frauen geleistet und bildet die Basis für das gesamte wirtschaftliche und gesellschaftliche Leben. Diese Arbeit wird aber nicht entsprechend belohnt, sondern weitgehend als Privatsache angesehen. Die Familie ist nicht Produzent von Geld-, sondern von Humanvermögen.

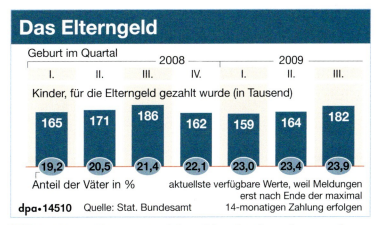

M 5 Das Elterngeld ist eine staatliche Zahlung für Eltern, die wegen der Betreuung eines Kindes nicht oder nicht voll erwerbstätig sind oder ihre Erwerbstätigkeit für die Betreuung ihres Kindes unterbrechen. Für Kinder, die ab dem 1.1.2007 geboren wurden, wird bis zu 14 Monate lang ein Elterngeld von bis zu 1800 Euro pro Monat gezahlt.

Im Hinblick auf die Arbeitszeiten sind die Bedingungen in den Unternehmen noch nicht durchgängig auf die Bedürfnisse von Familien ausgerichtet. Besteht die Alternative in der Wahl zwischen einer Vollzeit- oder einer Teilzeitstelle, oder bleibt nur die geringfügige Beschäftigung als familienverträgliche Option (*Wahlmöglichkeit*), dann geht das an den Wünschen der Eltern vielfach vorbei. Viele Mütter bevorzugen vollzeitnahe Teilzeitarbeitsverhältnisse mit einem Umfang der Arbeitszeit von etwa 30 Stunden, die ihnen aber nicht in einem ausreichenden Umfang angeboten werden. Väter arbeiten dagegen oft mehr, als es ihren Wünschen entspricht. Viele haben reale Arbeitszeiten von über 40 Stunden, möchten aber häufig nur 35 bis 40 Stunden arbeiten. Bei langen Arbeitszeiten für Männer bleibt wenig Zeit für die gemeinsame Erziehung der Kinder, für die regelmäßig anfallende Hausarbeit oder für Pflegeaufgaben. Mütter können kaum mit Unterstützung rechnen und müssen die Situation über eine eigene Verringerung der Erwerbstätigkeit oder durch die Inanspruchnahme von öffentlicher oder privater Kinderbetreuung ausgleichen.

Zeit für Familie – Ausgewählte Themen des 8. Familienberichts der Bundesregierung. Monitor Familienforschung, Oktober 2011, S. 14, in: http://www.bmfsfj.de (Zugriff: 8.2.2012)

M 4 Unternehmen – familienfreundlich?

Deutschlandweit beträgt die Betreuungsquote *(der unter Dreijährigen)* derzeit nur 24 Prozent. Im früheren Bundesgebiet liegt sie mit 20 Prozent sogar noch darunter. Zwar stieg die Zahl der Kinder unter drei Jahren in der Tagesbetreuung zum 1. März 2011 im Vergleich zum Vorjahr um rund 45 000 auf insgesamt 517 000. Der Anstieg fiel indes deutlich geringer aus als im Jahr zuvor.

Katja Tichomirowa: Kita-Ausbau kommt nur schleppend voran, in: Frankfurter Rundschau v. 9.11.2011, S. 4

M 6 Krippenplätze: Schleppender Kita-Ausbau

1 Welche Formen des Wirtschaftens zeigen M 1 und M 2?

2 Erkläre die Bedeutung der Familie für die Volkswirtschaft – einmal als Konsument und einmal als Produzent.

3 Fasst kurz zusammen, worum es sich beim „Elterngeld" handelt (M 5). Schätzt anhand von M 5 die Beteiligung der Väter an der Kindererziehung ein.

4 Untersucht die Materialien M 3 bis M 6:
   a Besprecht, wie Unternehmen Familien mit Kindern helfen können. Sind die genannten Maßnahmen ausreichend? Was kann verbessert werden?
   b Besprecht, wie der Staat Familien mit Kindern helfen kann.
   c Nennt mögliche Folgen für den Fall, dass der Staat Familien mit Kindern zu wenig unterstützt.

Wirtschaften im Betrieb:
– wie ein Geschäftsmann handeln muss

M 1 Die Vorstandsmitglieder eines Großunternehmens müssen wirtschaftlich genauso denken ...

Grundsätze des Wirtschaftens

Großen 📖 Umsatz zu machen, reicht für einen Unternehmer nicht zum Überleben. Er kann trotz großen Umsatzes Verlust machen und pleite gehen, nämlich dann, wenn die eigenen Kosten (Material-, Personalkosten, Zinsen für Kredite, Steuern usw.) größer sind als der Umsatz. Entscheidend ist, dass er die eigenen Kosten wieder erwirtschaften und langfristig einen 📖 Gewinn erzielen kann.

Unternehmerisches Wirtschaften hängt von verschiedenen Umständen und Maßnahmen ab, die mehr oder weniger für alle Unternehmer gleich gelten.

M 2 „Zehn Regeln zum Reichwerden"

Der amerikanische Milliardär Paul Getty (1892–1976) nennt in seinem Buch „How to be rich" (1965) zehn Grundsätze erfolgreicher unternehmerischer Tätigkeit:

1. Es gibt fast ohne Ausnahme nur einen Weg in der Geschäftswelt, das große Geld zu verdienen – und das ist mit seinem eigenen Unternehmen. Derjenige, der zu diesem Schritt bereit ist, sollte sich ein Feld aussuchen, welches er kennt und versteht. Selbstverständlich kann er nicht alles wissen, was er zu Beginn zu verstehen hat, aber er sollte auf keinen Fall beginnen, wenn er noch kein gutes, solides Fachwissen von dem Geschäft erlangt hat.

2. Ein guter Geschäftsmann sollte niemals das Hauptziel eines jeden Geschäftes aus den Augen verlieren – mehr und bessere Waren zu produzieren oder mehr und bessere Dienstleistungen für mehr Leute mit geringeren Kosten zu erbringen.

3. Ein Sinn für Sparsamkeit ist essentiell *(wesentlich)* für den Erfolg im Geschäftsleben. Der Geschäftsmann muss sich selbst disziplinieren, sparsam zu sein, wo immer es möglich ist, sowohl in seinem persönlichen Leben als auch in seinen geschäftlichen Angelegenheiten. (…)

4. Legitime Gelegenheiten zur Expansion *(Erweiterung des Geschäfts)* sollten niemals ignoriert oder übersehen werden. Andererseits muss der Geschäftsmann immer auf der Hut sein gegenüber der Versuchung, zu überexpandieren oder Expansionsprogramme blindlings zu lancieren *(in Gang zu bringen)* (…).

5. Ein Geschäftsmann muss sein eigenes Geschäft im Griff haben. Er kann von seinen Angestellten nicht erwarten, dass sie so gut denken und handeln, wie er kann. Wenn sie es könnten, wären sie nicht seine Angestellten. Wenn „Der Boss" Autorität und Verantwortung delegiert *(überträgt)*, muss er enge und konstante Aufsicht über die Untergebenen ausüben, denen dies anvertraut ist.

6. Der Geschäftsmann muss stets wachsam sein für neue Wege, seine Produkte und Dienstleistungen zu verbessern und die Produktion und Verkäufe zu steigern. Er sollte auch Wohlstandsperioden dazu nutzen die neuen Wege zu finden, mit wel-

chen die Techniken vielleicht verbessert und die Kosten gesenkt werden. (…) Viele Geschäftsleute warten auf magere Perioden, um diese Dinge zu erledigen, betätigen infolgedessen oft den Panikknopf und streichen Kosten an den falschen Stellen.

7. Ein Geschäftsmann muss bereit sein, Risiken auf sich zu nehmen – sein eigenes Kapital zu riskieren und seinen Kredit zu verlieren und geliehenes Geld auch auf's Spiel zu setzen, wenn nach seiner erwogenen Ansicht die Risiken gerechtfertigt sind. Geborgtes Geld muss jedoch immer rechtzeitig zurückgezahlt werden. Nichts beendet eine Karriere schneller als zweifelhafte Kreditwürdigkeit.

8. Ein Geschäftsmann muss stets nach neuen Horizonten suchen und nach nicht erschlossenen oder nach wenig erschlossenen Märkten Ausschau halten. Der kluge Geschäftsmann von heute schaut nach den ausländischen Märkten.

9. Nichts schafft Vertrauen und Umsatz schneller und besser als der Ruf, hinter seiner Arbeit oder hinter seinen Produkten zu stehen. Garantien sollten stets gewährt werden – und in Zweifelsfällen sollte immer zu Gunsten des Kunden entschieden werden. Eine großzügige Kundenservicepolitik sollte auch unterhalten werden. Die Firma, die dafür bekannt ist, immer zuverlässig zu sein, wird wenig Schwierigkeiten haben, ihre Auftragsbücher zu füllen.

10. Unbeschadet, wie viele Millionen ein Mensch anhäufen mag, wenn er im Geschäft ist, muss er seinen Wohlstand als ein Mittel betrachten, um den Lebensstandard überall zu verbessern. Er muss sich erinnern, dass er Verantwortung gegenüber seinen Sozien (Teilhabern), Angestellten, Aktionären – und der Öffentlichkeit hat.

Paul Getty: How to be rich, Chicago 1965; Auszug unter: Von den Milliardären lernen; http:// infochef.de/reich-werden.html. Übers. Rainer Wiesehahn (Zugriff: 15.5.2012)

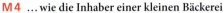

M 4 …wie die Inhaber einer kleinen Bäckerei

M 3 Das Klischee vom Unternehmer

Im Klischee *(Zerrbild)* ist es klar, *(der Unternehmer)* ist ein dicker Mann, oft Boss genannt, der Mercedes fährt, Zigarren raucht und nach Belieben Mitarbeiter einstellt oder entlässt. Sein Image ist zumindest in Deutschland nicht besonders gut. Man unterstellt ihm, dass er sich nicht an Gesetze hält oder zumindest versucht sie zu umgehen, dass er auch sonst keine Moral hat, dass für ihn nur Geld zählt und dass er kulturlos ist. (…) Aber das Image, überwiegend noch aus der längst vergangenen Zeit des deutschen Wirtschaftwunders stammend, täuscht. Es gibt auch in Deutschland viele und darunter auch viele ausgezeichnete moderne Unternehmer und Unternehmerinnen.

Otto Buchenegger: Unternehmerisches Denken, Denkstelle Buchenegger Tübingen 2008; in: http://www.buchegger.de/unternehmerisches-denken.html (Zugriff: 26.5.2012)

1 Fasst die zehn Regeln Gettys stichwortartig zusammen (M2). Nennt Beispiele für jede Regel.

2 Arbeitet die drei Regeln heraus, die ihr für einen Unternehmer/eine Unternehmerin am wichtigsten haltet.

3 Nehmt selbst Stellung zu den Regeln und formuliert ggf. Kritik daran. Was würdet Ihr evtl anders machen?

4 „Private Betriebe müssen auf die Dauer Gewinn erzielen." Erkläre.

5 Nennt Gemeinsamkeiten und Unterschiede im Wirtschaften der Betriebe, die in M1 und M4 dargestellt sind..

6 Führt eine „Pro-und-Kontra-Diskussion" zu M3 durch: Ist das genannte Klischee des Unternehmers heute noch zutreffend oder nicht?

Wie arbeitet ein Betrieb?

M1 Großbetrieb: Opel Rüsselsheim

M2 Mittelbetrieb: Frankfurter „Glocken"-Bäckerei

M3 Kleinbetrieb: Töpferei

Ein kompliziertes System

Allen Betrieben ist gemeinsam, dass in ihnen etwas produziert wird, das verkauft werden soll, also der **Bedarfsdeckung** anderer und nicht dem Eigenbedarf dient. Das können sowohl Sachgüter sein wie Autos oder Maschinen als auch Dienstleistungen, die ein Friseur, Krankenhaus oder Theater anbieten.

Um seinen Aufgaben gerecht werden zu können, benötigt jeder Betrieb **Produktionsmittel**. Darunter fallen sowohl die Betriebsgebäude und benötigte Maschinen als auch alle Rohstoffe und die finanziellen Mittel. Vor allem aber ist **menschliche** Arbeit nötig. Man unterscheidet hier zwischen ausführender und leistender Arbeit.

Die **Betriebsleitung** ist dafür verantwortlich, dass die Arbeit im Betrieb organisiert wird und der Betrieb wirtschaftlich arbeitet. Sie legt fest, welche und wie viele Produkte erzeugt werden, wie die Produktion finanziert wird, in welcher Kombination die Produktionsfaktoren einzusetzen sind, wie sie beschafft und bereitgestellt werden und wie die Produkte gewinnbringend verkauft werden können.

Betriebsarten

Produktionsbetriebe	Dienstleistungsbetriebe
• Rohstoffgewinnungsbetriebe (Erzbergwerk, Kohlengrube)	• Handelsbetriebe (Großhandel, Einzelhandel, aber auch Restaurants usw.)
• Investitionsgüterbetriebe (Maschinenfabrik, Walzwerk)	• Verkehrsbetriebe (Bus, Eisenbahn, Flugzeug)
• Konsumgüterbetriebe (Textil-, Nahrungsmittelunternehmen usw.)	• Bankbetriebe (Sparkassen, Großbanken)
• Gebrauchsgüterbetriebe (Möbelfabrik)	• Versicherungsbetriebe (Krankenversicherung, Lebensversicherung, Haftpflichtversicherung)
• Verbrauchsgüterbetriebe (Nahrungsmittel-, Getränkeindustrie)	• sonstige Dienstleistungsbetriebe (Friseur, Reinigung)

M4 Grundeinteilung von Betrieben

M5 „Flache" und „steile" 📖 Hierarchien in Unternehmen

Es ist zunächst nötig zu klären, was wir unter einer „Hierarchie" verstehen. Unter einer Hierarchie verstehe ich die „Über- und Unterordnungsverhältnisse in Gruppen". Dabei sind „flache" und „steile" Hierarchien zu unterscheiden. Eine flache Hierarchie liegt dann vor, wenn Individuen innerhalb der Teams eigenverantwortlich arbeiten können und die Kommunikationswege im Unternehmen direkt sind. Etwas vereinfacht dargestellt hieße das: Der Fließbandarbeiter Josef K. arbeitet in einer Fabrik am Montageband. Er ist mit den Arbeitsbedingungen unzufrieden. Mit seinen Verbesserungsvorschlägen wendet er sich direkt an den Vorstand. Der Vorstand hört sich das Problem an, hält Rücksprache mit einem Berater und teilt Herrn K. das Ergebnis mit.

Anders sähe dies in einem Unternehmen aus, dessen Aufbauorganisation durch steile Hierarchien geprägt ist: Fabrikmitarbeiter K. macht seiner Unzufriedenheit zunächst bei seinem Gruppenleiter Luft. Dieser leitet die Beschwerde an den zuständigen Abteilungsleiter weiter. Der wiederum dem Hauptabteilungsleiter und der berichtet dann dem Vorstand. Der Vorstand entscheidet, teilt die Entscheidung dem Hauptabteilungsleiter mit, dieser wiederum dem Abteilungsleiter. Das Verfahren bei der steilen Hierarchie erinnert wohl den einen oder anderen an „Flüsterpost". Nicht zu unrecht. Dennoch haben beide Organisationsformen Vor- und Nachteile. (…)

Es liegt auf der Hand, dass das Bedürfnis nach und die Effektivität der Führung selbst von den Merkmalen der Gruppe und der Situation abhängt. (…) Eine weitere, wichtige Erkenntnis ist, dass das Bedürfnis nach Führung und Hierarchie mit der Gruppengröße steigt. In großen Gruppen werden Koordination und Motivation der Gruppenmitglieder zu einem „Pro-

blem, das mithilfe der Einsetzung eines Führers gelöst werden kann" (…).

Konsequenterweise benötigt eine Gruppe keine rigide Führung, wenn die Gruppe erfolgreich agiert und die Erträge gerecht verteilt werden. Eine steile Hierarchie ist weiter unangebracht, wenn die Mitarbeiter sehr kompetent sind, ein großes Bedürfnis nach Unabhängigkeit haben und das Gefühl einer professionellen Identität.

Hierarchische Strukturen in Unternehmen: flache und steile Hierarchien, 17.8.2008; in: http:// www.psya.de (Zugriff: 8.9.2011)

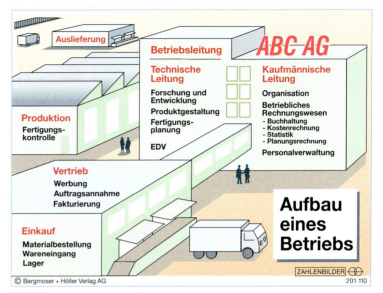

M6 Das System der Betriebsorganisation

---

1 Definiere den Unterschied zwischen der Produktion von Sachgütern und Dienstleistungen.

2 Ordne die Betriebe M1–M3 den Betriebsarten nach M4 zu.

3 Notiere die wichtigsten Fachbegriffe des Autorentextes und von M4 und M6 und bestimme sie. Erklärt sie euch dann gegenseitig in Partnerarbeit.

4 Erläutere die Begriffe „flache" und „steile" Hierarchie (M5).

5 Besprecht, welche Hierarchien es wohl in den Betrieben M1–M3 gibt. Welches Modell ist nach eurer Auffassung „moderner"?

Fallstudie: VW weltweit

M1 Mitarbeiter im Volkswagen-Werk in Nanjing, China, arbeiten an Karosserien einer Passat-Limousine für den chinesischen Markt

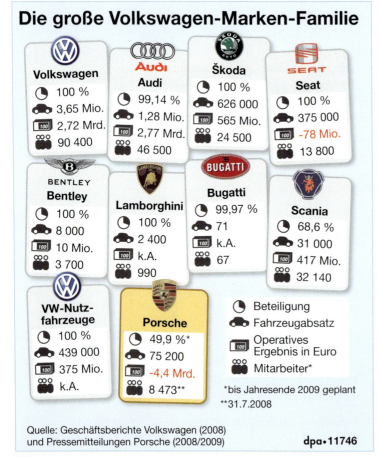

M2 VW – ein multinationaler Konzern

Globalisierung des Automarktes

Im Jahr 2010 hat die deutsche Autoindustrie zum ersten Mal in ihrer Geschichte mehr Pkw im Ausland produziert als in Deutschland. Dies ist die Folge der Globalisierung und einer Strategie, die die deutsche Autoindustrie in den letzten Jahrzehnten aus vier Gründen verfolgt hat:

- Die Automobilindustrie nutzt die günstigen Standortbedingungen im Ausland. So sind die Lohnkosten in Osteuropa und Asien im Vergleich zu Deutschland erheblich niedriger.
- Ausländische Märkte können leichter erschlossen werden, wenn es dort eigene Produktions- und Vertriebsstätten gibt. So können die jeweiligen Kunden besser eingeschätzt werden. Außerdem sinken die Transportkosten.
- Die ausländischen Staaten, in denen Produktionsstätten gebaut werden, bieten oft günstige Bedingungen (z. B. weniger Steuern). Zudem können Zölle vermieden werden.
- Produktionsstätten im Ausland ermöglichen eine natürliche Absicherung gegenüber Wechselkursschwankungen. Damit können Kosten genauer eingeschätzt werden.

Mitte des vergangenen Jahrzehnts war Spanien der wichtigste ausländische Fertigungsstandort für die deutschen Hersteller. Inzwischen ist dies China, wo knapp 1,7 Mio. deutsche Pkw produziert werden. Auf dem zweiten Platz folgt Brasilien. Mexiko, die USA und Südafrika gehören ebenfalls zu den Top 10 der wichtigsten Produktionsstandorte der deutschen Autohersteller.

Die deutschen Automobilhersteller und Zulieferfirmen verlagern ihre Produktionsstätten zwar in diese Länder, belassen aber Forschung, Entwicklung und Vertrieb in Deutschland.

M3 Standorte des VW-Konzerns, Stand: 31.12.2008

Das Gesamtpaket muss stimmen

Für den Erfolg der deutschen Automobilindustrie ist allerdings nicht allein die gestiegene Produktion in den jeweiligen Ländern entscheidend. Bei den deutschen Herstellern stimmt auch das Gesamtpaket: Qualität, Sicherheit, Effizienz, Komfort und Image deutscher Autos sind weltweit geschätzt. Dies verschafft den deutschen Herstellern entscheidende Vorteile gegenüber der Konkurrenz. So haben französische oder italienische Autohersteller außerhalb Europas nur wenige eigene Produktionsstätten und verkaufen im Vergleich zu den deutschen Firmen nur wenige Autos.

Produktion in Deutschland

Das hohe Produktionswachstum der deutschen Automobilindustrie im Ausland hat auch keinen Rückgang der Produktion in Deutschland zur Folge. Die Pkw-Produktion in Deutschland stieg in den letzten 15 Jahren sogar um 27 Prozent. Mit einer Produktion von über 5 Mio. Pkw zählt Deutschland nach wie vor zu den wichtigsten Herstellerländern.

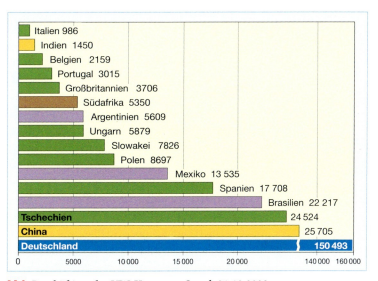

M4 Beschäftigte des VW-Konzerns, Stand: 31.12.2008

1 Nenne Gründe, warum Unternehmen Zweigwerke im Ausland errichten (M1, Text). Welche Folgen kann dies für den Wirtschaftsstandort Deutschland haben?

2 Werte M3 und M4 aus: In welchen Ländern ist der VW-Konzern in welcher Stärke vertreten?

3 Erkläre, warum VW ein multinationaler Konzern ist.

4 Besprecht, was die Erfolge der deutschen Automobilindustrie für die Autoproduzenten anderer Länder zur Folge haben können.

5 Erkläre, was die Verlagerung der Produktion ins Ausland für die Qualifikation der dortigen Arbeitskräfte bedeutet.

Betriebserkundung

M 1 Schülerinnen und Schüler erkunden Betriebe

Grau ist alle Theorie – und oft bringt der direkt gewonnene Eindruck mehr als ein Stapel Bücher. Bei der Betriebserkundung seid ihr mit der Schulklasse zu Gast in einem Betrieb. Dies kann ein größeres Unternehmen sein, aber auch ein Handwerksbetrieb oder ein Supermarkt. Ihr könnt bei einer Erkundung einen Einblick gewinnen von der Organisationsstruktur, den Arbeitsabläufen und Arbeitsbedingungen in einem Unternehmen. Der Unternehmer oder Geschäftsführer kann euch eventuell Auskunft geben, welche Überlegungen er anstellen muss, damit sein Betrieb erfolgreich wirtschaftet.

Erkundung eines Betriebs

Schritt 1: Themenfindung

Damit eure Betriebserkundung erfolgreich verläuft, ist es wichtig, dass ihr bereits vor der ersten Kontaktaufnahme mit einem Unternehmen überlegt, welche Schwerpunkte eure Erkundung haben soll. Vor allem mittlere und große Unternehmen bestehen aus einer Vielzahl von Abteilungen mit unterschiedlichen Aufgaben wie z. B. Einkauf, Buchhaltung, Entwicklung und Planung, Produktion oder Vertrieb.
Sammelt vor der Erkundung die Themen, die euch interessieren.

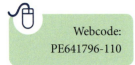

Webcode:
PE641796-110

Schritt 2: Erstellen eines Fragebogens

Erstellt nun einen möglichst genauen Fragebogen. Anregungen dazu findet ihr in M 2. Überlegt auch, wer euch bei der Erkundung helfen könnte, sie zu beantworten (z. B. welche Gesprächspartner im Betrieb wünschenswert sind). Bildet dann zu euren Erkundungsschwerpunkten entsprechende Gruppen.

Schritt 3: Kontaktaufnahme mit dem Betrieb

Wählt einen für eure Erkundung infrage kommenden Betrieb in der Nähe eures Schulortes aus und vereinbart einen Termin. Klärt mit dem Betrieb,

· ob Vorinformationen über den Betrieb wünschenswert sind und wie diese zu beschaffen sind,
· welche Gesprächspartner euch zur Verfügung stehen,
· ob ihr die Mitarbeiter befragen dürft,
· wie der Besuch zeitlich und organisatorisch gestaltet wird,
· ob Camcorder und Digitalkamera gestattet sind,
· ob spezielle Verhaltensregeln zu beachten sind.

Schritt 4: Durchführung der Erkundung

Eine Betriebserkundung ist keine Besichtigung! Ihr müsst aktiv sein, euch angemessen verhalten, gezielt beobachten, nachfragen und die Arbeitsaufträge erfüllen.

Die Informationen, die ihr sammelt, könnt ihr schriftlich festhalten und/oder ihr könnt einen Videofilm drehen und Fotos machen.

Schritt 5: Auswertung

Wenn eure Erkundung erfolgreich war, habt ihr viele Informationen gesammelt. Nun müsst ihr klären:

– Welche der gesammelten Informationen sind wichtig für eure Themen?
– Wie könnt ihr die Ergebnisse ordnen und veranschaulichen?
– Welche Informationen fehlen noch und müssen eventuell durch eine Nacherhebung, z. B. per Telefon oder E-Mail, beschafft werden?
– Wie haben die einzelnen Gruppen gearbeitet?
– Haben sich die Schülerinnen und Schüler angemessen verhalten?

Schritt 6: Präsentation

Die einzelnen Gruppen können ihre Ergebnisse vor der Klasse präsentieren. Ihr könnt eure Ergebnisse aber auch einem größeren Publikum präsentieren, z. B. der ganzen Schule und/oder euren Familien. Ihr könnt z. B.

– eine Wandzeitung oder eine Ausstellung gestalten,
– eine PowerPoint-Präsentation oder Homepage erstellen,
– einen Videofilm bearbeiten und vorführen.

1. Organisation des Betriebs (hier: Produktionsbetrieb)

· Wie ist der Betrieb aufgebaut?
· In welche Abteilungen/Aufgabenbereiche ist der Betrieb unterteilt?
· In welchem Maße werden Mitarbeiter/Abteilungen in Entscheidungen einbezogen?

2. Produktion

· Welche Waren werden hergestellt oder welche Dienstleistungen erbracht?
· Welche Rohstoffe und Betriebsmittel werden benötigt?
· Wie läuft die Produktion ab?
· Wie ist die innerbetriebliche Arbeitsteilung organisiert?
· Welche Probleme gibt es an den Arbeitsplätzen?
· Wird in Schichten gearbeitet?
· Wurde die Arbeitsorganisation z. B. durch Rationalisierung, Einführung von Teamarbeit verändert? Wenn ja, wie wirkte sich das aus?
· Welche Maßnahmen sind geplant?

3. Wirtschaftliche Aspekte

· Welche Überlegungen waren für die Standortwahl ausschlaggebend (z. B. Arbeitskräfte, Transportwege, Absatzmärkte)?
· Gab es Überstunden, Einstellungen, Kurzarbeit, Entlassungen?
· Welche Bedeutung haben Rohstoff- und Energiepreise für die Arbeitskosten?
· Besteht eine zwischenbetriebliche oder internationale Arbeitsteilung?
· Wie ist die Auftragslage?
· Was bedeutet der Betrieb für die Stadt/die Region?
· Welche Entwicklungen der Branche sind für die Zukunft von Bedeutung?

4. Wettbewerb

· Welche Konkurrenten in der Umgebung gibt es, was hat sich in den letzten Jahren verändert?
· Wie ist der Preis- und Qualitätswettbewerb?
· Wie wirbt der Betrieb für seine Produkte?
· Ist der Betrieb mit der Wettbewerbssituation, dem Gewinn, den Zukunftserwartungen zufrieden?
· Was plant der Betrieb, um seine Position am Markt zu sichern?
· Wie ist der Betrieb im Internet vertreten? Können die Waren über das Internet bezogen werden?

M 2 Fragebogen zur Betriebserkundung

Unternehmensgründung –
der Sprung ins kalte Wasser

M 1 Junge Firmengründer bei der Präsentation

Wachsender Bestand

In Deutschland gibt es mehr als drei Millionen überwiegend kleine und mittlere Unternehmen. Dabei kommt es laufend zu Veränderungen. Einerseits werden Betriebe aufgegeben wegen Insolvenz oder weil sich die Inhaber aus dem Geschäftsleben zurückziehen. Andererseits werden immer neue Unternehmen gegründet. Mit

der Welle der Unternehmensgründungen ging auch eine deutliche Zunahme der Stilllegungen einher. Gerade junge Unternehmen, denen es nicht gelingt, sich auf dem Markt zu etablieren, oder deren Einstiegskapital nicht ausreicht, müssen oft schon nach kurzer Zeit wieder aufgeben. Dennoch wurden in den letzten Jahrzehnten Jahr für Jahr mehr Betriebsgründungen verzeichnet, sodass der Unternehmensbestand wuchs.

M 3 Unternehmensgründer Bill Gates
Bill Gates ist das berühmteste Beispiel unternehmerischen Erfolgs der letzten Jahre. Er sah in den Personalcomputern (PCs) eine Marktnische und entwickelte hierfür ein Betriebssystem und Anwendungsprogramme, mit denen sie einfach und ohne Spezialkenntnisse bedienbar waren. Mit seinem Freund Paul Allen gründete er Microsoft. Heute ist die Firma eine Aktiengesellschaft mit weltweit 55 000 Mitarbeitern und einem Jahresumsatz von 32 Mrd. US-Dollar. Wie kein anderer hat Gates die Computerwelt – und damit auch unseren Alltag – verändert. Keine der umwälzenden Ideen stammt allerdings von ihm selbst. Seine Stärke lag darin, gute Ideen frühzeitig zu erkennen und sie auf seine Weise umzusetzen.

Gates über die Anfänge seiner Geschäftsidee: „Es begann an dem Tag, als ich mit meinem Freund Paul Allen auf dem Harvard Square stand und wir eifrig die Beschreibung eines Selbstbau-Computers studierten. Obwohl wir noch keine genaue Vorstellung davon hatten, wozu er zu gebrauchen wäre, war uns doch schon klar, dass er uns und die Welt der Datenverarbeitung verändern würde."

Autorentext

Ich mach mein eigenes Ding ...

Unternehmensgründer in Deutschland in 1 000

| 2002 | 2003 | 2004 | 2005 | 2006 | 2007 | 2008 | 2009 |

insgesamt
1 461 · 1 496 · 1 357 · 1 286 · 1 088 · 872

davon

Nebenerwerb
791 · 841 · 706 · 678 · 643 · 859 · 795 · 872

Vollerwerb
669 · 655 · 651 · 608 · 544 · 465 · 475
446 · 315 · 330 · 397

Aufteilung 2009 nach Branchen
wirtschaftl. Dienstleistungen

verarb. Gewerbe — 3,2 | 28,6 %
Baugewerbe - 6,7
Sonstige — 7,0 | 26,4
2,9
5,0 | 20,3

Verkehr, Nachrichten-übermittlung | Finanzdienstleistungen | Handel | persönl. Dienstleistungen

rundungsbed. Differenzen | Quelle: kfw

G 3615 © Globus

M 2 Betriebsgründungen

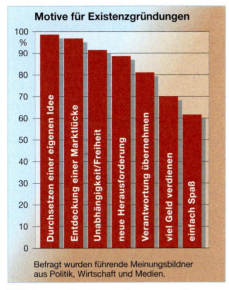

Motive für Existenzgründungen

Durchsetzen einer eigenen Idee
Entdeckung einer Marktlücke
Unabhängigkeit/Freiheit
neue Herausforderung
Verantwortung übernehmen
viel Geld verdienen
einfach Spaß

Befragt wurden führende Meinungsbildner aus Politik, Wirtschaft und Medien.

M4 Motive der Unternehmensgründer

Nachsitzen für Unternehmensgründer

Von je 100 Teilnehmern an der IHK-Gründungsberatung

haben sich zu wenig Gedanken über die Konkurrenzsituation gemacht	53
haben zu geringe kaufmännische Kenntnisse	51
haben unklare Vorstellungen über ihre Kunden	46
schätzen die Startinvestitionen/ laufenden Kosten zu niedrig ein	44
haben die Finanzierung nicht gründlich durchdacht	39
schätzen den möglichen Umsatz zu hoch ein	38
können ihre Produktidee nicht klar beschreiben	32
haben unzureichende Fach-/Branchenkenntnisse	27

Quelle: DIHK   Stand 2009   Mehrfachnennungen   © Globus 3684

M6 Fehler bei Existenzgründungen

M5 Konrad macht sich selbstständig

Konrad ist Internetfreak und profiliert sich mit einer professionellen Homepage im Internet. Seinen Freunden hilft er des Öfteren bei kniffligen EDV-Problemen. Nach seiner Ausbildung zum EDV-Kaufmann will er sich nun nach ein bis zwei Jahren Berufserfahrung selbstständig machen.

Zur Vorbereitung macht er sich folgende Aufstellung von Fragen, die er klären muss:

· Welche Rechtsform ist geeignet für mich?
· Welche Zukunftsperspektiven bestehen für meine Geschäftsidee?
· Wie sind die Markt- und die Branchensituation? Habe ich genügend Branchenerfahrung?
· Welches Marketingkonzept strebe ich an?
· Brauche ich zusätzliches Personal?
· Welche Förderprogramme gibt es?
· Wo kann ich mir Beratung und Hilfe holen?
· Wann werden die ersten Einnahmen fließen? Liquiditätsplan?
· Wie hoch ist mein Kapitalbedarf?

Aus der Beantwortung seiner Fragen entsteht dann ein Geschäftsplan, der für Inhaber, Banken und eventuelle Partner die Grundlage des weiteren Vorgehens bildet.

www.wirtschaftundschule.de/wus/homepage/ Unterrichtsmaterial/Selbststaendigkeit.html (Zugriff: 6.2.2007)

1 Jedes Jahr werden ca. 300 neue Unternehmen in Deutschland gegründet. Berichte über Struktur, Erfolgschancen und Motive für die Unternehmensgründung (M1, M2 und M4).

2 Erstellt in Gruppen Kurzporträts zu Bill Gates und anderen Unternehmerpersönlichkeiten und präsentiert sie der Klasse (M3).

3 Stellt in einer Tabelle Risiken und Chancen von Unternehmensgründern einander gegenüber (M5 und M6).

4 In M5 sind die wichtigsten Fragen aufgeführt, die Konrad klären müsste, damit sein Weg in die Selbstständigkeit gelingen kann. Notiert weitere Fragen, die für eine Unternehmensgründung relevant sein könnten. Widmet euch in Gruppen einer der Fragen und entwickelt Vorschläge.

5 Notiert die Fragen, die ihr mit den vorhandenen Materialien nicht klären könnt. Beratet, wo ihr zusätzliche Informationen und Hilfen herbekommen könntet. Wichtige Anlaufstellen bei Existenzgründungen sind der Deutsche Industrie- und Handelskammertag (DIHT): www.diht.de oder das Institut der deutschen Wirtschaft Köln: www.iwkoeln.de.

Steuern und Einkommen

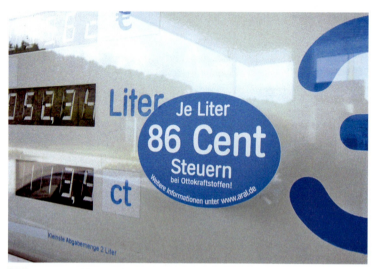

M 1 Benzin – der Staat kassiert mit

Staatseinnahmen	Staatsausgaben
Öffentliche Erwerbseinkünfte (z. B. aus staatlicher Unternehmensbeteiligung)	Konsumausgaben des Staates (Ausgaben für Personal und Güter für die Verwaltung)
	Investitionsausgaben (z. B. öffentliche Baumaßnahmen wie Straßen)
Gebühren/Beiträge aus dem Verkauf öffentlicher Dienstleistungen (z. B. Müllabfuhrgebühren)	Subventionen an Unternehmen (z. B. für Umweltschutzinvestitionen)
	Transferzahlungen an private Haushalte (z. B. Renten und Sozialleistungen)
	Schuldendienst (Zins- und Tilgungszahlungen)

M 2 Der Aufbau des Staatshaushalts

Direkte Steuern:

Steuern, die direkt vom einzelnen Steuerpflichtigen aufgrund seiner wirtschaftlichen Leistungsfähigkeit erhoben werden. Sie umfassen die Abgaben auf Einkommen und Vermögen.

Indirekte Steuern:

Steuern, die über den Preis einer Ware oder Dienstleistung erhoben werden.

M 3 **Der Staat im Wirtschaftskreislauf**
Dem Staat kommt die Aufgabe zu, den Rahmen für die Wirtschaft zu gestalten und an verschiedenen Stellen für Ausgleich zu sorgen. (…)

Der Staat kriegt Geld …
Der Wirtschaftskreislauf besteht aus einem Geldkreislauf und einem Güterkreislauf. Das Geld wandert über die Gehälter von den Unternehmen zu den Haushalten und über deren Konsum zurück zu den Unternehmen. Güter und Dienstleistungen werden mit der Arbeitskraft der Einzelpersonen in Produktionsstätten (*Unternehmen*) hergestellt und landen durch Einkauf wieder in den Haushalten. Bei jedem Handel, der in Deutschland stattfindet – egal ob mit Arbeitskraft oder mit Waren –, fließt gleichzeitig Geld an den Staat: Arbeitende Personen müssen Einkommensteuer zahlen. Auf den Preis einer jeden Ware wird die Umsatzsteuer (*Mehrwertsteuer*) aufgeschlagen, die beim Verkauf an den Staat fließt. So wird der Staat Teil des Wirtschaftskreislaufs.

… und setzt es für die Gemeinschaft ein
Der Staat nimmt aber nicht nur Geld ein, er gibt es auch aus. Zum einen zahlt er Gehälter an seine Angestellten, also an Polizisten, Verwaltungsfachangestellte und andere. Zum anderen baut er sogenannte öffentliche Güter wie Schulen, Schwimmbäder oder Straßen und hält sie instand. Eine weitere Aufgabe des Staates ist der soziale Ausgleich. Durch Transferleistungen unterstützt er Personengruppen, die weniger Geld haben als andere, zum Beispiel Studenten durch die BAföG-Zahlungen.

Der Staat greift ein
Wenn ganze Branchen oder Regionen in Not geraten, hilft der Staat ihnen durch wirtschaftspolitische Maßnahmen. Diese sogenannte Strukturpolitik kann zum Beispiel über Steuervergünstigungen, Subventionen oder Maßnahmen zur Investitionsförderung erfolgen.

Arbeitsgemeinschaft Jugend und Bildung e.V.: Der Staat als Teilnehmer im Wirtschaftskreislauf, 2008; in: http://www.bundesfinanzministerium.de (Zugriff: 8.5.2012)

M 4 Autobahnbau

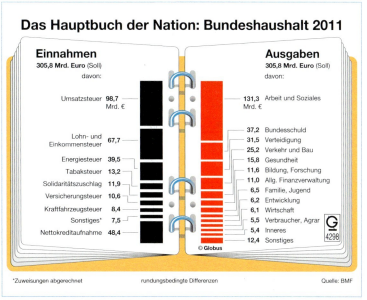

Das Hauptbuch der Nation: Bundeshaushalt 2011

Einnahmen 305,8 Mrd. Euro (Soll) davon:		Ausgaben 305,8 Mrd. Euro (Soll) davon:	
Umsatzsteuer	98,7 Mrd. €	131,3 Mrd. €	Arbeit und Soziales
Lohn- und Einkommensteuer	67,7	37,2	Bundesschuld
		31,5	Verteidigung
Energiesteuer	39,5	25,2	Verkehr und Bau
Tabaksteuer	13,2	15,8	Gesundheit
Solidaritätszuschlag	11,9	11,6	Bildung, Forschung
Versicherungsteuer	10,6	11,0	Allg. Finanzverwaltung
Kraftfahrzeugsteuer	8,4	6,5	Familie, Jugend
Sonstiges*	7,5	6,2	Entwicklung
Nettokreditaufnahme	48,4	6,1	Wirtschaft
		5,5	Verbraucher, Agrar
		5,4	Inneres
		12,4	Sonstiges

© Globus

G 4298

*Zuweisungen abgerechnet   rundungsbedingte Differenzen   Quelle: BMF

M 7 Der Bundeshaushalt

M 5 Bundeswehr

M 8 Wärmedämmung

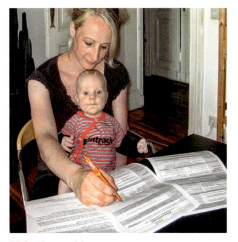

M 6 Elterngeld

1 Ordne M 1 in M 2 ein. Um welche Art von Steuer handelt es sich?

2 Finde Beispiele für indirekte Steuern.

3 Erkläre, inwiefern der Staat in den Wirtschaftskreislauf eingebunden ist (M 3). Wie greift er aktiv ein?

4 Ordne die Abbildungen M 4, M 5, M 6, M 8 den Ausgabenbereichen in M 7 zu. Begründe, warum der Staat Steuern verlangen muss.

Funktionsjacken: Fünf Unternehmen ergreifen die Initiative

Anbieter (Jacke siehe Tabelle auf den Seiten 76/77)	Berghaus	The North Face	Lafuma	Mammut	Jack Wolfskin	Lowe Alpine	Patagonia	Columbia	Schöffel	Vaude	Maier Sports	Karstadt
UNTERNEHMENS-VERANTWORTUNG	Deutliche Initiative	Ansätze	Bescheidene Ansätze	Ansätze	Verweigert Auskunft[1]	Verweigert Auskunft	Deutliche Initiative	Ansätze	Ansätze	Deutliche Initiative	Bescheidene Ansätze	Stark engagiert
UNTERNEHMENSPOLITIK	●●●	●●●	●	●●	●	○	●●●	●●●	●●	●●●	●	●●●●●
Soziale Leitlinien vorhanden	Ja	Ja	Kaum	Ja	Keine Angabe	Keine Angabe	Ja	Ja	Ja	Ja	Kaum	Ja, umfassend
Umweltschutz verankert	Ja	Ja	Kaum	Kaum	Kaum	Keine Angabe	Ja, umfassend	Ja	Kaum	Ja	Ja	Ja, umfassend
BESCHÄFTIGTE	●●●	●	●	●	○	○	●●	●●	●●	●●●	●●●	Nicht erfasst[2]
ZULIEFERER (SOZIALES)	●●●	●●	●	●●●	○	○	●●●	●●	●●	●●●	●	●●●●
Mindeststandards	Ja, umfassend	Ja	Ja	Ja, umfassend	Keine Angabe	Keine Angabe	Ja, umfassend	Ja	Ja	Ja, umfassend	Ja	Ja, umfassend
Kontrollen bei Zulieferern	Ja, aber nicht belegt	Ja, aber nicht belegt	Ja, aber nicht belegt	Ja, aber nicht belegt	Keine Angabe	Keine Angabe	Ja	Ja, aber nicht belegt	Ja, aber nicht belegt	Ja	Ja, aber nicht belegt	Ja
ZULIEFERER (UMWELT)	●	●	●	●●●	●	○	●●●	●	●	●●●	●	●●●
Mindestanforderungen	Ja	Öko-Tex 100	Ja	Öko-Tex 100	Öko-Tex 100	Keine Angabe	Öko-Tex 100 und weitere	Kaum	Ja	Öko-Tex 100	Gesetzl. Anforderungen	Öko-Tex 100
Kontrollen	Ja, aber nicht belegt	Ja, aber nicht belegt	Ja, aber nicht belegt	Ja	Ja, aber nicht belegt	Keine Angabe	Ja	Nur vertragliche Auflagen	Ja, aber nicht belegt	Ja, umfassend	Schriftliche Zusicherung	Ja, Stichproben
TRANSPARENZ	●●	●●	●	●●	●	○	●●	●●	●●	●●●	●●	●●●●●
Fragebogen beantwortet	Ja	Nein	Nein	Nein	Nein	Nein	Nein	Ja	Ja	Nein	Ja	Ja
Überprüfung zugelassen	Nein	Ja	Unvollständig	Ja	Nein	Nein	Ja	Nein	Nein	Ja	Nein	Ja
Hergestellt laut Anbieter in	China	Keine Angabe	Frankreich	Rumänien	Indonesien	China	Portugal	Indonesien	Keine Angabe	Keine Angabe	Keine Angabe	Keine Angabe

M 1 Testergebnis: Was Anbieter von Freizeitjacken für Soziales und Umwelt tun. *Stiftung Warentest 12/2004 (Auszug)*

SO SIND WIR VORGEGANGEN

UNTERNEHMENSPOLITIK
Untersucht wurde, ob sich der Anbieter in Leitlinien o. Ä. zu sozialem und ökologischem Handeln verpflichtet hat, ob sich dies in der Unternehmensorganisation widerspiegelt, und das gesellschaftliche Engagement.

BESCHÄFTIGTE
Untersucht wurde, welche freiwilligen Maßnahmen der Anbieter mit seinen Beschäftigten ergriffen hat (u. a. familienfreundliche Angebote, Weiterbildung) und welche Ergebnisse diese Maßnahmen haben (u. a. Anteil Frauen in Führungspositionen, Auszubildende).

ZULIEFERER (SOZIALES UND UMWELT)
Untersucht wurde, welche sozialen Mindeststandards und Umweltanforderungen für die Zulieferer der Funktionsjacke bestehen und wie sie kontrolliert werden.

TRANSPARENZ
Untersucht wurde, zu welchen Fragen der Anbieter öffentlich zugängliche Berichte erstellt. Ferner wurde bewertet, ob er sich an unserer Befragung beteiligte, eine Überprüfung zuließ und eine verdeckt gestellte Kundenanfrage zu Funktionsjacken beantwortete.

M 2 Die Testkriterien der Stiftung Warentest

CSR-Tests im Überblick:

Fernseher 5/2008
Funktionsjacken 12/2004
Fußbälle 6/2006
Garnelen 4/2006
Hemden 11/2006
Kochschinken 8/2007
Spielzeug 12/2005
Tiefkühllachs 1/2005
Waschmaschinen 10/2008
Waschmittel 3/2005

Das Thema Unternehmensverantwortung ist wichtig für die Stiftung Warentest. Die Stiftung bewertet dabei das ethische, soziale und ökologische Verhalten der jeweiligen Hersteller. Seit 2004 werden Tests, die die so genannte Corporate Social Responsibility (CSR) mit untersuchen, in der Zeitschrift test veröffentlicht. Folgende Produkte wurden so bereits untersucht: siehe Kasten.

http://service.warentest.de/online/bildung_soziales/meldung/1230518.html und http://www.test. de/themen/bildung-soziales/special/-Unternehmensverantwortung/1313426/1313426/ (Stand: 12/2008)

M 3 Unternehmen im Test

M 4 Testbericht

Wenn die Belegschaft wegen Hungerlöhnen ständig wechselt oder die Arbeiterinnen bis zum Umfallen an den Nähmaschinen sitzen, macht sich das beim Endprodukt bemerkbar. Und umgekehrt. Setzt der Anbieter auf Qualität und schult deshalb seine Zulieferer, wechselt er nicht wegen eines Cents niedrigerer Stückkosten zu einer anderen Fabrik. Ein schwaches Bild bieten die Anbieter in Sachen Umwelt. Die wenigsten bemühen sich, Umweltbelastungen zu minimieren, sei es bei der Faserherstellung, der Veredelung der Textilien oder dem Transport. Wo es ökologische Mindestanforderungen gibt, beziehen sie sich meist nur auf das Produkt. Erfreulich dagegen, was manche Anbieter für ihre Beschäftigten am Firmensitz tun. Flexible Arbeitszeit und betriebliche Altersversorgung bieten zum Beispiel Berghaus, Columbia und Maier Sports. Vaude hat einen Betriebskindergarten. Arbeitet ein Mitarbeiter bei Patagonia zwei Monate lang bei einer Umweltorganisation, läuft sein Gehalt weiter.

Stiftung Warentest: test 12/2004

Zunehmend verfolgen Betriebe Ziele, die über den wirtschaftlichen Erfolg hinausgehen. Sie versuchen die Lebensbedingungen der Menschen langfristig zu verbessern und auf die Erhaltung der Umwelt zu achten.

M5 Soziale Verantwortung

Ein Unternehmen über soziale Verantwortung im Betrieb:

Unternehmen sollen neben rein wirtschaftlichen Interessen auch soziale Verantwortung übernehmen. Wir sehen das als etwas Selbstverständliches an, denn unternehmerische Weitsichtigkeit gründet sich in ökologisch und sozial sinnvollem Handeln: Nur wer Mitarbeiter fördert, kann langfristig Erfolg haben. Ein besonderer Ausdruck unseres unternehmerischen Selbstverständnisses sowie ein Eckpfeiler unseres hohen Qualitätsbewusstseins sind unsere umfangreichen Schulungs- und Weiterbildungsangebote, über die sich unsere Mitarbeiter kontinuierlich weiterqualifizieren können.

Wir verstehen unsere Mitarbeiter als Menschen und nicht als Humankapital. Gemeinsam haben wir den Erfolg dieses Unternehmens möglich gemacht, und da ist es nur fair, sich jederzeit auf Augenhöhe zu begegnen. Ganz konkret heißt das für unsere Mitarbeiter:

- Flache Hierarchien & Open-Door-Mentalität
- Faires Gehalt und proaktive Gehaltserhöhungen
- Vermögenswirksame Leistungen
- Umfangreiche Schulungs- und Weiterbildungsangebote
- Diverse kostenlose Verpflegungsangebote für die Mitarbeiter
- In der Regel flexible Arbeitszeitgestaltung und Arbeitsmodelle, die junge Familien unterstützen
- Voller Zeitausgleich von Überstunden
- Sonderurlaub bei Hochzeit, Geburt und Umzug
- Nichtraucherschutz
- Nebentätigkeitsregelungen
- Hochwertige und ergonomische Ausstattung des Arbeitsplatzes
- Barrierefreie Büro- und Gebäudekonzeption
- Überdurchschnittliche Zahl betrieblicher Ausbildungsplätze
- Faire Behandlung von Praktikanten

Hosteuropa: Soziale Verantwortung – ein wesentlicher Teil unserer Weltanschauung, undatiert, mindestens 2009; in: http://www.hosteurope.de/content/Unternehmen/ Soziale-Verantwortung (Zugriff: 8.9.2011)

M6 Unternehmen und soziale Verantwortung

Webcode:
PE641796-117

1 Die Stiftung Warentest hat geprüft, ob die Unternehmen Verantwortung für Ökologie und Soziales übernehmen. Erläutere die Prüfkriterien an Beispielen (M1–M3).

2 Diskutiert: Ist ein solcher Sozial- und Öko-TÜV für Verbraucher interessant? Oder interessiert nur die Qualität der Produkte?

3 Erkläre den Begriff „nachhaltige Unternehmenskultur" an Beispielen aus M4 und M5. Nenne Vorteile und Nachteile, die einem Unternehmen dadurch entstehen können.

4 Besprecht, welche Sichtweise in der Karikatur M6 zum Ausdruck kommt. Diskutiert diese Sichtweise, indem ihr mit M5 vergleicht.

5 Recherchiert arbeitsteilig Unternehmen, die sich einer nachhaltigen Unternehmenskultur verpflichtet fühlen. Präsentiert eure Ergebnisse in der Klasse (**www.umweltdialog.de**).

6 Viele Firmen präsentieren ihre Nachhaltigkeitsberichte im Netz. Kritische Sichtweisen sind dabei selten zu finden. Warum ist das so? Warum kann man diese Berichte dennoch als Fortschritt betrachten?

Nachhaltigkeit als ein Ziel der Wirtschaftspolitik

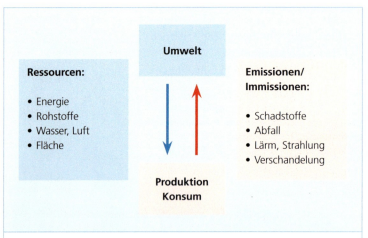

Umwelt

Ressourcen:

- Energie
- Rohstoffe
- Wasser, Luft
- Fläche

Emissionen/ Immissionen:

- Schadstoffe
- Abfall
- Lärm, Strahlung
- Verschandelung

Produktion Konsum

Erläuterung: Aus der Natur beziehen wirtschaftende Menschen Rohstoffe (die Ressourcen des Bodens, des Wassers und der Luft), sie nutzen die Natur als Standort und Energiequelle und geben an die natürliche Umwelt die (Abfall-) Produkte ihres Wirtschaftens in der Form von Emissionen (ausgesendeten Schadstoffen) und Immissionen (schädlichen Umwelteinflüssen) wieder zurück.

Daten: Sachverständigenrat; © G. Wilke

M 1 **Wechselbeziehungen zwischen Wirtschaft und Umwelt**

Art. 20a GG

Der Staat schützt auch in Verantwortung für die künftigen Generationen die natürlichen Lebensgrundlagen im Rahmen der verfassungsmäßigen Ordnung. (…)

M 2 *Karikatur: Horst Haitzinger*

Umwelt und Wirtschaftspolitik

Die Wirtschaftspolitik in Deutschland sieht sich unter anderem dem Prinzip der Nachhaltigkeit verpflichtet. Sie sollte so ausgerichtet sein, dass die Befriedigung der Bedürfnisse der heutigen Generation die Lebensbedingungen künftiger Generationen nicht beeinträchtigt.

Eine nachhaltige Wirtschaftspolitik stellt folgende Anforderungen an die Wirtschaft:

- Sparsamer Einsatz von Energie und Rohstoffen: Es sollten Produkte entwickelt werden mit langer Lebensdauer, die bevorzugt aus recycelbaren Materialien hergestellt werden.
- Produktionsabfälle sollten wiederverwertet (recycelt) werden.
- Produktionsverfahren sollten energiesparend arbeiten. Erneuerbare Energien sollten bevorzugt werden.
- Der Ausstoß von Schadstoffen sollte verringert werden.
- Abwasser dürfen nicht ungereinigt in Gewässer geleitet werden.

Instrumente der Umweltpolitik

Um die Umweltpolitik umsetzen zu können, stehen dem Staat unterschiedliche Instrumente zur Verfügung:

- **Vereinbarungen auf freiwilliger Basis**, z. B. Selbstverpflichtungserklärungen von Unternehmen,
- rechtliche **Gebote und Verbote**, z. B. Grenzwerte für die Abgabe von Schadstoffen oder Auflagen für die Einführung umweltfreundlicher Technologien (Katalysator in Kraftfahrzeugen),
- **wirtschaftliche Anreize** und Belastungen, z. B. Zuschusszahlungen an Unternehmen für die umweltfreundliche Abfallbeseitigung oder Einführung einer Abwasserabgabe.

Internationale Umweltpolitik

Schadstoffe in der Luft oder in Gewässern machen jedoch an Landesgrenzen nicht Halt. Auch Umweltprobleme, die weit entfernt verursacht werden, können sich bei uns auswirken, ebenso wie unser Umgang mit den natürlichen Lebensgrundlagen weltweit Konsequenzen hat. Deshalb muss die nationale Umweltpolitik durch internationale Abkommen zum Schutz der Umwelt ergänzt werden (s. Kapitel 11).

M3 Bundesregierung stutzt ihre Klimaschutzpläne

Für die Regierungszeit der Koalition aus FDP und Union wird es kein Klimaschutzgesetz mehr geben. Zwar stehe die Regierung „hinter dem international vereinbarten Ziel, dass die Industrieländer ihre Treibhausgas-Emissionen bis 2050 um mindestens 80 Prozent gegenüber 1990 reduzieren", sie plane aber nicht, das Ziel verbindlich festzuschreiben, berichtet die Frankfurter Rundschau. (…)

Noch im vorigen Jahr hatte Bundesumweltminister Norbert Röttgen (CDU) die Möglichkeiten eines Klimaschutzgesetzes prüfen lassen, war aber an der Unionsfraktion und der FDP gescheitert. Den Informationen nach ist das Projekt nun endgültig vom Tisch.

Gemeinsam mit der Laufzeitverlängerung von Atomkraftwerken hatte die Bundesregierung im Herbst 2010 beschlossen, die deutschen Treibhausgas-Emissionen bis 2020 um 40 Prozent und bis 2050 um 80 bis 95 Prozent gegenüber 1990 zu senken. Bis 2020 sollten 18 Prozent der Energie aus erneuerbarer Quelle genutzt werden, bis 2050 sollte der Anteil schrittweise auf 60 Prozent steigen. Im Frühjahr 2011 revidierte die Regierung die Laufzeitverlängerung und beschloss den Ausstieg aus der Kernenergie bis 2022.

Ina Fassbender: Bundesregierung stutzt ihre Klimaschutzpläne, Die Zeit v. 23.8.2011; in: http://www.zeit.de (Zugriff: 8.9.2011)

M4 Explosion im Atomkraftwerk Fukushima, 12. März 2011. Dieses Ereignis war Anlass für die Bundesregierung, in Deutschland aus der Atomkraft als Energiequelle auszusteigen.

– Die Unternehmen tragen für ihre Produktion und ihre Produkte die Verantwortung. Dazu gehört die Information der Verbraucher über gesundheits- und umweltrelevante Eigenschaften der Produkte sowie über nachhaltige Produktionsweisen. (…)
– Erneuerbare Naturgüter (wie zum Beispiel Holz- oder Fischbestände) dürfen auf Dauer nur im Rahmen ihrer Fähigkeit zur Regeneration genutzt werden. Nicht erneuerbare Naturgüter (wie zum Beispiele Mineralien oder fossile Energieträger) dürfen auf Dauer nur in dem Umfang genutzt werden, wie ihre Funktionen durch andere Materialien oder durch andere Energieträger nicht ersetzt werden können. (…)
– Gefahren und unvertretbare Risiken für die menschliche Gesundheit sind zu vermeiden. (…)
– Energie- und Ressourcenverbrauch sowie die Verkehrsleistung müssen vom Wirtschaftswachstum entkoppelt werden. (…)
– Eine nachhaltige Landwirtschaft muss natur- und umweltverträglich sein. Sie muss die Anforderungen an eine tiergerechte Tierhaltung und den (…) Verbraucherschutz beachten. (…)

Presse- und Informationsamt der Bundesregierung, 2012; in: http://www.bundesregierung.de (Zugriff: 8.2.2012)

M5 Bundesregierung: Nachhaltigkeitsregeln zum Umweltschutz

1 Erläutere M1 und M2 an einem Beispiel aus deinem Erfahrungsbereich.

2 Erkläre, welche Ziele die Wirtschaftspolitik im Hinblick auf den Umweltschutz verfolgt, und nenne Beispiele (M3, M5, Text).

3 Diskutiert anhand von M3, ob die Bundesregierung ihre Ziele in die Praxis umsetzt.

Und wer bestimmt den Lohn?

So stiegen Löhne und Gewinne

Veränderungen jeweils gegenüber dem Vorjahr in %

2000 2001 2002 2003 2004 2005 2006 2007 2008 2009 2010

■ Arbeitnehmerentgelt
■ Unternehmens- und Vermögenseinkommen

+3,7 % · 1,9 · 3,6 · 0,6 · 1,7 · 0,2 · 3,2 · 0,3 · 16,0 · -0,7 · 6,4 · 1,6 · 13,3 · 2,7 · 5,8 · 3,6 · 0,1 · -3,7 · 2,5 · 10,5 · -1,5 · -13,5

4591 © Globus
Quelle: Stat. Bundesamt

M2 Lohn- und Gewinnentwicklung

IG Metall fordert 6,5 Prozent
Bis zu 6,5 Prozent höhere Löhne, Gehälter und Ausbildungsvergütungen – für eine Laufzeit von zwölf Monaten. Diese Entgeltforderung empfiehlt der IG Metall-Vorstand den regionalen Tarifkommissionen für die Metall-Tarifrunde. (...) 2010 war nicht damit zu rechnen, dass sich 2011 zu einem wirtschaftlich so erfolgreichen Jahr für die Metall- und Elektroindustrie entwickeln würde. „Die guten Ergebnisse kennen auch die Belegschaften, die diesen Erfolg möglich gemacht haben", sagt (IG-Metall-Vorsitzender) Huber.
IG Metall, 7.2.2012; in: http://www.igmetall.de (Zugriff: 8.2.2012)

Gesamtmetall: „Forderung ist nicht nachvollziehbar"
Der Arbeitgeberverband Gesamtmetall hat die Forderungsempfehlung der IG Metall nach einer Tariferhöhung von bis zu 6,5 Prozent kritisiert. „In dieser Höhe ist die Forderung für uns nicht nachvollziehbar", erklärte Gesamtmetall-Präsident Martin Kannegiesser am Dienstag. „Die Gewerkschaft kann maximal 3 Prozent mit wirtschaftlichen Kennziffern begründen."
Presseerklärung von Gesamtmetall, 7.2.2012; in: http://www.gesamtmetall.de (Zugriff: 8.2.2012)

M3 Lohnerhöhung?

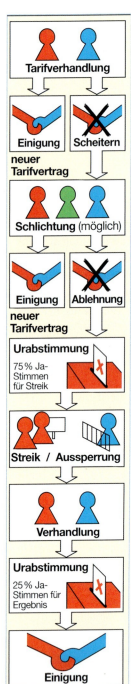

M1 Ablauf einer Tarifverhandlung

Tarifverhandlung

Einigung | Scheitern
neuer Tarifvertrag

Schlichtung (möglich)

Einigung | Ablehnung
neuer Tarifvertrag

Urabstimmung
75 % Ja-Stimmen für Streik

Streik / Aussperrung

Verhandlung

Urabstimmung
25 % Ja-Stimmen für Ergebnis

Einigung

M4 Nichts Neues aus der Verhaltensforschung. *Karikatur: Haitzinger*

Tarifautonomie

Unsere Wirtschaftsordnung sieht vor, dass Gewerkschaften und Arbeitgeberverbände Löhne, Gehälter und Arbeitsbedingungen vereinbaren. Um diese Verträge zu schließen, finden in regelmäßigen Abständen Tarifverhandlungen statt. Die Gewerkschaften vertreten dabei die Interessen der Arbeitnehmer, die Arbeitgeberverbände die Interessen der Arbeitgeber. Beide, Arbeitgeber und Gewerkschaften, nennt man **Tarifparteien** oder auch Sozialpartner. Sie müssen über ihre unterschiedlichen Ziele verhandeln und zu einer Vereinbarung gelangen. Der Staat darf dabei nicht mitwirken. Das nennt man **Tarifautonomie**.

Tarifverträge können für Branchen, Regionen oder einzelne Unternehmen getroffen werden. Sie schaffen Rechtssicherheit und bringen in der Regel für beide Seiten Vorteile: Da die tariflichen Vereinbarungen als **Mindestnorm** gelten, sind die Arbeiter vor Konkurrenz um Arbeitsplätze geschützt. Der im Tarifvertrag vereinbarte Lohn darf überschritten, niemals aber unterschritten werden. Auch die Arbeitgeber haben Vorteile. Sie können sicher sein, dass ihre Konkurrenzfirmen die gleichen Löhne zahlen und deshalb mit den gleichen Lohnsätzen kalkulieren. Zudem herrscht während der Laufzeit eines Tarifvertrages Friedenspflicht, d.h., weder Gewerkschaft noch Arbeitgeber dürfen Kampfmaßnahmen ergreifen.

Ablauf einer Tarifverhandlung

Können sich die Tarifparteien nicht auf den Abschluss eines neuen Tarifvertrags einigen, so kann eine Schlichtung eingeleitet werden. Der Schlichter ist eine unabhängige Person, die das Vertrauen beider Seiten genießt. Er unterbreitet einen Kompromissvorschlag. Wenn dieser Kompromissvorschlag nicht angenommen wird, beginnt ein Arbeitskampf. Beim **Streik** verweigern die Angehörigen eines

M 5 Tarifverträge

Betriebes die Arbeit, um durch den Schaden, der durch den Produktionsausfall entsteht, die Arbeitgeber zur Annahme ihrer Forderungen zu zwingen. Gewerkschaftsmitglieder erhalten von ihrer Gewerkschaft Streikgeld als Ersatz für den entgangenen Lohn. Ein Streik darf nur begonnen werden, wenn 75 Prozent der Gewerkschaftsmitglieder in einer **Urabstimmung** zugestimmt haben. Für seine Beendigung reichen 25 Prozent Ja-Stimmen in der Urabstimmung aus.

Die **Aussperrung** ist die Antwort der Arbeitgeber auf einen Streik oder eine Streikdrohung. Mit ihr werden alle Belegschaftsmitglieder eines Betriebes von der Arbeit ferngehalten, wobei kein Lohn für die Zeit der Aussperrung gezahlt wird.

> **Art. 9**
> **Grundgesetz (GG)**
> **[Koalitionsrecht]**
>
> (3) Das Recht, zur Wahrung und Förderung der Arbeits- und Wirtschaftsbedingungen Vereinigungen zu bilden, ist für jedermann und für alle Berufe gewährleistet.

1 Nennt mithilfe von M 2 und M 3 Gründe, die für bzw. gegen Lohnerhöhungen vorgebracht werden können. Recherchiert weitere Gründe anhand eines aktuellen Tarifkonflikts.

2 Erkläre den Begriff Tarifautonomie.

3 Tarifverträge werden nach Inhalt und Laufzeit unterschieden. Erläutere anhand der Grafik M 5.

4 Beschreibe den Ablauf von Tarifverhandlungen mithilfe der Grafik M 1 und der Karikatur M 4.

5 Begründe die Regelung einer Urabstimmung bei der Durchführung eines Streiks (M 1 und Text).

Mitbestimmung im Betrieb

M 1 Betriebliche Mitbestimmung. *Zeichnung: Sakurai*

M 2 Das Betriebsverfassungsgesetz (BetrVG)

Mitbestimmung – zu viel oder zu wenig?

In Deutschland gibt es rd. 260 000 Betriebsratsmitglieder (2010). In jedem zehnten Unternehmen gibt es ein solches Gremium. Die Mitbestimmung für Arbeitnehmer gehört zu den Eckpfeilern einer sozialen Marktwirtschaft. Je nach Interessenlage wird sie unterschiedlich bewertet. Da Mitbestimmung für das Management bedeutet, nicht mehr alle Entscheidungen alleine treffen zu können, geht sie vielen Arbeitgebern zu weit. Betriebsräte hingegen stellen oft fest, dass es nur wenige Bereiche gibt, in denen sie wirklich mitentscheiden können. Solche echten Mitbestimmungsrechte bestehen nur in sozialen Angelegenheiten. In personellen Angelegenheiten hat der Betriebsrat ein Zustimmungsrecht. Er kann z. B. bei einer Kündigung die Zustimmung verweigern.

In vielen Unternehmen arbeiten Geschäftsleitung und Betriebsrat vertrauensvoll zusammen.

M 3 Betriebliche Mitbestimmung

Betriebsräte werden alle vier Jahre von der Belegschaft gewählt. Betriebsräte genießen besonderen Kündigungsschutz.

Sie dürfen wegen ihrer Tätigkeit beruflich nicht benachteiligt werden und sind in Unternehmen ab einer bestimmten Mitarbeiterzahl für die Betriebsratsarbeit freizustellen. Einen unmittelbaren Einfluss auf die Betriebsführung und ihre wirtschaftlichen Entscheidungen hat der Betriebsrat nicht.

Wenn sich bei Angelegenheiten, die der zwingenden Mitbestimmung unterliegen, Betriebsrat und Geschäftsleitung nicht einigen, muss die Einigungsstelle angerufen werden. Diese ist eine Schlichtungsstelle (paritätisch besetzt mit neutralem Vorsitzenden).

Mitbestimmung findet ihren Niederschlag oft in Betriebsvereinbarungen zwischen Arbeitgeber und Betriebsrat. Betriebsräte wachen darüber, dass Gesetze und Vorschriften zum Schutze der Arbeitnehmer sowie Tarifverträge eingehalten werden.

H. Büseher u. a.: Wirtschaft heute. Mannheim, 1999, S. 302

M 4 Was sagt das Betriebsverfassungsgesetz?

Fall A: In einem Unternehmen der chemischen Industrie hat sich der Gewinn erheblich verringert. Die Personalchefin schlägt vor, eine stärker leistungsbezogene Entlohnung einzuführen, um Kosten zu senken. Welche Rechte hat der Betriebsrat?
Betriebsverfassungsgesetz, 1. Teil, §§ 87, 90

Fall B: In einem Betrieb mit 20 Mitarbeitern soll ein Betriebsrat gewählt werden. Wie viele Personen dürfen gewählt werden? Wie viele Betriebsräte werden zur Interessenvertretung von ihren betrieblichen Aufgaben freigestellt?
Betriebsverfassungsgesetz, 1. Teil, §§ 8, 9, 38

Fall C: In einem Betrieb mit 520 Mitarbeitern arbeiten 12 Mitarbeiter und 12 Auszubildende unter 18 Jahren, 23 Auszubildende, die zwischen 19 und 25 Jahre alt sind, und 5 Auszubildende, die älter als 25 Jahre alt sind. Die Jugendvertretung möchte eine eigene Sprechstunde einrichten. Der Arbeitgebervertreter lehnt dies ab, da die gesetzlichen Voraussetzungen nicht erfüllt seien. Stimmt dies?
Betriebsverfassungsgesetz, 1. Teil, §§ 60, 6

Einer Studie des arbeitgebernahen Instituts der Deutschen Wirtschaft zufolge akzeptieren zwei Drittel der Manager in deutschen Unternehmen den Betriebsrat wie eine betriebliche Führungskraft. Als Organ genießen die Arbeitnehmervertreter hohe Wertschätzung. Vier von fünf befragte Unternehmer bescheinigen ihm hohe Akzeptanz *(Anerkennung)*, für jeden zweiten ist der Betriebsrat sogar ein wichtiger Produktionsfaktor. [...]

Statt mit notorischen Streithanseln haben Personaler und Geschäftsführer zum überwiegenden Teil mit Experten zu tun, die keine unerfüllbaren Forderungen stellen, sondern zum Wohle von Unternehmen und Beschäftigten nach der besten gemeinsamen Lösung suchen.

Diesen Wandel bestätigt auch die Mitbestimmungsforschung. „Dort wo man konstruktiv mit dem Betriebsrat kooperiert *(zusammenarbeitet)*, werden bessere betriebswirtschaftliche Ergebnisse erzielt", sagt Claus Schnabel, Inhaber des Lehrstuhls für Arbeitsmarkt- und Regionalpolitik an der Universität Nürnberg-Erlangen. [...]

Arbeitgeber- wie arbeitnehmerorientierte Studien kommen laut Schnabel übereinstimmend zu dem Befund, dass Kapital und Arbeit weit harmonischer kooperieren, als es hier und da den Anschein hat. Personalabgänge seien weniger zahlreich, und Mitarbeiter scheinen sich wohler zu fühlen. Würden Entscheidungen im Konsens *(übereinstimmend)* getroffen, seien sie auch besser vermittelbar. „Wo gegeneinander gearbeitet wird", fasst Schnabel zusammen, „schadet man sich nur."

Winfried Gertz: Der Betriebsrat als Co-Manager, August 2010; in: http://arbeitgeber.monster.de (Zugriff: 26.2.2012)

M 6 Keine „Streithanseln", sondern Experten

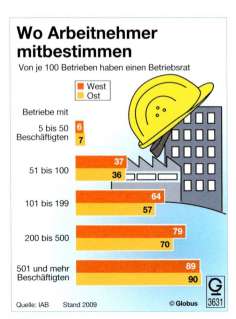

Wo Arbeitnehmer mitbestimmen

Von je 100 Betrieben haben einen Betriebsrat

■ West
■ Ost

Betriebe mit	West	Ost
5 bis 50 Beschäftigten	6	7
51 bis 100	37	36
101 bis 199	64	57
200 bis 500	79	70
501 und mehr Beschäftigten	89	90

Quelle: IAB   Stand 2009   © Globus 3631

M 5 Wo Arbeitnehmer mitbestimmen

1 Entschlüssele die Aussage der Karikatur M 1. Wie werden die Aufgaben, Befugnisse und Mitbestimmungsmöglichkeiten von Betriebsräten dargestellt? Ziehe M 2, M 3, M 5 und M 6 heran.

2 Schätze anhand der Zahlen im Verfassertext und in M 5 ein, welche Bedeutung Betriebsräte in deutschen Unternehmen haben.

3 Beantworte die Fragen in M 4 mithilfe des Betriebsverfassungsgesetzes. Im Internet findest du das Gesetz unter: www.soliserv.de/betrvg.htm.

4 Besprecht anhand von M 6, welche unterschiedliche Auffassungen von Betriebsratsarbeit zum Ausdruck kommen. Begründet, welche euch sinnvoller erscheint.

Planspiel Tarifkonflikt

Was ist ein Planspiel?

Ausgangspunkt eines Planspiels ist ein Problem oder Konflikt. Ziel ist es, eine Lösung des Problems oder des Konfliktes zu finden und zu überlegen, wie man dabei vorgehen will.

Gespielt wird in kleinen Gruppen. Für ein solches Planspiel benötigt ihr eine gute Vorbereitung und viel Zeit, mehr als eine Schulstunde.

Fragen zur Auswertung des Planspiels

- Waren die Argumente beider Gruppen einleuchtend und überzeugend?
- An welcher Forderung ist ein Kompromiss gescheitert?
- Was hat den Kompromiss möglich gemacht?
- Welche Rolle hat der Machtwille einzelner Personen gespielt?
- Wie wichtig ist es, bei Verhandlungen gut reden zu können?
- Was konntet ihr für künftige Verhandlungen aus dem Spiel lernen?

Ausgangssituation

Fristgemäß sind die auslaufenden Tarifverträge der Metallindustrie gekündigt worden. Neu zu verhandeln sind zwischen dem Arbeitgeberverband Gesamtmetall und der Gewerkschaft IG Metall Lohn- und Gehaltstarife. Die IG Metall legt ihre Forderungen vor (M 1); Gesamtmetall antwortet nicht mit einem konkreten Verhandlungsangebot, sondern mit einem „Fünf-Punkte-Programm" (M 2) mit eigenen Zielen.

Ziel: Herausgefunden werden soll in einem Planspiel, ob sich die gegenseitigen Forderungen von Gesamtmetall und IG Metall ohne Streik und Aussperrung durchsetzen lassen.

1. Schritt: Verteilung der Rollen, Gruppenbildung

Beteiligt sind an dieser Auseinandersetzung vier Gruppen:

a. Vertreterinnen und Vertreter der Gesamtmetall: Manager von Großunternehmen und mittelständische Unternehmer.

b. Angehörige des Bundesvorstandes und einer Bezirksleitung der IG Metall.

Benötigt wird ferner eine Spielleitung, die als Schlichter in den Tarifkonflikt eingreifen kann und die Diskussionen leitet.

2. Schritt: Erarbeitung der Rollen und Durchführung der Verhandlung

Das Planspiel findet in mehreren Runden statt.

a. In der ersten Runde treffen sich die beiden Tarifparteien in getrennten Sitzungen, um einen gemeinsamen Standpunkt zu finden und die Sitzungen vorzubereiten. Dabei geht es um die Frage, ob man nachgeben oder es auf einen Streik ankommen lassen soll. Ziel ist es, in der eigenen Gruppe einen Kompromiss zu finden und eine Gesprächsstrategie zu entwickeln, mit der ihr die andere Seite von euren Argumenten überzeugen wollt.

Informationen findet ihr auf den Rollenkarten auf der nächsten Seite.

Die Gruppe der Gegenseite darf bei dieser vorbereitenden Sitzung nicht im gleichen Raum sein.

b. In der zweiten Runde treffen die Tarifparteien aufeinander. Sie tauschen ihre Argumente aus und versuchen sich gegenseitig zu überzeugen.

Die Spielleitung kann selbstständig oder auf Wunsch einer Gruppe die Verhandlung unterbrechen. Die Gruppen können so ihre Strategien neu überdenken.

3. Schritt: Konfliktlösung und Auswertung

Das Planspiel soll zu einer Entscheidung führen. Es geht um die Frage: Lohnt sich ein Streik für die Durchsetzung eigener Forderungen oder ist es besser, nach einem Kompromiss zu suchen? Kommt es nicht zu einer einvernehmlichen Lösung, wird abgestimmt. Jede Gruppe hat eine Stimme, auch die Spielleitung als Schlichter stimmt mit ab.

Und am Schluss nicht vergessen: Wichtig ist die Auswertung des Planspiels. (Fragen zur Auswertung findet ihr in der Randspalte auf dieser Seite.)

M1 Forderungen der IG Metall

Wir wollen die Einkommen erhöhen und Arbeitsplätze sichern.

Darum fordern wir:

1. Bis zu sechs Prozent höhere Löhne und Gehälter und deutlich höhere Ausbildungsvergütungen.
2. Eine soziale Komponente zugunsten der unteren Lohn- und Gehaltsgruppen.
3. Die 35-Stunden-Woche zum 1. Oktober 2007, wie vereinbart.
4. Statt Überstunden Neueinstellungen.

M2 Fünf-Punkte-Programm der Arbeitgeber

In dieser Tarifrunde müssen wir zwei Dinge richtig anpacken:

Für die Beschäftigten eine Lohn- und Gehaltserhöhung vereinbaren.

Für die Arbeitslosen neue Arbeitsplätze schaffen.

Dafür haben wir fünf Vorschläge:

1. Verteilung der Arbeit entsprechend der oft schwankenden Auftragslage, längere Arbeitszeiten bei bestimmten Aufgaben und an manchen Arbeitsplätzen.
2. Verschiebung der 35-Stunden-Woche oder Verzicht auf den Lohnausgleich. Zumindest müssen diese Kosten von 2,8 % über mehrere Jahre gestreckt werden.
3. Betriebe sollen bei schlechter Wirtschaftslage die Möglichkeit haben, zeitweise vom Tarifvertrag abweichen zu können. Dafür erhalten die Mitarbeiter Beschäftigungsgarantien.
4. Verlängerung des Tarifvertrages zur Beschäftigungssicherung.
5. Für Langzeitarbeitslose einen besonderen Einstiegslohn vereinbaren.

Mittelständische Unternehmerin

Ein Streik wäre das Schlimmste. Gerade jetzt haben wir viele Aufträge. Bei uns macht die 35-Stunden-Woche kein Problem, die Leute arbeiten ja gerne länger und bekommen dafür Überstunden bezahlt. Hauptsache, wir können jetzt liefern. Die Kosten lassen sich durch die gute Auftragslage auffangen. Wenn wir 2,5 % anbieten und die Gewerkschaft 6 % will, einigen wir uns bei 3 %. Jeder Tag Streik ist teurer als diese Lohnerhöhung, die wir auf die Preise schlagen. Wenn gestreikt wird, verlieren wir Aufträge für immer. Den Großbetrieben macht ein Streik nichts, uns bringt er in große wirtschaftliche Gefahr.

Mitglied der Bezirksleitung der IG-Metall

Die Kolleginnen und Kollegen erwarten mehr Geld, alles ist teurer geworden. Steuern und Abgaben sind dieses Jahr schon wieder gestiegen. In den Betrieben können die Kolleginnen und Kollegen das Wort 35-Stunden-Woche nicht mehr hören. Alle arbeiten länger und brauchen das Geld. In den letzten Lohnrunden hat es schon keine ausreichenden Lohnerhöhungen mehr gegeben. Wir sollten 6 % verlangen ohne Wenn und Aber und dafür die 35-Stunden-Woche um ein Jahr verschieben. Dann hätten die Kolleginnen und Kollegen endlich mal einen richtigen Schluck aus der Pulle. Dann würden auch wieder mehr Leute Mitglied in der Gewerkschaft werden. Arbeitslos zu sein, ist schlimm. Aber Einstellen und Entlassen können nun mal nur die Arbeitgeber. Wir können nur für die Leute im Betrieb was tun. 6 % oder Streik!

Manager Großindustrie

Hohe Kosten und kurze Arbeitszeiten gefährden die Wettbewerbsfähigkeit Deutschlands im internationalen Vergleich. Die Zustimmung zur 35-Stunden-Woche vor Jahren war ein Fehler, diese muss auf jeden Fall verschoben werden oder besonders teuer verkauft werden. Wenn 35-Stunden-Woche, dann 0 % Lohnerhöhung. Lieber einen Streik riskieren als jetzt noch einen Fehler machen. Wenn es hart auf hart kommt, können wir die Produktion auch in das billigere Ausland verlagern und die Betriebe hier schließen.

Mitglied des Bundesvorstandes IG Metall

Die 35-Stunden-Woche, für die wir seit zehn Jahren kämpfen und die vertraglich zugesagt ist, ist der Fall für einen Streik. Keiner nimmt uns noch ernst, wenn wir jetzt nachgeben oder sie verschieben. Dann glaubt jeder, mit uns könne man es ja machen. Unsere Linie muss sein: 35-Stunden-Woche und eine Lohnerhöhung von 6 %. Dann werden wir uns hoffentlich irgendwo bei 3 % einigen. Lieber weniger Lohn als unser großes Ziel, die 35-Stunden-Woche, aufgeben. Auf das Gerede von mehr Einstellungen bei einer geringen Lohnerhöhung gehen wir gar nicht ein. Das versprechen sie jedes Mal und es folgen Entlassungen.

M3 Rollenkarten

Die soziale Marktwirtschaft

M 1 Marktwirtschaft mit Zuckerbrot und Peitsche

Die entscheidenden Elemente unserer Wirtschaftsordnung sind der Markt und der Staat. Der Markt steuert die Produktion, die Investitionen und den Verbrauch über den Preis, durch den Gewinn oder den Verlust. Die Entscheidungen werden nicht einer zentralen Instanz überlassen, sondern dezentral von den einzelnen Unternehmen und Haushalten getroffen. Diese unzähligen Einzelentscheidungen koordiniert der Markt. Initialzündung und Antriebskräfte der Unternehmer sind das Zuckerbrot des Gewinns und die Peitsche des Verlustes, im äußersten Fall des Bankrotts. (…)

Wir wissen aus Erfahrung, dass der sich selbst überlassene Markt über das Gewinnstreben zur Macht des 📖 Monopols drängt, sei es durch Absprachen über die Preise, durch 📖 Kartelle oder durch Zusammenschlüsse von Unternehmen zu größeren Einheiten. Diese Kräfte zu bändigen, den Wettbewerb zu erhalten und zu sichern, den Machtmissbrauch im Interesse der Kunden zu unterbinden – das ist das erste Bündel von Aufgaben, das dem Staat zur Erhaltung der Marktwirtschaft zufällt. Der zweite Bereich umfasst die Wahrnehmung der sozialen Interessen der Arbeitnehmer und Verbraucher. Kündigungsschutz, Altersversorgung, Krankengeld, Mutterschutz, Unfallverhütung und der gesamte Verbraucherschutz.

Die Welt vom 2.10.1990, Autor: Rudolf Herlt

Nachfrager

- entscheiden über den Kauf der Güter, um ihre Bedürfnisse zu befriedigen.

Sie wollen
- niedrige Güterpreise
- gute Qualität der Güter
- ein gutes Sortiment
- gute Lieferbedingungen
- gute Beratung

Produktion und Konsum

Was?
Wie viel?
Wie?
Wo?
Für wen?

Anbieter

- entscheiden darüber, was sie wie, wie viel und wo produzieren.

Sie wollen
- einen hohen Umsatz und Gewinn
- viele zufriedene Kunden
- den Bestand ihres Unternehmens sichern

Der Staat

- regelt das wirtschaftliche Handeln von Anbietern und Nachfragern durch Gesetze, z. B. durch das Gesetz gegen Wettbewerbsbeschränkungen
- beeinflusst die Beschäftigung von Arbeitnehmern in Unternehmen, z. B. durch Arbeitsschutzgesetze
- regelt die soziale Sicherung der Bürger durch die gesetzliche Sozialversicherung
- bietet wichtige Güter an, z. B. Schulen, Schwimmbäder, Büchereien, Parks
- schafft Voraussetzungen für wirtschaftliches Handeln, z. B. durch eine staatliche Verwaltung und den Bau von Straßen

M 2 Verbraucher, Unternehmen und Staat in der sozialen Marktwirtschaft

Jede Gesellschaft benötigt neben einer politischen Ordnung auch eine Wirtschaftsordnung, d.h. funktionierende Regeln, deren Einhaltung kontrolliert wird. Die Wirtschaftsordnung der Bundesrepublik Deutschland ist die 📖 soziale Marktwirtschaft. In der sozialen Marktwirtschaft hat der Staat die Aufgabe, das Marktgeschehen unter sozialen Gesichtspunkten zu beeinflussen. Politisch umstritten ist, in welchem Umfang der Staat in das Marktgeschehen eingreifen soll. Die Diskussion der letzten Jahre war vor allem durch die Frage bestimmt, wie der **Sozialstaat** erhalten werden kann, ohne die Wettbewerbsfähigkeit der Wirtschaft zu gefährden und die privaten und öffentlichen Haushalte weiter zu belasten. Viele soziale Maßnahmen sind mit erheblichen und ständig steigenden **Kosten** verbunden.

M4 *Karikatur*

M3 Sozialstaat ist unverzichtbar

Der Politikwissenschaftler Christoph Butterwegge:

Es wird so getan, als beeinträchtige das Soziale die wirtschaftliche Leistungsfähigkeit. Dabei sind fast alle auf dem Weltmarkt führenden Volkswirtschaften hoch entwickelte Wohlfahrtsstaaten. Noch nie war der Wohlfahrtsstaat für die Gesellschaft als Ganze, erst recht für Arbeitnehmer/innen und sozial Benachteiligte, so unverzichtbar wie heute. Gerade die Bundesrepublik, deren in starkem Maße exportorientierte Wirtschaft seit Beginn zu den Hauptgewinner(inne)n des ökonomischen Globalisierungsprozesses zählt, kann sich einen großzügigen Sozialstaat aufgrund ihres relativ hohen und kontinuierlich (…) wachsenden Wohlstandes (…) nicht nur weiterhin leisten, sondern darf ihn auch nicht abbauen, wenn sie die Demokratie und den inneren Frieden bewahren sowie auf den Weltmärkten konkurrenzfähig bleiben will.

Christoph Butterwegge: Krise und Zukunft des Sozialstaates, Wiesbaden (VS Verlag für Sozialwissenschaften) 4. Aufl. 2012, S. 106

Modell der sozialen Marktwirtschaft fast tot

Das Soziale an der sozialen Marktwirtschaft ist nicht mehr finanzierbar. Das ist höchst bedauerlich und für unser Gemeinwesen lebensgefährlich. Weshalb und woran stirbt die soziale Marktwirtschaft? Am großen technologischen Sprung der Billiglohnländer. Als das Wunder der sozialen Marktwirtschaft begann, waren die Staaten Osteuropas noch keine Konkurrenz für Deutschland. Zögerlich, aber nicht aufzuhalten ist der Aufstieg dieser Volkswirtschaften, in denen gut, immer besser und vor allem billiger produziert werden kann als hierzulande. Das lockt viele Unternehmen in den Osten. Als das Wunder der sozialen Marktwirtschaft begann, dachte bei uns niemand im Traum daran, dass uns Japan als Industrie- und Erfindernation übertreffen würde. Als das Wunder der sozialen Marktwirtschaft begann, da dachte niemand im Traum daran, dass Südkorea jemals fahrende Autos bauen würde.

Der Markt ist im Zuge der Globalisierung heute wieder nur noch Markt, ohne soziale Zusätze. Weder unsere Konkurrenten in Osteuropa, noch in China oder Südostasien sind auch nur annäherungsweise so sozial abgesichert wie wir. Schon heute sind ihre Produkte in manchen Bereichen keineswegs schlechter. Morgen werden sie noch besser. Der Qualitätsunterschied zu uns ist winzig, das Kostengefälle riesig.

Michael Wolffsohn. Bergische Landeszeitung o. J.

M5 Zeitungsartikel

1 Erkläre das Modell der sozialen Marktwirtschaft mit eigenen Worten (M1).

2 Das Schema M2 ist gut zu erklären, wenn du es auf Beispiele in verschiedenen Kapiteln dieses Schulbuches anwendest. Gehe auf „Spurensuche", notiere Stichpunkte und erkläre sie.

3 Werte die 🔧 Karikatur M4 aus.

4 Stellt M3 und M5 gegenüber. Erläutert und diskutiert in der Klasse. Nehmt selbst begründet Stellung.

M 1 Anzeigenkampagne des Bundesministeriums für Arbeit und Soziales

Lösungswort : _ _ _ _ _ _ _   _ _ _ _ _ _ _ _ _ _ _ _ _

M 2 Kreuzworträtsel

1. Auf dem Faktormarkt bieten die privaten Haushalte ihre Arbeitskraft, Grundstücke bzw. Kapital an. **Hier** beziehen die privaten Haushalte Waren und Dienstleistungen der Unternehmen.
2. In einem … werden komplizierte Vorgänge der Wirklichkeit vereinfacht dargestellt.
3. Eine der Einkommensarten.
4. Einkommensarten, die vom Staat an Bürger gezahlt werden.
5. Gerecht: Einkommen und soziale Stellung sollen durch eigene Anstrengung und Leistung bestimmt sein.
6. Gerecht: Alle Menschen sollen ihre Grundbedürfnisse befriedigen können – auch wenn sie es nicht mit eigenen Mitteln schaffen.
7. Die Familie ist Produzent von …
8. Eine Form der unbezahlten Arbeit.
9. Sind die Kosten für eingekauftes Material oder Personal höher als der Umsatz, entsteht …

10. Ein Unternehmen berechnet den Verkaufspreis eines Produkts in einer …
11. Positiver Betrag am Ende einer Kalkulation.
12. Betriebe unterscheidet man grundsätzlich in Produktionsbetriebe und …
13. Verkauf von Waren ins Ausland.
14. Berühmter Unternehmensgründer: Bill …
15. Berechnung der Einnahmen und Ausgaben eines Staates.
16. Wichtigste staatliche Einnahmequelle.
17. Prinzip der Wirtschaftspolitik, nach dem die Befriedigung der Bedürfnisse der heutigen Generation nicht die Lebensbedingungen künftiger Generationen beeinflussen darf.
18. In Tarifverhandlungen vertreten sie die Interessen der Arbeitnehmer.
19. Den Ausschluss des Staates bei den Verhandlungen der Tarifparteien nennt man …
20. Einkommen aus Vermögen.

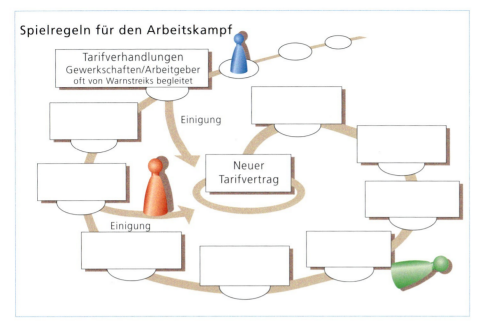

M 3 Ablaufschema einer Tarifverhandlung

Soziale Marktwirtschaft

a) Wirtschaftsordnung, in der der Staat das Geschehen auf dem Markt bestimmt.

b) Versuch, das Prinzip der Freiheit auf dem Markt mit dem Prinzip des sozialen Ausgleichs zu verbinden.

c) Name für die Wirtschaftsordnung der Bundesrepublik Deutschland.

Nettolohn

a) Bezeichnet das Gehalt / den Lohn, den der Arbeitgeber an den Arbeitnehmer zahlt.

b) Lohn nach Abzug der Steuern und Sozialabgaben.

c) Bruttolohn abzüglich der Preissteigerung.

Betriebsrat

a) Kontrolliert, ob Gesetze, Tarifverträge und andere Vorschriften eingehalten werden.

b) Teil der Geschäftsführung.

c) Nimmt Einfluss auf die Arbeitsplatzgestaltung.

M 4 Richtig oder falsch?

M 5 Elefantenhochzeit *Karikatur: W. Hanel*

Sachwissen und Analysekompetenz

1 Die Plakataktion M 1 wirbt für gerechten Lohn.

   a Zähle Aspekte auf, nach denen Lohn gerecht sein kann.

   b Nenne Vor- und Nachteile der Festlegung von Mindestlöhnen.

2 Kopiert und bearbeitet das Kreuzworträtsel M 2.

3 Übertrage M 3 in dein Heft und vervollständige das Ablaufschema.

Analyse- und Urteilskompetenz

4 Welche Behauptungen treffen zu, welche nicht? (M 4)

Analyse- und Methodenkompetenz

5 Auf welches Problem verweist M 5? Erkläre in diesem Zusammenhang die Begriffe Wettbewerbsordnung und Kartellamt.

6 Sozialstaat und Sozialpolitik

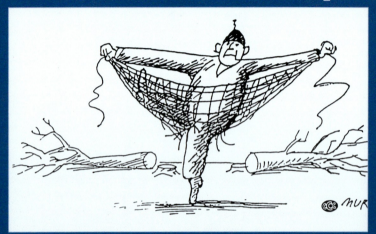

M 1 Soziales Netz der Zukunft? *Karikatur: Murschetz*

M 3 Armut beseitigen. *Karikatur: Plaßmann*

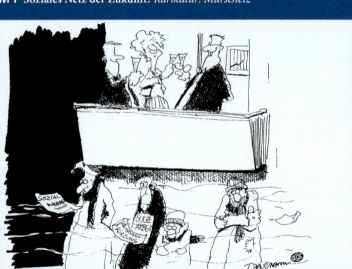

M 2 Prost Neujahr. *Karikatur: Plaßmann*

M 4 Sieger. *Karikatur: Mohr*

Am Ende dieses Kapitels kannst du

- erklären, auf welcher Grundlage der Sozialstaat steht und welche Ziele damit verbunden sind. Außerdem kannst du die „fünf Säulen" benennen, auf denen die soziale Sicherheit in Deutschland ruht. Du kannst an Beispielen deren Bedeutung darstellen.
- aktuelle Probleme des Sozialstaats benennen, kennst Lösungsansätze und kannst dazu kritisch Stellung beziehen.
- Beispiele für bürgerliches Engagement für eine soziale Gesellschaft nennen. Außerdem kannst du die Bedeutung dieses Engagements für den sozialen Staat beurteilen.
- eine „amerikanische Debatte" zu einem Thema organisieren und in der Gruppe durchführen.

M 5 Sozialstaat. *Karikatur: Hanel*

M 7 Abrissbirne. *Karikatur: Horsch*

M 6 Der deutsche Rentenzahler 2050.
Karikatur: Haitzinger

M 8 Die Anhalterin. *Karikatur: Schoenfeld*

M 9 Die soziale Hängematte?
Karikatur: Glienke-Holtfreter

1 Bearbeitet die Karikaturen mithilfe der KARIKA-Tour.

2 Eure Fragen sollen am Schluss des Kapitels noch einmal aufgegriffen und gemeinsam geklärt werden.

Auf den Seiten 134–143 könnt ihr euch in arbeitsteiligen Gruppen über Einzelheiten der sozialen Sicherung im Krankheitsfall, im Alter und bei Arbeitslosigkeit informieren und darüber, welche Hilfen der Staat Menschen in Notlagen gewährt. Außerdem werdet ihr einige Problemfelder der sozialen Sicherungssysteme kennen lernen. Fasst eure Ergebnisse in Form von Kurzreferaten zusammen und präsentiert sie der Klasse.

Deutschland – ein Sozialstaat

… er sich darum kümmert, dass alle genug zu essen und eine Wohnung haben.

… sich die Menschen füreinander verantwortlich fühlen.

M1 Für mich ist ein Staat sozial, wenn …

M2 Sozialstaat und Sozialpolitik

In der deutschen Verfassung, dem Grundgesetz, sind nicht nur die politischen Rechte und Freiheiten für jede Bürgerin und jeden Bürger garantiert. Der Sozialstaat verpflichtet sich auch, Sicherheit und Gerechtigkeit zu gewährleisten. Es soll niemand alleingelassen werden, wenn er durch schwierige Umstände wie zum Beispiel Krankheit oder Arbeitslosigkeit in Not geraten ist. Dafür sorgt die gesetzliche Sozialversicherung. Menschen, die nicht in der Lage sind, sich selbst mit dem Nötigsten zu versorgen, bekommen eine finanzielle Grundsicherung. Auch durch bestimmte Gesetze, Beratung und Betreuung hilft der Staat den Schwachen und Schutzbedürftigen wie Müttern, Kindern und Behinderten. Menschen, die etwas Besonderes für die Gesellschaft leisten oder besonders belastet sind, erhalten einen Ausgleich, indem sie z. B. weniger Steuern zahlen müssen. Im Wirtschafts- und Arbeitsbereich gibt es Gesetze für den Arbeits- und Kündigungsschutz. Hier greift der Staat in das wirtschaftliche Geschehen ein, um soziale Ziele zu erreichen. Alle Aktivitäten und Gesetze, mit denen der Staat die Lebenssituation der Bürger verbessern will, nennt man Sozialpolitik. Sie werden immer wieder neu politisch ausgehandelt und an die wirtschaftliche Gesamtsituation und die Bedürfnisse der Menschen angepasst. Nachzulesen sind sie im Sozialgesetzbuch. Die Sozialpolitik soll dazu beitragen, dass sich die Menschen in ihrem Staat wohlfühlen und dass es möglichst wenig Streit und Ärger in der Gesellschaft gibt.

Zusammengestellt nach: www.hanisauland.de/lexikon, Begriffe: Sozialstaat und Sozialpolitik

M3 Eine Frage der Zuständigkeit

Der Staat handelt nach dem Subsidiaritätsprinzip. Subsidiarität (lateinisch) bedeutet „zurücktreten" oder „nachrangig sein", d. h., er tritt dann von einer Aufgabe zurück, wenn sie auch von einer „untergeordneten" Ebene erfüllt werden kann. Wer zahlt z. B. die Sozialhilfe aus? Ein Ministerium, also eine hohe Bundesbehörde, könnte das machen, tut es aber nicht. Das Ministerium sagt, dies ist die Aufgabe der Gemeinde. Das Sozialamt der Stadt kann diese Aufgabe besser wahrnehmen, denn es ist „näher" an den Menschen. Auch das Sozialamt muss nach dem Subsidiaritätsprinzip handeln. Es prüft daher zunächst, ob die Familie des Hilfebedürftigen helfen kann.

Aus: http://www.hanisauland.de/lexikon/s/subsidiaritaet.html (Text gekürzt)

Einer für alle – alle für einen

Die Leistungen der Sozialversicherung werden aus den Beiträgen von Arbeitnehmern und Arbeitgebern sowie Zuschüssen vom Staat finanziert. Die Zuschüsse und alle anderen Sozialleistungen zahlt der Staat aus Steuermitteln. Die Sicherheit des Einzelnen wird also durch die Verantwortung und gemeinschaftliche Leistung aller Menschen der Gesellschaft ermöglicht, denn fast unser gesamtes gesetzliches Sozialsystem funktioniert nach einem Umverteilungsprinzip: Jeder finanziert nach seinen persönlichen Möglichkeiten den Staat mit, durch Sozialversicherungsbeiträge, direkte Steuern (z. B. Einkommensteuer, Vermögensteuer) und indirekte Steuern (Umsatzsteuern auf Waren und Dienstleistungen). Die Aufgabe des Sozialstaats ist es, einen Teil dieser Einnahmen gerecht umzuverteilen.

M4 Sozialleistungen

Eine finanzielle Unterstützung durch den Staat an Bedürftige, also an Menschen, die nicht in der Lage sind, selbst für ihre Existenz aufzukommen, nennt man eine staatliche Sozialleistung oder Transferleistung. Sie wird nach dem Fürsorgeprinzip gezahlt, d. h., dass keine Gegenleistung dafür verlangt wird. Dazu zählt man z. B. die Sozialhilfe, Kindergeld, Wohngeld, Ausbildungsförderung oder Hilfen für Behinderte, aber auch die Beiträge des Staates zur Sozialversicherung.

Aus: http://www.hanisauland.de/lexikon/s/sozialleistung.html (Text angepasst)

M6 Das Versicherungsprinzip

Mit Versicherung wird das Grundprinzip der kollektiven Risikoübernahme (Versicherungsprinzip) bezeichnet, das heißt, dass viele einen Geldbetrag (Versicherungsbeitrag) in den Geldtopf eines Versicherers einzahlen, um beim Eintreten des Versicherungsfalles aus diesem Geldtopf

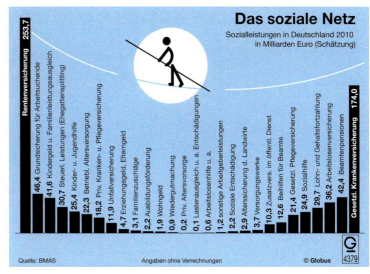

M5 Sozialleistungen in Deutschland

einen Schadensausgleich zu erhalten. Da der Versicherungsfall nur bei wenigen Versicherten eintreten wird, reicht der Geldtopf bei bezahlbarem Beitrag aus – und wird dann unter anderem auch am Kapitalmarkt an seine Anteilseigner (in Form einer Dividende) bspw. ausgezahlt. Voraussetzung ist, dass der Umfang der Schäden statistisch abschätzbar ist und demnach (…) der von jedem Mitglied des Kollektivs benötigte Beitrag bestimmbar ist.

http://optimaler-versicherungsschutz.de.tl/Wie-Funktioniert-Das-Versicherungsprinzip--f-.htm# (Zugriff: 27.2.2012)

Die soziale Sicherung besteht aus

Vorsorge
Leistungen:
z. B. Gesundheitsvorsorge, Altersrente
Finanzierung:
Versicherungsbeiträge, Steuern

Versorgung
Leistungen:
z. B. Kindergeld, Wohngeld, Gewaltopferversorgung
Finanzierung: Steuern

Fürsorge
Leistungen:
z. B. soziale Grundsicherung, Jugendhilfe
Finanzierung: Steuern

1   Erstellt ein Ideenkarussell: „Für mich ist ein Staat sozial, wenn …" Vergleicht mit M1.

2   Nenne und erläutere die Ziele der Sozialpolitik (M2).

3   Erkläre den Unterschied zwischen dem Fürsorgeprinzip und dem Versicherungsprinzip (M4, M6).

4   a   Warum wird unser Sozialsystem mit einem Netz verglichen (M5)?
     b   Welche Kritik steckt hinter folgenden Aussagen: „Das soziale Netz hat zu große Maschen. Viele Menschen rutschen durch."; „Unser soziales Netz ist eine soziale Hängematte."?

Die Sozialversicherung

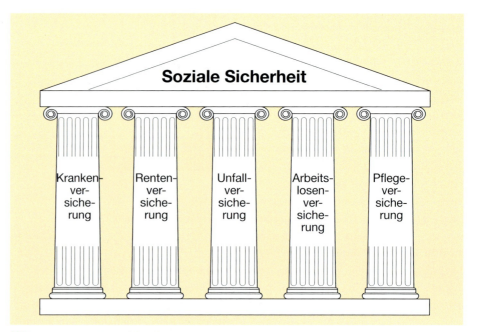

M 1 Schutz vor Lebensrisiken heute

Otto von Bismarck,
Aufnahme um 1890

Die Bismarck'sche Sozialgesetzgebung

Der tiefgreifende Wandel der Lebens- und Arbeitsverhältnisse während der Industrialisierung im 19. Jahrhundert hatte viele Menschen aus ihren traditionellen Bindungen in der Landwirtschaft, im Handwerk und im Heimgewerbe gelöst. Die Menschen waren nun von der Lohnarbeit abhängig, und in wirtschaftlichen Krisenzeiten war ihr Arbeitsplatz unsicher. Die Arbeitsbedingungen in den Fabriken waren katastrophal, und die Wohnbedingungen in den schnell wachsenden Industriestädten waren schlecht. Stärker als früher waren die Menschen jetzt auf sich allein gestellt, wenn es darum ging, für Arbeitslosigkeit, Krankheit, Unfall und Alter vorzusorgen. Die fehlende soziale Sicherheit führte zu Diskussionen in Staat und Gesellschaft über die so genannte soziale Frage, wie die Folgen der Industrialisierung für die Arbeiterschaft zusammenfassend genannt wurden.

Die staatliche Sozialgesetzgebung sollte diese Probleme grundlegend lösen. Die von Reichskanzler Otto von Bismarck (1815–1898) zwischen 1883 und 1889 in mehreren Schritten durchgesetzten Sozialgesetze zur Kranken-, Unfall- und Rentenversicherung milderten die sozialen Notlagen, konnten sie aber nicht beheben. 1927 kam die Arbeitslosenversicherung hinzu, 1995 die Pflegeversicherung für die häusliche Pflege. Diese Versicherungen bilden in ihrer Gesamtheit noch heute die Sozialversicherung.

M 2 Die Sozialversicherung heute

Die Sozialversicherung umfasst insgesamt fünf Versicherungen, die vom Gesetz vorgeschrieben sind, und ist nach dem Prinzip der Solidarität organisiert: Dahinter steht der Gedanke, dass die Gemeinschaft der versicherten Arbeitnehmer dem Einzelnen hilft, wenn er in Not gerät, krank oder arbeitslos wird, einen

Die Altersgrenze erreicht

Frau Beimer freut sich. Endlich kann sie mit der Arbeit aufhören und ihre Rente genießen. 45 Jahre hinter dem Ladentisch – das reicht.

Abschluss trotz Behinderung

Im Unterricht sitzt Martin immer ein Erwachsener zur Seite, ein Schulhelfer. Er ist dazu da, ihn im Schulalltag zu unterstützen. So kann Martin trotz seiner Behinderung an einer Regelschule seinen Abschluss machen.

Hilfe zur Erziehung

Frau Fricke war mit der Erziehung ihrer Kinder vollkommen überfordert. Jetzt kommt einmal wöchentlich eine Sozialarbeiterin vom Jugendamt zu ihr in die Wohnung, um die alleinerziehende Mutter zu beraten und ihr bei der Erziehung zu helfen.

Hilfe nach einer Operation

Herr Anders ist 75 Jahre alt. Nach einer Operation muss einige Wochen täglich seine Wunde versorgt und der Verband gewechselt werden. Zum Glück kann dies seine Frau erledigen, eine gelernte Krankenschwester. Somit können sie auf die Hilfe des Pflegedienstes verzichten. Die Pflegeversicherung zahlt dem Ehepaar dafür eine Entschädigung.

M 3 Fallbeispiele

Unfall erleidet oder im Alter pflegebedürftig ist.

Jeder versicherte Arbeitnehmer muss monatlich einen bestimmten Betrag, der von seinem Einkommen abhängig ist, in diese Versicherungen einzahlen. Wer mehr verdient, zahlt – bis zu einer festgelegten Höchstgrenze – entsprechend höhere Beiträge. Einen weiteren Anteil zahlt der Arbeitgeber. Dessen Beitrag ist in den meisten Fällen genauso hoch wie der des Arbeitnehmers. Ein Sonderfall ist die Unfallversicherung. Die muss der Arbeitgeber für seine Beschäftigten alleine zahlen. Auch der Staat gibt Zuschüsse (aus Steuermitteln) in die Kassen der Sozialversicherungen. Aus dem gemeinsamen „Topf" werden die Leistungen der Versicherten bezahlt, die im Moment Hilfe benötigen, z. B. Arbeitslosengeld bei Arbeitslosigkeit. Diese unmittelbare Verteilung vorhandener Leistungen an die Empfänger nennt man Umlageverfahren.

Beamte und Beamtinnen sind nicht in der gesetzlichen Sozialversicherung. Sie sind nach einem eigenen Versorgungsprinzip abgesichert.

http://www.hanisauland.de/lexikon/s/sozialversicherung.html (Text angepasst)

Webcode:
PE641796-135

1   Informiere dich in deinem Geschichtsbuch und berichte über die Hintergründe und Anfänge der gesetzlichen Sozialversicherung.

2   Erkläre mithilfe von M 2, was sich seit der Einführung der Sozialversicherung verändert hat.

3   Finde drei Beispiele für das Solidaritätsprinzip.

4   Erläutere am Beispiel von M 2, wie die Finanzierung der Sozialversicherung und anderer Sozialleistungen organisiert ist.

5   a   Entscheide mithilfe des Textes S. 133 (Randspalte), ob es sich in den Fallbeispielen M 3 jeweils um eine Vorsorge-, Versorgungs- oder Fürsorgeleistung handelt.

   b   Überprüfe, in welchem Fall das Subsidiaritätsprinzip zur Anwendung kommt.

Absicherung bei Krankheit

Für meine Herztropfen muss ich jetzt auch noch zuzahlen.

Das dient wohl dazu, die Gesundheitskosten zu senken.

M 1 Krankenversicherung in der Diskussion

Krankenversicherung: In der Gesetzlichen Krankenversicherung (GKV) sind rund 90 Prozent der Bevölkerung versichert, u. a. Arbeitnehmer, Arbeitslose, Rentner, Kinder und Ehepartner, denen gegenüber eine Unterhaltspflicht besteht. Die Krankenkasse darf jeder Versicherte selbst wählen.

Versicherungspflicht: In der Gesetzlichen Krankenversicherung sind fast alle Arbeitnehmer pflichtversichert. Selbstständige,

Beamte sowie Arbeitnehmer, die 4012,50 Euro oder mehr monatlich verdienen (Stand: 2008), sind von der Versicherungspflicht befreit. Sie können freiwillig in der Gesetzlichen Krankenversicherung bleiben oder zu einer privaten Krankenversicherung wechseln.

Beiträge: 2008 lag der Beitrag zur GKV bei durchschnittlich 14,8 Prozent des Bruttoeinkommens. Es gibt leichte Abweichungen, je nachdem, welcher Krankenkasse man angehört.

Die Höhe der Beiträge in der Privaten Krankenversicherung (PKV) werden nach dem persönlichem Risiko der Mitglieder berechnet. Dabei spielen das Alter, das Geschlecht sowie Vorerkrankungen und mögliche Krankheitsrisiken eine Rolle.

Leistungen der GKV:
- Krankengeld (wenn aufgrund einer längeren Erkrankung kein Lohn mehr gezahlt wird)
- Arzt- und Zahnarztbehandlung
- Arznei-, Verbands-, Heilmittel
- Krankenhausbehandlung
- Nachsorgebehandlung
- Mutterschaftshilfe

Solidarausgleich in der Gesetzlichen Krankenversicherung

Familienlastenausgleich: Ein Arbeitnehmer mit nicht erwerbstätigem Ehepartner und Kindern zahlt für die Leistungen der GKV bei gleichem Bruttogehalt genauso viel wie ein alleinstehender Arbeitnehmer.

Leistungen bei Krankheit: Ein Versicherter mit einem geringen Einkommen und entsprechend geringerem Beitrag erhält bis auf das Krankengeld die gleichen Leistungen wie ein Versicherter mit höherem Einkommen.

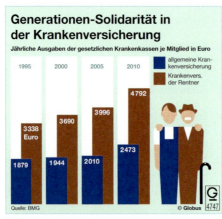

Generationen-Solidarität in der Krankenversicherung

Jährliche Ausgaben der gesetzlichen Krankenkassen je Mitglied in Euro

	1995	2000	2005	2010
allgemeine Krankenversicherung	3338 Euro	3690	3996	4792
Krankenvers. der Rentner	1879	1944	2010	2473

Quelle: BMG   © Globus 4747

M 2 Krankheitskosten

Die Gesundheitsreform

In den letzten Jahren konnten die Krankenkassen mit den eingenommenen Beiträgen immer weniger ihre Ausgaben decken. Mit verschiedenen gesetzlichen Maßnahmen versucht der Gesetzgeber den Anstieg der Gesundheitskosten zu stoppen und die Versicherungsbeiträge nach Möglichkeit zu senken. Im Zuge der Gesundheitsreform werden dabei immer wieder verschiedene **Reformmodelle** diskutiert. Quer durch alle Parteien, aber auch innerhalb der Parteien bestehen sehr unterschiedliche Auffassungen über den „goldenen Mittelweg" zur sozialen Gerechtigkeit.

Alle im Zuge der Reformen vorgestellten Versicherungs- und **Finanzierungsmodelle** sind darauf ausgerichtet, dass Arbeitgeber und Arbeitnehmer sozial gerecht behandelt und Beiträge gesenkt werden. Was hierbei jedoch als „sozial gerecht" angesehen wird, ist sehr stark vom Standpunkt der Parteien, von der Sichtweise der Gesundheitsorganisationen und vom subjektiven Empfinden der betroffenen Bürger selbst abhängig.

Alle Reformmodelle halten bei der Beitragsfestsetzung am Solidaritätsprinzip fest. Nach der **Gesundheitsreform**, die am 1. Januar 2009 in Kraft getreten ist, werden die Beiträge jedoch nicht mehr direkt an die Krankenkassen, sondern in einen Gesundheitsfonds gezahlt, der sie an die Krankenkassen weiterleitet. Neu ist außerdem, dass neben den Beiträgen der Versicherten auch ein aus Steuermitteln finanzierter Anteil in den Gesundheitsfonds fließt, um die Beiträge zu senken.

Bisher wurden bereits folgende **Maßnahmen** beschlossen:

· Praxisgebühr von 10 Euro pro Quartal bei Arztbesuchen für alle über 18-Jährigen. Die Gebühr entfällt bei Impfungen und Vorsorgeuntersuchungen.

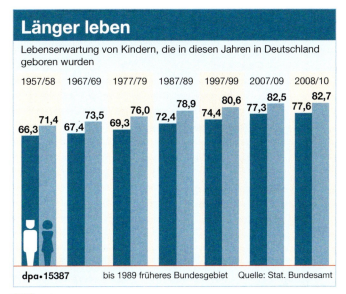

M 3 Lebenserwartung

· Zuzahlungen von 10 Prozent des Medikamentenpreises (mindestens 5 Euro, höchstens 10 Euro) und von 10 Euro pro Tag bei einem Krankenhausaufenthalt (längstens für 28 Tage). Die Zuzahlung ist auf maximal zwei Prozent (bei chronisch Kranken ein Prozent) des Jahresbruttoeinkommens begrenzt. Kinder sind von der Zuzahlung befreit.

· Zahnersatz ist gesondert durch den Arbeitnehmer mit 0,9 % des Bruttoeinkommens zu versichern.

· Krankengeld wird ab 2006 durch den Versicherten in Höhe von 0,5 % des monatlichen Bruttolohns finanziert.

Webcode:
PE641796-137

1 a Erstellt eine ✏ Mindmap zur gesetzlichen Krankenversicherung.
b Erläutert, was unter „Solidarausgleich" zu verstehen ist.

2 Erkläre mithilfe von M 2 und M 3, warum es zum Handlungsbedarf der Politik (Gesundheitsreform) gekommen ist.

3 Erläutert, wie die Politik bisher versucht hat, die Probleme zu lösen (Text).

4 Führt das Gespräch in einem 🗣 Rollenspiel weiter (M 1).

Sicherheit im Alter

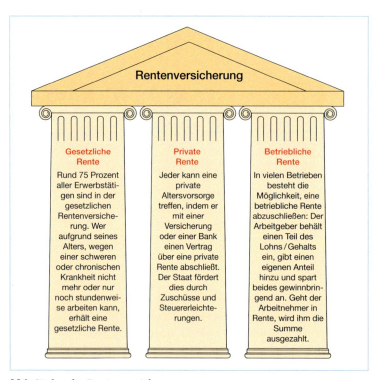

M 1 Säulen der Rentenversicherung

Der Generationenvertrag

Für die meisten Menschen ist bei der Zukunftsplanung neben der gesundheitlichen Vorsorge die finanzielle Sicherheit im Alter am wichtigsten. Die gesetzliche Rentenversicherung bildet die Grundlage für die Versorgung von über 90 Prozent der älteren Menschen im Ruhestand. Sie haben sich ihre **Rentenansprüche** erworben, indem sie während ihrer Berufstätigkeit in die gesetzliche Rentenversicherung Beiträge eingezahlt haben. Ausbezahlt werden ihnen jedoch nicht ihre angesparten Beiträge, denn das heutige Rentenkonzept beruht auf dem Generationenvertrag. Dieser verpflichtet die heutigen Beitragszahler, mit ihren Beiträgen die Renten der heutigen Ruheständler zu bezahlen. Die eingezahlten Beträge werden im gleichen Jahr in vollem Umfang an die Rentner aus-

Webcode:
PE641796-138

bezahlt. Es werden keine Gelder angespart für die Zukunft. Wenn die heutigen Beitragszahler ins Rentenalter kommen, sind ihre Beiträge aufgebraucht. Ihre Renten müssen dann von der **nachrückenden Generation** der Erwerbstätigen bezahlt werden, der Generation ihrer Kinder.

Versicherungspflicht
In der gesetzlichen Rentenversicherung sind fast alle Arbeitnehmer zur Mitgliedschaft versichert. Bei Beamten sorgt der Staat für Pensionen (Versorgungsprinzip), Selbstständige können sich privat versichern.
Beiträge: 2008 lag der Beitrag bei 19,9 Prozent des Bruttoeinkommens.
Leistungen:
Wie viel Rente man im Alter bekommt (Rentenanspruch), hängt ab von
– der Höhe des Einkommens und somit der Höhe der geleisteten Versicherungsbeiträge während der Erwerbszeit,
– der Dauer der Einzahlung (Anzahl der Versicherungsjahre) und
– der Entwicklung der durchschnittlichen Löhne und Gehälter der jetzigen Generation der Rentenzahler.
Ziel ist es, die Renten jährlich an die Einkommensentwicklung anzupassen. Für die Erziehung von Kindern werden Eltern Versicherungsjahre angerechnet (Kindererziehungszeiten).

Pflegeversicherung
Sie unterstützt Menschen, die ständig auf medizinische Betreuung und Hilfe im Alltag angewiesen sind. Beiträge müssen alle zahlen, egal, ob sie Mitglied in der gesetzlichen oder privaten Krankenversicherung sind.
Beiträge: 2008 lag der Beitrag bei 1,95 Prozent des Bruttoeinkommens.
Leistungen:
Bevor jemand Geld aus der Pflegeversicherung erhält, stellt die Krankenkasse fest, wie pflegebedürftig der Versicherte ist. Dabei wird geprüft, wie viel fremde Pflege jemand braucht. Wichtig ist zudem, ob jemand zu Hause von Verwandten oder Bekannten gepflegt wird oder durch einen professionellen Pflegedienst oder in einem Alters- und Pflegeheim.

Franziska van Almsick, ehemalige deutsche Rekordschwimmerin

Was muss sich deiner Meinung nach im Denken der Menschen ändern?

„Wir müssen mehr Bewusstsein dafür schaffen, dass wir für uns selbst verantwortlich sind. Ich glaube, dass sich zu viele Menschen auf den Staat verlassen. Doch wir wissen nicht, wohin die Rentenpolitik sich entwickelt."

Paul van Dyk, DJ und Produzent

Glaubst du, dass es in zwanzig Jahren noch eine staatliche Rente geben wird?

„Dafür sind wir alle mitverantwortlich. Zusätzlich kann man sich natürlich durch eine private Altersvorsorge absichern. Der Generationenvertrag ist für mich aber ein Grundpfeiler unserer Gesellschaft und darf nicht zur Debatte stehen."

M2 **Prominente zum Thema Altersversorgung** *(http://www.safety1st.de)*

Während die Weltbevölkerung dramatisch wächst (1950: 2,5 Mrd. Menschen, 2050: voraussichtlich 9,3 Mrd. Menschen), hat Deutschland das gegenteilige Problem. Aufgrund niedriger Geburtenraten – 1860 bekam eine Frau durchschnittlich 5 Kinder, heute sind es statistisch nur 1,4 – schrumpft die Gesellschaft. Am Ende jeder Schulstunde gibt es 548 Deutsche weniger oder anders ausgedrückt: Jedes Jahr verschwindet rechnerisch hierzulande eine Stadt wie Hagen von der Landkarte. Deutschland schrumpft nicht nur, es altert auch (M3). Hierfür ist unter anderem der medizinische Fortschritt verantwortlich. Der 📖 **demografische Aufbau** der Bevölkerung ändert sich enorm.

M3 **Rente mit 67 – Pro und Kontra**

Der Bundestag hat im Dezember 2011 mit den Stimmen der Koalition (CDU/CSU und FDP) die „Rente mit 67" stufenweise ab 2012 beschlossen.

Über das Für und Wider der Rente mit 67 ist ausführlich gestritten worden, die Argumente seien hier kurz wiederholt: Befürworter verweisen darauf, dass die Deutschen länger leben und damit auch länger Rente bekämen, dass zugleich aber die Zahl der Beitragszahler rapide abnehme. Also sei es eine Sache der Generationengerechtigkeit, für einen späteren Einstieg in den Ruhestand zu sorgen.

Die Gegner finden, dass die Folgen der demografischen Entwicklung überschätzt würden und durch Wachstum, eine hohe Produktivität und eine steigende Erwerbstätigkeit wettgemacht werden könnten. Überdies sei nicht garantiert, dass jeder, der jenseits der 65 arbeiten soll, auch arbeiten kann – und deshalb die Rente mit 67 nichts anderes sei als ein verschleiertes, gleichwohl massives Rentenkürzungsprogramm.

Christian Tenbrock: Alt werden im Job, Die Zeit v. 29.12.2012; in: http://www.zeit.de/2012/01/ Rente-mit-67 (Zugriff: 13.2.2012)

1 Zeigt die verschiedenen Möglichkeiten der Altersvorsorge auf (M1).

2 Erläutert den Generationenvertrag (Autorentext).

3 Tragt Vermutungen zu den Ursachen für den demografischen Wandel zusammen. Überprüft eure Annahmen mit einer Internetrecherche.

4 Nennt mögliche Folgen der demografischen Entwicklung für
   – die Renten- und Pflegeversicherung,
   – eure Generation.

5 Diskutiert die Aussagen in M2.

6 Informiert euch im Internet über die „Rente mit 67" und nehmt selbst Stellung (M3).

Kündigung – was nun?

Sagenhaft, wie sich die Zeiten ändern!

Bis vor knapp hundert Jahren war es ein Menschheitstraum, zu fliegen.

Und heute schon ist es genau umgekehrt.

Da hat fast jeder Angst, dass er selber eines Tages fliegt.

M 1 *Karikatur: Rauschenbach*

Jochen (38), verheiratet, ein Kind:

Ich hatte einen Superjob in einer Elektronikfirma. Aber irgendwann hieß es, die Produktion sei in Deutschland zu teuer, vor allem wegen der hohen Löhne und Sozialabgaben. In Osteuropa könnte die Firma wesentlich billiger produzieren. Also kam die Kündigung. Es war ein Schock: Ich hätte nie gedacht, dass mir das passieren könnte! Danach ging es nur noch bergab. Obwohl ich über 70 Bewerbungen geschrieben habe, fand ich keine neue Arbeit. Ein Jahr war schnell vorbei und Hartz IV reicht kaum für das Notwendigste. Die Raten für unser Haus konnten wir nicht mehr bezahlen und mussten es verkaufen. Was übrig blieb, sind Schulden bei der Bank. Das macht uns große Sorgen, denn wir wissen nicht, wie wir sie bezahlen sollen.

Michael (55), verheiratet, drei Kinder:

Anfangs habe ich mich kaum aus dem Haus getraut. Da hab ich angefangen zu trinken. Das war schlimm. Meine Familie hat mir geholfen, da herauszukommen. Das Verständnis meiner Kinder hat mich sehr berührt. Ich hab noch immer damit zu kämpfen, mich nicht als Versager zu fühlen. 15 Jahre war ich als Werkmeister tätig. Dann kam die Kündigung. Inzwischen macht ein Jüngerer mit gleicher Ausbildung meinen Job. Früher dachte ich: Arbeitslose – das sind faule Drückeberger. Die sind selbst schuld, wenn sie keine Arbeit haben. Heute sehe ich das anders. Es gibt sicher einige solcher Leute, aber die Masse der Erwerbslosen will arbeiten. Als Mann hast du es besonders schwer.

M 2 Arbeitslos – Fallbeispiele

Seit vielen Jahren hat Deutschland eine hohe 📖 Arbeitslosenquote von rund 10 Prozent. Mehr als ein Drittel davon sind 📖 Langzeitarbeitslose. Auch Jugendliche sind in großem Maße betroffen. Oft schaffen sie den Einstieg ins Arbeitsleben nicht und verzweifeln an der Zukunft. Die Kosten, die der Gesellschaft durch eine andauernde Massenarbeitslosigkeit entstehen, sind riesig.

Gegen den Lohnausfall bei Erwerbslosigkeit schützt die Arbeitslosenversicherung. Alle Arbeitnehmer, die mehr als 400 Euro monatlich verdienen, also mehr als eine geringfügige Beschäftigung (Minijob) ausüben, sind pflichtversichert. Ab Juli 2010 liegt der Beitrag zur Arbeitslosenversicherung bei 3 Prozent des Bruttoeinkommens. Nur wer erwerbsfähig ist, d. h., wer mindestens 3 Stunden am Tag arbeiten kann, hat einen Anspruch auf Leistungen aus der Arbeitslosenversicherung.

Arbeitslosengeld I (ALG I)

Einer alleinstehenden Person wird 60 Prozent, einem Arbeitslosen mit Kindern 67 Prozent des alten Nettoeinkommens ausgezahlt, maximal 12 Monate lang. Bei Menschen, die 50 Jahre oder älter sind, erhöht sich die Bezugsdauer um einige Monate.

Arbeitslosenförderung

Zusätzlich zu den finanziellen Leistungen berät und vermittelt die Arbeitsagentur auch Arbeitslose und finanziert ihnen Fortbildungen oder Umschulungen. Unter bestimmten Voraussetzungen zahlt sie Arbeitgebern Zuschüsse, wenn diese einen Erwerbslosen einstellen.

Arbeitslosengeld II (ALG II, auch „Hartz IV" genannt)

ALG II sichert die Existenz von Erwerbslosen zwischen 15 und 65 Jahren, die keinen Anspruch (mehr) auf ALG I haben. ALG II richtet sich nach Bedürftigkeit und nicht nach dem vorherigen Verdienst. Um festzustellen, ob und wie viel Geld jemand braucht, muss er in Fragebögen Auskunft über seine Vermögensverhältnisse und die bestimmter Angehöriger geben. Wer mehr besitzt als eine bestimmte festgelegte Summe (das ist der so genannte Freibetrag), muss erst dieses Vermögen verbrauchen, bevor er Anspruch auf staatliche Unterstützung hat.

Ein alleinstehender Erwachsener erhält 359 Euro, Partner bekommen 90 Prozent des Regelsatzes (323 Euro). Für Kinder bis 5 Jahre werden 60 Prozent (215 Euro) gezahlt, für Kinder zwischen 6 und 13 Jahren 70 Prozent (251 Euro) und für Kinder ab 14 Jahren 80 Prozent (287 Euro). Zusätzlich gibt es Geld für die Wohnung. Bei besonderen Ausgabenbelastungen kann ein Zuschlag (Mehrbedarf) beantragt werden – z. B. für die Teilnahme an einer mehrtägigen Klassenfahrt. Außerdem übernimmt der Staat die Zahlung der Sozialversicherungsbeiträge (Stand: 2009).

Zumutbare Arbeit

Wer Hartz IV erhält, muss sein Bemühen zeigen, eine neue Arbeit zu finden. Wird einem ALG-II-Empfänger eine zumutbare Arbeit angeboten, darf er sie nicht ablehnen. Sonst bekommt er weniger Geld ausgezahlt.

M 3 Wer ist von Arbeitslosigkeit betroffen?

M 4 Entwicklung der Arbeitslosigkeit in Deutschland

1 Auf welches Problem verweist die Karikatur M 1?

2 Nennt die Gruppen, die besonders von Arbeitslosigkeit betroffen sind (M 3).

3 Erläutert das System der staatlichen Unterstützung bei Erwerbslosigkeit.

4 Untersucht die Fallbeispiele in M 2:
   a Nennt die jeweiligen Gründe für den Weg in die Arbeitslosigkeit.
   b Beschreibt, wie die Betroffenen ihre Situation erleben. Was hat sich für sie verändert?

5 Nennt mögliche Folgen hoher Massenarbeitslosigkeit für die Arbeitslosenversicherung.

Hilfe in Notlagen

M 1 Warten auf dem Amt

Webcode:
PE641796-142

M 2 Fallbeispiel

Martina V. ist alleinerziehende Mutter von fünf Kindern. Die Älteste ist schon aus dem Haus. Daniel ist vierzehn und versucht, den Haushaltsetat [= Haushaltsgeld] mit aufzubessern. „Ab Mitte des Monats müssen wir überlegen, wo wir Geld herbekommen, manchmal müssen wir etwas borgen. Man merkt, wie bei meiner Mutter die Stimmung runtergeht." Was Daniel noch mehr belastet als die Geldsorgen zu Hause ist der Spott in der Schule. „Wenn man gehänselt wird: Du bist ein Sozialhilfeempfänger und so. Man kommt sich scheiße vor, wird in den Dreck getreten, obwohl man nichts dafür kann. Man wird runtergemacht. Ich weiß nicht, wie die Leute auf die Idee kommen, dass der, der kein Geld hat, ein Arschloch ist. Viele ziehen ja vielleicht den Schluss, große Familien sind asozial, haben kein Benehmen."

Sozialhilfe

Wer in Deutschland in einer Notlage ist oder in eine Notlage zu geraten droht und von keiner anderen staatlichen Stelle Unterstützung erhält, hat Anspruch auf Sozialhilfe. Sie hat im System der sozialen Sicherung die Funktion des untersten Auffangnetzes. Dabei spielt es keine Rolle, ob die Person ihre Notlage selbst verschuldet hat oder nicht. Jeder soll sich der Solidarität der Gesellschaft sicher sein. Sozialhilfe soll ein menschenwürdiges Dasein sichern und vor großer Armut schützen.

Leistungen der Sozialhilfe

Die Leistungen hängen davon ab, wie viel Geld jemand tatsächlich braucht. Eine Mutter mit vier Kindern braucht natürlich mehr als eine, die nur ein Kind hat. Grundsätzlich zählt zur Sozialhilfe der grundlegende Bedarf an Essen, Kleidung, Wohnung, Hausrat und Körperpflege, Hilfe zur Pflege und Unterstützung bei Krankheit, Krankheitsvorsorge, Obdachlosigkeit und Behinderung. Der Regelsatz liegt für Alleinlebende bei 374 Euro, für Kinder bis zur Vollendung des 6. Lebensjahres bei 219 Euro, von Beginn des 7. Lebensjahres bis zur Vollendung des 13. Lebensjahres bei 251 Euro und für Kinder ab dem Beginn des 14. Lebensjahres bei 287 Euro. Volljährige Partner erhalten 337 Euro. Zusätzlich gibt es Geld für die Wohnung und es kann bei besonderen Ausgabenbelastungen ein Zuschlag (Mehrbedarf) beantragt werden – z. B. für die Teilnahme an einer mehrtägigen Klassenfahrt. Außerdem übernimmt der Staat die Zahlung der Sozialversicherungsbeiträge (Stand: Januar 2012). Neben Geld- oder Sachleistungen sind auch Beratungsangebote möglich. Zuständig für die Auszahlung sind die Städte/Kommunen.

Sozialhilfe oder ALG II?

Seit 2005 verringerte sich die Zahl der Sozialhilfeempfänger deutlich: Ende 2005 erhielten nur noch 81 000 Personen (0,1 Prozent der Gesamtbevölkerung) Sozialhilfe. Davon waren 17 Prozent unter 15 Jahren. Dies liegt aber nicht daran, dass weniger Menschen bedürftig sind. Der Grund ist ein anderer: Seit 2005 erhalten die meisten der ehemaligen Sozialhilfeempfänger Leistungen aus dem Arbeitslosengeld II (Hartz IV), weil sie grundsätzlich erwerbsfähig sind. Sozialhilfe steht nur noch Menschen zu, die vorübergehend erwerbsunfähig, längerfristig erkrankt oder als Rentner mit einer niedrigen Rente im Vorruhestand sind. Auch Asylbewerber erhalten Sozialhilfe, denn sie dürfen in Deutschland nicht arbeiten. Sie bekommen aber weniger Geld als Deutsche. Ob jemand einen Anspruch hat und keine Hilfe von Angehörigen erwarten kann, wird vom Amt genau geprüft.

M 3 *Karikatur: Mester*

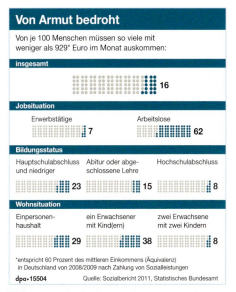

Von Armut bedroht

Von je 100 Menschen müssen so viele mit weniger als 929* Euro im Monat auskommen:

insgesamt

16

Jobsituation

Erwerbstätige	Arbeitslose
7	62

Bildungsstatus

Hauptschulabschluss und niedriger	Abitur oder abgeschlossene Lehre	Hochschulabschluss
23	15	8

Wohnsituation

Einpersonenhaushalt	ein Erwachsener mit Kind(ern)	zwei Erwachsene mit zwei Kindern
29	38	8

*entspricht 60 Prozent des mittleren Einkommens (Äquivalenz) in Deutschland von 2008/2009 nach Zahlung von Sozialleistungen

dpa•15504   Quelle: Sozialbericht 2011, Statistisches Bundesamt

M 4 **Armut bedroht Familien mit Kindern**

M 5 **Berichterstattung in den Medien**

1 Partnerarbeit: Verfasst einen Dialog zwischen Daniel und seinem Schulfreund, in dem Daniel ihm mitteilt, dass er nicht mit ins Kino gehen kann. Was sagt Daniel und wie reagiert sein Freund darauf?

2 Begründet den Satz: „Sozialhilfe ist kein staatliches Almosen, sondern ein Rechtsanspruch."

3 Erläutert das System der staatlichen Sicherung in Notlagen und erklärt den Unterschied zwischen Sozialhilfe und Arbeitslosengeld II.

4 Arbeitet heraus, wer besonders von Armut betroffen ist (M 4).

5 Stellt die 🖊 Karikatur M 3 in einem 🗣 Rollenspiel nach. Überlegt, worauf der Karikaturist hinweisen möchte.

6 Stellt Vermutungen an, warum das Thema (M 5) gerne von Medien aufgegriffen wird. Welche Wirkung wird erzielt?

Agenda 2010 –
Umbau oder Abbau des Sozialstaats?

Agenda 2010 - Mut zur Veränderung

SPD

„Wir werden Leistungen des Staates kürzen, Eigenverantwortung fördern und mehr Eigenleistung von jedem Einzelnen abfordern müssen."

M1 Ankündigung der Agenda 2010 am 14.3.2003, damaliger Bundeskanzler Gerhard Schröder

M3 *Karikatur*

Vor einigen Jahren steckte Deutschland in einer schweren Krise. Die andauernde Massenarbeitslosigkeit und die damit zusammenhängenden Finanzierungsprobleme der Sozialversicherungen – hier spielten auch schon die Folgen des demografischen Wandels eine Rolle – ließen die Sozialversicherungsbeiträge seit Jahren in die Höhe schnellen. Die Menschen kauften weniger, weil ihr Geld knapper wurde. Für Unternehmer gab es daher immer weniger Anreize, Arbeitnehmer anzustellen und Waren zu produzieren. Weitere Faktoren kamen hinzu – u.a. weltwirtschaftliche Schwächen und die anhaltenden Kosten der deutschen Wiedervereinigung; die gesamte Wirtschaftsleistung war geschwächt. Unternehmer mahnten, der Sozialstaat sei zu einem teuren „Wohlfahrtsstaat" verkommen und die Lohnnebenkosten derartig hoch, dass sie ihre Produktion besser ins (billigere) Ausland verlagern könnten, was wiederum neue Arbeitslosigkeit in Deutschland verursachen würde. Der Ruf nach 📖 Reformen wurde immer lauter. Im Jahr 2003 schließlich kündigte die damalige rot-grüne Bundesregierung unter Bundeskanzler Gerhard Schröder einen umfassenden Reformprozess an, um den ersehnten 📖 Aufschwung herbeizuführen: die 📖 Agenda 2010. Unter der Leitlinie „Fordern und Fördern" wurden tiefgreifende Veränderungen und drastische Einschnitte, besonders im Bereich der Arbeitsmarktpolitik, geplant. Kernstück waren die so genannten 📖 Hartz-Gesetze. Der Ankündigung der Agenda 2010 folgten landesweite Proteste zahlreicher Bürgerinitiativen und Gewerkschaften. Arbeitgeber hingegen begrüßten, dass die Bundesregierung endlich Sozialreformen vorschlug, die ihrer Meinung nach in die richtige Richtung gingen. Ungeachtet des massiven Widerstandes in der Bevölkerung wurde der Reformkurs umgesetzt und 2005 von der nachfolgenden Großen Koalition CDU/SPD fortgeführt.

M2 Mit Schröder-Maske und Plakat protestiert ein Demonstrant gegen die Agenda 2010, *Foto, 1.5.2003*

M4 Beispiele für Maßnahmen der Agenda 2010 und der Hartz-IV-Gesetze

Rentenpolitik

- Ab 2012 wird das Renteneintrittsalter von bisher 65 Jahren schrittweise auf 67 Jahre heraufgesetzt.
- Jeder Bürger, der eine private Altersvorsorge abschließt (Riester-Rente), erhält vom Staat einen Zuschuss.
- Um die Rentenbeiträge stabil zu halten, wurde die Rente 2004–2006 nicht wie üblich angehoben (Nullrunden).

Gesundheitspolitik

- Seit 2004 müssen gesetzlich Versicherte pro Quartal 10 Euro Praxisgebühr für Arztbesuche zuzahlen.
- Auch für Medikamente, Krankentransporte etc. werden Zuzahlungen fällig.

Arbeitsmarktpolitik / Hartz-Gesetze

- Die Bezugsdauer von ALG I wird auf 12 Monate gekürzt (vorher: bis zu 27 Monate).
- Abschaffung der Arbeitslosenhilfe (= frühere 2. Stufe der Arbeitslosenunterstützung) und Zusammenlegung mit der niedrigeren Sozialhilfe zu ALG II. Die Höhe der Arbeitslosenhilfe betrug mehr als die Hälfte des ehemaligen Nettolohns, ALG II ist für jeden gleich, unabhängig vom früheren Verdienst.
- Jeder, der erwerbsfähig ist und staatliche Unterstützung erhält, muss dem Arbeitsmarkt zur Verfügung stehen.
- Ein Arbeitsloser muss jedes zumutbare Stellenangebot annehmen, auch wenn es nicht seiner Ausbildung oder Lohnerwartung entspricht; ansonsten hat er mit Abzügen zu rechnen.
- Arbeitslose, die sich selbstständig machen wollen, erhalten Zuschüsse vom Staat.
- Jeder Langzeitarbeitslose erhält einen persönlichen „Fallmanager" bei der Bundesagentur für Arbeit.
- Der Kündigungsschutz wurde gelockert, sodass kleine Betriebe leichter befristete Arbeitsverträge ausstellen und Mitarbeiter kurzfristig entlassen können.

Klaus Zimmermann, Präsident des DIW (Deutsches Institut für Wirtschaftsforschung)

„Die Bilanz insgesamt ist sehr positiv. Wir haben jetzt einen Aufschwung, der den Arbeitslosen gehört Die Arbeitslosigkeit baut sich insgesamt vergleichsweise stark ab und nützt insbesondere den Problemgruppen: Das ist ungewöhnlich und eine Folge der Reformpolitik. Deshalb sollte der eingeschlagene Kurs beibehalten […] werden."

www.diw-berlin.de/deutsch/pressemitteilungen/79934.html (3.3.2008)

Michael Sommer, Vorsitzender des DBG (Deutscher Gewerkschaftsbund)

„Mit der Agenda 2010 wurden die Weichen […] völlig falsch gestellt. Millionen […] haben wegen Hartz IV Angst vor Arbeitslosigkeit und sozialem Absturz. Hunderttausende leben als Hartz-IV-Empfänger bereits praktisch in Armut. Die Zumutbarkeit fast jeder Arbeit hat vielen einen […] finanziellen und sozialen Abstieg gebracht. Die gewollte Zunahme […] im Niedriglohnbereich und in der Leiharbeit verschlechtert die Lebenschancen der meisten Betroffenen.

www.dgb.de/presse/pressemeldungen/pmdb/pressemeldung_single?pmid=3159 (13.3.2008)

M5 Fünf Jahre Agenda 2010 – geglückter Reformkurs oder sozialer Kahlschlag?

1 Stelle die Beweggründe für die Reformpolitik der rot-grünen Bundesregierung zusammen.

2 Beschreibe und erkläre die 🔧 **Karikatur** M3.

3 **a** Ordne die Kernaussagen in M1 den konkreten Maßnahmen der Agenda 2010 (M4) zu:
   Wo wurde Leistung gekürzt, wo Eigenverantwortung gefördert etc.?

   b „In einem modernen Sozialstaat hat der Einzelne nicht nur Rechte, sondern auch Pflichten." Belege diese Aussage an ein bis zwei Beispielen.

4 Vergleicht die Beurteilungen der Agenda 2010 (M5). Notiert in Stichworten die Argumente und tragt aus den Medien Fakten zusammen, um die Aussagen zu überprüfen.

Leben an der Armutsgrenze – Alltag für viele

Während sich die Mitschüler den Magen mit Gemüseschnitzel und Kartoffeln vollschlagen, gibt es für Ralf heute nur ein trockenes Toastsandwich von zu Hause. „Würdest du gerne mitessen?", wird er gefragt. Er würde gerne, darf aber nicht. 3 Euro würde die Verpflegung an der Förderschule kosten. Doch selbst 3 Euro pro Tag kann Ralfs Vater, ein arbeitsloser Hausmeister, nicht aufbringen.

aus: taz, 19./20.4.08, gekürzter Ausschnitt

Sebastian Hönicke ist 24 Jahre alt. Beinahe halbjährlich rutscht der junge Mann in die Arbeitslosigkeit – „immer dann, wenn mein Arbeitgeber keinen staatlichen Zuschuss mehr bekommt. Die 334 Euro Arbeitslosengeld reichen zum Leben, nicht für Hobbys oder eine Freundin."

Die ZEIT vom 19. 10. 2006, S. 28

„Manchmal liege ich abends in meinem Bett, und wenn es dunkel ist, habe ich Angst, und ich denke darüber nach, wie das alles so ist. Zum Beispiel, ein Junge, den ich kenne, lebt in einem Kinderheim. Seine Mutter hat gesagt, solange sie Hartz IV bekommt, muss er dort bleiben. Sie kann sich kein Kind leisten."

aus: www.stern.de/politik/panorama/600509.html (17.3.2008)

M 1 Gesichter der Armut

Was ist Armut?

Bei dem Begriff „Armut" denken viele sofort an Länder der Dritten Welt, z. B. Indien oder Länder Afrikas. Dort leben Millionen Menschen, die ständig von Hunger, Unterernährung und Krankheiten bedroht sind. Sie leben in absoluter Armut.

Armut in Deutschland sieht anders aus. Kein Mensch muss verhungern oder sterben, weil er keine medizinische Versorgung erhält. Doch auch bei uns, einem der reichsten Länder der Welt, ist Armut verbreitet und in den letzten Jahren sogar deutlich angestiegen. Nach einer Definition der Europäischen Union (EU) gilt in einer Wohlstandsgesellschaft jemand als arm, der weniger als 60 Prozent vom Median-Einkommen zur Verfügung hat. Man spricht dann von relativer Armut.

Im Sommer 2008 veröffentlichte die Bundesregierung eine Studie, den so genannten 3. Armuts- und Reichtumsbericht 2008. Daraus geht hervor, dass in Deutschland jeder achte Mensch (13 Prozent) arm ist. Das sind rund 11 Millionen Menschen. Weitere 13 Prozent sind armutsgefährdet und werden nur durch staatliche Transferleistungen wie Kindergeld oder ALG II vor dem endgültigen Abrutschen in die Armut bewahrt. Eine vierköpfige Familie gilt laut dieser Studie als arm, wenn sie ein

Nettoeinkommen von 1640 Euro nicht überschreitet. Ab 7718 Euro netto oder mehr im Monat würde die gleiche Familie schon als reich bezeichnet werden.

Eine Person gilt als verdeckt arm, wenn sie Anspruch auf eine Grundsicherung wie ALG II oder Sozialhilfe hat, aber – meist aus Unkenntnis oder Scham – keinen entsprechenden Antrag stellt. Auf drei Personen, die eine staatliche Hilfe zum Lebensunterhalt beziehen, kommen mindestens zwei bis drei weitere, die in verdeckter Armut leben.

Die wichtigsten Armutsrisiken

Die Hauptursache für Armut ist Arbeitslosigkeit. Vor allem Langzeitarbeitslosigkeit führt zu einem Absinken des Einkommens unter die Armutsgrenze. Wer über einen geringen Bildungsabschluss verfügt, ist deshalb stärker gefährdet, in die Armut abzugleiten, denn eine gute Ausbildung ist der beste Garant für einen Arbeitsplatz. Doch selbst ein Arbeitsplatz ist noch kein sicherer Schutz vor Armut, weil die Löhne oft so niedrig sind, dass Hunderttausende trotz Arbeit auf ergänzende Hilfe vom Staat angewiesen sind (aufstockende Geringverdiener).

Alleinerziehende sind häufig arm, da es vielfach an Betreuungsmöglichkeiten für ihren Nachwuchs (Ganztagskindergärten oder -schulen) fehlt und ihre Möglichkeiten zu arbeiten daher stark eingeschränkt sind. Wenn überhaupt, bekommen sie meist nur schlecht bezahlte Minijobs oder Teilzeitarbeit. In solchen Fällen werden Kinder zu einem so genannten Armutsrisiko – und sind selbst arm. 17 Prozent aller Kinder in Deutschland gelten als arm. Über die Hälfte davon sind Kinder von Alleinerziehenden. Auch Familien von Migranten haben ein hohes Armutsrisiko. In den nächsten Jahrzehnten werden sich – besonders bei Frauen – die Fälle von Altersarmut häufen.

Häufig sind persönliche Schicksalsschläge

M 2 Die da unten sieht man nicht. *Karikatur: Haitzinger*

wie die Pleite der eigenen Firma oder eine Scheidung Auslöser für ein Abgleiten in Armut. Wer erst einmal auf staatliche Unterstützung angewiesen ist, hat es schwer, sich aus dieser Abhängigkeit wieder zu befreien.

1 Tragt zusammen, was ihr euch unter Armut vorstellt und wo sie euch im Alltag begegnet.

2 Vergleicht mit dem Armutsbegriff der EU: Erscheint euch die Definition nachvollziehbar und sinnvoll? (Autorentext)

3 Notiert in Stichworten die wichtigsten Armutsrisiken (Autorentext und S. 143, M 4).

4 Besprecht, warum Altersarmut ein wachsendes Problem ist und weshalb besonders Frauen davon betroffen sind.

5 a Benennt und erläutert, wie sich Armut im Alltag auswirkt (M 1). Nennt weitere Folgen.

b Armut bedeutet nicht nur ein Mangel an Gütern. Unterscheidet zwischen sichtbaren und unsichtbaren Merkmalen von Armut und stellt sie an der Tafel zusammen.

6 Spielt die Karikatur M 2 in einer Spielszene nach: Was würden die dargestellten Figuren wohl sagen?

Soziale Ungleichheit – auf dem Weg in eine zweigeteilte Gesellschaft?

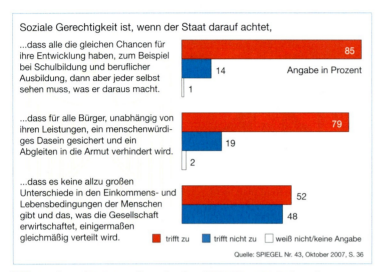

M 1 Umfrage (TNS-Forschung für den SPIEGEL, 1000 Befragte)

M 2 Einkommensentwicklung

M 3 Soziale Gerechtigkeit

Letztendlich dreht sich die Frage der sozialen Gerechtigkeit immer um die der sozialen Gleichheit. Wie gleich müssen die Bürger, wie unterschiedlich dürfen sie sein? Das heißt, soziale Gerechtigkeit hat nicht die Gleichheit aller Gesellschaftsmitglieder zum Ziel, sondern das richtige Maß der Ungleichheit. Dass jemand, der viel und fleißig arbeitet, mehr verdient als

jemand, der faul und nachlässig ist, wird allgemein akzeptiert. Unklarheit besteht in der Frage, wo eher Gleichheit herrschen müsse, bei den Chancen oder bei den Ergebnissen. Ist jeder seines Glückes Schmied und für seinen Erfolg oder Misserfolg selbst verantwortlich oder muss der Staat dafür sorgen, dass im Ergebnis alle mehr oder weniger denselben Anteil am Wohlstand, an der sozialen Sicherung, an der Gesundheitsversorgung und bei der kulturellen Teilhabe, z. B. Bildung, besitzen? Müssen also – bildlich gesprochen – alle zur selben Zeit loslaufen oder sollen alle im selben Augenblick ankommen? Während man soziale Gleichheit messen und beschreiben kann, ist soziale Gerechtigkeit eine Frage der Bewertung.

Aus: Themenblätter im Unterricht, Frühjahr 2005, Soziale Gerechtigkeit, Nr. 44, S. 1, angepasst

M 4 Die Mittelschicht verliert

Aus einer Studie des Deutschen Instituts für Wirtschaftsforschung (DIW) Berlin zur Einkommensverteilung in Deutschland (2010):

Die Studie zeigt deutlich, dass nicht nur die Anzahl Ärmerer und Reicherer immer weiter wächst – seit zehn Jahren werden ärmere Haushalte auch immer ärmer. Für die DIW-Experten Martin Gornig und Jan Goebel ist das eine besorgniserregende Entwicklung: „Dieser Trend verunsichert die Mittelschicht", sagen sie. „Eine starke Mittelschicht ist aber wichtig für den Erhalt der gesellschaftlichen Stabilität."

Nur 60 Prozent der Menschen in Deutschland gehören noch zur Mittelschicht, mit Nettoeinkommen zwischen 860 und 1844 Euro. 2000 waren es noch mehr als 66 Prozent. Stark gestiegen ist vor allem die Zahl der Menschen mit niedrigem Einkommen, von 18 Prozent 2000 auf fast 22 Prozent 2009. Zudem steigt die Zahl der Menschen mit Niedrigeinkommen nicht nur immer mehr an – diese Gruppe verdient auch in absoluten Zahlen immer weniger: Verdiente ein Singlehaushalt der unteren Einkommensgruppe 2000 im Schnitt noch 680 Euro, waren es 2008 nur noch 645 Euro. Gleichzeitig ist auch der mittlere Verdienst höherer Einkommensgruppen gestiegen, von 2400 auf 2700 Euro – der Abstand zwischen Arm und Reich vergrößerte sich also erheblich. (…)

Das geplante Sparpaket der Bundesregierung hält Jan Goebel vor dem Hintergrund der beobachteten Entwicklung für zu einseitig: „Die bisher gemachten konkreten Vorschläge betreffen nur die unteren Einkommen. Der Anteil der Reichen aber steigt stetig, und die Reicheren verdienen auch immer besser. Da stellt sich schon die Frage, ob diese Gruppe nicht auch einen Sparbeitrag leisten sollte."

Jan Goebel/Martin Gornig/Hartmut Häußermann: Polarisierung der Einkommen – die Mittelschicht verliert, in: DIW-Wochenbericht 24/2010, http://www.diw.de (Zugriff: 27.2.2012)

M 5 Vorschläge für Maßnahmen gegen soziale Ungleichheit

1. Die Steuern für die Reichen müssten erhöht werden. Dann hätte der Staat mehr Geld, das er den Armen geben könnte.

2. Die Steuern müssten gesenkt werden, damit sich Leistung wieder lohnt. Wer mehr arbeitet, soll auch mehr davon haben.

3. Der Staat müsste jedem, der will, eine gute Ausbildung und einen Arbeitsplatz beschaffen. So hätte jeder die gleiche Möglichkeit, sich nach oben zu arbeiten.

4. Die Arbeitgeber müssten vom Staat verpflichtet werden, Mindestlöhne zu zahlen. Damit würde das Armutsrisiko für viele Menschen wegfallen.

5. Der Staat muss ab dem Kindergarten aktiv eingreifen, um alle Kinder zu fördern. Dann hat z. B. das Kind eines Hilfsarbeiters die gleichen Chancen wie das eines Professors.

Aus: Themenblätter im Unterricht, Frühjahr 2005, Soziale Gerechtigkeit, Nr. 44, Seite A, ergänzt

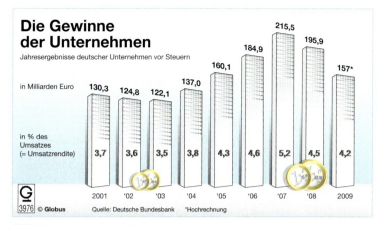

M 6 Einkommen im Verhältnis

1 a Wertet M 1 aus. Welche Kategorie sozialer Gerechtigkeit (vgl. S. 100) steht für die Befragten im Vordergrund?

b Diskutiert, was wichtiger ist: gleiche Chancen oder gleiche Mittel? Begründet eure Meinung.

2 a Prüft, ob die Realität mit eurer Idee von sozialer Gerechtigkeit vereinbar ist (M 2, M 4, M 5, M 6).

b Erklärt die Metapher von der „sozialen Schere".

3 Begründet mithilfe von M 4, warum es für einen Staat wichtig ist, soziale Ungleichheit zu bekämpfen.

4 Welchen Maßnahmen in M 5 stimmt ihr zu/stimmt ihr nicht zu? Sammelt weitere Ideen.

Miteinander, füreinander – Zukunftsmodell einer sozialen Gesellschaft?

Bedeutung der Wohlfahrtsverbände

Neben dem Staat gibt es auch andere Organisationen, die sich um das Wohlergehen der Bürger kümmern. Besonders wichtig ist die Arbeit der freien Wohlfahrtsverbände (u. a. Arbeiterwohlfahrt, Caritas, Deutsches Rotes Kreuz). Sie sind z. B. in der Altenpflege oder Jugendarbeit tätig und ein unverzichtbarer Bestandteil des Sozialstaats. Ohne ihre Leistungen würde das soziale Netz zerreißen. Rund 1,4 Millionen Menschen sind hauptamtlich in ihren Einrichtungen und Diensten beschäftigt, schätzungsweise 2,5 bis 3 Millionen leisten ehrenamtliche Hilfe.

aus: http://www.bagfw.de (12. 5. 2008)

Eine demokratische Gesellschaft lebt vom Engagement ihrer Bürgerinnen und Bürger.

[…] Bürgerschaftliches Engagement stärkt Menschen in ihren Teilhaberechten und trägt zur sozialen Integration [= Eingliederung] bei. Es […] hilft, neue Lösungsansätze für zentrale gesellschaftliche Herausforderungen zu finden, auch und gerade in Zeiten gesellschaftlichen Wandels.

Die soziale Grundversorgung ist und bleibt eine staatliche Aufgabe. Bürgerschaftliches Engagement trägt jedoch dazu bei, den sozialen „Kitt" der Gesellschaft, die Solidarität, zu verstärken. Auch Unternehmen engagieren sich zunehmend für die Belange des Gemeinwohls und für die Entwicklung einer zukunftsfähigen Gesellschaft.

aus: http://www.engagiert-in-nrw.de/einleitung/index.php (16. 4. 2008)

M 1 Bürger helfen sich selbst

M 2 Staatliches Sparkonzept und Wohlfahrtsverbände. Links: Der frühere Bundesfinanzminister Theo Waigel (CSU). *Karikatur: Mester*

M 3 Beispiel 1: Die Tafel – Hilfe für Arme

Tafel ist die Bezeichnung für eine gemeinnützige Hilfsorganisation, die einwandfreie Lebensmittel, die sonst nicht mehr verwendet würden, an Hilfebedürftige austeilt. Spender sind z. B. Gaststätten, Bäckereien, Supermärkte, Metzgereien und Großmärkte. Bei einem Teil der Tafeln gibt es Suppenküchen, die kostenlos warmes Essen ausgeben. Die Verteilung erfolgt durch ehrenamtlich tätige Personen. Im Jahre 2007 wurden regelmäßig 700 000 Personen einmal in der Woche von 32 000 Helfern mit Lebensmitteln versorgt.

*Aus: http://www.mdr.de/unter-uns/
gaeste/5426575-hintergrund-5426700.html
(Zugriff: 16.5.2008)*

M 4 Beispiel 2: KAHUZA– Verein für Kinder und Jugendliche

Tina Witkowski (44) aus Halle engagiert sich ehrenamtlich und gründete vor zwei Jahren KAHUZA. In der Einrichtung (…) erhalten die jungen Leute aus sozial schwachen Familien ein warmes Mittagessen, Betreuung bei den Hausaufgaben und notfalls sogar Kleidung. Möglich wird dies durch Spenden, ehrenamtliche Mitarbeit und vor allem durch Tina Witkowskis Mut und Engagement: Sie überzeugt Firmen und Behörden, Gutes zu tun – stellt dafür fast täglich ihren Fuß in die Türen zahlreicher Büros, um hier mutig aufzutreten und für ihr Ziel zu kämpfen.

*Aus: http://www.mdr.de/unter-uns/gaeste/
5426575-hintergrund-5426700.html
(Zugriff: 16.5.2008)*

M 5 Tafeln in der Kritik

Ihr Ansatz sei falsch, weil die Tafeln versuchten, die Armut zu lindern, nicht aber ihre Ursachen zu bekämpfen, sagte der Referatsleiter beim Deutschen Caritasverband, Markus Günter, den „Stuttgarter Nachrichten". Die Tafeln seien aus Sicht der Caritas „ein Rückschritt, weil sie auf

M 6 Ausgabestelle einer Tafel

Alimentation (*Unterhaltszahlung*) und nicht auf Bekämpfung der Armut setzen". Die Zeitung zitierte aus einem aktuellen Beschluss des Caritasvorstandes, in dem es heißt: „Die Ausgabe von Lebensmitteln allein ist nicht geeignet, die individuellen oder strukturellen Ursachen von Armut zu bekämpfen." Ihr Einsatz helfe zwar, eine Notsituation zu überbrücken, führe aber nicht aus der Not heraus. Deswegen müssten „Lebensmittelläden mit befähigenden Elementen gekoppelt sein". Dazu gehörten Hinweise auf Rechte und Ansprüche Betroffener sowie eine Verknüpfung mit Beratungs- und Hilfsangeboten. „Tafeln geben nicht Würde zurück".

*Domradio.de: Tafeln in der Kritik, 14.12.2008;
in: http://www.domradio.de/caritas/artikel_
47615.html (Zugriff: 9.9.2011)*

1 Werte die Karikatur M 2 mithilfe von M 1 aus.

2 Stelle die Argumente für bürgerschaftliches Engagement (M 1) in Stichworten zusammen und prüfe, ob sie auf die Beispiele in M 3 und M 4 zutreffen.

3 Prüft die Kritik an den Tafeln und nehmt Stellung dazu (M 5).

4 a Sieh nach, ob es in deiner Gemeinde bzw. Stadt eine Tafel gibt: http://www.tafel.de/

   b Wie könnte eure Klasse sich sozial engagieren? Sammelt Ideen.

Die amerikanische Debatte

Vorbereitung

· Formuliert eine strittige Aussage, die mit Ja oder Nein zu beant-
worten ist (s. Beispiel rechts).
· Bildet zwei Gruppen. Die eine Gruppe trägt Pro-Argumente, die
andere Kontra-Argumente zusammen.
· Notiert eure Argumente in Stichworten auf Karteikarten (für die
anschließende Debatte).
· Jede Gruppe bestimmt mehrere Diskutierende, die sich an einem
Tisch gegenübersitzen.

Durchführung

· Die/der Diskussionsleiter/-in eröffnet die Debatte, indem sie/er
einer Seite das Wort erteilt, um ihre Argumente vorzutragen.
· Nach Ablauf einer vorgegebenen Zeit (30 Sekunden bis 1 Minute)
ist die andere Seite an der Reihe. Dieser Wechsel wiederholt sich
so lange, bis beide Seiten alle Argumente ausgetauscht haben.
· Die Diskussionsleiterin bzw. der Diskussionsleiter hat streng darauf zu achten, dass die Redezeiten eingehalten werden.

Auswertung

· Am Ende der Debatte findet eine Besprechung im Plenum statt.
Gemeinsam soll ausgewertet werden,
  – wie sich die Teilnehmer/-innen in ihren Rollen fühlten,
  – wie das Diskussionsklima war,
  – welche Seite aus Sicht der Beobachter/-innen besonders über-
    zeugend war und
  – aus welchen Gründen (Argumente? Vortrag der Diskutieren-
    den? etc.).

Zeitbedarf:

Zirka 30–40 Minuten zur Vorbereitung, ca. 15–20 Minuten zur eigentlichen Debatte, ca. 15–20 Minuten zur Auswertung.

Politische Sachverhalte werden meistens kontrovers diskutiert. Das bedeutet, dass es gegensätzliche Standpunkte zu einem Thema gibt. In der amerikanischen Debat-te werden in Gruppen die Argumente der Pro-Seite (dafür) und der Kontra-Seite (dagegen) herausgearbeitet und in kon-trollierter Form ausgetauscht.

Ein bedingungsloses Grundein-kommen für alle – ist das die Zukunft des Sozialstaats?

Wenn es um die Zukunft des Sozialstaats geht und die zukünftige Ausgestaltung der sozialen Sicherung, wird in fast allen poli-tischen Parteien regelmäßig die Idee eines bedingungslosen Grundeinkommens auf-gegriffen und kontrovers diskutiert. Dabei geht es um Folgendes:

· Jede Bürgerin und jeder Bürger würde einen existenzsichernden Grundbetrag (Bürgergeld) mit darin enthaltener Krankenversicherung erhalten, unab-hängig davon, wie alt oder jung, arm oder reich sie oder er ist. Im Gespräch sind Beträge zwischen 700 und 1500 Euro.
· An die monatliche Zahlung würde kei-nerlei Bedingung, keine Gegenleistung geknüpft werden.
· Auch eine vorherige Bedürftigkeitsprü-fung entfiele bei diesem Modell.
· Andere Sozialleistungen (Rente, Ar-beitslosengeld etc.) könnten abgeschafft werden.
· Das Grundeinkommen könnte über ei-ne hohe Konsumsteuer finanziert wer-den.
· Jedem Bürger wäre freigestellt, weiteres Einkommen hinzuzuverdienen.

Pro

Stefan Ziller, Mitglied der Kommission „Soziale Sicherung"

„Selbst auf die Wirtschaft und den Arbeitsmarkt kann eine Grundsicherung positive Effekte haben. Während heute viele aus Angst vor dem sozialen Abstieg alles tun, um ihren Job nicht zu gefährden, könnte sich eine gewisse soziale Sicherheit positiv auf das Betriebsklima und die Produktivität auswirken. (…) Ein Grundeinkommen würde eine große Gerechtigkeitslücke schließen. (…)"

In: Stachlige Argumente, Zeitschrift von Bündnis 90/Die Grünen, Landesverband Berlin, Heft 1/2007 Nr. 162, S. 40

Reinhard Loske, Politiker von Bündnis 90 / Die Grünen

„Die unübersehbare Vielfalt an Transferleistungen inklusive der entsprechenden Bürokratie zur Prüfung des Bedarfs fiele weg – von Arbeitslosengeld, Sozialhilfe und Wohngeld bis zu Kindergeld (…). Beiträge zu Kranken- und Pflegeversicherung würden in Form von Pauschalen entrichtet und aus dem Grundeinkommen bezahlt. Die Reform ließe sich durch den Wegfall von Transferleistungen finanzieren – und durch eine Umstellung des Sozialsystems von einer Beitrags- auf eine Steuerfinanzierung."

In: DIE ZEIT, 26.4.2007 Nr. 18

Götz Werner, Chef der Drogeriemarkt-Kette dm

„Jeder könnte darüber verfügen, ohne als Bittsteller dazustehen. Auf der Basis einer solchermaßen gesicherten Existenz hätte er den Freiraum, den er braucht, um seine Fähigkeiten in die Gemeinschaft einzubringen. (…) Heute muss jeder nachweisen, dass er nicht in der Lage ist, sich selbst zu versorgen. Ein Beleg für sein Unvermögen sozusagen. Das macht die Menschen zu Almosenempfängern und das belastet ungeheuer. Die einen kapseln sich ab, werden phlegmatisch [= träg, gleichgültig], die anderen suchen sich ihre Bestätigung möglicherweise durch Imponiergehabe oder im Extremfall sogar in Gewalt (…)."

http://www.spiegel.de/wirtschaft/0,1518,386396,00.html (6.6.08)

Kontra

Norbert Blüm, ehemaliger Bundesminister für Arbeit und Sozialordnung (CDU)

„Die Entkoppelung von Erwerbsarbeit und Sozialleistungen nimmt aus dem Sozialstaat den Anreiz zur Leistung. Das Bürgergeld unterminiert [= aufweichen] die Motivation zur Arbeit. Es wird im Gegenteil sogar den Ausschluss aus der Arbeit befördern, weil auch ohne Arbeit derjenige, der arbeiten könnte, ein staatliches Einkommen garantiert bekommt. (…)"

http://www.zeit.de/2007/17/Grundeinkommen (6.6.06), In: DIE ZEIT, 19.4.2007 Nr. 17

Uli Dönch, FOCUS-Redakteur

„Die Folgen dieses Experiments würden die deutsche Wirtschaft ruinieren: Das Werner'sche „Grundeinkommen für alle" kostet geschätzte 740 Milliarden Euro pro Jahr – ein Drittel der gesamten deutschen Wirtschaftsleistung."

http://www.focus.de/finanzen/doenchkolumne/lohnpolitik_aid_57045.html (6.6.2006)

Herwig Büchele, Theologe, und Lieselotte Wohlgenannt, Sozialwissenschaftlerin

„(…) Es ist weder fair noch gerecht, dass einige Menschen ein Grundeinkommen beziehen, ohne dafür arbeiten zu müssen, während die anderen durch ihre Erwerbsarbeit nicht nur ihr eigenes Einkommen zu verdienen, sondern auch das Geld für die Grundeinkommensbezieher aufzubringen haben. Diejenigen, die arbeiten, werden nie verstehen, warum sie arbeiten sollten, um die zu unterstützen, die es vorziehen, nicht zu arbeiten. Wer arbeiten kann, aber nicht will, soll auch nicht essen."

http://userpage.fu-berlin.de/~roehrigw/ss97/GRUNDEIN/teil1/2_1.htm (11.6.2008)

Webcode:
PE641796-153

Sozialstaat und Sozialpolitik

Umlageverfahren	Fürsorgeprinzip	Die unmittelbare Verteilung von Einnahmen aus Sozialversicherungsbeiträgen an Leistungsempfänger	Alle Menschen sollen in möglichst gleichem Maße befähigt sein, am gesellschaftlichen Leben teilzuhaben.
Teilhabegerechtigkeit	Generationenvertrag	Gegenseitige Hilfe und Unterstützung von Mitgliedern einer Gemeinschaft	Bedürftigen Personen staatliche Hilfe gewähren ohne Erwartung einer Gegenleistung
Existenz	kontrovers	Lebensgrundlage eines Menschen	Etwas wird von gegensätzlichen Standpunkten aus diskutiert
netto	Reform	Einkommen vor Abzug von Steuern und Sozialabgaben	Eine Neuordnung und Verbesserung bestehender Regelungen
brutto	Solidarität	Einkommen nach Abzug von Steuern und Sozialabgaben	Erwerbstätige zahlen mit ihren Beiträgen die Renten und erwerben dabei Ansprüche auf ähnliche Leistungen.

M 1 Begriffspaare

M 2 Stammtischmeinungen

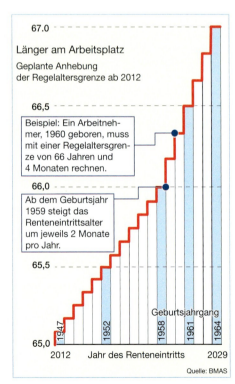

M 3 Beschluss des Bundestages vom 9. 3. 2007

„Ich kündige den Generationenvertrag"

10. April 2006
Experte im engen Sinn ist er nicht, aber eine glaubwürdige Stimme aus seiner Generation: Pawel Kuschke, 20 Jahre, Student, will weg. Er beklagt die Macht der Alten, die geringen Chancen der Jungen und plant die Auswanderung.

Herr Kuschke, Sie haben der F.A.Z. in einem Leserbrief geschrieben, dass Sie die Nase voll von Deutschland haben. Warum so verärgert?
Weil mit den jungen Leuten in diesem Land nicht fair umgegangen wird.

Können Sie das erläutern?
Der Arbeitsmarkt wird immer unsicherer. Wir sollen mehr Geld in die Sozialversicherungen einzahlen, bekommen aber immer weniger heraus, wenn wir mal alt, krank oder arbeitslos sein werden. Und die Steuern werden auch steigen. Wenn man die katastrophale Lage der öffentlichen Haushalte sieht, ist das unvermeidbar. Und eigentlich müssten wir noch privat fürs Alter vorsorgen und möchten Kinder kriegen. Woher das Geld dafür kommen soll, weiß ich nicht.

Also, was werden Sie machen?
Ich werde die Bundesrepublik verlassen.

Frankfurter Allgemeine Sonntagszeitung, 9. 4. 2006, Nr. 14 / Seite 37

M 4

M 5 Entwicklung der Sozialversicherungsbeiträge, *Beitragssätze in Prozent des Bruttolohns*

M 6 Beitragszahler gesucht

Sachwissen und Analysekompetenz

1 Fügt jeweils die zwei Kärtchen zusammen, die zusammenpassen (M 1).

Methoden- und Urteilskompetenz

2 M 2: Setze dich kritisch mit einem der Sprüche auseinander.

3 Werte M 3 und M 5 aus und formuliere mögliche Gründe für diesen Beschluss bzw. diese Entwicklung.

4 Werte die 🔧 Karikatur M 6 aus. Erkläre, welchen Sachverhalt der Zeichner kritisiert.

Urteils- und Handlungskompetenz

5 Diskutiert die Entscheidung des jungen Mannes in M 4. Verfasst einen Leserbrief und nehmt dann Stellung.

6 Kommt zum Schluss noch einmal auf die Auftaktseite zurück.
   a Klärt gemeinsam alle Fragen, die ihr euch im Verlauf der KARIKA-Tour notiert habt.
   b Bleibt etwas unbeantwortet? Überlegt, wo ihr entsprechende Informationen besorgen könnt.

M 1 Was Jugendlichen heute wichtig ist. Bravo Faktor Jugend 6. Oktober 2002

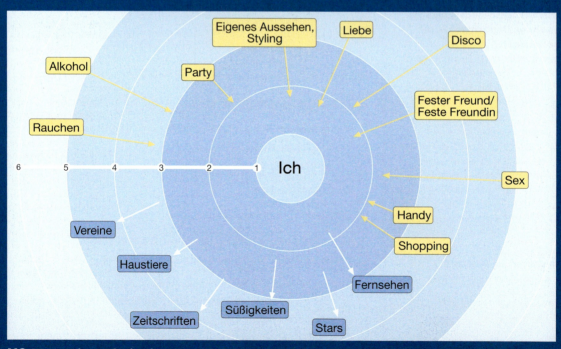

M 2 Was im Altersverlauf wichtiger/unwichtiger wird. Bravo Faktor Jugend 6. Oktober 2002

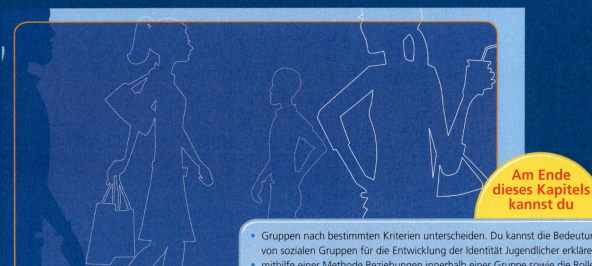

Am Ende dieses Kapitels kannst du

- Gruppen nach bestimmten Kriterien unterscheiden. Du kannst die Bedeutung von sozialen Gruppen für die Entwicklung der Identität Jugendlicher erklären.
- mithilfe einer Methode Beziehungen innerhalb einer Gruppe sowie die Rolle der Gruppenmitglieder offenlegen. Du kannst außerdem Möglichkeiten nennen, wie die Ergebnisse einer solchen Untersuchung für die Gruppe genutzt werden können.
- Beispiele dafür nennen, wie und warum sich Jugendliche in der Gesellschaft engagieren. Du kannst staatliche Anreize für solches Engagement benennen und kritisch beurteilen.
- Vorteile neuer Medien insgesamt und Gefahren für den Einzelnen durch neue Medien aufzählen. Du kennst Möglichkeiten, wie den Betroffenen geholfen werden kann.

Die Jugendzeitschrift „BRAVO" gibt jährlich eine Untersuchung in Auftrag, die herausfinden soll, was 📖 Jugendlichen wichtig ist. Befragt werden Jugendliche im Alter von 12 bis 18 Jahren nach ihren Einstellungen und Werten und nach ihrem Freizeit- und Kaufverhalten. Die Einzelergebnisse der Befragung von nahezu 600 Jugendlichen findest du zusammengefasst in M 1 und M 2.

1 Werte zunächst M 1 aus:
   a Zusammengehörige Begriffe in M 1 sind in einer Farbe dargestellt. Finde Oberbegriffe für diese Bereiche (z. B. „Medien" = rot = Zeitschriften, Fernsehen usw.).
   b Erkläre den Aufbau der Grafik an einem Beispiel: Was ist wichtiger für Jugendliche – Radio oder Kino?
   c Stelle fest, welche Bereiche und welche Einzelaspekte den Jugendlichen besonders wichtig sind.
   d Was ist für dich selbst wichtig? Erstelle zu einem Bereich deiner Wahl eine eigene, entsprechende Grafik. Vergleiche mit M 1. Gibt es Unterschiede oder Gemeinsamkeiten?

2 Erkläre mit eigenen Worten, was nach M 2 mit zunehmenden Alter wichtiger, was unwichtiger wird.

3 Warum verlieren die in M 2 blau markierten Begriffe an Bedeutung? Diskutiert in der Klasse.

4 Die Studie ist ein Service für Unternehmen, die in „BRAVO" werben und etwas über ihre Zielgruppe wissen möchten.
   a Überlege, welche Ziele die Auftraggeber der Studie verfolgen.
   b Wie beurteilst du diese Serviceleistung von „BRAVO"? Begründe deine Meinung.

Aus Kindern werden Leute …

M 1 Dein Wunschzimmer

M 2 Kinderzimmer

M 3 Jugendzimmer

Das eigene Zimmer – Spiegel der Persönlichkeit?

Jugend meint den Zeitabschnitt zwischen 12 und 18 Jahren, in dem aus Kindern „Leute", Erwachsene werden. Die Übergangszeit vom Kind zum Erwachsenen ist vor allem eine Zeit der Suche nach dem eigenen Ich, der eigenen  Identität. Im Unterschied zur Kindheit wird das eigene Tun verstärkt hinterfragt und geprüft. „Was ist gut und was ist schlecht für mich?" und „Warum ist etwas gut bzw.

schlecht?". Man probiert aus, was zu einem passt und was nicht. Vieles, was zuvor interessant war, wird nebensächlich. Nichts drückt die sich wandelnden Interessen und Bedürfnisse besser aus als das eigene Zimmer. Hier stellen Jugendliche aus, was sie interessiert, und sie zeigen auch an, wie sie von anderen gern gesehen werden möchten. Häufig verrät die Gestaltung des persönlichen Raums auch, zu welchem Freundeskreis man sich zugehörig fühlt – und von wem man sich abgrenzen will. Ob

Webcode:
PE641796-158

ein Poster der bevorzugten Fußballmannschaft, bestimmte Playstation-Spiele, persönliche Andenken oder Starschnitte von Popstars, die „die anderen" auch gut finden.

Die Clique – wichtiger als die Familie?

Auch wenn es den Eltern weh tut: Der Abnabelungsprozess, die Entwicklung einer eigenen Persönlichkeit, ist die wichtigste Entwicklungsaufgabe der Jugend. In dieser Lebensphase spielen gleichaltrige enge Freundinnen und Freunde eine besonders wichtige Rolle. Eine Clique hilft bei der eigenen Orientierung. Freunde und die Aktivitäten mit ihnen werden mit zunehmenden Alter immer wichtiger.

M4 Was ist eine Gruppe?

Eine soziale Gruppe unterscheidet sich von einer rein zufälligen Ansammlung von Menschen (z. B. wartenden Fahrgästen am Bahnsteig) durch gemeinsame Ziele. Weil sich Gruppen für etwas gemeinsam einsetzen, müssen sie sich miteinander befassen und gemeinsam anstrengen. Sie müssen für eine bestimmte Dauer oder regelmäßig zusammenkommen. Daraus entsteht ein Zusammengehörigkeitsgefühl (Wir-Bewusstsein), man fühlt sich verantwortlich für die Gruppe. In eine Gruppe kann man fest eingebunden sein, weil man in sie hineingeboren wurde (Familie) oder dazu verpflichtet ist (z. B. Schulklasse). Eine Gruppe kann sich aber auch freiwillig, nur aufgrund gemeinsamer Neigungen bilden (Verein, Clique). Eine „Clique" – Soziologen sprechen von Peergroup (engl. peer = Gleichaltrige/-r) – gibt emotionalen Rückhalt und hilft bei der eigenen Orientierung. Die Jugendlichen stecken in der gleichen Lebensphase und haben ähnliche Interessen und Sorgen. Sie erfahren aber auch ihre Andersartigkeit, Neid oder sogar Konkurrenz. In der Gleichaltrigengruppe bilden sich eigene Regeln heraus,

M5 Eine Clique trifft sich zum Einkaufen

die sich z. B. über die Kleidung oder Musikvorlieben zeigen. Der elternlose Freiraum wird als "Spielfeld" genutzt, um soziales Verhalten auszuprobieren, intensive Freundschaften aufzubauen und erste Liebesbeziehungen einzugehen.

1 Diskutiert: „Das eigene Zimmer – ein Spiegel der Persönlichkeit?"

2 Beschreibe den Wandel vom Kinder- zum Jugendzimmer mithilfe der Materialien M1–M3. Was genau ändert sich?

3 Erstelle eine Tabelle: Wodurch unterscheidet sich eine Clique als soziale Gruppe von einer Familie? (M4, M5)

4 Notiere, welchen Gruppen du im Alltag angehörst, und nummeriere sie nach ihrer Wichtigkeit für dich.

5 Besprecht, ob es Zusammenhänge zwischen der Zugehörigkeit zu einer bestimmten Gruppe und der Einrichtung des Zimmers gibt.

6 Besprecht,
   – in welchen Gruppen es vor allem um den Zusammenhalt geht und
   – in welchen Gruppen Abgrenzung von anderen oder Konkurrenz eine Rolle spielen.

Gruppen untersuchen

M1 Diskussion zur neuen Sitzordnung

Wer neben wem?

Der Klassenlehrer einer neugebildeten 5. Klasse eines Gymnasiums hat den Schülern versprochen, dass die zufällige Sitzordnung, die sich bei Beginn des Schuljahres ergab, nach den Herbstferien durch eine Sitzordnung nach Wunsch ersetzt werden soll. Vor den Ferien werden die Schüler und Schülerinnen befragt, neben wem sie gerne sitzen würden (drei Nennungen sind möglich) und wen sie auf keinen Fall als Banknachbarn haben wollen (zwei Nennungen). Aus diesen Daten erstellt der Lehrer eine Übersicht (M3), die hier der Übersichtlichkeit halber auf sieben Schüler verkürzt wiedergegeben wird. Die Tabelle zeigt im Überblick, wer wen gewählt hat und wer wen abwählt. Sie zeigt auch, wie beliebt oder unbeliebt bestimmte Schüler sind und inwieweit sie überhaupt beachtet werden. Um die Zusammenhänge aus der Sicht des einzelnen Schülers deutlich zu machen, kann das Ergebnis auch grafisch als Netzwerk oder Soziogramm dargestellt werden (M4). Das Soziogramm zeigt dem Lehrer die Freundschaftsstrukturen seiner Klasse.

Wünsche Banknachbar:

Sarah

Heike

Fatma

Wünsche Banknachbar:

Ömer

Stefanie

Heike

Wünsche Banknachbar:

Martin

Ömer

Heike

Wünsche Banknachbar:

Faruk

Björn

Heike

M2 Wunschzettel

Namen	A	B	C	D	E	F	G	abgegebene Wahlen negativ	positiv
A		+	−		+		−	2	2
B	+		+					0	2
C	+	+			+		−	1	3
D	+		−		+			2	2
E	+		−	+			−	2	2
F		+	+					0	2
G	+		+				−	1	2
	5	3	3	1	2	1	0	erhaltene Wahlen	
	0	0	3	0	0	1	4	erhaltene Ablehnungen	
	5	3	6	1	2	2	4	Beachtungen	

M3 Auswertungsbeispiel

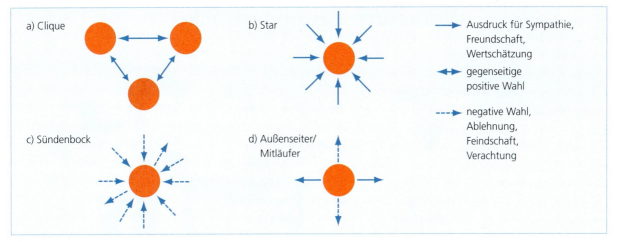

M4 Typische Gruppenfiguren und Positionen

M5 Soziometrie als Methode

Die Soziometrie ist eine Methode, mit der die sozialen Beziehungen der Mitglieder einer Gruppe untersucht werden. Durch Verhaltensbeobachtungen und Befragungen versuchen die Forscher bestehende Gruppenstrukturen und -positionen herauszufinden. Dadurch sollen Spannungen und Konflikte erkannt und leichter gelöst werden: Wer wird aus welchen Gründen zum Außenseiter? Aus welchen Gründen mögen sich bestimmte Cliquen nicht? Wodurch ist das Arbeitsklima gestört? Kann man die Gruppen aufteilen und wie?

M6 Fallbeispiel

Nora ist wütend. Ihre beste Freundin ist plötzlich immer öfter mit der Klassenschönheit Fanny zusammen. Das bemerkt auch Karin, die in der Klasse unbeliebt ist und wegen ihres Aussehens gehänselt wird. Sie versucht  sich der „verlassenen" Nora anzuschließen. Das passt Nora überhaupt nicht, und deshalb sagt sie auch nichts, als die Klasse beschließt, Karin auf der nächsten Fete mal so richtig eins auszuwischen. Am nächsten Morgen plagen Nora schreckliche Gewissensbisse, weil sie es stillschweigend zugelassen hat.

(nach dem Jugendroman „Ich hätte Nein sagen können" von Annika Thor, Beltz Verlag 2008)

1 Erkläre den Aufbau der Tabelle M3.

2 Beschreibe das Ergebnis der Umfrage aus der Sicht der Schüler B und C.

3 Nimm die in M4 beschriebenen Gruppenfiguren zum Anlass, dich an deine Grundschulklasse zu erinnern:
  – Wer war eigentlich beliebt und stand im Mittelpunkt? Warum?
  – Wer war Außenseiter?
  – War ein guter Schüler eher Außenseiter oder beliebt?
  – Welche Cliquen gab es in der Klasse?
  – Wer war der „Klassenkasper", der „Sündenbock", der „Mitläufer"?
  – Gab es „Gruppenführer"? Um welche Freundschaft wurde gestritten?
  – Gab es auch Dreier- oder Zweierfreundschaften?

4 Haltet die Ergebnisse eurer Überlegungen und Erinnerungen schriftlich fest. Besprecht euer Ergebnis mit eurem Tischnachbarn. Lassen sich vergleichbare Muster entdecken?

5 Informiert euch über die Aufgabe der Soziometrie (M5). Besprecht, ob die Soziometrie ein geeignetes Verfahren ist, um die Struktur einer Gruppe zu analysieren?

6 „Hätte der Lehrer im Beispiel M6 eine Gruppenanalyse durchgeführt, wäre es nicht so weit gekommen!" Diskutiert diese Behauptung.

Werkstatt: Gruppendruck

1 Führt das „Erdnuss-Experiment" durch und wertet es anschließend gemeinsam aus.

   a Wie haben die Spieler, also die Erdnussesser und die „Verweigerer", ihre Rollen und das Spiel erlebt?

   b Was haben die Beobachter gesehen:

    – Welche Strategien und Gegenstrategien wurden angewandt, um den eigenen Willen durchzusetzen, also um Druck auszuüben oder abzuwehren?

    – Gab es Verhaltensweisen und Argumente, die besonders wirkungsvoll waren?

    – In welchen Situationen herrschte eine besonders unangenehme oder bedrückende Atmosphäre?

    – Welche Rolle spielten Körperhaltung, Gestik und Tonfall?

2 Überlegt, ob das Experiment anders verlaufen wäre, wenn es nur einen „Verweigerer" gegeben hätte.

3 Spielt in Gruppen die in den Bildern beschriebenen Situationen nach (Rollenspiele) und wertet sie gemeinsam aus.

   a Wie ist es den Spielern A und C in ihren jeweiligen Rollen ergangen?

   b Was haben die Beobachter gesehen? Dabei können euch wieder die Fragen aus 1b helfen.

4 Manchmal ist es nicht möglich, die Situation allein aufzulösen. Überlegt gemeinsam, wann es ratsam sein könnte, einfach wegzugehen oder andere um Hilfe zu bitten.

5 Gestaltet ein Lernplakat, auf dem ihr alle hilfreichen Strategien gegen negativen Gruppendruck festhaltet.

Das „Erdnuss-Experiment"

Für dieses Experiment benötigt ihr eine Tüte Erdnüsse und sechs freiwillige Mitspieler. Die übrigen Teilnehmer sind Beobachter. Vier Teilnehmer essen während des Experiments Erdnüsse und versuchen möglichst alle anderen in der Gruppe dazu zu bringen, auch Erdnüsse zu essen. Dabei verfolgen sie unterschiedliche Strategien. Einer preist beispielsweise die Vorzüge und den guten Geschmack der Erdnüsse an, der Nächste weist auf die „gute Gemeinschaft der Erdnussesser" hin, ein anderer droht vielleicht den „Verweigerern" und stellt die bisher gute Beziehung infrage, wenn sie sich nicht am Erdnussessen beteiligen. Der Vierte im Bunde schließlich könnte den „Verweigerern" offen mit Ausschluss aus der Gruppe drohen. Zwei Mitglieder haben die feste Absicht, keine Erdnüsse zu essen, verlassen jedoch nicht die Gruppe.

Du (A) bist mit deiner Clique (C) unterwegs zu einem Stadtbummel. Ihr seht euch in der Musikabteilung eines großen Kaufhauses um. Die Verkäufer haben viel zu tun, das Sicherheitssystem ist lückenhaft – da wäre es ganz leicht, etwas mitgehen zu lassen, meinen die anderen in der Clique.

Du (A) hast mit dem Rauchen angefangen, weil du es einfach schick findest. Außerdem hast du die Sache im Griff und könntest jederzeit wieder aufhören. Deine Freunde (C) wollen dich überreden, das Rauchen sein zu lassen. Schließlich hast du deinen Eltern versprochen, bis zu deinem 18. Lebensjahr nicht zu rauchen – dafür wollen sie dir den Führerschein finanzieren.

Du (A) bist Allergiker und reagierst stark auf bestimmte Inhaltsstoffe von Nahrungsmitteln, die vor allem in Fastfood-Produkten enthalten sind. Deine Clique will gemeinsam die neuen Mac-Burger ausprobieren, und da sollen alle mitmachen.

Eure Clique (C) ist eine starke Truppe, die viel gemeinsam unternimmt und jede Menge Spaß hat. Klar, dass da auch andere aus der Klasse gern dazugehören möchten, wie z. B. Bernhard.
Deine Clique (C) hält ihn allerdings für ein rechtes Muttersöhnchen, während du (A) ihn ganz sympathisch findest.

Du (A) hast den Schlüsselbund eines Lehrers gefunden, den er aus Versehen hat stecken lassen. Einige Mitschüler (C) haben dies mitbekommen und wollen den Schulschlüssel behalten und nur die übrigen Schlüssel vor dem Hausmeisterraum ablegen.

Ein neuer Mitschüler hat dich (A) zu Beginn des neuen Schuljahres verpetzt, als du deine Hausaufgaben abgeschrieben hattest. Du warst stocksauer auf ihn, und seitdem hat er keine Schnitte mehr bei dir. Deine Clique (C) bedrängt dich, ihm eine neue Chance zu geben.

Anpassen oder eigener Stil?

M 1 Qual der Wahl

Gruppen bedeuten Zusammengehörigkeit: ein Gefühl von Nähe gegenüber den anderen Gruppenmitgliedern und Abgrenzung nach außen. Beides wird häufig durch Äußerlichkeiten wie eine bestimmte Kleidung oder eine bestimmte Sprache hergestellt. Die meisten behaupten, ihren ganz eigenen, persönlichen Stil zu haben. Aber ist es wirklich so? Oder haben eure Freunde einen großen Einfluss darauf, wie ihr euch stylt, welche Produkte ihr kauft, wie ihr eure Freizeit gestaltet und welchen

Webcode:
PE641796-164

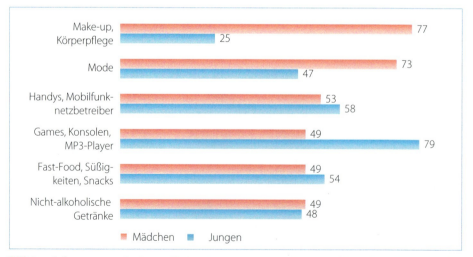

M 2 Produktinteressen der Jugendlichen (in Prozent). *Quelle: Bravo Faktor Jugend 10, 2009, S. 13*

Vorbildern ihr folgt? Oft führt der Wunsch nach Zugehörigkeit zu einer Clique und das Streben nach Anerkennung dazu sich anzupassen.

M3 Gruppenzwang in der Clique

Mitmachen oder Außenseiter sein? Das ist in vielen Cliquen die große Frage! In manchen Cliquen sind die Regeln so streng, dass außerhalb der Clique gar nichts mehr läuft. Das Gruppengefühl in einer Clique kann so weit gehen, dass die Leute, die zu einer Clique gehören, nur mehr mit ihren Cliquen-Kumpels zusammen sind. In der Clique fühlen sich alle stark. Cliquen-Mitglieder wollen sich von den anderen abgrenzen und sind nur mehr unter sich.

Aus diesem Grund kann es passieren, dass der beste Freund oder die beste Freundin sich dir gegenüber plötzlich anders verhält. Das passiert vor allem, wenn Leute aus der Clique in der Nähe sind. Der beste Freund oder die beste Freundin sind oft nicht mehr so nett wie früher. Warum? Viele Cliquen-Kinder wissen nicht, wie sie weiterhin mit einem Kind, das nicht zu ihrer Clique gehört, befreundet sein können. Hier die Clique, dort die beste Freundin oder der beste Kumpel – diesen „Spagat" bekommen viele Cliquen-Kinder nicht auf die Reihe! Viele haben Angst davor, dass sie ausgeschlossen werden, wenn sie sich nicht an die Cliquen-Regeln halten. Sie fühlen sich von ihrer Clique unter Druck gesetzt. Mit den alten Kumpels ins Kino? Nein, lieber nicht. Wenn das die Leute aus der Clique mitbekommen!

„Muss" man zu einer Clique gehören? Ist es wirklich wichtig? Gemeinsam durch Dick und Dünn – das ist toll. Doch nach einer Weile finden die meisten es nicht mehr so spannend und aufregend. Die Regeln und Rituale, die in einer Clique herrschen, werden plötzlich lästig. Schließlich gehen sie den meisten Cliquen-Kindern auf die Nerven. Viele merken, dass sie andere mit ihrem Cliquen-Gehabe stören,

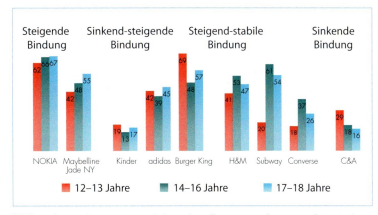

M4 **Außenwirkung von Produkten** *(Quelle: Bravo Faktor Jugend 7, 2004)*

manchmal sogar verletzen. Nach und nach wird ihnen bewusst, dass es außerhalb der Clique viele nette Jungen und Mädchen gibt, die sie gern näher kennen lernen möchten.

Gruppenzwang in der Clique, Mellvil – ein Kinderforum zum Klarkommen, 2009; in: http://www.labbe.de (Zugriff: 7.3.2012)

1 Der Junge in M1 will sich Turnschuhe kaufen. Was geht ihm wohl durch den Kopf? Führt ein 🙂🙂🙂 Brainstorming durch.

2 Werte M2 aus:
   a Auf welche Produkte legen die Mädchen, auf welche die Jungen besonderen Wert?
   b Führt eine Umfrage in eurer Klasse dazu durch und vergleicht die Ergebnisse mit M2. Besprecht sie in der Klasse.
   c Welche Produkte dienen der eigenen Persönlichkeit, welche dienen in hohem Maße der Anpassung an die Clique (M3)?
   d Vergleiche die Ergebnisse mit deinen eigenen Erfahrungen und mache dir Stichpunkte. Tausche dich anschließend mit deinem Nachbarn darüber aus.

3 Untersuche M4: Welchen Firmen ist es gelungen, eine Bindung der Jugendlichen an die eigene Marke zu entwickeln? Notiere Gründe, warum ihnen dies gelungen ist. Besprecht eure Ergebnisse in der Klasse und bewertet sie.

4 Lies M3 und erläutere, welche unterschiedlichen Erfahrungen von Jugendlichen beschrieben werden, die einer Clique angehören. Vergleiche diese Erfahrungen mit deinen eigenen. Besprecht: Möchtet ihr gern einer Clique angehören oder lieber nicht?

Mobbing – wenn Schule zum Albtraum wird

M 1 Mobbing hat viele …

M 2 … verschiedene Gesichter

Art. 1 Grundgesetz (GG):
Die Würde des Menschen ist unantastbar.

Webcode:
PE641796-166

Zettelchen, auf denen steht: „Hau doch ab hier" oder „Du stinkst". Tim leidet so sehr darunter, dass er sich kaum noch traut, in die Schule zu gehen. Nur sein Banknachbar Kai findet das Verhalten der anderen Jungen gemein …

B: Nicole ist sehr fleißig und hat meistens die besten Noten. Deshalb wird sie von einer Mädchenclique aus ihrer Klasse als „Streberin" beschimpft und ausgegrenzt. Zu Geburtstagen wird sie auch nicht eingeladen. Nicoles Freundin Paula weiß, dass sie deswegen schon richtig fertig ist …

C: Im Gedränge zur Pause stößt Martin Kai aus Versehen an. Dabei fällt dessen Pausenbrot zu Boden. Es kommt zu einem Streit. Auf dem Pausenhof geraten beide wieder aneinander. Es kommt zu einem kurzen Handgemenge. In der letzten Stunde fühlt sich Martin sehr schlecht. Er hat Angst, dass Kai und dessen Freunde vor der Schule auf ihn warten …

M 4 Definition
Unter Mobbing werden feindselige Verhaltensweisen (…) verstanden. Die Situation ist dadurch gekennzeichnet, dass

· die angegriffene Person unterlegen ist,
· die Angriffe von einer oder mehreren Personen systematisch und über einen längeren Zeitraum erfolgen, diese mit dem Ziel oder dem Effekt der Ausgrenzung stattfinden und
· die betroffene Person sich hierdurch bedroht oder diskriminiert fühlt.

Ministerium für Arbeit, Gesundheit, Soziales des Landes Nordrhein-Westfalen (Hrsg.): Mobbing! Verstehen. Handeln. Helfen. Düsseldorf 2006

Für einige Jugendliche ist der Schulalltag mit starken Angstgefühlen verbunden, weil sie Mobbing-Opfer sind. Aber nicht bei jedem Konflikt kann man bereits von Mobbing (engl.: to mob = anpöbeln, fertigmachen) sprechen.

M 3 Szenen aus dem Schulalltag
A: Die Jungen in der Klasse können Tim nicht leiden. Dauernd schreiben sie ihm

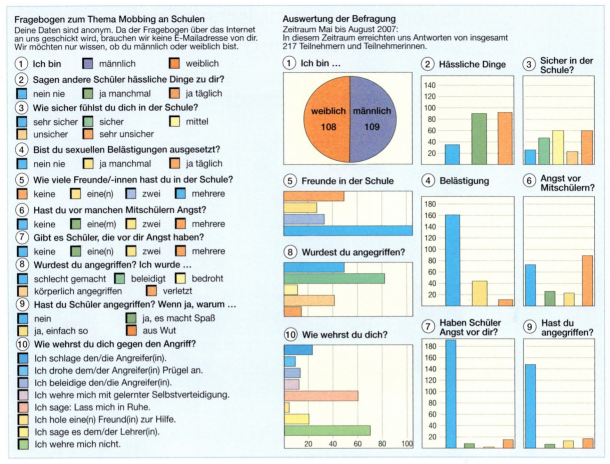

Fragebogen zum Thema Mobbing an Schulen
Deine Daten sind anonym. Da der Fragebogen über das Internet an uns geschickt wird, brauchen wir keine E-Mailadresse von dir. Wir möchten nur wissen, ob du männlich oder weiblich bist.

1. Ich bin ☐ männlich ☐ weiblich
2. Sagen andere Schüler hässliche Dinge zu dir?
   ☐ nein nie ☐ ja manchmal ☐ ja täglich
3. Wie sicher fühlst du dich in der Schule?
   ☐ sehr sicher ☐ sicher ☐ mittel
   ☐ unsicher ☐ sehr unsicher
4. Bist du sexuellen Belästigungen ausgesetzt?
   ☐ nein nie ☐ ja manchmal ☐ ja täglich
5. Wie viele Freunde/-innen hast du in der Schule?
   ☐ keine ☐ eine(n) ☐ zwei ☐ mehrere
6. Hast du vor manchen Mitschülern Angst?
   ☐ keine ☐ eine(m) ☐ zwei ☐ mehrere
7. Gibt es Schüler, die vor dir Angst haben?
   ☐ keine ☐ eine(n) ☐ zwei ☐ mehrere
8. Wurdest du angegriffen? Ich wurde …
   ☐ schlecht gemacht ☐ beleidigt ☐ bedroht
   ☐ körperlich angegriffen ☐ verletzt
9. Hast du Schüler angegriffen? Wenn ja, warum …
   ☐ nein ☐ ja, es macht Spaß
   ☐ ja, einfach so ☐ aus Wut
10. Wie wehrst du dich gegen den Angriff?
    ☐ Ich schlage den/die Angreifer(in).
    ☐ Ich drohe dem/der Angreifer(in) Prügel an.
    ☐ Ich beleidige den/die Angreifer(in).
    ☐ Ich wehre mich mit gelernter Selbstverteidigung.
    ☐ Ich sage: Lass mich in Ruhe.
    ☐ Ich hole eine(n) Freund(in) zur Hilfe.
    ☐ Ich sage es dem/der Lehrer(in).
    ☐ Ich wehre mich nicht.

Auswertung der Befragung
Zeitraum Mai bis August 2007:
In diesem Zeitraum erreichten uns Antworten von insgesamt 217 Teilnehmern und Teilnehmerinnen.

1. Ich bin … weiblich 108, männlich 109
2. Hässliche Dinge
3. Sicher in der Schule?
5. Freunde in der Schule
4. Belästigung
6. Angst vor Mitschülern?
8. Wurdest du angegriffen?
10. Wie wehrst du dich?
7. Haben Schüler Angst vor dir?
9. Hast du angegriffen?

M5 Fragebogen und Auswertung einer Online-Umfrage zum Thema Mobbing (http://www.schueler-mobbing.de/, 15.6.08)

Schüler Mobbing Hilfe, ich werde gemobbt !

Die Würde des Menschen ist unantastbar.

M6 Flyer zum Komplettangebot gegen Schüler-Mobbing (http://www.schueler-mobbing.de/, 24.2.09)

1 Beschreibe M1 und M2. Worin ähneln sich die Situationen, wodurch unterscheiden sie sich?

2 a Sind die in M3 geschilderten Fälle realistisch?
  b Handelt es sich um Mobbing?
  c Macht Vorschläge, wie sich die Beteiligten verhalten sollten.

3 Überlege, was Mobbing von einem einfachen Konflikt unterscheidet. (M4)

4 a Fertigt einen Fragebogen wie in M5 an. Macht eine Umfrage in eurer Klasse oder Jahrgangsstufe.
  b Teilt euch in Gruppen auf und erstellt Auswertungsgrafiken.
  c Vergleicht eure Ergebnisse mit denen aus M5.

5 a Zeigt auf, an wen sich ein Opfer wenden kann. Gibt es ein Hilfsangebot an eurer Schule?
  b Diskutiert in Kleingruppen: Wie sollten sich Lehrer, Eltern und Mitschüler verhalten, um Mobbing-Fällen vorzubeugen?
  c Informiert eure Eltern über die Anti-Mobbing-Ordnung, z.B. im Rahmen eines Elternabends.

Jugend – Leben zwischen Spaß und Verantwortung

M 1 Formen der Freizeitgestaltung

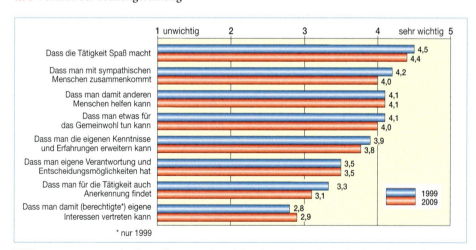

M 2 Erwartungen an die freiwillige Tätigkeit (Mittelwerte), *Studie im Auftrag des Bundesministeriums für Familie, Senioren, Frauen und Jugend, in: Freiwilligensurvey Hauptbericht 2009, S. 120.*

M 3 Ehrenamt

Wer etwas ehrenamtlich tut, leistet eine Arbeit zugunsten des Allgemeinwohls. Dies geschieht freiwillig und nicht von Berufs wegen. Er oder sie bekommt dafür kein Geld, sondern höchstens eine Aufwandsentschädigung für entstandene Kosten. Ehrenamtlich tätig sind z. B. Beisitzer beim Gericht oder Menschen, die Nachbarschaftshilfe für kranke oder ältere Menschen leisten. Auch Jugendliche bekleiden Ehrenämter, etwa als Klassensprecher, Trainer im Sportverein oder Gruppenbetreuer.

In Deutschland sind etwa 23 Millionen Menschen ehrenamtlich – neudeutsch: bürgerschaftlich – aktiv, besonders im Vereinssport und sozialen Bereich. Jugendliche engagieren sich vielfach in Jugendverbänden, z. B. den Pfadfindern, der Jugendfeuerwehr oder dem Jugendrotkreuz.

„Bürgerschaftliches Engagement hält die Gesellschaft zusammen", wirbt das Bundesfamilienministerium, und der Deutsche Bundestag vergibt jährlich am 5. Dezember, am Tag des Ehrenamtes, Preise an freiwillig Engagierte.

Autorentext

M 4 Würdigung außerschulischen ehrenamtlichen Engagements – Zeugnisbeiblatt

Gemäß § 30 Abs. 11 der „Verordnung zur Gestaltung des Schulverhältnisses" vom 21. Juni 2000 (ABl. S. 602) ist zur Förderung des gemeinschaftsbewussten Verhaltens eine auf die Schule bezogene, ehrenamtliche Tätigkeit, die eine Schülerin oder ein Schüler im Rahmen des Programms zur Öffnung der Schule nach § 16 des Hessischen Schulgesetzes leistet, im Zeugnis in der Rubrik „Bemerkungen" zu würdigen.

Darüber hinaus soll die Schule außerschulisches ehrenamtliches Engagement von Schülerinnen und Schülern würdigen, wenn und soweit es dem Grundsatz der Öffnung der Schule zum Umfeld dient und insbesondere die Zusammenarbeit der Schulen mit außerschulischen Einrichtungen und Institutionen fördert (§ 16 Abs. 1 und 2 des Hessischen Schulgesetzes).

(…) Die Würdigung des außerschulischen ehrenamtlichen Engagements erfolgt zum Termin des Halbjahreszeugnisses sowie am Ende des Schuljahres auf Antrag der Eltern, bei Volljährigen dieser selbst, indem die Schule ohne Aufnahme eines Vermerkes im Zeugnis selbst dem Zeugnis eine Bescheinigung nach dem Muster der Anlage beifügt. (…)

Erlass vom 08. Mai 2001 IB3-821/115-108-; Gült. Verz. Nr. 7200.

M 5 Neben dem Zeugnisblatt und dem Vermerk im Zeugnis gibt es weitere Auszeichnungen und Anerkennungen für Ehrenamtliche in Hessen. Zum Beispiel den hessischen Verdienstorden (s. o.) oder die E-Card für Ermäßigungen bei Eintrittspreisen.

1 a Werte M 1 aus. Finde jeweils Oberbegriffe für die Interessen und Aufgaben der Jugendlichen und ordne sie den Spalten der Tabelle zu. Übertrage die Tabelle dazu in dein Heft.

Spaß haben	Verantwortung übernehmen
Zeitvertreib	politische Mitbestimmung
…	…

b Ergänze: Welche Interessen und Aufgaben spielen in deinem Leben eine Rolle?

2 Erkläre folgende Aussage: „Bürgerschaftliches Engagement hält die Gesellschaft zusammen" (M 3).

3 Sammelt Beispiele für ehrenamtliche Tätigkeiten von Jugendlichen in eurer Gemeinde/Stadt (mögliche Bereiche: Kultur, Politik, soziales Leben, Sport, Ökologie).

4 „Was ist der Lohn?" Beurteilt die verschiedenen Anreize (M 4, M 5) für ehrenamtliche Tätigkeiten. Berücksichtigt dabei auch die Erwartungen der freiwillig Tätigen (M 2).

Keine Freu(n)de ohne mein Handy?

M 1 Eine Nachricht – viele Medien

Mein Handy ist für mich …

„… eine Möglichkeit, für meine Eltern und Freunde jederzeit erreichbar zu sein." (Marius, 11 J.)

„… manchmal lästig, immer muss man antworten oder zurückschreiben." (Elvira, 14 J.)

„… ein Mittel, um anzugeben." (Irina, 15 J.)

„Ich habe kein Handy, wünsche mir aber eins zum Geburtstag, da die anderen auch eins haben." (Fynn, 10 J.)

„Seit ich ein Handy habe, bin ich ständig pleite. Ich musste mir auch schon Geld leihen." (Tom, 15 J.)

„Ich möchte kein Handy und die ständigen Klingeltöne der anderen nerven. Kann sich denn niemand mehr direkt unterhalten?" (Toni, 12 J.)

M 2 Befragung von Jugendlichen

Die Materialien M1 und M4 stammen aus einem Themenheft des Informationszentrums Mobilfunk e. V. Weitere Informationen findest du im Internet.

Webcode:
PE641796-170

Mein Handy gehört nur mir allein

Das Handy ist aus dem Alltag von Jugendlichen nicht mehr wegzudenken. Laut einer Studie besitzen bereits 95 Prozent der 12–19-Jährigen eines (Stand: 2011). Im Gegensatz zum Festnetz-Telefon der Familie, zu dem mehrere Personen Zugriff haben, ist das Handy ein ganz persönliches Kommunikationsmedium mit eigener Rufnummer, eigenem Briefkasten und individuellen Klingeltönen und Logos. Die meisten tragen es ständig bei sich und fühlen sich unwohl, wenn sie es einmal zu Hause vergessen haben.

Kleiner Alleskönner, große Veränderungen?

Es kann viel mehr als ein normales Telefon: Neben dem Telefonieren und Simsen nutzen Jugendliche auch gerne die vielfältigen Multimedia-Funktionen ihres Handys (Musik und Spiele herunterladen, Fotos und Videos aufnehmen usw.). Welchen Einfluss hat das Handy dadurch auf den Alltag der Jugendlichen? Hat sich in der Kommunikation, in ihrem Umgang miteinander etwas verändert?

In den letzten Jahren geraten vor allem junge Mobilfunkkunden aufgrund ihres sorglosen Telefonierverhaltens und SMS-Versendens zunehmend in die Schuldenfalle. (…) Die vielfältige Nutzung des Mobiltelefons mit unter Umständen teuren 0190er-Nummern für attraktive Klingeltöne, Witze, Logos oder SMS und der schnelle Anruf bei Freunden treiben die Kosten rasch in die Höhe. Hinzu kommt, dass nach Meinung der Verbraucherzentralen die eingeblendeten Informationen über den Preis und die Vertragsbedingungen während der TV-Werbespots oft zu klein und zu kurz erscheinen, sodass der Kunde im Unklaren über die finanziellen Folgen gelassen wird.

Flirten und Chatten per Handy oder das Herunterladen von Klingeltönen und Logos sind vor allem für Jugendliche reizvoll. Werden diese Dienste über so genannte Premium SMS genutzt, kann man im Handumdrehen in die Schuldenfalle geraten. Bei einer Premium SMS sendet man ein angegebenes Kennwort per SMS an eine fünfstellige Service-Kurzwahl. Bis zu vier Euro werden dann fällig, auch wenn die SMS sehr kurz ist. Handyrechnungen von mehreren hundert Euro sind im Extremfall die Folge. Im Gegensatz dazu kann bei Prepaid-Karten stets nur das bereits im Voraus bezahlte Guthaben abtelefoniert werden. Dies stellt sowohl für den Benutzer als auch den Provider einen hohen Sicherheitsgrad dar.

Handytarife.de: Schuldenfalle Handy? Immer mehr Jugendliche betroffen, in: http://www.handytarife.de (Zugriff: 4.3.2012)

M 3 Schuldenfalle Handy

M 4 Comic: *Freundschaft und Handy*

M 5 Entwicklung des Datenvolumens

1 Welches Medium wählst du für die Botschaft? (M 1) Begründe.

2 Nenne Situationen, in denen das Handy …
– aus unserem Leben nicht mehr wegzudenken ist.
– besser mal nicht dabei wäre.

3 Kannst du einer oder mehreren Aussagen in M 2 zustimmen, oder hat das Handy für dich noch eine andere Bedeutung? Vergleicht eure Meinungen in der Klasse.

4 Besprecht, ob ihr ähnliche Erfahrungen gemacht habt wie die, die in M 3 beschrieben sind. Wenn ja, wie konntet ihr die Probleme lösen? Ist eine Prepaid-Karte ein geeignetes Mittel gegen die Schuldenfalle?

5 Berichte über die Entwicklung des Datenvolumens (M 5).

6 Erfindet eine Geschichte zum Thema „Freundschaft und Handy".
a Kopiert euch M 4 vergrößert auf ein DIN-A4- oder -A3-Blatt.
b Gebt eurer Geschichte eine Überschrift.
c Schreibt eure Geschichte. Füllt die Sprechblasen, malt neue Szenen. Tipp: Ihr könnt auch die Reihenfolge der Bilder verändern.
d Vergleicht eure Comics in der Klasse.

(Neue) Medien – sinnvolle Bereicherung oder Spielerei?

Funktionen verschiedener Medien 2007/2005
– nutze ich am häufigsten, wenn … –

	Radio		TV		PC ohne Internet		Internet		CD/MC/ MP3		Bücher		Zeitungen		Telefon/ Handy		nichts davon	
	2007	2005	2007	2005	2007	2005	2007	2005	2007	2005	2007	2005	2007	2005	2007	2005	2007	2005
mir langweilig ist	5	7	27	38	5	9	36	17	10	9	8	8	1	2	7	8	2	2
ich mich geärgert habe	9	11	19	20	4	7	18	7	26	31	5	4	1	2	8	8	10	10
ich mit Freunden zusammen bin	9	12	16	18	4	6	13	7	28	31	0	0	1	1	14	10	15	14
ich traurig bin	9	14	16	14	2	4	13	5	32	35	7	6	1	1	13	11	8	10
ich besonders gute Laune habe	13	15	7	9	3	7	22	9	27	32	3	2	0	1	14	13	12	12
ich mich alleine fühle	6	8	21	23	3	5	29	12	16	20	5	6	1	1	15	21	4	4

Quelle: JIM 2007, JIM 2005, Angaben in Prozent · Basis: alle Befragten, 2006 n=1.204, 2005 n=1.203

M 1 Mediennutzung von Jugendlichen mpfs, JIM-Studie 2007 (Angaben in Prozent)

Überall präsente Medien

Unser Leben ist in einem hohem Maße durch Medien geprägt. Besonders im Alltag von Jugendlichen sind sie überall präsent. Zu den alten Medien wie Büchern, Zeitschriften, Radio und Fernsehen sind in den vergangenen Jahren viele neue elektronische Medien hinzugekommen, z. B. Computer und Internet, Handy, Playstation, die DVD und der MP3-Player. Sie können ganz unterschiedliche Funktionen erfüllen, je nachdem, wann und zu welchen Zwecken sie eingesetzt werden. Oft hört man von Problemen, die auf einen übertriebenen oder falschen Medienkonsum zurückzuführen sind. Deshalb ist es wichtig, sich der verschiedenen Funktionen von Medien bewusst zu sein und einen verantwortungsvollen Umgang mit ihnen zu erlernen.

„Das Internet hilft mir bei den Schulaufgaben. Da findet man einfach alles."

„Online hat man viel mehr Möglichkeiten, seine eigene Persönlichkeit rauszulassen und neue Freunde zu finden."

„Ob jemand cool ist, erkennt man am Profil und der Anzahl der Jappy-Freunde."

„Ein Buch lesen dauert zu lange. In der gleichen Zeit kann ich mir drei Videos anschauen."

„Das Beste an Handy und Internet ist, dass man seine Freunde zu jeder Tages- und Nachtzeit treffen kann."

„Was einige von sich im Internet veröffentlichen! Die können doch gar nicht kontrollieren, wer sich das alles ansieht oder abspeichert."

„Einen Chat-Freund zu haben, finde ich doof. Da könnte ich ja gleich mit einem Roboter zusammen sein! Vielleicht sieht der in Wirklichkeit ganz anders aus, oder er kriegt den Mund nicht auf."

„Bei Problemen suche ich mir anonym in Foren Rat. Das ist mir lieber, als mich jemandem direkt anzuvertrauen."

„Am Computer zocken macht Spaß, aber an einem schönen Sommertag fahre ich doch lieber zum See."

„Bei mir muss immer irgendwas laufen. Stille kann ich nicht ertragen."

M 2 Schöne neue Medienwelt?

M 3 Spielen an der Playstation 3

M4 Neue Medien sinnvoll nutzen

Wir planen eine Schulfunksendung

Heute soll unsere erste Radiosendung über die Schulanlage laufen. Alle sind ein bisschen nervös, obwohl wir uns sehr gut vorbereitet haben:

- Janine hat zu Hause eine Audio-CD mit den Lieblingshits der Schulfunkgruppe gebrannt.
- Jeremy, Julian und Stephania haben Fragen vorbereitet und mithilfe eines MP3-Players Passanten und Schüler zum Thema „Wie kann der Platz vor unserer Schule verschönert werden?" interviewt.
- Isabel und Manuel haben sich im Internet über den Namensgeber der Schule informiert, der heute vor 200 Jahren geboren wurde. Dazu haben sie einen kurzen Beitrag verfasst und über ein Headset eingesprochen.
- Benjamin hat einen witzigen Handy-Klingelton besorgt, der – zusammen mit unserem Schulfunkslogan, den wir gemeinsam eingesprochen haben – jeweils am Anfang und Ende der Sendung stehen soll.
- Roy und Patrick haben mit einem Soundprogramm eine charakteristische Tonfolge eingespielt, die sie auf einem MP3-Stick mitbringen. Sie soll immer als Jingle zwischen einem Musiktitel und einem Wortbeitrag eingesetzt werden.
- Nora wird die Live-Moderation übernehmen (die Hörer begrüßen/verabschieden, das Programm ankündigen, den Termin für das Sportfest bekannt geben).

Nun muss noch das gesamte Material auf dem Laptop gesammelt werden. Dazu wird das Schnittprogramm geöffnet. Nachdem alle Elemente (über Schnittstellen wie USB-Kabel, Bluetooth etc.) importiert, in die richtige Reihenfolge gebracht und geschnitten worden sind, hat die

M5 Schüler bei der Vorbereitung einer Schulfunksendung

Gruppe Zeit, ein letztes Mal zu üben, an welchen Stellen der Player für die Moderation gestoppt werden soll. Noch 30 Minuten, dann heißt es endlich: Sendung läuft!

Autorentext

1 a Werte M1 aus:
  – Welche Medien nutzen Jugendliche je nach Situation am häufigsten/am seltensten?
  – Nenne das Medium, das im Zeitraum von 2005 bis 2007 am stärksten an Bedeutung gewonnen hat. Hast du dafür eine Erklärung?

b Wie steht es bei euch? Führt die Umfrage in der Klasse durch, indem ihr
  – die Tabelle auf Arbeitsblätter übertragt und individuell ausfüllt,
  – die Ergebnisse an der Tafel sammelt und die Prozentzahlen errechnet.
  Vergleicht eure Ergebnisse mit denen der Studie.

c Tragt zusammen, welche Medien ihr außerdem nutzt. In welchen Situationen? Gibt es Unterschiede zwischen Jungen und Mädchen?

2 Fasse die verschiedenen Funktionen, die Medien haben können, in Oberbegriffen zusammen.

3 Diskutiert die Meinungen der Jugendlichen in M2: Welchen könnt ihr euch anschließen, welchen nicht?

4 Erläutere am Beispiel von M3 bis M5, ob folgende Aussage zutrifft: „Bei sinnvoller Nutzung sind neue Medien eine Bereicherung und eine Chance im Leben." Fallen dir weitere positive Beispiele ein?

Rückzug in (m)eine andere Welt

M 1 Gruppenbild einer World-of-WarCraft-Gilde

M 2 Beispiel für Mediensucht

Spielen bis fünf Uhr früh, regelmäßiges Einschlafen auf der Tastatur – das war nichts Ungewöhnliches für Lukas. Während der Woche war er dann schlicht zu müde für die Schule.

Nach und nach driftete er ab in die spannende Scheinwelt des World of WarCraft, in der sein virtuelles „Ich" viel erfolgreicher war als die Person im wirklichen Leben. Er hatte sich einen Spielcharakter aufgebaut, der im Laufe der Zeit immer mehr Fähigkeiten und Respekt in der Gemeinschaft der Spieler erwarb und schließlich Aufnahme in einem erfolgreichen Spielteam, einer Gilde, fand.

Die Gilde wurde für Lukas zum Freund-Ersatz, die Erlebnisse mit ihnen ersetzten die nüchterne Realität. Nach siegreichen Schlachten versammelte sich sein Spielteam wie eine verschworene Gemeinschaft im Netz, um den Sieg zu feiern. Ehrgeizig erkämpften sie Level um Level und verschafften sich den Respekt der anderen Spieler. Das hielt Lukas am Rechner – ta-

ge- und nächtelang. Um den ganzen Tag spielen zu können, stellte er sich oft krank. Das Spiel gab ihm Glücksmomente, die er im realen Leben vermisste. „Man flieht in diese andere Welt, in der es keine schlechten Gefühle oder Einsamkeit gibt und in der man stark und mit einem perfekten Körper ausgestattet ist. Vorher hatte ich kaum Freunde und nur wenig Selbstbewusstsein. Im Spiel wurde ich dann gleich von der Gruppe aufgenommen und levelte mich mit ihnen zusammen hoch", erklärt Lukas.

Im richtigen Leben ging dafür alles schief. Doch das bemerkte Lukas lange Zeit nicht, denn er hatte einfach keine Zeit dafür. Seine Familie musste mit ansehen, wie es mit ihm bergab ging: Seine Noten wurden schlechter, er aß unregelmäßig und ließ sein Zimmer verkommen, schwänzte immer häufiger die Schule und zog sich mehr und mehr aus der realen Welt zurück. Absprachen und Verbote bewirkten nichts. „Als wir irgendwann den Strom abstellten, wurde er wahnsinnig wütend und aggressiv", berichtet seine Mutter. „Sie haben versucht, mir meine ‚Droge' wegzunehmen, da bin ich vollkommen ausgerastet. Ich war einfach total davon abhängig", bestätigt Lukas.

Am meisten enttäuscht haben ihn seine World-of-WarCraft-Freunde, mit denen er einmal über seine Probleme sprechen wollte: „Die ‚Freunde' im Netz haben mich eher bedrängt, weiterzumachen, und mich an meine Pflichten als Gildemitglied erinnert", sagt er.

Hilfe fand er stattdessen bei einem realen Freund und seiner Familie, die mit ihm eine Suchtberatungsstelle aufsuchte. Heute ist er wieder in der Wirklichkeit angekommen, das Spiel hat er längst verkauft. „Jetzt weiß ich, dass mir in meinem Leben sehr viel gefehlt hat. Es gibt so viel Besseres zu tun als nur World of WarCraft zu spielen. Das wirkliche Leben mit echten Begegnungen ist zwar nicht immer so einfach wie das im Computerspiel, dafür aber viel intensiver."

Text nach einem Beitrag der Sendung 37 Grad, vom 4.12.2007: Gefangen im Netz, http://www.zdf.de/ZDFmediathek/ content/374194?inPopup=true, Stand: 9.3.08)

Im Sog der modernen Medien

Ein Großteil der deutschen Jugendlichen surft und chattet regelmäßig im Internet, sieht fern und spielt Playstation oder PC-Spiele. Was für die meisten nicht mehr als ein gelegentlicher Zeitvertreib ist oder der Informationssuche dient, wird für einige Jugendliche zum Problem. Dann nämlich, wenn sie davon dermaßen in den Bann gezogen werden, dass sie jedes Maß für die Zeit, die sie vor dem Bildschirm verbringen, verlieren. Immer öfter und ausgiebiger fliehen sie dann in virtuelle Welten, bis sie schließlich das Interesse an allem verlieren, was um sie herum – in der realen Welt – geschieht.

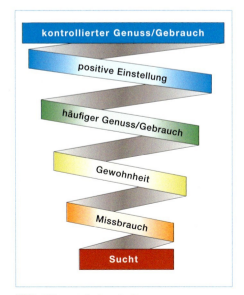

M 3 Abhängigkeitsspirale

Sucht

Wenn man „süchtig" oder „abhängig" ist, kann man das, was man konsumiert, nicht mehr kontrollieren. Süchtige können zum Beispiel nicht mehr aufhören, regelmäßig Drogen wie Alkohol oder Zigaretten zu sich zu nehmen, obwohl sie wissen, dass es ungesund ist und ihnen schadet. Dies sind Beispiele für stoffliche Süchte, bei denen Mittel konsumiert werden, die zu körperlicher Abhängigkeit führen können.
Es gibt aber auch nichtstoffliche Süchte. Dann hat man z. B. den zwanghaften Drang, täglich möglichst lange fernzusehen, zu chatten oder am Computer zu spielen. Der Wiederholungszwang (nicht mehr anders zu können) und der Kontrollverlust (nicht mehr aufhören zu können) sind in diesen Fällen Anzeichen einer seelischen Abhängigkeit.

M 4 Stoffliche und nichtstoffliche Süchte

Information und Rat findest du auch im Internet

Webcode: PE641796-175

---

1 a Lies M 2 und formuliere 4 bis 5 Fragen an den Text. Lies ihn anschließend noch einmal und markiere wichtige Schlüsselbegriffe, die du mithilfe einer ✄ **Mindmap** ordnest.

b Vergleiche mit M 3 und M 4. Erkläre, wieso in Lukas' Fall von einer Sucht gesprochen werden konnte.

2 Beschreibe
   – die Ursachen und
   – Auswirkungen seiner Rollenspielsucht.

3 a Nennt die Rolle, die die Gilde spielte
   – bei Lukas' Weg in die Abhängigkeit,
   – bei seinem Versuch, sich daraus zu befreien.

b Versetze dich in Lukas' Situation: Du hast den festen Entschluss gefasst, deine Spielsucht zu überwinden und noch heute dein Spielteam zu verlassen. Schreibe der Gilde einen Abschiedsbrief, in dem du deine Gründe darlegst.

4 Mediziner warnen vor weiteren Folgen der Mediensucht. Welche könnten das sein?

5 Überlegt gemeinsam, wie Mediensüchtige aus ihrer Abhängigkeit herausgebracht werden können. Bezieht Eltern, Clique und Schule ein.

Unter Druck – Jugendliche in der Leistungsgesellschaft

M 1 *Karikatur: Plaßmann*

Von den befragten Kindern nannten als Grund für ihre größten Ängste am häufigsten:

M 2 **Größte Ängste 9–14-Jähriger** *(Quelle: LBS-Kinderbarometer Deutschland 2007)*

M 3 **Was Schülerinnen und Schüler bedrückt**

1. „Wenn ich vor der Klasse etwas vortragen muss, fange ich jedes Mal an zu schwitzen und vor Klassenarbeiten ist mir oft schlecht."

2. „Ich könnte schon heulen, wenn ich irgendwo eine 3 habe. Dann kriege ich totale Panik, dass ich notenmäßig absacke und das Gymnasium nicht schaffe."

3. „Mein Vater meint, dass heutzutage nur die Besten einen guten Job kriegen und dass Noten wichtig sind für die Auslese."

4. „Unser Mathelehrer sagt manchmal so was wie ,Wer diese Aufgabe nicht auf Anhieb löst, hat hier sowieso nichts verloren.' Dann kann ich überhaupt nicht mehr klar denken …"

5. „Meine größte Angst ist, später arbeitslos zu sein."

6. „Aus der Theater-AG musste ich aussteigen – es wurde mir einfach alles zu viel …"

7. „Meine Deutschlehrerin gibt die Klassenarbeiten immer nach Noten sortiert zurück. Ich hasse das, weil ich da ziemlich schlecht bin und alle das dann mitkriegen."

8. „Wenn ich eine schlechte Note nach Hause bringe, ist die Stimmung auf dem Nullpunkt. Einmal habe ich eine 5 verheimlicht, aber es kam raus. Meine Eltern sind ausgerastet und haben mir eine Woche Hausarrest gegeben."

Hier findet ihr Hilfe:

☎ **„Nummer gegen Kummer"**
0800 1 11 03 33
Anonyme und kostenlose Beratung für Kinder und Jugendliche

M 4 Japanische Schüler lernen anders

Wenn die Schulglocke um 8.45 Uhr ertönt, sitzen japanische Kinder bereits seit 20 Minuten im Klassenzimmer. In dieser Zeit bereiten sie sich auf den Unterricht vor. Der Lehrer gibt die Planung für den bevorstehenden Schultag bekannt. Ein Schultag, der bis in die Nachmittagsstunden dauert, jeden Tag. (…)

Platz 1 bei PISA

In der PISA-Studie hat Japan das beste Ergebnis unter den großen Industrienationen erreicht. (…) Ganz anders als Finnland, der zweiten Siegernation bei der PISA-Studie, erreicht Japan seine guten Ergebnisse vor allem durch Leistungsdruck und enorme Lernpensen. (…)

Das viele Lernen geht aber auch an japanischen Schülern nicht spurlos vorbei: Japan besitzt die weltweit höchste Selbstmordrate bei Jugendlichen unter 20 Jahren. Verantwortlich dafür seien das harte Schulsystem und der Leistungsdrill im Elternhaus, meint Bildungsexperte Peter Struck.

Einzige Lehrmethode: Frontalunterricht

„Der Unterricht in japanischen Schulen funktioniert wie eine Einbahnstraße, nur in eine Richtung. Und zwar vom Lehrer in Richtung Schüler", erklärt Schuldirektorin Chie Senoo das Prinzip des Frontalunterrichts, die einzige Lehrmethode an Japans Schulen. (…)

Kopfnicken statt Diskussion

Japan hat bei der PISA-Studie zwar besser abgeschnitten als Deutschland, dennoch gäbe es Dinge im deutschen Schulsystem, von denen japanische Schulen nur lernen könnten, meint Schuldirektorin Chie Senoo. Das Wichtigste: „Japanischen Kindern fehlt die Fähigkeit, sich zu äußern. Die Kinder sind sehr zurückhaltend und lernen durch den ständigen Frontalunterricht nicht, wie man diskutiert."

www.wdr.de; abgerufen am 18. 3. 2008

M 5 Häufigste Krankheiten 9–14-Jähriger *(Quelle: LBS-Kinderbarometer Deutschland 2007)*

1 Erkläre, was der Zeichner mit der Karikatur M 1 aussagen wollte.

2 Werte die Schaubilder M 2 und M 5 aus und stelle zwischen beiden Materialien einen Bezug her. Vergleiche mit M 3.

3 M 3: Arbeitet in Gruppen:
   a Wählt zwei bis drei Schüleraussagen aus und erläutert die Probleme oder Ängste, die sich darin widerspiegeln.
   b Formuliert Ratschläge für die betroffenen Schüler.
   c Stellt sie der Klasse vor und diskutiert darüber.

4 Könnt ihr euch eine Schule ohne Leistungsdruck vorstellen? Erstellt dazu ein Ideenkarussell und diskutiert die Vorschläge.

5 Bei der letzten PISA-Studie belegte Deutschland Platz 13.
   a „Deutschland sollte sich in Bildungsfragen mehr an Ländern wie Japan orientieren. Unterricht in Deutschland ist viel zu lasch." Diskutiert diese Aussage (M 2–M 5).
   b Laut Schuldirektorin Chie Senoo fehlen japanischen Schülern wichtige Eigenschaften. Benennt diese und stellt einen Zusammenhang zum Schulsystem her.

Jugend heute

M 1 Gruppen

J	K	L	P	E	E	R	G	R	O	U	P
L	N	U	R	N	M	K	H	Z	V	R	J
V	Z	E	F	M	O	B	B	E	N	M	P
I	X	Q	T	L	T	J	P	V	Q	X	E
R	T	Q	C	L	I	Q	U	E	P	I	U
T	X	R	E	D	O	Q	W	S	G	H	C
U	R	O	M	V	N	Z	S	T	I	L	V
E	H	R	E	N	A	M	T	C	V	U	N
L	D	F	D	U	L	F	A	H	Z	V	D
L	T	H	I	H	D	X	R	R	T	Z	U
I	O	S	U	C	H	T	Q	W	E	R	U
N	Z	F	M	A	B	W	P	L	Z	C	A
S	B	N	K	A	J	O	Z	K	M	S	B
G	R	U	P	P	E	N	D	R	U	C	K
I	L	V	W	C	F	X	Z	Q	K	R	C

M 3 Suchrätsel

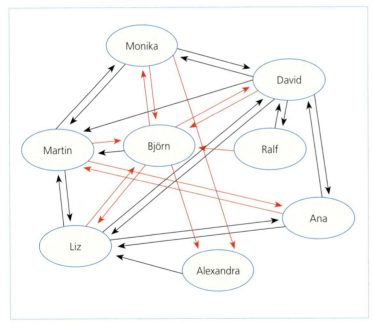

M 2 Soziogramm

a	Ein Soziologe ist ein Pflanzenforscher.
b	Um ein Gruppenmitglied einzuschüchtern, spielen die Gestik und der Tonfall eine große Rolle.
c	Ein Sündenbock wird von vielen Mitgliedern einer Gruppe akzeptiert.
d	Mobbing ist eine kurz andauernde, einmalige Handlung.
e	Wenn Jugendliche ihren eigenen Stil zeigen wollen, tun sie dies vor allem über die Kleidung.
f	In Deutschland besitzt etwa jeder zweite Jugendliche zwischen 15 und 17 Jahren ein Handy.
g	Die meisten Jugendlichen nutzen das Internet, wenn ihnen langweilig ist oder wenn sie sich alleine fühlen.
h	Mediensucht ist ein Beispiel für eine stoffliche Sucht.

M 4 Richtig oder falsch?

Grundprinzipien der „Dunklen Wächter":

1. Das Spielen soll Spaß machen. Kein Gilden-mitglied sollte ein anderes Mitglied unter Druck setzen. Lasst euch beim Leveln so viel Zeit, wie ihr wollt, und wenn ihr mal keine Lust auf das Spiel habt, dann macht ruhig eine Spielpause.

2. Das wahre Leben geht vor. Solltet ihr, aus welchen Gründen auch immer, keine Zeit mehr zum Spielen haben (oder lange aussetz-ten müssen), so nimmt euch das niemand übel. (…)

4. Gegenseitige Hilfe und Unterstützung. Die Dunklen Wächter sind eine Gemeinschaft. Ge-meinschaft bedeutet auch, sich gegenseitig zu helfen. (…)

Rangfolge der Mitglieder der „Hüter des Lichtes":

Page: Rang für sämtliche neuen Mitglieder der Gilde. Pagen haben eine Probezeit zu absolvie-ren (…)

Knappe: Hierbei handelt es sich um feste Mit-glieder, die schon ihre Treue gezeigt haben.

Ritter: Dies sind Gildenmitglieder, die schon lange Zeit bei den Hütern des Lichtes sind und regelmäßig online sind, aber noch nicht durch herausragende Tätigkeiten für die Gilde/Gil-denmitglieder aufgefallen sind.

Schwertmeister: Bei diesen handelt es sich um einen Ehrenrang für Mitglieder, welche durch außerordentlichen Einsatz für die Gilde, be-sondere Hilfsbereitschaft oder durch hohe Ak-tivität im Forum oder Spiel überzeugt haben.

Ratsmitglied (…)

Großmeisterin/Gildenmeisterin (…)

M 5 Aus den Grundregeln zweier World-of-WarCraft-Gilden

(http://dunklewaechter.forumieren.com/in-dex.htm *sowie* http://www.hdl-wow.de; *Zugriff:* 17. 3. 2008)

M 6 Hinweisschild an Telefonzellen bis in die 1970er-Jahre

M 7 „Quatsch dich leer!", Werbeanzeige eines Mobilfunkanbieters, 2007

Sachwissen und Analysekompetenz

1 Vergleiche die Abbildungen in M 1 und erkläre die Unterschiede zwi-schen den Gruppen.

2 Im Buchstabensalat sind 11 Begriffe versteckt (M 3). Finde und erläu-tere sie. Tipp: Die Begriffe sind senkrecht und waagerecht versteckt.

3 Richtig oder falsch? Erläutere deine Entscheidung (M 4).

Analyse- und Methodenkompetenz

4 In M 2 wird die Beziehungsstruktur einer Gruppe grafisch dargestellt. Rote Pfeile stehen für Ablehnung/Feindschaft, schwarze für Sympa-thie/Freundschaft. Werte das Soziogramm aus und ziehe Rückschlüs-se auf die Gruppenfiguren und Positionen der Gruppenmitglieder.

Urteils- und Handlungskompetenz

5 a Vergleicht die Regeln der beiden Gilden miteinander (M 5). Welche grundsätzlichen Unterschiede könnt ihr erkennen?

   b Stellt anhand der Regeln der Gilde „Hüter des Lichtes" Vermutun-gen dazu an, worin die Attraktivität und eventuell auch Sucht-gefahr solcher Spiele für Jugendliche liegt.

6 a Stelle die technische Entwicklung zwischen M 6 und M 7 dar.

   b Beschreibe an einem Beispiel, wie sich das Leben der Menschen verändert hat.

   c Nimm Stellung zu der Aussage: Dank der Technik haben es Ju-gendliche heute in allen Lebensbereichen leichter als früher.

8 Erweiterung und Zukunft der Europäischen Union

M 1 Seit dem 1. 1. 2007 hat die Europäische Union 27 Mitgliedsstaaten

Am Ende dieses Kapitels kannst du

- die wichtigsten bisherigen Etappen auf dem Weg zur europäischen Einigung benennen.
- Beispiele dafür nennen, wie die Europäische Union das Leben der Menschen in den Mitgliedsstaaten beeinflusst.
- die Ausweitung der Europäischen Union beschreiben. Außerdem kannst du Vor- und Nachteile benennen, die eine Zugehörigkeit zur Europäischen Union mit sich bringt. Du kannst diese Vor- und Nachteile kritisch beurteilen.
- die wichtigsten Institutionen der Europäischen Union und ihre Aufgaben strukturiert beschreiben.
- beschreiben, wie Europa von einer Wirtschafts- zu einer Währungsunion zusammenwächst und welche Kriterien die Europäische Union hierfür anlegt. Du kannst diese Kriterien kritisch beurteilen und am Beispiel des Handels Vorteile für dieses Vorgehen aufzeigen.

M2 Titelseiten aus den Jahren 2004–2010

1 Führt ein 🧠 Blitzlicht zum Thema Europa durch.

2 Wertet die Meldungen der Titelseiten aus. Handelt es sich um positive oder negative Meldungen zur EU? Was wisst ihr darüber? Welche Meldungen sind gerade in den Medien?

3 a Versuche zunächst alleine und ohne Hilfsmittel alle EU-Staaten zu notieren. Vergleicht dann die Ergebnisse der Einzelarbeit in Gruppen und einigt euch auf eine Lösung.

b Vergleicht nun eure Ergebnisse mit M2 auf Seite 183. Stimmt eure Liste? Falls sie nicht stimmt: Welche EU-Staaten wurden vergessen, welche gehören nicht dazu?

Expedition Europa

Wenn ich an die EU denke …

M 1 Schülermeinungen zur Europäischen Union

Was ist Europa?

Aus dem Weltraum betrachtet erscheint Europa wie eine westliche Halbinsel Asiens. Dennoch wurde Europa immer als **eigener Kontinent** betrachtet: Eine gemeinsame Geschichte und Kultur verbindet die Völker, die Staaten arbeiten wirtschaftlich und politisch eng zusammen. Dennoch sind bei den Menschen die Meinungen darüber, wie eng die Zusammenarbeit oder wie groß die Eigenständigkeit der europäischen Staaten sein sollte und wer überhaupt zur Europäischen Union gehören sollte, sehr unterschiedlich.

Viele Staaten – ein Kontinent

In keinem anderen Raum der Erde von vergleichbarer Größe sind so viele Staaten anzutreffen. Europa sieht wie ein bunter Flickenteppich aus: 2009 zählte man **47 Staaten**. Manche dieser Staaten – wie Spanien, Frankreich oder Deutschland – sind flächenmäßig sehr groß, andere, wie Andorra, Monaco oder Liechtenstein, bezeichnet man als Zwergstaaten, da das Staatsgebiet sehr klein ist. Aber auch die Bevölkerungsverteilung ist sehr unterschiedlich.

Dieser Staatenreichtum hat zur Folge, dass in Europa über **60 Sprachen** gesprochen werden, die Dialekte sind dabei noch nicht einmal mitgezählt. Selbst die Europäische Union hat 23 Amtssprachen, in denen sich die Bürger an sie wenden können. Auch die Schrift ist in Europa nicht einheitlich: Es gibt das lateinische, das griechische und das kyrillische Alphabet.

Kulturelle Vielfalt

Europa wird vielfach als Abendland bezeichnet im Gegensatz zum Orient, dem so genannten Morgenland. Jedes europäische Land hat seine eigene Geschichte und damit auch seine Sitten und Gebräuche, eigene Rechtsvorstellungen und politische Ideen sowie geschichtliche Erfahrungen und Bildungswerte. Der **kulturelle Reichtum** in Europa ist auf der Welt einzigartig. Europäische Dichter und Philosophen, Komponisten, Wissenschaftler, Maler und Erfinder gaben der Welt entscheidende Impulse. Aber trotz aller Unterschiede haben die Europäer doch ähnliche Lebensweisen und Wertvorstellungen, die vom Christentum als gemeinsamer europäischer Religion geprägt sind.

Trotz gemeinsamer Ideale und Vorstellungen führten die europäischen Völker zahllose **Kriege** gegeneinander. In deren Verlauf oder als Folge der Kriege kam es immer wieder zu neuen Grenzziehungen und sogar neuen Staatsgründungen.

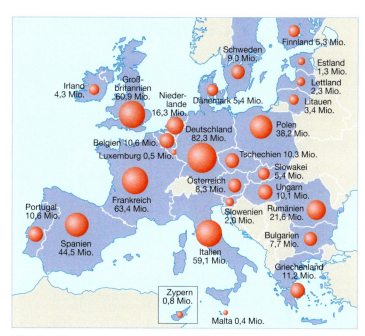

M 2 Bevölkerung der EU-Staaten, *Stand: 2010*

Der Tag wird kommen, da die Kugeln und Bomben durch Stimmzettel, durch das allgemeine Wahlrecht zu einem europäischen Parlament abgelöst werden.

Victor Hugo, französischer Schriftsteller, 1849

Das kann doch so nicht ewig weitergehen. Schon zum zweiten Mal in meinem Leben stehe ich mit meiner Familie vor dem Nichts. Warum können denn die Politiker unserer Nachbarländer nicht endlich mal so eine Art Vertrag schließen, der wenigstens für die nächste Zeit Frieden garantiert!

Anna W., 43 Jahre, Hausfrau, im Juni 1945

M 3 Meinungen zu Europa

1 Werte M 1 aus: Stelle in einer Tabelle zusammen, welche Aussagen die Europäische Union eher positiv und welche sie eher negativ bewerten.

2 Diskutiert in der Klasse, welchen Aussagen ihr zustimmen würdet, welchen eher nicht (M 1).

3 Nenne die drei bevölkerungsreichsten und -ärmsten Staaten der EU (M 2). Wie könnten sich die unterschiedlichen Einwohnerzahlen auf die Stellung innerhalb der EU auswirken?

4 Welche gemeinsame Hoffnung haben Victor Hugo und Anna W. (M 3)? Schlage nach, von welchen Kriegen die Rede ist.

Etappen der europäischen Einigung

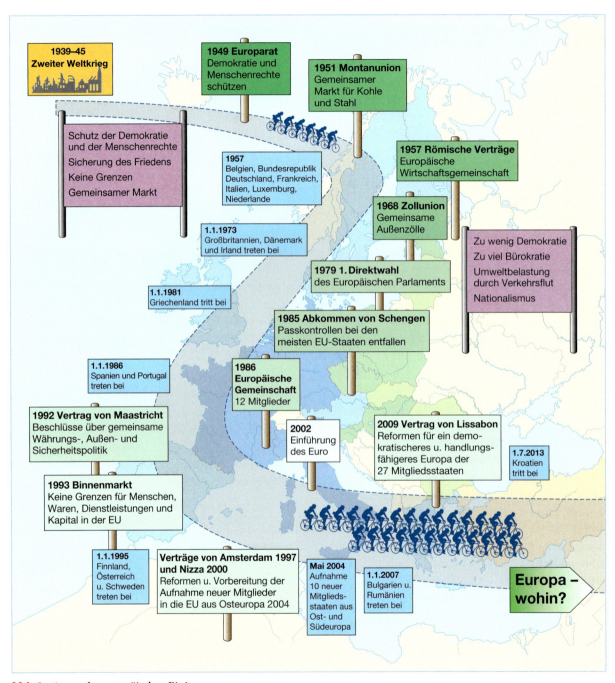

1939–45 Zweiter Weltkrieg

1949 Europarat
Demokratie und Menschenrechte schützen

1951 Montanunion
Gemeinsamer Markt für Kohle und Stahl

Schutz der Demokratie und der Menschenrechte

Sicherung des Friedens

Keine Grenzen

Gemeinsamer Markt

1957
Belgien, Bundesrepublik Deutschland, Frankreich, Italien, Luxemburg, Niederlande

1957 Römische Verträge
Europäische Wirtschaftsgemeinschaft

1968 Zollunion
Gemeinsame Außenzölle

1.1.1973
Großbritannien, Dänemark und Irland treten bei

Zu wenig Demokratie

Zu viel Bürokratie

Umweltbelastung durch Verkehrsflut

Nationalismus

1979 1. Direktwahl
des Europäischen Parlaments

1.1.1981
Griechenland tritt bei

1985 Abkommen von Schengen
Passkontrollen bei den meisten EU-Staaten entfallen

1.1.1986
Spanien und Portugal treten bei

1986 Europäische Gemeinschaft
12 Mitglieder

1992 Vertrag von Maastricht
Beschlüsse über gemeinsame Währungs-, Außen- und Sicherheitspolitik

2002
Einführung des Euro

2009 Vertrag von Lissabon
Reformen für ein demokratischeres u. handlungsfähigeres Europa der 27 Mitgliedsstaaten

1.7.2013
Kroatien tritt bei

1993 Binnenmarkt
Keine Grenzen für Menschen, Waren, Dienstleistungen und Kapital in der EU

1.1.1995
Finnland, Österreich u. Schweden treten bei

Verträge von Amsterdam 1997 und Nizza 2000
Reformen u. Vorbereitung der Aufnahme neuer Mitglieder in die EU aus Osteuropa 2004

Mai 2004
Aufnahme 10 neuer Mitgliedsstaaten aus Ost- und Südeuropa

1.1.2007
Bulgarien u. Rumänien treten bei

Europa – wohin?

M 1 Stationen der europäischen Einigung

Wäre jemals ein vereintes Europa imstande, sich das gemeinsame Erbe zu teilen, dann genössen seine drei- oder vierhundert Millionen Einwohner Glück, Wohlstand und Ehre in unbegrenztem Ausmaße.

Und welches ist der Zustand, in den Europa gebracht worden ist? In weiten Gebieten starren ungeheure Massen zitternder menschlicher Wesen gequält, hungrig und verzweifelt auf die Ruinen ihrer Städte und Behausungen. Und doch gibt es ein Mittel, das in wenigen Jahren ganz Europa frei und glücklich machte. Es ist die Neuschöpfung der europäischen Völkerfamilie. Wir müssen eine Art Vereinigte Staaten von Europa errichten.

Winston Churchill, britischer Premierminister, am 19.9.1946 in Zürich, gekürzt

M 2 Idee von einem vereinten Europa

Europa lässt sich nicht mit einem Schlage herstellen. Die Vereinigung der europäischen Nationen erfordert, dass der jahrhundertealte Gegensatz zwischen Frankreich und Deutschland ausgelöscht wird.

Die französische Regierung schlägt vor, die Gesamtheit der französisch-deutschen Kohle- und Stahlproduktion einer gemeinsamen Hohen Behörde zu unterstellen, in einer Organisation, die den anderen europäischen Ländern zum Beitritt offensteht. Die Solidarität der Produktion, die so geschaffen wird, wird bekunden, dass jeder Krieg zwischen Frankreich und Deutschland nicht nur undenkbar, sondern materiell unmöglich ist.

Robert Schuman, französischer Außenminister, am 9.5.1950, gekürzt

M 3 Der Schumanplan – die Montanunion

Erste Schritte der Einigung

Die Idee, aus den vielen Einzelstaaten ein vereintes Europa zu schaffen, tauchte immer wieder auf. Doch erst nach den beiden schrecklichen Weltkriegen, die Millionen von Toten forderten und Städte, Dörfer und Fabrikanlagen zerstört zurückließen, griffen auch mehr und mehr Politiker den Gedanken auf. Die Völker Europas sollten sich nie wieder als Feinde in einem Krieg gegenüberstehen, sondern als **Partner** gemeinsam an einer besseren Zukunft arbeiten.

EGKS – die Montanunion

Stahl und Kohle waren für den Wiederaufbau nach dem Zweiten Weltkrieg sehr wichtige Güter. Da es im Laufe der Geschichte immer wieder zu Auseinandersetzungen zwischen Frankreich und Deutschland um die Montanindustriegebiete (**Kohle- und Stahlindustrie**) Lothringen, Elsass und Saarland gekommen war, wollte man die Montanindustrie nach dem Vorschlag des französischen Außenministers Robert Schuman unter eine gemeinsame politische Kontrolle stellen. So unterschrieben am 18. April 1951 die sechs europäischen Staaten Bundesrepublik Deutschland, Frankreich, Italien, Luxemburg, Belgien und die Niederlande den Vertrag über die Gründung der „Europäischen Gemeinschaft für Kohle und Stahl" (EGKS), der Montanunion.

Die Staaten, die den Vertrag unterzeichnet hatten, waren sich schon damals einig, dass die EGKS nur ein erster Schritt auf dem Weg zur europäischen Einigung war. Weitere Zusammenschlüsse sollten folgen, die auch, ebenso wie die Montanunion, anderen europäischen Staaten offenstehen sollten.

M 4 Plakat von 1955

1 Erkläre, warum Churchill und Schuman den Zusammenschluss Europas forderten (M 2 und M 3).

2 Erkläre, warum die europäische Einigung ausgerechnet mit der Montanindustrie ihren Anfang nahm.

3 Stelle anhand des Plakats M 4 fest, mit welcher Zielrichtung 1955 für Europa geworben wurde.

4 Erklärt euch gegenseitig in einem 🗨️ Karussellgespräch die Etappen der europäischen Einigung (M 1).

5 M 1 kann als Grundlage für Referate dienen z.B. zu folgenden Themen:
   – Stationen der wirtschaftlichen Einigung,
   – Etappen der politischen Integration.

Selbstarbeit: Das tägliche Brot

M 1 Bauernprotest. Die unterschiedlichen Interessen der Bauern in den einzelnen Mitgliedsländern führten so manches Mal zu Demonstrationen bis hin zu wütenden Protesten. Foto, 2002

Dauerthema Landwirtschaft

Kaum ein anderer Bereich aus dem Umfeld der Europäischen Union wurde im Laufe der Zeit so heftig diskutiert wie die Landwirtschaft. Nach dem Zweiten Weltkrieg war es die vorrangige Aufgabe der Landwirtschaft in der EU, die Ernährung der Bevölkerung sicherzustellen. Heute drehen sich die Überlegungen um die Erzeugung zu großer Mengen und um den Verbraucherschutz, z. B. die Genmanipulation.

Ein besonderer Streitpunkt sind jedoch die hohen Subventionen (Unterstützungsgelder) für bestimmte Produkte. Grundgedanke war Anfang der 1960er-Jahre, verlässliche Marktbedingungen für die Bauern zu schaffen, da die agrarischen Märkte extremen Preisschwankungen unterworfen waren. Dies hatte seine Ursache darin, dass in diesem Bereich aufgrund natürlicher Einflussfaktoren (Wetter) häufiger Überangebote oder Verknappungen

entstehen konnten. Die Gemeinschaft garantierte den Bauern die Preise, auch wenn diese unter ein bestimmtes Niveau sanken. Verbunden mit starken Veränderungen der Produktionsbedingungen, die es erlaubten, immer schneller und mehr herzustellen, führte dies auf die Dauer zu einer Überproduktion. Hieraus ergab sich die permanente Diskussion in der EU, Subventionen zu kürzen oder zu streichen, was wiederum den Protest der Bauern hervorrief.

Durch den Beitritt zehn neuer Staaten im Mai 2004 veränderten sich die Voraussetzungen für die EU-Landwirtschaft. Es wurden neue Abstimmungen nötig, z. B. weil ein Land wie Polen mit seiner starken landwirtschaftlichen Ausrichtung hinzugekommen ist.

M 2 Albert Schmitz (24), Landwirt aus Wesel (Niederrhein):

Großvater erzählte mir, dass seine Eltern arm waren und oft kaum wussten, wie sie es schaffen sollten. Dann kam in den 50er-Jahren die EWG und die in Brüssel haben den Bauern feste Preise garantiert. Damals hat der Opa den Betrieb hauptsächlich auf Milchkühe umgestellt. Es war wohl viel Arbeit, aber die Familie hatte weniger Sorgen. Irgendwann war dann von „Butterbergen" und „Milchseen" die Rede. Es kamen so genannte Quoten, das heißt, wir durften nur noch eine bestimmte Menge Milch abliefern für den vollen Garantiepreis. Hatten wir mehr, dann gab es dafür weniger Geld. So manches Mal haben wir die Kannen einfach ausgekippt! Zuletzt halfen nur noch Abschlachtprämien; auch wir haben Tiere abschaffen müssen. Und wie das alles mal weitergehen soll mit der Landwirtschaft in der immer größeren EU, weiß sowieso kein Mensch!

1 Wertet das Material dieser Seite aus und stellt der Klasse die Situation der Landwirtschaft in der EU vor (✂ **Referat**). Zieht möglichst zusätzliche Informationen z. B. aus dem ✂ **Internet** mit heran.

Selbstarbeit: Binnenmarkt

M 1 Die „vier Freiheiten" des Binnenmarktes

Der Binnenmarkt

In Maastricht (Niederlande) wurden 1991 die Verträge über eine Europäische Union (= EU) unterzeichnet. Die Zusammenarbeit wurde dadurch auf neue Bereiche ausgedehnt: Es wurde eine gemeinsame Währungs-, Außen- und Sicherheitspolitik beschlossen. Die Regelungen des europäischen Binnenmarktes traten 1993 in Kraft: keine Grenzen mehr für Menschen, Waren, Dienstleistungen und Kapital in der EU.

Das bringt viele Vorteile, kann aber auch in bestimmten Fällen von Nachteil sein, vor allem deshalb, weil ja die Rahmenbedingungen wie Steuern, Versicherungen, Löhne und Preise noch lange nicht in allen Mitgliedsländern gleich sind. Die Verbraucher aber können sich aus einem Riesenangebot das für sie günstigste heraussuchen.

Freizügigkeit war übrigens für die mittelalterlichen Handwerker eine Selbstverständlichkeit. Wenn sie nach der Lehrzeit als Gesellen auf Wanderschaft quer durch Europa gezogen waren, kamen sie nach Jahren reich an Anregungen und mit vielen neuen Ideen zurück in ihre Heimatstadt.

Pedros (16):

Mein Vater überweist jeden Monat Geld auf sein Konto in Thessaloniki, weil er später dort ein Geschäft gründen möchte.

Uwe (15):

Meine Mutter ist Versicherungsvertreterin. Neulich hat sie einem Transportunternehmer aus Edinburgh eine Lebensversicherung vermittelt.

Tim (16):

Meine Schwester macht eine Banklehre. Jetzt ist sie im Rahmen ihrer Ausbildung für ein halbes Jahr zu einer Partnerbank nach Paris geschickt worden.

Marion (15):

Bekannte von uns haben ihren Betrieb nach Portugal verlegt, weil da die Löhne niedriger sind als hier in Deutschland.

Effi (15):

Ich finde es cool, einfach so über die Grenzen fahren zu können.

M 2 Beispiele zum Thema „Freizügigkeit in der EU" im Klassengespräch der 9a

1 Wertet das Material dieser Seite aus und stellt der Klasse den europäischen Binnenmarkt vor (Kurzvortrag). Zieht möglichst zusätzliche Informationen z. B. aus dem Internet mit heran.

Selbstarbeit: Sicherheit und Kriminalität

M 1 Grenzverschiebung

Noch vor einem Jahr ließ die Idee, dass die Slowakei einen Teil der Außengrenze sichern sollte, die Nachbarn schaudern. Doch heute ist die Überwachung der 98 Kilometer langen Schengen-Außengrenze ein Vorzeigeprojekt für die Slowakei. „Wir haben uns im vergangenen Jahr gewaltig angestrengt, um die Überwachung unserer Ostgrenze zur Ukraine zu verbessern", sagt Vladimira Hrebenakova vom Innenministerium der Slowakei. Rund hundert Millionen Euro hat die Slowakei dafür ausgegeben, also gut eine Million pro Kilometer Grenze. High-Tech-Systeme spähen automatisch nach illegalen Grenzgängern. Ein Computerprogramm wertet die Aufnahmen von Video- und Wärmebildkameras aus. Die Software kann Tiere von Menschen unterscheiden.

Auch Polen hat an seiner Ostgrenze aufgerüstet. Mit 1185 Kilometern hat Polen den längsten Abschnitt der neuen Schengen-Außengrenze. „Wir haben neue Waffen, Wärmebild- und Videokameras, kugelsichere Westen und Geräte zur Dokumentenprüfung gekauft", zählt Dorota Mazur vom polnischen Grenzschutz auf. „Derzeit sind 10000 Beamte an der EU-Außengrenze im Einsatz. Beim EU-Beitritt im Jahr 2004 waren es noch 7500." Ausgegrenzt fühlen sich davon viele Menschen in der Westukraine. Tausende Ukrainer arbeiten bisher mit kostenlosem Touristenvisum illegal in Polen. Nun brauchen sie ein Schengen-Visum, für das sie 35 Euro bezahlen müssen, müssen Bargeld-Reserven für die Zeit des Aufenthalts nachweisen und eine Reiseversicherung vorlegen. In Weißrussland kostet das Visum sogar 60 Euro, was bei vielen Weißrussen einem ganzen Monatslohn entspricht.

www.sueddeutsche.de 21.12.2007 (gekürzt, vereinfacht)

M 2 An der Schengen-Außengrenze

Verbrecher kennen keine Grenzen

Grenzen ohne Schlagbäume, Autobahnen und immer schnellere Verkehrsmittel binden die Städte Europas aneinander. Auch Gesetzesbrecher nutzen diese günstige Situation und arbeiten grenzüberschreitend. Deshalb müssen die Polizeibehörden der einzelnen europäischen Staaten enger zusammenarbeiten. Die Abschaffung der Grenzkontrollen, ermöglicht durch das Schengener Abkommen von 1990 und die Erweiterung des Schengen-Raums 2007, wurde zwar von den Medien als historisches Ereignis gefeiert, doch gibt es auch kritische Stimmen. So wird es immer wichtiger, die Außengrenzen der EU mit hohem Personalaufwand strenger zu bewachen.

Paradox ist, dass Europa einerseits durch den Wegfall der Grenzkontrollen enger zusammenrückt, sich andererseits durch die Verschiebung der Schengen-Außengrenzen zweiteilt. Ein Schengen-Graben entsteht, der Unions- und Resteuropa, Arm und Reich voneinander trennt.

Sascha Mostyn www.taz.de 20.12.2007

M 3 Festung Europa schottet sich ab

---

1 Wertet das Material dieser Seite aus und zeigt der Klasse, wie in der EU für Sicherheit gesorgt wird (✂ **Referat**). Zieht möglichst zusätzliche Informationen z.B. aus dem ✂ **Internet** mit heran.

Selbstarbeit: Erweiterungen

Familienzuwachs

Am 1. Mai 2004 erhielt die EU mit dem Beitritt von zehn neuen Mitgliedern den kräftigsten Zuwachs in ihrer Geschichte. 2007 kamen mit Rumänien und Bulgarien nochmals zwei Staaten mit hinzu.

Schwieriger erscheint die Mitgliedschaft der Türkei. Umfragen zufolge wollen 80 % der Türken eine Annäherung an Europa. Viele Europäer dagegen sind der Meinung, ein asiatisches Land mit mehrheitlich islamischer Bevölkerung passe nicht in den christlich-abendländischen Staatenbund. Mit der Türkei werden seit dem 26. Oktober 2005 konkrete Verhandlungen über einen Beitritt geführt.

M 1 Beitrittsvoraussetzungen für Neulinge sind die „Kopenhagener Kriterien":

- Garantie für demokratische und rechtsstaatliche Ordnung, für die Wahrung der Menschenrechte sowie die Achtung und den Schutz der Minderheiten
- Funktionsfähige Marktwirtschaft sowie die Fähigkeit, dem Wettbewerbsdruck innerhalb der Union standzuhalten
- Fähigkeit, die in einer künftigen Mitgliedschaft entstehenden Verpflichtungen zu übernehmen und sich die Ziele der politischen Union sowie der Wirtschafts- und Währungsunion zu eigen machen zu können

Lohnt sich das Mitmachen?

Noch immer gibt es europäische Staaten, die nicht zur Europäischen Union gehören. Die Schweiz als traditionell neutrales Land hat bisher keinen Antrag auf Beitritt gestellt, während die Norweger im November 1994 den Beitritt zum zweiten Mal per Volksabstimmung ablehnten. Die Bürger Europas sehen sowohl Vor- als auch Nachteile in einer Zugehörigkeit.

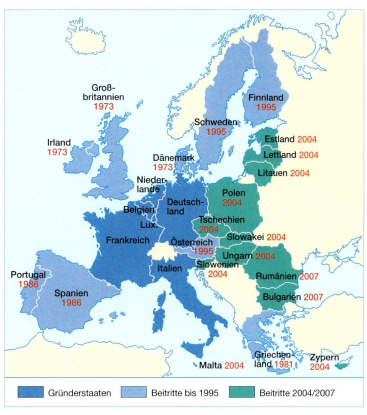

| Gründerstaaten | Beitritte bis 1995 | Beitritte 2004/2007 |

M 2 Die Europäische Union und ihre Erweiterung

Für eine Erweiterung sprechen:
- Frieden in Europa und Sicherung der Menschenrechte
- Ausweitung des Handels und wirtschaftliche Vorteile für alle
- Schutz der Umwelt durch gemeinsame Gesetze
- Gemeinsamer Kampf gegen Kriminalität
- Kultureller Austausch

Probleme entstehen durch:
- Große wirtschaftliche Unterschiede
- Wanderbewegungen von Arbeitskräften in die „reichen" Staaten
- Kämpfe um die zu verteilenden Gelder
- 27 und mehr Mitgliedsstaaten machen unbeweglich und erschweren Entscheidungen

M 3 Chancen und Risiken – was meinen die EU-Bürger?

1 Wertet das Material dieser Seite aus und unterrichtet die Klasse über EU-Erweiterungen (Kurzvortrag). Zieht möglichst zusätzliche Informationen z. B. aus dem Internet mit heran.

Aufgaben und Organe der EU

M 1 Die drei Säulen der Europäischen Union

Webcode:
PE641796-190

M 2 Der Vertrag von Maastricht
Am 1. November 1993 ist der Vertrag über die Europäische Union in Kraft getreten. Er wurde im niederländischen Maastricht ausgehandelt und unterzeichnet und wird deshalb auch als Vertrag von Maastricht bezeichnet. Die zwölf Mitgliedsstaaten der Europäischen Gemeinschaft wollten damit mehr als eine Wirtschaftsgemein-

schaft sein und das Zusammenwachsen Europas weiter vorantreiben. Mit dem Vertrag von Maastricht wurde Europa zu einer politischen Union.
Die Europäische Union ruht seitdem auf drei Säulen (siehe M 1). Die „alte" Europäische Gemeinschaft besteht weiterhin und bildet die erste Säule der Europäischen Union. Doch auch vollkommen neue Politikbereiche wurden Aufgabe der Europäischen Union: Die beiden anderen Säulen bilden die Gemeinsame Außen- und Sicherheitspolitik bzw. die Zusammenarbeit in der Innen- und Rechtspolitik.
Jedoch umfasst auch die erste Säule weit mehr als die bisherigen Regelungen der Europäischen Gemeinschaft. Der Vertrag nennt ebenfalls für diese Säule neue Felder der Zusammenarbeit: Es finden sich deshalb neue oder geänderte Regelungen zu Wirtschafts- und Währungsunion, Unionsbürgerschaft, Verbraucherschutz, Umweltschutz, Gesundheitswesen, Forschung, Bildung und zu Sozialpolitik.

Rudyk, Ellen u. a., Menschen, Märkte, Räume, Berlin 2006, S. 162

Wer regiert die EU?

Die grundsätzlichen Entscheidungen in der Europäischen Union werden im **Europäischen Rat** von den Staats- und Regierungschefs der Mitgliedsländer gefällt. Sie legen damit die politischen Schwerpunkte fest. Auf dieser Ebene muss immer ein Konsens erzielt werden.
Die Verabschiedung von Gesetzen (in der Sprache der EU: Richtlinien und Verordnungen) und des Haushalts erfolgt durch den Rat der jeweiligen **Fachminister** und durch das **Europäische Parlament**. Mit dieser Festlegung im Reformvertrag von Lissabon (2007) wurde die Stellung des Parlaments weiter gestärkt, nachdem es

---

1 Beschreibt Schaubild M 3 und nennt die Organe der Europäischen Union mit dem jeweiligen Zuständigkeitsbereich.

2 „Mit dem Vertrag von Maastricht wurde Europa zu einer politischen Union." Erkläre diese Aussage mit M 1 und M 2.

3 Erläutert am Beispiel einer neuen europäischen Verordnung (= Gesetze) den Weg der Gesetzgebung:
   – Woher kommen die Vorschläge?
   – Wer darf sich dazu äußern und Änderungen vorschlagen?
   – An welcher Stelle könnte ein Mitgliedsstaat eingreifen, um die Verordnung zu stoppen?
   – Wer entscheidet über die Annahme?

Die **EU-Kommission** in Brüssel ist der Motor der Europäischen Union. Ihr gehören Fachvertreter aus den einzelnen Ländern an. Nur sie hat das Recht, neue Verordnungen und Richtlinien, also die Gesetze der EU, auf den Weg zu bringen. Gleichzeitig sorgt die Kommission für die Ausführung bestehender Verordnungen.

Vorschläge

Entscheidungen

Die Staats- und Regierungschefs fällen im **Europäischen Rat** die grundsätzlichen Entscheidungen. Die Gesetzgebung erfolgt durch den Rat der jeweils zuständigen Fachminister (gemeinsam mit dem Parlament). Europäischer Rat und der **Rat der Minister** bestimmen die Außen- und Sicherheitspolitik.

Kommt es über Verträge, Verordnungen und Richtlinien zu Streitfällen, entscheidet der **Europäische Gerichtshof** in Luxemburg.

Anfragen, Kontrolle

Anhörung, Mitwirkung bei der Gesetzgebung

Das **EU-Parlament** wird alle fünf Jahre von der Bevölkerung der 27 Mitgliedsstaaten gewählt. Es ist (gemeinsam mit dem Rat der Fachminister) als Gesetzgeber tätig und beschließt den Haushalt. Es wirkt beratend gegenüber dem Rat der Minister und übt eine Kontrollfunktion gegenüber der Kommission aus. Das Parlament wählt den Vorsitzenden der Kommission.

M 3 Die Organe der EU nach dem Reformvertrag von Lissabon

lange auf eine nur beratende Funktion beschränkt war. Die Ausarbeitung der Gesetzentwürfe ist Aufgabe der Europäischen Kommission. Sie ist auch für die Umsetzung und Kontrolle der verabschiedeten Gesetze zuständig und steht damit im Mittelpunkt der alltäglichen Arbeit. In Streitfällen entscheidet der Gerichtshof der EU. Für die Außen- und Sicherheitspolitik gelten besondere Regelungen.

Parteien – Wahlen – Parlament

Gesetzgebung
Die Mehrheit der europäischen Gesetze beschließen Europäisches Parlament und Ministerrat gemeinsam.

Kontrolle der Exekutive
Das Parlament überwacht die anderen Institutionen und entlässt gegebenenfalls die Europäische Kommission durch ein Misstrauensvotum.

Haushalt
Das Europäische Parlament beschließt jährlich mit dem Ministerrat über den Haushalt der EU.

Erweiterung
Das Europäische Parlament muss dem Beitritt jedes neuen Mitgliedsstaates zustimmen.

M 1 Kompetenzen des Europäischen Parlaments im Überblick.
http://www.europarl.de/service/publikationen/vortragsfolien_ep
(Stand: 22.5.2008)

M 2 Das Europäische Parlament in Straßburg (Frankreich)

Klassenfahrt nach Europa

Bei der Studienfahrt der 9 b nach Straßburg war eine Unmenge an Informationen zu verdauen.

Martina befragte die Europaabgeordnete ihres Heimatortes zuerst nach der Bedeutung des Parlaments und notierte:

· Das direkt gewählte Europäische Parlament vertritt die Interessen der Bürger.

Weil die EU mehr und mehr darüber entscheidet, was für uns in Europa Recht und Gesetz ist, hat das Europaparlament mittlerweile große Bedeutung.

· Normalerweise kann in allen Demokratien nur das direkt vom Volk gewählte Parlament Gesetze verabschieden. Das läuft im Europäischen Parlament etwas anders. Anfangs war es kaum an der Gesetzgebung beteiligt. Jetzt hat das Parlament eine gleichberechtigte Rolle neben dem Ministerrat. Zusammen mit diesem beschließt es den Haushalt der EU.

· In Streitfällen wird vermittelt. Kommt keine Einigung zustande, wird das Gesetz, das auf der Europaebene übrigens Verordnung genannt wird, vom Parlament verhindert.

Das Europäische Parlament

Martina wollte dann noch etwas über die Parteien wissen und schrieb auf:

· Die Abgeordneten schließen sich in Fraktionen zusammen. Da sitzen z. B. die französischen Sozialisten mit den deutschen Sozialdemokraten zusam-

M 3 Parteien für Europa. Sitzverteilung im Europäischen Parlament, Stand 2009

men in der Fraktion der „Sozialdemokratischen Partei Europas" (SPE). Insgesamt sind rund 100 nationale Parteien vertreten. Viele Parteien haben Ähnlichkeit mit den gewohnten von zu Hause, doch bei den Europawahlen tauchen immer wieder bis dahin völlig unbekannte Gruppen auf.

· Wie oft finden denn die Wahlen statt? Alle fünf Jahre wird gewählt. Die nächste Wahl wird im Jahre 2014 stattfinden. Überall gelten dafür die gleichen Grundsätze: Kandidaten werden in Listen aufgestellt und nach dem Verhältniswahlsystem gewählt, d. h., die Plätze werden nach Stimmenanteilen vergeben. Wer einem nationalen Parlament, z. B. dem Bundestag, angehört, darf nicht für Europa kandidieren. Große Staaten teilen ihre Gebiete in Wahlkreise auf. Gewählt wird am Wohnsitz, auch wenn man nicht die dortige Staatsangehörigkeit hat.

Michael interessiert sich mehr dafür, wieweit die einzelnen Mitgliedsstaaten bereit sind, einen Teil ihrer Macht an das Europäische Parlament abzugeben. Er erfuhr:

· Deutschland zum Beispiel und die Benelux-Staaten wären ohne weiteres dazu bereit. Aber Frankreich, Großbritannien und andere denken nicht daran, den eigenen Parlamenten Rechte wegzunehmen und sie einem Europaparlament zu übertragen.

M 4 Vertrag von Lissabon – mehr Demokratie?

Der Vertrag von Lissabon (unterzeichnet am 13. Dezember 2007) übernahm die wesentlichen Elemente des EU-Verfassungsvertrags, der 2005 in Referenden (Volksabstimmungen) in Frankreich und den Niederlanden abgelehnt worden war. Zu den Neuerungen des Vertrags von Lissabon zählten unter anderem die rechtliche Fusion von Europäischer Union und Europäischer Gemeinschaft, die stärkere Beteiligung der nationalen Parlamente bei der Rechtsetzung der EU, die Rechtsverbindlichkeit der EU-Grundrechtecharta und die erstmalige Regelung eines EU-Austritts. Der Vertrag trat zum 1. Dezember 2009 in Kraft.

Autorentext nach: http://de.wikipedia.org/wiki/ Vertrag_von_Lissabon (Zugriff: 1.3.2012)

M 5 Bundesverfassungsgericht: Vertrag verletzt das Grundgesetz (30.6.2009)

Die Auflage des Verfassungsgerichts, vor der Ratifizierung ein neues Begleitgesetz zum Vertrag von Lissabon zu beschließen, soll das Demokratieprinzip wie auch das Prinzip der Gewaltenteilung stärken. Wann immer EU-Beschlüsse die nationale Souveränität betreffen oder neue EU-Kompetenzen schaffen bzw. Abstimmungsmodi ändern, muss die Zustimmung des deutschen Vertreters im Europäischen Rat von der vorherigen Zustimmung des Bundestages abhängen.

Hintergrund aktuell: Urteil des Bundesverfassungsgerichts zum Vertrag von Lissabon, 30.6.2009; in: http://www.bpb.de/themen (Zugriff: 1.3.2012)

Webcode:
PE641796-193

1 Vergleicht die Rechte und Aufgaben des Europaparlaments mit denen des Bundestags (vgl. S. 60/61).

2 Bestimmt mithilfe des Schaubildes M 3 die Parteien- und Mehrheitsverhältnisse im Europäischen Parlament und vergleicht sie mit der derzeitigen Situation im Bundestag.

3 Unterscheidet zwischen Europarat sowie Europäischer Rat (S. 195) nach deren jeweiligen Aufgaben und Zielen.

4 Recherchiert im Internet zum Vertrag von Lissabon (M 4). Konzentriert euch dabei auf die Frage, welche Rechte den nationalen Parlamenten zugestanden werden.

5 Arbeitet heraus, warum das Bundesverfassungsgericht den Vertrag von Lissabon nicht als vollständig vereinbar mit dem Grundgesetz sieht (M 5).

Wer regiert die EU?

Puh, die Klassenfahrt war anstrengend. Und was haben wir für einen Stapel Aufzeichnungen und Broschüren mitgebracht. Da steigen wir nicht mehr durch. Jetzt müssen wir alles ordnen, um daraus zusammen mit den Notizen der vorigen Seiten ein gutes Referat zu machen.

M 1

M 2 Zu den Zielen der Europäischen Union. Auszüge aus der Präambel des Vertrags von Amsterdam (2. 10. 1997):

(…) Entschlossen, den mit der Gründung der Europäischen Gemeinschaften eingeleiteten Prozess der europäischen Integration auf eine neue Stufe zu heben (…), eingedenk der historischen Bedeutung der Überwindung der Teilung des europäischen Kontinents und der Notwendigkeit, feste Grundlagen für die Gestalt des zukünftigen Europas zu schaffen, in Bestätigung ihres Bekenntnisses zu den Grundsätzen der Freiheit, der Demokratie und der Achtung der Menschenrechte und Grundfreiheiten und der Rechtsstaatlichkeit (…),

in dem Wunsch, die Solidarität zwischen ihren Völkern unter Achtung ihrer Geschichte, ihrer Kultur und ihrer Traditionen zu stärken (…),

entschlossen, eine gemeinsame Unionsbürgerschaft für die Staatsangehörigen ihrer Länder einzuführen, (…) haben [wir] beschlossen, eine Europäische Union zu gründen. (…)

Presse- und Informationsamt der Bundesregierung (Hg.), Vertrag von Amsterdam, Bonn 1998

Die Europäische Kommission

Die **Europäische Kommission** mit Sitz in Brüssel ist die „Regierung" der EU. Sie kann aus eigener Kraft Gesetzentwürfe vorlegen. Vor allem aber führt die Kommission die Gesetze aus. Ferner stellt die Kommission den Haushaltsplan auf und verteilt nach der Entscheidung des Parlaments die Gelder. Sie ist aber auch die Hüterin aller Verträge. Sie kann bei Verstößen gegen Verträge direkt Bußgelder verhängen.

An der Spitze der Kommission stehen außer einem Präsidenten 27 Kommissare aus den einzelnen Staaten. Die Regierungen der EU-Länder benennen diese Vertreter für fünf Jahre, wobei das EU-Parlament dem zustimmen muss. Alles in allem arbeiten in der Kommission 22 000 Beamte.

Der Ministerrat

Der „Rat der Europäischen Union" wird auch **Ministerrat** genannt. Er setzt sich zusammen aus jeweils einem Vertreter pro Mitgliedsstaat, der ermächtigt sein muss, für seine Regierung verbindliche Entscheidungen zu treffen. Seine Mitglieder können für die Regierungen ihrer Staaten Entscheidungen treffen. Im Ministerrat beschließen sie gemeinsam mit dem Parlament das, was in der EU Gesetz werden soll. Dabei berücksichtigen sie auch ihre

M 3 Im Juni 1999 tagte der Europäische Rat in Köln

nationalen Interessen. Oftmals wird heftig um einen Kompromiss gerungen, da nicht nur die verschiedenen Ansichten aufeinanderprallen, sondern weil die Minister auch zwischen den gesamteuropäischen Zielen und den jeweiligen Wünschen der Staaten einen Ausgleich suchen müssen. Fachwissen ist besonders bei den Beratungen einzelner Ressorts gefragt, z. B. wenn sich alle Außen- oder alle Wirtschaftsminister treffen.

Das Europäische Parlament

Sitz des **Europäischen Parlaments** ist Straßburg. Jedes Jahr sind dort zwölf Wochen für Plenarsitzungen vorgesehen. Die Debatten werden sofort simultan in alle Amtssprachen der EU übersetzt. Zu den wichtigsten Aufgaben des Europäischen Parlaments gehört das Haushaltsrecht (Budgetrecht), das es zusammen mit dem Ministerrat ausübt.

Zwischendurch tagen die Ausschüsse und Fraktionen in Brüssel. Dort können sie ständigen Kontakt zur Kommission und zum Rat halten oder auch zu weiteren Plenarsitzungen zusammenkommen. Das Europäische Parlament unterhält in allen Mitgliedsstaaten Informationsbüros.

Die Ausschüsse

Die Abgeordneten des Europäischen Parlaments spezialisieren sich in einem Fachbereich. So können sie Gesetzesvorschläge sachkundig beurteilen oder vorbereiten. Sie werden für ihren Sachbereich in einen von 20 **Ausschüssen** gewählt. Da gibt es z. B. den „Ausschuss für Wirtschaft und Währung", den für den „Haushalt" oder den „Ausschuss für bürgerliche Freiheiten, Justiz und Inneres".

Der Europäische Rat

Beim **Europäischen Rat** kommen die Regierungschefs aller Mitgliedsstaaten mit ihren Außenministern und dem Präsidenten der Europäischen Kommission viermal im Jahr zusammen. Sie treffen die Grundsatzentscheidungen. In der Vergangenheit haben diese die Entwicklung der Gemeinschaft schon erheblich beeinflusst. Sie bestimmen auch die Grundsätze der gemeinsamen Außen- und Sicherheitspolitik.

Die Ratspräsidentschaft

Alle Mitglieder sind in der EU gleichberechtigt. Daher wechseln sie sich jedes halbe Jahr mit der **Ratspräsidentschaft** ab. Die Termine und Tagesordnungen für alle Sitzungen werden hier festgelegt. Bei sämtlichen Treffen führt der Vertreter des Landes, das die Präsidentschaft gerade innehat, den Vorsitz. Der Ratspräsident vertritt die EU nach außen und ist Ansprechpartner für Drittstaaten.

Die Europäische Zentralbank

Die **Europäische Zentralbank** (EZB) in Frankfurt am Main ist die „Hüterin des Euro". Sie lässt Banknoten drucken und in Umlauf bringen, kann aber auch durch Veränderung der Zinssätze die Preisentwicklung beeinflussen. Ihre vorrangige Aufgabe ist, Preisstabilität zu wahren. Die EZB ist vollkommen unabhängig von den Regierungen und Organen der EU. Niemand darf ihr Weisungen erteilen.

Der Europäische Gerichtshof

Der Europäische Gerichtshof in Luxemburg ist das oberste Gericht der EU, also „letzte Instanz". Er wahrt und gestaltet das Europarecht. Dieses steht über dem nationalen Recht der Mitgliedsstaaten. Klagen kann jeder, der einen Verstoß feststellt, von der Europäischen Kommission bis hin zu Privatpersonen.

Zusammengestellt nach: Europa 2003, hg. vom Europäischen Parlament, Informationsbüro für Deutschland, Berlin 2003

1. Lest die Notizen der Gruppe, formuliert Stichpunkte und haltet vor der Klasse einen ✂ **Kurzvortrag**.

Europäische Gesetzgebung

M 1 EU-Regelungswut? *Karikatur: Mester*

Verordnungen gelten direkt in allen Mitgliedsstaaten und sind in allen Teilen verbindlich. **Richtlinien** hingegen müssen erst in einer bestimmten Frist in nationales Recht umgewandelt werden.

Die **Gesetzgebung** in der EU ist Aufgabe des „institutionellen Dreiecks". Das sind die beiden Organe Kommission und Parlament sowie der Ministerrat, in dem die Regierungen der Mitgliedsstaaten vertreten sind.

Vorgeschlagen werden Gesetzesvorhaben von der Europäischen Kommission. Sie legt die **Gesetzesinitiative** dem Europäischen Parlament und dem Ministerrat vor. Der Ministerrat übt die Gesetzgebungsbefugnis gemeinsam mit dem Europäischen Parlament aus. Nach genauer Prüfung auf fachlicher und politischer Ebene kann der Ministerrat den Kommissionsvorschlag annehmen, ändern oder ignorieren. Auch

Die EU-Gesetzgebung

Die EU bestimmt, ohne dass wir es immer merken, mehr und mehr unseren Alltag. Fast 80 Prozent aller unserer Gesetze beruhen inzwischen auf EU-Richtlinien.

Bei EU-Gesetzen unterscheidet man zwischen Richtlinien und Verordnungen.

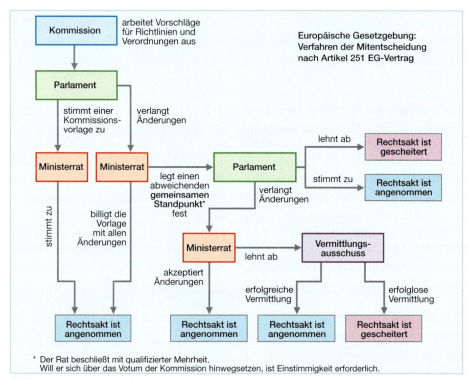

M 2 Gesetzgebung innerhalb der EU

das Europäische Parlament prüft die Vorschläge der Kommission und nimmt im Rahmen der verschiedenen Verfahren gemeinsam mit dem Rat am Gesetzgebungsprozess teil.

Das **Mitentscheidungsverfahren** ist das wichtigste Gesetzgebungsverfahren in der Europäischen Union (s. M 2). Die von der Kommission vorgeschlagenen Gesetze werden dem Europäischen Parlament und Ministerrat gemeinsam vorgelegt. Kommt eine Einigung zwischen Rat und Parlament nicht zustande, wird ein Vermittlungsausschuss einberufen, der aus Vertretern beider Gremien besteht. In der Regel wird dann ein Kompromiss gefunden, den Rat und Parlament gemeinsam verabschieden.

Das **Anhörungsverfahren** ist das älteste Gesetzgebungsverfahren. Die Kommission legt einen Vorschlag für ein neues europäisches Gesetz vor, das dem Ministerrat übermittelt wird. Dieser legt es dem Parlament vor, das eine Stellungnahme abgeben kann. In der Stellungnahme fordert das Parlament häufig Änderungen am Kommissionsvorschlag. Der Rat muss die Stellungnahme des Parlaments nicht berücksichtigen. Den Kommissionsvorschlag darf er aber nur einstimmig ändern.

Beim **Zustimmungsverfahren** einigt sich der Rat auf ein Gesetz, das er dem Parlament übergibt. Das Parlament muss seine Zustimmung erteilen, bevor der jeweilige Rechtsakt in Kraft treten kann, es hat also ein Vetorecht (Einspruchsrecht). Das Parlament hat jedoch keine Möglichkeit, Änderungsvorschläge einzureichen. Dieses Verfahren wird unter anderem bei völkerrechtlichen Verträgen der EU mit Drittstaaten, bei Verträgen zum Beitritt weiterer Staaten und der Festlegung eines einheitlichen Verfahrens für die Europawahl angewendet.

Vielen Bürgern ist der Gedanke nicht geheuer, nationale Souveränitätsrechte nach „Brüssel" abzugeben, wo ihrer Meinung nach eine ausufernde Bürokratie auf undurchschaubaren Wegen Entscheidungen trifft, die jeglicher demokratischer Kontrolle entzogen sind. Was ist dran an diesen Vorwürfen? (…)

Der vom Volk frei gewählte [deutsche] Bundestag ist das Herz der bundesdeutschen Demokratie. Gemäß der klassischen Gewaltenteilung hat der Bundestag die beiden demokratischen Kernrechte, Gesetze vorzulegen und zu verabschieden sowie die Regierung zu kontrollieren. (…) Das EU-Parlament hat in beiden genannten Bereichen nur sehr eingeschränkte Kompetenzen. Im Gegensatz zum Bundestag hat es nicht das Recht, Gesetze vorzulegen. Und: Viele EU-Gesetze müssen noch nicht einmal vom Parlament abgesegnet werden. (…)

Der Bundestag wählt den Bundeskanzler, und dieser ernennt die Regierung. Das EU-Parlament hat hingegen nicht das Recht, den Präsidenten der Kommission zu wählen – der wird von den Nationalstaaten eingesetzt. Die Nationalstaaten entscheiden auch, wen sie als Kommissar zur EU-Kommission (eine Art Regierung der EU) nach Brüssel schicken. Das (…) Parlament hat immerhin das Recht, die Kommission abzulehnen (…).

Eine der wichtigsten Aufgaben des Bundestages ist es, über den Haushalt abzustimmen, den die Regierung vorschlägt. Auch dieses Recht ist beim EU-Parlament eingeschränkt.

Sabine Klein: Die Angst vor dem Superstaat, tagesschau.de, 25.8.2007; in: http://www.tagesschau.de (Zugriff: 2.3.2012)

M 3 **Zu wenig Demokratie in der EU?**

---

1 Interpretiere die ✂ **Karikatur** (M 1): Auf welches Problem weist sie hin?

2 Beschreibe das Gesetzgebungsverfahren der EU (M 2) und informiere dich in den Medien über aktuelle Gesetzgebungsverfahren.

3 Erläutere am Beispiel der Gesetzgebung, wie sich die politischen Entscheidungen von den einzelnen Mitgliedsstaaten in die EU verlagern.

4 Besprecht M 3 und nehmt Stellung zur Frage, ob die EU einen Mangel an Demokratie hat. Nennt ggf. Möglichkeiten, diesem abzuhelfen.

Europa der Regionen

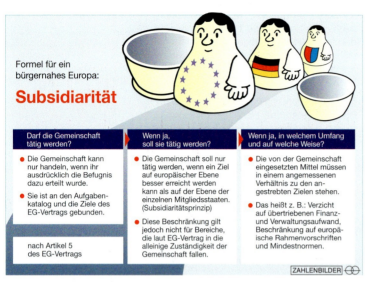

Formel für ein
bürgernahes Europa:

Subsidiarität

Darf die Gemeinschaft tätig werden?	Wenn ja, soll sie tätig werden?	Wenn ja, in welchem Umfang und auf welche Weise?
• Die Gemeinschaft kann nur handeln, wenn ihr ausdrücklich die Befugnis dazu erteilt wurde. • Sie ist an den Aufgabenkatalog und die Ziele des EG-Vertrags gebunden.	• Die Gemeinschaft soll nur tätig werden, wenn ein Ziel auf europäischer Ebene besser erreicht werden kann als auf der Ebene der einzelnen Mitgliedstaaten. (Subsidiaritätsprinzip) • Diese Beschränkung gilt jedoch nicht für Bereiche, die laut EG-Vertrag in die alleinige Zuständigkeit der Gemeinschaft fallen.	• Die von der Gemeinschaft eingesetzten Mittel müssen in einem angemessenen Verhältnis zu den angestrebten Zielen stehen. • Das heißt z. B.: Verzicht auf übertriebenen Finanz- und Verwaltungsaufwand, Beschränkung auf europäische Rahmenvorschriften und Mindestnormen.

nach Artikel 5
des EG-Vertrags

ZAHLENBILDER

M 1 Subsidiarität in der EU

Europa hat viel zu viel an sich gerissen
*Der ehemalige Ministerpräsident
von Baden-Württemberg Erwin Teufel im Interview*

Die Welt: Viele Menschen sehen in Europa nicht das Friedensprojekt, sondern eine Bürokratie, die sich von ihren Interessen weit entfernt hat.

Teufel: Ja. Vor zehn, zwanzig Jahren bei den monatlichen Umfragen über die Akzeptanz Europas gab es in Deutschland 70 bis 80 Prozent Zustimmung. Seit zehn Jahren krebsen wir bei 45 bis 48 Prozent herum. Der Bürger empfindet Europa als ein fernes Gebilde. Die Entscheidungs- und Meinungsbildungsprozesse dort sind für ihn nicht mehr überschaubar.

Die Welt: Europa hat zu wenig Transparenz – und zu viel Kompetenz?

Teufel: Europa hat in der Tat viel zu viele Aufgaben an sich gerissen.

Viele Aufgaben könnten besser, billiger und bürgernäher auf der Ebene der Nationalstaaten, Regionen oder gar Kommunen gelöst werden. Nur was die Kraft der kleineren Ebene überschreitet, muss auf die größere gehen. Aber diese Idee der Subsidiarität wird in unzähligen Fragen verletzt. (...)

Die Welt: Und Brüssel wäre bereit, Kompetenzen wieder aufzugeben?

Teufel: Es blieben ja immer noch genügend Aufgaben für die europäische Ebene übrig, angefangen bei der gemeinsamen Außen- und Sicherheitspolitik. Aber die europäische allseitige Verantwortlichkeit ist anmaßend. So hat Europa keine Zuständigkeit für Gesundheitspolitik, erlässt aber ein Werbeverbot für Zigaretten. (...)

M 2 Artikel aus: *Die Welt,* 4. 6. 2005

Das Prinzip der Subsidiarität

Das Subsidiaritätsprinzip ist eine wichtige Grundlage der Europäischen Union. Es hat die Aufgabe, als Ordnungsprinzip die Kompetenzabgrenzung zwischen der Europäischen Union, den Mitgliedsstaaten und den Ländern bzw. Regionen zu gewährleisten. Die Subsidiarität stellt sicher, dass von der EU nur die Aufgaben übernommen werden, die nicht von den Mitgliedsstaaten auf nationaler, regionaler oder lokaler Ebene allein verwirklicht werden können. Der Grundsatz der Subsidiarität soll gewährleisten, dass alle Entscheidungen möglichst **bürgernah** getroffen werden und nicht jede Kleinigkeit von oben – mit entsprechend großem Verwaltungs- und Kostenaufwand – geregelt wird. Das Wort Subsidiarität kommt aus dem Lateinischen und bedeutet sinngemäß „zurücktreten" oder „nachrangig sein".

Bundesländer und Regionen – Partner der EU

Das Subsidiaritätsprinzip in Verbindung mit Art. 23 GG garantiert, dass sich der bundesdeutsche **Föderalismus** auf europäischer Ebene fortsetzt.

· Die Bundesländer können über den **Bundesrat** ihren Einfluss auf anstehende Entscheidungen in den EU-Organen geltend machen, z. B. Aufstockung der Agrarsubventionen für die Bewirtschaftung von Hochalmen in den bayerischen Alpen.

· Im **Ausschuss** der Regionen können einzelne Bundesländer regionale Interessen zur Beratung beim Europäischen Rat und bei der Kommission einbringen, z. B. Ausgleichsfonds für Unternehmen, die in der unmittelbaren Nachbarschaft zu den neuen EU-Staaten im Osten angesiedelt sind und auf-

Beteiligung des Bundes-rats gemäß Art. 23 GG

▶ Umfassende und frühzeitige Unterrichtung über EU-Vorhaben durch die Bundesregierung

▶ Abgestufte Mitwirkung – je nach der innerstaatlichen Interessen- und Kompetenzverteilung:

▶ Stellungnahme zu EU-Vorhaben; von der Bundesregierung *maß-geblich* zu berücksichtigen, wenn Interessen der Länder berührt sind

▶ Teilnahme von Ländervertretern an den Beratungen zur Festlegung der deutschen Verhandlungs-position

▶ Teilnahme von Ländervertretern an den Beratungen auf EU-Ebene

▶ Landesminister/-ministerin als Verhandlungsführer in den EU-Gremien, wenn ausschließliche Gesetzgebungsbefugnisse der Länder im Bereich *schulische Bildung*, *Kultur* oder *Rundfunk* betroffen sind

Ausschuss der Regionen

▶ Beratendes Gremium der Europäischen Union (344 Mitglieder, davon 21 Vertreter der deutschen Länder)

▶ Stellungnahmen zu EU-Vorhaben mit regionalem Bezug

▶ Anhörung durch den Ministerrat, die Kommission und das Europäische Parlament

Ländervertretungen in Brüssel

▶ Interessenvertretung des jeweiligen Bundes-landes

▶ Drehscheibe für Infor-mationen, Herstellung von Kontakten zur EU und ihren Behörden

▶ Anlaufstelle für Unter-nehmen, Verbände, Behörden, Kommunen und Regionen eines Bundeslandes

ZAHLENBILDER

© Bergmoser + Höller Verlag AG   64 560

Artikel 23 GG

(2) In Angelegenheiten der Europäischen Union wirken der Bundestag und durch den Bundesrat die Länder mit. Die Bun-desregierung hat den Bundestag und den Bun-desrat umfassend und zum frühestmöglichen Zeitpunkt zu unter-richten.

M3 Mitwirkung der Bundesländer in der EU

grund unterschiedlicher Besteuerung einen Standortnachteil haben.

· Jedes Bundesland ist mit einer eigenen **Landesvertretung** in Brüssel vertreten, die als Anlaufstelle für Interessenver-bände jeglicher Art dient, z. B. für die deutsch-niederländische Zusammenar-beit zur Stärkung des Tourismus in der Ems-Dollart-Region.

Initiativen zur Wahrung von Interessen

In den zahlreichen Grenzregionen wird Europa tagtäglich gelebte Wirklichkeit. Ei-ne Reihe von grenzüberschreitenden Pro-jekten erleichtert die Zusammenarbeit und wahrt die Interessen der Region. Das Netzwerk EURES z. B. informiert und be-rät Arbeitnehmer wie Arbeitgeber und vermittelt Stellen in den Grenzgebieten von 17 europäischen Staaten.

Im System Euregio schließen sich Grenz-regionen zusammen, auch wenn sie nicht immer der Europäischen Union angehö-ren.

M4 Logos der Euregio Maas-Rhein und von EURES

1 Erläutere das Prinzip der Subsidiarität (M 1).

2 Werte M 2 aus: Was bemängelt Erwin Teufel an der EU und welche Bedeutung hat die Subsidiarität für ihn?

3 Bewerte folgende EU-Regelungen hinsichtlich des Prinzips der Sub-sidiarität:

a Seit 1988 verpflichtet EU-Recht die Automobilproduzenten zum Katalysatoreinbau. Aus den Zapfsäulen der Tankstellen innerhalb der EU muss seit 1989 bleifreies Benzin fließen.

b Zigarettenschachteln müssen seit 2000 EU-weit mit einheitlichen Warnhinweisen vor Tabakgenuss versehen sein.

4 Welche Möglichkeiten der Mitarbeit haben die Bundesländer inner-halb der EU (M 3)?

Reich und Arm im gemeinsamen Europa

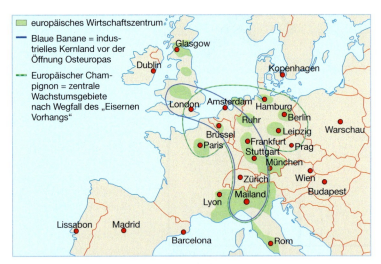

M 1 Zwei Modelle vom Ende des 20. Jahrhunderts

Legend within map:

- europäisches Wirtschaftszentrum
- Blaue Banane = industrielles Kernland vor der Öffnung Osteuropas
- Europäischer Champignon = zentrale Wachstumsgebiete nach Wegfall des „Eisernen Vorhangs"

isoliert, die Gesetze der Marktwirtschaft galten dort nicht.

Spätestens seit die Europäische Union (EU) 25 Mitglieder zählt, wird die Organisation von nicht wenigen häufig mit dem gesamten Kontinent gleichgesetzt. Dass die EU tatsächlich Europas wirtschaftliche Kernregion ist, zeigt sich an Modellen der „Blauen Banane" und des „Europäischen Champignons" (siehe M 1). Doch die Wirklichkeit ist nicht ganz so einfach.

Noch vor wenigen Jahrzehnten war die Einteilung Europas für viele einfach: Im Westen lagen die reichen Staaten (wie Großbritannien und Deutschland) und im Süden die ärmeren (wie Portugal oder Griechenland). Der Osten war politisch

Webcode:
PE641796-200

Der Europäische Fonds für regionale Entwicklung (EFRE) ist ein Strukturfonds, der für den wirtschaftlichen Aufholprozess der ärmeren Regionen sorgen soll. Um dies zu realisieren, werden unter anderem mittelständische Unternehmen unterstützt, damit dauerhafte Arbeitsplätze geschaffen, Infrastrukturprojekte durchgeführt und technische Hilfsmaßnahmen angewandt werden.

Der EFRE kann dabei in der Periode 2007–2013 im Rahmen von drei Zielen tätig werden:

1. Das Ziel „Konvergenz" (Annäherung) steht Regionen zu, deren Bruttoinlandsprodukt pro Einwohner unter 75 Prozent des EU-Durchschnitts liegt. Durch das Konvergenzziel wird überwiegend die Modernisierung der Wirtschaftsstruktur sowie die Arbeitsplatzschaffung angestrebt.

2. Das Ziel „Regionale Wettbewerbsfähigkeit und Beschäftigung" steht allen Regionen zu, die nicht im Rahmen des Ziels „Konvergenz" oder der Übergangshilfe förderfähig sind. Die Prioritäten (Schwerpunkte) des Ziels „Regionale Wettbewerbsfähigkeit und Beschäftigung" liegen in der Stärkung der Forschung, der Entwicklung, des Finanz-Engineerings (Steuerung von Finanzströmen) sowie in der Umwelt- und Risikoprävention (Risikovorsorge).

3. Das dritte Ziel „Europäische territoriale Zusammenarbeit" konzentriert sich auf die grenzüberschreitende wirtschaftliche und soziale Entwicklung, die transnationale (zwischen Regionen innerhalb eines bestimmten Bereichs der EU) sowie die interregionale (zwischen beliebigen Regionen der EU) Zusammenarbeit.

M 2 Regionalförderung der EU, *www.wikipedia.de, Stand: 30.9.2009*

EU-Mitglieder		Nicht-EU-Mitglieder	
Luxemburg	76 710	Schweiz	65 380
Dänemark	59 060	Norwegen	84 640
Schweden	48 840	Island	43 430
Großbritannien	41 730	Kroatien	13 770
Niederlande	48 460	Mazedonien	4 400
Finnland	45 940	Bosn.-Herzegowina	4 700
Österreich	46 450		
Deutschland	42 430	Albanien	4 000
Belgien	45 270	Weißrussland	5 560
Irland	44 280		
Frankreich	42 620	Ukraine	2 800
Italien	35 110	Moldau	150
Spanien	32 120	Andorra	41 130
Zypern	30 480	Liechtenstein	136 130
Griechenland	29 040		
Portugal	21 910	Monaco	197 590
Slowenien	23 520	San Marino	50 670
Malta	18 360	Serbien	6 000
Tschechien	17 310	Vatikan	k. A.
Ungarn	12 980		
Polen	12 260		
Estland	14 060	Russland und die Türkei sind nicht berücksichtigt, da sie nicht vollständig zu Europa gehören.	
Lettland	12 390		
Litauen	11 410		
Slowakei	16 130		
Rumänien	8 330		
Bulgarien	6 060		

M 3 Bruttonationaleinkommen pro Kopf (US-$), *Fischer-Weltalmanach 2012*

Ein Ziel der EU muss es daher sein, nicht nur die Wirtschaftskraft einzelner Staaten, sondern auch die von Regionen innerhalb dieser Staaten auszugleichen.

Belgien: Vom Gegeneinander zum Miteinander

Seit fast 200 Jahren besteht Belgien aus zwei Teilen: Im Norden liegt das protestantische Flandern, in dem die meisten Menschen Flämisch sprechen. Im südlichen Wallonien leben hauptsächlich Katholiken, die Französisch sprechen. Lediglich die Hauptstadt Brüssel ist zweisprachig. Durch seine Kohle- und Erzvorkommen stieg Wallonien im 19. Jahrhundert zu Belgiens wirtschaftlich bedeutendster Region auf. Mitte des 20. Jahrhunderts verschlechterte sich Walloniens Situation, Flandern gewann an Bedeutung und unterstützt seitdem den Süden. Heute ist Flandern Standort von modernen Hightechindustrien, während Wallonien rückständig ist. 2002 lag die Arbeitslosenquote im Norden bei 4,9 und die im Süden bei 10,5 Prozent.

1 Beschreibe die Modelle von M 1. Beachte dabei die einbezogenen sowie ausgegrenzten Länder und gleiche dein Ergebnis mit den Informationen aus M 2 ab.

2 Nimm mithilfe von M 2 Stellung zu der Aussage: „Die europäischen Länder außerhalb der EU spielen wirtschaftlich keine Rolle."

3 Vergleiche die Aussage von M 3 mit der von M 1. Benenne Ähnlichkeiten und Unterschiede.

4 Werte die Karte M 5 aus und verfasse einen mündlichen Bericht hierzu.

5 Fasse die Darstellung „Belgien: Vom Gegeneinander zum Miteinander" (Text) in einem kurzen Bericht zusammen.

M 4 In einem Randgebiet der EU

über 40 %	20 – 29,9 %	bis 9,9 %
30 – 39,9 %	10 – 19,9 %	

M 5 Jugendarbeitslosigkeit in der EU

Grenzenloser Arbeitsmarkt?

M 1 Arbeiterproteste in Straßburg (links) und Berlin (rechts) gegen die geplante Dienstleistungsrichtlinie. Februar 2006

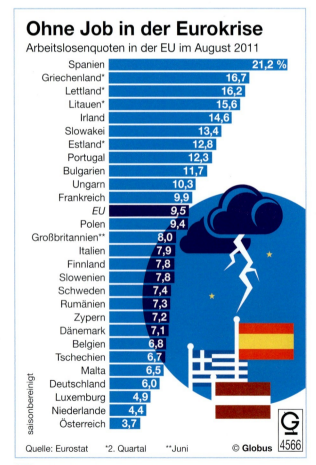

Ohne Job in der Eurokrise
Arbeitslosenquoten in der EU im August 2011

Spanien	21,2 %
Griechenland*	16,7
Lettland*	16,2
Litauen*	15,6
Irland	14,6
Slowakei	13,4
Estland*	12,8
Portugal	12,3
Bulgarien	11,7
Ungarn	10,3
Frankreich	9,9
EU	9,5
Polen	9,4
Großbritannien**	8,0
Italien	7,9
Finnland	7,8
Slowenien	7,8
Schweden	7,4
Rumänien	7,3
Zypern	7,2
Dänemark	7,1
Belgien	6,8
Tschechien	6,7
Malta	6,5
Deutschland	6,0
Luxemburg	4,9
Niederlande	4,4
Österreich	3,7

saisonbereinigt

Quelle: Eurostat   *2. Quartal   **Juni   © **Globus** 4566

M 2 Arbeitslosigkeit in der EU

Der europäische Wirtschaftsraum

Eines der großen Ziele bei der Verwirklichung eines geeinten Europas war von Anfang an die Schaffung eines einheitlichen **Wirtschaftsraums**, für den keinerlei nationale Beschränkungen mehr bestehen sollten. Der einheitliche Binnenmarkt soll dazu beitragen, dass Europa auf dem Weltmarkt konkurrenzfähig bleibt.

Grenzenloser Arbeitsmarkt

Der europäische Binnenmarkt ermöglicht es EU-Bürgern, dass sie sich in jedem EU-Mitgliedsstaat frei einen Arbeitsplatz suchen können. Davon machen verstärkt Menschen Gebrauch, in deren Heimatland eine hohe Arbeitslosigkeit herrscht.

Aber auch die **Höhe des Lohnes** spielt bei der Arbeitsplatzsuche eine Rolle. Vor allem die Menschen in den neuen EU-Mitgliedsstaaten in Ost- und Südosteuropa können in einem anderen EU-Land deutlich mehr verdienen als in ihrem Heimatland. Umgekehrt ist es für viele Firmen z. B. in Deutschland attraktiv, ihre Produktion in ein osteuropäisches Land mit niedrigeren Lohnkosten zu verlegen.

Freier Dienstleistungsverkehr

Mit der Einführung des europäischen Binnenmarktes konnten Dienstleistungen in jedem EU-Staat frei angeboten werden. Es fehlten jedoch Regelungen, die festlegten, ob sich die Dienstleistungsfirmen nach den Gesetzen ihres Herkunftslandes oder des Landes, in dem sie ihre Dienstleistungen anboten, richten mussten. In Deutschland zeigte sich vor allem am Beispiel ausländischer Bauarbeiter diese Problematik. Da sie nicht an deutsche Tariflöhne gebunden waren und die hohen Lohnnebenkosten, die in Deutschland entstehen, entfielen, waren sie gegenüber einheimischen Bauarbeitern konkurrenzlos billig. Das führte dazu, dass viele einheimische Baufirmen Konkurs machten. Als Schutz für einheimische Firmen führte man deshalb einen **Mindestlohn** in der Baubranche ein. Doch solche Schutzmaßnahmen sind umstritten, da sie auch als Mittel eingesetzt werden können, um ausländische Konkurrenz auszuschalten.

Mit einer Dienstleistungsrichtlinie sollten deshalb verbindliche Regeln für ganz Europa eingeführt werden. Damit sollte verhindert werden, dass beim Nebeneinander von Dienstleistungsfirmen aus verschiedenen Ländern verschiedene Lohnsysteme und verschiedene Arbeitsrechtssysteme miteinander konkurrieren.

Die Debatte über die **Dienstleistungsrichtlinie** hat sich über eine lange Zeit

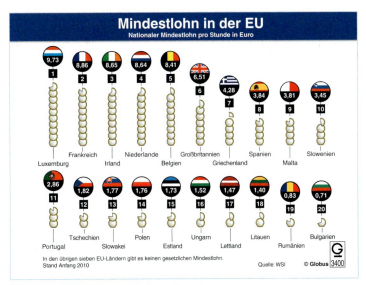

M 4 Unterschiedliche gesetzliche Mindestlöhne in der EU

M 3 EU beschließt Dienstleistungsrichtlinie

hingezogen und war zum Teil von massiven Protesten von Arbeitnehmern aus den verschiedensten EU-Staaten begleitet. Besonders umstritten war ein Entwurf, der vorsah, dass für Firmen, die ihre Dienstleistungen in einem anderen Land anbieten, die Gesetze des Herkunftslandes gelten sollten. Die 2006 verabschiedete Richtlinie sieht dies deshalb nicht mehr vor.

1 Erläutere, wie sich die unterschiedlichen Arbeitslosenzahlen und die ungleichen Löhne auf dem EU-Binnenmarkt auswirken (M 2, M 4).

2 Stelle anhand eines Beispiels dar, welche Probleme sich durch den freien Dienstleistungsverkehr ergeben können.

3 Die beschlossene Dienstleistungsrichtlinie legt fest, dass die Bestimmungen des Ziellandes gelten sollen. Stelle Vor- und Nachteile dieses Beschlusses nebeneinander. Wer wird dadurch benachteiligt (M 3)?

4 Klärt mithilfe einer Internetrecherche, wie die Dienstleistungsrichtlinie in Hessen umgesetzt wird.

Viele Länder – eine Währung

Die Wirtschafts- und Währungsunion

Bis vor wenigen Jahren galten im europäischen Wirtschaftsraum noch viele verschiedene Währungen. Das war nicht nur bei Reisen hinderlich, sondern wirkte sich auch nachteilig auf den Handel und Zahlungsverkehr innerhalb des gemeinsamen Binnenmarktes aus. Erst seit 2002 kann man in anfangs zwölf europäischen Ländern mit **einer Währung** bezahlen – dem Euro, der in Deutschland die Deutsche Mark (DM) abgelöst hat.

Webcode:
PE641796-204

Während seit 2007 27 Staaten Mitglied in der EU sind, sind aber nur 17 Staaten bei der Wirtschafts- und Währungsunion (WWU) dabei. Bereits seit 1999 bereiteten sie sich auf die Einführung der europäischen Gemeinschaftswährung vor. Zunächst wurde der Euro nur als reine Rechengröße im Handel zwischen den Geldinstituten eingesetzt. Seit 2002 ist er alleiniges Zahlungsmittel. Das ist ein wichtiger Schritt auf dem Weg zu einem **gemeinsamen Binnenmarkt**, denn so wird der Handel zwischen den Mitgliedsstaaten der WWU vereinfacht, da der Geldumtausch und die schwankenden Wechselkurse entfallen. Die neuen EU-Mitgliedsstaaten möchten deshalb möglichst schnell auch Mitglied in der WWU werden. Dazu müssen sie jedoch erst in den EU-Binnenmarkt eingebunden werden und die vier Konvergenzkriterien erfüllen.

Die WWU gehört zu den drei mächtigsten **Wirtschaftsräumen** der Erde. Sie hat mit über 300 Mio. Menschen mehr Einwohner als die USA (285 Mio.) oder Japan (127 Mio.). Ihre Bedeutung wird noch zunehmen, wenn die neuen Mitgliedsstaaten der WWU beitreten.

Konvergenzkriterien

Die neuen Mitgliedsstaaten der EU können nicht wählen, ob sie der Wirtschafts-

Länder der Europäischen Union

Länder mit dem Euro als Währung

M 1 Die Euro-Länder, Stand: 2012

1979	Das Europäische Währungssystem (EWS) tritt in Kraft. Als Währungseinheit wird die European Currency Unit (ECU – sprich: Ekü) eingeführt. Den ECU hat es nie wirklich gegeben, er diente nur als Recheneinheit.
1992	In der niederländischen Stadt Maastricht beschließen die Staats- und Regierungschefs der Europäischen Gemeinschaft (EG) die Umwandlung in die Europäische Union (EU), zu der auch die Wirtschafts- und Währungsunion (WWU) gehört.
1998	Die Europäische Zentralbank mit Sitz in Frankfurt/Main wird gegründet.
1999	Der Euro wird eingeführt und löst den ECU ab, der 1:1 auf den Euro umgestellt wird.
2002	In 12 Staaten der EU wird der Euro als Zahlungsmittel eingeführt und löst die alten Währungen ab.

M 2 Der Weg zur gemeinsamen Währung

und Währungsunion beitreten wollen. Wenn sie die Bedingungen erfüllen, müssen sie der WWU beitreten und den Euro einführen. Neben einem mindestens zweijährigen relativ stabilen Wechselkurs gegenüber dem Euro muss jeder Staat der EU, der Mitglied der Wirtschafts- und Währungsunion sein möchte, vier Bedingungen erfüllen, die so genannten **Konvergenzkriterien**:

· Die durchschnittliche **Inflationsrate** (Teuerung) darf höchstens 1,5 Prozent über derjenigen der drei Euroländer liegen, die die niedrigste Teuerung haben.

· Die langfristigen **Zinsen** dürfen nur zwei Prozentpunkte über dem der drei preisstabilsten Mitgliedsstaaten liegen.

· Das jährliche **Haushaltsdefizit** (das heißt die jährliche Neuverschuldung des Staates) darf drei Prozent des Bruttoinlandsprodukts (BIP: der Wert aller innerhalb eines Jahres in einem Land erzeugten Waren und Dienstleistungen) nicht überschreiten.

· Die öffentlichen **Schulden** (Schulden des Staates) dürfen nicht mehr als 60 Prozent des BIP betragen, es sei denn, es ist eine deutlich rückläufige Tendenz ersichtlich.

Die Europäische Zentralbank (EZB) überprüft anhand der Konvergenzberichte, ob alle Beitrittskriterien erfüllt sind. Ist dies der Fall, entscheidet der Europäische Rat über die endgültige Aufnahme der Kandidaten.

Die Konvergenzkriterien sind nicht nur beim Beitritt zur Wirtschafts- und Währungsunion von Bedeutung, sie müssen generell von allen Euro-Ländern eingehalten werden. Werden sie von einem Staat schwerwiegend verletzt, so kann die EU-Kommission Sanktionen verhängen, angefangen von Ermahnungen bis hin zur zinslosen Hinterlegung eines Eurobetrags oder zur Zahlung einer Geldstrafe.

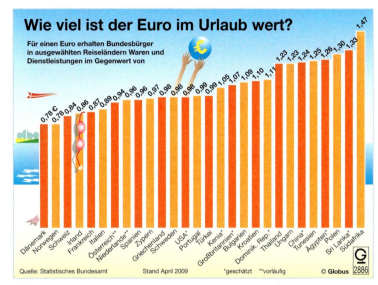

M 3 Der Wert des Euro auf Reisen

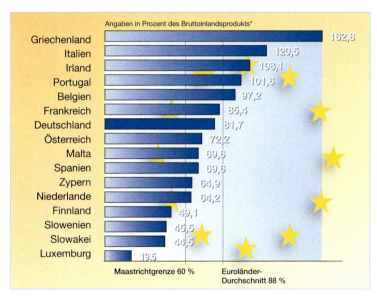

M 4 Staatsschulden der Euroländer 2011

1 Erläutere die Vorteile einer einheitlichen Währung (Text).

2 Mit dem Euro kann man sich nicht in jedem Mitgliedsstaat der WWU gleich viel kaufen. Erkläre das mithilfe von M 3.

3 Erläutere die Konvergenzkriterien. Warum ist es sinnvoll, dass sie von allen Euro-Staaten erfüllt werden müssen?

4 Untersucht M 4 und beschreibt die Verschuldung europäischer Staaten. Stellt fest, welche Staaten 2011 die Verschuldungsgrenze des Maastrichter Vertrags einhielten.

Schuldenkrise in der EU

M 1 Demonstranten protestieren vor dem Parlament in Athen gegen das neue Sparpaket der Regierung, Juni 2011

IWF und EU verabschiedeten 2010 und 2011 mehrere so genannte Rettungsschirme, die mittels umstrittener politischer Mittel, vor allem Notbürgschaften und Notkrediten, einen Staatsbankrott in Griechenland, Irland und Portugal bislang verhindert haben. Auch die Europäische Zentralbank gab an die Krisenstaaten und deren Wirtschaft und Banken weitere Kredite.

Drastische Sparmaßnahmen

Die finanziellen Hilfsmaßnahmen durch IWF und EU wurden mit Sparauflagen verbunden, die große Einschnitte in die Wirtschaften und Sozialsysteme der betreffenden Länder bedeuteten. So sollte die griechische Regierung kurzfristig 3,3 Milliarden einsparen. Unter anderem sollen die Ausgaben für Medikamente um gut eine Milliarde Euro sinken. Weitere Einsparungen sollten durch Kürzungen im Verteidigungshaushalt, bei Verwaltungskosten der Ministerien und durch Lohnsenkungen im öffentlichen Dienst erfolgen. Zudem sollten die Renten drastisch gekürzt und 150 000 Stellen im öffentlichen Dienst gestrichen werden. Gegen diese Maßnahmen gab es in Griechenland zahlreiche, z. T. gewaltsame Massenproteste und Streiks der betroffenen Menschen.

Drohender Staatsbankrott

Gegen Ende des ersten Jahrzehnts des neuen Jahrtausends gerieten einige der Länder, die den Euro als Währung haben, in eine große Schuldenkrise. Sie konnten ihren Zahlungsverpflichtungen nicht mehr selbstständig nachkommen. Ihnen drohte der Staatsbankrott, also der finanzielle Zusammenbruch des Staates.

Das am meisten gefährdete Land war Griechenland, das 2001 der Eurozone beigetreten war. Es hatte bereits bei seinem Beitritt zur Eurozone ein großes Haushaltsdefizit und einen hohen Schuldenstand (s. M 4, S. 207), verschleierte dies aber zunächst. Nach einer neuen Regierungsbildung im Oktober 2009 legte Griechenland das tatsächliche Ausmaß seiner Schulden offen und bat EU und Internationalen Währungsfonds (IWF) um Hilfe, um einen Staatsbankrott abzuwenden.

Doch nicht nur Griechenland befand sich in der Krise. Auch Irland und Portugal konnten ihre Schulden nicht mehr aus eigener Kraft zurückzahlen. In geringerem Maße traf dies auch auf Italien und Spanien zu, die deshalb ebenfalls zu den Krisenstaaten gezählt werden.

M 2 „Griechenland muss liefern"
Angesichts des angeblichen unzureichenden Reformwillens im hoch verschuldeten Griechenland schwindet die deutsche Hilfsbereitschaft. Politiker aller Parteien forderten Athen auf, endlich die Hausaufgaben zu machen und ein tragfähiges Sanierungskonzept zu verabschieden. (…) FDP-Fraktionschef Rainer Brüderle hat Griechenland aufgefordert, alle geforderten Sparmaßnahmen konsequent umzusetzen. (…)

Auch Wirtschaftsminister Philipp Rösler (FDP) mahnte, die Griechen müssten erst noch die Umsetzung der notwendigen Reformen beweisen. „Das griechische Parlament muss die Maßnahmen auch beschließen."

Unions-Fraktionsvize Michael Fuchs (CDU) stellte die Zustimmung des Bundestages zum nächsten Griechenland-Paket infrage, sollte es in Athen nicht zu einer Einigung kommen. Fuchs sagte, ein weiteres Hilfspaket mache nur Sinn, „wenn die Griechen wirklich alle Auflagen erfüllen, wenn das auch in Recht und Gesetz umgesetzt ist". Erst dann könne es weitere Hilfen geben.

dapd , AFP: Deutsche Skepsis gegenüber Griechenland wächst, 10.2.2012; in: http://nachrichten.t-online.de (Zugriff: 5.3.2012)

M 3 „Marshallplan" für Griechenland?

Führende Ökonomen haben sich für eine radikale Kurskorrektur im Krisenmanagement für Griechenland ausgesprochen. „Das Land braucht eine glaubhafte Perspektive, und die kann es nur mit einem Marshallplan geben, der für Wirtschaftswachstum sorgt", sagte der renommierte Harvard-Ökonom Philippe Aghion (…). Die werde durch die bisherigen Hilfsprogramme nicht gegeben. (…)

Wie eine Reihe anderer Experten stellen sich die beiden Wissenschaftler damit in radikale Opposition zu dem bisher geltenden Kurs, wonach es ungeachtet möglicher ökonomischer Folgen vor allem darauf ankommt, möglichst große Einsparungen zu erzielen. (…)

Hauptkritik ist, dass die radikalen Kürzungen und Steuererhöhungen der vergangenen eineinhalb Jahre zum einen an soziale Grenzen stoßen. Zum anderen hat sich gezeigt, dass die Wirtschaft angesichts des Nachfrageentzugs in eine immer tiefere Rezession (Wirtschaftskrise) gerät, die auch den Defizitabbau (Schuldenabbau) immer schwieriger werden lässt. (…)

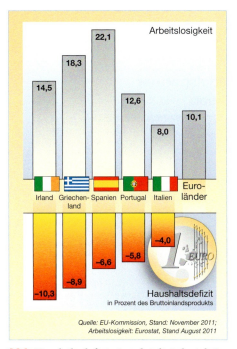

M 4 Haushaltsdefizite* und Arbeitslosigkeit einiger Euro-Staaten 2011

Gleichzeitig müsse Griechenland jedoch ein realistischer Weg aus der jahrelangen Rezession aufgezeigt werden. „Die Konsolidierung *(Festigung)* ist nicht ausbalanciert: Am stärksten betroffen ist die ärmere Bevölkerung, Reiche kommen hingegen relativ gut weg", sagte Aghion.

Mathias Ohanian/Hubert Beyerle: „Marshallplan" für Griechenland, Stern v. 3.11.2011; in: http://www.stern.de (Zugriff: 5.3.2012)

1 Erklärt, warum sich einige Eurostaaten verschuldet haben.

2 Wertet die Grafik M 4 aus und bewertet sie aus der Sicht einer nichteuropäischen Bank.

3 Beschreibt, was IWF, EU und EZB von Griechenland verlangen.

4 Erklärt, warum es in Griechenland zu massiven Protesten der Bevölkerung kam (M 1 und Verfassertext).

5 Untersucht M 2 und M 3 und stellt die genannten Möglichkeiten zur Lösung der Schuldenkrise gegenüber. Welche haltet ihr selbst für geeignet?

6 Verfolgt in den Medien aktuelle Berichte zur Schuldenkrise in der EU und diskutiert in der Klasse darüber.

Der EU-Außenhandel

Die wichtigsten Handelspartner der Europäischen Union

im Jahr 2010
in Milliarden Euro

Exporte nach

USA	242
China*	113
Schweiz	105
Russland	87
Türkei	61
Japan	44
Norwegen	42
Indien	35
Brasilien	31
Südkorea	28

Importe aus

China*	282
USA	169
Russland	158
Schweiz	84
Norwegen	79
Japan	65
Türkei	42
Südkorea	39
Indien	33
Brasilien	32

*ohne Hongkong   Quelle: Eurostat   © Globus 4452

M 1 Handelspartner der EU

Ziele der Handelspolitik

Die Europäische Union ist mit einem Anteil von ca. 20 Prozent am weltweiten Import und Export die bedeutendste Welthandelsregion. Nach dem EG-Vertrag gehört die **Handelspolitik** zu den gemeinschaftlichen Politikbereichen, das heißt, dass hier alle Entscheidungen auf EU-Ebene getroffen werden.

Ein wichtiges Ziel der EU-Handelspolitik ist es, **Absatzmärkte** für europäische Ausfuhren zu öffnen. Dies geschieht zum einen auf internationaler Ebene in der Welthandelsorganisation (WTO). Zum anderen hat die Europäische Union zahlreiche Freihandelsabkommen mit anderen Staaten oder Handelsbündnissen abgeschlossen, um dieses Ziel zu erreichen. Handelsregeln sind international, der Handel selbst jedoch findet zwischen Käufern und Verkäufern, Exporteuren und Importeuren statt. Aus diesem Grund hat die EU auch ein Netz aus Handelsabkommen mit einzelnen Ländern und Regionen in der ganzen Welt geknüpft, z. B. mit ihren Nachbarn im Mittelmeerraum und mit Russland und den anderen Republiken der ehemaligen Sowjetunion.

Ihren Wohlstand verdankt die EU maßgeblich dem **Abbau von Handelshemmnissen**: Aus diesem Grund setzt sie sich auch nachdrücklich für die weltweite 📖Liberalisierung des Welthandels ein. Mit der Aufhebung der Handelszölle zwischen den Mitgliedsstaaten wurden auch die Zölle gegenüber Einfuhren aus Drittländern vereinheitlicht. Das bedeutet, dass auf Waren, die in die EU eingeführt werden, einheitliche Einfuhrzölle erhoben werden, unabhängig davon, ob sie über Genua oder Hamburg eingeführt werden. Dadurch kann ein Fahrzeug aus Japan, auf das bei der Einfuhr nach Deutschland Einfuhrzoll gezahlt wird, nach Belgien oder in die Niederlande gebracht und dort genauso verkauft werden wie ein in Deutschland hergestelltes Fahrzeug. Es werden keine zusätzlichen Zölle erhoben. Die EU hat mit einem Durchschnittszoll auf die Einfuhren gewerblicher Erzeugnisse von vier Prozent das niedrigste Zollniveau weltweit.

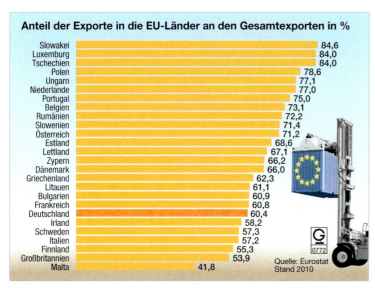

Anteil der Exporte in die EU-Länder an den Gesamtexporten in %

Land	%
Slowakei	84,6
Luxemburg	84,0
Tschechien	84,0
Polen	78,6
Ungarn	77,1
Niederlande	77,0
Portugal	75,0
Belgien	73,1
Rumänien	72,2
Slowenien	71,4
Österreich	71,2
Estland	68,6
Lettland	67,1
Zypern	66,2
Dänemark	66,0
Griechenland	62,3
Litauen	61,1
Bulgarien	60,9
Frankreich	60,8
Deutschland	60,4
Irland	58,2
Schweden	57,3
Italien	57,2
Finnland	55,3
Großbritannien	53,9
Malta	41,8

Quelle: Eurostat
Stand 2010

M 2 Handel innerhalb der EU

Europa darf nicht in 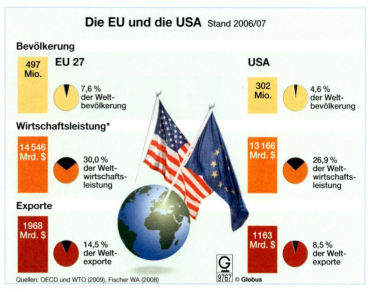 Protektionismus verfallen. Protektionismus erhöht die Preise für Unternehmen und Verbraucher und verringert die Auswahl. Mittelfristig binden Maßnahmen, die einzelne Branchen vor auswärtiger Konkurrenz schützen sollen, Ressourcen, die produktivere Wirtschaftszweige besser verwenden könnten. Unser Wohlstand hängt vom Handel ab, deshalb würden Handelsschranken, die andere als Reaktion auf protektionistische Maßnahmen errichten könnten, unserer Wirtschaft nur schaden.

Kommission der EU, Brüssel, 4.10.2006

M 3 Offenheit der Märkte

M 4 **Strafzölle gegen China**

Die EU belegt Glasfaserimporte aus China Kreisen zufolge für fünf Jahre mit Strafzöllen. Darauf hätten sich Handelsvertreter der Mitgliedsstaaten in der vergangenen Woche geeinigt, hieß es am Dienstag aus Diplomaten- und Industriekreisen.

Der Strafzoll von 13,8 Prozent solle ab Mitte März greifen. Glasfasern werden für die Produktion von Windturbinen und Ultraleicht-Autos gebraucht. Europäische Produzenten werfen der Volksrepublik Preisdumping vor.

Der neue Zoll liegt zwar deutlich unter dem seit September übergangsweise geltenden Tarif von 43,6 Prozent. Weiterverarbeitende Unternehmen zeigten sich dennoch unzufrieden. „Die Windbranche ist heutzutage eine weltweite Industrie, und Handelsbeschränkungen helfen sicherlich nicht, die Kosten für Energie zu reduzieren," sagte Peter Brun, Vize-Chef des weltgrößten Turbinen-Herstellers Vestas.

Die Schutzzölle wurden eingeführt, nachdem europäische Glasfaserproduzenten Arbeitsplätze bedroht sahen. Die EU-Minister müssen das Vorhaben noch absegnen. In der Regel werden solche Vereinbarungen aber ohne Einwände verabschiedet.

EU verlängert Strafzölle auf chinesische Glasfasern, Süddeutsche Zeitung v. 2.2.2011; in: http://www.sueddeutsche.de (Zugriff: 5.3.2012)

M 5 Die EU und die USA

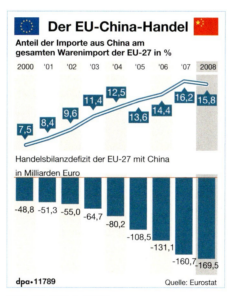

M 6 Die EU und China

1 Werte M 1 aus: Welche Staaten sind die wichtigsten Handelspartner der EU?

2 Vergleiche die USA, den asiatischen Wirtschaftsraum und die EU: Bevölkerung, Wirtschaftsleistung und Exporte/Importe (M 5, M 6).

3 Erläutere die Ziele der EU-Handelspolitik (M 3).

4 Werte M 4 aus: Ist die darin geschilderte Maßnahme mit den Zielen der EU-Handelspolitik vereinbar? Diskutiert darüber in der Klasse.

5 Für viele EU-Staaten ist die EU der wichtigste Handelspartner (M 2). Nenne Vorteile und Gefahren.

Das Haus Europa als Festung?

M 1 Flüchtlinge aus Libyen landen auf der italienischen Insel Lampedusa, *Mai 2011*

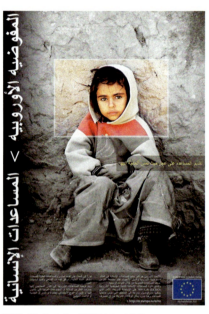

M 2 Plakat der EU-Entwicklungszusammenarbeit

M 3 Drama vor Lampedusa

Vor der Küste der italienischen Insel Lampedusa müssen sich entsetzliche Szenen abgespielt haben – mindestens 25 Afrikaner sind auf einem Flüchtlingsschiff ums Leben gekommen. Im Laderaum des übervollen Boots hat die italienische Küstenwache die Leichen entdeckt, berichtete das Hafenamt von Lampedusa. Die Opfer, allesamt Männer und überwiegend noch jung, sind höchstwahrscheinlich erstickt. Insgesamt hatten sich knapp 300 Menschen auf dem etwa 15 Meter langen Boot zusammengedrängt. (…) 271 Migranten, darunter 36 Frauen und 21 Kinder, wurden von der Küstenwache nach Lampedusa in Sicherheit gebracht, berichteten italienische Medien. Das nahezu fahruntaugliche Boot kam nur mit Mühe vor dem Hafen der süditalienischen Insel an. Die Menschen mussten mit Schiffen an Land gebracht werden. (…) Seit Januar strandeten mehr als 43 000 Menschen an italienischen Küsten.

anr/dpa/dapd: Dutzende Flüchtlinge sterben auf überfülltem Boot, Spiegelonline 1.8.2011; in: http://www.spiegel.de (Zugriff: 4.3.2012)

Kampf gegen Armut

Über 800 Millionen Menschen, davon 200 Millionen Kinder, leiden weltweit an Unterernährung. Dieser Entwicklung haben die Industriestaaten und internationale Organisationen den Kampf angesagt. Die Europäische Union ist dabei eine der treibenden Kräfte. Bereits im April 2000 hatte die EU-Kommission eine Neuregelung der europäischen **Entwicklungszusammenarbeit** vorgeschlagen und den gemeinschaftlichen Kampf zur Reduzierung und Überwindung der Armut als Hauptziel definiert. Daneben leistet die EU finanzielle Hilfe bei Projekten im Bereich Gesund-

Webcode:
PE641796-211

M 4 Lieferung von Hilfsgütern nach Nordkorea

heit, Bildung, zur Aufhebung der Benachteiligung von Frauen und zur besseren Integration aller Staaten in die Weltwirtschaft.

Arten der Hilfe

Die humanitäre Hilfe der Europäischen Union umfasst drei Bereiche:

- **Soforthilfe** wird in Form von Barzahlungen für den Erwerb und die Bereitstellung lebensnotwendiger Güter wie Arzneimittel, Nahrungsmittel und Schutzvorrichtungen oder zur Finanzierung des Wiederaufbaus nach einer Katastrophe geleistet. Soforthilfe muss schnell und flexibel erfolgen.
- **Nahrungsmittelhilfe** wird auf zwei Arten bereitgestellt. Zunächst einmal liefert die Union die üblichen Mengen an Nahrungsmitteln an Regionen, die unter Hunger oder Dürre leiden, um eine sichere Nahrungsmittelversorgung zu ermöglichen, bis die normale Erzeugung wieder aufgenommen werden kann. Zum anderen stellt sie Sofortnahrungsmittelhilfe bereit in Fällen, in denen plötzliche Nahrungsmittelknappheit auftritt, z.B. infolge von Kriegen oder Bürgerkriegen oder nach Naturkatastrophen.
- Die EU und ihre Mitgliedsstaaten leisten **Flüchtlingen** Hilfe, die aus ihrem Land vertrieben wurden, sowie Vertriebenen, die innerhalb ihres Landes oder der Region fliehen mussten. Die Unterstützung durch die EU hilft ihnen über die Notlage hinweg, bis sie nach Hause zurückkehren oder sich in einem anderen Land niederlassen können. Dies hat sich als besonders wichtige Maßnahme in den Balkanstaaten erwiesen.

1 **a** Beschreibt M 1 und zieht M 3 hinzu. Vermutet, wie die Leute auf dem Schiff untergebracht sind und wie sie auf ihrer mehrtägigen Fahrt versorgt wurden.

b Überlegt, aus welchen Gründen Menschen unter solchen Bedingungen nach Europa kommen (M 1, Text und S. 270/271).

2 Stellt fest, wie die EU Probleme wie Hunger und Armut in der Welt begegnet (M 2, M 4, Autorentext).

3 Versucht mithilfe der Materialien dieser Doppelseite zu klären, wie man den Zustrom von Flüchtlingen begegnen könnte.

Erweiterung und Zukunft der Europäischen Union

Montanunion	Subsidiaritätsprinzip	Gemeinsamer Markt für Kohle und Stahl	Oberstes Gericht in der EU. Wahrt und gestaltet das Europa-Recht
Vertrag von Maastricht	Schengener Abkommen	Aufgaben sollen möglichst von untersten Einheiten wahrgenommen werden.	Gemeinsame Außenzölle
Kopenhagener Kriterien	Römische Verträge	Beschlüsse über gemeinsame Währungs-, Außen- und Sicherheitspolitik	Müssen erfüllt sein, um der EU beitreten zu können
Europäische Zentralbank (EZB)	Europäischer Gerichtshof	„Hüterin des Euro". Sorgt für Preisstabilität in der EU	Abschaffung gegenseitiger Grenz- und Passkontrollen
Zollunion	Dienstleistungsrichtlinie	Europäische Wirtschaftsgemeinschaft	Regelt den europäischen Binnenmarkt im Bereich der Dienstleistungen

M 1 Begriffsmemory

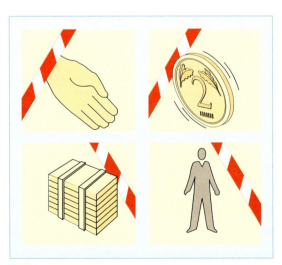

M 2 Die vier Freiheiten

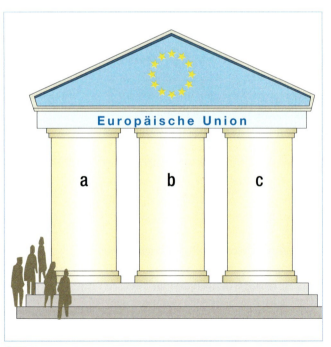

M 3 Die drei Säulen der Europäischen Union

M4 *Karikatur: Pepsch Gottscheber*

M5 *Karikatur: Burkhard Mohr*

M6 Offizielles EU-Logo zum 50. Jahrestag der Unterzeichnung der Römischen Verträge, Designer: Skrzypczak Szymon, 2007

M7 The Economist, Titelblatt, 21.6.2008

Sachwissen und Analysekompetenz

1 Ordnet die Memorykärtchen richtig einander zu.

2 a Benennt die in M2 dargestellten vier Freiheiten.
  b Erläutere jeweils die Bedeutung.

3 a Fertige eine Skizze des Schaubildes M3 in deinem Heft an. Schreibe unter die Skizze jeweils, welche Säule mit a, b und c gemeint ist.
  b Erläutere das Schaubild.

Analyse-, Methoden- und Urteilskompetenz

4 a Analysiert die ✂ Karikaturen M4 und M5.
  b Welche Probleme und Ängste werden angesprochen? Ordnet die Karikaturen in den Prozess der europäischen Einigung ein.

5 a Wertet das Logo M6 aus. Welche Aussage könnte das Plakat haben?
  b Informiert euch in den Medien (z.B. ✂ Internet) über die aktuelle Situation zum Vertrag von Lissabon. Ordnet M7 in die Entwicklung ein und berichtet in der Klasse.

9 Arbeit und Zukunft

M 1 **M 1** Weisheiten und Volksmund zum Thema Arbeit

Arbeit ist das halbe Leben.

Das ist brotlose Kunst.

Ohne Fleiß kein Preis.

Auf die Arbeit schimpft man nur
so lange,
bis man keine mehr hat.

Nach getaner Arbeit
ist gut ruhen.

Schuster, bleib
bei deinen Leisten.

Zuerst die Arbeit,
dann das Vergnügen.

Die Arbeit adelt den Menschen.

Arbeit ist des Ruhmes Mutter.

Glück hilft nur manchmal –
Arbeit immer.

**Am Ende
dieses Kapitels
kannst du**

- den Begriff Arbeit nach unterschiedlichen Gesichtspunkten beschreiben. Außerdem kannst du verschiedene Bedeutungen benennen, die diese für die Menschen hat.
- ein Straßeninterview zu einem Thema organisieren und durchführen.
- mithilfe von Stichpunkten (Mechanisieren, Automatisierung, Dienstleistungsgesellschaft) die Veränderungen in der Arbeitswelt darstellen und die Auswirkungen auf die Gesellschaft reflektieren.
- an Beispielen zeigen, welche Rolle Bildung für das Bestehen in der veränderten Arbeitswelt hat.
- Methoden anwenden, deine eigenen Interessen und Fähigkeiten herauszufinden sowie ein entsprechendes Berufsbild zu bestimmen. Du kennst Einrichtungen, die dich hierbei unterstützen können.
- die „Szenariotechnik" einsetzen, um einen Blick in die Zukunft werfen zu können.

Arbeit hat bittere Wurzel,
aber süße Frucht.

Kaum ein Thema beschäftigt die Menschen schon seit jeher so intensiv wie das Thema Arbeit. Dies liegt zum einen daran, dass wir durch Arbeit unsere wichtigsten  Grundbedürfnisse wie Nahrung, Wohnung und so weiter sichern, zum anderen aber auch, weil Arbeit zu einem großen Teil zur Selbstverwirklichung des Menschen beiträgt. Nicht zuletzt deswegen ist die Frage „Was will ich einmal werden?" so schwierig zu beantworten, denn der gewählte Beruf hat erheblichen Einfluss auf viele weitere Bereiche unseres Lebens. In diesem Kapitel werdet ihr euch neben der Frage, was Arbeit eigentlich ist und bedeutet, wie sie sich verändert und welche Auswirkungen dies hat, auch damit beschäftigen, wie ihr Anhaltspunkte feststellen könnt, um die Frage: „Was will ich einmal werden?" für euch zu beantworten.

Im Schweiße deines Angesichts sollst du dir dein Brot brechen.

Handwerk hat goldenen Boden.

Beruf ist Berufung.

Wer gut arbeitet, der soll auch gut essen.

1 a Klärt die Bedeutung der kurzen Sinnsprüche in M1.
Kennt ihr noch weitere?
b Wählt einen Spruch aus und erläutert eurem Tischnachbarn eure Entscheidung.

2 Vergleicht die Aussagen der beiden Karikaturen in M2.

3 Wie sollte Arbeit sein? Spaß machen, viel Geld einbringen, Anerkennung, …
Erstellt eine Gruppenhitliste zu den wichtigsten Merkmalen eines Traumjobs.

M2 Karikaturen

Was ist Arbeit?

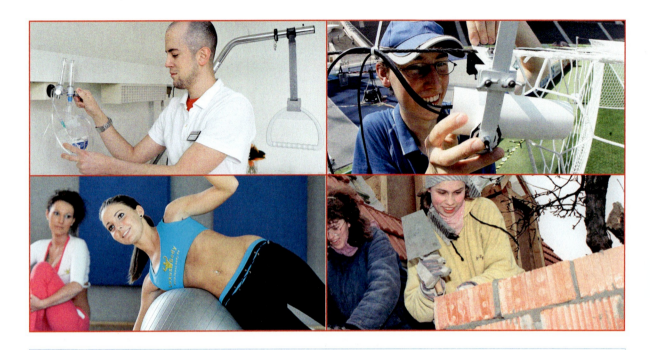

Robert H.: „Krankenpfleger ist mit Sicherheit keine einfache Berufswahl. Schon die Ausbildung erinnert an ein kleines Medizinstudium und verlangt einiges von einem. Ein ‚normales' Freizeitleben ist nicht vorhanden. Nachtdienste, Wochenenddienste und auch arbeiten an den Feiertagen gehört mit dazu und bestimmt das Freizeitleben. Aber es gibt natürlich auch Positives in diesem Job. Wer einmal dieses Augenleuchten gesehen hat, nur weil man einem Patienten bei der Nahrungsaufnahme geholfen hat, der wird verstehen, dass ich nichts anderes machen möchte."

Nach: http://www.ciao.de (Zugriff: 8.5.2012)

Marko R.: „Fernsehtechniker haben es schwer. Dieser Beruf ist einer der höchstqualifizierten Elektro-Berufe im Handwerk, d.h., dass er besonders in der theoretischen Ausbildung einiges abverlangt. Bleibt man nicht am Ball, ist es vorbei und man hat wenig Chancen, die Prüfung zu bestehen. Azubis verdienen nicht viel mehr als Frisörazubis. Der Verdienst steht in keinem Vergleich zu den Anforderungen, die dieser Beruf mit sich bringt. Das Tätigkeitsfeld ist sehr abwechslungsreich."

Nach: http://www.ciao.de (Zugriff: 8.5.2012)

Charlotte P.: „Ich bin gerne Maurerin. Bauwerke prägen Stadtbilder. Wohn- und Gewerbegebiete erhalten ihren eigenen Charakter. Dabei wird zunehmend darauf geachtet, dass jedes Gebäude in Art und Stil in die jeweilige Umgebung passt. Manche Fassade würde noch ganz schön alt aussehen, gäbe es nicht Fachleute am Bau, die umbauen, ausbauen und ganzen Stadtteilen zu neuem Glanz verhelfen. In diesem Beruf gibt es genug Chancen, um sich Stein für Stein seinen beruflichen Aufstieg aufzubauen."

Nach: http://www.hwk-karlsruhe.de (Zugriff: 8.5.2012)

Linda Z.: „Der Beruf Fitnesstrainer ist heute gefragter denn je. Da er eine verantwortungsvolle Aufgabe hat, ist eine fundierte Ausbildung unverzichtbar. Qualitätskontrollen sind in der Branche üblich, um einen gewissen Qualitätsstandard der Ausbildung zu gewährleisten. Kundiges Fachpersonal wird gebraucht. Der Kunde legt schließlich seine Gesundheit vertrauensvoll in die Hände des Fitnesstrainers."

Nach: http://www.wellness-massage-portal.de (Zugriff: 8.5.2012)

M 1 Inhalte von Arbeit

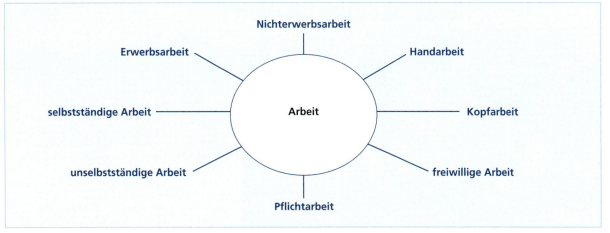

M 2 Formen von Arbeit

Im Allgemeinen Sinne ist Arbeit die Tätigkeit eines Menschen, die auf ein wirtschaftliches Ziel ausgerichtet ist (z. B. auf Einkommenserzielung).

F. W. Mühlbradt, Wirtschaftslexikon. Berlin, 8. Auflage, 2007, S. 30

Arbeit ist jede zielgerichtete, planmäßige Tätigkeit zur Befriedigung eines Bedürfnisses, bei der geistige und/oder körperliche Kräfte eingesetzt werden. Tätigkeiten, die nicht in erster Linie wirtschaftlichen Zwecken dienen, z. B. Erziehungsarbeit und häusliche Pflege in der Familie oder ehrenamtliche Tätigkeiten, gewinnen in der gesellschaftlichen Diskussion über Arbeit an Bedeutung

Schülerduden Wirtschaft, Dudenverlag, Mannheim, 3. Aufl. 2002, S. 26

In der Arbeit bestätigt der Mensch seine Fähigkeiten; sie ist Teil seiner Selbstverwirklichung. Die alte Wortbedeutung von „Mühe und Plage" macht sich heute noch in einigen ungeliebten Arbeiten wie Hausarbeit oder Klassenarbeiten bemerkbar. Arbeit ist von Erwerbsarbeit zu unterscheiden: Z. B. leisten Mütter/Väter (unbezahlte) Erziehungs- und Hausarbeit, Erwerbstätige leisten dagegen Erwerbsarbeit, mit der sie ein Einkommen erzielen.

pocket Wirtschaft in Deutschland, Bundeszentrale für politische Bildung, Bonn, 2006, S. 6

Arbeit ist zweckorientierte, also bewusste und planmäßige Tätigkeit des Menschen unter Verausgabung körperlicher und geistiger Kräfte: zu unterscheiden von Spiel und Sport. Arbeit gehört im Wesen nach zur Selbstverwirklichung des Menschen.

Franz Neumann: Artikel „Arbeit" in: H. Drechsler u. a. (Hrsg.), Gesellschaft und Staat, 10. Aufl. München 2003, S. 31 f.

M 3 Stichwort „Arbeit"

1 Nennt die wichtigsten Merkmale der unterschiedlichen Arbeitsplätze und bewertet sie (M 1). Berücksichtigt dabei: Art der Arbeit, Möglichkeit, sich einzubringen, Arbeitszufriedenheit, Arbeitsgrund, private Interessen.

2 Ordnet den in M 2 genannten Formen der Arbeit Beispiele zu.

3 a Untersucht die Begriffsbestimmungen von Arbeit (M 3). Stellt fest, was sie gemeinsam haben und worin sie sich unterscheiden.
  b Formuliert selbst eine Definition von Arbeit.

4 Überlegt: Worin unterscheidet sich „Nichterwerbsarbeit" von Spiel und Sport?

5 „Arbeiten heißt nicht nur Geld verdienen!" Nehmt dazu Stellung.

Was bedeutet Arbeit?

M1 Erwerbsarbeit in einer Kfz-Werkstatt …

M2 … oder im Büro

Arbeiten, um zu leben

Heute versteht man unter „Arbeit" in erster Linie die Erwerbsarbeit. Mit Arbeit verdienen Menschen Geld. Arbeit sichert die Existenz einzelner Menschen und häufig auch ganzer Familien. Ohne Arbeit wäre aber auch ein Staat nicht überlebensfähig, denn Arbeit finanziert über Steuereinnahmen den Staat.

Neben der materiellen Seite von Arbeit gibt es aber auch ideelle Aspekte. Durch Arbeit werden Ideen und Wünsche verwirklicht.

> **Arbeit –
> kritische Aspekte:**
> Gesundheitsschädlichkeit
> Monotonie
> Überforderung
> Stress

> Webcode:
> PE641796-218

Arbeit als Teil der eigenen Identität

Ansehen und Bedeutung eines Menschen werden häufig durch seine Arbeit oder seinen Beruf bestimmt. Sie dient nicht mehr nur der Sicherung des Lebensunterhalts. Der Beruf wird zum wichtigen Bestandteil der eigenen Persönlichkeit.

Arbeit kann im Leben des Menschen sechs wichtige psychosoziale Funktionen erfüllen:

1. „Arbeit zwingt zur Aktivität."
Um seinen Lebensunterhalt zu bestreiten, muss der Mensch seine Fähigkeiten einsetzen. Dieser Zwang ist häufig eine Last, führt aber auch zur Entwicklung von Kompetenzen. Arbeitslose verfallen oft in 📖 Lethargie und 📖 Apathie. Mangels Übung wird ihr Bewegungs- und Handlungsspielraum immer kleiner. Ein einfaches Telefonat kann unter solchen Umständen eine große Anstrengung bedeuten.

2. „Durch Arbeit kann man etwas bewirken."
Das Gefühl „Ich bin meines Glückes Schmied" ist einer der gesundheitsfördernsten Faktoren überhaupt. Tatsächlich sind Selbstständige selten krank, obwohl viele von ihnen extrem viel arbeiten. Es ist gut zu wissen, dass man sich mit seiner Leistung Geld und Urlaub verdienen kann. Wer sich ohnmächtig und chancenlos fühlt, baut psychisch und körperlich ab und wird vielleicht sogar krank.

3. „Arbeit gibt dem Leben eine Struktur."
Ein geregelter Arbeitsalltag gibt uns zeitliche Orientierung, indem er das Leben in viele klar voneinander unterscheidbare Bereiche teilt: Arbeitszeit, Freizeit, Urlaub, Rente etc. Arbeit hilft uns, morgens aus dem Bett zu kommen und abends wieder hinein. Ungefähr zu wissen, was kommt, kann sehr beruhigend wirken. (…)

4. „Arbeit fördert soziale Kontakte."
Durch Teamarbeit lernen völlig verschiedene Menschen, sich aufeinander einzustellen und Aufgaben gemeinsam zu bewältigen. Auf einen Arbeitslosen dagegen wartet morgens keiner mehr. Er ist nicht mehr automatisch in eine Gruppe integriert und muss sich aktiv um Kontakte bemühen. Manch einer schämt sich, zieht sich sogar von Freunden zurück. (…)

5. „Arbeit lässt das Leben sinnvoller erscheinen."
Der Mensch möchte als nützliches Mitglied der Gesellschaft geschätzt werden und sein Leben nach eigenen Werten gestalten. Anerkennung bekommen wir vor allem für unsere Arbeit und Leistung. Auch wir selbst sind auf Erfolg, den wir uns hart erarbeitet haben, meist besonders stolz. Arbeitslose beschleicht dagegen das Gefühl, nichts Sinnvolles zu tun und der Gesellschaft zur Last zu fallen.

6. „Arbeit dient der Persönlichkeitsentfaltung."
Ein großer Teil von dem, was wir sind, ist, was wir tun. Ob Verkäufer, Studentin oder Hausfrau – unsere Arbeit bestimmt weitgehend unsere gesellschaftliche Identität und Rolle. Durch Arbeitslosigkeit verlieren wir auch an Selbstwertgefühl und Status. Wer ohne Aufgabe zu Hause herumsitzt, weiß bald nicht mehr: Wer und wozu bin ich? Was kann ich? (**www.aok.de/ bund/monats_spezial/spezial0105/content1.php**)

M3 Was bedeutet Arbeit für den modernen Menschen?

Straßeninterviews durchführen

1. Darum geht es

Durch eine Befragung könnt ihr die Meinungen, Wünsche und Kenntnisse von Menschen besser einschätzen lernen. Ihr könnt die Vielfalt von Beurteilungen eines Sachverhalts feststellen und ordnen und euch selbst mit neuen Sichtweisen auseinandersetzen.

2. So läuft es ab

Vorbereitung

Klärt folgende Fragen:

· Was fragen wir?
· Wen und wie viele fragen wir?
· Wo führen wir die Befragung durch?
· Wie führen wir die Befragung durch, z. B. als Einzel- oder Partnerarbeit?

Durchführung

· Begrüßt euren Interviewpartner.
· Erklärt, wer ihr seid, warum ihr die Befragung durchführt und was ihr mit dem Ergebnis macht.
· Überlegt evtl. vorher die ersten Sätze. Sie sollen ein gutes Gesprächsklima schaffen und die Bereitschaft des Interviewpartners zum Gespräch wecken.
· Teilt mit, wie lange das Gespräch dauern wird.
· Wenn ihr ein längeres Gespräch plant, sucht einen ruhigen Platz aus.
· Ermutigt euren Gesprächspartner durch Freundlichkeit und Interesse. Die Bereitschaft zu einem offenen Gespräch hängt auch von euren Gefühlen und einer anerkennenden Haltung ab.
· Haltet euch mit eurer Meinung zurück und vermeidet Bewertungen wie: „finde ich gut / schlecht / langweilig / unüblich / …"
· Bedankt euch am Ende des Gesprächs für die Mitarbeit.

Auswertung

Beantwortet folgende Fragen:

· Wie viele Personen haben eine Befragung abgelehnt?
· Was ist mir schwer gefallen?
· Was war unerwartet?
· Was war besonders überraschend?
· Was denken die Befragten über Arbei?
· Welche Gegensätze bzw. ähnlichen Meinungen gab es bei den Interviewpartnern?
· Gab es unterschiedliche Sichtweisen bei Männern und Frauen?
· Welche neuen Erkenntnisse habt ihr gewonnen?

Fragebogen:
1. Sind Sie berufstätig? Wenn ja, was machen Sie?
_____
_____

2. Welche Merkmale einer Arbeit sind Ihnen am wichtigsten und warum?
_____

3. Einem Arbeitslosen geht es Ihrer Meinung nach eher schlecht / eher gut. Erklären Sie.
_____
4. …
_____

1 Stellt die wichtigsten Funktionen und Folgen von Arbeit für die Menschen in einer 🔧 Mindmap dar (M 3, Autorentext und Randspalte).

2 Führt Straßeninterviews zum Thema „Was bedeutet Arbeit?" durch.

Veränderung der Güterproduktion

M 1 Fließbandproduktion bei Ford 1914

M 2 Automobilproduktion bei VW 2012

Arbeitsteilung

Bis ins 17. Jahrhundert hinein verzeichneten Landwirtschaft und Handwerk nur relativ geringe Produktivitätsfortschritte. In den dann aufkommenden 📖 Manufakturen fand zum ersten Mal eine produktivitätssteigernde **Arbeitsteilung** statt. Die einzelnen Arbeitsschritte bei der Herstellung eines Produktes wurden auf verschiedene Arbeitskräfte verteilt. Obwohl immer noch von Hand gefertigt wurde, ging die Arbeit wesentlich schneller voran.

Webcode:
PE641796-220

Mechanisierung

Mit der Erfindung der Dampfmaschine setzte die Industrielle Revolution ein. Von nun an wurde die menschliche Arbeitskraft mehr und mehr von Maschinen ersetzt. Damit begann die industrielle Massenproduktion, die 1914 zur Einführung der **Fließbandfertigung** durch Henry Ford in der Automobilproduktion führte. Die Fließbandarbeit, die zur Produktionssteigerung und zu einer Senkung der Herstellungskosten führte, ist bis heute weit verbreitet. Dabei werden die Arbeitsschritte in **kleinste Teilschritte** zerlegt. Der Rhythmus des Fließbandes bestimmt das Arbeitstempo. Die Fließbandarbeit ist deshalb für den Arbeiter belastend, da sie sehr eintönig ist und zu einseitigen körperlichen Beanspruchungen führt.

Automatisierung

Von Automatisierung spricht man, wenn die Maschine auch die Steuerung und Kontrolle eines Arbeitsprozesses übernimmt. Seit einigen Jahren übernehmen immer mehr Roboter und **automatisierte Fertigungsstraßen** die Produktion. Während 1990 in Deutschland erst 28 000 Roboter in der industriellen Fertigung eingesetzt wurden, waren es 2009 bereits 145 800. In den fast menschenleeren Produktionshallen sind nur noch wenige Arbeitskräfte erforderlich, die die Wartung und Programmierung der Roboter übernehmen.

Die Automatisierung führte zum Verlust vieler Arbeitsplätze in der industriellen Produktion. Das gilt in besonderem Maße für die vielen ungelernten Fließbandarbeiter, die die hoch qualifizierte Arbeit an den Robotern und Computern nicht übernehmen können. Gleichzeitig führte die Automatisierung zu einer starken 📖 Entfremdung vom Produkt.

Teamarbeit

Heute ist man darum bemüht, die Motivation und Arbeitsleistung jedes einzelnen Mitarbeiters dadurch zu erhöhen, dass man ihn mehr in die Entstehung des Produktes einbindet. Arbeiter, Ingenieure und Programmierer arbeiten eng zusammen, entwickeln gemeinsam neue Ideen und setzen diese direkt bei der Produktion um. Durch **Teamarbeit** sollen die Fähigkeiten und Erfahrungen aller an der Güterproduktion Beteiligten ausgeschöpft werden.

M3 „Schlanke Produktion"

Outsourcing war einmal. Viele deutsche Unternehmen suchen ihr Heil zum Erhalt der internationalen Wettbewerbsfähigkeit nicht mehr in der Verlagerung ihrer Produktionen in Billiglohnländer, sondern setzen auf schlanke Produktions- und Logistikmethoden – ein nicht immer einfacher Weg, aber einer, der sich lohnt.

Die weltweite Finanzkrise verdeutlicht gerade, wie sensibel und anfällig Wirtschaft und Industrie für Schwankungen im internationalen Geldfluss sind. Fehlen die Kredite, bleiben Aufträge aus und geplante Projekte werden auf Eis gelegt. (…)

Gerade in diesen schwierigen Zeiten sind produzierende Unternehmen im Vorteil, die flexibel auf solche Umstände reagieren können. Und wenn die deutschen Automobilkonzerne für einen bestimmten Zeitraum ihre Montagebänder stillstehen lassen, bedeutet dies noch keine Gefahr für Arbeitsplätze oder gar deren Existenz. Denn die meisten Autobauer produzieren inzwischen schlank (Lean Production). Schlank in diesem Zusammenhang bedeutet vor allem, dass Unternehmen in ihrer Produktion, ihrem Materialfluss oder aber auch in ihrer Verwaltung Verschwendung vermeiden und nicht wertschöpfende Tätigkeiten und Prozesse sowie unnötig hohe Lagerbestände beseitigen. Material soll idealerweise im ständigen Fluss sein und zur rechten Zeit am richtigen Ort (just in time oder just in sequence) zur Verfügung stehen. (…)

Vorgemacht haben es die Japaner, und zwar die, die bei Toyota nach dem Zweiten Weltkrieg trotz des Ressourcenmangels Autos bauen wollten. Inzwischen produzieren in Deutschland nicht nur die großen Automobilkonzerne nach Methoden, die auf dem so genannten „Toyota Production System" (TPS) basieren.

Volker Unruh: Wettbewerbsfähig durch schlanke Produktionsprinzipien, MM-Maschinenmarkt, 16.10.2008; in: http://www.maschinenmarkt.vogel.de (Zugriff: 7.3.2012)

M4 Roboter übernehmen die Arbeit

---

1 Erläutere die Entwicklung in der Güterproduktion (Autorentext, M1–M3 und Schaubild M4).

2 Beschreibe, wie sich die jeweilige Produktionsmethode auf den einzelnen Arbeiter und den Bedarf an Arbeitskräften auswirkt.

3 Analysiere den Text M3: Wie beurteilt der Autor die Lean Production? Worin sieht er deren Vorteile?

4 Diskutiert in der Klasse, ob die Veränderungen als Fortschritt bezeichnet werden können.

Berufe im Wandel

1 Was tut ein … Account Manager?

Antworten

a) Er betreut Kunden und Vertriebspartner und beschäftigt sich mit der Akquise von Neukunden.

b) Er betreut den Empfang bzw. Schalter eines Unternehmens – ist dort tätig, wo Kunden ihre Anliegen vorbringen.

c) Er kümmert sich um die Buchhaltung eines Unternehmens.

2 … Community Manager?

Antworten

a) Er ist in Firmen und Organisationen für die Zusammenstellung und Betreuung von Teams zuständig.

b) Er betreut virtuelle Gemeinschaften bzw. Online-Interessengemeinschaften.

c) Er steht einer Aktionärsgemeinschaft vor, berät sie, organisiert deren Zusammenkünfte und das gemeinsame Vorgehen.

3 … Regulatory Affairs Manager?

Antworten

a) Er sorgt für die Marktzulassung von Produkten durch Nachweis der Produktsicherheit und der Übereinstimmung mit gesetzlichen Normen.

b) Er ist für die Rechtmäßigkeit der abgeschlossenen Verträge eines Unternehmens zuständig.

c) Er ist spezialisiert auf die Ein- und Ausfuhr von Produkten bzw. auf die entsprechenden Bestimmungen und Zollvorschriften.

4 … Fraud Analyst?

Antworten

a) Er deckt Fehler, so genannte „Bugs" in Sprach- und Datennetzen auf.

b) Er deckt Betrugsdelikte in Sprach- und Datennetzen auf.

c) Er ist als Meteorologe spezialisiert auf die Analyse von Eis und Schnee.

5 … Freelancer?

Antworten

a) Er arbeitet als Freiberufler, d. h. projektbezogen und mit befristetem Vertrag.

b) Er ist als selbstständiger Versicherungsmakler tätig.

c) Er ist der Chef einer Gruppe von Animateuren, z. B. in einem Ferienclub.

6 … Purser?

Antworten

a) Er ist bei Film und Fernsehen zuständig für die Auswahl der Drehorte.

b) Er leitet den Bereich Service und Küche an Bord von Passagierflugzeugen.

c) Er übernimmt bei Modeaufnahmen die Betreuung der Models.

7 … Purchasing Manager?

Antworten

a) Er leitet an Flughäfen die Abfertigung sowie den Transport des Gepäcks.

b) Er schreibt das Drehbuch für Werbefilme.

c) Wurde früher als „Prokurist" bezeichnet. Er koordiniert die Beschaffung von Gütern und Dienstleistungen.

8 … Applications Engineer?

Antworten

a) Er ist der verantwortliche Statiker beim Bau von Straßen und Brücken.

b) Er ist auf die Entwicklung von Sicherheitssystemen spezialisiert.

c) Ingenieur, der neue Anwendungen für Produkte und Systeme entwickelt und den Vertrieb und das Marketing technisch unterstützt.

9 … Ökotrophologe?

Antworten

a) Er ist dort im Einsatz, wo es um Nahrungsmittel oder Ernährung geht, etwa in der Fertigung der Lebensmittelindustrie oder in der Ernährungsberatung.

b) Er ist als ökologischer Landwirt tätig.

c) Er erforscht das Alltagsleben und den Tagesablauf früherer Kulturen, etwa der Mayas oder Azteken.

10 … Business Angel?

Antworten

a) Er arbeitet als Konkursverwalter.

b) Er übernimmt als „Mädchen für alles" Einkäufe und Besorgungen für Firmen oder deren gestresste Mitarbeiter.

c) Er engagiert sich als privater Investor in einem Jungunternehmen.

M 1 Beruferaten

Berufsbilder verändern sich

Durch neue Technologien, den Einsatz von Computern und computergesteuerten Maschinen sowie anderen Bedürfnissen und Wünschen der Kunden verändern sich auch die Anforderungen und Tätigkeiten in den bestehenden Berufen. Durch die kontinuierliche Modernisierung hat sich die Anzahl der anerkannten 📖 Ausbildungsberufe in den vergangenen dreißig Jahren von 606 im Jahr 1971 auf derzeit 349 Berufe verringert. (Stand: 2009)

M 2 Beispiel Mediengestalter/-in für Digital- und Printmedien

Aufgrund der rasanten Fortschritte in der Computertechnologie wandelte sich in den 1990er-Jahren die Gestaltung und Erstellung von Printmedien (Büchern, Zeitungen, Zeitschriften, …) grundlegend. Zahlreiche alte, noch stärker handwerklich orientierte Berufe sind dadurch inzwischen überarbeitet worden, neue Berufe sind entstanden. Neben Printmedien sowie Fernsehen und Rundfunk werden Informationen heute auch für Online-Dienste, CD-ROMs und Datenbanken aufbereitet. Die Übergänge sind fließend. Erst 1998 wurde die Ausbildung Mediengestalter/-in für Digital- und Printmedien ins Leben gerufen.

Die Arbeitsaufgaben der Mediengestalter für Digital- und Printmedien sind so unterschiedlich wie die Medien, die sie be-

M3 Schriftsetzer bei einer Tageszeitung, 1953

M5 Mediengestalterin bei der Arbeit, 2011

arbeiten und herstellen. Und das ist auch leicht zu erklären: Schließlich löst der neue Beruf die alten Berufe Schriftsetzer, Reprohersteller, Werbe- und Medienvorlagenhersteller und Fotogravurzeichner ab und schafft weitere neue Betätigungsfelder.

Autorentext

M4 Gesucht: ein Mediengestalter

Aus einer Stellenanzeige:
Für das Ausbildungsjahr 2012 suchen wir einen *Auszubildenden Mediengestalter Digital & Print (m/w).*
Wir erwarten von dir einen sicheren Umgang mit XHTML und CSS sowie Kenntnisse in JavaScript und PHP. Zudem solltest du in modernen Webtechnologien wie HTML5 und CSS3 gebildet sein. Du kannst mit den üblichen Office-Programmen Microsoft Word, Excel, Outlook, Powerpoint usw. umgehen und hast Grundkenntnisse in den Programmen der Adobe Creative Suite.
Während deiner Ausbildung bei *netzpepper* wirst du mithilfe aktueller Webtechnologien komplexe Webanwendungen entwickeln. Dabei wirst du kontinuierlich in aktuelle Projekte integriert werden, in denen du sehr schnell eigenverantwortlich Aufgaben übernimmst und Kundendienstleistungen erbringst. Dafür musst du bereit sein, engagiert zu lernen und dir

neue Technologien autodidaktisch zu erarbeiten.
Unsere Anforderungen an dich im Überblick:
· Min. Realschulabschluss
· Sicherer Umgang mit XHTML und CSS
· Kenntnisse in JavaScript und PHP
· Grundlegende Kenntnisse der modernen Webtechnologien HTML5 und CSS3
· Kenntnisse in Microsoft Office Programmen
· Grundkenntnisse in den Programmen der Adobe Creative Suite
· Führerschein Klasse B

http://www.netzpepper.de/jobs/azubi-mediengestalter-entwicklung (Zugriff: 7.3.2012)

1 a Findet die richtigen Lösungen im Berufsrätsel (M1).
  b Benennt Merkmale, die diese Berufe von Berufen wie Bäcker, Maurer usw. unterscheiden.
  c Findet weitere Beispiele.

2 Beschreibt den Wandel der Berufe am Beispiel der Mediengestaltung (M2, M3 und M5).

3 Viele Ausbildungsberufe werden heute von Abiturienten erlernt. Erkläre diese Entwicklung unter Berücksichtigung des Wandels, den viele Berufsbilder erfahren haben (M4).

Beispiele zum Wandel von Technik, Wirtschaft und Arbeit

M 1 Links: Eine junge Frau scannt ihre Artikel selbst an einer Expresskasse eines Möbelkaufhauses ein. Rechts: Große Einzelhandelsunternehmen bieten ihre Ware immer öfter auch in Online-Shops an.

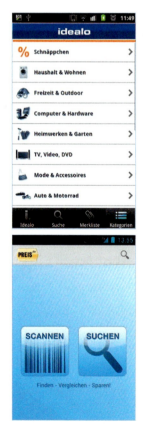

M 2 Screenshots von Preisvergleich-Apps für Smartphones

Einzelhandel unter Druck: 2020 soll jeder fünfte Euro online ausgegeben werden

Seit Jahren wächst der Umsatz im Online-Handel und die Aussichten stehen weiterhin gut. Nach Erkenntnissen der Hochschule Niederrhein soll bis 2020 bereits jeder fünfte Euro online ausgegeben werden. Dass dies nicht ohne Folgen für den klassischen Einzel- und Versandhandel bleibt, zeigt das Beispiel des traditionsreichen Kataloghändlers Neckermann, der 2012 Insolvenz anmelden musste. Der Einzelhandel muss auf die steigende Konkurrenz auch aus dem Internet reagieren.

M 3 Selbst ist der Kunde

(…) Was vor mehr als einem Vierteljahrhundert mit SB-Tanken begann und vor gut 15 Jahren mit dem Online-Banking perfektioniert wurde, ist auch bei Lufthansa und Bahn schon fast zur Routine geworden: Selbst ist der Kunde. Die Verbraucher werden aber auch in anderen Branchen zunehmend ihr eigener Dienstleister.

Kunden nehmen Arbeits-Auslagerung an

„Externalisierung der Dienstleistung" heißt das dann im Fachjargon der Ökonomen. Arbeitnehmervertreter geißeln das Verfahren als „Rationalisierung zulasten von Arbeitsplätzen", wie es ein Sprecher der Dienstleistungsgewerkschaft Verdi formuliert.

Tatsächlich können Verbraucher inzwischen Reisen buchen ohne Reisebüro, Brötchen kaufen ohne Bäcker, essen, ohne bedient zu werden, im Hotel übernachten, ohne eine Rezeption aufzusuchen. Sie machen damit zunehmend den Job von Kassierern, Reisekaufleuten und Sachbearbeitern – aber werden sie dafür auch angemessen belohnt?

„Die Kunden nehmen diese Auslagerung der Arbeit an sie entweder als echte Preissenkung wahr oder zumindest als unterlassene Preiserhöhung", sagt Manfred Schwaiger, Betriebswirtschaftsprofessor für marktorientierte Unternehmensführung an der Ludwig-Maximilians-Universität München. Sie nehmen es wahr? Ja, denn wie sollen Außenstehende erkennen, ob ein Unternehmen die Preise erhöht hätte, wenn es seine Kunden bedienen würde wie gewohnt? Das ist in den meisten Fällen unmöglich.

Selbstbedienung wird bald die Regel sein

Theoretisch kann man inzwischen einen ganzen Tag unterwegs sein, ohne mit einem Verkäufer, Kellner oder Rezeptionisten zu reden. Das ist vielleicht vorteilhaft für Routinierte, aber Verbraucher, die im Umgang mit den manchmal komplizierten Selbstbedienungsmaschinen nicht so versiert sind, werden sich ärgern. Dennoch ist sich Universitätsprofessor Schwaiger sicher, dass Selbstbedienung für die Kunden bald die Regel sein wird. „In einigen Jahren werden auch die Einweiser verschwunden sein", sagt er. „Teile der Wertschöpfung an die Kunden auszulagern, liegt voll im Trend." Ein Trend, der sich kaum umkehren lasse, weil die Unternehmen damit Personalkosten einsparen können.

Quelle: www.sueddeutsche.de/wirtschaft/dienst-leistungen-selbst-ist-der-kunde-1.8956, © Süddeutsche Zeitung Digitale Medien GmbH / Süddeutsche Zeitung GmbH (SZ vom 24.02.2010/ jcb/hgn) (Zugriff: 7.8.2012)

M4 Werkverträge – es geht noch billiger

Die Regeln der Leiharbeit sind strenger geworden. Unternehmen aus dem Handel und der Industrie wissen sie zu umgehen.

Der fett gedruckte Titel auf der Tagungseinladung klingt harmlos: Freie Industriedienstleistungen als Alternative zur regulierten Zeitarbeit. Doch in der Branche, die sich an diesem Septembertag in einem Düsseldorfer Nobelhotel trifft, weiß jeder, was diese gestelzte Formulierung zu bedeuten hat: Hier wird sie ausgetüftelt und juristisch festgezurrt – die Methode, mit der Unternehmen ihre ohnehin schon billigen Leiharbeiter durch noch billigere Beschäftigte ersetzen können. (...) Volker Rieble [Direktor des Münchner Zentrums für Arbeitsbeziehungen und

Arbeitsrecht (ZAAR) verteilt] konkrete Hinweise, mit denen die Neuregelungen umgangen werden können. Und zwar mithilfe von Werkverträgen: Unternehmen übertragen wichtige Tätigkeiten auf Subunternehmen, zum Beispiel lagern Supermärkte das Einräumen der Regale aus. Die Subunternehmen werden pro „Werk" bezahlt, beispielsweise für jede Palette Ware, die ihre Mitarbeiter in die Regale räumen. Statt Leiharbeiter reinzuholen, lagern Supermärkte die Arbeiten also aus – juristisch betrachtet, ist das der Grund, warum für die Regaleinräumer nicht einmal die Tarife für Leiharbeiter gelten.

Von: Massimo Bognanni, Johannes Pennekamp, DIE ZEIT, 8.12.2011 Nr. 50, http://www.zeit.de/ 2011/50/Leiharbeit-Werkvertraege (Zugriff: 7.8.2012)

M5 In den USA bereits möglich – bezahlen mit dem Smartphone

M6 Der Deutsche Gewerkschaftsbund informiert:

Gut zwei Milliarden Euro pro Jahr muss der Bund ausgeben, um Geringverdienern mit Vollzeitjobs ein gesellschaftliches Existenzminimum zu garantieren. Niedriglöhne sind nicht nur Zündstoff für den Bund, sondern auch für die Kommunen. Denn diese müssen den Großteil der Wohnungskosten für jene übernehmen, die trotz eines Arbeitsplatzes auf Hartz IV angewiesen sind.

Aus: arbeitsmarktaktuell 1/2012, Hrsg.: DGB Bundesvorstand, www.dgb.de/ themen/++co++3f8b6148-3d0c-11e1-7eaf-00188b4dc422 (Zugriff: 7.8.2012)

1 Erklärt, wie der Online-Handel das klassische Einzelhandelsgeschäft beeinflusst.

2 a Zeigt mithilfe von M3 und M4, wie der Handel auf die zunehmende Konkurrenz reagiert.

   b Nennt Vor- und Nachteile dieser Entwicklung für Kunden und Angestellte.

3 Machen Unternehmen Umsatz, profitiert der Staat durch Steuereinnahmen. Welche Nachteile könnten dem Staat im konkreten Fall entstehen? (M6)

4 Stellt mithilfe von M2 und M5 Vermutungen zur weiteren Entwicklung an.

Dienstleistung schafft Arbeit

Zwei Schülerinnen einer 7. Klasse berichten von der Arbeit ihrer Eltern:

Kathrin Vogel:

„Meine Mutter arbeitet als Sekretärin bei der Wasserversorgung in Frankfurt. Sie ist in der Verwaltung des Unternehmens in Teilzeit beschäftigt. Dort bearbeitet sie die Post, die E-Mails und nimmt Telefonate entgegen. Sie erledigt den Schriftverkehr, kontrolliert die Zeitpläne von Bauvorhaben, bereitet Unterlagen für Sitzungen vor und organisiert die Verwaltung von Geschäftsdokumenten."

Jasmin Reu:

„Mein Vater arbeitet bei der Fleischzentrale West als Fahrer eines Kühltransporters. Jeden Tag muss er zu einer bestimmten Zeit eine Tour fahren, zumeist nachts. Heute Abend fährt er vom Schlachthof in Frankfurt zu einer Wurstfabrik in der Nähe von Leipzig. Dort wird die Lieferung entladen und rund 1000 Kisten Leergut müssen für die Rückfahrt aufgenommen werden. Gegen 10 Uhr ist er wieder im Fuhrpark der Fleischzentrale, überprüft die Wartung seines Lastwagens und geht nach Hause – es ist Feierabend."

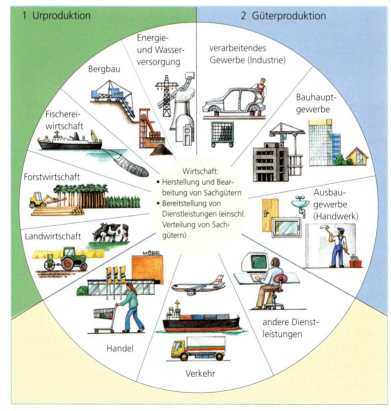

M 1 Gliederung der Wirtschaft

Was sind Dienstleistungen?

Zur Versorgung unserer Gesellschaft gehören nicht nur Waren und Güter, sondern auch Dienstleistungen. Viele Betriebe stellen keine Waren her, sondern leisten den Menschen Dienste: etwa ein Kindergarten, eine Sparkasse, ein Arzt, ein Friseur, ein Restaurant, ein Busunternehmer, ein Schuhgeschäft, ein Hallenbad, ein Kino oder eine Behörde.

... mehr Dienstleistung

Heute arbeiten bereits fast drei Viertel aller Beschäftigten im Dienstleistungssektor, z. B. im Handel, in Banken, im Bildungsbereich, in der Gastronomie oder im Gesundheitswesen. Aber auch im Bereich der Informationstechnologie entstanden viele neue Arbeitsplätze.

Darüber hinaus sind viele Arbeitsplätze eng verzahnt mit dem sekundären (Güterproduktion) Wirtschaftsbereich. Kaum ein Industrieprodukt kann heute ohne Forschung und Entwicklung, Qualitätskontrolle, Wartung (Service) oder Werbung und Vertrieb auf den Markt gebracht werden. Wenn diese Aufgaben nicht an externe Dienstleistungsfirmen, wie z. B. Werbeagenturen, vergeben werden, sondern im Industriebetrieb selbst erbracht werden, tauchen diese Arbeitsplätze in der Statistik noch im produzierenden Gewerbe auf. Würde man sie zum tertiären Sektor (Dienstleistungen) hinzurechnen, so würden heute schon über 80 Prozent der Erwerbstätigen dort arbeiten.

Ein Vergleich mit anderen Staaten zeigt, dass in Deutschland noch eine weitere Zunahme der Arbeitsplätze im Dienstleistungssektor zu erwarten ist. Der bisherige Trend wird sich also fortsetzen, wenn auch nicht alle Dienstleistungsbereiche davon in gleichem Maße betroffen sein werden. Während man bei Banken, im Handel und Verkehr eher mit einem leichten Rückgang der Arbeitsplätze rechnet, erwartet man vor allem bei **höher qualifizierten** Dienst-

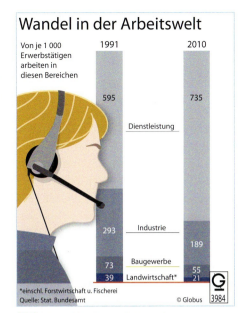

M 2 Wandel in der Arbeitswelt

leistungen, wie Forschung und Entwicklung, Organisation und Recht, Ausbildung und Beratung, eine Zunahme an Arbeitsplätzen. Auch im Bereich Umweltschutz erwarten Experten eine Zunahme. Doch diese Arbeitsplätze können nicht die durch Rationalisierungsmaßnahmen weggefallenen Arbeitsplätze voll ersetzen. Auch gelingt es nur schwer, ältere arbeitslose Industriearbeitskräfte für die neuen Anforderungen entsprechend zu qualifizieren.

1 Ordne die Tätigkeiten von Kathrins Mutter und Jasmins Vater in M 1 ein.

2 Werte das Schaubild M 2 aus: Welche Entwicklung ist erkennbar und wie wirkt sie sich auf dem Arbeitsmarkt aus?

3 Nenne Gründe für die Veränderungen der Wirtschaftsstruktur (Autorentext).

4 Werte M 1 aus: In welchen Dienstleistungssektoren ist mit einer Zunahme von Arbeitsplätzen zu rechnen?

5 Ein Arbeitsplatz, der in der industriellen Produktion entfällt, kann nicht ohne weiteres durch einen im Dienstleistungssektor ersetzt werden. Nimm zu dieser Behauptung Stellung und begründe anhand von Beispielen.

Veränderungen im Einzelhandel

Wandel im Handel

Seit 2009 bietet ein Einkaufszentrum in Weiterstadt bei Darmstadt, das Loop5, auf 65 000 m² Verkaufsfläche das umfassende Einkaufserlebnis. Neben vielfältigen Geschäften bietet es Einrichtungen für Gastronomie, Freizeit und verschiedene Servicebetriebe mit Dienstleistungen aller Art.

M 2 Einkaufszentrum „Loop5" in Weiterstadt

M 1 Aus dem Internetauftritt

Erlebniskauf auf der „grünen Wiese"

Was in Weiterstadt mit dem „Loop5" entstanden ist, zeigt einen allgemeinen Trend beim Angebot von Konsumgütern. Nach den Fachmärkten und Einkaufszentren drängen zusätzliche Freizeit- und Unterhaltungsangebote auf den Markt. Sie werden z. B. in Verbindung mit Gastronomie, Kinos, Aquarien, Multi-Media-Shops geplant. Man setzt auf eine konsumfreudige, kaufkräftige und (auto-)mobile Kundschaft. Diese soll dort ihre Freizeit verbringen. Solche Einkaufsmöglichkeiten

werden meist für die Stadtrandlage geplant.

Dieser Wandel im Handel fand in einer Zeit statt, in der der Einzelhandel erhebliche Umsatzeinbußen hatte. Während die Nachfrage sank, wuchs das Angebot. Der Konkurrenzkampf im Einzelhandel um die Kundschaft ist härter geworden. Darunter leiden besonders Geschäfte in wenig attraktiven Lagen.

Innenstädte und Stadtteilzentren sind durch neue Einkaufszentren, auch vor der Stadt, bedroht. Leer stehende Ladenlokale zeigen, dass die Kunden die Innenstädte seltener nutzen. Verliert der Einzelhandel dort an Bedeutung, leiden auch andere Branchen (z. B. Gastronomie).

Eine verantwortungsbewusste Planung der Gemeinden hilft, dass die Innenstädte für ihre Bewohner und Investoren attraktiv und lebensfähig bleiben – oder wieder werden.

Internetnutzung

Ende 2008 nutzten ca. 75 Prozent der Bevölkerung in Deutschland das Internet; der Anteil steigt.

M 3 Online-Versandhandel boomt

Der Online-Versandhandel boomt. Dieser Erfolgstrend wurde im Jahr 2010 durch einen neuen Rekordumsatz nochmals bestätigt. Erstmals durchbrach die Branche mit einem Gesamtumsatz von 30,3 Milliarden Euro die 30-Milliarden-Grenze und steigerte sich noch einmal um 1,2 Milliarden Euro und damit um 4,1 Prozent zum Jahr 2009. (…) Das Online-Geschäft schafft mittlerweile 60,4 Prozent des Branchenumsatzes (2009: 53,3 Prozent).

(…) Mit Begeisterung konnten allein von 2009 zu 2010 im E-Commerce-Bereich Umsatzsteigerungen von 2,8 Milliarden Euro auf 18,3 Milliarden Euro beobachtet werden. Bei den Bestellmedien rangiert das Internet eindeutig ganz weit vorn – mit weiter steigender Tendenz. (…) „Außerdem ist dank eines rasant wachsenden Smartphone-Marktes und den damit verbesserten Zugangsmöglichkeiten ins mobile Internet und damit zu Mobile-Commerce-Angeboten das Einkaufen online nun von überall und jederzeit möglich", so Thomas Lipke (Präsident des Bundesverbandes des Deutschen Versandhandels e.V.). (…) Besonders hervorzuheben sind die Herstellerversender, sie legten 2010 gegenüber dem Vorjahr um 42,6 Prozent zu, gefolgt von den Apothekenversendern. Diese punkteten mit einem Wachstum um plus 33,3 Prozent.

Bedeutende Umsatzsteigerungen in 2010, bhv Online–Katalog–TV, 22.2.2011; in: http://www. versandhandel.org (Zugriff: 8.3.2012)

M4 Entwicklung des Einzelhandels

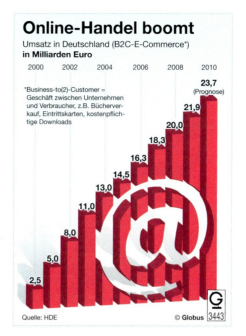

M5 Entwicklung des Online-Handels

1 Welche Veränderungen im Einzelhandel werden beschrieben? Vergleicht das mit Entwicklungen in eurer Gemeinde.

2 Erstellt für euch eine Einkaufsplanung im Loop5. Nutzt dazu das 🔧 Internet.

3 Stellt Dienstleistungen zusammen, die im Loop5 angeboten werden.

4 Erörtert folgenden Konflikt im 😊😊😊 Rollenspiel:
In der Stadt **Überall** will ein Handelsunternehmen ein Einkaufszentrum bauen. Die Stadtverordneten entscheiden über den Antrag.
Bürgermeister: „Das ist für unsere Stadt eine große Chance. Wir ziehen damit viele Besucher an. Das schafft zusätzliche Arbeitsplätze und auch noch Steuereinnahmen."
Sprecher des Stadtmarketings: „Das bedeutet für viele unserer kleinen Geschäfte den Tod."
Sprecher der Bürgerinitiative: „Wir werden in jedem Fall Einspruch erheben. Wir möchten nicht durch den Lärm, Abgase und verstopfte Straßen gestört werden. Einkaufsmöglichkeiten gibt es hier bereits genug."

5 Nennt Veränderungen im Versandhandel durch die Möglichkeiten der Internetnutzung.

6 Die Firma Google hat eine starke Stellung im Internethandel. Ermittelt angebotene Dienstleistungen. www.google.de

7 Befragt Verbraucher zur Internetnutzung beim Kauf. Aspekte könnten u. a. sein:
– Zeitbedarf im Vergleich zum Einkauf im „normalen" Handel,
– Informationen über Produkt, Beratung.

Ausbildung ist Trumpf

M 1 Wunschträume

M 2 Veränderung der Qualifikationsanforde-
rungen

Berufe im Wandel

Die Wirtschaftswelt entwickelt sich ständig weiter – und mit ihr die Anforderungen an die Berufe. Durch neue Technologien, veränderte Fertigungsmethoden,
den Einsatz von Computern und computergesteuerten Maschinen, anderen Bedürfnissen und Wünschen der Kunden
verändern sich die Berufsbilder und neue
Berufe entstehen. Eine gute Schul- und
Berufsausbildung wird deshalb immer
wichtiger. Die Entwicklungen in der Arbeitswelt gehen hin zu anspruchsvollen
Tätigkeiten mit gestiegenen theoretischen
Anforderungen. Jugendlichen, die die
Hochschulreife erlangt haben, bieten sich
deshalb gute Chancen auf dem Arbeitsmarkt.

Neue Qualifikationsanforde-
rungen

Der Trend geht zu immer anspruchsvolle-
ren Tätigkeiten mit immer höheren Quali-
fikationsanforderungen. So wird der Bedarf an Hoch- und Fachhochschulabsol-
venten in Deutschland auch weiterhin
wachsen. Auf der anderen Seite werden
für gering Qualifizierte Rückgänge bei der
Beschäftigung erwartet.

Personen mit Lehr- oder Fachabschluss
werden zusammen zwar noch leichte Zu-
wächse bei der Beschäftigung haben, allerdings mit einer deutlichen Verschiebung
zur Fachschulebene. Zudem werden innerhalb dieser Gruppe die Ansprüche an
die Allgemeinbildung wachsen. Die klassische Kombination „Hauptschule plus
Lehre" wird erheblich an Bedeutung verlieren. Erwerbstätige mit Mittlerer Reife
plus Lehre hingegen werden mittelfristig
die am stärksten besetzte Qualifikations-
gruppe stellen. Der Weg in die Wissensge-
sellschaft wird sich also weiter fortsetzen.

Schlüsselqualifikationen

In der Schule werden den Kindern und Jugendlichen neben dem Fachwissen vor allem die Schlüsselqualifikationen vermittelt, die es ihnen später ermöglichen, neues Fachwissen schnell erschließen zu können. Dazu gehören nicht nur Fertigkeiten im Lesen, Schreiben und Rechnen, Fremdsprachen- und Computerkenntnisse, sondern auch Methoden- und Sozialkompetenz. Schlüsselqualifikationen sollen und können das Fachwissen nicht ersetzen, sondern sie helfen in Anbetracht der sich ständig wandelnden Anforderungen im Berufsleben, es zu erschließen.

Lebenslanges Lernen

Wer heute eine Ausbildung abgeschlossen hat, hat noch lange nicht ausgelernt.

Viele Arbeitsplätze verändern sich grundlegend, neue entstehen, andere fallen weg und die Anforderungen steigen kontinuierlich. Die Berufstätigen müssen sich dem stellen und zur Weiterbildung durch Fortbildung, Lehrgänge und Umschulungen bereit sein. Nur so können sie den beruflichen Anschluss behalten und sich auf die verschiedenen Tätigkeiten einstellen, die heute immer häufiger von den Arbeitnehmern verlangt werden. Die Schlüsselqualifikationen bieten die Basis dafür.

Übersicht mit den wichtigsten Anforderungen, die ein/e Auszubildender/e und ein Mitarbeiter aus Sicht des Arbeitgebers erfüllen müssen:
· Teamgeist und Kooperationsbereitschaft
· Freundlichkeit
· Konflikt- und Kritikfähigkeit
· Toleranz
· Zuverlässigkeit
· Lern- und Leistungsbereitschaft
· Ausdauer, Durchhaltevermögen und Belastbarkeit
· Sorgfalt und Gewissenhaftigkeit
· Konzentrationsfähigkeit
· Verantwortungsbereitschaft und Selbstständigkeit
· Kreativität und Flexibilität
· Die deutsche Sprache muss sicher sitzen, gesprochen und geschrieben
· Die grundlegenden Rechentechniken müssen ebenfalls beherrscht werden
· Grundkenntnisse in den Fächern Physik, Chemie, Biologie und Technik sowie Kenntnisse der wichtigsten Grundlagen wirtschaftlicher Zusammenhänge
· Englisch ist neben Deutsch Basis für viele Gespräche in Unternehmen
· Da kaum ein Unternehmen ohne den Computer auskommt, müssen auch Grundlagenkenntnisse im Umgang mit dem PC vorhanden sein
· Außerdem muss ein gewisses Maß an Bildung vorhanden sein

Nach: http://www.berichtsheft-vorlage.de/erwartungen_an_auszubildene.html (Zugriff: 9.3.2012)

M 3 Erwartungen an einen Auszubildenden

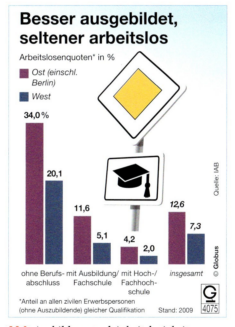

Besser ausgebildet, seltener arbeitslos

Arbeitslosenquoten* in %

- Ost (einschl. Berlin)
- West

34,0 %
20,1
11,6
5,1
4,2
2,0
12,6
7,3

ohne Berufsabschluss | mit Ausbildung/ Fachschule | mit Hoch-/ Fachhochschule | insgesamt

*Anteil an allen zivilen Erwerbspersonen (ohne Auszubildende) gleicher Qualifikation

Quelle: IAB
Stand: 2009
© Globus
4075

M 4 Ausbildung und Arbeitslosigkeit

1 Begründe mithilfe von M 2, M 3 und M 4, warum sich eine gute Ausbildung lohnt.

2 Beschreibe die Veränderungen in der Arbeitswelt und erkläre, welche Auswirkungen das für Arbeitnehmer hat.

3 a Erläutere, was man unter Schlüsselqualifikationen versteht (Text).
b Erstellt eine Mindmap zum Thema Schlüsselqualifikationen.

Wer nicht ausbildet, wird „umgelegt"?

Die Arbeitgeber lassen uns im Regen stehen. Trotz Ausbildungspakt suchen in Deutschland immer noch 150.000 junge Menschen einen Ausbildungsplatz. Unternehmen, die nicht ausbilden, bringen so nicht nur Jugendliche um ihre Chancen, sondern spielen auch mit der Zukunft des Standorts Deutschland. Deshalb: **Jetzt stark machen für die gesetzliche Umlagefinanzierung.** www.jugend.igmetall.de

M 1 Plakat der Industriegewerkschaft Metall

M 2 IG Metall fordert Umlagefinanzierung

Auf der einen Seite beklagen viele Unternehmen einen Mangel an Fachkräften. Auf der anderen Seite gehen jedes Jahr sehr viele Jugendliche bei der Bewerbung um einen betrieblichen Ausbildungsplatz leer aus. Woran liegt das und wie kann das geändert werden? (…)

Der Zahl der freien betrieblichen Ausbildungsplätze steht eine noch größere Zahl an Bewerbern gegenüber. So bekommt nicht jeder einen Ausbildungsplatz in einem Betrieb. Das haben auch Wirtschaft und Regierung eingesehen. Deshalb haben sie im Jahr 2004 einen Ausbildungspakt beschlossen. Dabei handelt es sich um eine freiwillige Vereinbarung zur Schaffung von neuen Ausbildungsplätzen. Und wie das bei Freiwilligkeit nun mal so ist: Man muss nicht. Es gibt keinen Zwang. Die Zahl der gemeldeten betrieblichen Ausbildungsplätze ist seitdem weiter gesunken. Viele der Bewerberinnen und Bewerber wurden stattdessen in berufsvorbereitende Maßnahmen gesteckt. Diese Maßnahmen haben mit einer Ausbildung in einem Betrieb aber nur wenig zu tun. (…)

Da die letzten Jahre gezeigt haben, dass freiwillige Versprechungen nichts am Ausbildungsplatzmangel ändern, fordert die IG Metall statt eines freiwilligen Ausbildungspakts eine gesetzliche Umlagefinanzierung (Ausbildungsplatzabgabe).

Und die funktioniert so:

- Betriebe, die ausbilden, werden unterstützt. Wer nicht ausbildet, soll zahlen.
- Unternehmen, die keine oder zu wenig Ausbildungsplätze anbieten, zahlen entsprechend den Ausbildungskosten in einen Fonds.
- Aus diesem Fonds werden zusätzliche Ausbildungsplätze finanziert.

So werden alle Unternehmen an den Ausbildungskosten beteiligt und Betriebe, die ausbilden, werden unterstützt.

igmetall4you: Umlagefinanzierung, 2012; in: http://www.igmetall4you.de/Umlagefinanzierung.96.0.html (Zugriff: 9.3.2012)

Die Lehrstellenlücke

Ostdeutschland

August 2009		August 2010	
	fehlende Stellen		fehlende Stellen
23453	9147	20763	5682
	14306 unbesetzte Stellen		15081 unbesetzte Stellen
Bewerber	Stellen	Bewerber	Stellen

Westdeutschland

August 2009		August 2010	
75648	24845	76574	21495
	fehlende Stellen		fehlende Stellen
	50803		55079
Bewerber	unbesetzte Stellen	Bewerber	unbesetzte Stellen

dpa·13621   Quelle: Bundesagentur für Arbeit

M 3 Fehlende Lehrstellen

M 4 Pro Ausbildungsplatzabgabe: Jugendliche haben ein Recht auf Ausbildung

Norbert Wichmann, Bildungsexperte beim Deutschen Gewerkschaftsbund in Nordrhein-Westfalen

Wieder gab es im vergangenen Jahr in NRW einen neuen Minusrekord bei den abgeschlossenen Ausbildungsverträgen. (…) Insbesondere aus konjunkturellen Gründen, aber auch aus kurzfristigen betriebswirtschaftlichen Gründen werden immer weniger Lehrlinge ausgebildet. Nur ein Drittel aller Firmen kommt ihrer Verpflichtung nach. Junge Menschen haben jedoch ein Recht darauf, qualifiziert ausgebildet zu werden. Eine Ausbildungsumlage setzt für die Unternehmen Anreize, wieder in Ausbildung zu investieren. Sie muss aber hoch genug und an den tatsächlich entstehenden Ausbildungskosten orientiert sein. Bevor die Unternehmen dann in den 📖 Fonds einzahlen, werden sie es vorziehen, wieder selber auszubilden. (…) Das Argument, eine Abgabe sei viel zu bürokratisch, zieht nicht. Bürokratisch und kostenintensiv sind vielmehr die aus Steuermitteln finanzierten Ersatzmaßnahmen. (…) Auch um eine Zwangsabgabe handelt es sich nicht. Schließlich haben die Unternehmen die freie Wahl zu entscheiden, ob sie ausbilden oder bezahlen wollen. Außerdem ist sie auch im Sinne der ausbildenden Betriebe, die nicht mehr auf den Ausbildungskosten sitzen bleiben.

www.wdr.de, Stand: 18.12.2007

M 5 Kontra Ausbildungsplatzabgabe: Ein schon im Ansatz verfehlter Weg

Professor Wolfgang Schulhoff, Präsident der Handwerkskammer Düsseldorf

Die von Rot-Grün geplante Ausbildungs-Zwangsabgabe ist nicht praktikabel. (…) Dem Handwerk kann niemand vorwerfen, seiner Ausbildungspflicht nicht nachzukommen. Es bildet seit Jahrzehnten über Bedarf aus. Fatal ist das psychologische Signal: Hier wird eine traditionell aus Eigeninteresse und gesellschaftlicher Verantwortungsbereitschaft erbrachte betriebliche Leistung zum Zwang umdefiniert, die schließlich nur noch geleistet wird, wenn es auch eine Belohnung gibt. Betriebe, die wegen der aktuellen 📖 Rezession eine Ausbildungspause machen müssen, werden dagegen ebenso bestraft wie hoch spezialisierte oder junge Unternehmen, die nicht in der Lage sind, die Zusatzanstrengung Ausbildung zu stemmen. Um die Abgabe umsetzen zu können, muss außerdem ein behördenähnlicher Apparat mit Hunderten Bediensteten geschaffen werden – ein bürokratisches Monstrum.

www.huk-duesseldorf.de, Stand: 2.12.2008

1 Erkläre die Forderung der Gewerkschaft nach einer Umlagefinanzierung: Wie funktioniert die Finanzierung? Welche Ziele sollen damit erreicht werden (M 1 – M 3)?

2 Stelle fest, wodurch sich der Ausbildungspakt von der Forderung nach einer Umlagefinanzierung unterscheidet (M 2).

3 Bearbeite M 4 oder M 5. Notiere die wichtigsten Argumente für oder gegen eine Ausbildungsplatzabgabe in Stichworten.

4 Erstellt in der Klasse eine ✂ Pro-und-Kontra-Tabelle zum Thema: Was bringt eine Ausbildungsplatzabgabe?

5 Ausbildungsplatzabgabe – Lehrstellenwunder oder Lehrstellenkiller? Diskutiert in der Klasse.

Bildung für alle?

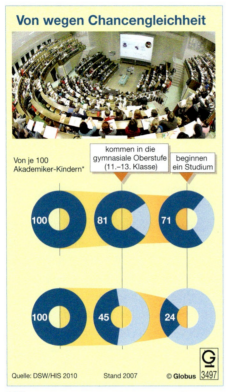

Von wegen Chancengleichheit

Von je 100 Akademiker-Kindern*

| kommen in die gymnasiale Oberstufe (11.–13. Klasse) | beginnen ein Studium |

100   81   71

100   45   24

Quelle: DSW/HIS 2010   Stand 2007   © Globus 3497

M1 Schulabschluss und Elternhaus

Bildungsabstand bei Migranten

Jugendliche ohne Schulabschluss in Prozent

Migrationshintergrund:

mit   13,3
ohne   7,0

Von je 100 Schülern mit diesem (Migrations-)Hintergrund gehen aufs Gymnasium

Staatsangehörigkeit:

vietnamesisch	40
deutsch	29
russisch	25
kroatisch	21
polnisch	17
griechisch	16
italienisch	10
türkisch	9
serbisch	8

dpa•13000   Quelle: Mikrozensus/Statistisches Bundesamt

M2 Bildungschancen von Migranten

Chancengleichheit in der Bildung?

Unter Chancengleichheit versteht man in modernen Gesellschaften die gerechte Verteilung von Zugangs- und Lebenschancen. Dazu gehört insbesondere das Recht auf gleiche Bildungschancen. Sind diese nicht vorhanden, liegt eine Bildungsbenachteiligung vor. Das bedeutet, dass eine Gruppe von Kindern oder Erwachsenen systematisch weniger Möglichkeiten hat, ein Bildungsziel zu erreichen als andere. Dabei spielen das Geschlecht sowie soziale, finanzielle und kulturelle Lebensbedingungen eine Rolle.

In Deutschland haben es Kinder aus den unteren sozialen Schichten immer noch schwerer als in anderen Ländern, einen höheren Schulabschluss zu erreichen. Untersuchungen zeigen, dass schon in der Schule das Elternhaus eine entscheidende Rolle spielt. Die Chancen für Arbeiter- oder Professorenkinder sind dort nicht gleich groß. Ein weiteres Hindernis für die Herstellung von Chancengleichheit in der Schule sind die frühen Ausleseprozesse. Meist wird schon nach vier Jahren darüber entschieden, auf welche weiterführende Schule das Kind gehen soll.

M3 Chancengleichheit unerwünscht?

Bildungsferne Kinder sind auf Zufälle angewiesen, um der Bildung nahezukommen, etwa darauf, in der Grundschule „entdeckt" und gefördert zu werden. Während die Gymnasialempfehlung für Akademikerkinder die Regel ist, ist sie bei bildungsfernen Kindern die Ausnahme, die durch besondere Begabung gerechtfertigt werden muss. (…) Mit Sorgfalt achtet man darauf, dass von denjenigen, die qua *(über die)* Geburt dazugehören, keiner zu kurz kommt, während die Abschließung gegen diejenigen, die aus dem gleichen Grund nicht dazugehören, fester und fester wird.

(…) Dementsprechend hat die schulische „Selektion" (Auslese) (…) keineswegs die Aufgabe, begabte Kinder zu entdecken und sie für Führungspositionen vorzubereiten. Vielmehr gelten Kinder von Eltern in Führungspositionen automatisch als begabt und schon für Höheres bestimmt, bevor sie das erste Wörtlein über die Lippen bringen. (…)

Eines der Hauptprobleme unseres Bildungssystems besteht in der Vernachlässigung des Entdeckens und Entwickelns von Potenzialen (Fähigkeiten). Dem müsste mehr diagnostische Aufmerksamkeit und mehr pädagogische Sorgfalt gewidmet werden. Das hätte weitreichende Folgen für die Leistungskultur in allen Schulen und für die Ermutigung aller Schüler. (…) Wer ist bei gleichem Leistungsniveau begabter: ein Schüler, der dieses Niveau von einer guten oder von einer schlechten familiären Ausgangsposition her erreicht?

Bruno Preisendörfer: Chancengleichheit unerwünscht, Tagesspiegel v. 18.1.2008; in: http://www.tagesspiegel.de (Zugriff: 9.3.2012)

M4 Illusion Chancengleichheit?

Man stelle sich folgende Situation vor: Eine Schülervollversammlung in der Aula eines Gymnasiums. Der Schulleiter kürt die besten Sportler der Schule: den athletischen Basketballspieler, den drahtigen Leichtathleten und die geschmeidige Schwimmerin. Frenetischer Beifall der Schülerschaft. Ungeteiltes Lob und eine Bombenstimmung. Szenenwechsel: Der Schulleiter verleiht eine Woche später vor der gleichen Versammlung Urkunden an die besten Schüler in Mathematik und Physik. Verhaltener Beifall, vereinzelt hämisches Lachen, einzelne Rufe: „Streber!" (…)

Auch im bildungspolitischen Diskurs unserer Gesellschaft rufen ständig einige „Streber". (…) Sie können es nicht ertragen, dass es Schüler gibt, die andere hinsichtlich ihrer intellektuellen Fähigkeiten

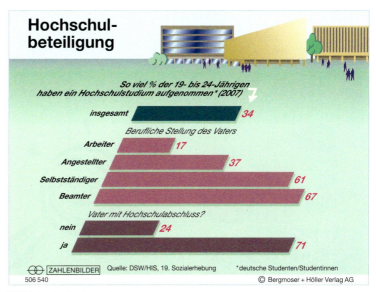

M5 Hochschulbeteiligung

um Häupter überragen, während einige Schüler nicht einmal den niedrigsten aller Schulabschlüsse schaffen, den Hauptschulabschluss. Sie können nicht akzeptieren, dass ein Gut wie die Bildung nicht gerecht unter den Kindern und Jugendlichen verteilt ist, weil offensichtlich ein Teil mehr von diesem „Rohstoff" abbekommen hat als der andere.

Rainer Werner: Chancengleichheit in der Bildung ist Illusion, Welt Online v. 6.7.2010; in: http://www.welt.de (Zugriff: 9.3.2012)

1 Erkläre den Begriff 📖 Chancengleichheit (Autorentext).

2 Prüfe anhand des Autorentextes, von M1, M2 und M5, ob es im deutschen Bildungssystem Chancengleichheit gibt.

3 Nimm anhand von M2 Stellung zur Frage, ob Migrantenkinder im deutschen Bildungssystem besonders benachteiligt sind (s. auch S. 261).

4 Beurteile, welche Folgen Chancenungleichheit für die Betroffenen haben kann.

5 Untersucht M3 und M4. Fasst die jeweiligen Auffassungen kurz zusammen und stellt sie gegenüber. Nehmt abschließend Stellung dazu.

Wie finde ich den richtigen Beruf?

M 1 Meine Interessen, meine Fähigkeiten: Collage eines Schülers

Fähigkeit	1	2	3	4	5
sprachliche Fähigkeiten (Schrift)					
gute mündliche Ausdrucksfähigkeit					
gute Fremdsprachenkenntnisse					
logisches und rechnerisches Denken					
räumliches Vorstellungsvermögen					
handwerkliches Geschick					
körperliche Belastbarkeit					
Kreativität					
Selbstständigkeit					
Teamfähigkeit					
Organisationsfähigkeit					
Zuverlässigkeit					
1 bedeutet kaum vorhanden 5 bedeutet sehr stark ausgeprägt					

M 2 Selbst- und Fremdeinschätzungsbogen

Webcode:
PE641796-236

Was soll ich bloß werden?

Bevor du dich für einen Beruf entscheidest, ist es wichtig, dass du dir über deine Interessen und Fähigkeiten klar wirst. Die gewonnenen Erkenntnisse werden dir sicherlich bei deiner Berufswahl sehr nützlich sein. Neben einer genauen Selbstanalyse ist es auch hilfreich, Eltern, Geschwister, Freunde und Lehrer zu bitten, dich einzuschätzen.

Um nun herauszufinden, was dich interessiert und welche Fähigkeiten und Stärken du mitbringst, solltest du über folgende Fragen nachdenken:

· Welche Tätigkeiten mache ich gerne?
· Was mache ich gerne in der Freizeit?
· Was beherrsche ich gut?
· Was mache ich ungern?
· Was bereitet mir Schwierigkeiten?

Neben diesen Fragen ist es wichtig, sich über weitere zentrale Fähigkeiten für die passende Berufswahl klar zu werden. Dabei hilft dir der Selbst- und Fremdeinschätzungsbogen M 2.

Eigene Interessen und Berufsbild: Was passt zusammen?

Die Bundesagentur für Arbeit stellt mit dem Berufswahlprogramm „Berufe-Universum" (www.planet-beruf.de) ein Werkzeug zur Verfügung, mit dem man den zu seinen beruflichen Interessen passenden Beruf finden kann. Unter „2. Interessen" kann man mehr über seine beruflichen Wünsche herausfinden und aus 18 Interessensbereichen die auswählen, die am ehesten auf einen zutreffen. Dabei muss man unterscheiden, was man tun möchte, wo man gern arbeiten möchte und womit man gern zu tun hätte. Nach diesen Angaben erstellt der Computer eine Liste mit Berufen, in denen möglichst viele dieser Interessen verwirklicht werden können.

M 3 Berufswahl und die Folgen

Mädchen und Jungen haben heute etwa gleich gute Schulabschlüsse. Doch bei der Berufswahl und in der Ausbildung teilen sich die Welten:

Obwohl es in Deutschland ca. 400 Ausbildungsberufe gibt, entscheiden sich die meisten Mädchen gerade mal zwischen zehn Berufen. Jungen wählen viel selbstverständlicher unter einem breiteren Berufsspektrum aus, bevorzugen aber gewerblich-technische Berufe.

Auch an den Universitäten erfolgt die Studienwahl geschlechtsspezifisch. Junge Frauen bevorzugen Fächer wie Sprachen, Pädagogik und Psychologie, während junge Männer eher naturwissenschaftliche und technische Fächer wählen.

Diese Art der Berufswahl hat Auswirkungen auf Beschäftigungsmöglichkeiten, Verdienst, berufliches Fortkommen und auf das gesellschaftliche Ansehen.

www.gender-mainstreaming.net/gm/frauen-und-maenner-im-alltag

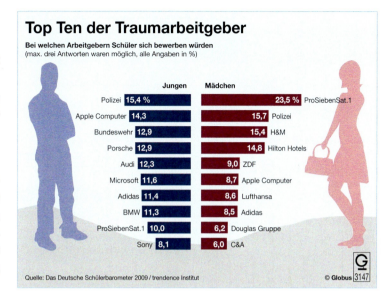

M 4 Top Ten der Traumarbeitgeber

M 5 Top Ten der Ausbildungsberufe

1 Kopiert den Einschätzungsbogen M 2 für jeden Schüler mehrfach. Zunächst füllt ihn jeder für sich aus, danach bestimmt jeder zwei Mitschüler, die eine Fremdeinschätzung vornehmen. Legt den Bogen auch euren Eltern vor und wertet eure Bögen anschließend aus.

2 Nenne deinen Traumarbeitgeber und vergleiche mit M 4.

3 Versuche, im 🔍 Internet unter **www.planet-beruf.de** einen zu deinen Interessen passenden Beruf zu finden. Stimmen die erhaltenen Vorschläge mit deinen Wünschen überein? Begründe.

4 Welche Folgen können die unterschiedlichen Berufswünsche von Jungen und Mädchen (M 3 bis M 5) auf deren späteres Leben haben?

Information und Beratung – Basis für die Berufswahl

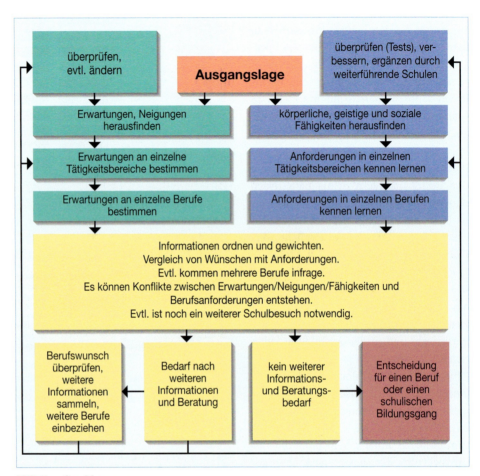

M 1 Berufswahlprozess

Hilfen bei deiner Berufswahl

Die Entscheidung für einen Beruf ist für viele Schülerinnen und Schüler nicht immer ganz einfach. Sie benötigen Hilfen, die es ihnen ermöglichen, eine passende und wohlüberlegte Wahl zu treffen.

Deshalb gibt es neben der schulischen Information, z. B. in Vorbereitung auf das Betriebspraktikum, eine Vielzahl weiterer Beratungseinrichtungen, Informationsquellen und Entscheidungshilfen.

Webcode:
PE641796-238

Berufsberatung

Zur Planung der Berufswahl gehört das persönliche Gespräch mit einem Berufsberater der Bundesagentur für Arbeit. Für das Beratungsgespräch muss man sich rechtzeitig anmelden (Wartefristen!) und das Gespräch sorgfältig vorbereiten. Soll dich der Berufsberater bei deiner **Berufswahl** unterstützen, muss er deine persönlichen Wünsche, beruflichen Interessen und Fähigkeiten kennen lernen (mitbringen: Notizen, letztes Zeugnis, …).

M2 Interview mit einer Berufsberaterin

Frau Lang, Sie sind Berufsberaterin der Agentur für Arbeit und beraten Schüler. Gerade für Schüler ist gezielte Beratung besonders wichtig.

Wie gehen Sie normalerweise vor?

Wir Berufsberaterinnen und -berater müssen versuchen, den Jugendlichen zunächst einmal ihre ganz persönlichen Voraussetzungen, also ihre Eigenschaften und Fähigkeiten, ihre Kenntnisse und Fertigkeiten, aber auch ihre Neigungen möglichst genau bewusst zu machen. Auf dieser Basis kommt man dann zu den Berufswünschen, die vielleicht noch sehr ungenau oder recht einseitig sind.

Viele kennen ja wohl auch nur eine Hand voll Berufe aus ihrer eigenen Umgebung.

Ja, leider werden immer noch viel zu wenige Möglichkeiten in Betracht gezogen. Wir zeigen, dass z. B. gestalterische Fähigkeiten nicht nur in künstlerischen Berufen einsetzbar sind. Oder wo überall mit bestimmten Tätigkeiten zu rechnen ist, die von einem Rat suchenden Jugendlichen als unbeliebt benannt wurden. Mit anderen Worten, wir versuchen den Horizont zu erweitern und Berufe in den Blick zu bringen, an die bisher nicht gedacht wurde. (…)

Was sollten sich junge Leute, die vor der Berufswahl stehen, Ihrer Meinung nach als Tipp mit auf den Weg geben lassen?

Zuerst einmal sollten sie auf einen möglichst guten Schulabschluss hinarbeiten. Dann auch nicht nur auf dem Traumberuf beharren, also flexibel sein. Aber andererseits sollten sie sich nicht zu schnell entmutigen lassen – wer ein Berufsziel konsequent verfolgt, der schafft es oft auch trotz einiger Schwierigkeiten. Und ganz wichtig: Sich auf gar keinen Fall ohne Ausbildung auf den Arbeitsmarkt wagen!

Autorentext

M3 Beratungsgespräch bei der Bundesagentur für Arbeit

Informationsquellen zur Berufswahl

Weitere wichtige Hilfen bieten:
- Auszubildende, Berufstätige, Lehrer
- Industrie- und Handelskammer, Handwerkskammer, Gewerkschaften
- Betriebserkundungen, Betriebspraktika

Neben den Schriftenreihen der Bundesagentur für Arbeit (z. B. MACH'S RICHTIG oder Was werden?) und den zugehörigen Internetangeboten der Bundesagentur findet man Hilfen zur Berufswahl im Internet, in Büchern und in Heften. Viele Banken, Sparkassen, Gewerkschaften und Arbeitgeberverbände geben z. B. Hefte oder CD-ROMs zu diesem Themenbereich heraus.

Internetadressen zur Berufswahl:

Bundesagentur für Arbeit
www.planet-beruf.de
www.was-werden.de
www.berufenet.de
Kammern und Verbände
www.handwerks-power.de
www.ihk.de
www.me-infomobil.de
www.it-berufe.de

Gewerkschaften
www.jugend.igmetall.de
www.verdi-jugend.de
für Abiturienten
www.berufswahl-tipps.de
www.studienwahl.de
www.abimagazin.de

---

1 Erkläre den Ablauf des Berufswahlprozesses mithilfe des Schaubildes M1.

2 Nenne die Tipps, die die Berufsberaterin in M2 hinsichtlich der Berufswahl gibt. Notiere.

3 Erkundet die Internetadressen. Welche Hilfen bieten sie? Welche Seiten sind für spezielle Berufe vorgesehen?

BIZ-Besuch

M 1 Einführung in das BIZ durch die Beraterin Frau Waterstrat

M 2 Schüler der Klasse 9 b werten Info-Mappen aus

M 3 Infomaterial und Antworten auf Fragen haben die Mitarbeiter

Das Berufsinformationszentrum (BIZ) der örtlichen Bundesagentur für Arbeit hält vielfältige Informationen zur Berufswahl für euch bereit. Mit zahlreichen Medien (Broschüren, Info-Mappen, Büchern, Videos, Computerdatenbanken, …) und bei fachkundigen Mitarbeitern kann man sich umfassend informieren.

Im BIZ gibt es Informationen
- zu betrieblichen Ausbildungsgängen,
- zu schulischen Ausbildungsgängen,
- zum Ausbildungs- und Arbeitsmarkt in der Region und in Deutschland,
- zu Berufsschulen, Berufsfachschulen Berufskollegs und beruflichen Gymnasien (insbesondere auch zu denjenigen in der jeweiligen Region),
- zum Studium und zu Studiengängen an Fachhochschulen und Universitäten,
- zu Weiterbildung und Umschulung.

M 4 Unser Besuch im BIZ Heilbronn
Am Donnerstag, den 10.11.2005 besuchten wir mit unserem Lehrer das BIZ. Von der Mitarbeiterin Frau Waterstrat wurden wir freundlich begrüßt und in den Seminarraum geführt. Dort erklärte sie uns den BIZ-Computer und zeigte uns das Berufswahlprogramm. Anschließend demonstrierte sie, wie man mit BERUFENET nähere Informationen zu einem Beruf finden und sich Filme ansehen kann. Nachdem wir über die Unterschiede von betrieblicher und schulischer Berufsausbildung gesprochen hatten, lernten wir noch, wie man mit BERUFENET Ausbildungsplätze oder Berufsfachschulen in der Region aufspüren kann.
Dann gingen wir in das eigentliche BIZ. Dort gibt es nicht nur viele Computer, sondern auch unzählige Info-Mappen.

M 5 Am BIZ-Computer kann man sich mit BERUFENET informieren und Filme zu Berufen betrachten

Frau Waterstrat zeigte uns zuletzt, wo wir Informationen zu beruflichen Schulen finden, und verabschiedete sich.

Wir bearbeiteten nun selbstständig unsere Erkundungsbögen. (…) Einige Schüler arbeiteten mehr am Computer, doch uns zog es zunächst zu den Info-Mappen. Diese Ordner haben unterschiedliche Farben, je nachdem, ob es sich um betriebliche oder schulische Ausbildungsberufe, Berufe im öffentlichen Dienst oder Studiengänge handelt. Der Inhalt dieser Ordner ist eigentlich identisch mit BERUFENET, für die Beantwortung der Fragen bevorzugten wir aber die gedruckte Fassung. Danach zog es uns doch noch an die Computer. Wer für die Filme keinen eigenen Kopfhörer hatte, musste sich welche ausleihen. Doch der Gang zur Infotheke wegen der Kopfhörer war für Julia ein Glücksfall: Sie sagte zu der Mitarbeiterin, dass sie Kopfhörer für den Film zum Beruf Polizeibeamtin benötige, und erhielt dann gleich noch eine Broschüre speziell zu Einstellungstests bei der Polizei. (…) Die zwei Stunden waren viel zu schnell vorbei und wir werden deshalb bald noch einmal kommen, denn ins BIZ kann jeder auch privat, ganz ohne Anmeldung gehen.

Julia, Caroline, Sarah und Max. Klasse 9 b der Helene-Lange-Realschule (gekürzt)

1. Notiere dir die Anschrift, Telefonnummer und Öffnungszeiten des BIZ.
2. a) Was beinhalten die Info-Mappen und wo findet man sie?
   b) Welche Bedeutung haben die Farben der Info-Mappen?
   c) Wie sind die Info-Mappen aufgebaut? Beschreibe.
3. Wo findet man im BIZ Informationen zu den beruflichen Schulen, Berufskollegs, beruflichen Gymnasien (WG, TG, …) in der Region?
4. Wo findet man Videos zu diversen Berufen und wie sieht man sie an?
5. Welche Veranstaltungen werden im BIZ angeboten? Umkreise Veranstaltungen, die dich interessieren, und notiere dir die Termine.
6. Wo und wie vereinbart man einen Termin mit dem Berufsberater?
7. Wie kommt man vom heimischen PC zum Programm BERUFENET?
8. Wozu dient das Programm KURS?

M 6 Erkundungsbogen BIZ

Beantworte mithilfe von Info-Mappen, PC, Video, … die folgenden Fragen:
1. Was musst du in diesem Beruf tun? Wo arbeitest du? Mit welchen Hilfsmitteln, Werkzeugen, … arbeitest du?
2. Welche Arbeitszeiten sind üblich?
   regelmäßig von … bis … Uhr ☐ Schichtarbeit ☐ Wochenende
3. Welchen Schulabschluss erwarten die Betriebe als Voraussetzung und auf die Noten welcher Fächer achten die Betriebe besonders?
4. Wie sind die Zukunftschancen in diesem Beruf?
5. Welche Fähigkeiten, Fertigkeiten und Interessen solltest du mitbringen? Welche Eigenschaften sollte man nicht haben?
6. Welche Fächer hast du in der Berufsschule?
7. Wie lange dauert die Ausbildung? Was verdienst du in der Ausbildung?
8. Was kannst du nach der Ausbildung verdienen? …/Monat
9. Welche Aufstiegschancen hast du?
10. Welche Alternativen gibt es zu dieser Arbeit (ähnliche Berufe …)?
11. Warum ist dies genau die richtige Tätigkeit für dich? Begründe.

M 7 Erkundungsbogen Wunschberuf

1 Formuliert Tipps zum BIZ-Besuch mithilfe von M 1 bis M 5.

2 Erkundet mit M 6 und M 7 das BIZ.

Szenariotechnik
Mein Berufsleben im Jahr 2025

Wer von uns würde nicht gerne wissen, was einem die Zukunft bringt – entwickelt sie sich positiv oder etwa sehr negativ? Die Wahrheit liegt vermutlich irgendwo dazwischen. Ein Blick in die Zukunft könnte einen vor manchem Fehler bewahren. In einigen Bereichen lässt sich zumindest abschätzen, was einem die Zukunft bringt. Dazu ist jedoch keine Hexerei notwendig.

Es gibt in der Wissenschaft eine Methode, die Szenariotechnik genannt wird. Mit ihr stellen Zukunftsforscher  Prognosen auf.

Wir werden die Szenariotechnik in drei Schritten zur folgenden Fragestellung durchführen: **„Wie sieht mein Berufsleben im Jahr 2025 aus?"**

1. Schritt: Thema beschreiben und Einflüsse bestimmen

Sammle deine Gedanken zum Thema „Wie sieht mein Berufsleben im Jahr 2025 aus?".

Denke dabei z. B. an deinen voraussichtlichen Beruf, an deinen schulischen und beruflichen Werdegang und deinen Arbeitsort (Stichwort: berufliche Mobilität), an deine Arbeitszeiten (Stichwort: Flexibilität), an den technologischen Fortschritt und die Dynamik des Arbeitsmarktes (Stichwort: Wirtschaftsstruktur im Wandel), an die wirtschaftliche Lage (Stichwort: Arbeitslosigkeit, Zahl der Arbeitsstellen, …), an deine Arbeitskollegen, an dein Privatleben (Stichwort: Vereinbarkeit von Beruf und Familie), …

M 1 Blick in die Zukunft

2. Schritt: Zukunftsbilder durchspielen

Aus deinen Ergebnissen erstellst du nun nur zwei mögliche Ausgänge: ein besonders günstiges Zukunftsbild (**Positiv-Szenario**) und ein extrem ungünstiges Zukunftsbild (**Negativ-Szenario**).

3. Schritt: Maßnahmen entwickeln

Die Zukunft ist prinzipiell gestaltbar und veränderbar! Dies gilt auch für deine Zukunft – wenn du sie selbst anpackst:

· Welche Punkte solltest du beachten, damit sich dein Positiv-Szenario einstellen kann?

· Welche Dinge solltest du vermeiden oder unternehmen, damit sich dein Negativ-Szenario nicht erfüllt?

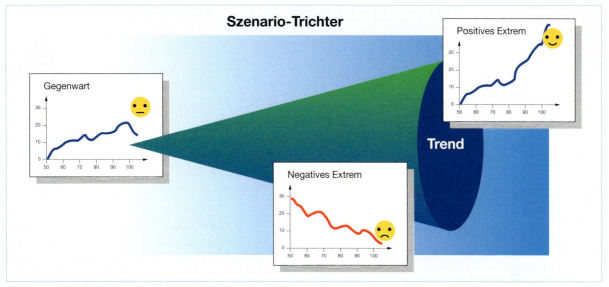

M 2 „Szenario-Trichter"

Methode Kugellager

Diese Methode wird auch Karussellgespräch genannt. Die Klasse wird zunächst in zwei gleich große Gruppen geteilt. Die eine 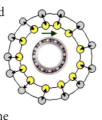 Gruppe bildet den Innenkreis, die andere den Außenkreis. Jeder nimmt seine Unterlagen und seinen Stuhl und in der Mitte des Klassenzimmers werden nun zwei Stuhlkreise (Innenkreis und Außenkreis) ineinandergestellt (siehe Skizze). Jeweils zwei Personen sitzen sich gegenüber und tauschen sich abwechselnd zum Thema aus. Auf ein Zeichen hin rutscht der Innenkreis um zwei Stühle im Uhrzeigersinn weiter. Nun beginnt der Austausch wieder. Danach rutscht der Außenkreis z.B. um zwei Stühle gegen den Uhrzeigersinn weiter. Dieser Wechsel wird nun mehrmals wiederholt. Abschließend erfolgt mit der gesamten Klasse eine Auswertung der Fragestellung und eurer Ergebnisse.

M 3 Methode Kugellager

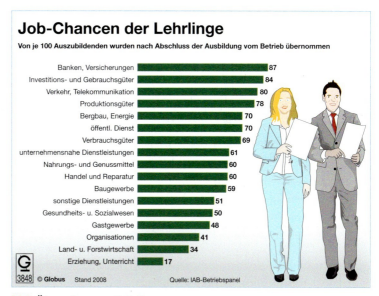

M 4 Übernahme von Lehrlingen

1 Führe die drei Schritte der Szenariotechnik durch und dokumentiere sie schriftlich. Für das Positiv- und das Negativ-Szenario des 2. Schrittes kannst du z.B. einen Lebenslauf erstellen, einen Comic als Momentaufnahme zeichnen, einen Tagebucheintrag verfassen, … Zu den wichtigsten Maßnahmen des 3. Schrittes kannst du eine Checkliste erstellen und nach einem Monat kontrollieren, ob du dich daran hältst.

2 Stelle deine Arbeitsprodukte von Aufgabe 1 deinen Mitschülern in einem Kugellager vor. Zur Methode Kugellager siehe M 3.

Bewerben heißt für sich werben!

Patrick Naumann
In den Auen 15
70193 Stuttgart
Handy: 0172/1236789
E-mail: coolio-gangsta@fun.de

Techonlink   Stuttgart, 15.7.05
Personalabteilung
z.H. Thomas Erbe
Postfach 10293
70188 Stuttgart

Bewerbungsschreiben

Sehr geehrte Damen und Herren!
Ich habe erfahren, dass sie Informatikkaufmänner ausbilden. Ich
sende ihnen hiermit meine Bewerbung zu.
Ich bin flexibel, teamfähig, pünktlich, fleißig und gewißenhaft und
habe durch tägliches Computerspielen und Chatten sehr fiele
Erfahrungen mit dem Computer gemacht. Auch beim Einbau von
Grafikkarten oder beim Chiptunning bin ich fit. Meine anderen
Hobbys sind Skaten und mit Freunden abhängen.
Ich bin mir sichre, dass ich ihr interesse geweckt habe und freue mich
auf ein Vorstellungsgespräch.
Melden Sie sich bitte schnell - ich kann es kaum erwarten.

c.u.

Patrick Naumann ☺

Anlagern:

✍ ausführlicher tabelarischer Lebenslauf mit tollem Bild

✍ meine letzten beiden Zeugnisse (sind leider nicht so doll! ☹)

✍ Empfehlungsschreiben vom meinen Kumpels, deren PCs ich
aufmotze

M 1 Bewerbungsschreiben von Patrick Naumann

① Tippfehler und Rechtschreibfehler

② Schlechte Formulierungen und Grammatikfehler

③ Inhaltlich nicht passend zum Berufsprofil

④ Unpersönliche Anrede, obwohl der Sachbearbeiter bekannt ist

⑤ Keine Absätze und Leerzeilen

⑥ Verschnörkelter Schrifttyp

⑦ Bewerbungsschreiben in Klarsichthülle

⑧ Fehlende Angaben (Telefonnummer, Bezug auf Anzeige, …) oder
unpassende Angaben (z. B. unseriöse E-Mail-Adresse)

⑨ Fehlende oder hingeschmierte Unterschrift

⑩ Brief nicht ausreichend frankiert

M 2 Typische Fehler im Bewerbungsschreiben

Nimm einmal dein Handy zur Hand und beantworte folgende Frage: „Warum habe ich gerade dieses Handymodell gekauft?" Wie beantwortest du diese Frage? „Es hat die Funktionen, die ich will." „Mein Wunsch war schon immer ein Fotohandy." Dafür, dass du dieses Handy gekauft hast, tun die Hersteller viel. Sowohl die Technik als auch die Optik müssen stimmen. Aber ganz besonders dich, den Kunden, müssen die Hersteller durch Werben von den Vorteilen des Handys überzeugen.

Und wie beantwortest du die Frage, warum ein Unternehmen dich „kaufen" soll, also dich einstellen soll?

Auch du wirbst für dich mit deinen Bewerbungsunterlagen. Sowohl die innere als auch die äußere Form deiner Bewerbung spielen für die Entscheidung des Unternehmens eine sehr wichtige Rolle. Inhalt und Verpackung müssen eben auch bei Bewerbungsunterlagen stimmen. Denn das Unternehmen sieht deine Bewerbung als ein erstes Beispiel für die Art und Weise, wie du in Zukunft arbeitest.

Da sich auf einen Ausbildungsplatz häufig über 50 Schulabgänger bewerben, herrscht hier große Konkurrenz. Deshalb ist es besonders wichtig, dass deine Bewerbung überzeugt. Die Mitarbeiter der Personalabteilung haben angesichts der Bewerberflut oft weniger als zwei Minuten zur Sichtung einer Bewerbung Zeit. Die Bewerbungen landen deshalb auf zwei Stapeln. Auf dem größeren Stapel landen die Bewerbungen, die sofort zurückgeschickt werden, weil sie fehlerhaft, einfallslos oder unvollständig sind bzw. das Zeugnis nicht den Erfordernissen entspricht. Auf dem kleineren Stapel landen diejenigen Bewerbungen, die für ein Vorstellungsgespräch infrage kommen. Auf welchem Stapel soll deine Bewerbung landen?

Julia Richter
Turmgasse 28
70191 Stuttgart
Telefon: 0711/123456
E-Mail: Julia.Richter@web.de

Stuttgart, den 16. Juli 2005

Technolink GmbH
Personalleitung
Herrn Thomas Erbe
Postfach 10293
70188 Stuttgart

Bewerbung um einen Ausbildungsplatz als Informatikkauffrau zum 01.09.2006
Ihre Anzeige in der Stuttgarter Zeitung vom 14.07.2005

Sehr geehrter Herr Erbe,

Ihre Stellenanzeige in der Stuttgarter Zeitung habe ich mit Interesse gelesen und möchte mich hiermit bei Ihnen für die Ausbildung zur Informatikkauffrau bewerben.

Zurzeit besuche ich die 9. Klasse der Jahn-Realschule in Stuttgart, die ich im Juli 2006 mit der Mittleren Reife beenden werde.

Ich strebe einen Beruf mit Zukunft an, der sowohl kaufmännische als auch informationstechnische Elemente besitzt und damit meinen Neigungen sehr entgegenkommt. Im meinem Freundes- und Bekanntenkreis werden ich „PC-Doc" genannt, da ich mich mit Computern sehr gut auskenne und den anderen stets gerne hilfreich unter die Arme greife, wenn etwas nicht richtig funktioniert oder sie ihren Computer nachrüsten möchten.

Während des einwöchigen Betriebspraktikums als Informatikkauffrau im Herbst 2004 konnte ich bei der Bechtel AG in der Datenverarbeitungsabteilung erste Erfahrungen in einem informationstechnischen Umfeld sammeln. Es hat mir sehr gefallen, meinen Betreuer bei seinen Gesprächen mit den Fachbereichen zu begleiten und dabei zu sehen, was es in der Praxis heißt, Berater und Dienstleister zu sein.

Über eine Einladung zu einem Vorstellungsgespräch würde ich mich sehr freuen.

Mit freundlichen Grüßen

Julia Richter

Anlagen
- Lebenslauf mit Lichtbild
- Zeugnisse
- Praktikumsbescheinigung

M 3 Bewerbungsschreiben von Julia Richter

M 5 Beispiele für Ratgeber zum Themengebiet Bewerbung

Checkliste	
· Verwende weißes, sauberes Papier	❏
· Erstelle stets individuelle Anschreiben	❏
· ...	❏

M 4 Checkliste Bewerbungsschreiben

1 Auf welchen Stapel würdest du M 1 und M 3 legen? Begründe.

2 Wertet beide Bewerbungen aus und setzt damit die Checkliste M 4 für gelungene Bewerbungsschreiben um weitere Punkte fort.

Überzeugender Lebenslauf?!

Lebenslauf

PERSÖNLICHE DATEN

Anschrift:	Hügelweg 23, 74074 Heilbronn Tel.: 07171/987654
Gebutrzdatum:	23.4.91
Geburtsort	Gesundbrunnen Klinikum
Eltern:	Dieter Meyer, Arbeitsloser Elektriker Eva Meyer, Bürosektetärin
Geschwister	keine

SCHULBILDUNG

1997-2001	GS Wartberg
2001-2002	Wartberg Hauptschule
2002-heute	Realschule Heilbronn

SCHULABSCHLUSS

mittlere Reife (hoffentlich 2007)

HOBBYS UND SONSTIGES:

Hobbys:	Internet, Spielekonsolen, Shoppen, Freunde treffen, mein Freund ☺, telefonieren, Disco, war von 1999 bis 2003 im Faschingsverein
Lieblingsfächer:	Kunst, Sport (ansonsten ist Schule voll öde!)

PRAKTIKAS

Pflichtpraktikum der Schule   März 2006

BERUFLICHE ERFAHRUNGEN

Babysitten bei Familie Pfeil

SABINE MEYER

Heilbronn, denn 19.06.2007

M 1 Lebenslauf von Sabine Meyer

Wer bist du? Wann und wo hast du was gemacht? Welche Interessen und besonderen Qualifikationen hast du? Diese Fragen des Unternehmens beantwortet in deiner Bewerbung zunächst einmal dein Lebenslauf. Die Mitarbeiter des Personalbüros erkennen an deinem Lebenslauf sofort, ob du die richtigen Voraussetzungen für den gewählten Beruf mitbringst, ob du engagiert bist und ordentlich arbeiten kannst.

Da du noch nicht über eine langjährige Berufserfahrung verfügst, ist es ganz wichtig, dass du dich als Person offen, freundlich und transparent darstellst. Mit den Dingen, die dich ausmachen, deinem schulischen Werdegang, deinen Kenntnissen und Qualifikationen sowie deinen Interessen. Kurz gesagt, du sollst die Frage beantworten: „Wer bin ich?"

① Automatenfoto, Urlaubsfoto oder zu altes Foto
② Foto mit Büroklammer oder Flüssigkleber befestigt
③ Schlechtes Erscheinungsbild oder unpassende Kleidung
④ Lücken im Lebenslauf oder widersprüchliche Daten
⑤ Unübersichtliche Gestaltung, keine klare Gliederung
⑥ Unterschrift fehlt oder ist verschmiert
⑦ Bewerbungsschreiben in Klarsichthülle
⑧ Lebenslauf kopiert und nicht wieder neu ausgedruckt

M 2 Typische Fehler im Lebenslauf

M 3 Tipps für die Bewerbungsmappe
· Drucker auf höchste Qualität einstellen
· Seitenränder jeweils 2,5 cm
· Schriftarten Arial, Times New Roman
· Schriftgröße 12
· Gesamte Bewerbungsunterlagen von Eltern, Lehrern, … Korrektur lesen lassen
· Keinen Schnellhefter, nur Bewerbungsmappe in dezenter Farbe verwenden

Lebenslauf

Persönliche Daten

Name:	Lucas Becker
Anschrift:	Lindenweg 9
	76113 Karlsruhe
	Tel.: 0721/567890
Geburtsdatum:	22.12.1990
Geburtsort:	Karlsruhe
Eltern:	Ralf Becker, Industriekaufmann
	Anita Becker, Ärztin
Geschwister:	eine Schwester, Laura Becker, 11 Jahre

Schulbildung:

1997–2001	Pestalozzi Grundschule Karlsruhe
2001–2007	Realschule Linkenheim
Voraussichtlicher Schulabschluss:	Mittlere Reife, Juli 2007

Lieblingsfächer:

Mathematik, Englisch, EWG

Praktika:

2003 einwöchiges Sozialpraktikum im Tierheim

2004 einwöchiges Betriebspraktikum bei Siemens

2004 vierwöchiges Schnupperpraktikum bei Bosch

Hobbys:

Lesen, Handball, Klavier spielen

Zusatzqualifikationen:

Jungschargruppenleiter seit 2003

gute PC-Kenntnisse (Word, Exel, Power-Point)

sehr gute Englischkenntnisse

Karlsruhe, 24.08.2006

M 4 Lebenslauf von Lucas Becker

Peter Gamroth, Leiter für Ausbildung bei der Hamburger Hochbahn:

„Wir suchen Mitarbeiter, die ihre Aufgaben sorgfältig erledigen. Formal perfekte Bewerbungsunterlagen zeigen mir, dass der Bewerber gelernt hat, sauber zu arbeiten.

Ich achte z. B. darauf, dass die Seiten keine Eselsohren aufweisen.

Das Bewerbungsanschreiben ist in der Regel die erste Visitenkarte des Bewerbers. Wir behandeln die Bewerbungsunterlagen als Arbeitsprobe.

Gestalten Sie Ihren Lebenslauf übersichtlich. Alle wichtigen Informationen – schulischer Werdegang, besondere Kenntnisse und Erfahrungen – müssen auf einen Blick erkennbar sein. Achten Sie auf Deckungsgleichheit zwischen Anschreiben und Lebenslauf, z. B. gehören besondere Fähigkeiten, die Sie im Anschreiben erwähnen, auch in den Lebenslauf."

Webcode:
PE641796-247

---

1 Werte die beiden Lebensläufe M 1 und M 4 aus. Welche Botschaften vermitteln sie jeweils?

2 Bereite zum Thema Lebenslauf einen *Kurzvortrag* vor. Berücksichtige dabei typische Fehler, formale Anforderungen und Tipps.

Einstellungstests meistern

Schriftliche Tests

Gründliche Vorbereitung auf schriftliche Einstellungstests ist sehr wichtig, denn Erfolg bei Tests ist trainierbar! Die Aufgaben dieser Seite zeigen die Bandbreite.

Fertigkeitstests

Sie werden z. B. in handwerklichen Berufen eingesetzt. Hierbei soll man handwerkliches Geschick zeigen (z. B. indem eine Figur aus einem Stück Draht zu biegen ist).

Verhaltensübungen

Sehr häufig wird das Verhalten der Bewerber anhand von Gruppenübungen getestet.

M 1 Vorgaben zur Erstellung eines Einstellungstests!?

Testaufgaben

Gemeinsamkeiten

Drei der folgenden vier Wörter lassen sich zu einem gemeinsamen Oberbegriff zusammenfassen. Welches Wort passt nicht?

1 a) rund b) kurz c) oval d) eckig
2 a) Apfel b) Birne c) Salat d) Traube

Begriffsbeziehungen (Analogien)

Erkennst du die Begriffsbeziehung zwischen den ersten zwei Begriffen? Finde zum dritten Begriff die passende Antwort, sodass sich eine ähnliche Beziehung ergibt.

1 Rom : Italien = Dublin : ?
   a) Island   b) Wien
   c) Irland   d) Malta

2 Würfel : Quadrat = Kugel : ?
   a) Raute   b) Kreis
   c) Kegel   d) Punkt

Rechtschreibung

Immer nur eine der beiden Schreibweisen ist richtig, welche ist es?

1 a) Fortschritt   b) Vortschritt
2 a) Bundesrad   b) Bundesrat

Zahlenreihen

Die folgende Zahlenreihe ist nach einem logischen Prinzip aufgebaut. Führe sie fort.

1 2   4   8   16
   a) 12   b) 18   c) 24   d) 32
2 100   95   85   70
   a) 50   b) 55   c) 60   d) 65

Logisches Denken

Ziehe aus den Aussagen sinnvolle Schlüsse. Wähle die Antwort aus, die sich aus der Aussage logisch ergibt.

Max ist größer als Nils. Anna ist so groß wie Birgit. Alle Jungs sind kleiner als die Mädchen. Jutta ist größer als Anna.
a) Max ist größer als Renate.
b) Birgit ist kleiner als Jutta.
c) Anna ist kleiner als Nils.
d) Keine der Aussagen a) und b) ist richtig.

Tipp: Bei Aufgaben mit vorgegebenen Antworten ist es besser, zu raten als nicht zu antworten, da die wenigsten Tests für falsche Antworten Punkte abziehen.

Nun gibt es keine vorgegebenen Antworten mehr. Beantworte die Fragen schriftlich:

Allgemeinbildung

1) Wer wählt den Bundeskanzler?
2) In welches Meer mündet der Rhein?
3) In welchem Jahr wurde die Bundesrepublik Deutschland gegründet?

Textaufgaben

Häufig werden Textaufgaben zu Dreisatz oder Prozentrechnung gestellt, die dann ohne Taschenrechner zu lösen sind!
In der Bundesrepublik gibt es rund 43 Millionen erwerbsfähige Personen. Davon sind zurzeit rund 11 Prozent arbeitslos. Wie viele Arbeitslose gibt es?

Tipp: Aufgaben, die einem besonders schwer fallen, überspringen und erst am Schluss – falls noch Zeit ist – nochmals die Lösung probieren.

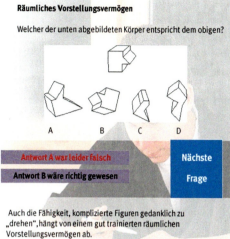

M 2 Testaufgaben mit dem Computer trainieren. Mithilfe von CD-ROMs oder des Internets kannst du dich auf Tests vorbereiten. Die Beispiele sind aus „Bewerbung um eine Ausbildungsstelle" (www.machs-richtig.de). Im Menüpunkt Übung erhältst du sofort Rückmeldung zu deiner Lösung, löst auch Aufgaben mit Wortdiktaten, erhältst Tipps, … (siehe rechte Abbildung). Im Menüpunkt Probelauf musst du dagegen unter Zeitdruck arbeiten.

Einladung zum Test – ein erster Erfolg!

Wenn man zu einem Einstellungstest eingeladen wird, ist dies ein Beleg dafür, das man wegen der guten Bewerbungsunterlagen zum engeren Bewerberkreis gehört.

Warum testen Unternehmen?
Welche Testarten gibt es?

Testverfahren sind für die Unternehmen ein bewährtes Mittel zur Bewerberauswahl. Mit Tests soll die Eignung eines Bewerbers für die Ausbildung festgestellt werden. Schulnoten sagen oft wenig darüber aus, ob ein Bewerber die Ausbildung meistern wird. Strebt jemand beispielsweise einen Beruf im Handwerk an, so sind räumliches Vorstellungsvermögen und handwerkliches Geschick wichtig, doch die Schulnoten zeigen diese nicht sehr deutlich. Weil die Ausbildung mit hohen Kosten verbunden ist, wollen die Unternehmen sicherstellen, dass Begabung, Kenntnisse, Interesse und Verhalten des Bewerbers den Anforderungen entsprechen.

Im Wesentlichen kann man schriftliche Tests, praktische Testverfahren und Verhaltensübungen unterscheiden.

Verhaltensübungen

Beobachter der Bewerbungskommission achten darauf, wie sich die Bewerber in einer Diskussion oder beim Lösen einer Problemstellung verhalten. Sie überprüfen damit, ob Kommunikations- und Teamfähigkeit gezeigt wird, ob eine Problemstellung systematisch angegangen wird. Die Checkliste M 3 zeigt wichtige Regeln.

- Ich beteilige mich aktiv an der Diskussion.
- Ich lasse andere ausreden und gehe auf ihre Argumente ein.
- Ich bleibe sachlich und greife andere nicht persönlich an.
- Ich führe zum Diskussionsthema zurück, wenn sich die Gruppe davon entfernt.

M 3 Checkliste zu Diskussionen

1 Löse die Testaufgaben der linken Seite in 15 Minuten.

2 Wie erging es dir zeitlich? Vergleicht eure Erfahrungen beim Test und besprecht dann in der Klasse die Lösungen und Lösungswege. Weitere Testaufgaben (CD-ROMs, Hefte mit Aufgaben und Tipps) gibt es z. B. bei Banken, Sparkassen, Krankenkassen, … oder auf www.it-berufe.de und focus.msn.de/jobs/bewerbung.

3 Nun führen 4 bis 5 Schüler vor der Klasse eine Diskussion durch (Dauer 15 Minuten!). Die anderen Schüler sind Beobachter und geben der Diskussionsrunde mithilfe von M 3 Rückmeldung. Bei Einstellungstests kann das Thema entweder selbst gewählt werden oder es wird gestellt. Häufig sind z. B. „Handy-Verbot in Schulen?" oder „Einkaufen – auch am Sonntag?". Bestimmt vor der Diskussion in der Klasse, ob und ggf. welches Thema gestellt wird.

Vorstellungsgespräch

Vorstellungsgespräche vorbereiten

Der lang ersehnte Brief ist da: „Wir freuen uns, Sie zum Vorstellungsgespräch einzuladen, damit wir Sie persönlich kennen lernen." Die Tatsache, dass man eingeladen wurde, bedeutet, dass man in der engeren Wahl ist und bisher einen guten Eindruck gemacht hat. Nach der ersten Freude stellt sich leicht ein flaues Gefühl ein. Dieses Gefühl ist ganz normal, aber man kann die aufgekommenen Ängste und Verunsicherungen abbauen, indem man sich gründlich auf das Vorstellungsgespräch vorbereitet.

Simulation eines Vorstellungsgesprächs

Wie so ein Vorstellungsgespräch ablaufen kann, welche typischen Fragen gestellt werden und auf welche Punkte man achten sollte, wollen wir nun in der Simulation eines Vorstellungsgesprächs nachspielen.
Bildet zunächst Gruppen mit vier oder fünf Schülern und geht dann die folgenden Schritte gemeinsam an:

M 2 Auftreten und Verhalten bauen Brücken oder schließen Türen

M 1 „Ernstsituation": Simulation des Vorstellungsgesprächs

1. Ausbildungsberuf auswählen, Informationen sichten

Einigt euch innerhalb eurer Gruppe auf einen bestimmten Beruf.
Besorgt euch Informationen zu diesem Beruf (Berufsinformationszentrum, Beruf aktuell, Internet: www.berufenet.de). Bereitet euch nun sorgfältig auf das Bewerbungsgespräch vor (M 3 bis M 6).

2. Üben innerhalb der Gruppe

Übt mit verteilten Rollen (Personalchef und Bewerber) abwechselnd euer Vorstellungsgespräch. Die anderen Gruppenmitglieder nehmen so lange die Rolle des Beobachters ein und geben anschließend Rückmeldung und unterbreiten Verbesserungsvorschläge. Gebt dem „Bewerber" Rückmeldung zu Auftreten, Sprache, Spontaneität, Körpersprache, …

3. „Ernstsituation" vor der Klasse

Einige Schüler von euch sind jetzt Teilnehmer eines Bewerbungsgesprächs vor der Klasse. Die Rolle des Personalchefs übernimmt nun euer Lehrer. Die Klasse übernimmt die Rolle des Beobachters. Vielleicht könnt ihr die Vorstellungsgespräche auch auf Video aufzeichnen und anschließend auswerten.

M3 Körpersprache, Gestik und Mimik

Körpersprache, Gestik und Mimik sind wichtig für ein sicheres Auftreten beim Bewerbungsgespräch. Der amerikanische Wissenschaftler Professor Merabian hat nachgewiesen, dass Menschen zu 55 Prozent durch ihre Körpersprache, zu 38 Prozent durch ihre Stimme und lediglich zu sieben Prozent durch ihre Worte wirken.

Körpersprache lässt sich aber erfreulicherweise trainieren. Hier einige Hinweise:

· Blickkontakt halten, aber nicht starren
· Lächeln wirkt sympathisch
· Gerade Sitzhaltung einnehmen
· Durch Mimik, Gestik und Tonfall das Gesagte unterstützen
· Aufmerksam zuhören (z. B. nicken)
· Hände nicht verschränken (wirkt abwehrend), sondern offene Haltung
· Nicht wippen, mit Haaren spielen, … oder andere nervöse Gesten zeigen

M4 Tipps zur Vorbereitung

· Gesprächstermin beim Unternehmen schriftlich oder telefonisch bestätigen.
· Informationen über Betrieb einholen.
· Anfahrtsweg erkunden, Zeitpuffer von mindestens 30 Minuten einplanen.
· Passendes Outfit besorgen oder zusammenstellen. Wichtig ist, dass die Kleidung zu einem passt, aber auch zum Stil des Betriebes und Ausbildungsberufes. Bei allen Berufen sollten es z. B. mindestens eine gepflegte Stoffhose, Hemd bzw. Bluse, Lederschuhe, … sein.
· Erlaubt ist nur, was nicht negativ auffällt. Deshalb störende Gerüche vermeiden (zu viel Parfüm, Knoblauchfahne, Schweißgeruch, Zigarettengestank, …) und auf dezente Erscheinung (nicht überschminkt, kein Dreitagebart sowie Extrem-Piercing, keine neonfarbenen Haare, …) achten.
· Saubere Fingernägel, gekämmte Haare, gebügelte Kleidung, … sind Pflicht.

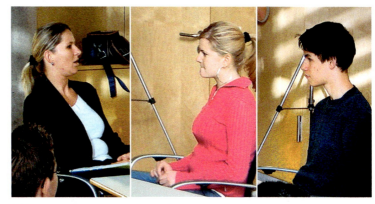

M5 Dreimal Körpersprache und Mimik

M6 Typische Phasen und Fragen beim Vorstellungsgespräch

a) Begrüßung und Einleitung
· Haben Sie gut hergefunden?
· Wie empfanden Sie den Einstellungstest?

b) Bewerbung und Berufswahl
· Warum bewerben Sie sich für den Beruf des … ?
· Was wissen Sie über diesen Beruf?
· Wie haben Sie sich über den Beruf informiert?
· Warum bewerben Sie sich gerade in unserer Firma?
· Warum sollen wir gerade Sie einstellen?
· Wo haben Sie sich noch beworben?
· Welchen anderen Beruf könnten Sie sich noch vorstellen?

c) Persönliche Fragen
· Wie würden Sie sich selbst beschreiben?
· Wie stehen Ihre Eltern zur Berufswahl?
· Was sind Ihre Hobbys?
· Sehen Sie regelmäßig Nachrichten und lesen Zeitung?

d) Schulische Fragen
 1. Warum sind Ihre Leistungen im Fach … so schlecht?
 2. Was sind Ihre Lieblingsfächer, welche mögen Sie nicht?

Webcode:
PE641796-251

Arbeit und Zukunft

F	G	K	X	O	H	T	N	K	H	F	E	D	B	Ö	I
I	H	N	F	R	E	I	H	J	U	N	H	V	A	Ö	H
H	T	I	E	R	W	E	R	B	S	A	R	B	E	I	T
T	R	C	I	E	R	B	T	R	I	E	G	Z	A	S	W
W	J	H	F	D	E	S	W	A	C	V	B	J	U	G	F
F	H	T	S	E	L	B	S	T	S	T	Ä	N	D	I	G
R	D	E	R	F	G	T	Z	H	U	J	K	Ö	L	O	K
K	A	R	W	E	R	B	E	T	Z	U	I	K	J	F	H
S	R	W	F	S	E	J	F	R	D	A	V	I	T	E	A
X	B	E	T	Z	U	I	E	J	F	S	G	D	Z	G	N
I	E	R	Z	F	R	D	S	H	T	G	H	J	K	R	D
H	D	B	R	T	K	O	P	F	A	R	B	E	I	T	A
U	N	S	E	L	B	S	T	S	T	Ä	N	D	I	G	R
C	I	A	R	I	E	G	Z	A	H	Ö	L	O	J	C	B
R	H	R	T	Z	U	I	E	J	R	R	I	E	G	Z	E
S	T	B	A	V	I	T	E	X	W	F	D	D	G	E	I
F	W	E	C	V	B	J	U	G	F	L	D	I	Q	U	T
R	F	I	I	E	R	B	T	R	U	A	S	E	Y	Q	N
S	R	T	H	T	N	K	H	F	T	L	Z	T	V	E	W
C	K	W	P	F	L	I	C	H	T	A	R	B	E	I	T

M 1 Suchrätsel

M 3 Arbeitswelt im Wandel *Aus Politik und Zeitgeschichte (APuZ 34/2007),* www.bpb.de *(gekürzt und vereinfacht)*

M 2 Plakate der Aktion TeilhabeTage 06/07 – Unterstützt vom Bundesministerium für Arbeit und Soziales

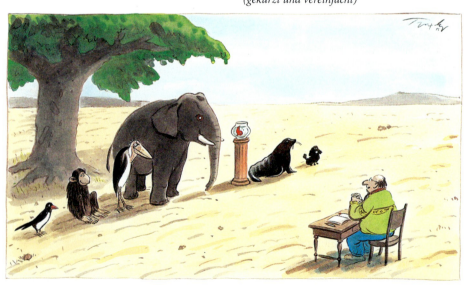

M 4 „Zum Ziele einer gerechten Auslese lautet die Prüfungsaufgabe für Sie alle gleich: Klettern Sie auf den Baum!"

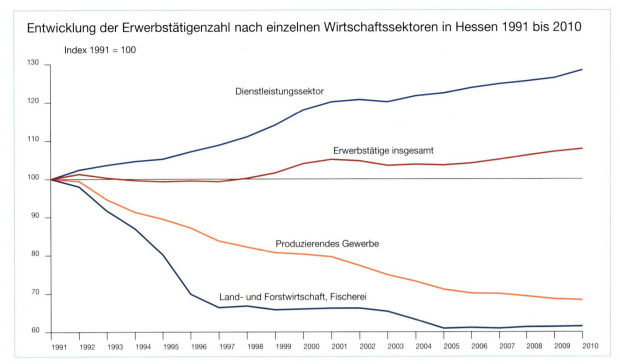

Entwicklung der Erwerbstätigenzahl nach einzelnen Wirtschaftssektoren in Hessen 1991 bis 2010

Index 1991 = 100

- Dienstleistungssektor
- Erwerbstätige insgesamt
- Produzierendes Gewerbe
- Land- und Forstwirtschaft, Fischerei

M5 Beschäftigte nach Wirtschaftssektoren in Hessen 1991 bis 2010 (*Quelle: Lars Redert, Erwerbstätigkeit in Hessen in den Jahren 1991, 2001 und 2006, in Staat und Wirtschaft in Hessen 09/08, und Hessisches Statistisches Landesamt, 2011*)

Das Ansehen der Berufe

Von je 100 befragten Bundesbürgern vertrauen diesen Berufsgruppen/Organisationen

Feuerwehr	98
Ärzte	89
Postangestellte	86
Polizisten	85
Lehrer	84
Richter	79
Militär	79
Rechtsanwälte	71
Marktforscher	70
Umweltschutzorganisationen	69
Wohltätigkeitsorganisationen	58
Banker	57
Gewerkschaften	56
Klerus	56
Beamte	54
Journalisten	44
Marketingfachleute	38
Werbefachleute	33
Manager	20
Politiker	9

© Globus   Quelle: GfK   Stand 2011   4333

M6 Arbeit und Anerkennung

Sachkompetenz

1 Finde in M1 sieben Formen von Arbeit. Notiere Beispiele.

2 a Arbeit ist mehr als Sicherung der Grundbedürfnisse. Erläutere.
  b Erklärt in diesem Zusammenhang die Bedeutung von M6.

3 a Wofür wirbt die Aktion „TeilhabeTage 06/07"? (M2)
  b Nenne Gründe, warum Menschen mit Behinderungen Arbeit ermöglicht werden soll. Beachtet die verschiedenen Funktionen von Arbeit.

Methoden- und Urteilskompetenz

4 a Arbeite die Aussage von ✂ Karikatur M4 heraus.
  b Kann M4 auf die menschliche Gesellschaft übertragen werden?
  c Diskutiert Maßnahmen, die eine Chancengleichheit ermöglichen.

5 a Fasse zusammen, welche Veränderungen der Arbeitswelt ihr in diesem Kapitel kennen gelernt habt.
  b Welche weitere Veränderung wird in M3 angesprochen? Stellt Vermutungen über mögliche Auswirkungen an.

6 a Werte M5 aus. Welche Schlüsse lassen sich ziehen?
  b Befragt eure Eltern, welche Erfahrungen sie mit dem Wandel (Arbeit, Umwelt, …) gemacht haben. Berichtet.

10 Deutschland – ein Einwanderungsland

1 Was zeigt dieses Bild?

a) den Bundestagssitz in Berlin

b) das Bundesverfassungsgericht in Karlsruhe

c) das Bundesratsgebäude in Berlin

d) das Bundeskanzleramt

2 In Deutschland dürfen Menschen offen etwas gegen die Regierung sagen, weil …

a) hier Religionsfreiheit gilt.

b) die Menschen Steuern zahlen.

c) die Menschen das Wahlrecht haben.

d) die Meinungsfreiheit gilt.

3 In Deutschland können Eltern bis zum 14. Lebensjahr ihres Kindes entscheiden, ob es in der Schule am …

a) Geschichtsunterricht teilnimmt.

b) Religionsunterricht teilnimmt.

c) Politikunterricht teilnimmt.

d) Sprachunterricht teilnimmt.

4 Deutschland ist ein Rechtsstaat. Was ist damit gemeint?

a) Alle Einwohner/Einwohnerinnen und der Staat müssen sich an die Gesetze halten.

b) Der Staat muss sich nicht an die Gesetze halten.

c) Nur Deutsche müssen die Gesetze befolgen.

d) Die Gerichte machen die Gesetze.

5 Wie heißt die deutsche Verfassung?

a) Volksgesetz

b) Bundesgesetz

c) Deutsches Gesetz

d) Grundgesetz

6 Welches Recht gehört zu den Grundrechten, die nach der deutschen Verfassung garantiert werden? Das Recht auf …

a) Glaubens- und Gewissensfreiheit

b) Unterhaltung

c) Arbeit

d) Wohnung

7 Ausländische Arbeitnehmer und Arbeitnehmerinnen, die in den 50er- und 60er-Jahren von der Bundesrepublik Deutschland angeworben wurden, nannte man …

a) Schwarzarbeiter/Schwarzarbeiterinnen.

b) Gastarbeiter/Gastarbeiterinnen.

c) Zeitarbeiter/Zeitarbeiterinnen.

d) Schichtarbeiter/Schichtarbeiterinnen.

8 In der DDR lebten vor allem Migranten aus …

a) Vietnam, Polen, Mosambik.

b) Frankreich, Rumänien, Somalia.

c) Chile, Ungarn, Simbabwe.

d) Nordkorea, Mexiko, Ägypten.

9 Was ist in Deutschland ein Brauch an Ostern?

a) Kürbisse vor die Tür stellen

b) einen Tannenbaum schmücken

c) Eier bemalen

d) Raketen in die Luft schießen

M 1 Auswahl von Fragen aus dem Einbürgerungstest (veröffentlicht am 7. 7. 2008 durch das Bundesinnenministerium)

M 2 Dokumente zur deutschen Staatsbürgerschaft

10 Wie endete der Zweite Weltkrieg in Europa offiziell?

a) mit dem Tod Adolf Hitlers

b) durch die bedingungslose Kapitulation Deutschlands

c) mit dem Rückzug der Deutschen aus den besetzten Gebieten

d) durch eine Revolution in Deutschland

11 Welcher Politiker steht für die „Ostverträge"?

a) Helmut Kohl

b) Willy Brandt

c) Michael Gorbatschow

d) Ludwig Erhard

12 Wie viele Einwohner hat Deutschland?

a) 70 Millionen

b) 78 Millionen

c) 82 Millionen

d) 90 Millionen

13 Welches ist ein Landkreis in Hessen?

a) Ammerland

b) Bergstraße

c) Nordfriesland

d) Vogtlandkreis

14 Ab welchem Alter darf man in Hessen bei Kommunalwahlen wählen?

a) 14

b) 16

c) 18

d) 20

Am Ende dieses Kapitels kannst du

- mögliche Vorurteile zum Thema „Ausländer in Deutschland" ausräumen. Außerdem kannst du selbst über deine möglichen Vorurteile reflektieren, nachdem du diese überprüft hast.
- den Begriff Migration erklären und an Beispielen darstellen, warum Menschen ihre Heimat verlassen.
- an Beispielen zeigen, warum Europa für viele Menschen in der Welt ein attraktives Ziel darstellt. Außerdem kannst du die Haltung Europas dazu beschreiben und kritisch beurteilen.
- erklären, welche Ziele Integrationspolitik hat. Außerdem kannst du Problemfelder dieser Politik benennen und Lösungsansätze beurteilen.

Deutschland – ein Einwanderungsland? Lange wurde in der Politik darüber heftig gestritten. Dabei leben in der Bundesrepublik schon lange Menschen, die ursprünglich aus anderen Ländern kamen. Manche sind selbst eingewandert oder als Kinder mit ihren Eltern gekommen, andere wurden schon hier geboren. Einige wollen für immer bleiben, andere werden in ihre Heimat zurückkehren. Viele Ausländer haben mittlerweile die deutsche Staatsbürgerschaft.

In diesem Kapitel erfahrt ihr mehr über die Menschen, die als „Ausländer" mit uns zusammenleben.

1 Zum 1. September 2008 wurde der so genannte Einbürgerungstest eingeführt. Auf dieser Doppelseite findet ihr eine kleine Auswahl der darin enthaltenen Fragen.

a Bearbeitet den Test und vergleicht anschließend in der Klasse eure Ergebnisse.

b Findet ihr den Test zu schwer/zu leicht? Begründet mit entsprechenden Beispielen.

c Beurteilt, ob ein solcher Test sinnvoll erscheint.

Ausländer in Deutschland

Was wir über „sie" wissen

M 1 Karikatur

Auf den Seiten 254–255 habt ihr Fragen aus dem so genannten deutschen Einbürgerungstest kennen gelernt. Ausländer, die mit uns in Deutschland leben und sich einbürgern lassen wollen, müssen einen Teil dieser Fragen richtig beantworten können. Damit soll sichergestellt werden, dass sie über ein Grundwissen verfügen, welches ihnen ermöglicht, sich in unserer Gesellschaft zurechtzufinden und mit uns gemeinsam zu leben.

Doch wie steht es eigentlich mit unserem Wissen über „sie", die Ausländer? Dabei kann es aufgrund der unterschiedlichsten Herkunftsländer zunächst nicht darum gehen, die jeweils entsprechenden Kulturen und geschichtlichen Eigenheiten zu kennen. Jedoch sollten ein paar Fakten, die das Zusammenleben mit uns betreffen, bekannt sein. Prüft auf der nächsten Seite zunächst euer Wissen. Auf den folgenden Doppelseiten könnt ihr euch schließlich über die gefragten Daten informieren.

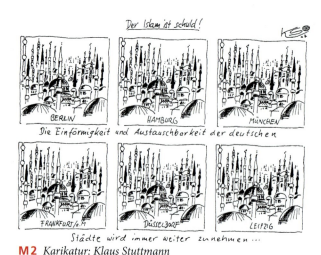

M 2 Karikatur: Klaus Stuttmann

M 3 Karikatur: Tom

Fragebogen

1 Wie viele Ausländer leben in Deutschland?
• 8 %   • 17 %   • 25 %

2 Woher kommen die Ausländer vor allem?

1. _____

2. _____

3. _____

3 Wie viele „gefühlte" Ausländer leben hier?
• 10 %   • 20 %   • 30 %

4 Wie sieht es bei den Ausländern mit der Schule aus?
• gut   • durchschnittlich   • schlechter

5 Wie gut sprechen ausländische Schüler Deutsch?
• schlecht   • mittel   • gut

**6 Was sind die beliebtesten Ausbildungsberufe bei der Berufs-
wahl junger Ausländer?**

1. _____

2. _____

3. _____

7 Sind Ausländer krimineller als Deutsche?
• ja   • nein   • weiß nicht

8 Sind ausländische Jugendliche gewalttätiger als Deutsche?
• ja   • nein   • weiß nicht

9 Woher kommen die Bräute der meisten Türken?
• Türkei   • Deutschland   • weiß nicht

10 Schlagen türkische Männer ihre Frauen häufiger als deutsche?
• ja   • nein   • weiß nicht

11 Gibt es mehr Machos unter Ausländern?
• ja   • nein   • weiß nicht

12 Haben Ausländer deutsche Freunde?
• ja   • nein   • weiß nicht

13 Wie viele Ausländer spielen in der Bundesliga?
• 32 %   • 43 %   • 51 %

14 Wie demokratisch sind Muslime?
• gar nicht   • ein wenig   • sehr

15 Wie viele Türkinnen leben in Zwangsehen?
• 25 %   • 50 %   • weiß nicht

16 Wie viele junge Türkinnen tragen Kopftuch?
• 10 %   • 25 %   • 40 %

17 Wie religiös sind Muslime in Deutschland?
• wenig   • mittel   • sehr

18 Gibt es in Deutschland Gettos?
• ja   • nein   • weiß nicht

19 Gibt es zu viele Moscheen in Deutschland?
• ja   • nein   • weiß nicht

20 Kaufen Sie auch beim Türken ein?
• ja   • nein

21 Informieren Türken sich vor allem auf Türkisch?
• ja   • nein   • weiß nicht

22 Belasten Ausländer unser Sozialsystem?
• ja   • nein   • im Gegenteil

**23 In Unternehmen von Zuwanderern wird weniger geabeitet
als in deutschen Betrieben.**
• ja   • nein

24 Ausländer schaffen Arbeitsplätze.
• ja   • nein

M 4 Fragebogen

1 a Arbeitet die Aussagen der ✂ **Karikaturen** M 1–M 3 heraus.
   b Benennt die in den Karikaturen enthaltenen Vorurteile.

2 a Bearbeitet den Fragebogen M 4. Notiert euch eure Antworten
   in euer Heft.
   b Überprüft eure Antworten, indem ihr die folgenden Seiten
   258–263 selbstständig erarbeitet.

Anzahl und Herkunft

Jérôme Boateng, Fußballspieler

Wayne Carpendale, Schauspieler

Hadnet Tesfai, Moderatorin (MTV)

Jasmin Tabatabai, Schauspielerin

M 1 Deutsche oder Ausländer?

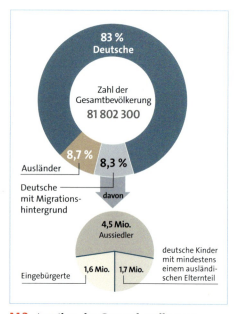

M 3 Anteil an der Gesamtbevölkerung
(Quelle: Statistisches Bundesamt, 2009)

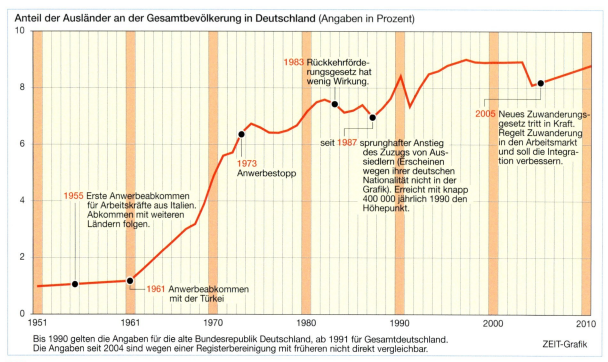

Anteil der Ausländer an der Gesamtbevölkerung in Deutschland (Angaben in Prozent)

1983 Rückkehrförderungsgesetz hat wenig Wirkung.

2005 Neues Zuwanderungsgesetz tritt in Kraft. Regelt Zuwanderung in den Arbeitsmarkt und soll die Integration verbessern.

seit **1987** sprunghafter Anstieg des Zuzugs von Aussiedlern (Erscheinen wegen ihrer deutschen Nationalität nicht in der Grafik). Erreicht mit knapp 400 000 jährlich 1990 den Höhepunkt.

1973 Anwerbestopp

1955 Erste Anwerbeabkommen für Arbeitskräfte aus Italien. Abkommen mit weiteren Ländern folgen.

1961 Anwerbeabkommen mit der Türkei

Bis 1990 gelten die Angaben für die alte Bundesrepublik Deutschland, ab 1991 für Gesamtdeutschland. Die Angaben seit 2004 sind wegen einer Registerbereinigung mit früheren nicht direkt vergleichbar.

ZEIT-Grafik

M 2 Entwicklung des Ausländeranteils an der Gesamtbevölkerung (Personen ohne deutsche Staatsangehörigkeit) in Deutschland 1951–2010 (in Prozent). *(Quellen: Ausländerzentralregister, Bundesamt für Migration und Flüchtlinge, Statistisches Bundesamt)*

Wer ist eigentlich ein Ausländer? Eine Person mit einem fremden Pass, ließe sich bürokratisch-korrekt antworten – was aber doch nur die halbe Wahrheit wäre. Denn vor allem in unserer persönlichen Wahrnehmung zeigt sich ein anderes Bild: Danach sind weder die rund sieben Millionen Inhaber eines fremden Passes alle Ausländer – noch die Besitzer eines deutschen Ausweises sämtlich Deutsche.

In unserer Alltagswelt gibt es so etwas wie „gefühlte Ausländer". Zu ihnen zählt eher der Aussiedler aus Kasachstan als der Zugereiste aus Schweden, eher der in Deutschland geborene Sohn türkischer Eltern als die hier lebende Tochter von Amerikanern – obwohl nach den Papieren Erstere Deutsche und Letztere Ausländer sind. Wie also unterscheidet man? Am besten mit einem recht sperrigen Begriff: „Menschen mit Migrationshintergrund". Dazu gehören alle Zuwanderer und ihre Nachkommen.

M 5 **Ausländeranteil in den Bundesländern** *(Quelle: Statistisches Bundesamt, 2009)*

■ unter 3 %	■ 7 bis 10 %	■ 12 bis 14 %
■ 3 bis 7 %	■ 10 bis 12 %	Deutschland gesamt 8,7 %

Ausländer in Deutschland

Ende 2010 lebten in Deutschland rund 6,75 Mio. Ausländer, 58 800 mehr als 2009, darunter aus:

		Veränderung gegenüber 2009 in %
Türkei	1 629 480	↘ −1,7
Italien	517 546	→ 0,0
Polen	419 435	↗ +5,3
Griechenland	276 685	↘ −0,5
Kroatien	220 199	↘ −0,5
Russland	191 270	↗ +1,0
Serbien	179 048	↗ +8,6
Österreich	175 244	↗ +0,4
Bosnien-Herz.	152 444	↘ −1,4
Niederlande	136 274	↗ +1,1

dpa•14450 Quelle: Stat. Bundesamt

M 4 **Herkunft der in Deutschland lebenden Ausländer, 2010**

Webcode:
PE641796-259

1 Erarbeitet diese Seite in Selbstarbeit.

2 a Vergleicht euer Ergebnis mit euren Einschätzungen auf Seite 257.

 b Wie erklärt ihr mögliche Abweichungen zwischen eurer Einschätzung und den Daten auf dieser Seite?

3 Ausländer oder nicht? Warum lässt sich das im Beispiel M 1 so schwer sagen? Findet weitere Beispiele.

Schule und Ausbildung

M 1 *Karikatur: Erich Rauschenbach*

„Ausländerquote für Schulen"

Sprach- und Integrationsprobleme sollen durch eine bessere Schülermischung gemildert werden

Die heile Schulwelt von Dahlem, Frohnau oder Friedrichshagen [Berliner Stadtbezirke] soll Migrantenkindern nicht mehr verschlossen sein: Der Vorsitzende der GEW-Schulleitervereinigung, Erhard Laube, schlägt vor, dass Schulen mit niedrigem Ausländeranteil Plätze für nicht deutschsprachige Kinder vorhalten müssen. Die jetzige Verteilung nach dem **Wohnortprinzip*** soll teilweise ausgehebelt werden, „um für viele ausländische Kinder bessere Bildungschancen zu schaffen", erhofft sich Laube. (…)

Laube ärgert sich darüber, dass bildungswillige Migranten aus den sozialen Brennpunktbezirken mitunter von Schulen in gutbürgerlichen Gegenden abgelehnt würden, weil diese freie Kapazitäten lieber mit deutschsprachigen Kindern füllten. Um dem entgegenzuwirken, fordert Laube eine Quote: Demnach sollen Schulen Migranten aufnehmen, solange sie nicht 20 oder 30 Prozent Kinder nichtdeutscher Herkunft haben. Laube begründet die restriktive Forderung damit, dass Migranten in deutschsprachigen Klassen die Sprache schneller lernen als in Klassen mit hohem Ausländeranteil. (…)

Der CDU-Bildungsexperte Gerhard Schmid hält nichts von Laubes Vorschlag. Es gehe nicht an, dass deutsche Kinder keinen Platz in ihren wohnortnahen Schulen bekämen, weil diese eine Migrantenquote erfüllen müssten. Man solle lieber auf Sprachförderung in Kitas und in Vorklassen setzen, um die Integrationsprobleme der Schulen von vornherein zu mindern.

Özcan Mutlu von den Bündnisgrünen findet die Quotenidee „nicht schlecht". Zwar löse sie die Probleme nicht generell, aber immerhin könne sie bewirken, „dass Migranten nicht mehr abgewimmelt werden", wenn sie ihre Kinder an einer Schule ohne hohen Ausländeranteil unterbringen wollen. (…)

Die Wissenschaft streitet übrigens, bei welchem Migrantenanteil die kritische Grenze für eine erfolgreiche Sprachförderung liegt. Für viele Eltern ist bei 50 Prozent diese Grenze erreicht: Sie suchen sich dann eine andere Schule – notfalls mit Scheinadressen in „besseren" Bezirken.

Tagesspiegel vom 23. 5. 2006

M 2

* Regelung im Bundesland Berlin, nach der Schüler möglichst wohnortnah eingeschult werden.

Die Schulabschlüsse der Ausländer in Deutschland sind ein getreues Abbild der gegenwärtigen wie der zukünftigen Verhältnisse. Das Abitur, die Eintrittskarte ins Bürgertum, erwerben gerade zehn Prozent, während 60 Prozent den Hauptschulabschluss schaffen oder nicht einmal den. Und da das deutsche Schulsystem soziale Mobilität nicht eben begünstigt, dürften diese Verhältnisse sich weiter reproduzieren. Unter den ausländischen Schülern wiederum schneiden jene aus Italien besonders schlecht ab, während die Schüler spanischer Abstammung die Angehörigen aller anderen großen Immigrantennationen weit übertreffen – was möglicherweise mit der vergleichsweise hohen Zahl der Akademiker zu tun hat, die als Flüchtlinge aus Franco-Spanien nach Deutschland kamen. In allen Gruppen schneiden Mädchen besser ab als Jungen – genau wie bei den Deutschen.

Wie gut sprechen ausländische Schüler Deutsch?

Der Anteil der Schüler, bei denen zu Hause nicht Deutsch gesprochen wird, ist seit Mitte der Neunzigerjahre bundesweit von gut 15 auf mehr als 25 Prozent gestiegen. Wie eng der Zusammenhang von hoher Migrantendichte und geringer Sprachkompetenz ist, lässt sich in Berliner Stadtteilen mit hohem Ausländeranteil beobachten. Von den in Neukölln lebenden Kindern nichtdeutscher Herkunft sprechen zwei Drittel beim Schuleintritt schlecht Deutsch.

M4 Wenig Chancen für junge Migranten

Die Integration ausländischer Jugendlicher in die duale Ausbildung kommt nicht voran. Davor warnt der neue Berufsbildungsbericht *(der Bundesregierung)* 2011 (…). Danach macht nur ein knappes Drittel der jungen Ausländer eine Ausbildung – bei den deutschen Altersgenossen sind

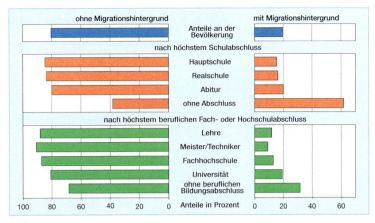

M3 **Schulabschluss und Herkunft** *(Statistisches Bundesamt, 2009)*

es doppelt so viele. Im zuletzt erfassten Jahr 2009 ist die Quote sogar noch gesunken. Ausländische Jugendliche sind „weiter stark unterrepräsentiert", heißt es. (…) Noch immer verlassen 14 Prozent der ausländischen Jugendlichen die Schule ohne Abschluss – doppelt so viele wie bei den Deutschen. Auch der Anteil derer, die nur einen Hauptschulabschluss mitbringen, liegt mit 40 Prozent doppelt so hoch. (…) Bei gleichem Abschluss und gleicher Mathematik-Note ist die Chance, eine Lehrstelle zu finden, für Nicht-Migranten etwa 20 Prozent höher als für Migranten (…).

Barbara Gillmann: Wenig Chancen für junge Migranten, Tagesspiegel v. 24.3.2011; in: http:// www.tagesspiegel.de (Zugriff: 17.9.2011)

Webcode:
PE641796-261

1 Erarbeitet diese Seite in Selbstarbeit.

2 a Vergleicht euer Ergebnis mit euren Einschätzungen auf Seite 257.
   b Wie erklärt ihr mögliche Abweichungen zwischen eurer Einschätzung und den Daten auf dieser Seite?

3 a Notiert euch die Argumente aus M2, die für bzw. gegen eine Ausländerquote sprechen. Findet ihr weitere Argumente?
   b Informiert euch im Internet (z. B. auf der Seite www.kultusministerium.hessen.de, Glossar, Buchstaben „F" anklicken: „Freie Schulwahl") über die Regelung in Hessen.
   c Bereitet eine „amerikanische Debatte" (S. 152) vor und findet weitere Argumente.

Arbeit und Arbeitslosigkeit

M 1 Polizisten mit Migrationshintergrund am Frankfurter Flughafen, 2012

M 2 Weniger arbeitslose Ausländer

Im Juli 2011 hat sich die Arbeitslosigkeit bei Ausländern im Vergleich zum Vormonat saisonbereinigt um 2000 verringert. Es waren 464 000 Ausländer arbeitslos gemeldet. Wie die Bundesagentur für Arbeit mitteilt, sind das im Vergleich zum Vorjahr 30 000 oder 6 Prozent weniger.

Die Arbeitslosenquote, bezogen auf alle zivilen Erwerbspersonen, belief sich im Juli 2011 für Ausländer damit auf 14,4 Prozent (+0,1 Prozent im Vergleich zum Vormonat) und für Deutsche auf 6,3 Prozent (+0,1 Prozent). Damit hat sich die Quote gegenüber dem Vorjahr für Ausländer um 1 Prozent und für Deutsche um 0,6 Prozentpunkte verringert. (…)

Die Arbeitslosenquote der Ausländer ist nach wie vor mehr als doppelt so hoch wie die der Deutschen. Da Ausländer im Durchschnitt eine geringere Qualifikation aufweisen, haben sie schlechtere Arbeitsmarktchancen als Deutsche.

etb: Auch im Juli weniger Arbeitslose, Migazin – Migration in Germany, 17.8.2011, in: http:// www.migazin.de (Zugriff: 1.11.2011)

M 3 Mehr selbstständige Migranten

Immer mehr Migranten machen sich selbstständig. Zu diesem Ergebnis kommt eine am Dienstag in Nürnberg vorgestellte Studie des Instituts für Arbeitsmarkt- und Berufsforschung der Bundesagentur für Arbeit (IAB) und des Instituts für Wirtschafts- und Kulturgeographie der Leibniz-Universität Hannover. In den vergangenen dreieinhalb Jahren machten sich rund sieben Prozent der Migranten selbstständig oder waren dabei, es zu tun. Bei den Menschen ohne Migrationshintergrund waren es unter fünf Prozent.

Als Gründe nannte die Studie zum einen das höhere Arbeitslosigkeitsrisiko von Einwanderern und deren Schwierigkeit, eine Stelle als Arbeitnehmer zu bekommen. Vielfach würden ausländische Berufsabschlüsse nicht anerkannt, es fehle an Sprachkenntnissen oder Ausländer würden diskriminiert. Viele Migranten machten deshalb „aus der Not eine Tugend und entscheiden sich für die Selbstständigkeit anstelle von Arbeitslosigkeit", erklärten die Autoren.

Zum anderen spielten offenbar auch kulturelle Faktoren eine wichtige Rolle. Weil viele Migranten aus Ländern stammten, in denen berufliche Selbstständigkeit weitaus verbreiteter sei als in Deutschland, orientierten sie sich an diesen Vorbildern. Unternehmen von Migranten seien zudem häufiger international aktiv. Da sie häufig noch lange sehr eng mit ihren Herkunftsländern verbunden blieben, seien sie mit deren kulturellen Besonderheiten und Märkten besonders vertraut.

Als Migranten gelten in der Studie alle, die nicht in Deutschland geboren wurden, sowie jene in Deutschland geborenen Menschen mit Migrationshintergrund, die von sich selbst sagen, sie fühlten sich dem Kulturkreis ihrer Eltern näher als dem deutschen. Als Grundlage dienten Bevölkerungsumfragen aus den Jahren 2009 und 2010, die im Rahmen des internationalen Global Entrepreneurship Monitor (GEM) erhoben worden waren.

AFP: Mehr Migranten machen sich selbständig, Zeit Online, 12.4.2011, in: http://www.zeit.de (Zugriff: 13.3.2012)

M4 Nehmen uns Ausländer die Arbeitsplätze weg?

Menschen mit Migrationshintergrund leisten einen hohen Beschäftigungsbeitrag und tragen langfristig zur Standortentwicklung bei. Das heißt also: Sie schaffen teilweise selbst Stellen. Gerade die Türken – mit 2,1 Millionen die größte Gruppe der 7,4 Millionen „Ausländer/Ausländerinnen" in Deutschland – sind zunehmend erfolgreiche Unternehmer und Unternehmerinnen, die über 160 000 Arbeitnehmer und Arbeitnehmerinnen beschäftigen, darunter auch viele Deutsche. Sie erwirtschaften einen Jahresumsatz von ca. 18 Milliarden Euro. Dazu kommen alle anderen Gruppen von selbstständigen Menschen aus Italien, China, Frankreich usw. Nicht zu vergessen sind all die Unternehmen, die in Deutschland ihren Hauptsitz oder eine Tochtergesellschaft haben, ohne dass es sich dabei um deutsche Unternehmen handelt, u. a. Sony. (…)

Jetzt müsste der Einwurf kommen, dass „Ausländer/Ausländerinnen", die den Deutschen nicht die Arbeitsplätze wegnehmen, dem Staat auf der Tasche liegen. Nach einer RWI-Untersuchung geben die ca. 7 Millionen Migranten und Migrantinnen in Deutschland mit 50 Milliarden Euro Abgaben dem Gemeinwesen 15 Milliarden mehr, als sie selbst wieder an öffentlichen Leistungen bekommen. (…)

Menschen mit Migrationshintergrund sind daneben wie Menschen mit deutscher Herkunft nicht nur Unternehmer/Unternehmerinnen, Arbeiter/Arbeiterinnen oder Angestellter/Angestellte. Sie sind

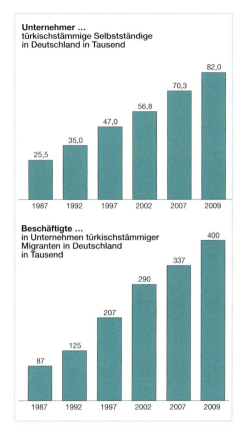

M5 Türkische Unternehmen in Deutschland

vielmehr auch Verbraucher und Verbraucherinnen. Sie kaufen Lebensmittel, Kleidung, Technik, Möbel, Autos usw. Sie schaffen damit auch Arbeitsplätze ohne selbstständig zu sein.

Martina Matischok: Nehmen uns Ausländer tatsächlich die Arbeitsplätze weg?, 4.4.2011; in: http://www.spd-fraktion-mitte.de/110404-Arbeit-Matischok.pdf (Zugriff: 13.3.2012)

RWI:
Rheinisch-Westfälisches Institut für Wirtschaftsforschung

1 Erarbeitet diese Seite in 🐣🐣🐣 Selbstarbeit.

2 a Vergleicht eure Ergebnisse mit euren Einschätzungen auf S. 257.
  b Erklärt mögliche Abweichungen zwischen eurer Einschätzung und den Daten auf dieser Seite.

3 „Ausländer nehmen uns die Arbeitsplätze weg". Diskutiert diese These anhand der Materialien dieser Seite. Zieht weitere Informationen aus dem Internet hinzu.

Lebenseinstellungen und Lebensformen

M 1 Türkische Mitbürger in Deutschland

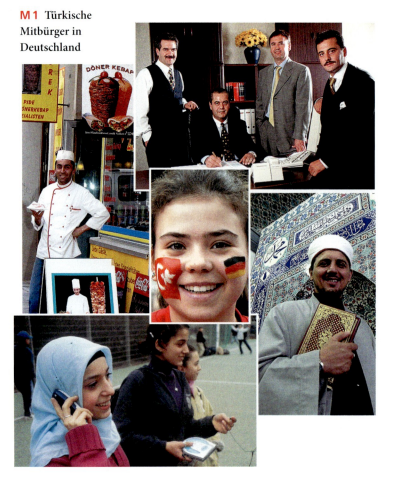

M 2 Türken in Deutschland – eine Bilanz

„Gastarbeiter"

Für Ismail Bahadir muss der Moment recht merkwürdig gewesen sein. Zwischen dem türkischen Minister Faruk Celik und dem deutschen Botschafter in Ankara, Eckart Cuntz, berichtete der Rentner Bahadir am Bahnhof der türkischen Hauptstadt davon, wie es war, in den 1960er-Jahren als Türke nach Deutschland zu gehen. Damals war Bahadir schon einmal Mittelpunkt großer Aufmerksamkeit an einem Bahnhof: 1969 wurde Bahadir als der millionste „Gastarbeiter aus dem südosteuropäischen Raum", wie es damals hieß, in

München willkommen geheißen. Am Mittwoch war er Ehrengast bei einer Feierstunde aus Anlass des 50-jährigen Jubiläums des Beginns der türkischen Arbeitsmigration in die Bundesrepublik. (…) Als Bahadir 1981 ging, waren die Türken in Deutschland längst nicht mehr so willkommen. Schon 1973 verfügte Deutschland einen Anwerbestopp.

Nach 50 Jahren

Ein halbes Jahrhundert nach der Unterzeichnung des „Abkommens zur Anwerbung türkischer Arbeitnehmer" ziehen Türken und Deutsche Bilanz. Eine Reihe von Gedenkveranstaltungen erinnert an den Beginn der Migration, deren Auswirkungen in beiden Ländern bis heute hochpolitische Themen sind. (…) Heute bestehe ein Fünftel der Bevölkerung in Deutschland aus Migranten oder deren Nachfahren, sagte Botschafter Cuntz. „Das macht unsere Nation heute aus."

70 000 türkische Unternehmer

(…) In Deutschland gibt es inzwischen 70 000 türkische Unternehmer. Und die Türkei selbst ist eine aufstrebende und zunehmend selbstbewusste Regionalmacht, in der sich immer mehr Menschen eines früher nie gekannten Wohlstands erfreuen. In Anspielung auf die deutsche Kritik an türkischen Migranten erinnerte der Minister die Bundesrepublik auch daran, dass die Auswanderung keine Idee der Türken war: „Die Leute gingen, weil man nach ihnen rief." Nun müsse sich Deutschland verstärkt um eine gute Integration bemühen, was bedeute, „Kultur und Religion" der Türken zu respektieren.

Rückkehrer

Außerdem ist die Türkei heute selbst ein Zielpunkt für „Gastarbeiter" – und für immer mehr türkische Rückkehrer aus Deutschland. Schon seit einigen Jahren ziehen mehr Türken aus Deutschland in die Türkei als in umgekehrter Richtung. (…) Auch knapp zwei Millionen legale und illegale Beschäftigte aus dem Ausland arbeiten inzwischen in der Türkei, schätzt die Regierung in Ankara. Das entspricht fast der Zahl der Türken in Deutschland.

Thomas Seibert: Als die Türken nach Deutschland kamen, Tagesspiegel v. 16.3.2011; in: http://www.tagesspiegel.de (Zugriff: 20.10.2011)

M 3 Zwangsehen – schlicht undenkbar?
Tausende Migranten in Deutschland müssen gegen ihren Willen heiraten. Viele von ihnen sind hier geboren. Deutsche interessiert das kaum. (…)

Eine von der Familienministerin Kristina Schröder und der Integrationsbeauftragten Maria Böhmer (beide CDU) vorgestellte Studie kommt zu dem erschreckenden Ergebnis, dass Zwangsehen in muslimischen Communities keine Seltenheit sind und auch die junge Generation betreffen.

Aber warum halten die Menschen an diesem verachtenswerten Ritual fest? Warum kommen sie – der Studie zufolge vor allem Türken – nicht in Deutschland an, offenbar nicht einmal die, die hier geboren sind? (…)

Viele blieben fremd, und die Deutschen versäumten es lange, diese wachsende Minderheit in ihre Gesellschaft zu integrieren. Zwar wurde den Einwanderern der Anschluss an die deutsche Gesellschaft noch nie so leicht gemacht wie heute, noch nie gab es so viel Unterstützung. Aber nicht wenige Migranten fühlen sich hier noch immer als unwillkommene Gäste. Ihre Töchter (oder Söhne) wollen sie nicht irgendwelchen Fremden überlassen, weshalb man gerne einen Partner aus dem eigenen Kulturkreis auswählt.

Dies ist das eine Problem. Das andere ist, dass man sich in Deutschland viel zu we-

Zwangsverheiratungen in Deutschland

Rund 3 440 Betroffene von Zwangsverheiratungen haben im Jahr 2008 in Deutschland Beratungsstellen aufgesucht*

Alter der von Zwangsheirat Bedrohten bzw. der bereits Zwangsverheirateten

Anteil in Prozent

13 Jahre und jünger	2,1 %
14 bis 15 Jahre	5,6
16 bis 17 Jahre	20,8
18 bis 21 Jahre	41,7
22 bis 27 Jahre	19,5
28 Jahre und älter	10,3

… und deren Geburtsländer

Anteil in Prozent

Deutschland	31,8 %
Türkei	23,3
Serbien, Kosovo, Montenegro	7,8
Irak	6,3
Afghanistan	5,9
Syrien	5,4
Marokko	2,6
Albanien	2,1
Libanon	2,0
Pakistan	2,0
Sonstige	10,8

Quelle: BMFSFJ (2011)
*Mehrfachzählungen aufgrund von Beratungen eines Betroffenen in mehreren Einrichtungen möglich
© Globus 4637

M 4 Zwangsehen in Deutschland

nig dafür interessiert. (…) Dies mag daran liegen, dass Zwangsehen für die deutsche Mehrheitsgesellschaft schlicht undenkbar sind. Sie finden jenseits des Erfahrungshorizonts der Deutschen statt – und werden schon allein deshalb nicht wahrgenommen.

Cygdem Akyol: Sie sind uns fremd, Zeit Online, 9.11.2011; in: http://www.zeit.de (Zugriff: 23.3.2012)

1 Erarbeitet diese Seite in 🧠 Selbstarbeit.

2 a Vergleicht eure Ergebnisse mit euren Einschätzungen auf S. 257.
  b Erklärt mögliche Abweichungen zwischen eurer Einschätzung und den Daten auf dieser Seite.

3 Untersucht M 4:
  a Klärt, was unter „Zwangsverheiratung" zu verstehen ist.
  b Stellt fest, in welchem Alter diese Zwangsverheiratungen hauptsächlich vorgenommen werden.
  c Versetzt euch in die Lage der betroffenen Jugendlichen und versucht ihre Gefühle zu beschreiben.
  d Besprecht anhand der rechten Spalte (Geburtsländer), ob die Religion einen Einfluss auf Zwangsverheiratungen haben kann.

4 Arbeitet heraus, warum man in Deutschland dazu neigt, das Problem zu verdrängen (M 3). Was könnte getan werden, um es zu lösen?

Migration weltweit

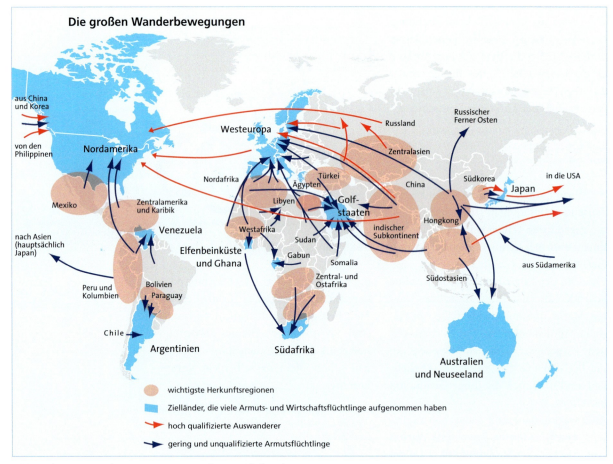

Die großen Wanderbewegungen

aus China und Korea

von den Philippinen

Nordamerika

Mexiko

Zentralamerika und Karibik

Venezuela

nach Asien (hauptsächlich Japan)

Peru und Kolumbien

Bolivien Paraguay

Chile

Argentinien

Nordafrika

Westafrika

Elfenbeinküste und Ghana

Libyen

Ägypten

Gabun

Sudan

Somalia

Zentral- und Ostafrika

Südafrika

Westeuropa

Russland

Türkei

Golf-staaten

indischer Subkontinent

Zentralasien

China

Hongkong

Südkorea

Russischer Ferner Osten

Japan

in die USA

aus Südamerika

Südostasien

Australien und Neuseeland

- 🔴 wichtigste Herkunftsregionen
- 🟦 Zielländer, die viele Armuts- und Wirtschaftsflüchtlinge aufgenommen haben
- → hoch qualifizierte Auswanderer
- → gering und unqualifizierte Armutsflüchtlinge

M 1 Weltweite Wanderungen zu Beginn des 21. Jahrhunderts

M 2 Flüchtlingslager

Menschen in Bewegung

Weltweit sind Tausende von Menschen in Bewegung. Viele von ihnen sind Kinder und junge Menschen unter 25 Jahren. Sie verlegen vorübergehend oder dauerhaft ihren Wohnsitz. Diese Wanderungen werden als Migration bezeichnet. Wandern Menschen aus einem Land aus, werden sie als **Emigranten** bezeichnet, wandern sie ein, handelt es sich um **Immigranten**.

Die meisten Menschen hängen an ihrer Heimat und verlassen sie nur aus schwer wiegenden Gründen. Das können wirtschaftliche Probleme sein, Arbeitssuche, Krieg, Vertreibung oder Verfolgung.

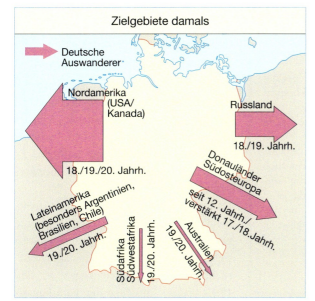

M 3 Auswanderung aus Deutschland

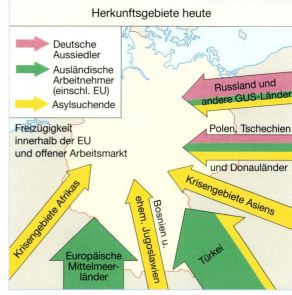

M 4 Zuwanderung nach Deutschland

Auswanderung früher

Ein Blick in die Geschichte zeigt: Wanderungen hat es schon immer gegeben. So kam es im Laufe der Zeit in Deutschland immer wieder zu Aus- und Einwanderungen. Bereits im 12. Jahrhundert wanderten viele Menschen aus dem heutigen Deutschland aus. Sie waren auf der Suche nach fruchtbaren Gegenden, in denen sie sich niederlassen konnten.

Im 16. und 17. Jahrhundert verließen viele Menschen aus **religiösen Gründen** das heutige Deutschland. Damals konnten die Könige und Fürsten allein bestimmen, welche Religion in ihrem Staat zugelassen war. Menschen anderer Glaubensrichtungen blieb häufig nur die Flucht.

Wesentlich mehr Personen verließen aber dann im 19. und 20. Jahrhundert ihre alte Heimat, hauptsächlich mit dem Ziel Nordamerika. In dieser Zeit wuchs die Bevölkerungszahl stark an. Gleichzeitig kam es in Deutschland und anderen Teilen Europas durch **Missernten** immer wieder zu Hungersnöten. So waren viele Menschen gezwungen, ihre Heimat zu verlassen und sich in der Fremde Arbeit zu suchen und sich niederzulassen.

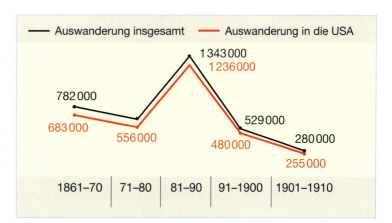

M 5 Deutsche Auswanderung 1861 bis 1910

1 Lege ein kleines Lexikon an, in dem du die Begriffe Migration, Emigrant und Immigrant erklärst.

2 Beschreibe M 2: Um welche Art der Wanderung könnte es sich hier handeln?

3 Werte M 1 aus: In welche Regionen wandern die Menschen ein? In welche wandern Armutsflüchtlinge aus? Begründe, welche Regionen von der Einwanderung profitieren könnten.

4 Erarbeite anhand der Materialien M 3 bis M 5 sowie des Textes einen kurzen Vortrag zum Thema „Abwanderung aus Deutschland früher – Zuwanderung heute".

Arbeitskräfte gesucht: „Gastarbeiter"

Die Welt kennt die Deutschen als eine fleißige Nation. Wenn sie arbeiten, schweifen sie nicht ab und halten sich genau an das Wort ihres Vorgesetzten. Da die deutschen Arbeitgeber gehört haben und wissen, dass auch die Türken fleißig und disziplinliebend sind, verlangen sie von uns Arbeiter.

Ihr dürft nicht zulassen, dass dieses gute Bild des Türken befleckt wird. Arbeitet wie Bienen, seid wachsam und lernt schnell, was ihr noch nicht wisst. Haltet euch an die Betriebsordnung. Beginnt die Arbeit pünktlich und beendet sie pünktlich. Lasst euch nicht krankschreiben, wenn es nicht unbedingt notwendig ist. Werdet eurem Vorarbeiter oder dem Arbeitgeber gegenüber nicht grob und laut. Nehmt die Vermittlung durch die Betriebsräte, die es in deutschen Firmen gibt, in Anspruch und werdet Mitglied in den Gewerkschaften.

M 1 Aus einer Informationsbroschüre des türkischen Arbeitsamtes (1963)

Anwerbeabkommen

Deutschland hat mit vielen Ländern Anwerbeabkommen geschlossen, weil die deutsche Wirtschaft dringend Arbeitskräfte brauchte:

1955 mit Italien
1960 mit Spanien
1960 mit Griechenland
1961 mit der Türkei
1963 mit Marokko
1964 mit Portugal
1965 mit Tunesien
1968 mit Jugoslawien

Webcode:
PE641796-268

Arbeitskräfte gesucht

In den 1950er-Jahren kam es in Deutschland zu einem starken **Wirtschaftswachstum**. Es wurden so viele Arbeitskräfte gebraucht, dass man in Deutschland nicht mehr genug fand. Deshalb beschloss die Bundesregierung, in anderen Staaten um Arbeitskräfte für die deutsche Industrie zu werben.

1961 waren bereits 1,2 Prozent der Arbeitskräfte in der deutschen Wirtschaft aus dem Ausland zugewandert, bis 1973 stieg die Zahl auf 6,4 Prozent. Sie wurden als 📖 Gastarbeiter bezeichnet, denn die deutschen Politiker waren davon ausgegangen, dass die Zuwanderer nur eine begrenzte Zeit bleiben und dann wieder in ihre Heimatländer zurückkehren wollten.

Die meisten Gastarbeiter kamen in die Großstädte und in die Verdichtungsräume, wo sich die Industrie konzentrierte. Zudem warben die einzelnen Bundesländer in unterschiedlichen Staaten um Arbeitskräfte. Baden-Württemberg warb z. B. verstärkt um italienische Gastarbeiter, während ins Ruhrgebiet und nach Berlin türkische Arbeitnehmer angeworben wurden.

Ausländische Mitbürger kamen

In den 1970er-Jahren verringerte sich das Wirtschaftswachstum in Deutschland. Es wurden nun keine zusätzlichen Arbeitskräfte aus dem Ausland mehr benötigt, sodass ein **Anwerbestopp** erfolgte. Es durften keine Gastarbeiter mehr angeworben werden.

Da sich viele der zugewanderten Arbeitnehmer inzwischen in Deutschland eine neue Existenz aufgebaut hatten, wollten sie nicht mehr in ihre Heimatländer zurückkehren. Stattdessen zogen in den 1980er-Jahren im Zuge der **Familienzusammenführung** weitere Menschen aus dem Ausland nach Deutschland zu. Inzwischen leben die Familien der ehemaligen Gastarbeiter schon in der dritten Generation in Deutschland: die Gastarbeiter, deren Kinder und Enkelkinder.

Das Herkunftsland mit seiner Religion, seinen Traditionen und Wertvorstellungen hat großen Einfluss darauf, wie leicht oder schwer es den ausländischen Mitbürgern gelingt, sich möglichst konfliktfrei in ihrem Zielland einzuleben.

 M 2 Interview mit dem türkischen Gastarbeiter M. Denisz aus Anlass des 40. Jahrestages des deutsch-türkischen Anwerbeabkommens:

Wann kamen Sie nach Deutschland?
1964 mit 16 Jahren.

Wohin in Deutschland führte Sie Ihre Immigration?
Ich kam nach Münster.

Aus welchen Gründen verließen Sie die Türkei?
Aus finanziellen Gründen. Ich ging nach Deutschland, um meine Familie zu unterstützen.

Planten Sie, nur für einen begrenzten Zeitraum in Deutschland zu bleiben?

Die Arbeitslosigkeit stieg in Deutschland in den 1970er-Jahren an und erreichte Anfang der 1980er-Jahre einen Höhepunkt. Deshalb versuchte man, die Türken mit einer staatlichen Rückkehrhilfe von etwa 5370 € dazu zu bewegen, in die Türkei zurückzukehren.

M 3 Ein türkischer Arbeitnehmer in Deutschland

M 4 *Karikatur*

Ursprünglich plante ich, nur für eine begrenzte Zeit in Deutschland zu bleiben. Daraus ist leider ein langer Zeitraum geworden.

Hatten Sie schon Vorkenntnisse der deutschen Sprache?

Ich konnte gar kein Deutsch, als ich nach Deutschland kam. Doch es war nicht schwierig für mich, die deutsche Sprache zu lernen.

Welcher Tätigkeit gingen Sie nach Ihrer Ankunft in Deutschland nach und welchen Beruf haben Sie heute?

Direkt nach meiner Ankunft in Deutschland arbeitete ich auf dem Bau, heute habe ich eine Ausbildung als Kranführer.

Wie empfanden Sie Ihre Aufnahme durch die deutsche Bevölkerung?

Damals bin ich ausgesprochen freundlich im Berufs- und Sozialleben aufgenommen worden. Ausländerfeindlichkeit spüre ich erst jetzt.

Haben Sie noch Sehnsucht nach Ihrem Heimatland? Werden Sie in Deutschland bleiben?

Ich sehne mich sehr nach meiner Heimat, aber ich bin auch gerne in Deutschland. Ich würde gerne zurück, habe aber Angst, keinen Anschluss mehr zu finden.

Jojo – Online-Journal des Fachbereichs Geschichts- und Kulturwissenschaften – Fachjournalistik, Universität Gießen

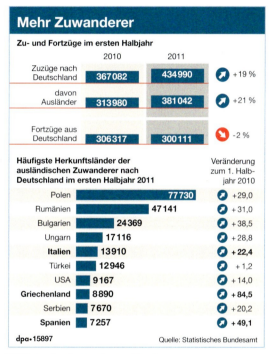

Mehr Zuwanderer

Zu- und Fortzüge im ersten Halbjahr

	2010	2011	
Zuzüge nach Deutschland	367 082	434 990	+19 %
davon Ausländer	313 980	381 042	+21 %
Fortzüge aus Deutschland	306 317	300 111	-2 %

Häufigste Herkunftsländer der ausländischen Zuwanderer nach Deutschland im ersten Halbjahr 2011		Veränderung zum 1. Halbjahr 2010
Polen	77 730	+29,0
Rumänien	47 141	+31,0
Bulgarien	24 369	+38,5
Ungarn	17 116	+28,8
Italien	13 910	+22,4
Türkei	12 946	+1,2
USA	9 167	+14,0
Griechenland	8 890	+84,5
Serbien	7 670	+20,2
Spanien	7 257	+49,1

dpa•15897   Quelle: Statistisches Bundesamt

M 5 Ausländer in Deutschland

1 Berichte mithilfe der Texte über Gastarbeiter in Deutschland.

2 Welche Informationen der türkischen Regierung sind auch heute noch wichtig und hilfreich, welche nicht (M 1)?

3 Werte M 5 aus: Aus welchen Ländern kommen die meisten in Deutschland lebenden Ausländer?

4 Fasse zusammen: Warum kam Herr Denisz nach Deutschland, wie erging es ihm hier, möchte er wieder zurück (M 2)?

5 Diskutiert, ob ihr ein Land, in dem ihr bis zu 20 Jahre gelebt habt, wieder verlassen würdet (M 3 und M 4).

Arbeit gesucht: Traumziel Europa

M1 Afrikanisches Flüchtlingsboot vor den Kanarischen Inseln

M2 Flüchtlinge am Strand von Teneriffa

Europa – das Schlaraffenland?

Europäer in Afrika – das sind hauptsächlich Geschäftsleute und Touristen, die in Luxushotels wohnen und sich alles leisten zu können scheinen. Oder Mitarbeiter von Hilfsorganisationen, die bei Katastrophen aller Art Hilfsgüter in großen Mengen verteilen können. So entsteht in den armen Ländern der Erde der Eindruck, in Europa seien alle reich. Verstärkt wird dieser Eindruck noch durch die Medien wie Fernsehen und Radio, die in Nachrichtensendungen, aber auch durch Filme und Unterhaltungssendungen eine Vorstellung von Europa vermitteln.

Afrika – das Armenhaus

Immer wieder erscheinen Schreckensmeldungen aus Afrika in den Nachrichten. Von den zehn ärmsten Ländern der Erde liegen neun in Schwarzafrika. In den meisten Familien leben noch immer vier bis fünf Kinder. Oft reicht das Nahrungsmittelangebot für die große Familie nicht aus. Missernten durch Dürrekatastrophen verschlimmern die Lage zusätzlich.

In vielen Regionen Afrikas finden Kriege oder Bürgerkriege statt. Die Menschen müssen vor den kriegerischen Auseinandersetzungen fliehen oder sie werden vertrieben oder zum Kriegsdienst gezwungen. In den Flüchtlingslagern und vom Krieg zerstörten Dörfern herrscht große Not.

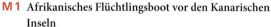

Zu tausenden versuchen sie, die Kanarischen Inseln zu erreichen – Afrikanerinnen und Afrikaner, Männer, Frauen und Kinder – alle arm, alle verzweifelt. Tausend Kilometer legen sie in Nussschalen auf offener See zurück. Einige sterben auf dem beschwerlichen Weg. Und diejenigen, die es schaffen, sehen in der „Festung Europa" einer unsicheren Zukunft entgegen – so sie überhaupt bleiben dürfen.

„Wir haben keine Arbeit. Die Gesundheit ist schlecht. Die ganze Situation ist fatal, ganz allgemein, alles", erzählt Mohammed. Mohammed ist 25 Jahre alt und kommt aus Guinea. Seine lange und gefährliche Reise nach Europa begann vor mehr als zwei Jahren.

„Davon träumen alle. Arbeit zu suchen in Europa, nicht nur in Spanien", sagt er.

Mit 32 Mann saßen sie in dem kleinen Holzboot, und je länger sie unterwegs waren, desto größer wurden ihre Zweifel, ob sie wohl jemals ihr Ziel erreichen würden. Buchstäblich mit dem letzten Tropfen Sprit erreichten sie schließlich Gran Canaria – alle bis auf zwei, die unterwegs an Entkräftung starben.

Und nun? „Alles ist unsicher. Vielleicht schicken sie mich zurück. Vielleicht lassen sie mich hier." Beim Roten Kreuz bekommt er zunächst einmal Unterschlupf und Verpflegung. Nun will er sich Arbeit suchen, um auf diese Weise vielleicht doch eines Tages seine Aufenthaltspapiere zu bekommen.

www.tagesschau.de, 20.3.2006, gekürzt

M3 Ein Flüchtling berichtet: „Dem Tod ins Auge gesehen"

M4 „Festung Europa muss Zugbrücken runterlassen"

Gespräch von heute.de mit Stefan Telöken, Sprecher des UNHCR (Flüchtlingshilfswerk der Vereinten Nationen):

heute.de: Wo gibt es die meisten Flüchtlinge?

Telöken: Vier von fünf Flüchtlingen weltweit befinden sich in Entwicklungsländern. Die interkontinentale Flucht spielt insgesamt eine untergeordnete Rolle. Die Afrikaner bleiben meist in Afrika, die Asiaten in Asien. Es trifft nicht zu, dass eine riesige Zahl von Menschen nach Europa kommt und hier um Schutz bittet. In Westeuropa ist die Zahl der Asylsuchenden seit Jahren rückläufig. 2010 wurden rund 250 000 Asylsuchende in der EU gezählt.

heute.de: Was erwarten Sie von den Industrienationen und den reichen Ländern?

Telöken: Die reichen Länder müssen sich zum Flüchtlingsschutz bekennen und sollten die Flüchtlinge nicht als Bedrohung sehen. Es stehen weltweit nur 80 000 Plätze für die Neuansiedlung von Flüchtlingen aus Erstzufluchtsländern zur Verfügung – der Bedarf ist aber zehnmal so hoch. Nach den politischen Umstürzen in Afrika *(s. S. 300)* ist die EU jetzt gefordert. Wir brauchen 8000 Aufnahmeplätze für Flüchtlinge, die in Tunesien und Ägypten gestrandet sind und dort nicht dauerhaft bleiben können – aber die potenziellen *(möglichen)* Aufnahmestaaten halten sich zurück.

heute.de: Die Genfer Flüchtlingskonvention wurde vor 60 Jahren in Europa beschlossen. Gerade die „Festung Europa" sichert heute aber stark ihre Grenzen ab.

Telöken: (…) Bei der Aufnahme von Flüchtlingen aus Erstzufluchtsländern (…) hinkt Europa hinter den USA, Kanada und Australien her. Die „Festung Europa", so es sie gibt, muss aber auch Zugbrücken hinunterlassen.

Heute.de Magazin v. 28.7.2011; Interview: Panja Schollbach; in: http://www.heute.de (Zugriff: 9.9.2011)

M5 Festung Europa. *Karikatur: Tomaschoff*

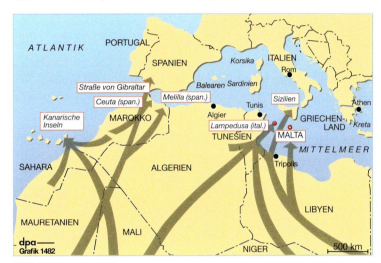

M6 **Fluchtwege nach Europa**

Webcode:
PE641796-271

1 Beschreibe M1 und M2. Viele Tage auf dem Meer in einem solchen Boot, was bedeutet das für die Passagiere?

2 Nenne Gründe, warum die Afrikaner solche Gefahren und Strapazen auf sich nehmen (M3, M4, Text) (s. auch S. 210/211).

3 Werte M6 aus: Aus welchen Ländern kommen die Flüchtlinge? In welchen europäischen Ländern kommen sie an?

4 Erkläre den Begriff „Festung Europa" (M4, M5).

5 Erläutere und begründe die Kritik Telökens an der „Festung Europa" (M4). Besprecht, ob die „Festung Europa" der Genfer Flüchtlingskonvention widerspricht. Nehmt selbst Stellung.

Binnenwanderung in Europa

M 1 Polnische Helfer bei der Spargelernte in der Nähe von Darmstadt, 2009

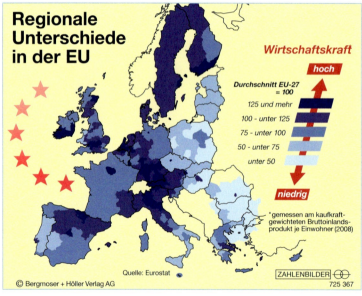

Regionale Unterschiede in der EU

Wirtschaftskraft

hoch

Durchschnitt EU-27 = 100

125 und mehr
100 - unter 125
75 - unter 100
50 - unter 75
unter 50

niedrig

* gemessen am kaufkraftgewichteten Bruttoinlandsprodukt je Einwohner (2008)

Quelle: Eurostat

© Bergmoser + Höller Verlag AG

ZAHLENBILDER
725 367

M 2 Regionale Unterschiede in der EU 2011

Auf der Suche nach Arbeit

Innerhalb der Europäischen Union haben die EU-Bürger das Recht auf freie Wahl ihres Wohn-, Arbeits- und Ausbildungsortes. Sie können sich also innerhalb der Staaten der EU frei bewegen. Man spricht dabei von **Binnenwanderungen**, d. h. Wohnortverlagerungen innerhalb einer festgelegten Raumeinheit wie z. B. Gemeinden, Bundesländern oder der EU. Obwohl die wirtschaftlichen Verhältnisse in den einzelnen Staaten der EU sehr unterschiedlich sind, leben und arbeiten nur sehr wenige Europäer dauerhaft im Ausland. Wanderungsziele sind die Regionen der EU, in denen Arbeitskräfte gesucht werden. Neben den **Ballungsgebieten** sind das häufig auch Regionen, in denen zukunftsträchtige Industriezweige wie z. B. der **Hightech-Industrie** gefördert wurden (Mittelmeerregion Frankreichs; Raum München). Den größten Anteil an den Binnenwanderungen hat die saisonale Zuwanderung. Viele Menschen vor allem aus den neuen EU-Mitgliedsstaaten Osteuropas kommen als Saisonarbeiter für einen begrenzten Zeitraum nach Deutschland.

Etwas mehr als 320 000 ausländische Erntehelfer kommen laut Bundesagentur für Arbeit (BA) jedes Jahr zur Spargel-, Erdbeer- und Gurkenernte oder zur Weinlese nach Deutschland. Etwa 280 000 von ihnen sind Saisonarbeiter aus Polen. Oft wohnen sie für die Dauer des Aufenthalts in dem Betrieb, der sie beschäftigt, und sparen dadurch Fahrtzeit. „Die Leute müssen motiviert sein und arbeiten wollen", sagt Spargelbauer Hans Höfler, der seine Felder im Nürnberger Knoblauchsland hat. „Und sie müssen zu jeder Zeit zur Verfügung stehen und flexibel sein."

www.br-online.de, 20. 4. 2006

M 3 Saisonarbeiter als Erntehelfer

Binnenwanderung in Deutschland

Die neuen Bundesländer verzeichneten zum Teil nach der Wiedervereinigung dramatische **Bevölkerungsverluste** durch Binnenwanderung in den Westen.

In den meisten neuen Bundesländern herrschen seit Jahren eine extrem hohe Arbeitslosigkeit und ein erheblicher Mangel an Lehrstellen. Das veranlasst vor allem junge Leute, und zu einem großen Prozentsatz junge Frauen, in die alten Bundesländer abzuwandern. So entstehen nicht nur Bevölkerungsverluste durch Abwanderung, sondern es fehlen junge Frauen im gebärfähigen Alter und Familien. Der Bevölkerungsrückgang durch Abwanderung wird so noch durch sehr **niedrige Geburtenraten** verstärkt.

Der Bevölkerungsschwund führt in den Städten und Gemeinden zu ernsten Problemen. Teilweise stehen ganze Stadtviertel leer und werden abgerissen. Schulen, Kindergärten und Krankenhäuser werden geschlossen, sodass lange Anfahrtswege für die Bewohner entstehen.

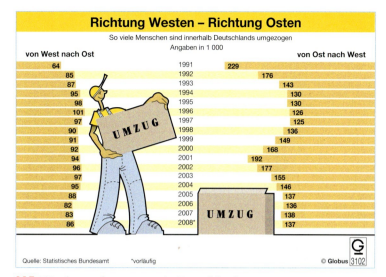

M 5 Wanderungsbewegungen in Deutschland

Bruttojahreseinkommen je Arbeitnehmer in Euro
- unter 20 000
- 20 000 bis 24 999
- 25 000 bis 29 999
- 30 000 und mehr

M 4 Wohlstandsgefälle in Deutschland

Die einsamen Inseln

Betrachtet man die Entwicklung des gesamten Arbeitsmarktes Ost, dann ist die Arbeitslosigkeit östlich der ehemaligen Grenze mehr als doppelt so hoch wie westlich von ihr.

Ostdeutschland hat Hunderttausende Menschen verloren. Gewandert wird dabei nicht nur von Ost nach West, sondern auch innerhalb des Ostens: Die Ballungsräume verzeichnen Zuzüge, die Regionen am Rand entleeren sich. In der Uckermark leben noch 143 000 Menschen; vor 15 Jahren waren es knapp 30 000 mehr. Gegangen sind vor allem die Jungen, die Qualifizierten und die Frauen. Die Folgen der Misere lassen sich an vielen Stellen des Kreises besichtigen. Schulgebäude stehen leer, Wohnungen werden abgerissen. Straßen führen in Dörfer, wo es keinen Laden mehr gibt und der Weg zum nächsten Arzt mitunter 60 Kilometer lang ist. Landrat Schmitz rechnet damit, dass die Uckermark 2020 nur noch 120 000 Einwohner hat. Er hofft, dass es dabei bleibt, sicher ist er nicht.

K.-P. Schmid, Ch. Tenbrock, Die Zeit, 29. 9. 2005

M6 Zeitungsartikel

---

1 Werte M 2 und M 4 aus: Erkläre, welche Regionen in Europa und in Deutschland für Binnenmigranten attraktiv sind.

2 Nenne Regionen in Europa, die von Abwanderung bedroht sind, und solche, in die die Menschen zuwandern. Versuche eine Erklärung.

3 Führt eine Pro-und-Kontra-Diskussion durch: Saisonarbeit oder Umzug in ein anderes Land, um der Arbeitslosigkeit zu entfliehen? Was spricht für oder gegen jede dieser Möglichkeiten?

4 Berichte ausführlich über die Auswirkungen starker Abwanderung (M 5, M 6).

Deutschland – ein Einwanderungsland?

M 1 *Karikatur: Erich Rauschenbach*

Webcode:
PE641796-274

Einwanderung

Wanderungsbewegungen von Menschen hat es zu allen Zeiten und überall gegeben. Deutschland ist da keine Ausnahme. Ob es die Römer vor 2000 Jahren waren, die Hugenotten im 17. Jahrhundert, die Polen, die Anfang des 20. Jahrhunderts ins Ruhrgebiet eingewandert sind, oder die Gastarbeiter in den 1950er- und 1960er-Jahren – die Einflüsse all dieser Menschen haben das Land geprägt.

Deutschland gehört mit seinem Anteil an Zuwanderern im internationalen Vergleich zum Mittelfeld. Das liegt vor allem daran, dass seit Anfang der Neunzigerjahre die Abwanderung von Ausländern aus Deutschland teils sogar höher war als die offizielle Zuwanderung. Bei den Zugezogenen handelt es sich vor allem um EU-Mitglieder und Familienangehörige von Migranten, aber auch um ausländische Studierende, Asylsuchende, Saisonarbeitnehmer, Arbeitnehmer, die von Firmen nach Deutschland geschickt wurden, Spätaussiedler und IT-Fachkräfte.

Von den ausländischen Mitbürgern lebt ein Drittel schon länger als zwanzig Jahre in Deutschland, mehr als die Hälfte länger als zehn Jahre. Fast ein Viertel der ausländischen Mitbürger ist bereits in Deutschland geboren. So ist ein großer Teil der Mitbürger ohne deutschen Pass längst hier zu Hause.

Flucht und Asyl

Im Jahre 2005 waren nach Angaben des UNHCR mehr als 20 Millionen Menschen auf der Flucht. Als **Flüchtlinge** bezeichnet man Personen, die infolge von Krieg, politischer Verfolgung oder existenzbedrohender Notlagen gezwungen sind, ihre Heimat vorübergehend oder auf Dauer zu verlassen.

Viele Länder gewähren Verfolgten Asyl. In Deutschland ist das **Recht auf Asyl** im Grundgesetz verankert. Die Asylsuchenden müssen jedoch nachweisen, dass sie in ihrem Heimatland verfolgt und bedroht werden. Außerdem müssen sie von ihrem Heimatland direkt mit dem Flugzeug oder Schiff nach Deutschland kommen, da sie auf dem Landweg schon durch andere sichere Staaten gekommen wären (alle unsere Nachbarländer), die dann für sie zuständig sind. Die Zahl der Asylsuchenden ist in Deutschland in den letzten Jahren stark gesunken.

M 2 Einwanderungsland a. D.

Deutschland war ein Einwanderungsland – in den späten 1960er- und frühen 1970er-Jahren, in den 1980ern und 1990ern. Wahrhaben wollte das kaum einer, damals. Heute bekennt sich Deutschland nach langer Debatte dazu, ein Einwanderungsland zu sein. Was nicht zuletzt daran liegt, dass ein Fünftel der Bevölkerung selbst einen „Migrationshintergrund" hat. Dennoch geht die Politik mit der neuen Erkenntnis nicht richtig um: Ohne eine schnelle und grundlegende Reform des seit 2005 geltenden Zuwanderungsgesetzes, ohne eine radikale Öffnung werden wir den weltweiten Wettlauf um die besten Köpfe verlieren. Und werden die längste Zeit Einwanderungsland gewesen sein.

Tatsächlich war klar, dass das Gesetz wenige Wissenschaftler, IT-Spezialisten, leitende Angestellte ins Land locken würde. Es ist in vieler Hinsicht ein Zuwanderungsverhinderungsgesetz. Die Asylbewerberzahlen sind so niedrig wie seit den frühen 1980ern nicht. Die Zahl der Einbürgerungen ist in den vergangenen fünf Jahren um ein Drittel abgesackt. Gerade Topleuten aus Schwellenländern präsentiert sich Deutschland keineswegs als Ort der besten Chancen.

Leo Klimm, Financial Times Deutschland, 29. 8. 2006

M 4 Zu- und Abwanderung in Deutschland

Bevölkerung. Den Löwenanteil stellen dabei die Türkei mit etwa 2,5 Millionen sowie Italien mit 0,7 Millionen Zuwanderern. Auch mit knapp 25 000 im Jahr 2008 führt die Türkei in der Liste der Einbürgerungen. Dessen ungeachtet sind das erste Mal seit 1984 jedoch mehr Menschen aus der Bundesrepublik aus- statt eingewandert. Demnach wanderten 2008 682 146 Menschen in die Republik ein und 737 880 aus, in der Differenz ergibt dies die Summe von 55 753 Fortzügen.

Deutschland ein Einwanderungsland?, 6.12.2010; in: http://www.politologia.de (Zugriff: 14.3.2012)

M 3 Deutschland – Einwanderungsland oder Auswanderungsland?

Der Anfang 2010 veröffentlichte Migrationsreport 2008 vom Bundesamt für Migration und Flüchtlinge (…) stellt fest, dass 8,9 Prozent der Gesamtbevölkerung Ausländer sowie 9,9 Prozent Deutsche nach Art. 116 GG mit Migrationshintergrund sind. Daraus ergibt sich eine Zahl von derzeit 15,4 Millionen in Deutschland befindlichen zugewanderten Menschen – also 18,8 Prozent der bundesdeutschen

1 Bringe die Aussage der Karikatur M 1 mit einem Satz auf den Punkt.

2 Werte M 4 aus und versuche eine Erklärung für die starken Schwankungen bei der Zuwanderung.

3 Ermittle mithilfe des Internets, in welchen Bundesländern die meisten Migranten leben (s. auch S. 259).

4 Werte M 2 und M 3 aus und sammle Argumente, die dagegen sprechen, dass Deutschland ein Einwanderungsland ist.

5 Deutschland – ein Einwanderungsland: Ja oder nein? Begründe deine Ansicht.

Ausländer in Deutschland: einfach nur fremd?

Das Fremde und das uns Vertraute macht uns entweder Angst oder gibt uns ein gutes Gefühl. Damit ist aber nicht notwendigerweise gesagt, dass der Ausländer in jedem Fall der Fremde und der Deutsche der Vertraute ist. Ein Hooligan ist fast allen Deutschen etwas vollkommen Fremdes, das ihnen zuwider ist, aber ein ausländischer Kollege am Arbeitsplatz oder auch der italienische und griechische Gastwirt sind uns doch vollkommen vertraut.

Zitat des ehemaligen Bundespräsidenten Richard von Weizsäcker

M 1 Fremd in Deutschland?

Nach einer Studie des Kriminologischen Forschungsinstituts Niedersachsen (KFN) sind Türken bei deutschen Jugendlichen ausgesprochen unbeliebt – dagegen wünschen sich junge Türken durchaus Kontakt zu Deutschen. Für KFN-Direktor Christian Pfeiffer ist diese Ablehnung einer der Gründe für Vorurteile türkischer Jugendlicher gegenüber Deutschen. (…)

Das KFN hatte knapp 1600 türkischstämmige und mehr als 20 000 deutsche Jugendliche gefragt, wen sie gerne als Nachbarn hätten. 40,9 Prozent der Türken sagten, sie fänden deutsche Nachbarn „sehr angenehm", weitere 16,3 Prozent fänden sie „angenehm". Neun Prozent lehnten deutsche Nachbarn ab. Deutsche Jugendliche dagegen fänden es nur zu 9,2 Prozent „sehr angenehm", wenn Türken neben ihnen wohnen würden; 38 Prozent mögen keine türkischen Nachbarn. (…)

Der KFN-Chef räumte ein, dass auch schlechte Erfahrungen deutscher Jugendlicher mit türkischen Altersgenossen zu diesem negativen Ergebnis beigetragen hätten. „Es gibt eine Macho-Kultur, die hier Probleme macht", sagte er. Ein Forschungsbericht des Instituts hatte im Juni gezeigt, dass ein Viertel der befragten Nichtdeutschen schon einmal bewusst einen Deutschen beschimpft hatte; 4,7 Prozent hatten schon einmal absichtlich einen Deutschen geschlagen. (…) Nach den Erkenntnissen des KFN sind die Vorurteile gegenüber Deutschen umso geringer, je mehr Migranten und Deutsche Kontakt miteinander haben.

M. Dobrinski/J. Käppner/P. Blechschmidt: Die unbeliebten Türken, Süddeutsche Zeitung v. 12.10.2010; in: http://www.sueddeutsche.de (Zugriff: 20.10.2011)

M 2 Die „unbeliebten Türken"

Wir alle essen gerne beim Italiener oder Griechen, kaufen Obst und Gemüse beim Türken, benutzen japanische Fernsehgeräte und MP3-Player und reisen in alle Welt. Aber im **Zusammenleben** mit unseren ausländischen Mitbürgern gibt es immer wieder Probleme.

Den Menschen, die vor einigen Jahrzehnten dringend als Arbeitskräfte benötigt wurden, begegnen heute viele mit Misstrauen und Ablehnung. Da es heute nur noch wenige Arbeitsplätze gibt, sind sie nun Konkurrenten.

Andererseits haben z. B. viele Türken nur türkische und Russlanddeutsche nur russlanddeutsche Bekannte. So bleibt man sich gegenseitig fremd und Vorurteile werden nicht abgebaut. Außerdem führt das Leben nur unter den eigenen Landsleuten dazu, dass selbst Kinder aus ausländischen Familien, die schon Jahrzehnte in Deutschland leben, die deutsche Sprache nicht beherrschen. Das verringert ihre Chancen in der Schule und auf dem Arbeitsmarkt.

Sowohl die Bundesregierung als auch viele Institutionen und Verbände bemühen sich deshalb darum, die ausländischen Mitbürger besser in die Gesellschaft zu **integrieren** (einzugliedern), damit aus Fremden mit der Zeit Mitbürger werden.

M 3 Sechs fremdenfeindliche Straftaten pro Tag

Insgesamt sind die politisch motivierten Straftaten rückläufig. Dennoch wurden 2010 insgesamt 2166 fremdenfeindliche Straftaten begangen. Die Zahl der politisch rechts motivierten Straftaten liegt insgesamt bei 16 375. Im Jahr 2010 (...) wurden 2166 Straftaten mit fremdenfeindlichem Hintergrund und 1268 mit antisemitischem Hintergrund registriert. Damit fallen auf jeden Tag durchschnittlich knapp 6 Straftaten mit fremdenfeindlichem und rund 3,5 mit antisemitischem Hintergrund, die zu einem ganz überwiegenden Teil durch rechte Täter begangen wurden.

Bk: Sechs fremdenfeindliche Straftaten pro Tag, Migazin v. 19.4.2011, in: http://www.migazin. de (Zugriff: 4.6.2012)

Schusswaffenanschlag in Darmstadt
Der Ausländerbeirat der Wissenschaftsstadt Darmstadt verurteilt jegliche Art von Anschlägen und Gewaltakten gegen Migrantenorganisationen und -vertretungen aufs Schärfste. Der neueste Anschlag auf die Zentral-Moschee der Türkisch-Islamischen Gemeinde zu Darmstadt e.V. ist leider nicht der erste Anschlag in letzter Zeit auf eine Moschee in Darmstadt. Im Sommer 2011 wurden Anschläge mittels Schusswaffen gegen die Emir-Sultan-Moschee verübt. Auch die Moschee der Ahmadiyya-Muslim Gemeinde wurde von Unbekannten beschädigt.

Ausländerbeirat verurteilt Anschlag auf Moschee der Ditib-Gemeinde, Hessen & Deutsches Tageblatt, in: http://www.hessen-tageblatt.com (Zugriff: 15.3.2012)

Brandanschlag in Winterbach
Rechtsextreme sollen im baden-württembergischen Winterbach eine Gartenhütte mit fünf Ausländern angezündet haben. [...] Ermittelt werde unter anderem wegen versuchten Totschlags und schwerer Brandstiftung. Nach den bisherigen Ermittlungen hatten die Rechtsradikalen nach einer Feier eine Gruppe von drei Italienern und sechs Türken attackiert. Fünf der Ausländer flüchteten daraufhin in die Gartenhütte. Die Rechtsextremisten zündeten dann die Laube an. Verletzt wurde niemand, da sich die Männer rechtzeitig aus der Hütte befreien konnten.

dpa: Politik: Angriff auf Ausländer, Süddeutsche.de, 11.4.2011; in: http://newsticker.sueddeutsche.de/list/id/1139114 (Zugriff: 15.3.2012)

M 4 Anschläge auf Ausländer

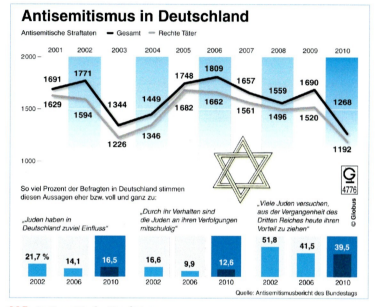

M 5 Antisemitische Straftaten

1 Werte M 1 aus: Berichte, was auf dem Foto dargestellt und im Text geschildert wird. Beschreibe ausführlich, welche Menschen dir fremd erscheinen.

2 Sammle Vorurteile gegenüber Fremden und vergleiche mit den Aussagen in M 2. Welche Gründe gibt es für das problematische Zusammenleben von Türken und Deutschen?

3 Ziehe die Seiten 260 – 265 heran und vergleiche die Lebensumstände von Deutschen und Ausländern. Wo siehst du Ursachen für Probleme? Begründe.

4 Informiere dich in den Medien über fremdenfeindliche Übergriffe (M 3 bis M 5). Berichte darüber: Opfer, Täter, Ursachen.

5 Ihr könnt zum besseren Kennenlernen ein multikulturelles Schulfest organisieren mit Musik und Speisen aus vielen Ländern.

Rechtsextremer Terror

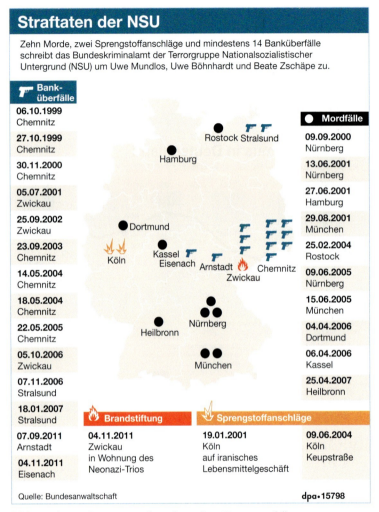

Straftaten der NSU

Zehn Morde, zwei Sprengstoffanschläge und mindestens 14 Banküberfälle schreibt das Bundeskriminalamt der Terrorgruppe Nationalsozialistischer Untergrund (NSU) um Uwe Mundlos, Uwe Böhnhardt und Beate Zschäpe zu.

Banküberfälle

06.10.1999	Chemnitz
27.10.1999	Chemnitz
30.11.2000	Chemnitz
05.07.2001	Zwickau
25.09.2002	Zwickau
23.09.2003	Chemnitz
14.05.2004	Chemnitz
18.05.2004	Chemnitz
22.05.2005	Chemnitz
05.10.2006	Zwickau
07.11.2006	Stralsund
18.01.2007	Stralsund
07.09.2011	Arnstadt
04.11.2011	Eisenach

Mordfälle

09.09.2000	Nürnberg
13.06.2001	Nürnberg
27.06.2001	Hamburg
29.08.2001	München
25.02.2004	Rostock
09.06.2005	Nürnberg
15.06.2005	München
04.04.2006	Dortmund
06.04.2006	Kassel
25.04.2007	Heilbronn

Brandstiftung

04.11.2011
Zwickau
in Wohnung des
Neonazi-Trios

Sprengstoffanschläge

19.01.2001
Köln
auf iranisches
Lebensmittelgeschäft

09.06.2004
Köln
Keupstraße

Quelle: Bundesanwaltschaft

dpa•15798

M 1 Straftaten des „Nationalsozialistischen Untergrunds"

Terror und Mord als politische Mittel

Bei ihren Angriffen auf Ausländer, vor allem auf Mitbürger türkischer Herkunft, schrecken Rechtsextreme auch vor Gewalt und Mord nicht zurück. Das wird deutlich am Beispiel der rechtsextremen terroristischen Gruppierung „Nationalsozialistischer Untergrund" (NSU), die im November 2011 öffentlich bekannt wurde. Sie wird für zahlreiche Anschläge und Morde seit 1999 verantwortlich gemacht (s. M 1).

Die Bundesanwaltschaft bezeichnet den NSU als „rechtsextremistische Gruppierung", deren Zweck es sei, „aus einer fremden- und staatsfeindlichen Gesinnung heraus vor allem Mitbürger ausländischer Herkunft zu töten".

Beim Kampf gegen diese rechtsterroristische Gruppierung ist auch der Thüringische Verfassungsschutz stark in die Kritik geraten. Ihm wird vorgeworfen, über seine Verbindungsmänner in der neonazistischen Szene („V-Männer") von deren terroristischen Aktivitäten gewusst, diese aber nicht verhindert zu haben.

M 2 NSU und NPD – aus einer Chronik

1996: Der „Thüringer Heimatschutz" wird gegründet. Vorläufer der Neonazi-Organisation war die „Anti-Antifa Ostthüringen"; sie ging später in dem „Freien Netz" auf, in dem Neonazis aus Thüringen, Sachsen und Bayern – darunter auch NPDler – organisiert sind.

Januar 1998: In Jena (Thüringen) hebt die Polizei eine Bombenwerkstatt der Rechtsextremisten Uwe Böhnhardt, Uwe Mundlos und Beate Zschäpe aus. Die Neonazis werden im Verfassungsschutzbericht als Mitglieder des „Thüringer Heimatschutzes" genannt, der Kontakte zur NPD hat.

29. November 2011: Der Neonazi Ralf Wohlleben kommt in Untersuchungshaft. Die Vorwürfe gegen den Ex-NPD-Funktionär sind umfangreich: Der 36-Jährige soll bei sechs Morden und einem versuchten Mord Beihilfe geleistet und den drei Haupttätern bei der Flucht geholfen haben. Wohlleben war hochrangiger NPD-Funktionär.

Nach: http://www.tagesschau.de/inland/rechts-extrememordserie100.html (Zugriff: 14.3.2012)

M3 Pro und Kontra NPD-Verbot

Pro: Wann, wenn nicht jetzt?

(…) Wenn der aktuelle Fall, in dem faschistische Fanatiker jahrelang unbehelligt mordend durchs Land zogen, etwas deutlich macht, dann, dass viel zu lange falsche Prioritäten (Schwerpunkte) gesetzt wurden. Dass nachlässig mit einem Problem umgegangen wurde, das viel zu voreilig als gebannt abgetan wurde. Dass der Rechtsradikalismus viel zu lange verharmlost wurde – auch in der Politik. Auch wenn es keine direkte Verbindung der rechtsextremen Partei zu den brutalen Mördern aus Zwickau gibt, so ähneln sich die NSU und NPD nicht nur in ihrem Namen, sondern auch in ihrer braunen Gesinnung. (…) Es braucht aber ein Verbot, um ein Zeichen zu setzen: Es gibt keine Unterstützung vom Staat für rechtsradikales Gedankengut. Keine Rechtfertigung von Gräueltaten durch die Ideologie einer legalen Partei mit ausländerfeindlicher und nationalistischer Propaganda. (…)
Katharina Miklis

Kontra: Die NPD ist nicht das Problem

(…) Zum einen: Was hat die NPD mit den Morden der Zwickauer Zelle zu tun? Nach allem, was bisher bekannt ist: nichts. Natürlich hetzt die Partei gegen Ausländer und Minderheiten und bestellt so den Acker des Hasses mit. Doch um ein echter Neonazi zu werden, braucht es keine NPD. So unangenehm sie auch sein mag, so irrelevant ist sie zum Glück für den größten Teil der Deutschen. Zum anderen: Selbst wenn es eine eindeutige Verbindung zwischen der Zwickauer Zelle und der NPD gibt, was genau soll ein Verbot bringen? Nur weil eine Partei nicht mehr existiert, verschwindet damit noch lange nicht ihre Ideologie. So traurig es klingt, aber ein freies Land wie Deutschland muss sich wohl oder übel damit abfinden, dass es Nazis gibt – alte wie neue. Um ihre Zahl so klein wie möglich zu halten, wäre es ange-

M4 Plakat der Bundesanwaltschaft, Dezember 2011

brachter, nicht ausgerechnet jenen den Geldhahn zuzudrehen, die die Drecksarbeit vor Ort machen. Also den Hilfs- und Aussteigerprogrammen, die den Rechten die Hand entgegenstrecken, damit die sich aus dem braunen Sumpf befreien können.
Niels Kruse

Stern.de, 17.11.2011; in: http://www.stern.de/
(Zugriff: 16.3.2012)

1 Untersucht M1 und ergänzt es durch Informationen aus dem Internet. Referiert eure Ergebnisse in der Klasse.

2 Arbeitet heraus, was man dem Verfassungsschutz vorwirft (Text und Internet). Nehmt Stellung: Soll ein staatsschützendes Organ V-Männer bei rechtsextremen Organisationen haben?

3 Berichtet über die Verbindungen der Terrorgruppe NSU zur legalen Partei NPD.

4 Führt eine Pro-und-Kontra-Diskussion zum Thema durch: Soll die NPD verboten werden? Verwendet Informationen aus M3 und aus dem Internet.

Fallbeispiel: Der Streit um das Kopftuch

M 1 Protest junger Muslimas gegen das Kopftuchverbot, *Foto, 2004*

Hintergrund

Der Lehrerin Fereshta Ludin wurde von der Schulbehörde untersagt, im Unterricht ein Kopftuch zu tragen. Begründung: Das Kopftuch sei nicht nur Ausdruck eines persönlichen religiösen Bekenntnisses (und insofern erlaubt), sondern auch Zeichen der Unterdrückung der Frau und eines kämpferischen Islam – was wiederum gegen das Neutralitätsgebot für Lehrerinnen verstoße.

Die Lehrerin klagte daraufhin und das Bundesverfassungsgericht antwortete 2003: Gegen das Tragen von Kopftüchern im privaten Bereich spreche nichts; jedes Bundesland müsse aber selbst festlegen, wie die weltanschauliche Neutralität in den Schulen aussehen solle*. Ohne ein solches Gesetz dürfe niemand wegen des Kopftuches ausgeschlossen werden.

Dies warf eine Fülle von Fragen auf:
- Ist das Kopftuch nur religiös zu deuten oder auch als politisches Symbol gegen unsere Gesellschaftsordnung?

> * Informiert euch im Internet über die gesetzliche Regelung in Hessen, z.B. auf der Seite www.kultusministerium.hessen.de. Verwendet dort die „Suche" und gebt das Stichwort „Kopftuch" ein.

- Müssen nicht auch der Schleier von Nonnen und das Tragen der jüdischen Kippa verboten werden?

Sachinformation

Der 📖 Koran – das heilige Buch der Muslime – verlangt von Männern und Frauen die Einhaltung bestimmter Bekleidungsvorschriften. Dazu gehört auch, dass bei Frauen grundsätzlich nur Hände, Füße und Gesicht unbedeckt bleiben sollen. Dieses Gebot muss man aber auch historisch („Damals war es so Sitte!") und geografisch verstehen (Im wüstenartigen Ursprungsland des Islam war es sinnvoll, sich vor Sonne und Staub zu schützen.).

In vielen islamischen Ländern blieben Frauen in den letzten 50 Jahren meist unverschleiert. In der Türkei ist der Schleier in öffentlichen Einrichtungen verboten.

Diskussion: Pro und Kontra das Kopftuch

a) Pro

In jedem Fall sollten Frauen nach unserer Überzeugung ein Kopftuch nur aus freiem Willen tragen. Diskriminierungen wegen des Nichttragens eines Kopftuches lehnen wir genauso ab wie Diskriminierungen wegen des selbst gewählten und selbstbestimmten Tragens eines Kopftuches.

Gemeinsame Erkärung von 65 islamischen Organisationen, April 2004

b) Kontra

In der Kopftuchfrage handele es sich „um massive politisch-ideologische Veränderungen, die im Kopftuch ein Symbol finden – für die vollständige Unterstellung der Frau unter die Autorität des Mannes".

Die Vizepräsidentin des Bundestages Antje Vollmer, KStA 19.1.2004

1 Bearbeitet die Seite in 👥👥👥 Selbstarbeit.

2 Sammelt Meinungen zur Frage des Kopftuchtragens und recherchiert im Internet. Suchwort: Kopftuch.

Fallbeispiel: Streit um Moscheen

Ein Fall

Streit um Moscheebau in Frankfurt/Bergen-Enkheim

Der Afghanische Kulturverein beabsichtigt, ein leerstehendes Firmengebäude an der Edisonstraße zum Gemeindezentrum umzubauen. (…) Die Frankfurter Bauaufsicht hat den Antrag am 5. August genehmigt. „Diese Art kulturell-religiöser Nutzung ist in fast allen Baugebieten zulässig", erklärt der Leiter der Bauaufsicht Michael Kummer, „wir hatten da keine Gestaltungsmöglichkeit." Eine Nachricht, die den Nachbarn der künftigen Moschee nicht freuen dürfte. „Wir haben Bedenken aufgrund vieler Aspekte", erklärte Michael Demmerle, Leiter der nahen Frankfurter Musikwerkstatt. Er befürchte eine Beeinträchtigung des Musikunterrichts durch den zu erwartenden Lärm. Einen Vorgeschmack hätten bereits die Feierlichkeiten zum islamischen Zuckerfest im September 2009 geboten, bei der etwa 150 Menschen auf dem Grundstück der Moschee waren. Auch hätte es lärmintensive Bauarbeiten während der Unterrichtszeiten gegeben.

Daniel Maijic: Weiter Streit um Moscheebau, Frankfurter Rundschau v. 8.8.2010; in: http://www.fr-online.de (Zugriff: 9.9.2011)

M 1 Die Frankfurter Rundschau über den Bergen-Enkheimer Streitfall

Sachinformation

Wie in Frankfurt/Bergen-Enkheim gab es in vielen deutschen Gemeinden Auseinandersetzungen um den Bau von Moscheen oder Koranschulen. Viele Bürger fürchten, ihr gewohntes Wohnumfeld werde sich stark verändern. Vorurteile gegenüber dem Islam gehen mit der Ablehnung ungewohnter Bräuche einher. „Glockenläuten – ja; Muezzin-Ruf – nein" ist eine vielfach geäußerte Ansicht.

Die Diskussion: Kontra oder Pro den Moscheebau

a) Kontra

Das Thema Islam, Moslems und Moscheenbau in Deutschland wird in unseren Regionalzeitungen häufig sehr blauäugig betrachtet. (…) Da schiebt man Betroffene und Gegner in die „rechte" politische Ecke, da wird christliche Diskussion mit lästigem „Kirchengefasel" abgetan, ohne dabei zu bedenken, dass wir unsere Freiheit, wie wir sie verstehen, und unseren Wohlstand weitgehend den christlichen Werten dieser Gesellschaft zu verdanken haben. (…) Besteht nicht die Gefahr, dass im türkisch-islamischen Zentrum eine Denkweise genährt wird, die sich an jenen Koranversen orientiert, die Intoleranz und Gewalt gegenüber Andersdenkenden lehren?

Bürgerinitiative Wertheim

b) Pro

Die Zeit der Hinterhof-Moscheen ist vorbei. Jetzt werden ganz normale Gotteshäuser gebaut – nur eben keine christlichen! Na und? Die Menschen mit islamischer Religion haben ein Grundrecht auf Religionsfreiheit. Wer für Demokratie ist, muss das achten und darf sich nicht hinter rechtsradikalen Parolen und allgemeinem Unbehagen verstecken.

Leserbrief der Schülerin Julia Weber an die Schülerzeitung der Willy-Brandt-Gesamtschule Köln

1 Bearbeitet die Seite in 👥👥👥 Selbstarbeit.

2 Sammelt Meinungen zur Frage des Moscheebaus und recherchiert im Internet. Suchwort: Moschee.

Fallbeispiel: Konfliktstoff muslimische Feiertage

Die Tatsache

Wenn ich wegen Ramadan oder dem Bayram-Fest bei meiner Familie bleibe, kriege ich Ärger mit meinen Lehrern. Sie sagen, das sei kein Grund zu fehlen. Ich muss dann immer erst eine Entschuldigung meiner Eltern mitbringen. In meiner Klasse sind viele Muslime. Können wir nicht wenigstens ein paar islamische Feiertage auch in der Schule erwähnen? Ich finde es nicht schön, dass türkische Feste in der Schule nicht gefeiert werden. Ich habe ja nichts gegen die Weihnachtsfeier in meiner Klasse. Wenn dafür Unterricht ausfällt, braucht auch niemand eine Entschuldigung!

M 1 Erkan Kahyaoglu, 16 J.

Der Hintergrund

Die religiösen Feiertage von nichtchristlichen Schülern werden bislang zwar in einigen Schulen wahrgenommen, spielen meist aber keine Rolle. Viele Kinder und Erwachsene kennen Feste z. B. des islamischen Kalenders gar nicht. Dabei ist gerade das Verständnis für die Kultur anderer ein Schlüssel zum gegenseitigen Verständnis.

Sachinformation

M 2 Die wechselnden Daten (Mondkalender) folgender Feste gibt das Schulministerium auf seiner Homepage bekannt:
📖 Ramadan (Fastenmonat), Fastenbrechenfest („seker bayrami" = „Zuckerfest"), 📖 Opferfest („kurban bayrami"), Islami-

sches Neujahr, Ashura-Fest (Fasten- und Rettungstag des Propheten Moses), Mevlid (Geburtstag des Propheten Muhammad).

Für alle Muslime sind die beiden Hauptfeste des Islam, der Ramadan und das Opferfest, verbindlich. Das Opferfest gilt im Vergleich zum Ramadan als das bedeutendere, weshalb es auch das „große Fest" und der Ramadan das „kleine Fest" genannt wird. Es ist nach seinem religiösen Stellenwert mit Weihnachten vergleichbar.

Naime Cakir, in: boyng.de, Hrsg. v. H. I. C. Hessisches Internetcenter für Kinder, Jugendliche (und junge Erwachsene) e.V.

Diskussion
a) Pro

Islamische Feste gehören inzwischen zum normalen Leben in Nordrhein-Westfalen. Ethnische und religiöse Vielfalt können eine Bereicherung für ein Land sein, wenn die verschiedenen Bevölkerungsgruppen einander tolerieren und den Dialog miteinander suchen.

NRW-Ministerin Birgit Fischer (Soziales, Frauen und Familie) im November 2003 beim gemeinsamen Fastenbrechen mit der Türkisch-Islamischen Gemeinschaft in Unna. Pressemitteilung des Ministeriums vom 6.11.2003, zit. n. http://www2.presseservice. nrw.de/01_textdienst/11_pm/2003/ q4/20031106_11.html

b) Kontra

Die Schule – als staatlicher Lernort – hat eigentlich mit den religiösen Festen nichts zu tun. Diese sind Privatsache des Einzelnen. Wenn überhaupt, sollten nur christliche Feste erwähnt werden – denn Deutschland gehört zum europäisch-christlichen Kulturkreis.

Ann Krumm, Köln

1 Bearbeitet die Seite in 🧠 Selbstarbeit.

2 Was ihr noch tun könnt …
  a Ihr könnt euch gegenseitig über religiöse Feiertage und Traditionen unterrichten.
  b Legt einen interkulturellen Festkalender an.

Fallbeispiel: Familie

M 1 Der Fall Seyran Ates

Ein Bericht über den Lebensweg der Juristin und Migrationsforscherin Seyran Ates:

Niemals durfte das Mädchen allein irgendwohin; nach der Schule musste sie sofort nach Hause kommen. Immer wieder brachen die Eltern ihren Willen – mit Verboten, und wenn die nicht halfen, mit der Faust. Sie wollten nicht, dass aus Seyran eine Frau mit einem Durchsetzungswillen für persönliche Bedürfnisse und berufliche Ziele werde. Denn Mädchen, die ein selbstbestimmtes Leben führen oder die sich verlieben wollen, gab es in der Tradition der aus Anatolien stammenden Gastarbeiter nicht. (…)

Wie einer alten Freundin begegnet sie ihrer ehemaligen Gymnasiallehrerin. Denn deren Vorbild und Unterstützung halfen Seyran Ates letztendlich, sich aus dem elterlichen Gefängnis im Berliner Wedding zu befreien: Kurz bevor sie achtzehn Jahre alt wird, läuft sie von zu Hause fort und kommt in der Wohnung der Lehrerin unter. Die Abiturprüfung im Fach Deutsch besteht sie mit Bestnote. Dann studiert sie Jura. (…)

Jahrelang versteckt sich Seyran Ates vor den Eltern – sie kennt die Schimpfworte, die Türken für Mädchen verwenden, die ihr Leben selbst in die Hand nehmen wollen. Die Gewalt, zu der diese Kultur fähig ist, erfährt sie am eigenen Leib: Mit einundzwanzig Jahren wird sie angeschossen. Der Anschlag gilt ihrer Tätigkeit: Seyran Ates arbeitete damals in einem Beratungszentrum für muslimische Frauen. Sechs Jahre dauerte es, bis ihr Körper und ihre Seele das Trauma überwunden haben.

Karen Krüger: Das Unerhörte wird Ereignis, faz.net, 8.8.2010; in: http://www.faz.net (Zugriff: 17.3.2012)

Sachinformation

Die Familie hat für alle Menschen eine große Bedeutung. Besonders wichtig werden Familien in der Migration: Das Gefühl der Zugehörigkeit und soziale Netzwerke helfen, Schwierigkeiten in der neuen Heimat zu überwinden. Allerdings kann es auch zu erheblichen Schwierigkeiten kommen: Kulturelle Verhaltensnormen zwischen Umgebung und Familie können sich stark unterscheiden, z. B. in der Frage, wie sich Mädchen verhalten dürfen oder welche Rolle ältere Menschen in der Gesellschaft spielen.

Webcode:
PE641796-283

Diskussion

a) Pro

Meine Familie ist das Liebste, was ich habe. Ich bin mit meiner Klasse noch nicht einmal auf Abschlussfahrt gefahren, weil ich sonst so Heimweh nach meiner Mutter gehabt hätte. Ich könnte mir nie vorstellen, dass ich ohne meine Familie leben müsste oder mich anders verhalten würde, als sie es von mir erwartet. *Sümeyra F. (16 J.)*

b) Kontra

Meine Familie versteht überhaupt nicht, was hier abgeht. Ich werde nur akzeptiert, wenn ich mich verhalte, wie die Alten wollen. Ich finde das eine große Belastung und werde mir eine Wohnung suchen, sobald ich älter bin und das nötige Geld habe. *Erkan G.*

1 Bearbeitet die Seite in Selbstarbeit.

2 Arbeitet heraus, welche Bedeutung die Familie hat, und überprüft, wie das Beispiel der Seyran Ates dazu passt.

3 Sammelt auf einer Wandzeitung Aussagen über die Familie. Stellt die Ergebnisse in zwei Rubriken (+) und (−) dar.

Integrationspolitik

M 1 „Türkisch für Anfänger" – Fernsehfamilie übt das Zusammenleben

§3 Inhalt des Integrationskurses

(1) Der Kurs dient
1. dem Erwerb ausreichender Kenntnisse der deutschen Sprache nach §43 Abs. 3 des Aufenthaltsgesetzes und §9 Abs. 1 Satz 1 des Bundesvertriebenengesetzes und
2. der Vermittlung von Alltagswissen sowie von Kenntnissen des Rechts, der Kultur und der Geschichte in Deutschland, insbesondere auch der Werte des demokratischen Staatswesens der Bundesrepublik Deutschland und der Prinzipien der Rechtsstaatlichkeit, Gleichberechtigung, Toleranz und Religionsfreiheit (s. auch S. 254/255).

Verordnung über die Durchführung von Integrationskursen für Ausländer und Spätaussiedler

Integration in Schule und Beruf

Seit dem 1. Januar 2005 ist das Zuwanderungsgesetz in Kraft, das die Zuwanderung regelt und auch die **Integrationsförderung** beinhaltet. Zuwanderung und Integration gehören eng zusammen, denn die zugewanderten Menschen müssen auf Dauer erfolgreich eingegliedert werden. Deshalb erhalten alle Neuzuwanderer, die sich rechtmäßig und dauerhaft in Deutschland aufhalten, ein Grundangebot zur Integration. Doch das ist nur die rechtliche Seite. Damit Integration dauerhaft gelingt, müssen die Menschen im Alltag aufeinanderzugehen.

Ein besonderes Problem ist die **mangelhafte Schulbildung**. Sie ist Folge davon, dass selbst in der dritten Generation vor allem viele türkischstämmigen Kinder sehr schlecht Deutsch sprechen können. Aufgrund der schlechteren Schulabschlüsse haben ausländische Jugendliche auch schlechtere Chancen auf dem Arbeitsmarkt. Nur knapp ein Drittel der Jugendlichen findet einen Ausbildungsplatz.

M 2 Integrationskurse – Erfolg oder Misserfolg?

Anfang Juni *(2009)* zog das Bundesamt für Migration und Flüchtlinge (BAMF) eine erste Gesamtbilanz der bundesweiten Sprach- und Orientierungskurse *(s. Randspalte)*. Wie die im April vorgelegte Integrationskurs-Geschäftsstatistik 2008 zeigt, haben sich seit 2005 insgesamt 484 322 Migranten an über 37 000 Integrationskursen beteiligt. Teilnahmeberechtigt waren insgesamt 656 142 Personen.

Zwischen Januar 2005 und Dezember 2008 haben 248 488 der Kursteilnehmer einen vollständigen Integrationskurs absolviert. Davon haben 173 312 an einer Abschlussprüfung teilgenommen, 115 732 Migranten haben die Prüfung erfolgreich bestanden. Das entspricht im Durchschnitt zwei Dritteln aller Prüfungsteilnehmer (67 Prozent), aber weniger als der Hälfte aller Absolventen (46,6 Prozent) und weniger als einem Viertel aller Teilnehmer (23,9 Prozent).

Deutschland – Bilanz der Integrationskurse, migration-info.de, Ausgabe 7, September 2009; in: http://www.migration-info.de (Zugriff: 17.3.2012)

M 3 Integrationspolitik der Bundesregierung – Ergebnisse

Einwanderer in Deutschland sind zwar seltener arbeitslos als noch vor einigen Jahren, aber verlassen die Schule immer noch häufiger ohne Abschluss als einheimische Mitschüler. Das geht aus dem Regierungsbericht zum Fortschritt der Integration hervor, den die Integrationsbeauftragte Böhmer (CDU) am Donnerstag in Berlin vorstellte.

Während nur 1,6 Prozent der deutschen Schüler keinen Schulabschluss erreichen, sind es bei den Einwanderern 4,4 Prozent. 19 Prozent der Einwanderer eines Altersjahrgangs können auch am Ende der Schulzeit noch nicht richtig lesen.

Heike Schmoll: Integrationsziele nur teilweise erreicht, faz.net 12.1.2012; in: http://www.faz.net (Zugriff: 17.3.2012)

M 4 Eine neue Migrantenelite

Migranten und Elite – das passt scheinbar nicht zusammen. Eine Studie des Heidelberger Instituts „Sinus Social Vision" hat nun herausgefunden, dass rund ein Viertel der Migranten in Deutschland zur so genannten Migrantenelite zählt. Sie sind stolz auf ihr Leben zwischen zwei Nationen, sprechen mindestens zwei Sprachen fließend, studieren und arbeiten – inzwischen auch vermehrt in Führungspositionen. (…)

Solin Ahmad gehört zu dieser neuen Elite. Die 19-Jährige kommt aus dem Irak. 2008 wurde sie als hochbegabte Schülerin in die teils privat und teils vom Land getragene START-Stiftung aufgenommen. Ihre muslimische Herkunft stand bei der Verfolgung ihrer Ziele bisher nicht im Weg. „Wir sind natürlich gläubig, aber das heißt nicht, dass jungen Mädchen verboten wird, etwas zu erreichen", sagt die Schülerin. (…)

Gut ist auch der Deutsch-Inder Apu Gosalia. (…) Er wollte schon immer ganz oben mitmischen. Deshalb studierte der Mannheimer Wirtschaft an einer der besten Universitäten Deutschlands und verbrachte mehrere Semester in den USA. Für seine Diplomarbeit erhielt er einen deutschen und einen amerikanischen Förderpreis. Heute leitet Gosalia das strategische Marketing der Fuchs Petrolub AG. (…)

Trotz seiner indischen Wurzeln fühlt sich Gosalia vor allem als Deutscher. Seine Eltern kamen in den 1950ern nach Deutschland und hatten nie vor, zurück nach Indien zu gehen. Seine Muttersprache Hindi lernte der Mannheimer deshalb kaum, wuchs stattdessen mit Deutsch, Englisch und „Monnemer" *(Mannheimer)* Dialekt auf. Als Sohn indischer Migranten hatte er es nicht immer leicht. „Meine Eltern haben immer versucht, mir alles zu ermöglichen, aber das meiste musste ich mir selbst erarbeiten", sagt er. Sein Tipp: harte Arbeit und viel Ehrgeiz.

Migranten wie Ahmad und Gosalia sind eine Chance für Deutschland. Sie repräsentieren eine starke Kraft, die die gesamte Integration voranbringen kann.

Louisa Thomas/Sabrina Kurth: Wie die Migrantenelite den Aufstieg schafft, Weltmobil 16.10.2009, in: http://m.welt.de (Zugriff: 17.3.2012)

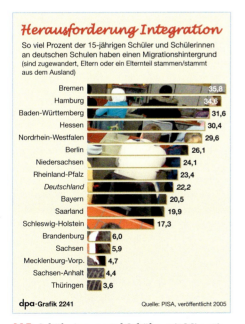

M 5 Schülerinnen und Schüler mit Migrationshintergrund

1 Ziehe S. 234/235 und M 5 heran. Formuliere mögliche Zukunftswege für ausländische Kinder und Jugendliche. Welche Ziele sollte eine Integrationspolitik verfolgen?

2 Erläutere und bewerte die Maßnahmen der Integrationspolitik in Deutschland (M 2, linke Randspalte S. 284). Wie fällt deine Bilanz aus?

3 Nehmt zu M 3 und M 4 Stellung und diskutiert, ob Migranten in Deutschland Aufstiegschancen haben.

4 Informiert euch über Integrationsmaßnahmen an eurer Schule und in der Gemeinde.

Deutschland – ein Einwanderungsland

Kreuzworträtsel

	1		2		3		4	
5								6
				7				
8			9			10		
				11				
12							13	
						14		
		15						
16						17		

Waagerecht:

3 zahlenmäßige Beschränkung (z. B. von Zuwanderung)

5 Herkunftsland der meisten Zuwanderer in der 1960er- und 1970er-Jahren

7 Gewährung von Schutz vor politischer Verfolgung

10 einer der Hauptgründe, das eigene Land zu verlassen

12 sprachliche und kulturelle Eingliederung

15 althergebrachte, überlieferte Lebensweise, Brauchtum

16 Hauptgrund für viele Deutsche im 16. und 17. Jahrhundert, das Land zu verlassen

17 Bezeichnung für Einwanderer in den 1970er-Jahren: ……arbeiter

Senkrecht:

1 Fluss, der dem größten deutschen Industriegebiet den Namen gab

2 Gesetz, das ein Recht auf Schutz vor Verfolgung gewährt

4 Duldung und Achtung anderer Lebensweisen und Ansichten, auch wenn sie den eigenen Auffassungen widersprechen

6 Verkehrsmittel, mit dem viele Flüchtlinge heute in die EU fliehen

8 Fachbegriff für: Auswanderer

9 Herkunftskontinent der meisten Flüchtlinge, die heute in die EU fliehen

11 Fachbegriff für Wanderungsbewegung (sowohl Ein- als auch Auswanderung)

13 Wanderungsbewegung in einem Land: ……wanderung

14 zweiter Hauptgrund, das Land zu verlassen

Frei nach Barack Obamas Slogan „Yes we can" bastelte diese Grünen-Delegierte einen „Yes we Cem"-Button

„Yes we Cem"
Özdemir neuer Grünen-Chef

Am Ende haben die (Partei-)Flügel geliefert. Claudia Roth 82,7 Prozent. Und Cem Özdemir, der Neue im grünen Führungsduo mit 79,2 Prozent nur knapp darunter. (…) Eine Frau mit grünem Kopftuch hebt jubelnd die Arme, als das Ergebnis bekannt gegeben wird. Sie trägt einen Button am Schulterriemen ihrer Handtasche. Ein Bild von Özdemir ist darauf zu sehen. Dazu der Spruch: „Yes we Cem." (…) Letztlich (…) hat wohl Özdemir selbst den größten Anteil an seinem Wahlerfolg. Zu Beginn seiner Bewerbungsrede klammerte er sich an sein Pult. Kaum Bewegung im Körper, die Augen fest auf das Manuskript gerichtet. Aber die Rede kommt an. Immer wieder wird er von Applaus unterbrochen. Die Delegierten jubeln und johlen. (…) Zu seiner türkischstämmigen Herkunft verliert Özdemir in seiner Rede kein Wort. Dabei war das im Vorfeld des Parteitages ein großes Thema. Özdemir, der erste deutsche Parteivorsitzende mit Migrationshintergrund. Er sagt nur so viel: Er wolle alle mitnehmen, „ob sie aus Kasachstan oder aus Anatolien sind oder ob sie schon gegen die Römer im Teutoburger Wald gekämpft haben".
Thorsten Denkler, www.Sueddeutsche.de, 15.11.2008

M1 Zeitungsartikel

Russischer Waffenhändler, schwarzer Drogendealer – Migranten in den Medien

Dass die deutsche Gesellschaft eine Einwanderungsgesellschaft ist, ist in der deutschen Medienlandschaft kaum zu erkennen. Vor allem beim Film werden Menschen mit Migrationshintergrund oft auf ein Klischee festgelegt. Die Betroffenen sind es leid, immer nur als Stereotyp dargestellt zu werden.

Die Realität in Film und Fernsehen sieht so aus: Der Schauspieler mit dem russischen Akzent bietet sich in der Filmlandschaft schnell für die Rolle des bösen Waffenhändlers aus dem Osten an. Sein schwarzer Kollege bekommt die Rolle des Drogendealers und Kriminellen.

Obwohl es gut gemachte positive Berichte und Reportagen über Migration und Integration gibt, werden Zuwanderer in den Medien häufig als Belastung für das soziale System und als Bedrohung dargestellt. Sie gelten oft als Außenstehende, die sich in eine bestehende intakte Gesellschaft integrieren sollen. Im Alltag prägen diese Menschen aber schon längst das Bild der neuen deutschen Gesellschaft.

Die Realität scheint in den Medien noch nicht angekommen zu sein. Es wäre wünschenswert, wenn Medienmacher nicht immer wieder ein einseitiges Bild der Zuwanderer zeichneten und mehr Normalität abbildeten. Folgt man dem Vorschlag der Vorsitzenden des Vereins „Schwarze Filmschaffende Deutschland", Carol Campbell, dann bedarf dies nicht einmal zwangsläufig neuer Formate:

„(…) ich schleuse jetzt zum Beispiel mal (…) in ein altes Format, in ein kommerzielles erfolgreiches altes Format, eine Serie, die schon seit Jahren läuft, Figuren mit sichtbarem und hörbarem Migrationshintergrund ein, aber als im Alltag angekommen. Nicht wieder als Symbolträger einer anderen Kultur. Oder ich mache mal nicht wieder einen 90-Minüter, wo viele Darsteller mit türkischem Migrationshintergrund vorkommen, aber wo es wieder darum geht, Gewaltbereitschaft darzustellen, sondern ich zeige alle Menschen einfach als im Alltag bereits angekommen."

http://www.dradio.de/dlf/sendungen/ marktundmedien/846537/ (gekürzt)

M2 **Shikiba Babori,** *Deutschlandfunk, 19.3.2008*

2050: Was vom Osten übrig bleibt…

M3 *Karikatur: Klaus Stuttmann*

M4 *Karikatur: Heiko Sakurai*

Sachwissen und Analysekompetenz

1 Übertragt das Schema des Kreuzworträtsels in euer Heft und löst es.

Analyse-, Urteils- und Handlungskompetenz

2 a Erläutert den Zusammenhang: Yes we can – Yes we Cem (M1).

   b Beurteilt, ob dieser Vergleich berechtigt ist.

   c Erklärt Cem Özdemirs Aussage im letzten Absatz des Artikels.

   d Erstellt eine Liste mit Erwartungen, die die Wahl Cem Özdemirs bei Menschen mit und ohne Migrationshintergrund geweckt haben könnte.

3 a Könnt ihr anhand eurer Medienerfahrung den Aussagen von M2 zustimmen? Wenn ja, nennt Beispiele.

   b Beschreibt die Effekte, die ein konsequentes Umsetzen der Vorschläge von Frau Campbell haben könnte. Erläutert.

4 Wertet die Karikaturen M3 und M4 aus. Skizziert die angesprochenen Probleme.

5 Informiert euch in Gruppen über je eine Flüchtlingshilfsorganisation und stellt ein Projekt „eurer" Organisation vor.

11 Friedens- und Zukunftssicherung in der einen Welt

M 1

M 2

M 3

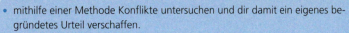

Am Ende dieses Kapitels kannst du

- mithilfe einer Methode Konflikte untersuchen und dir damit ein eigenes begründetes Urteil verschaffen.
- Gründe für Kriege benennen und über die aktuelle Situation in der Welt berichten.
- die Zielsetzung der Vereinten Nationen beschreiben. Außerdem kannst du die Institutionen benennen und deren Funktionsweise erklären.
- an Beispielen aktuelle Herausforderungen für die internationale Staatengemeinschaft beschreiben, mögliche Lösungsansätze benennen und begründet beurteilen.
- die Rolle und Haltung der EU in Bezug auf internationale Herausforderungen bestimmen und kritisch erläutern.
- über globale Wirtschaftsbeziehungen berichten. Außerdem kannst du Vor- und Nachteile aus unterschiedlichen Perspektiven beschreiben.
- konkrete Maßnahmen zur Armutsbekämpfung in der Welt beschreiben. Darüber hinaus kannst du dazu ein begründetes Urteil formulieren.

Krisen, Kriege, Katastrophen – seit dem Ende des Ost-West-Konflikts ist die Welt nicht friedlicher geworden. Auch zu Beginn des 21. Jahrhunderts bleiben zentrale Herausforderungen für die Staatengemeinschaft auf der Tagesordnung: den Frieden weltweit zu sichern, soziale Gerechtigkeit für alle Menschen zu erreichen, die Umwelt zu bewahren. Die Überschrift dieses Kapitels bringt die Zusammengehörigkeit aller Menschen auf diesem Planeten zum Ausdruck. Auch wenn wir Zusammenhänge nur in Ansätzen überblicken, das Zusammenleben auf unserer Erde vollzieht sich in gegenseitiger Abhängigkeit voneinander. Aber reichen die Bemühungen um die Friedens- und Zukunftssicherung aus? Sind sie in der Lage, Gefährdungen des Friedens zu bannen? Lösen sie die Herausforderungen militärischer Konflikte und globaler Umweltbelastungen?

M 4

1 Beschreibe die Fotos M 1 bis M 4 und die damit verbundenen Herausforderungen für die Staatengemeinschaft.

2 Sammelt in Tageszeitungen und Zeitschriften Meldungen und Fotos über internationale Krisenherde und globale Probleme. Findet heraus, welche Organisationen sich um Lösungen bemühen.

3 Stellt zusammen, was ihr über die Bundeswehr wisst, und schreibt die Ergebnisse auf ein Plakat.

Konfliktanalyse

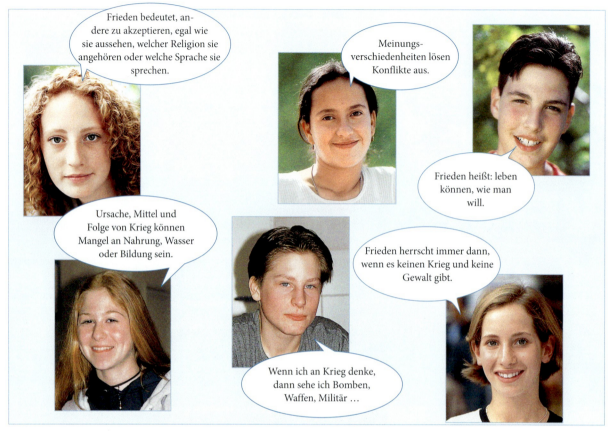

M 1 Was Schülerinnen und Schüler einer 10. Klasse über Krieg und Frieden denken

Begriffe wie „Konflikt", „Frieden" oder „Krieg" gebrauchen wir häufig. Doch was genau versteht man darunter?

Unter einem Konflikt versteht man allgemein einen Gegensatz zwischen Personen, Werten oder Ideen. Konflikte sind auf politischer, wirtschaftlicher oder gesellschaftlicher Ebene möglich. Sie können sich dann in einen kriegs- oder bürgerkriegsähnlichen Zustand steigern, wenn die Konfliktparteien miteinander unvereinbare Interessen vertreten und sie unbedingt durchsetzen wollen.

Zu den großen Konflikten des 20. Jahrhunderts (Weltkriege, Kalter Krieg, Nord-Süd-Konflikt) sind in den letzten Jahrzehnten im Zusammenhang mit der Globalisierung neue Konfliktherde entstanden, wie z. B. grenzüberschreitende Umweltbelastungen.

Sicher ist euch in den Fernsehnachrichten oder in der Zeitung aufgefallen, dass es fast täglich Meldungen über den Konflikt zwischen Israelis und Palästinensern gibt. Wegen seiner Aktualität möchten wir ihn daher als Fallbeispiel für die Methode

1 Lest die einzelnen Äußerungen zu den Begriffen Krieg, Frieden und Konflikt aufmerksam durch. Formuliert zunächst in Einzelarbeit eine eigene Definition dieser Begriffe. Diskutiert die verschiedenen Vorschläge und erarbeitet dann eine gemeinsame Definition. Haltet diese auf einem Plakat fest und hängt sie in der Klasse auf.

„Konfliktanalyse" verwenden, mit deren Hilfe ihr Konflikte selbstständig untersuchen könnt.

In diesem Fall handelt es sich um einen offenen Konflikt, dessen Lösung zum jetzigen Zeitpunkt noch nicht absehbar ist.

1. Schritt: Beschreibung der Ausgangssituation (historischer oder/und aktueller Art)

– Was ist wann und wo passiert?
– Wer ist an dem Geschehen beteiligt?

2. Schritt: Informationsbeschaffung und -auswertung

a) Ursachen:
– Gibt es ein auslösendes Ereignis?
– Um welche Streitfragen geht es?
– Was sind deren Hintergründe?

b) Verlauf:
– Welche wichtigen Ereignisse geschahen bisher?
– Ergeben sich aus dem Verlauf indirekt Beteiligte?

c) Ziele:

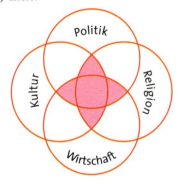

– Welche Ziele haben die Beteiligten?
– Gibt es einen Unterschied zwischen „offiziell" vertretenen und „unterschwellig" verborgenen Motiven?

3. Schritt: Diskussion der Lösungsansätze

– Welche Lösungsansätze werden entwickelt?
– Sind Kompromisse denkbar und nötig?

M 1 Friedensdemonstration von über 50 000 Israelis und Palästinensern, *Foto, 1997*

4. Schritt: Wertung und Beurteilung

– Wie realistisch ist eine Friedenslösung?

Tipps zur Informationsbeschaffung, -auswertung und -präsentation:

Quellen:
· Zeitungen, Bücher
· politische Magazine
· Radionachrichten
· Fernsehdokumentationen
· Internet
· Experten

Auswertungshinweise:
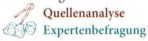 Quellenanalyse
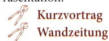 Expertenbefragung

Präsentation:
Kurzvortrag
Wandzeitung

Auf den Seiten 292 bis 299 findet ihr Materialien zum Nahostkonflikt.

Mithilfe der methodischen Schritte dieser Seite kann dieses Thema beispielhaft bearbeitet werden.

Da es sich beim Nahostkonflikt um einen zurzeit noch offenen Konflikt handelt, ist vielleicht nicht jede Frage zu beantworten.

Im Gegensatz zu einem abgeschlossenen Konflikt stehen nicht alle Informationen und Ergebnisse zur Verfügung (z. B. Dauerhaftigkeit der Friedenslösung).

Fallbeispiel: Der Nahostkonflikt – Ursachen

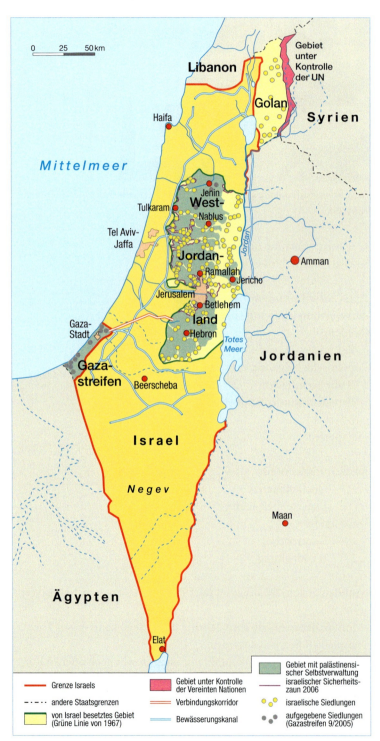

M1 Israel und seine Nachbarn, 2008

Legende:

— Grenze Israels

-·-·- andere Staatsgrenzen

▨ von Israel besetztes Gebiet (Grüne Linie von 1967)

▮ Gebiet unter Kontrolle der Vereinten Nationen

▬ Verbindungskorridor

▬ Bewässerungskanal

▨ Gebiet mit palästinensischer Selbstverwaltung israelischer Sicherheitszaun 2006

○ israelische Siedlungen

⊙ aufgegebene Siedlungen (Gazastreifen 9/2005)

Schritt 1: Beschreibung eines aktuellen Ereignisses

1. Was ist wann und wo passiert?
2. Wer ist an dem Geschehen beteiligt?

Schritt 2a: Informationsbeschaffung und -auswertung: Ursachen

1. Lokalisiert auf der Karte M1 den Ort des Geschehens.
2. Sucht die Gebiete, in denen die Palästinenser leben.
3. Äußert Vermutungen über das Zusammenleben von Israelis und Palästinensern.

Hamas und Israel brechen die Waffenruhe in Gaza

Erstmals seit Beginn der Waffenruhe am 18. Januar haben Palästinenser im Gazastreifen am Mittwoch Südisrael mit einer selbstgebauten Rakete beschossen. Die israelische Armee reagierte in der Nacht zum Donnerstag mit Luftangriffen. Der US-Sondergesandte George Mitchell forderte einen anhaltenden Waffenstillstand.

Ungeachtet aller internationalen Friedensbemühungen bleibt die Waffenruhe zwischen Israel und der radikal-islamischen Hamas-Bewegung brüchig. Als Antwort auf den ersten Beschuss Südisraels mit einer palästinensischen Rakete seit Beginn der Waffenruhe am 18. Januar griffen israelische Kampfflugzeuge in der Nacht zum Donnerstag Ziele im südlichen Gazastreifen an. (…)

Palästinenser im Gazastreifen neben einem zerstörtem Haus

M2 Die Welt, 29.1.2009

Schritt 2 b: Informationsbeschaffung und -auswertung: Ursachen

1. Was ist das auslösende Ereignis?
2. Um welche Streitfrage geht es?
3. Was sind deren Hintergründe?

Palästina wird das Land von der arabischen Bevölkerung genannt, die seit Jahrhunderten auf dem Gebiet des heutigen Israel ansässig ist. Es wurde von 1919 bis 1947 von den Briten verwaltet. Danach beschloss die UN-Vollversammlung, Palästina zu teilen. Mit einer Bevölkerung von 1,3 Millionen Arabern und 608 000 Juden sollte ein arabisch-palästinensischer und ein jüdischer Staat entstehen. Die Stadt Jerusalem sollte unter internationale Kontrolle gestellt werden, um Juden, Muslimen und Christen den freien Zugang zu ihren heiligen Stätten zu gewährleisten. Dieser Plan wurde von den Juden begrüßt, von den Arabern aber strikt abgelehnt. Es kam zu kriegerischen Auseinandersetzungen, und am 14. Mai 1948 wurde der Staat Israel durch den Jüdischen Nationalrat unter Vorsitz von David Ben-Gurion ausgerufen.

Wem gehört Palästina?

M 3 PLO-Führer Jassir Arafat 1974 vor der Vollversammlung der UNO zum UN-Teilungsplan von 1947:

(…) Sie [die jüdischen Siedler] erbauten ihre Siedlungen und Kolonien (…) auf unseren Feldern und Gärten. Hier liegen die Wurzeln des palästinensischen Problems, das heißt, dass die Grundlagen dieses Problems nicht in religiösen oder nationalistischen Widersprüchen zweier Religionen oder zweier Nationalitäten zu suchen sind und nicht im Streit um Grenzen zwischen benachbarten Staaten. Es ist das Problem eines Volkes, dessen Land gewaltsam geraubt, das von seinem Boden vertrieben wurde und dessen Mehrheit in der Verbannung in Zelten lebt. (…)

Nach: http://www.palaestina.org (Zugriff: 19.3.2012)

M 5 Wir waren schon immer hier!" *Karikatur von Fritz Behrendt*

Die Gründung eines eigenen jüdischen Staates erstrebte schon seit dem Ende des 19. Jahrhunderts die von dem Juden Theodor Herzl (1860–1904) geführte nationaljüdische Bewegung des Zionismus („Zion" heißt der Tempelberg in Jerusalem). Für die in aller Welt zerstreuten und in den Gastländern oft angefeindeten Juden wurde eine „Heimstätte" gefordert, die ihnen Zuflucht und Schutz bieten sollte. Dies sollte das Heilige Land sein.

M 4 Auszüge aus der Unabhängigkeitserklärung des Staates Israel vom 14. Mai 1948:

Im Lande Israel entstand das jüdische Volk. (…) Beseelt von der Kraft der Geschichte und Überlieferung, suchten Juden aller Generationen in ihrem alten Lande wieder Fuß zu fassen. (…) Die Katastrophe, die in unserer Zeit über das jüdische Volk hereinbrach und in Europa Millionen von Juden vernichtete, bewies unwiderleglich aufs Neue, dass das Problem der jüdischen Heimatlosigkeit durch die Wiederherstellung des jüdischen Staates im Lande Israel gelöst werden muss. (…)

Zit. n. Angelika Timm: Von der zionistischen Vision zum jüdischen Staat, in: Informationen zur politischen Bildung 278, 1/2003, S. 10

Webcode:
PE641796-293

4. In welchen Bereichen sind die Konfliktursachen vor allem anzusiedeln (Politik, Religion, Wirtschaft)?

Fallbeispiel: Der Nahostkonflikt – Verlauf und Ziele

M 1 Palästinenserin im Lager Rafah im Gazastreifen. Viele leben heute noch mit ihren Familien in Flüchtlingslagern im Libanon, in Syrien und Jordanien.

M 2 Steine werfende palästinensische Jugendliche im Gazastreifen

1948	Gründung des Staates Israel; Erster arabisch-israelischer Krieg („Unabhängigkeitskrieg") endet mit dem Sieg Israels. Flucht und Vertreibung von ca. 650 000 Palästinensern.
1956	Zweiter Nahostkrieg um den Suez-Kanal und Sinai.
1964	Gründung der PLO („Palestine Liberation Organization"), des politischen Vertretungsorgans der Palästinenser.
1967	Dritter Nahostkrieg („Sechs-Tage-Krieg"). Israel nimmt Ost-Jerusalem ein, besetzt das Westjordanland, den Gazastreifen, die Golanhöhen und die Sinaihalbinsel.
1973	Vierter Nahostkrieg („Yom-Kippur-Krieg").
1979	Frieden zwischen Ägypten und Israel auf der Grundlage des Camp-David-Abkommens, vermittelt durch den amerikanischen Präsidenten Jimmy Carter; etappenweise Räumung des Sinai und Rückgabe an Ägypten.
1987	Beginn der ersten „Intifada" (arab.: Abschüttelung): offener Volksaufstand der Palästinenser im Gazastreifen, Westjordanland und Ost-Jerusalem.
1988	Der Palästinensische Rat verkündet im Exil die Gründung eines unabhängigen Palästinenserstaates.
1991	Friedenskonferenz in Madrid.
1994/ 1995	Abkommen in Oslo zwischen Israel und der PLO. Die Parteien vereinbaren die gegenseitige Anerkennung sowie ein Rahmenabkommen über Teilautonomie im Gazastreifen und Jericho sowie den gestaffelten Rückzug Israels aus den besetzten Gebieten. Friedensschluss zwischen Israel und Jordanien.
1995	Ermordung des israelischen Ministerpräsidenten Rabin.
2000	Juli: Israelisch-palästinensische Konferenz in Camp David scheitert; im September Ausbruch der zweiten „Intifada" nach Manifestation des Anspruchs auf Ost-Jerusalem durch Scharon. Selbstmordattentate.
2002/ 2003	Der Friedensplan „Roadmap" wird von der palästinensischen und der israelischen Regierung bestätigt.

2004	Tod Yassir Arafats.
2005	Mahmut Abbas wird zum neuen Präsidenten der Palästinenser gewählt. Israelisches Militär räumt alle jüdischen Siedlungen im Gazastreifen.
2006	Wahlsieg der Hamas.
2006	Erste israelische Militäroffensive im Gazastreifen: Reaktion auf den Angriff auf einen israelischen Grenzposten und auf die Entführung eines Soldaten durch militante Palästinenser.
2006/ 2007	Nachdem die Hamas den Gazastreifen vollständig eingenommen hat, löst Präsident Abbas am 14. Juni 2007 die Einheitsregierung auf und ruft den Notstand aus.
2008	Waffenruhe zwischen Israel und der Hamas: Israel und die Hamas vereinbaren mit ägyptischer Vermittlung im Juni 2008 eine Waffenruhe.
2008/ 2009	Zweite militärische Offensive Israels gegen den Gazastreifen: Ab dem Sommer 2008 kommt es auf beiden Seiten zu Verletzungen der Waffenruhe. Israel startet am 27. Dezember 2008 eine Luftoffensive und beginnt am 3. Januar 2009 – ungeachtet internationaler Proteste – eine Bodenoffensive gegen den Gazastreifen.
2010	Israels Regierungschef Benjamin Netanjahu fordert direkte Friedensverhandlungen. Präsident Mahmud Abbas stellte als Vorbedingung, dass der Siedlungsbaustopp im Westjordanland für endgültig erklärt wird und alle Gebiete an die Palästinensische Autonomiebehörde übergeben werden.
2011	Anfang Mai schließen Fatah und Hamas nach ägyptischer Vermittlung ein Versöhnungsabkommen. Im Dezember tauscht Israel gegen einen von der Hamas entführten Soldaten 1000 palästinensische Gefange aus.
2012	Wiederaufnahme direkter Gespräche zwischen Israel und den Palästinensern im Januar.

M 3 Zeittafel

Schritt 2c: Informationsbeschaffung und -auswertung: Verlauf

1. Welche wichtigen Ereignisse geschahen bisher?
2. Ergeben sich aus dem Verlauf indirekt Beteiligte?

Schritt 2c: Informationsbeschaffung und -auswertung: Ziele

1. Welche Ziele haben die Beteiligten?

	Israel	Palästinensische Autonomiegebiete
Bevölkerung	7 442 000 Einwohner (2011)	4 043 000 Einwohner (2011; davon Westjordanland 2 350 583, Gazastreifen 1 416 543)
Fläche	Kernland 20 991 km², besetzte Gebiete 6831 km²	6020 km²
Sprache	Hebräisch, Arabisch	Arabisch
Religion	76,7 % Juden	Westjordanland: 83 % paläst. Araber, 17 % Juden
	14,6 % sunnitische Muslime	Gazastreifen: 99 % paläst. Araber
	2,12 % Christen	
Armutsrate	24,5 % (Stand 2008)	60 % bis 70 % (weniger als 2 US-Dollar am Tag, Stand 2007)
Hauptstadt	Jerusalem	keine Angabe

M4 So könnten sich Israelis über Ziele äußern.

Wir haben in den besetzten palästinensischen Gebieten Möglichkeiten zur Ansiedlung von jüdischen Einwanderern geschaffen. Durch diese systematische Siedlungspolitik kontrollieren wir strategisch wichtige Gebiete und schützen unser Kernland – vor allem Jerusalem als religiöses Zentrum.

Die Hauptquellen unserer Wasserversorgung liegen in den besetzten palästinensischen Gebieten und auf den ehemals syrischen Golanhöhen unter staatlicher und militärischer Kontrolle. Wir können diese nicht aufgeben, da sonst die Wasserversorgung der Bevölkerung und der Landwirtschaft bedroht wäre.

Eine Rückkehr der palästinensischen Flüchtlinge lehnen wir ab. Sie sollen sich in arabischen Staaten ansiedeln. Eine Ausnahme soll die Zusammenführung von Familien sein. Unsere Bürger haben ein Recht, ohne Angst vor Terror und Gewalt zu leben. Wir wollen eine sichere Zukunft. Ost-Jerusalem und die Klagemauer gehören zu Israel.

Zusammengestellt nach Mat. aus: Informationen zur politischen Bildung 278/2003, S. 62 ff.

M5 So könnten sich Palästinenser über Ziele äußern.

Das Territorium unseres zukünftigen Staates „Palästina" sowie die Frage, ob Jerusalem unsere Hauptstadt wird, muss geklärt werden. Damit unser Staat lebensfähig ist, muss sein Territorium zusammenhängend sein. Wir kritisieren die jüdische Siedlungspolitik, die gemäß der Genfer Konvention unrechtmäßig ist.

Wir benötigen die Wasserressourcen in den besetzten Gebieten und des Golan, da wir an akutem Wassermangel leiden.

Etwa 3,9 Millionen registrierte Flüchtlinge leben in Lagern in Jordanien, Libanon, Syrien, im Westjordanland und im Gazastreifen. Gemäß der UN-Resolution vom Dezember 1948 haben palästinensische Flüchtlinge das Recht auf Entschädigung sowie Rückkehr in ihre ursprünglichen Häuser und zu ihrem Eigentum.

Ost-Jerusalem und die muslimischen Pilgerstätten gehören den Palästinensern.

Zusammengestellt nach Mat. a. a. O.

M6 Benjamin Netanjahu, Ministerpräsident Israels seit 2009

M7 Mahmut Abbas, Präsident der palästinensischen Autonomiegebiete seit 2005

Der Nahostkonflikt: Keine Lösung in Sicht?

Schritt 3: Diskussion der Lösungsansätze

1. Welche Lösungsansätze werden vermittelt?

EU diskutiert Steinmeier-Plan für Nahen Osten

Von Ansgar Graw

Ein Konzept von Außenminister Frank-Walter Steinmeier soll als „EU-Aktionsplan" Grundlage der europäischen Politik für den Nahen Osten werden. Ziel des Plans ist die Etablierung eines unabhängigen Palästinenser-Staats im Westjordanland und in Gaza. Am Montag soll der Aktionsplan beschlossen werden.

Das Papier, das WELT ONLINE vorliegt, stimmten Berliner Diplomaten in dieser Woche mit französischen, britischen, italienischen und spanischen Kollegen ab.

Ziel sei die Etablierung eines „unabhängigen, demokratischen, zusammenhängenden und lebensfähigen Palästinenser-Staats im Westjordanland und in Gaza", der neben Israel „in Frieden und Sicherheit existiert". Der Aktionsplan soll am Montag von den Außenministern beschlossen werden.

In dem Steinmeier-Plan, der mit der tschechischen Ratspräsidentschaft eng abgestimmt wurde, werden humanitäre Maßnahmen zur Versorgung des Gazastreifens mit Nahrung, Medizin, Energie und Wasser gefordert. Der Waffenschmuggel in das Gebiet soll in Koordination auch mit den US-Geheimdiensten gestoppt werden.

Die Grenzmission EU-BAM (Border Assistance Mission) soll die Übergänge von Gaza nach Ägypten bei Rafah wieder öffnen. Untersucht werden soll zudem die Ausweitung des BAM-Mandats auf die Kontrollpunkte zu Israel. Nach Informationen von WELT ONLINE entsendet die EU in den nächsten Tagen 20 BAM-Experten in die Region.

Vorbereitet werden soll „in enger Koordination mit der palästinensischen Autonomiebehörde" eine internationale Friedenskonferenz in Ägypten. Israel wird aufgerufen, alle Siedlungsaktivitäten einzufrieren. Berliner Diplomaten sprechen von einem „Schulterschluss mit der Washingtoner Nahost-Politik". Steinmeier sei überzeugt, „dass es dazu eines substanziellen europäischen Beitrags und nicht nur europäischer Erklärungen bedarf".

M1 http://www.welt.de/politik/article3085995/EU-diskutiert-Steinmeier-Plan-fuer-Nahen-Osten.html (25.1.2009)

M2 Europas Gewicht, *Karikatur: Klaus Stuttmann*

M3 Das Leben geht weiter, *Karikatur: Klaus Stuttmann*

M 4 Streitpunkte

- **Siedlungsbau.** Es muss Einigkeit darüber erzielt werden, wie die Grenze zwischen Israel und Palästina im Detail verlaufen wird. Dabei spielen vor allem die jüdischen Siedlungen, die Stadt Jerusalem und die Frage ausreichender Sicherheit für beide Staaten eine Rolle. In der israelischen und der palästinensischen Gesellschaft ist mittlerweile mehrheitlich anerkannt, dass nur eine Zwei-Staaten-Lösung eine realistische Option für eine tragfähige und dauerhafte Regelung des Konfliktes darstellt.

- **Zwei-Staaten-Lösung.** Die Grenzen und den völkerrechtlichen Status eines künftigen palästinensischen Staates müssen geklärt werden. Israelis und Palästinenser müssen auf den Anspruch auf „ihr" Land verzichten. Die Beendigung eines Konflikts ist nur möglich, wenn ein Schlussstrich gezogen und in die Zukunft geblickt wird.

- **Jerusalem.** Eine Konfliktlösung muss nicht nur die religiöse Bedeutung der Heiligen Stadt für die drei monotheistischen Religionen berücksichtigen und freien Zugang zu den Heiligen Stätten gewährleisten. Sie muss auch die territoriale Bedeutung Ost-Jerusalems und seine Funktion als Verkehrsknotenpunkt für ein lebensfähiges palästinensisches Gemeinwesen in Betracht ziehen. Und sie muss der politischen Bedeutung der Stadt für beide Seiten Rechnung tragen.

- **Flüchtlingsfrage.** In den kriegerischen Auseinandersetzungen 1948 flüchtete rund eine Dreiviertelmillion Palästinenser aus dem heutigen Gebiet des Staates Israel oder wurde von dort vertrieben, vor allem in den Gazastreifen und die West Bank, aber auch in die arabischen Nachbarstaaten. Nur etwa 100 000 Palästinenserinnen und Palästinenser blieben in Israel und bildeten dort die arabische Minderheit. (…) Mit der israelischen Eroberung von West Bank, Gazastreifen und Golan kam es 1967 zu einer neuen Flüchtlingswelle. Nach UN-Angaben flohen 250 000 bis 300 000 Palästinenser, viele von ihnen nun bereits zum zweiten Mal, vorwiegend in die arabischen Nachbarstaaten. Grundsätzlich existieren verschiedene Ansätze zur Regelung der Flüchtlingsfrage: Rückkehr, Entschädigung und (Neu-)Ansiedlung. Eine Ansiedlung kann wiederum im künftigen palästinensischen Staat stattfinden, als vollwertige Staatsbürgerinnen und -bürger in den derzeitigen Aufnahmestaaten oder in Drittstaaten.

- **Konfliktstoff Wasser.** Israel deckt seinen Wasserbedarf heute zum großen Teil aus Vorkommen, die außerhalb seines Territoriums liegen oder entspringen. Die Hauptquellen israelischer Wasserversorgung liegen in den besetzten palästinensischen Gebieten und auf dem Golan: die drei Grundwasserbecken der West Bank, der Jordan und die Jordanzuflüsse Dan, Hasbani und Banias. Nach der Besetzung der palästinensischen Gebiete wurden auch dort alle Wasserressourcen zu israelischem Staatsbesitz erklärt und dem Militärkommandeur bzw. später der Militärverwaltung unterstellt; seither wurde jegliche Entwicklung der Grundwassernutzung durch die palästinensische Bevölkerung verhindert.

1 Beschreibt die Karikaturen und erläutert, was sie aussagen sollen.

2 Teilt eure Klasse in zwei Gruppen – Israelis und Palästinenser. Versetzt euch in ihre Lage und notiert, welche Bedingungen ihr für den Frieden stellen würdet.

3 Macht in einer anschließenden Diskussionsrunde eure Position deutlich. Überlegt gemeinsam, wie ein Kompromiss zu jeder Bedingung gefunden werden könnte, und fasst eure Ergebnisse unter der Fragestellung „Welche Kompromisse sind möglich?" schriftlich an der Tafel zusammen. Beispiel: Wenn die Palästinenser auf Terroranschläge verzichten, werden die Israelis verhandlungsbereit sein.

Fallbeispiel: Der Nahostkonflikt – Wertung und Beurteilung

Schritt 4: Wertung und Beurteilung

Im Nahostkonflikt waren bisher alle Bemühungen um Frieden vergeblich. Immer wieder flammen neue Konflikte auf. Daher stellt sich die Frage: Wie realistisch ist eine Friedenslösung?

Meinung: M 1 **Kommentar: Wie Gaza aus der Gewaltfalle kommen kann**

Israel nimmt tote Zivilisten in Kauf, die Hamas nutzt das Volk als Schutzschild – im Gazastreifen führen beide Seiten einen schmutzigen Krieg, analysiert Ralf Fücks. Ein Frieden, der über Feuerpausen hinausgeht, muss von außen vermittelt und durch internationale Truppen abgesichert werden.

Es fällt schwer, sich den Bildern und Berichten aus dem Gazastreifen zu stellen, all den grässlichen Nachrichten von getöteten Zivilisten, bombardierten Schulen und gefallenen Soldaten – junge Männer, deren Leben jäh ausgelöscht wird in einem Krieg, der umso fragwürdiger wird, je mehr Opfer er fordert.

Dieser Krieg macht jeden schmutzig, der an ihm beteiligt ist. Die ohnehin schwierige Unterscheidung zwischen Zivilisten und Kriegsbeteiligten wird im Gaza vollends zur Unmöglichkeit – nicht nur wegen der dichten Besiedlung, sondern weil die Hamas bewusst die Deckung der Zivilbevölkerung sucht. Sie nimmt in Kauf, dass Kinder, Frauen und Alte getötet werden, um sich zu schützen und die israelische Armee ins Unrecht zu setzen. Ihre Strategie ist der Partisanenkrieg, in dem das Volk zur Geisel wird. (…)

Angesichts der fortschreitenden Aufrüstung der Hamas, die immer mehr Kämpfer und Waffen aufbot, um einen Abnutzungskrieg gegen das „zionistische Gebilde" (Israel) zu führen, konnte Israel nicht stillhalten. Es werden vielfach Parallelen zwischen der Gaza-Intervention und dem Libanon-Krieg gezogen. Eine Parallele wird aber gern übersehen: dass nämlich auch im Gaza-Krieg die Reichweite der gegen Israel in Stellung gebrachten Raketen ständig zunahm. Inzwischen liegt sie bei 40 Kilometern – damit wächst die Gefährdung für die israelische Bevölkerung stark an. Keine Regierung konnte tatenlos zusehen, wie mit iranischer Hilfe eine zweite Front gegen das Land aufgebaut wurde.

Beide Seiten haben legitime Ziele

Wer immer behauptet, die Hamas und die mit ihr verbündeten extremistischen Gruppen griffen Israel nur an, um ein Ende der Blockade zu erzwingen, streut sich und anderen Sand in die Augen. Nicht nur der Krieg, auch die Blockade wäre morgen zu Ende, wenn die Machthaber im Gaza einen Gewaltverzicht und ein international überwachtes Ende der Aufrüstung gegen Israel akzeptieren würden.

Die von der israelischen Regierung erklärten Ziele ihres militärischen Gegenschlags gegen die Hamas sind legitim: ein Ende der Raketenangriffe und des Waffenschmuggels. Damit sind allerdings nicht auch alle militärischen Mittel geheiligt, die sie jetzt einsetzt. Auch die Bedingung der Hamas für einen Waffenstillstand ist legitim: die Aufhebung der Blockade des Gazastreifens. Das Problem ist, dass beides nur gemeinsam zu haben ist. (…)

Internationale Garantien erforderlich

Es muss deshalb alles unternommen werden, um mithilfe der arabischen Staaten einen dauerhaften Waffenstillstand zu erreichen, der Israels Sicherheit wie die Lebensfähigkeit des Gaza garantiert. Das wird nicht ohne internationale Garantien abgehen, einschließlich der Stationierung von Truppen zur Überwachung der Vereinbarungen.

Über den Tag hinaus wird es einen Übergang von einem unsicheren Waffenstillstand zu einem dauerhaften Frieden nur geben, wenn beide Seiten erkennen, dass sie von einem politischen Arrangement stärker profitieren als von fortgesetzter Gewaltpolitik. (…)

Der Kampf gegen Hamas wird nicht im Gazastreifen gewonnen, sondern im Westjordanland – durch die Rücknahme der jüdischen Siedlungen, den Aufbau einer rechtsstaatlichen palästinensischen Selbstverwaltung und die Verbesserung der Lebensumstände der Bevölkerung. Wird die Chance auf eine Zwei-Staaten-Lösung verpasst, wird die gegenwärtige Gewalt im Gazastreifen nur eine weitere Umdrehung in einer endlosen Spirale sein.

Ralf Fücks: Wie Gaza aus der Gewaltfalle kommen kann, Spiegel Online, 7.1.2009; in: www.spiegel.de (Zugriff: 19.3.2012)

M2 *Karikatur: Burkhard Mohr*

1 Wie beurteilt der Autor des „Spiegel" die Lage in Nahost?

2 Auf welche Problematik verweist die Karikatur?

3 Beurteilt selber die Aussichten auf einen Frieden im Nahostkonflikt. Welche Voraussetzungen müssten dafür geschaffen werden?

4 Verfolgt den weiteren Verlauf des Konfliktes und überprüft mögliche Lösungen kritisch unter der Fragestellung: „Wie dauerhaft ist der Friedensschluss?"

Der „Arabische Frühling"

Die „Arabellion"

Im Dezember 2010 begann eine Serie von Protesten, Aufständen und Revolutionen in der arabischen Welt. Sie wird als „Arabischer Frühling" oder auch als „Arabellion" bezeichnet. Die Aufstände gingen von Tunesien und anderen Staaten Nordafrikas (Maghreb) aus und griffen auf den Nahen Osten über. Sie richteten sich gegen die autoritären Regime und die politischen und sozialen Strukturen in diesen Ländern.

Webcode:
PE641796-300

M2 Viele unterschiedliche Revolutionen

In Libyen und den Golfstaaten Bahrain, Jemen, Syrien und Saudi-Arabien fordern Demonstranten von ihren autoritären Herrschern umfassende demokratische Reformen – oder gleich den Rücktritt. Die Proteste in Libyen haben sich zum Bürgerkrieg ausgeweitet, UN und NATO haben die Rebellen unterstützt, bis das Gaddafi-Regime schließlich gestürzt wurde. (…) In Ägypten und Tunesien haben sich die Machthaber dem Druck der Demonstranten gebeugt. In Tunesien gibt es den ersten demokratisch gewählten Präsidenten – aber auch ihm steht die Bevölkerung nicht kritiklos gegenüber. In Ägypten *(bleibt die Frage)*, ob der Militärrat seine bisherige Macht einfach so abgeben wird. (…) Die Ursachen *(der Proteste)* sind von Land zu Land ebenso verschieden wie die sozialen, kulturellen, ethnischen und politischen Strukturen.

Franziska Kelch: Arabische Revolutionen; Zeit Online 24.2.2012; in: http://blog.zeit.de (Zugriff: 21.3.2012)

M3 Die Revolution der Frauen in Ägypten

Die ägyptische Filmmacherin Nadia Kamel über die Protestdemonstrationen, März 2011:

Die Haltung der ägyptischen Bevölkerung war beispielhaft, wunderbar. Alle sind auf die Straße gegangen und die DemonstrantInnen waren so weise, gewaltfrei und entschlossen zu bleiben. (…)

Mehr und mehr hat sich die Bewegung ausdifferenziert und bestand aus DemonstrantInnen aller sozialer Schichten – und vor allem aus enorm vielen Frauen. Viele sind ohne ihren Ehemann gekommen. Es waren Frauen aller Art: Verschleierte, Verarmte, Laizistische, Intellektuelle. Sie haben sich in die Protestbewegung auf bisher unvorstellbare Weise eingebracht, sie waren unaufhörlich laut und ermüdeten nie.

Nadia Kamel: Die Revolution der Frauen in Ägypten, graswurzelrevolution (GWR) 357, März 2011; in: http://www.graswurzel.net/357/ aegypten1.shtml (Zugriff: 22.3.2012)

M4 Sind Ägyptens Frauen die Verliererinnen?

Ein Jahr nach dem Sturz von Hosni Mubarak ist klar: Im nachrevolutionären Ägypten sind die Frauen die großen Verlierer. (…) Höchstens ein Dutzend weibliche Abgeordnete hat es in die neue 498-köpfige Volksvertretung geschafft. Die unter Hosni Mubarak eingeführte Zwölfprozent-Frauenquote wurde vom Obersten Militärrat gestrichen.

Die Parteien waren lediglich verpflichtet, auf ihren Kandidatenlisten mindestens eine Frau zu nominieren – als Alibi sozusagen. Die extrem konservativen Salafisten weigerten sich sogar, ihre Kandidatin auf Wahlplakaten überhaupt abzubilden. (…) Auch in der 100-köpfigen verfassunggebenden Versammlung, die sich Ende Februar aus den Reihen des neu gewählten Parlaments rekrutieren soll, werden Frauen damit praktisch nicht vertreten sein.

Martin Gehlen: Ägyptens Frauen – die großen Verliererinnen; Zeit Online 14.1.2012; in: http://www.zeit.de (Zugriff: 21.3.2012)

M5 „Zur Demokratie gehört der Machtwechsel"

Der Publizist Rafael Seligman nach einem Jahr Arabische Revolution, Februar 2012:
Anzunehmen, die neuen autoritären, religiösen Kräfte in Arabien würden das Feld den Befürwortern der Menschenrechte und der bürgerlichen Freiheiten überlassen, ist naiv – obgleich zweifellos Bürgerrechtler zu den Initiatoren des Aufstandes gehörten. (…)
Die entscheidenden Oppositionskräfte gegen die von West und Ost gehätschelten Militär-, Partei- und Geheimdienstdiktaturen waren Islamisten. In Ägypten und Nordafrika die sunnitischen Moslembrüder. Sie gewannen die Unterstützung der Bevölkerungsmehrheit, weil die herrschenden Diktaturen korrupt waren, sich wenig um die Bildung, die Gesundheit, kurz, die Lebensumstände der Menschen kümmerten. Diese Aufgaben übernahmen die Islamisten, die ihr soziales Netzwerk mit religiöser Indoktrination verbanden.
Die Islamisten waren Trittbrettfahrer der Arabellion. Doch als der Sturz der Diktaturen vollzogen war, gelang es ihnen allenthalben, bei Wahlen die Stimmenmehrheit zu erringen. In Ägypten etwa 70

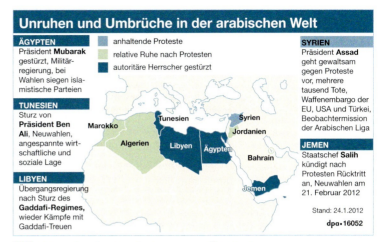

M6 Die Arabischen Revolutionen – ein Überblick

Prozent. Aber Siege in demokratischen Wahlen verheißen nicht automatisch demokratische Gesinnung. (…)
Doch zur Demokratie gehört der Machtwechsel. Und hier sind Zweifel bei den Islamisten angebracht. Der Islam kennt keine Trennung von Staat und Religion. Alle Religionen sind per se *(an sich)* intolerant. Denn religiöse Bücher scheren sich nicht um demokratische Werte. Äußerungen von Islamisten deuten auf eine Kriegsbereitschaft gegen Israel hin.

Rafael Seligman: Arabische Revolutionen, Vorwärts v. 11.2.2012; in: http://www.vorwaerts.de (Zugriff: 22.3.2012)

1 Bildet fünf Arbeitsgruppen. Jede Gruppe nimmt sich ein Land (s. M6) vor, recherchiert zu den dortigen revolutionären Entwicklungen (M2, M6) und trägt die Ergebnisse in der Klasse vor.

2 Diskutiert in der Klasse: Worin unterscheiden sich die Vorgänge in den einzelnen Ländern, worin gleichen sie sich?

3 Beschreibt die Rolle der Frauen in der ägyptischen Protestbewegung (M1, M3, M4). Welche Probleme sind aufgetreten?

4 Besprecht, ob religiöse Einflüsse die weitere Entwicklung behindern können. Was kann dies für die Ausgestaltung von Verfassungen bedeuten (M4, M5)?

5 Arbeitet heraus, welche Gefahr Rafael Seligman für Israel sieht (M5). Besprecht mögliche Folgen für den Nahostkonflikt.

Warum Krieg?

Krieg – der „Vater aller Dinge"?

Von Heraklit, einem griechischen Philosophen, der vor rund 2500 Jahren lebte, ist folgende Aussage überliefert: „Der Krieg ist der Vater aller Dinge und der König aller. Die einen macht er zu Göttern, die anderen zu Menschen, die einen zu Sklaven, die anderen zu Freien."

Von jugendlichen Flüchtlingen aus Kolumbien, einem Land in Südamerika, wurde im Jahr 2002 in einem Aufruf geschrieben: „Wir weigern uns, den Krieg als tägliches Brot anzunehmen. Wir wollen keine Kriegsreden mehr hören. Willkommen alle, die mit uns diesen Traum feiern wollen. Der Traum vom Frieden beginnt in unserem Miteinander."

Kriege gab es zu allen Zeiten der menschlichen Geschichte. Antike Großreiche wie das Römische Imperium entstanden oft aus organisierten Raubzügen. Sie zwangen die eroberten Gebiete, Tribut zu zahlen, und versklavten die Bevölkerung. Mit der Entstehung von Nationalstaaten im 16. Jahrhundert konnten es sich die Herrscher leisten, ständige Heere von Berufssoldaten zu bezahlen. Immer modernere Waffen wurden erfunden, die Armeen wuchsen – und mit ihnen die Zahl der Kriegsopfer. Diese Entwicklung gipfelte im 20. Jahrhundert in zwei Weltkriegen mit bisher noch nie gesehenen Materialschlachten, die einen verwüsteten Kontinent hinterließen und 60 Millionen Menschen das Leben kosteten.

M 1 Ursachen für Kriege

Webcode:
PE641796-302

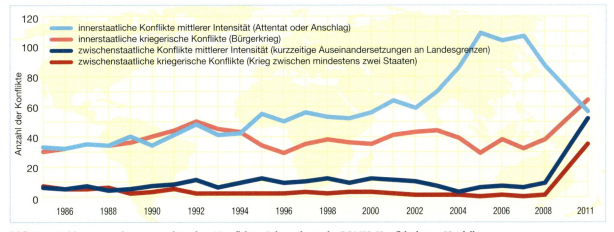

M2 Entwicklung gewaltsamer politischer Konflikte. *Schwank, et al.: CONIS-Konfliktdaten, Heidelberg*

M3 25 Kriege in einem Jahr

Erstmals seit sechs Jahren wurden 2011 wieder mehr Kriege und bewaffnete Konflikte geführt als im Jahr zuvor. Die Gesamtzahl erhöhte sich um drei auf nunmehr 36 und auch die Zahl der Kriege stieg um zwei auf 25. Als beendet sind insgesamt drei kriegerische Konflikte zu betrachten. Umgekehrt eskalierten *(entstanden)* 2011 sechs Kriege und bewaffnete Konflikte neu.

Insgesamt stand das Jahr 2011 vor allem im Zeichen der Proteste in den meisten arabischen Staaten, die häufig als „Arabischer Frühling" bezeichnet wurden. *(s. S. 300/301)* Allerdings resultierten daraus bislang lediglich zwei kriegerische Konflikte, nämlich in Libyen und im Jemen. In vielen anderen Staaten der Region wurde Gewalt im Wesentlichen einseitig durch Polizei und Militär angewandt. Vor allem in Syrien, aber auch in Ägypten, lag dabei die Zahl der Todesopfer höher, als dies 2011 in vielen Kriegen oder bewaffneten Konflikten der Fall war.

Wolfgang Schreiber: Kriege und bewaffnete Konflikte 2011; in: http://www.ag-friedensforschung.de (Zugriff: 19.3.2012)

M4 **Kinder sind häufig Opfer in Kriegen, hier sudanesische Flüchtlinge im Tschad, Januar 2009**

1 Nenne Ursachen von Kriegen (M1). Unterscheide Kriege zwischen Staaten und Kriege innerhalb von Staaten.

2 Werte die Abbildung M2 aus und erkläre die verschiedenen Konfliktformen.

3 Vergleiche die Aussagen von M2 mit den im Text M3 dargestellten Entwicklungen. Notiere in Stichworten.

4 Verfolge die Berichterstattung in den Medien und ordne die dargestellten Beispiele den Konfliktarten zu.

5 Informiere dich darüber, wie Kinder in Kriegen zu Opfern werden und wie man ihnen helfen kann (zum Beispiel auf der Internetseite www. unicef.de/botschaft/kk_denk.html).

Die Vereinten Nationen – Weltfrieden als Aufgabe

M 1 Fahne der UNO

Vom Völkerbund zur UNO

Im Jahr 2005 feierte die Organisation der Vereinten Nationen (United Nations Organization, UNO) ihr 60-jähriges Bestehen. Als die UNO am 24. Juni 1945 ins Leben gerufen wurde, war dies eine Antwort auf die Schrecken des Zweiten Weltkrieges und das Versagen des Völkerbundes. Noch vor dem Ende des Zweiten Weltkrieges einigten sich die USA und die Sowjetunion darauf, eine Organisation zur Aufrechterhaltung des Weltfriedens zu schaffen. Die Vereinten Nationen sollten die Zusammenarbeit aller Länder fördern und über die Einhaltung des Friedens wachen. Bewaffnete Konflikte durften nun auch mit militärischen Zwangsmaßnahmen beendet werden.

Bemühungen um den Weltfrieden

Nach dem Ersten Weltkrieg versuchte die Pariser Friedenskonferenz im Frühjahr 1919 auf Drängen der USA eine Einrichtung zu schaffen, die weltweit für die Erhaltung des Friedens sorgen sollte. Mit dem Völkerbund wollten die Siegermächte unter Führung der USA eine Weltfriedensordnung schaffen. Konflikte zwischen Staaten sollten nun durch eine internationale Einrichtung in einem geordneten Verfahren beigelegt werden. Der Völkerbund war jedoch von Anfang an schwach, denn er hatte außer wirtschaftlichen Maßnahmen keine wirklichen Machtmittel. Beim Ausbruch des Zweiten Weltkrieges hat der Völkerbund keine bedeutsame Rolle mehr gespielt.

M 2 „Non Violence". Bronzeskulptur des schwedischen Künstlers Carl Frederik Reuterswärd vor dem UN-Sitz in New York

---

1 Beschreibe die Zielsetzung der UNO (M 3, Text).

2 Beurteile die Möglichkeiten der UNO, in Konflikte einzugreifen (M 3, Artikel 41 und Artikel 42).

M3 Gründungserklärung der UNO vom 26. Juni 1945

Webcode:
PE641796-305

(…) Die Vereinten Nationen setzen sich folgende Ziele:

1. den Weltfrieden und die internationale Sicherheit zu wahren und zu diesem Zweck wirksame Maßnahmen zu treffen, um (…) Angriffshandlungen und andere Friedensbrüche zu unterdrücken und internationale Streitigkeiten (…) durch friedliche Mittel nach den Grundsätzen der Gerechtigkeit und des Völkerrechts zu bereinigen oder beizulegen,
2. freundschaftliche, auf der Achtung vor dem Grundsatz der Gleichberechtigung und Selbstbestimmung der Völker beruhende Beziehungen zwischen den Nationen zu entwickeln (…),
3. eine internationale Zusammenarbeit herbeizuführen, um internationale Probleme wirtschaftlicher, sozialer, kultureller und humanitärer Art zu lösen und die Achtung vor den Menschenrechten und Grundfreiheiten für alle ohne Unterschied der Rasse, des Geschlechts, der Sprache oder der Religion zu fördern. (…)

Artikel 41
Der Sicherheitsrat kann beschließen, welche Maßnahmen – unter Ausschluss von Waffengewalt – zu ergreifen sind, um seinen Beschlüssen Wirksamkeit zu verleihen. (…) Sie können die vollständige oder teilweise Unterbrechung der Wirtschaftsbeziehungen, des Eisenbahn-, See- und Luftverkehrs (…) beschließen.

Artikel 42
Ist der Sicherheitsrat der Auffassung, dass die in Artikel 41 vorgesehenen Maßnahmen (…) sich als unzulänglich erwiesen haben, so kann er mit Luft-, See- oder Landstreitkräften die zur Wahrung oder Wiederherstellung des Weltfriedens und der internationalen Sicherheit erforderlichen Maßnahmen durchführen. (…)

M4 UN-Gebäude in New York

Wie funktioniert die UNO?

M 1 Die UN-Vollversammlung in New York

M 2 UN-Generalsekretär Ban Ki Moon

Unterschiedliche Vorstellungen über die UNO

Die Vorstellungen über eine neue Weltfriedensordnung waren bei der Gründung der UNO recht unterschiedlich. Deswegen verständigte man sich darauf, dass die USA, die Sowjetunion, Großbritannien, Frankreich und China in der wichtigsten Einrichtung der UNO, dem Sicherheitsrat, ein Vetorecht erhielten. Jedes Mitglied im Sicherheitsrat hat das Recht, durch einen Einspruch einen Beschluss zu verhindern. Entscheidungen können also im Sicherheitsrat nur einstimmig gefasst

werden. Zudem wurde beschlossen, dass diese fünf Staaten ständige Mitglieder des Sicherheitsrates sein sollten. Nach Auflösung der Sowjetunion hat nun Russland einen ständigen Sitz im Sicherheitsrat. Neben den fünf genannten ständigen Mitgliedern gehören zum Sicherheitsrat zehn weitere, nichtständige Mitglieder, die alle zwei Jahre von der Generalversammlung gewählt werden: fünf aus Afrika und Asien, je zwei aus Lateinamerika und der Gruppe der westeuropäischen und sonstigen Staaten, ein osteuropäisches Land.

Die Generalversammlung ist das organisatorische Zentrum der UNO. Sie tritt einmal im Jahr in New York zur Beschlussfassung über die wichtigsten Fragen der Weltpolitik zusammen. Alle Mitgliedsstaaten der UNO sind in der Generalversammlung nach dem Prinzip „Ein Staat – eine Stimme" gleichberechtigt vertreten.

Die UNO – eine Weltorganisation

Im Jahr 2009 gehörten der UNO 192 Staaten an. Das waren praktisch alle Staaten der Erde. Eine der Lehren, welche die Siegermächte aus dem Zweiten Weltkrieg gezogen hatten, war die Einsicht, dass der Weltfriede nicht nur durch Kriege, sondern auch durch Armut und Elend bedroht wird. Sonderorganisationen widmen sich daher den Problemen der Entwicklungsländer, z. B. die WHO (Weltgesundheitsorganisation), die Infektionskrankheiten und Seuchen in der Welt ausrotten will, oder die FAO (Ernährungsorganisation). Mehr als 16 000 Menschen arbeiten heute für UN-Einrichtungen. Der Haushalt der UNO im Jahr 2010/2011 betrug 5,2 Milliarden US-$.

1 Erkläre den Begriff Vetorecht. Überlege, welche Vor- und welche Nachteile mit diesem Recht verbunden sein können.

2 Schreibe zu den im Autorentext genannten Einrichtungen der UNO jeweils eine kurze Definition (Autorentext, M 4).

3 Spielt das UN-Spiel (M 3).

Bildet Gruppen und versucht, die nachstehenden Fragen mithilfe von M4 zu beantworten. Notiert Kürzel und Bedeutung. Für jede richtige Lösung gibt es einen Punkt (Lösung siehe S. 368).

Wer ist zuständig?

1. Flüchtlinge müssen versorgt werden.
2. Absprachen zu weltweiten Gesundheitsfragen.
3. Einsatz von Friedenstruppen.
4. Anklagen von Kriegsverbrechern.
5. Übersicht über die Welternährung.
6. Ideenaustausch zur industriellen Entwicklung.
7. Entwicklungshelfereinsatz.
8. Asiatische Staaten verhandeln über Wirtschaftsfragen.
9. Der Generalsekrektär wird gewählt.
10. Umweltfragen sollen gelöst werden.
11. Sorge für Kinder in aller Welt.
12. Forschungen zur landwirtschaftlichen Entwicklung.
13. Weltweite Wirtschafts- und Sozialfragen.
14. Frauenförderung.
15. Menschenrechtsfragen.
16. Fragen des internationalen Postwesens.
17. Welthandelsprobleme.
18. Waffenverminderung in aller Welt.
19. Schule und Erziehung in aller Welt.
20. Atomenergiefragen.

M3 Das UN-Spiel

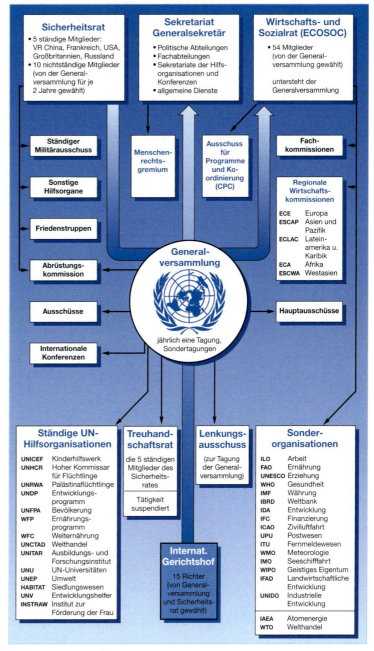

M4 Organisation der UNO

Weitere Hinweise findest du im Internet:

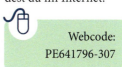

Webcode:
PE641796-307

Frieden schaffen – ohne Waffen?

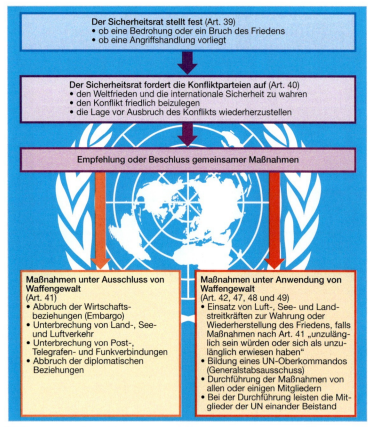

Der Sicherheitsrat stellt fest (Art. 39)
• ob eine Bedrohung oder ein Bruch des Friedens
• ob eine Angriffshandlung vorliegt

Der Sicherheitsrat fordert die Konfliktparteien auf (Art. 40)
• den Weltfrieden und die internationale Sicherheit zu wahren
• den Konflikt friedlich beizulegen
• die Lage vor Ausbruch des Konflikts wiederherzustellen

Empfehlung oder Beschluss gemeinsamer Maßnahmen

Maßnahmen unter Ausschluss von Waffengewalt
(Art. 41)
• Abbruch der Wirtschaftsbeziehungen (Embargo)
• Unterbrechung von Land-, See- und Luftverkehr
• Unterbrechung von Post-, Telegrafen- und Funkverbindungen
• Abbruch der diplomatischen Beziehungen

Maßnahmen unter Anwendung von Waffengewalt
(Art. 42, 47, 48 und 49)
• Einsatz von Luft-, See- und Landstreitkräften zur Wahrung oder Wiederherstellung des Friedens, falls Maßnahmen nach Art. 41 „unzulänglich sein würden oder sich als unzulänglich erwiesen haben"
• Bildung eines UN-Oberkommandos (Generalstabsausschuss)
• Durchführung der Maßnahmen von allen oder einigen Mitgliedern
• Bei der Durchführung leisten die Mitglieder der UN einander Beistand

M 1 Was kann der Sicherheitsrat entscheiden?

M 2 Blauhelmtruppen

Zur Friedenssicherung eingesetzte multinationale Beobachtergruppen oder Truppenkontingente der Vereinten Nationen, wegen ihrer blauen Helme auch als UN-Blauhelme bezeichnet. Beobachtergruppen bestehen aus unbewaffneten Soldaten, die z. B. die Einhaltung von Waffenstillstandsvereinbarungen kontrollieren oder eine Pufferzone zwischen den Konfliktparteien bilden. Von den beteiligten Truppenverbänden wird strikte Neutralität erwartet. Sie dürfen, außer zur Selbstverteidigung, keine Gewalt anwenden. 1988 wurde den UN-Friedenstruppen der Friedensnobelpreis verliehen.

www.wissen.de (Zugriff: 23.11.2005)

Konfliktbewältigung nach der UN-Charta

Mit ihrem Beitritt zur UNO haben 192 Staaten ihren Willen bekundet, gemeinsam an der Sicherung des Weltfriedens zu arbeiten. Die UN-Charta verpflichtet die Unterzeichnerstaaten, jede Androhung oder Anwendung von Gewalt gegen andere Staaten zu unterlassen. Wenn Staaten dennoch gegen die UN-Charta verstoßen und den Frieden gebrochen haben, kann der UN-Sicherheitsrat Maßnahmen zur Konfliktbewältigung ergreifen. Dabei gilt es zu unterscheiden zwischen
– friedenssichernden Maßnahmen sowie
– militärischen und nichtmilitärischen Zwangsmaßnahmen.

Keine eigenen Truppen

Als letzte und äußerste Maßnahme zur Konfliktbewältigung kann der Sicherheitsrat den Einsatz von Luft-, See- oder Landstreitkräften beschließen. Nach der UN-Charta sind alle Mitgliedsstaaten verpflichtet, auf Ersuchen des Sicherheitsrates Streitkräfte zur Verfügung zu stellen und das Durchmarschrecht zu gewähren. In der Praxis überlässt der Sicherheitsrat die Ausführung der beschlossenen militärischen Maßnahmen den Mitgliedern der UNO, die sich dazu bereit erklären. So beteiligten sich 1950 bis 1953 fünfzehn Staaten, um Frieden zu stiften im Krieg zwischen Nord- und Südkorea. Im Jahr 1991 waren es dreizehn Staaten, die im ersten Golfkrieg die Eigenständigkeit Kuweits gegenüber dem Irak durchsetzten. Das Oberkommando über die Truppen lag bei beiden Einsätzen bei den USA.

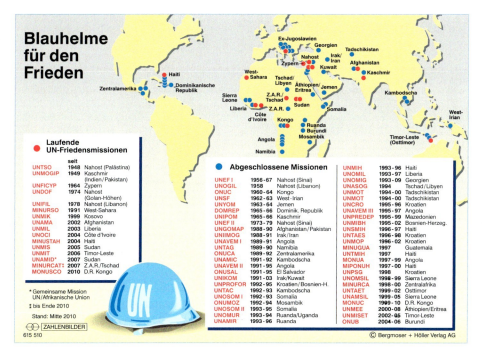

Blauhelme für den Frieden

● Laufende UN-Friedensmissionen

	seit	
UNTSO	1948	Nahost (Palästina)
UNMOGIP	1949	Kaschmir (Indien/Pakistan)
UNFICYP	1964	Zypern
UNDOF	1974	Nahost (Golan-Höhen)
UNIFIL	1978	Nahost (Libanon)
MINURSO	1991	West-Sahara
UNMIK	1999	Kosovo
UNAMA	2002	Afghanistan
UNMIL	2003	Liberia
UNOCI	2004	Côte d'Ivoire
MINUSTAH	2004	Haiti
UNMIS	2005	Sudan
UNMIT	2006	Timor-Leste
UNAMID*	2007	Sudan
MINURCAT‡	2007	Z.A.R./Tschad
MONUSCO	2010	D.R. Kongo

* Gemeinsame Mission UN/Afrikanische Union

‡ bis Ende 2010

Stand: Mitte 2010

ZAHLENBILDER

615 510

● Abgeschlossene Missionen

UNEF I	1956-67	Nahost (Sinai)
UNOGIL	1958	Nahost (Libanon)
ONUC	1960-64	Kongo
UNSF	1962-63	West-Irian
UNYOM	1963-64	Jemen
DOMREP	1965-66	Dominik. Republik
UNIPOM	1965-66	Kaschmir
UNEF II	1973-79	Nahost (Sinai)
UNGOMAP	1988-90	Afghanistan/Pakistan
UNIIMOG	1988-91	Irak/Iran
UNAVEM I	1989-91	Angola
UNTAG	1989-90	Namibia
ONUCA	1989-92	Zentralamerika
UNAMIC	1991-92	Kambodscha
UNAVEM II	1991-95	Angola
ONUSAL	1991-95	El Salvador
UNIKOM	1991-03	Irak/Kuwait
UNPROFOR	1992-95	Kroatien/Bosnien-H.
UNTAC	1992-93	Kambodscha
UNOSOM I	1992-93	Somalia
ONUMOZ	1992-94	Mosambik
UNOSOM II	1993-95	Somalia
UNOMUR	1993-94	Ruanda/Uganda
UNAMIR	1993-96	Ruanda

UNMIH	1993-96	Haiti
UNOMIL	1993-97	Liberia
UNOMIG	1993-09	Georgien
UNASOG	1994	Tschad/Libyen
UNMOT	1994-00	Tadschikistan
UNMOT	1994-00	Tadschikistan
UNCRO	1995-96	Kroatien
UNAVEM III	1995-97	Angola
UNPREDEP	1995-99	Mazedonien
UNMIBH	1995-02	Bosnien-Herzeg.
UNSMIH	1996-97	Haiti
UNTAES	1996-98	Kroatien
UNMOP	1996-02	Kroatien
MINUGUA	1997	Guatemala
UNTMIH	1997	Haiti
MONUA	1997-99	Angola
MIPONUH	1997-00	Haiti
UNPSG	1998	Kroatien
UNOMSIL	1998-99	Sierra Leone
MINURCA	1998-00	Zentralafrika
UNTAET	1999-02	Osttimor
UNAMSIL	1999-05	Sierra Leone
MONUC	1999-10	D.R. Kongo
UNMEE	2000-08	Äthiopien/Eritrea
UNMISET	2002-05	Timor-Leste
ONUB	2004-06	Burundi

© Bergmoser + Höller Verlag AG

M 3 UN-Einsätze

Unerfüllte Hoffnung auf Frieden?

Zum ersten Mal in der Geschichte der Menschheit ist durch die UN-Charta anerkannt worden, dass militärische Maßnahmen der Völkergemeinschaft gegen einen Angreifer legitim (erlaubt) sind.

Doch während der Zeit des Kalten Krieges zwischen Ost und West (1949–1989) wurden viele notwendige Friedensinitiativen der UNO durch die Uneinigkeit der USA und der Sowjetunion verhindert. Bis 1990 machten die USA und die Sowjetunion mehr als 200-mal von ihrem Vetorecht im Sicherheitsrat Gebrauch. In vielen kriegerischen Konflikten konnte die UNO nur Friedenstruppen, die Blauhelmtruppen, schicken, um die Kampfhandlungen zu beobachten oder Waffenstillstands- und Friedensverträge zu überwachen. Zwischen 1948 und 1987 gab es insgesamt 13 solcher Beobachtungs- und Friedensmissionen. Ihre Zahl nahm sprunghaft zu, als mit dem Ende des Ost-West-Konflikts die UNO neuen Handlungsspielraum gewann.

M 4 Sitzung des UN-Sicherheitsrates

1 Ordne die Maßnahmen, die der UNO zur Konfliktbewältigung zur Verfügung stehen, in einer Tabelle. Unterscheide dabei zwischen friedenssichernden Maßnahmen, militärischen Zwangsmaßnahmen und nichtmilitärischen Zwangsmaßnahmen (M 1, M 2, Text).

2 Erkläre den Anstieg von UN-Einsätzen nach Beendigung des Ost-West-Konflikts (Text, M 3).

3 Informiere dich über ausgewählte und aktuelle UN-Einsätze (z. B. USA–Irak, Libanon) und berichte in der Klasse (M 3, Internet).

Weltmacht EU?

M 1 links: Besuch des damaligen Hohen Vertreters für die Gemeinsame Außen- und Sicherheitspolitik der EU (GASP), Javier Solana, bei Soldaten der humanitären EUFOR-Mission im Tschad, 7.5.2008; rechts: Deutscher Polizist bei der Schulung einer Polizeieinheit in Afghanistan, 18.6.2008

M2 Gemeinsame Außenpolitik

Tätigkeitsbereiche der Europäischen Union: Außen- und Sicherheitspolitik

Die Europäische Union ist bei der Gestaltung einer gemeinsamen Außen- und Sicherheitspolitik im Laufe der Jahre weniger schnell vorangekommen als bei der Schaffung des gemeinsamen Marktes und der gemeinsamen Währung. In den vergangenen 15 Jahren hat die EU neue Anstrengungen unternommen, um ihre Rolle in der Außen- und Sicherheitspolitik ihrer Bedeutung als Handels- und Wirtschaftsmacht anzugleichen.

Der Grundsatz einer **Gemeinsamen Außen- und Sicherheitspolitik (GASP)** wurde 1992 im Vertrag von Maastricht vereinbart. Ziel war, dass die EU nicht nur als Partner der USA in der NATO handeln konnte, sondern ein eigenständiges außen- und sicherheitspolitisches Gewicht darstellen wird. Im Balkankrieg, der kurz darauf im ehemaligen Jugoslawien ausbrach, zeigte sich jedoch, dass die EU außen- und sicherheitspolitisch kaum etwas erreichte. Man schuf deshalb das Amt des Hohen Vertreters für die Außen- und Sicherheitspolitik, der seitdem neben der Außenkommissarin die außen- und sicherheitspolitischen Positionen der EU international vertritt. Die Aufgaben und Befugnisse des Hohen Vertreters wurden durch den neuen 📖 Vertrag von Lissabon, auf den sich die Regierungen der Mitgliedstaaten im Dezember 2007 einigten, gestärkt.

Als Teil der GASP rief die Union darüber hinaus eine Europäische Sicherheits- und Verteidigungspolitik (ESVP) ins Leben, die vorbehaltlich entsprechender Beschlüsse auch die Schaffung einer gemeinsamen Verteidigungsstruktur ermöglicht. Im Dezember 2003 nahmen die europäischen Staats- und Regierungschefs eine Europäische Sicherheitsstrategie an und verständigten sich über ihren Grundauftrag. Der Kampf gegen den Terror, eine Strategie für den Nahen Osten und eine umfassende Politik für Bosnien und Herzegowina wurden als vorrangige Aktionsbereiche festgelegt.

Vielleicht ist es passend, dass die ersten ESVP-Missionen im ehemaligen Jugoslawien stattfanden, dem Schauplatz früherer Frustrationen. Die EU verfügt über eine 500 Mann starke Polizeitruppe in Bosnien-Herzegowina, die sich auf die Ausbildung der Offiziere vor Ort gemäß den europäischen Normen und Praktiken widmet. Seit 2005 hat die EU Befehlsgewalt über die militärisch geführte EUFOR-Truppe in Bosnien-Herzegowina. Im Mai 2007 beschloss die EU, eine Polizeitruppe für drei Jahre nach Afghanistan zu schicken.

http://europa.eu/pol/cfsp/overview_de.htm
(Zugriff: 2. 6. 2008, gekürzt und vereinfacht)

Ziele der Sicherheitspolitik

Die EU mit ihren 27 Mitgliedsstaaten und fast 480 Millionen Einwohnern, die ein Viertel des Bruttosozialprodukts weltweit erwirtschaften, stellt weltpolitisch eine wichtige Macht dar. Dem soll die 2003 erarbeitete neue Sicherheitsstrategie Rechnung tragen. Während die Europäische Sicherheitsstrategie sich früher vorrangig auf militärische Aspekte im Rahmen der NATO und als Verbündeter der USA beschränkte, verfolgt die EU heute einen ganzheitlichen Ansatz. Dabei spielt auch die Bekämpfung von Armut und Unterernährung eine wichtige Rolle. Folgende Gesichtspunkte werden besonders betont:

· Die EU bekennt sich zu ihrer **Verantwortung** für die globale Sicherheit. Sie befürwortet ein kooperatives Handeln in multilateralen Strukturen auf der Basis der UN-Charta.

· Die Bedrohungen der internationalen Sicherheit sind das Resultat von **Globalisierungsprozessen**, wobei Armut und schlechte Staatsführung eine besondere Rolle spielen.

· Die Stärke der EU liegt in der Kombination ziviler **Aufbauhilfe** und – wenn nötig – militärischer Intervention.

· Die EU will die Zusammenarbeit mit allen Staaten im Rahmen der UNO. Sie betont die enge Zusammenarbeit mit den USA und Kanada in der **NATO**. Zudem strebt sie strategische Partnerschaften mit den wichtigsten Mächten der Welt an (z. B. Russland, VR China, Kanada).

· Schwerpunkte der europäischen Sicherheitspolitik bilden die unmittelbaren **Nachbarn** der EU: die westlichen Balkanstaaten, die europäischen GUS-Länder, die nordafrikanischen und nahöstlichen Mittelmeerstaaten.

· Die EU will **stabilisierend** über ihre Grenzen hinaus wirken und diese damit zugleich sicherer machen.

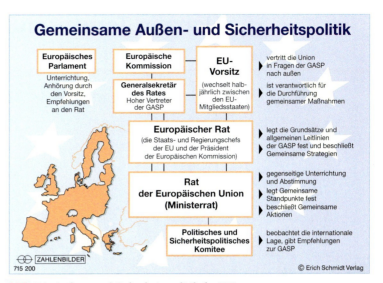

M 3 Die Außen- und Sicherheitspolitik der EU

Die Europäische Politik militarisiert sich zusehends, um im Gerangel der Großmächte auf dem und um den Weltmarkt auch auf diesem Gebiet mitreden zu können. Die Europäische Sicherheitsstrategie (ESS) ist dazu der Leitfaden. Die Militärausgaben in der EU – und auch in der Bundesrepublik – steigen wieder deutlich an. Gleichzeitig nehmen die Waffenexporte aus den großen EU-Ländern zu. Sie tragen zur Verschärfung der Konflikte in vielen Ländern bei, in denen die EU oder ihre Mitgliedsstaaten dann in „Friedensmissionen" militärisch intervenieren. Ein Schwerpunkt wird (zukünftig) auch der Ausbau der so genannten „zivil"-militärischen Strukturen der EU sein. Die Vermischung ziviler und militärischer Komponenten ist hochproblematisch. Ganz wesentlich ist auch die weitere Herausbildung der European Gendarmerie Forces. Diese European Gendarmerie Forces ist militarisierte Polizei. Sie als zivile Komponente zu bezeichnen, ist irreführend.

http://www.attac.de/eu-ag/neu/readarticle.php?article_id=48 (Zugriff: 2.6.2008)

M 4 Militarisierung der EU?

1 Erläutere, welche Ziele die Gemeinsame Außen- und Sicherheitspolitik der EU verfolgt.

2 Arbeite heraus, welche Aufgabe dabei dem Hohen Vertreter der GASP zukommt (M 2).

3 Fasse zusammen, welche Kritik Friedensgruppen wie attac an der Europäischen Sicherheitsstrategie äußern (M 4).

Globaler Terrorismus

M 1 Am 11. September 2001 wurde New York für immer gezeichnet

M 2 Weitere Anschläge des Terrornetzwerkes Al Qaida (von links nach rechts): 11.4.2002: Synagoge in Djerba (Tunesien). 12.10.2002: Auf der Ferieninsel Bali starben 202 Menschen durch einen Anschlag der Al-Qaida-nahen Organisation Jemaah Islamiya. Am 11.3.2004 starben 191 Menschen bei einem Anschlag auf den Madrider Bahnhof Atocha.

Terrorismus in neuer Dimension

Die Anschläge auf das World Trade Center in New York und das Pentagon in Washington waren der Höhepunkt einer neuen Form des Terrorismus im ausgehenden 20. und beginnenden 21. Jahrhundert. Sie forderten Tausende von Opfern und verursachten einen kaum messbaren wirtschaftlichen Schaden. Die Urheber waren 19 Attentäter des radikal-islamischen Terrornetzwerkes Al Qaida („Basis") unter Führung des saudischen Millionärs Osama Bin Laden. Der UN-Sicherheitsrat stufte die Terroranschläge als Gefahr für den Weltfrieden und die internationale Sicherheit ein.

U. Schneckener: Globaler Terrorismus, in: Informationen zur politischen Bildung 3/2003, S. 53–56

M 3 Globaler Terror

Kai Hirschmann vom Institut für Sicherheitspolitik in Essen spricht von „globalem Terrorismus", wenn mindestens eine von vier Bedingungen zutrifft:

1. Die Zielsetzungen und Begründungen der Terroristen für ihre Anschläge beziehen sich nicht auf eine begrenzte Region, sondern sind global angelegt.
2. Der Aktionsraum der Terroristen ist nicht auf eine bestimmte Region beschränkt, sondern sie operieren global.
3. Die Mitglieder der Terrorgruppen stammen aus vielen Ländern, sodass mit der Ausweitung ihrer Aktivitäten in diesem Umfeld gerechnet werden muss.
4. Es handelt sich um eine weltweite „Idee in den Köpfen" (Ideologie), wie im Fall „Al Qaidas".

P. Brokemper u. a.: Geschichte Real 3. Berlin, 2005, S. 219

M 4 Eine Religion wird verantwortlich gemacht

Die Tatsache, dass die Attentäter von New York Moslems waren und ihre Tat mit ihrem Glauben, dem Islam, zu rechtfertigen versuchten, erhärtete bei vielen Menschen weltweit die Überzeugung, dass der Islam eine Gewalt verherrlichende Religion sei. Massentötungen, wie sie bei Terroranschlägen häufig die Folge sind, werden jedoch weder vom Koran noch von der Scharia (islamische Gesetzgebung) gebilligt oder gar verlangt. Im Gegenteil: Die „Muru'a", die Mannesehre, verbietet es ausdrücklich, Schwächere wie Kinder, Frauen oder alte Menschen anzugreifen. „Selbstmordattentäter haben keine Ahnung von ihrer Religion, sie wissen nicht, dass sie eine Todsünde begehen", urteilt der Islamexperte Bernard Lewis in einem Zeitungsartikel.

Das Parlament, 22.12.2003

M 5 In Bagdad marschieren Freiwillige für Selbstmordaktionen im Heiligen Krieg gegen Israel – mit Sprengstoffgürteln am Körper

M 6 Die dunkle Seite der Religion

Der eine Gott, an den Juden, Christen, Muslime glauben, *(kann)* zwar die Menschen zu größter Menschlichkeit bringen, in seiner Eifersucht auf die fremden Götter aber auch zu größter Grausamkeit. (…) Am 11. September offenbarte sich die grausame, gewalttätige, unheimliche Seite der Religion, zum Entsetzen der Europäer und Nordamerikaner. (…)

Da war er auf einmal, der Islam. (…) Plötzlich war er sichtbar, grell beleuchtet vom Feuerschein der explodierenden Flugzeuge – mit seinen strengen Regeln und der Vermischung von Religion und Politik. Mit den kriegerischen Passagen im Koran und dem mittelalterlichen Rechtssystem der Scharia, der theologischen Starre, der Ideologie der islamischen Weltgemeinschaft, vereint im Hass auf den Westen.

Matthias Drobrinski: Die dunkle Seite der Religion, Süddeutsche Zeitung v. 31.8.2011; in: http://www.sueddeutsche.de (Zugriff: 19.3.2012)

---

1 Schlagt in einem Lexikon den Begriff „Terrorismus" nach und stellt fest, worin sich diese Definition von der in M 3 unterscheidet.

2 Diskutiert: Kann einer Religion die Verantwortung für die Terroranschläge gegeben werden (M 4 bis M 6)?

Antworten auf den Terrorismus

M 1 Soldat einer amerikanischen Spezialeinheit im Afghanistan-Krieg auf der Suche nach Kämpfern der Terrororganisation Al Qaida. Aufgenommen am 1. Januar 2002 durch ein Nachtsichtgerät.

M 2 UN-Beschluss gegen Terrorismus

Der Sicherheitsrat (…) (verurteilt) in Anerkennung des naturgegebenen Rechts zur individuellen und kollektiven Selbstverteidigung im Einklang mit der Charta, (…) unmissverständlich mit allem Nachdruck die grauenhaften Terroranschläge am 11. September 2001 in New York (…) und betrachtet diese Handlungen, wie alle internationalen terroristischen Handlungen, als Bedrohung des Weltfriedens. (…)

Der Sicherheitsrat (…) fordert alle Staaten dringend zur Zusammenarbeit auf, um die Täter, Organisatoren und Förderer dieser Terroranschläge vor Gericht zu stellen, und betont, dass diejenigen, die den Tätern, Organisatoren und Förderern dieser Handlungen geholfen, sie unterstützt oder ihnen Unterschlupf gewährt haben, zur Verantwortung gezogen werden.

Resolution 1368 des UN-Sicherheitsrats vom 12. September 2001

Terrorismus als Bedrohung der internationalen Gemeinschaft

Der UN-Sicherheitsrat rief nach dem Anschlag im September 2001 in zwei Resolutionen zum Kampf gegen den Terrorismus als Bedrohung von Frieden und Sicherheit auf. Die NATO erklärte den Bündnisfall, d. h., sie sah die Terrorangriffe als kriegerische Aktion gegen die USA an und war zur gemeinsamen Verteidigung bereit.

Der wichtigste Stützpunkt des Terrornetzwerks Al Qaida war das von radikalen Islamisten, den Taliban, regierte Afghanistan. Da diese sich weigerten, Bin Laden auszuliefern, stürzten die USA in einer Militäraktion das Talibanregime. Eine Übergangsregierung, in der alle afghanischen politischen Gruppen mit Ausnahme der Taliban vertreten sind, betreibt seit 2002 den Wiederaufbau des durch Bürgerkrieg und Luftkrieg zerstörten Afghanistan. Dabei wird sie durch zahlreiche Staaten und eine internationale Schutztruppe mit deutscher Beteiligung unterstützt.

Das Terrornetzwerk Al Qaida

Im Mai 2011 erschossen US-Soldaten Bin Laden bei der Erstürmung seines Anwesens in Pakistan. In mindestens 20 Staaten wurden weitere mutmaßliche Al-Qaida-Mitglieder inhaftiert. Allein auf dem kubanischen US-Stützpunkt Guantanamo saßen 2004 rund 600 Verdächtige ein. Wegen des starken Verfolgungsdrucks und der Ausdünnung der Leitungsebene wandelte sich der Aufbau von Al Qaida. Nun handelt die Organisation in Form selbstständiger Einheiten weiter, die kaum noch zentral gesteuert werden und die über neue Stützpunkte in verschiedenen Ländern verfügen (u. a. im Jemen, am Horn von Afrika, Ägypten).

Uneinigkeit beim Irak-Krieg

Während die Weltgemeinschaft die USA gegen Afghanistan und Al Qaida einmütig unterstützte, war der Sicherheitsrat in der Frage eines Krieges gegen den Irak uneinig.

Die USA und Großbritannien befürworteten einen Krieg, da der Irak Massenvernichtungswaffen (ABC-Waffen) besitze und in die Anschläge vom 11. September verwickelt gewesen sei. Die übrigen Länder im Sicherheitsrat, besonders Frankreich und Deutschland, sahen die Begründung der USA für einen Präventivkrieg als nicht stichhaltig an und verweigerten die Unterstützung.

Daraufhin besetzten die USA und Großbritannien in einem kurzen Krieg den Irak allein und setzten die Regierung des Diktators Saddam Hussein im April 2003 ab. Beide Länder begannen die Verwaltung und den Wiederaufbau des Landes zu übernehmen. Massenvernichtungsmittel wurden nicht gefunden, und eine Verbindung des Saddam-Regimes zu Al Qaida konnte nicht nachgewiesen werden. Ende 2011 haben alle US-Truppen den Irak verlassen.

M 3 Sturz eines Denkmals Saddam Husseins in Bagdad

US-Präsident: Demokratie mit Waffengewalt durchsetzen

Im Irak helfen wir dem seit langem leidenden Volk, eine ehrbare und demokratische Gesellschaft im Herzen des Nahen Ostens aufzubauen. Gemeinsam wandeln wir einen Ort der Folterkammern und Massengräber um in eine Nation der Gesetze und freien Institutionen. Dieses Unternehmen ist schwierig und kostspielig – aber es ist unseres Landes würdig und von entscheidender Bedeutung für unsere Sicherheit.

Der Nahe Osten wird entweder ein Ort von Fortschritt und Frieden werden, oder er wird ein Exporteur von Gewalt und Terror, der weitere Menschenleben in Amerika und anderen freien Staaten fordert. Der Triumph von Demokratie und Toleranz im Irak, in Afghanistan und darüber hinaus wäre ein schwerer Rückschlag für den internationalen Terrorismus.

G. W. Bush, Rede des ehemaligen amerikanischen Präsidenten, 7. 9. 2003

Friedensforscher: „Demokratieexport" als Friedensbedrohung

Die kritische Lage im Irak liefert radikalen Kräften im Lande, aber auch über dessen Grenzen hinaus, willkommene Vorwände, um jeglichem Widerstand gegen die Staaten der Besatzer – und sei es durch Terror – den Anstrich der „Legitimität" zu geben. (…) Die bittere Schlussfolgerung vor allem aus dem Irak-Krieg ist, dass er nicht nur für die Terroreindämmung ineffizient ist, sondern inzwischen selbst zu einer Friedensbedrohung geworden ist.

Hans-Joachim Gießmann, Friedensgutachten 2004

CDU-Vorsitzende: Zumindest Menschenrechte durchsetzen

Einen Standard an Menschenrechten und Stabilität gegen Bedrohung durchzusetzen kann durchaus ein Ziel militärischen Eingreifens sein. Aber den eigentlichen Aufbau einer Gesellschaftsordnung kann man nicht – oder nur sehr schwer – fremdbestimmen. Das muss aus den jeweiligen Gesellschaften selbst kommen.

Angela Merkel in einem Interview für DIE ZEIT am 6. 5. 2004
Alle Zitate aus: Was heißt hier Demokratie? Hg. von der Bundeszentrale für politische Bildung, Bonn 2005, S. 31

M 4 Krieg für Demokratie?

1 Erkläre die UN-Resolution (M 2). Welche Bedeutung misst sie dem Terrorismus zu?

2 Begründe, warum Maßnahmen gegen den Terrorismus nur mit großem Aufwand zum Erfolg führen können.

3 Krieg für Demokratie und gegen Terror? Nimm Stellung zu den Äußerungen in M 4.

Umwelt kennt keine Grenzen

M 1 *Karikatur: Schwarwel*

M 2 *Karikatur: G. Mester*

Webcode:
PE641796-316

Weltweite Umweltstandards?

In den 1960er-Jahren fanden Biologen im Fleisch von Pinguinen am Südkap Afrikas eine hohe Konzentration von Industriegiften, die – auf welchem Weg auch immer – aus den Produkten und Schornsteinen der Chemiekonzerne in die letzten Winkel der scheinbar unberührten Natur eingedrungen waren.

1972 erschien der berühmt gewordene Bericht über die „Grenzen des Wachstums" an den Club of Rome. Der Bericht weckte bei vielen ein Bewusstsein für die Endlichkeit der Ressourcen (Rohstoffe, Boden, Wasser, Luft …).

1986 und 2011 kam es bei den Reaktorunfällen in Tschernobyl und Fukushima zu verheerenden Kernschmelzen. Erst nach und nach wurde das gesamte Ausmaß des Unfalls in Tschernobyl klar: Bis 1998 starben über 150 000 Menschen an den Folgen. In Japan werden ähnliche Folgen der Katastrophe von Fukushima befürchtet.

Aus diesen und ähnlichen Erfahrungen gab es seit den 1990er-Jahren verstärkt internationale Bemühungen um weltweit einheitliche Umweltstandards. 1992 tagte z. B. die UN-Konferenz für Umwelt und Entwicklung in Rio de Janeiro, die die so genannte 📖 Agenda 21 verabschiedete. 2002 wurden die Ergebnisse der Rio-Konferenz in Johannesburg überprüft und neue Ziele formuliert.

Neben staatlichen Anstrengungen gibt es zahlreiche Organisationen (📖 WWF, 📖 Friends of the Earth, 📖 Greenpeace), die sich z. T. bereits seit den 1960er-Jahren international für den Umweltschutz engagieren.

Internationale Umweltverträge

Das Rückgrat der internationalen Umweltpolitik bildet heute ein weit verzweigtes Netz mehrerer 100 zwischenstaatlicher und globaler Umweltverträge. Darunter sind über 100 Abkommen mehrerer Staaten als Vertragspartner. Die Abkommen erstrecken sich vom Artenschutz über den Schutz der Atmosphäre bis zur Bekämpfung gefährlicher Chemikalien. Dabei sind im Einzelnen durchaus Erfolge erzielt worden. Jedoch stehen dem Umweltschutz durch Vertragsabschlüsse Hindernisse entgegen, die schnelle Fortschritte verhindern:

– Um das Einverständnis aller Vertragspartner erzielen zu können, vergeht in der Regel viel Zeit und eine Einigung erfolgt nur auf dem kleinsten gemeinsamen Nenner.

– Häufig dauert es wegen der langwierigen internationalen Verabschiedung der Verträge durch die Parlamente der Länder mehrere Jahre, bis die Abkommen rechtsgültig sind.

Bereich	Problem	Ist-Zustand heute	Ziel
Klima	Allmähliche Erhöhung der Erdtemperatur durch die Emission von Treibhausgasen	Ca. 27 Mrd. t CO_2-Emissionen entstehen jedes Jahr v. a. durch Energieverbrauch (Kohle, Öl, Gas).	Einfrieren der CO_2-Emissionen auf den Stand von 1990 (2,1 Mrd. t) bis zum Jahr 2050; langfristig: ca. 14 Mrd t.
Wasser	Unterversorgung mit Trinkwasser für einen erheblichen Teil der Weltbevölkerung	20 % der Weltbevölkerung haben keinen Zugang zu sauberem Trinkwasser.	Reduzierung des Wasserverbrauchs in Landwirtschaft und Industrie durch intelligente Nutzung: internationale Absprachen, besseres Wassermanagement.
Wald und Boden	Zerstörung der Regenwälder und Degradierung der Böden durch Landnahme und angepasste Nutzung	Zwischen 1990 und 1995 gingen weltweit pro Jahr rund 11,2 Mio. Hektar Wald verloren (29 Fußballfelder/Minute).	Angepasste Landnutzung und Landwirtschaft; nachhaltige Nutzung der Ressourcen; ökonomische Alternativen zur Überbeanspruchung der Böden.
Wasserqualität	Vergiftung des Wassers durch eingeleitete oder freigesetzte Schadstoffe	1,2 Mrd. Menschen (jeder 5.) leiden unter verunreinigtem Wasser. Ca. 15 Mio. Kinder sterben jedes Jahr an den diesbezüglichen Folgen.	Vermeidung von Schadstoffen bei Industrie, Landwirtschaft und Rohstoffgewinnung; Abwasseraufbereitung.
Artenvielfalt	Aussterben vieler Pflanzen- und Tierarten und der Verlust von Gen-Ressourcen durch die Zerstörung von Lebensräumen	Schätzungen gehen davon aus, dass jeden Tag mehr als 100 Tier- und Pflanzenarten endgültig ausgerottet werden.	Errichtung von Reservaten und Naturschutzräumen; angepasste Landnutzung, Schonung der Ökosysteme.

M 3 Ökologische Aufgaben für das 21. Jahrhundert

1 Umwelt kennt keine Grenzen? Erläutere die Aussage anhand der Abbildungen M 1 und M 2.

2 Recherchiere Begriffe wie Agenda 21, WWF, Friends of the Earth …

3 Nenne Umweltprobleme, die aus deiner Sicht möglichst rasch gelöst werden müssten (M 3). Begründe deine Meinung.

4 Besprecht, warum es so schwierig ist, Umweltstandards und internationale Abkommen zur Umweltpolitik durchzusetzen. Notiere Stichworte (Text).

5 Versuche zu erklären, warum dem amerikanischen Delegationsleiter eine Plastikente mit Schwimmring überreicht wurde (M 4).

6 Teilt die Klasse in Gruppen ein.
   a Wählt je eine Region auf der Erde aus und tragt Informationen über die dortigen Folgen des Klimawandels zusammen.
   b Recherchiert im 🖉 Internet weitere Informationen zur gewählten Region.
   c Sucht aktuelle Nachrichten, die über die Klimaschäden in dem von euch gewählten Gebiet berichten.
   d Erstellt gemeinsam eine 🖉 Wandzeitung.

M 4 Delegierte auf dem Klimagipfel in Montreal 2005 überreichen dem amerikanischen Delegationsleiter diese Plastikente mit Schwimmring.

Absturz im Atlantik

Hat der Klimawandel Auswirkungen auf das Flugwetter?

03. Juni 2009 – Hat der Klimawandel Auswirkungen auf das Flugwetter? Die Fachleute hielten sich bedeckt, als der Luftfahrt-Presse-Club in Frankfurt diese Spekulation zum Thema machte. So sagte der Meteorologe Uwe Wesp, die Wirbelstürme über Kontinenten und Meeren seien „bisher" alles in allem so geblieben, wie man sie kenne. Allein Beobachtungen auf lange Sicht könnten neue Erkenntnisse bringen. Die Zahl der Tropenstürme etwa variiere von Jahr zu Jahr. Leichte Abweichungen vom Gewohnten dürften nicht sogleich als vom Menschen verursacht interpretiert werden.

Nach Wesp lässt sich immerhin so viel sagen, dass tropische Stürme wegen einer Erwärmung der Meere an Intensität zunehmen könnten.

Ebenso scheine es, als seien die Landgewitter wuchtiger geworden; es gebe mehr Tornados als früher. Lufthansa-Flugkapitän Rüdiger von Lutzau resümierte, „noch" scheine es beim Flugwetter keine besorgniserregenden Veränderungen zu geben. Für den am Frankfurter Flughafen bei der Information der Besatzungen tätigen Dispatcher Matthias Schmidt sind die Ozeane die wechselhaften Wetterküchen schlechthin, die Windbänder über den Kontinenten seien stabiler. Jeder Flug benötige zur Vorbereitung eine Fülle von Wetternachrichten – „eine dicke Tüte voll". Dann aber seien die Vorhersagen präzise, sodass die Flugzeit meist auf die Minute berechnet werden könne.

M 1 FAZ.NET, *5.6.2009, http://www.faz.net*

UN: Kleine Inseln spüren Klimawandel schon jetzt

New York (dpa) – Während alle Welt noch über den Klimawandel redet, bekommen kleine Inselstaaten seine Folgen bereits deutlich zu spüren. „Für unsere Leute ist das Problem wirklich überraschend", sagte Marlene Moser, die UN-Botschafterin von Nauru, einem Inselreich im Pazifik, dem flächenmäßig kleinsten Staat weltweit, vor der UN-Vollversammlung in New York. Laut Moser müssen mehr und mehr Inselbewohner Haus und Hof wegen des steigenden Meeresspiegels zurücklassen und sich auf dem Festland ein neues Leben aufbauen.

M 2 Die Welt, *4.6.2009, http://newsticker.welt.de/?module=dpa&id=21432052*

M 3 Klimaforscher Jürgen Kropp: „Am Klimawandel gibt es keinen Zweifel"

Potsdam/Münster – In Bonn diskutieren derzeit Delegierte aus 190 Staaten über einen Nachfolge-Vertrag für das Kyoto-Protokoll. Doch trotz aller alarmierender Studien verstummen die Zweifel am Klimawandel nicht. Darüber sprach unser Redaktionsmitglied Martin Ellerich mit Jürgen Kropp vom Potsdam-Institut für Klimaforschung, das die Bundesregierung berät.

Wieso sollen wir Ihren Klimaprognosen glauben – die Wettervorhersage trifft auch nicht immer ein?

Kropp: (...) Aufgrund physikalischen Wissens und von Messdaten können wir projizieren, wie die Entwicklung sein wird. Dies ist jedoch nicht gleichbedeutend damit, dass wir das Wetter für den 1. Januar 2050 in Münster vorhersagen können, denn Klima ist eine Mittelung des Wetters über einen gewissen Zeitraum und eine Region. Im Übrigen ist die Quelle der Unsicherheit in den Klimaprojektionen nicht so sehr das physikalische Wissen, sondern vor allem unsere Unkenntnis darüber, wie sich die Menschheit in den nächsten 100 Jahren verhalten und entwickeln wird.

Kritiker sagen: Klimaveränderungen hat es gegeben, seit es die Welt gibt.

Kropp: Das ist richtig. Aber wir müssen schon den Zeitrahmen beachten: Der natürliche Klimawandel vollzieht sich in

Jahrmillionen; der vom Menschen verursachte unvergleichlich schneller. Der natürliche Klimawandel wird zudem von Faktoren kontrolliert, die der Mensch selbst nicht beeinflussen kann – zum Beispiel Schwankungen der Erdachse oder Vulkanismus. Heute ist der Mensch ein relevanter Klimafaktor; er hat die Konzentration von Treibhausgasen wie Kohlendioxid in der Atmosphäre binnen 150 Jahren um etwa 35 Prozent erhöht. Wenn wir dies nicht stoppen, führt das zu einem Temperaturanstieg von bis zu sechs Grad. Das wäre dann eine Änderung, die zehn- bis 15-mal schneller wäre als die am Ende der letzten Eiszeit vor 13 000 Jahren. Die Frage ist, ob die Menschheit und unsere Umwelt gegen die Folgen gewappnet sind.

(...) Man hört immer mal wieder Vorwürfe wie: Klimaforscher wollten nur erneuerbare Energien oder den Emissionshandel fördern.

Kropp: (lacht) Das sind Verschwörungstheorien. Dann müssten sich ja alle Klimaforscher weltweit abgesprochen haben. Wer die Konkurrenz im Wissenschaftsbetrieb kennt, weiß, dass dies eine unmögliche Vorstellung ist. Da wird sehr genau hingeschaut, was andere Kollegen tun, und im Zweifelsfall nachgerechnet. Niemand unter den ernst zu nehmenden Wissenschaftlern will sich dem Spott anderer Kollegen aussetzen.

Es gibt keinen Zweifel am menschengemachten Klimawandel?

Kropp: Es gibt keine Zweifel – im Gegenteil: Wir sehen heute Veränderungen, die wir offensichtlich unterschätzt haben: Das grönländische Eisschelf schmilzt doppelt so schnell ab, wie wir es noch vor einigen Jahren angenommen haben, und der Temperaturanstieg schreitet immer schneller voran. Wir müssen uns damit auseinandersetzen und Lösungen für die Zukunft erarbeiten. Dies ist alternativlos.

Westfälische Nachrichten, 2.6.2009, http://www. westfaelische-nachrichten.de

HUNGER, SEUCHEN, NATURKATASTROPHEN
315 000 Tote durch Klimawandel
Kofi Annan veröffentlicht Schreckensstudie

Klimawandel ist in der Sahel-Zone deutlich spürbar: Verdursteter Bulle auf einem Feld

Hunderttausende Tote durch die Klimakatastrophe – das ist nicht irgendeine Schreckensprognose für die Zukunft, sondern schon jetzt Realität.

(...) Der frühere UN-Generalsekretär Kofi Annan (71) warnt: Jedes Jahr sterben 315 000 Menschen an den Folgen der Erderwärmung! In 20 Jahren werden es 500 000 pro Jahr sein, glaubt er.

Annans „Global Humanitarian Forum" veröffentlichte eine Studie zu den Auswirkungen der Erderwärmung auf die Menschen. Die Forscher sagen unberechenbare Zyklone voraus, Dürre-Katastrophen und verheerende Überschwemmungen in den Küstengebieten, dazu Insektenplagen und Verteilungskriege um die knappe Nahrung. Es ist der Weltuntergang – in Raten.

Bedenklich: Ihre Schätzungen seien eher konservativ, sagen die Forscher. Der Klimawandel könne weitaus stärker und schneller eintreten.

Besonders betroffen sind die 500 Millionen ärmsten Menschen der Welt. Dabei tragen die 50 ärmsten Länder weniger als ein Prozent zu den weltweiten CO_2-Emissionen bei.

Annans letzte Hoffnung: die reichen Länder. Sie müssten sich auf Maßnahmen zum Klimaschutz einigen, zudem die Entwicklungshilfe verstärken. Was sonst geschieht, formuliert er so: „Massen-Sterben, Massen-Migration, Massen-Siechtum."

M 4 **Bild.de,** *5.6.2009, http://www.bild.de/BILD/news/2009/05/29/ klimawandel-tote/studie-von-kofi-annan-warnt-hunderttausende-tote.html*

1 Berichte mithilfe von M 1 bis M 4 über die bereits spürbaren Folgen des Klimawandels.

2 Sammelt Beiträge zum Thema Klimawandel aus den Medien und tragt sie in der Klasse zusammen.

Klimaschutz als globale Herausforderung (2)

M 1 Ziltendorf (Brandenburg), oben: Trockenheit vernichtet mehr als die Hälfte des Getreidebestandes, 23. 7. 2003; unten: In der gleichen Region wurden 1997 durch das Jahrhunderthochwasser der Oder mehrere 1000 Hektar Ackerflächen vernichtet, 30. 7. 1997.

Stehen die Zeichen auf Sturm?

Wetterextreme nehmen an Anzahl und Intensität zu, verheerende 📖Hurrikans und „Jahrhunderthochwasser" häufen sich, Hitzewellen führen zu Dürre und Ernteausfällen. Selbst die Versicherungen schlagen mittlerweile Alarm und die Branche ruft dringend zu Klimaschutzmaßnahmen auf. Das Deutsche Institut für Wirtschaftsforschung hat im Jahr 2005 abgeschätzt, dass durch den Klimawandel verursachte Naturkatastrophen bis zum Jahr 2050 Schäden in Höhe von bis zu 200 Billionen US-Dollar verursachen werden. Auch viele Wissenschaftler sind sich darüber einig, dass sich das Klima auf der Erde durch den 📖Treibhauseffekt seit einigen Jahrzehnten ändert und mit der globalen Erwärmung eine Verschiebung der Klimazonen zu erwarten ist.

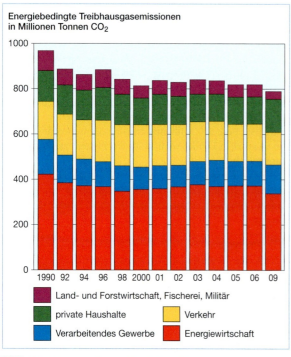

M 2 CO_2-Verursacher in Deutschland

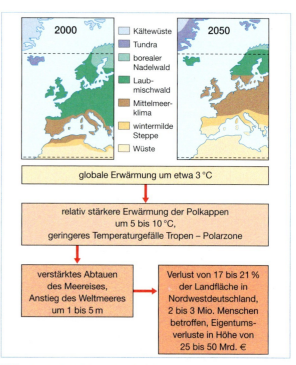

M 3 Mögliche Folgen der globalen Erwärmung

Weltklimakonferenzen

Der so genannte Treibhauseffekt gilt als ein typisches globales Umweltproblem, das ohne internationale Abstimmung nicht zu lösen ist. Nur internationale Abkommen, an die viele Staaten gebunden sind, können den Ausstoß an Treibhausgasen wirkungsvoll senken. Seit den 1970er-Jahren finden Weltklimakonferenzen statt. Aber erst 1997 verständigten sich die Industrieländer in Kyoto (Japan), die sechs wichtigsten Treibhausgase bis 2012 um weltweit 5,2 % zu vermindern. Vereinbart wurde, dass das Abkommen von Kyoto 90 Tage nach dem Beitritt von mindestens 55 Industriestaaten in Kraft tritt, die für einen bestimmten Anteil – mindestens 55 % – an den weltweiten Emissionen verantwortlich sein müssen. Den entscheidenden Schritt dafür machte im Herbst 2004 die russische Regierung: Mit ihrem Beitritt ebnete sie den Weg für das In-Kraft-Treten des Protokolls am 16. Februar 2005. Insgesamt sind dem Protokoll inzwischen mehr als 30 Staaten beigetreten, nicht allerdings die USA.

M 4 Meilenstein oder Mogelpackung?

Ergebnisse der UN-Klimakonferenz von Durban/Südafrika (28.11.–11.12.2011):
Bedeutend sind unter anderem die folgenden Punkte:
Kyoto-Protokoll
Ein Nachfolgeabkommen des Kyoto-Protokolls soll erst bei der nächsten Klimakonferenz in Katar 2012 ausgearbeitet werden. (…) Die Delegierten ließen jedoch offen, ob die nächste Verpflichtungsperiode bis 2017 oder bis 2020 andauern soll. Im nächsten Jahr müssen die Reduktionsziele der einzelnen Länder in das Abkommen geschrieben werden. Die EU und andere Staaten, die sich zum Kyoto-Prozess bekennen, stoßen jedoch nur rund 15 Prozent der globalen Treibhausgase aus.
Klimaschutz-Mandat
Bis spätestens 2015 soll ein Abkommen

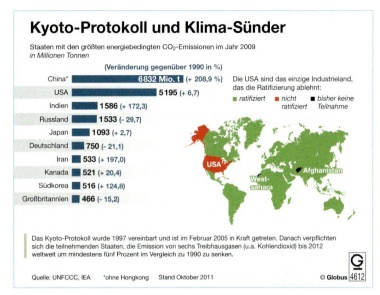

Kyoto-Protokoll und Klima-Sünder

Staaten mit den größten energiebedingten CO_2-Emissionen im Jahr 2009 in Millionen Tonnen

(Veränderung gegenüber 1990 in %)

	Mio. t	Veränderung
China*	6832 Mio. t	(+ 208,9 %)
USA	5195	(+ 6,7)
Indien	1586	(+ 172,3)
Russland	1533	(- 29,7)
Japan	1093	(+ 2,7)
Deutschland	750	(- 21,1)
Iran	533	(+ 197,0)
Kanada	521	(+ 20,4)
Südkorea	516	(+ 124,8)
Großbritannien	466	(- 15,2)

Die USA sind das einzige Industrieland, das die Ratifizierung ablehnt:
■ ratifiziert ■ nicht ratifiziert ■ bisher keine Teilnahme

Das Kyoto-Protokoll wurde 1997 vereinbart und ist im Februar 2005 in Kraft getreten. Danach verpflichten sich die teilnehmenden Staaten, die Emission von sechs Treibhausgasen (u.a. Kohlendioxid) bis 2012 weltweit um mindestens fünf Prozent im Vergleich zu 1990 zu senken.

Quelle: UNFCCC, IEA *ohne Hongkong Stand Oktober 2011 © Globus 4612

M 5 Die größten Klimasünder

vereinbart werden, das auch die Klimaziele von Nicht-Kyoto-Staaten erfasst und ab 2020 in Kraft tritt. Dazu zählen die USA, China und Indien. Ob es einmal mit dem Kyoto-Prozess zusammengefasst wird, ist offen. Über die rechtliche Verbindlichkeit wurde in Durban bis zuletzt gestritten.

Meilenstein oder Mogelpackung?, Süddeutsche Zeitung v. 11.12.2011; in: http://www.sueddeutsche.de (Zugriff: 19.3.2012)

1 Beschreibe M 3 und nenne Folgen dieser Entwicklung.

2 Besprecht in der Klasse: Welche Maßnahmen sind angesichts dieser Entwicklung denkbar (global, national, lokal)?

3 Warum wurde das 1997 beschlossene Kyoto-Protokoll erst im Jahr 2005 wirksam? Erkläre mithilfe des Textes.

4 Vergleicht die Ergebnisse der Durban-Konferenz (M 4) mit den Zielen des Kyoto-Protokolls (Text und M 5). Beurteilt, ob die Ergebnisse der Durban-Konferenz im Kampf gegen die Klimaerwärmung als Erfolg zu werten sind. Begründet.

5 Recherchiert im Internet, warum sich China, Indien und die USA dem Kyoto-Protokoll nicht anschließen. Untersucht M 5 und arbeitet heraus, wie die einzelnen Staaten im Kampf gegen den Kohlendioxid-Ausstoß vorangekommen sind. Nennt die Haupthindernisse für ein erfolgreiches Vorgehen.

Krieg um Wasser?

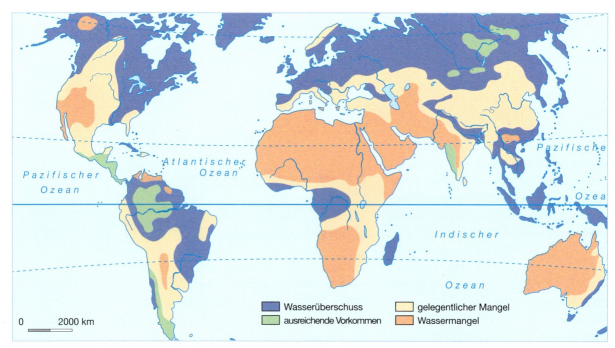

M 1 Trinkwasserverteilung auf der Erde

Legende:
- Wasserüberschuss
- ausreichende Vorkommen
- gelegentlicher Mangel
- Wassermangel

0   2000 km

Pazifischer Ozean · Atlantischer Ozean · Indischer Ozean · Pazifischer Ozean

Webcode:
PE641796-322

Kämpfe um Afrikas kostbarsten Schatz: Wasser

Kriege der Zukunft werden nicht um Öl geführt, vermuten Friedensforscher, sondern um Wasser.Kenia erlebt dies schon heute. Dort kämpfen Gikuyu und Massai um den Zugang zu Trinkwasser.

Der Ort des jüngsten Massakers liegt im kenianischen Rift Valley, dem ostafrikanischen Grabenbruch. Die Massai-Nomaden begreifen sich als Krieger, ihre Gegner sind die Siedler vom Stamm der Gikuyu, und ihr Ziel ist der Zugang zu Wasser. Es ist ihre Lebensgrundlage. Allein im Februar 2005 starben mehr als vierzig Menschen im Rift Valley im Kampf um Wasser. Es ist ein Kampf wandernder Nomaden gegen festansässige Siedler. Er entzündete sich an einer elektrischen Wasserpumpe.

Der im Kern auch ethnische Konflikt schwelt seit Jahrzehnten.Vom alten Regime unter Präsident Daniel Moi waren die Auseinandersetzungen bereits in den 1990er-Jahren angestachelt worden. Damals wurden Menschen aus Regionen vertrieben, die nicht traditionell zu den dort siedelnden Stämmen gehörten. Und bereits damals versuchten die Massai, die Gikuyu zu vertreiben. Und immer wieder kam es zu Kämpfen. Reiche Gikuyu-Farmer hatten Mitte Januar 2005 mit Genehmigung der Regierung den Fluss Kedong zur Bewässerung ihrer Farmen angezapft. Der Flusslauf versorgt die meisten Dörfer im Siedlungsgebiet der Massai mit Wasser. Diese Dörfer liegen abseits der Hauptstraße, abgeschnitten von jeder anderen Versorgung. Nur zu den Pumpstationen der Farmen der Gikuyus liefert eine rund 15 km lange Stromleitung Elektrizität.

Die Gikuyu-Farmer und der Direktor des Elektrizitätswerks unterhalten gute Beziehungen. Korruption ist in Kenia erfahrener Alltag. Die Gikuyu-Siedler wiederum behaupten, die Pumpen seien nur ein Vorwand. In Wahrheit würden die Massai sie von ihrem Land vertreiben wollen. Eine Argumentation, die die Geschichte auf ihrer Seite hat. Schon in der Kolonialzeit hatten weiße Siedler den Massai ihr Land abgehandelt, für 99 Jahre, die inzwischen abgelaufen sind. Viele Massai fordern seit 2004 nun in ganz Kenia ihr Land zurück. Die weißen Farmer hatten allerdings gepachtetes Land nach der Unabhängigkeit Kenias 1963 an die Gikuyu verkauft. Die Gikuyu berufen sich auf diese Kaufverträge. Der Hass zwischen den beiden Volksgruppen sitzt nun nach zahlreichen Übergriffen tief.

Welt am Sonntag vom 27.2.2005, S. 10

M 2 Zeitungsartikel

Das Jahr 2003 wurde von den Vereinten Nationen zum „Jahr des Wassers" erklärt. Der Generaldirektor der 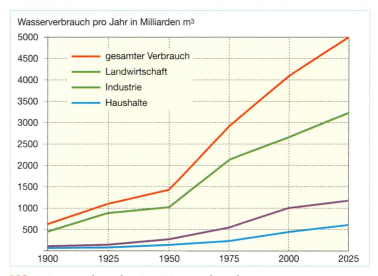UNESCO mahnte, dass Mitte unseres Jahrhunderts im schlimmsten Fall sieben, im „besten" zwei Milliarden Menschen mit Wasserknappheit zu kämpfen hätten. Die Politik habe das Problem immer noch nicht durchgreifend angepackt.

Ein Kind in den Industrienationen verbrauche 30- bis 50-mal so viel wie ein Kind in den Entwicklungsländern. In den kommenden 20 Jahren stehe pro Kopf im Durchschnitt ein Drittel weniger Wasser zur Verfügung. Zusätzlich verschlechtere sich die Wasserqualität. Täglich sterben nach seinen Informationen rund 6000 Menschen – vor allem Kinder unter fünf Jahren – an Durchfallerkrankungen. Auch werde der Klimawandel zu einer weiteren Verknappung des Wassers beitragen.

Zunehmend wird Trinkwasser offenbar auch zu einem Wirtschaftsobjekt. Die Weltbank schätzt, dass schon im Jahre 2020 das Geschäft mit dem „blauen Gold" 40 Prozent des Volumens vom Erdölhandel erreichen könne.

Als problematisch wird vor diesem Hintergrund die Tatsache eingeschätzt, dass der „Wassermarkt" privatwirtschaftlich und damit profitorientiert sei. Kritiker befürchten, dass damit das grundlegendste aller Nahrungsmittel mehr und mehr unter finanziellen Aspekten zu betrachten sei: Nur wer über die nötigen Geldmittel verfüge, hätte Zugang zum Trinkwasser.

Nach Angaben der Gesellschaft für bedrohte Völker wird im Sudan schon heute ein Krieg um Wasser geführt, in den rund 2,9 Millionen Südsudanesen verstrickt seien. Ägypten wolle sich einen möglichst großen Anteil am Nilwasser sichern und sei aus diesem Grunde nicht ohne weiteres an einem Frieden mit seinem Nachbarland interessiert.

M3 **Steigerung des weltweiten Wasserverbrauchs**

Wassermangel: Von einem „chronischen Wassermangel" spricht man, wenn weniger als 1000 Kubikmeter Wasser pro Kopf und Jahr zur Verfügung stehen.
Wasserumleitungen: Ein Staat, der näher an der Quelle eines Flusses liegt („Oberlieger"), leitet über einen Kanal Wasser ab, sodass für die Staaten, die unterhalb liegen („Unterlieger"), nicht mehr genügend Wasser übrig bleibt.
Wasserverschmutzung: Ein Oberlieger leitet verschmutzte Abwässer in einen Fluss und die Unterlieger müssen unter den ökologischen Folgen leiden.
Wasserstau: Ein Oberlieger baut einen Staudamm zur Energieerzeugung, wodurch die Unterlieger keine ausreichende Menge Wasser mehr erhalten.

M4 **Ursachen für Wasserkonflikte**

1 Erläutere mithilfe von M 1: Wo befinden sich die Regionen starken Wassermangels, wo ist das Angebot groß?

2 a Nenne die verschiedenen Gründe, die im Beispiel M 2 zu gewaltsamen Ausschreitungen führten.

   b Kläre, welche Bedeutung dem Wasser in diesem Konflikt zukam?

3 Benennt mithilfe des Autorentextes und M 3 Faktoren, die den Konflikt um Wasser in Zukunft noch verstärken könnten.

4 Sammelt gemeinsam Lösungsmöglichkeiten und diskutiert sie in der Klasse.

Der Nord-Süd-Konflikt

Jeder Mensch ...

Jeder Mensch
hat das Recht auf Leben,
Freiheit und Sicherheit
der Person.
Jeder zweite Mensch
lebt von weniger als
zwei US-Dollar am Tag.
Jeder dritte Mensch
ist nicht an eine
Abwasserentsorgung
angeschlossen.
Jeder vierte Mensch
stirbt vor seinem
60. Geburtstag.
Jeder fünfte Mensch
lebt in absoluter Armut.
Jeder sechste Mensch
ist unterernährt oder
hungert.
Niemand kann sagen,
er habe dies alles
nicht gewusst.

M 1 Unsere Welt hat viele Gesichter

Arme Welt – reiche Welt

Unsere eine Welt, in der wir leben und die politisch, wirtschaftlich und ökologisch sehr eng verflochten ist, weist erhebliche Entwicklungsunterschiede auf. Den Gegensatz zwischen den reichen Industriestaaten und den armen Entwicklungsländern fasst man unter den Begriffen Nord-Süd-Gefälle oder Nord-Süd-Konflikt zusammen. Diese Begriffe sind entstanden, als man anfing, sich mit dem ökonomischen Ungleichgewicht auf der Erde zu befassen. Zu dieser Zeit lagen die reichen Länder überwiegend auf der Nordhalbkugel und die armen auf der Südhalbkugel.

Der „Human Development Index"

Es gibt verschiedene Kriterien, nach denen versucht wird, ein Land nach seinem Entwicklungsstand einzuordnen. Die Weltbank legt ihrer Einteilung das Einkommen pro Kopf der Bevölkerung zugrunde. Doch das sagt wenig über die tatsächliche Lebenssituation der Menschen in einem Land aus. Deshalb zieht das Entwicklungsprogramm der Vereinten Nationen (UNDP) seit 1990 den „Human Development Index" (HDI) als Grundlage zur Ermittlung des Entwicklungsstandes heran. Beim HDI werden Faktoren wie die durchschnittliche Lebenserwartung, der Bildungsstand der Bevölkerung und der Lebensstandard (z. B. Zugang zu sauberem Trinkwasser, Ernährung, gesundheitliche Versorgung) mit berücksichtigt.

Entwicklungsländer

Der Begriff bezeichnet die Staaten, die hinsichtlich ihrer wirtschaftlichen, infrastrukturellen und sozialen Entwicklung hinter den Industrieländern zurückliegen (developing countries = zu entwickelnde Länder). Kennzeichnend für Entwicklungsländer sind aber auch die großen Gegensätze innerhalb des Landes z. B. zwischen Stadt und Land oder Arm und Reich.

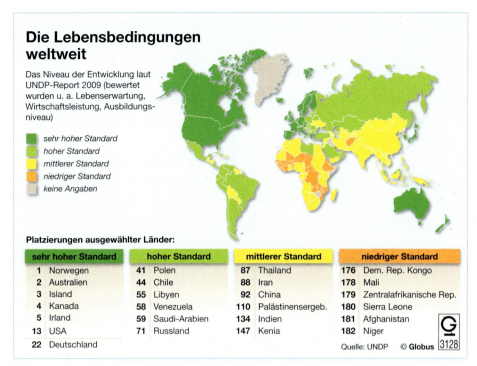

Die Lebensbedingungen weltweit

Das Niveau der Entwicklung laut UNDP-Report 2009 (bewertet wurden u. a. Lebenserwartung, Wirtschaftsleistung, Ausbildungsniveau)

- sehr hoher Standard
- hoher Standard
- mittlerer Standard
- niedriger Standard
- keine Angaben

Platzierungen ausgewählter Länder:

sehr hoher Standard		hoher Standard		mittlerer Standard		niedriger Standard	
1	Norwegen	41	Polen	87	Thailand	176	Dem. Rep. Kongo
2	Australien	44	Chile	88	Iran	178	Mali
3	Island	55	Libyen	92	China	179	Zentralafrikanische Rep.
4	Kanada	58	Venezuela	110	Palästinensergeb.	180	Sierra Leone
5	Irland	59	Saudi-Arabien	134	Indien	181	Afghanistan
13	USA	71	Russland	147	Kenia	182	Niger
22	Deutschland						

Quelle: UNDP © Globus 3128

M 2 Einteilung der Staaten der Erde nach dem „Human Development Index" (HDI)

Schwellenländer

Unter den Entwicklungsländern mit mittlerem Einkommen stehen einige aufgrund ihrer wirtschaftlichen Entwicklung an der Schwelle zu den Industrieländern und werden deshalb als Schwellenländer bezeichnet. Sie weisen eine steigende Lebensqualität auf und werden in absehbarer Zukunft die typischen Merkmale eines Entwicklungslandes überwinden können. Hierzu zählen einige Länder in Lateinamerika und Südost- und Ostasien.

Industrieländer

Sie haben ein hohes Bruttoinlandsprodukt und die Erwerbsbevölkerung ist überwiegend in der Industrie, in Handel und Gewerbe sowie im Dienstleistungssektor beschäftigt. Sie zeichnen sich durch einen hohen Technisierungsgrad und eine gut ausgebaute Infrastruktur aus.

M 3 Lebensqualität = Einkommen?

Die Schaffung sozialer Chancen leistet direkt einen Beitrag zur Steigerung der menschlichen Verwirklichungschancen und der Lebensqualität. Die Ausweitung von Gesundheitswesen, Bildung, Sozialversicherung usw. beeinflusst die Lebensqualität unmittelbar positiv. Keinerlei Zweifel besteht daran, dass selbst bei einem relativ niedrigen Einkommensniveau ein Land, das allen medizinische Versorgung und Schulbesuch garantiert, bezogen auf die ganze Bevölkerung sehr gut bei der Lebenserwartung und der Lebensqualität abschneidet.

Amartya Sen: Ökonomie für den Menschen, Wege zu Gerechtigkeit und Solidarität in der Marktwirtschaft, München 2002, S. 337

1 In M 1 werden einige Aspekte von Armut genannt. Notiere sie und ergänze weitere, die zeigen, was Armut bedeutet.

2 Werte M 2 aus. Wo liegen überwiegend die reichsten und wo die ärmsten Länder der Erde?

3 Arbeitet heraus, worin sich die Bewertungen von Entwicklung durch die Weltbank (Text) und die Vereinten Nationen (M 2) unterscheiden. Zieht M 3 hinzu. Welche Bewertung erscheint euch sinnvoller?

Wirtschaftliche Abhängigkeiten

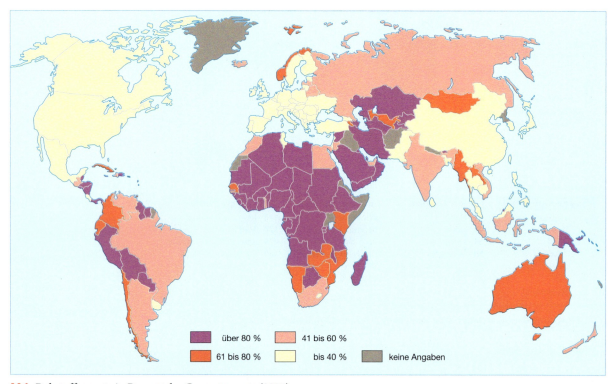

■ über 80 %	■ 41 bis 60 %		
■ 61 bis 80 %	□ bis 40 %	■ keine Angaben	

M 1 Rohstoffexporte in Prozent des Gesamtexports (2007)

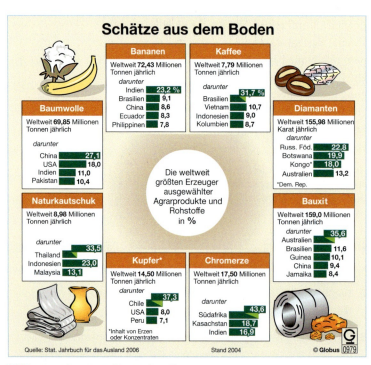

M 2 Die weltweit größten Rohstofferzeuger

Rohstoffexporte

Jedes Land der Erde ist darauf angewiesen, Rohstoffe und Fertigprodukte aus dem Ausland zu beziehen. Die Einfuhren sollen möglichst mit dem Geld bezahlt werden, das man mit Exporten oder mit Dienstleistungen wie z. B. dem Tourismus verdient.

Zahlreiche Entwicklungsländer exportieren überwiegend Rohstoffe, um ihre Einfuhren an Fertigprodukten aus den Industriestaaten bezahlen zu können. Wird der Wert der Exportgüter (Rohstoffe) mit dem Wert der Importprodukte (Industriegüter) zu Weltmarktpreisen verglichen, so erhält man die Terms of Trade. Da die Preise für die meisten Rohstoffe im Vergleich zu den Preisen von Fertigprodukten starken Schwankungen unterliegen und eher sinken, müssen Entwicklungsländer immer mehr Rohstoffe exportieren.

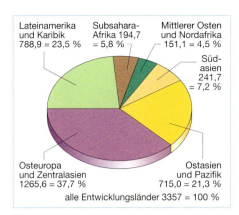

M 3 Schuldenlast 2007 (in Mrd. US-Dollar)

Pie chart labels:
- Lateinamerika und Karibik 788,9 = 23,5 %
- Subsahara-Afrika 194,7 = 5,8 %
- Mittlerer Osten und Nordafrika 151,1 = 4,5 %
- Südasien 241,7 = 7,2 %
- Ostasien und Pazifik 715,0 = 21,3 %
- Osteuropa und Zentralasien 1265,6 = 37,7 %
- alle Entwicklungsländer 3357 = 100 %

Hohe Auslandsverschuldung

Die Abhängigkeit von den Rohstoffexporten hat für die Entwicklungsländer schwer wiegende Nachteile. Wegen der stark schwankenden Rohstoffpreise sind finanzielle Planungen schwierig. Sinken die Rohstoffpreise, so müssen überwiegend vom Export abhängige Länder Schulden machen. Viele Entwicklungs- und auch Schwellenländer sind gegenüber ausländischen Regierungen und Banken so hoch verschuldet, dass eine Rückzahlung dieser Gelder praktisch unmöglich ist. Die hohen Schulden behindern die Entwicklung in den betroffenen Ländern, da kein Geld vorhanden ist z. B. für Schulen oder das Gesundheitswesen.

In jüngster Zeit haben deshalb die führenden Industriestaaten der Erde beschlossen, den ärmsten Entwicklungsländern ihre Schulden ganz oder zum Teil zu erlassen, wenn diese sich verpflichten, die eingesparten Gelder für die Entwicklung des Landes zu verwenden.

Langfristig können sich die Entwicklungsländer aber nur aus der Abhängigkeit von Rohstoffexporten lösen, wenn eine neue Weltwirtschaftsordnung gerechtere Bedingungen für alle Staaten auf dem Weltmarkt schafft.

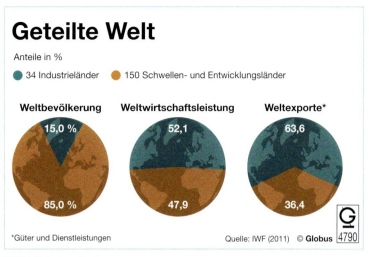

Geteilte Welt

Anteile in %

- 34 Industrieländer
- 150 Schwellen- und Entwicklungsländer

Weltbevölkerung 15,0 % / 85,0 %

Weltwirtschaftsleistung 52,1 / 47,9

Weltexporte* 63,6 / 36,4

*Güter und Dienstleistungen

Quelle: IWF (2011) © Globus 4790

M 4 Weltwirtschaft

- **Rohstoffe aus Entwicklungsländern**
  – gerechte Preise
  – Stabilisierung der Exporterlöse
- **Landwirtschaft**
  – Abbau von Subventionen in den Industrieländern
- **Fertigwaren**
  – Marktöffnung der Industrieländer
  – Kontrolle ausländischer Firmen
- **Ziel der Entwicklungshilfe**
  – Hilfe zur Selbsthilfe
- **Technologie**
  – Transfer von Technologie
  – Nutzung von Patenten und Markenrechten
- **Verschuldung**
  – Schuldenerlass für die ärmsten Entwicklungsländer
  – erleichterte Umschuldung
- **Internationales Währungssystem**
  – stabile Wechselkurse
  – Zugang zu günstigen Krediten
  – mehr Mitbestimmung in der WTO

M 5 Vorschläge für eine neue Weltwirtschaftsordnung

1 Wo liegen die Länder mit einem besonders hohen Rohstoffanteil am Export (M 1)? Versuche eine Erklärung.

2 Bearbeitet M 2 in Gruppenarbeit. Sucht euch einen Rohstoff aus:
  a Stellt mithilfe von Zeitungen und des Internets die Entwicklung des Weltmarktpreises dafür zwischen 2004 und heute fest.
  b Welche Ursachen werden dafür genannt?
  c Welche Folgerungen lassen sich daraus ziehen?

3 Fasse die Forderungen der Entwicklungsländer an eine neue Weltwirtschaftsordnung in einem zusammenhängenden Text zusammen (M 5). Berücksichtigt M 4.

Wer handelt mit wem?

M 1 Große Freihandelszonen der Erde

Freihandelszonen
- AFTA (ASEAN Free Trade Area), seit 1994 (Vorgänger seit 1967):
  www.aseansec.org/economic/afta/afta.htm
- NAFTA (North American Free Trade Area), seit 1994:
  www.nafta-sec-alena.org/DefaultSite/index.html
- EU (Europäische Union), seit 1993 (Vorgänger seit 1957):
  www.europa.eu.int
- MERCOSUR (Mercado Común del Cono Sur), seit 1995:
  www.mercosur.org.uy

Freihandelszonen gegen einen freien Welthandel

Um für alle Staaten der Erde gleiche Voraussetzungen für den Zugang zum Weltmarkt zu schaffen, setzt sich die Welthandelsorganisation (WTO) für den Abbau aller Zollschranken ein. Dem steht jedoch die Bildung von Freihandelszonen und Wirtschaftsblöcken entgegen.

Freihandelszonen sind Bündnisse mehrerer Staaten, die Zollschranken untereinander zwar abschaffen, die Handelshemmnisse gegenüber Nicht-Mitgliedsländern aber eher verstärken, um den eigenen Markt vor billiger Konkurrenz zu schützen. 2002 fand bereits mehr als die Hälfte des Welthandels innerhalb von Bündnissen statt. Besonders innerhalb der großen Freihandelszonen wie der EU und der NAFTA spielt sich der größte Teil des Handels unter den Mitgliedsstaaten ab.

Nicht so starke Organisationen wie MERCUSOR und AFTA sind weiterhin auf den Weltmarkt angewiesen, denn nur etwa ein Viertel des Handels findet innerhalb des jeweiligen Bündnisses statt.

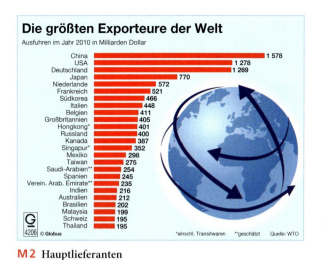

Die größten Exporteure der Welt

Ausfuhren im Jahr 2010 in Milliarden Dollar

China	1 578
USA	1 278
Deutschland	1 269
Japan	770
Niederlande	572
Frankreich	521
Südkorea	466
Italien	448
Belgien	411
Großbritannien	405
Hongkong*	401
Russland	400
Kanada	387
Singapur*	352
Mexiko	298
Taiwan	275
Saudi-Arabien**	254
Spanien	245
Verein. Arab. Emirate**	235
Indien	216
Australien	212
Brasilien	202
Malaysia	199
Schweiz	195
Thailand	195

4206 © Globus

*einschl. Transitwaren **geschätzt   Quelle: WTO

M2 Hauptlieferanten

Die größten Kunden auf dem Weltmarkt

Einfuhren im Jahr 2010 in Milliarden Dollar

USA	1 968
China	1 395
Deutschland	1 067
Japan	693
Frankreich	606
Großbritannien	558
Niederlande	517
Italien	484
Hongkong*	442
Südkorea	425
Kanada	402
Belgien	390
Indien	323
Spanien	312
Singapur*	311
Mexiko	311
Taiwan	251
Russland	248
Australien	202
Brasilien	191
Türkei	185
Thailand	182
Schweiz	176
Polen	174
Verein. Arab. Emirate**	170

*einschl. Transitwaren   **geschätzt   Quelle: WTO   © Globus   4240

M3 Hauptabnehmer

Welthandel
= Handel von Wenigen

Obwohl 80 Prozent der Bevölkerung in Entwicklungsländern wohnen, kommt nur etwa ein Drittel der Exporte von dort. Besonders benachteiligt sind die am wenigsten entwickelten Länder, immerhin 49 Staaten, auf die 2002 nur 0,5 Prozent der weltweiten Exporte entfielen. Die Entwicklungsländer führen in erster Linie Rohstoffe in die Industrieländer aus, deren Preise auf dem Weltmarkt starken Schwankungen unterliegen. Fallen die Preise für ihre Exportprodukte, so können sie die Verluste in der Regel nicht durch den Verkauf anderer Waren ausgleichen.

Die führende Exportregion ist nach wie vor Westeuropa, gefolgt von Nordamerika und Asien. Dagegen werden Afrika und auch Lateinamerika mehr und mehr vom Welthandel abgeschnitten. Fast die Hälfte des Handels spielt sich zwischen Industriestaaten ab.

Handel in der globalisierten Welt

Reale Entwicklung – Index 1950 = 100

1950 1955 1960 1965 1970 1975 1980 1985 1990 1995 2000 2005 2009
Schätzung

Welthandel (Exporte): 100, 140, 200, 280, 440, 560, 740, 820, 1 080, 1 420, 2 000, 2 540, 2 620

Weltwirtschaftsleistung (Bruttoinlandsprodukt): 100, 127, 153, 200, 260, 313, 387, 447, 527, 573, 667, 760, 820

Quelle: WTO, IWF   © Globus 3381

M4 Entwicklung des Welthandels

1 Bildet Gruppen und informiert euch ausführlich über je eine der Freihandelszonen (Einwohner, Einkommen, Ausfuhr, Anteil an weltweiter Ausfuhr). Berichtet vor der Klasse (M1, Text).

2 Bewerte die Bedeutung der Freihandelszonen für einen freien Welthandel.

3 Nenne die Regionen, die vom globalen Handel weitgehend ausgeschlossen sind (M2–M4).

Wohlstand für alle
durch wachsende Weltwirtschaft?

M 1 Stadtzentrum von Bangkok (Thailand)

M 2 Stadtzentrum von Accra (Ghana)

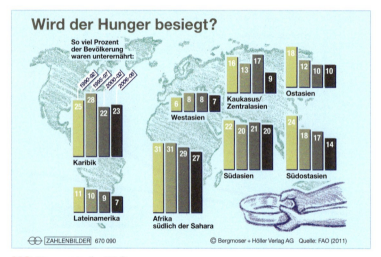

M 3 Hunger in der Welt

Nur Gewinner der Globalisierung?

Die Zunahme des Welthandels und die immer engere weltweite Verflechtung der Güterherstellung (Globalisierung) haben zu einem ständigen Wachstum der Weltwirtschaft geführt. Dabei ist jedoch das Ungleichgewicht zwischen den reichen Industriestaaten und den armen Entwicklungsländern noch größer geworden, obwohl auch die Wirtschaft in den Entwicklungsländern insgesamt wuchs. Vor allem in Schwarzafrika, das hauptsächlich Rohstoffe exportiert, lebt mehr als die Hälfte aller Menschen in bitterer Armut.

Die acht reichsten Staaten					
Bruttonationaleinkommen je Einwohner in US-$					
	2000	2005	2006	2007	2009
Norwegen	35 870	61 830	68 440	76 040	84 640
Luxemburg	43 490	65 140	71 240	75 880	76 710
Schweiz	40 110	56 190	58 050	59 880	65 380
Dänemark	31 850	48 520	52 110	54 910	59 060
Island	30 750	49 430	49 960	54 100	43 430
Irland	23 160	41 330	44 830	48 140	44 280
Schweden	28 870	40 950	43 530	46 060	48 840
USA	34 400	43 210	44 710	46 040	46 360

M 4 Die acht reichsten Staaten, *Weltbank*

Die acht ärmsten Staaten					
Bruttonationaleinkommen je Einwohner in US-$					
	2000	2005	2006	2007	2009
Burundi	120	90	100	110	150
Kongo, Dem. Rep	80	120	130	140	160
Liberia	130	120	130	150	160
Äthiopien	120	150	170	220	330
Eritrea	170	170	190	230	320
Malawi	150	220	230	250	290
Sierra Leone	140	220	240	260	340
Niger	170	250	270	280	340

M 5 Die acht ärmsten Staaten, *Weltbank*

M6 Einige Fakten zur Globalisierung

- Zwischen 1990 und 2000 hat sich der Export von Waren und Dienstleistungen verdoppelt.
- 1990 arbeiteten 17 % aller Arbeitskräfte in den Entwicklungsländern für den Export in die reichen Länder des „Nordens". Heute verdanken zwei Drittel aller Arbeitskräfte dem Export ihren Arbeitsplatz.
- Seit 1990 holten internationale Konzerne wie IBM, Motorola oder Hewlett-Packard Tausende von Fachleuten aus Entwicklungsländern in ihre Werke in Europa und den USA, oder sie gründeten in den Entwicklungsländern Niederlassungen, in denen Menschen Arbeit fanden.

Arbeitslosigkeit

Sowohl in vielen Industrie- als auch in Entwicklungsländern ist die Arbeitslosigkeit sehr hoch. In den Entwicklungsländern wird die hohe Arbeitslosigkeit vor allem durch das starke Bevölkerungswachstum und die Zuwanderung vom Land in die Städte verursacht.

In den Industriestaaten gehen mehr und mehr Arbeitsplätze in der industriellen Produktion verloren. Viele Arbeitsschritte in der Produktion werden entweder durch Maschinen erledigt, oder die Produktion wird in Billiglohnländer verlegt. So verarmen auch in den Industriestaaten immer mehr Menschen.

Digitale Spaltung

Wer erfolgreich am globalen Handel und an der globalen Herstellung von Waren teilhaben will, für den sind Online-Verbindungen und Internet unverzichtbar. In vielen Entwicklungsländern vor allem Schwarzafrikas gibt es jedoch kaum Telefon- oder Internetanschlüsse, denn häufig fehlen die technischen Voraussetzungen und eine flächendeckende Stromversorgung.

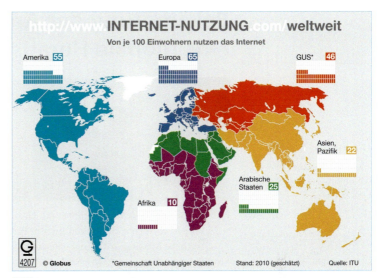

M7 Internetnutzung weltweit

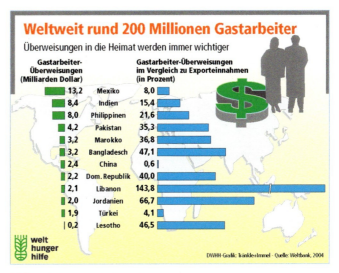

M8 Arbeit in einem fremden Land

1 Suche im Atlas die acht reichsten und die acht ärmsten Staaten. Auf welchen Kontinenten liegen sie jeweils (M4, M5, Atlas)?

2 Schwarzafrika wird als Verlierer der Globalisierung bezeichnet. Nimm ausführlich Stellung zu dieser Behauptung (M2, M3, M5, M7).

3 Armut und hohe Arbeitslosigkeit veranlassen Menschen, in fremden Ländern Arbeit zu suchen. Fasse die Aussagen von M8 in einem Bericht zusammen.

4 Globalisierung – eine Chance oder eine Katastrophe? Sammelt z.B. im Internet Informationen und entwickelt daraus eine Diskussion.

Bekämpfung der Armut – eine globale Herausforderung

LAG Mali

= Landesarbeitsgemein-
schaft Bayern Entwicklungshilfe Mali e. V.

M 1 Krankenhaus in Moshi (Tansania). Das Projekt wird vom Deutschen Institut für ärztliche Mission in Tübingen betreut. Foto von 2006

Wirksame Entwicklungshilfe

Etwa 1740 Einwohner leben im Dorf Molobala, das in der Kommune Dialakoroba rund 80 km südlich von Bamako (Mali) entfernt liegt. Für die Hauptstadt ist die Kommune ein wichtiger Umschlagplatz zur Versorgung mit Feuerholz. Es wird meist von verarmten Frauen geschlagen und zum Verkauf angeboten, um mit diesen Einkünften den notwendigsten Bedarf zu decken. Eine alternative Einkommensquelle für Frauen ist der Gartenbau. Dieser bringt bisher – traditionell auf kleinen Familienparzellen betrieben – nur geringe Erträge. Die Gründe hierfür sind vor allem Wassermangel durch das frühzeitige Versiegen der traditionellen Brunnen, aber auch umherstreunende Tiere und fehlende Arbeitsgeräte. [...]

Die örtliche Frauenorganisation von Molobala bat daher die LAG Mali um Unterstützung im Gemüseanbau. Durch die Produktionssteigerung sollten nicht nur Einkünfte erwirtschaftet werden. Gleichzeitig geht es darum, die Ernährung der in Molobala lebenden Kinder zu verbessern. Unter Mitarbeit der Dorfbewohner zäunten Spezialisten ein Grundstück in der Größe von einem Hektar ein. Denn Voraussetzung für die erfolgreiche Bewirtschaftung des Gartens ist eine solide Einfriedung, die Tiere abhält. Vier professionelle Schachtbrunnen sichern die ausreichende Bewässerung der Gemüsepflanzen. Sie wurden jeweils in der Trockenzeit in zwei Etappen von malischen Brunnenbauern gegraben. Die letzten beiden Brunnen waren Anfang Juni 2011 fertig gestellt, damit langfristig 112 Frauen im Garten arbeiten können. [...]

Teil des Projektes ist jedoch nicht nur die materielle Infrastruktur. Eine lokale Fachkraft beriet die Frauen bei Anbautechniken und dem organisatorischen Aufbau ihrer Kooperative. Denn die Gärtnerinnen bilden Rücklagen, die von einem verantwortlichen Komitee selbst verwaltet werden. Dieses nahm ebenfalls an Schulungen zur autonomen Verwaltung teil. Jede Frau, die eine Parzelle im gemeinsamen Garten bewirtschaftet, zahlt jährlich einen geringen Betrag in eine Gemeinschaftskasse ein. Aus diesen Rücklagen werden Saatgut für die folgenden Anbauperioden und notwendige Reparaturen bezahlt.

Landesarbeitsgemeinschaft Bayern Entwicklungshilfe Mali e.V.: Molobala – Intensiver Gemüseanbau schafft Einkommen für 112 Frauen; in: http://www. lag-malihilfe.de/impressum.htm (Zugriff: 20.3.2012)

M 2 Ein Entwicklungsprojekt in Mali (April 2010 – Mai 2011)

Armut in Entwicklungsländern

In den letzten Jahren hat sich die Situation der Entwicklungsländer in vielen Bereichen deutlich verbessert, doch die Kluft zwischen den Reichsten und den Ärmsten der Weltbevölkerung wird immer größer. Aber auch die Unterschiede zwischen den Entwicklungsländern nehmen weiter zu. Besonders in den ärmsten Staaten verschlechtert sich die Situation weiter, vor allem dort, wo kriegerische Auseinandersetzungen und instabile politische Verhältnisse, aber auch Naturkatastrophen wie Dürren und Überschwemmungen die wirtschaftliche Entwicklung behindern.

Während es auf der einen Seite enormen Reichtum gibt, müssen von den rund sieben Milliarden Menschen etwa 1,2 Milliarden mit weniger als einem Dollar am Tag auskommen, sie leben in extremer Armut. Das reicht nirgendwo auf der Welt, um ein menschenwürdiges Dasein führen zu können. Arme Menschen sind vom wirtschaftlichen, gesellschaftlichen und sozialen Leben ausgeschlossen. Sie sind bedroht von Hunger, Unter- und Mangelernährung, Krankheit, geringer Lebenserwartung, Kinder- und Säuglingssterblichkeit, niedriger Bildung, schlechten Wohnverhältnissen und Obdachlosigkeit. Extreme Armut führt aber auch zu Umweltzerstörungen und bedroht Frieden und Sicherheit.

Nur wenn die Menschen in den ärmsten Regionen der Erde durch gezielte Maßnahmen eine Chance erhalten,

- sinkt die Gefahr von Gewalt und Krieg,
- werden sie ökologischen Gesichtspunkten gegenüber aufgeschlossen sein,
- können sie in ihrer Heimat bleiben,
- können sie Partner auf dem Weltmarkt werden.

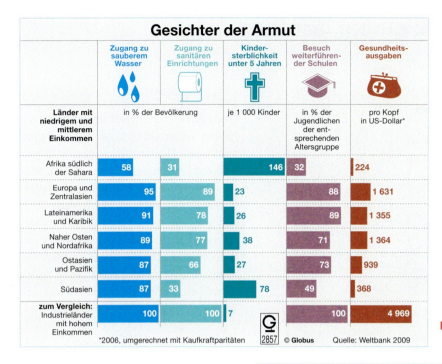

Gesichter der Armut

Länder mit niedrigem und mittlerem Einkommen	Zugang zu sauberem Wasser	Zugang zu sanitären Einrichtungen	Kindersterblichkeit unter 5 Jahren	Besuch weiterführender Schulen	Gesundheitsausgaben
	in % der Bevölkerung		je 1 000 Kinder	in % der Jugendlichen der entsprechenden Altersgruppe	pro Kopf in US-Dollar*
Afrika südlich der Sahara	58	31	146	32	224
Europa und Zentralasien	95	89	23	88	1 631
Lateinamerika und Karibik	91	78	26	89	1 355
Naher Osten und Nordafrika	89	77	38	71	1 364
Ostasien und Pazifik	87	66	27	73	939
Südasien	87	33	78	49	368
zum Vergleich: Industrieländer mit hohem Einkommen	100	100	7	100	4 969

*2006, umgerechnet mit Kaufkraftparitäten   2857 © Globus   Quelle: Weltbank 2009

M3 Die Kluft zwischen Arm und Reich

Bekämpfung der Armut

Im Jahr 2000 haben die Mitgliedsstaaten der UNO beschlossen, bis zum Jahr 2015 die Zahl der Menschen, die von weniger als einem US-$ pro Tag leben müssen, zu halbieren. Um dieses Ziel zu erreichen, arbeiten verschiedene Organisationen der UNO (z. B. UNICEF, FAO, IWF, UNESCO), viele Staaten und die EU zusammen.

Wie können die Ziele erreicht werden?

Neben der direkten Nahrungsmittelhilfe durch Getreidelieferungen in Länder, die von akuten Hungersnöten bedroht sind, kann Armut nur erfolgreich bekämpft werden, wenn man den Entwicklungsländern die Möglichkeit eröffnet, ihre Situation aus eigener Kraft zu verbessern. Deshalb werden vor allem Projekte im Bereich Bildung, Gesundheit und Hygiene sowie zur Aufhebung der Benachteiligung von Frauen und zur besseren Integration der Entwicklungsländer in die Weltwirtschaft gefördert.

Moderne Entwicklungspolitik (...) fördert die Selbsthilfe und trägt dazu bei, dass Menschen sich aus eigener Kraft aus der Armut befreien können. (...) Wir wollen eine gerechte, solidarische und lebenswerte Welt für alle Menschen, auch für uns und unsere Kinder. Darum haben 189 Staaten, darunter auch Deutschland, im Jahr 2000 die Milleniumserklärung und die acht Milleniumsentwicklungsziele beschlossen. Darin hat sich die internationale Gemeinschaft zum Ziel gesetzt, bis zum Jahr 2015 den Anteil der in extremer Armut Lebenden zu halbieren, allen Kindern eine Grundbildung zu ermöglichen, Kinder- und Müttersterblichkeit deutlich zu senken, ansteckende Krankheiten zu bekämpfen und die Umwelt zu schützen. (...)
Die deutsche Entwicklungszusammenarbeit konzentriert sich auf die Bereiche Bildung, Gesundheit, ländliche Entwicklung, gute Regierungsführung, Klimaschutz und nachhaltige wirtschaftliche Entwicklung. Leitprinzip ist dabei der Schutz der Menschenrechte.

Bundesministerium für wirtschaftliche Zusammenarbeit und Entwicklung (Hg.): Deutsche Entwicklungspolitik auf einen Blick, Bonn 2011, S. 3, 6; in: www.bmz.de (Zugriff: 21.3.2012)

M4 Was will Entwicklungspolitik erreichen?

1 Nenne die Regionen, in denen die meisten armen Menschen leben (M3).

2 Fasse kurz zusammen, wie im Dorf Molobala Entwicklungshilfe geleistet wird (M2). Ermittelt im Internet ähnliche Projekte und berichtet darüber in der Klasse. Berichtet auch über das Krankenhaus in Moshi (M1).

3 Suche im Internet Informationen über die Milleniumsentwicklungsziele (M4). Liste sie auf und stelle sie in der Klasse vor.

4 Besprecht anhand von M1 und M2, ob die deutsche Entwicklungspolitik diesen Zielen entspricht.

Think global, act local

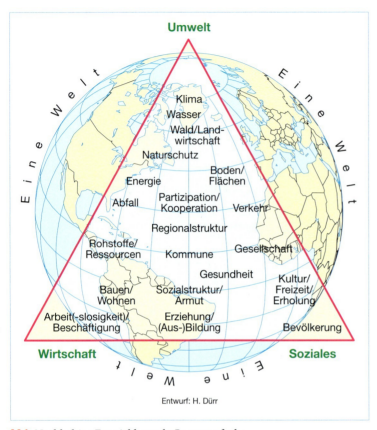

M 1 Nachhaltige Entwicklung als Gesamtaufgabe

Die „Agenda 21"

1983 gründeten die Vereinten Nationen eine Weltkommission für Umwelt und Entwicklung. Sie sollte einen Bericht über die Perspektiven einer langfristig tragfähigen, umweltschonenden Entwicklung im Weltmaßstab verfassen. Nach der Vorsitzenden der Kommission (der früheren Umweltministerin von Norwegen) wurde der Bericht von 1987 auch als „Brundtland-Report" („Our common future") bezeichnet.

Auf einer Umweltkonferenz 1992 in Rio de Janeiro wurde von 179 Nationen ein weltweiter Aktionsplan aufgestellt, die so genannte „Agenda 21". Leitbild ist eine globale „nachhaltige Entwicklung" (sustainable development), die nicht auf Kosten einer kommenden Generation stattfindet. Diesem Ziel nähern sich verschiedene Akteure mit ganz unterschiedlichen Vorstellungen, Maßnahmen, Methoden und Instrumenten. Die Agenda 21 ist daher als ein „weltweiter Rahmen" zu verstehen, den die einzelnen Nationen von der Ebene der Regierung bis hinunter zur Kommunalverwaltung mit eigenen Zielen ausgestalten sollen. Daraus entwickelt sich dann eine jeweilige „Lokale Agenda 21".

M 2 Die Agenda 21 in Hessen

Rund 270 hessische Städte und Gemeinden – das sind etwa 60 Prozent – arbeiten an einer Lokalen Agenda 21. Nahezu 150 Kommunen haben bereits ein erstes „Lokales Handlungsprogramm" vorgelegt. Rund 15 000 Menschen engagieren sich ehrenamtlich in den kommunalen Agenda-21-Prozessen. Hessen hat hier im Vergleich mit den anderen Flächen-Bundesländern eine Spitzenposition eingenommen. Dazu haben insbesondere die Kommunen beigetragen.

Hessisches Ministerium für Umwelt, Energie, Landwirtschaft und Verbraucherschutz: Agenda 21 in Hessen – Ein kurzer Überblick, 2011; in: http://www.hmulv.hessen.de (Zugriff: 21.3.2012)

M 3 13 000 Selbstverpflichtungen in NRW

(…) Stellvertretend für 545 Schulklassen aus NRW übergaben Schülerinnen und Schüler (…) mehr als 13 000 Selbstverpflichtungen im Rahmen der Aktion „Wir setzen Zeichen – Schulen pro Recyclingpapier". Die Schüler haben sich damit verpflichtet, ausschließlich Schulmaterial aus Recyclingpapier zu verwenden. Zugleich fordern sie mit der Aktion Papierhändler und -hersteller auf, wieder mehr Schulmaterial aus Recyclingpapier anzubieten, da dem Argument „mangelnde Nachfrage" nicht zuletzt ihre 13 000 Verpflichtungserklärungen entgegenstünden.

Die Übergabeaktion an Papierhersteller und -händler in der Universität Bielefeld ist vorläufiger Höhepunkt der „Initiative 2000plus – Schulmaterialien aus Recyclingpapier", einer Kampagne von zehn Verbraucher- und Umweltschutzorganisationen in NRW sowie der Stadt Löhne. Ziel der Kampagne ist es, Nachfrage und Absatz von Recycling-Schulmaterialien zu steigern.

Anfang der 90er-Jahre betrug er noch 30 bis 70 Prozent, heute liegt der Anteil bei drei bis fünf Prozent. Recycling-Schulmaterialien sind aus fast allen Regalen verschwunden. Doch die Folgen des hohen Papierkonsums sind unverändert dramatisch. Jeder 5. gefällte Baum der Erde landet in einer Papiermühle, Ökosysteme werden zerstört, Waldvölker verlieren ihre Existenz. Allein in Deutschland verbraucht ein Mensch in einem Jahr so viel Papier wie einer in Indien in 57 Jahren. (…)

Pressehinweis vom 5. 6. 2003

M 5 Plakat der Themengruppe Fluglärm der Lokalen Agenda 21 Darmstadt

gen zur Schaffung oder Verbesserung von Biotopen. Diese Liste empfiehlt die Naturschutzgruppe der Kommunalpolitik zur Umsetzung.

NABU, Gruppe Ober-Mörlen: Information und Zusammenarbeit für die Natur, in: http://www. nabu-ober-moerlen.de (Zugriff: 21.3.2012)

Webcode:
PE641796-335

M 4 Lokale Agenda und Naturschutz – Naturschutzbund Deutschland (NABU)

Als gesetzlich anerkannter Naturschutzverband nehmen wir als geladener Gast am Ausschuss für Landwirtschaft und Umwelt des Gemeindeparlaments teil. In der Lokalen Agenda 21 sind wir mit zwei Vorstandsmitgliedern im Arbeitskreis 2 „Landschaft, Naturschutz und Landnutzung" vertreten und sorgen dafür, dass die Belange des Naturschutzes berücksichtigt werden.

Die Naturschutzgruppe Ober-Mörlen und der Arbeitskreis Naturschutz Langenhain-Ziegenberg erarbeiteten im Jahr 1996 eine Liste von insgesamt 16 Projekt-Vorschlä-

1 Beschreibe M 1 und nenne Beispiele für einige der dort aufgeführten Begriffe.

2 Erkläre, was man unter „Agenda 21", „Lokale Agenda 21" und „Nachhaltigkeit" versteht (Text).

3 Informiere dich über die „Lokale Agenda 21" (Text, M 2 – M 5) in deinem Schul- bzw. Wohnort.

4 Nenne Vorschläge für Beiträge zu eurer bzw. zu einer „Lokalen Agenda 21".

5 Fasse M 3 zusammen. Besprecht, ob dies auch ein Anstoß für eure Schule wäre.

Friedens- und Zukunftssicherung in der einen Welt

Eine Arbeitsgruppe aus Vertretern der UNO, der Weltbank, der Organisation für wirtschaftliche Zusammenarbeit und Entwicklung (OECD) und mehreren nicht-staatlichen Organisationen erarbeitete im Jahr 2001 eine Liste von Zielen zur Umsetzung der Vorgaben der 📖 UN-Millenniumerklärung. Diese acht Ziele für das Jahr 2015 wurden als Millennium-Entwicklungsziele (englisch: Millennium Development Goals, MDGs) bekannt:

Ziel 1: Bekämpfung von extremer Armut und Hunger
Wann ist ein Mensch extrem arm? Wer die Armut bekämpfen will, muss wissen, wogegen er antritt. Die UNO definiert: Als extrem arm gilt, wer weniger als den Gegenwert eines US-Dollars pro Tag zum (Über-)Leben zur Verfügung hat.

Ziel 2: Primarschulbildung für alle
Bildung ist ein Schlüssel für eine gerechtere Welt. Wer Wissen hat, wer lesen, schreiben und rechnen kann, wer sich informieren kann, ist weniger auf andere angewiesen, weniger anfällig für Ausbeutung und kann Gelegenheiten nutzen, sich selbst aus der Armut zu befreien.

Ziel 3: Gleichstellung der Geschlechter / Stärkung der Rolle der Frauen
Für Frauen ist Bildung besonders wichtig. Denn Bildung macht selbstbewusst. Und selbstbewusste Frauen bilden leichter Netzwerke und begehren schneller gegen ungerechte Situationen auf.

Ziel 4: Senkung der Kindersterblichkeit
Tick, tack, tot. Tick, tack, tot. Tick, tack, tot: Alle drei Sekunden stirbt ein Kind. Die Todesursache ist oft eine vermeidbare Krankheit, die durch mangelhaften Impfschutz, verschmutztes Wasser oder unhygienische Lebensbedingungen hervorgerufen wird.

Ziel 5: Verbesserung der Gesundheitsversorgung der Mütter
In den Entwicklungsländern stirbt eine von 48 Frauen bei der Entbindung. Die schockierende Quote hängt auch damit zusammen, dass Frauen dort oft viel zu früh – etwa im Alter von 12 bis 14 Jahren – verheiratet werden.

Ziel 6: Bekämpfung von HIV/AIDS, Malaria und anderen schweren Krankheiten
Allein Malaria tötet in Subsahara-Afrika alle 30 Sekunden ein Kind. Nimmt man weitere Krankheiten hinzu, wird die Statistik noch schockierender.

Ziel 7: Ökologische Nachhaltigkeit
Im Kampf ums Überleben und beim Aufbau einer blühenden Wirtschaft ist die Umwelt scheinbar nur im Weg. Ein fataler Trugschluss.

Ziel 8: Aufbau einer globalen Partnerschaft für Entwicklung
Was ist Entwicklungshilfe: milde Gabe, Schaffung neuer Absatzmärkte oder Mittel zur Armutsbekämpfung? Ziel 8 überträgt den Industrie- und Entwicklungsländern die gemeinsame Verantwortung für den „Global Deal" der Armutsbekämpfung.

M 1 Millenniumziele

M2 Plakataktion zum weltweiten Aktionstag gegen Armut, www.stelldichgegenarmut.de

M4 Deutscher Sitz im UN-Sicherheitsrat?

Um die Erreichung [der Millenniumziele] messbar zu machen, legten die Verfasserinnen und Verfasser der Erklärung 18 Unterpunkte und 48 Indikatoren sowie 1990 als Basis- und 2015 als Zieljahr fest. Es ist also möglich, die Erreichung der Ziele zu beobachten – und einzufordern. Die Ziele 1 bis 7 nehmen die Entwicklungsländer in die Pflicht: Sie müssen ihre – oftmals gar nicht so knappen – finanziellen Mittel für die Armen einsetzen, die Korruption bekämpfen, Gleichberechtigung und demokratische Prozesse fördern.

Ziel 8 verpflichtet die Industrieländer dazu, ihre wirtschaftliche Machtstellung für eine Gleichberechtigung aller Länder zu gebrauchen.

Das bedeutet: Mehr Geld für eine qualitativ bessere Entwicklungshilfe, wirksamer Schuldenerlass, die Unterstützung von Regierungen, die die Armut in ihrem Entwicklungsland aktiv bekämpfen. Und es erfordert den Abbau von Handelshemmnissen, damit arme Länder eine echte Chance auf dem Weltmarkt haben.

http://www.millenniumcampaign.de

M3 Indikatoren der Millenniumziele

Sachwissen und Analysekompetenz

1 a Benenne die verschiedenen Schritte der Konfliktanalyse.

b Erkläre, mit welchen Zielsetzungen eine Konfliktanalyse die historische Ebene mit berücksichtigt.

Analyse-, Urteils- und Handlungskompetenz

2 a Erläutere den Unterschied zwischen „Sicherheitsrat" und „Generalversammlung".

b Finde Gründe, warum Deutschland um einen Platz im Sicherheitsrat bemüht ist, und nenne die vorgebrachten Argumente. (M4)

c Tragt mithilfe des 🖋 **Internets** weitere Argumente für, aber auch gegen einen deutschen Sitz im Sicherheitsrat zusammen. Diskutiert die Frage anschließend in der Klasse.

3 Teilt eure Klasse in acht Gruppen ein.

a Wählt jeweils ein Millenniumziel aus M1 und informiert euch darüber auf der Internetseite **www.un-kampagne.de**.

b Wählt geeignete Arbeitsformen (z.B. Gruppenpuzzle) aus, um eure Ergebnisse den anderen Gruppen zu präsentieren.

c Informiert euch auch über die Entwicklung der Bemühungen. Angaben dazu findet ihr beispielsweise in dem interaktiven Atlas der Weltbank (**http://devdata.worldbank.org/atlas-mdg**).

d Beurteilt, ob Aktionen wie „Stand Up" (M2) nötig sind, um die Millenniumziele zu erreichen.

Lexikon 📖

Abschreibung. Verfahren zur Erfassung der Wertminderungen und Verteilung der Anschaffungs- oder Herstellungskosten von betrieblichen Vermögensgegenständen. Die Buchführung fasst Wertminderungen von Anlagegütern als bilanzielle Abschreibungen auf.

Agenda 2010 ist ein Konzept zur Reform des deutschen Sozialsystems und des Arbeitsmarktes, welches zwischen 2003 und 2005 von der aus SPD und Bündnis 90/Die Grünen gebildeten Bundesregierung umgesetzt wurde. Die Reformen betreffen die Bereiche Arbeitsmarkt, Bildungspolitik, Sozialversicherung und Familienpolitik. Neben positiven Effekten, wie dem Rückgang der Arbeitslosigkeit, werfen Kritiker (z. B. Gewerkschaften und Sozialverbände) dem Konzept zu starke Einschnitte in den Sozialstaat vor, welche zu einer erhöhten Armut führen.

Agenda 21 bezeichnet das 1992 in Rio de Janeiro beschlossene Aktionsprogramm (Agenda = Tagesordnung; 21 steht für das 21. Jahrhundert) der Vereinten Nationen (→ **UNO**) über das Thema Nachhaltigkeit (nachhaltig = lang andauernd, nachwirkend). Die Menschen sollen nicht mehr verbrauchen, als in der Natur nachwachsen kann, und werden aufgefordert, ihren Energie- und Rohstoffbedarf nicht auf Kosten der späteren Generationen zu decken, zum Beispiel Abholzung der Urwälder. Die Agenda 21 fordert, dass in der Wirtschafts-, Umwelt- und Entwicklungspolitik der Gedanke der Nachhaltigkeit berücksichtigt wird.

Apathie (griech.). Teilnahmslosigkeit, Gleichgültigkeit, ohne irgendeine Gefühlsregung.

Apps. Deutsche Kurzform für Applikation, die jede Form von Anwendungsprogrammen bezeichnet. Im allgemeinen Sprachgebrauch werden darunter jedoch meist Anwendungen für Smartphones und Tablet-Computer gemeint. Diese können über einen Onlineshop, der in das Betriebssystem integriert ist, bezogen und so direkt auf dem Smartphone installiert werden.

Arbeitslosenquote ist die wichtigste Kennzahl zur Darstellung des Ausmaßes der Arbeitslosigkeit. Sie bestimmt den prozentualen Anteil der registrierten Arbeitslosen an der Gesamtzahl der zivilen Erwerbspersonen (Arbeiter, Angestellte, Beamte, Selbstständige, registrierte Arbeitslose, Auszubildende). In Deutschland sind registrierte Arbeitslose Arbeitssuchende zwischen 15 und 65 Jahren, die sich beim Arbeitsamt gemeldet haben und der Arbeitsvermittlung zur Verfügung stehen.

Aufschwung kennzeichnet eine Wirtschaftsphase, in der sich die wirtschaftliche Lage eines Landes verbessert. Merkmale sind: die wachsende Produktion, der Anstieg der Beschäftigung, die Schaffung neuer Arbeitsplätze und eine erhöhte Kaufkraft.
→ **Konjunktur**

Ausbildungsberufe. Das sind in Deutschland die beruflichen Tätigkeiten, die im Rahmen eines Ausbildungsverhältnisses im dualen System (parallele Ausbildung in Betrieb und Berufsschule) erlernt werden. Diese Ausbildungsberufe müssen staatlich anerkannt sein und werden durch Gesetze festgelegt.

Ausschuss bezeichnet eine gewählte Arbeitsgruppe, die bestimmte Vorarbeiten erledigt, über Aufgaben berät und Vorschläge entwirft. Die Ausschüsse des Deutschen Bundestages überarbeiten z. B. Gesetzentwürfe, bereiten Gesetzesvorlagen vor oder erarbeiten Kompromisse zwischen den Parteien.

Bedürfnisse → **Grundbedürfnisse**

Bruttoinlandsprodukt kennzeichnet die wirtschaftliche Leistungsfähigkeit eines Landes. Zur Bestimmung des Bruttoinlandsprodukt (BIP) rechnet man den Wert der Dienstleistungen und der Sachgüter, die in einem Land innerhalb eines Jahres erbracht oder produziert werden, zusammen. Sachgüter (→ **Güter**), wie zum Beispiel Autos, Waschmaschinen, Bücher, sind Produkte, die hergestellt werden und einen bestimmten Wert haben. Als Dienstleistungen bezeichnet man die Arbeit von Verkäufern, Friseuren, Ärzten oder Bankangestellten sowie die Leistungen der Polizisten, der Beamten in den Stadtverwaltungen oder der Lehrer. Alle diese verschiedenen Tätigkeiten lassen sich mit Geld bewerten und zu einer Summe zusammenrechnen.

Bundesbehörde. Behörde, die mit dem Vollzug von Bundesangelegenheiten betraut ist. Es gibt oberste Bundesbehörden (Bundesministerien, Bundesrechnungshof) und ihnen als Zentralstellen für das gesamte Bundesgebiet nachgeordnete Bundesoberbehörden (z. B. Bundesamt für Verfassungsschutz, Bundesverwaltungsamt, Bundeskartellamt).

Bundeshaushalt (Staatshaushalt). Der Bundeshaushalt umfasst alle Einnahmen (z. B. Steuern) und Ausgaben (z. B. Personalkosten) eines Staates (oder einer Stadt, Gemeinde, eines Bundeslandes). Damit der Staat sich über das Geld, das er einnimmt und ausgeben wird, ein klares Bild machen kann, erstellt er einen Haushaltsplan. Man vergleicht dann die Einnahmen mit den Ausgaben und stellt fest, welche neuen Pläne (Investitionen) mit dem vorhandenen Geld verwirklicht werden können. Der Staatshaushalt muss in Deutschland vom Parlament, dem Bundestag, genehmigt werden.

Bundeskartellamt. Staatliche Dienststelle, die für die Kontrolle und Anwendung des Gesetzes gegen → **Wettbewerbsbeschränkungen** (Kartellgesetz) zuständig ist.

Bundesversammlung ist die größte parlamentarische Versammlung der Bundesrepublik Deutschland. Ihre einzige Aufgabe besteht darin, den/die Bundespräsidenten/-in zu wählen. Die

Versammlung tritt alle fünf Jahre im Reichstagsgebäude zusammen, es sei denn, die Amtszeit des Bundespräsidenten endet vorzeitig. Die Bundesversammlung besteht aus allen Bundestagsabgeordneten und der gleichen Anzahl von Mitgliedern, die von den Landtagen gewählt werden.

Chancengleichheit. Vor dem Gesetz sind alle Bürger und Bürgerinnen gleich. Das gilt auch für die Chancen und das Recht auf freie Entfaltung der Persönlichkeit. Unabhängig vom Geschlecht, der Hautfarbe, der Religion oder davon, ob jemand aus einer armen oder reichen Familie stammt, sollen alle Bürger die gleichen Chancen bekommen, nach ihren persönlichen Fähigkeiten gefördert zu werden, um so möglichst viel aus ihrem Leben zu machen. Kinder und Jugendliche sollen deshalb in der Schule und der Ausbildung die gleichen Bildungsmöglichkeiten erhalten, um später einen Beruf zu finden.

Clique bezeichnet eine Jugend- oder Freundschaftsgruppe. Oft gibt es verschiedene Rollen innerhalb der Gruppe. → **Soziogramm**

Demografischer Aufbau. Der Begriff Demografie stammt aus dem Griechischen und bedeutet Bevölkerungswissenschaft. Das ist die Lehre von Zustand, Aufbau, Zusammensetzung und Entwicklung einer Bevölkerung, also der Einwohnern eines bestimmten Gebietes (Stadt, Land, Kontinent).

Dumpingpreise (engl. to dump – fallen lassen). Verkauf von Waren oder Leistungen zu Preisen, die deutlich unter dem üblichen Wert liegen.

Emotionaler Rückhalt kennzeichnet die auf Gefühlen basierende Unterstützung oder Bestätigung beispielsweise durch die Familie oder Freunde. Durch Gefühle wie Liebe, Zuneigung oder Zusammengehörigkeit werden dabei auch ungewöhnliche Entscheidungen akzeptiert und unterstützt.

Entfremdung. Bezeichnung für politische Machtlosigkeit, gesellschaftliche Orientierungs- und Normenlosigkeit bzw. persönliche Unzufriedenheit und Distanzierung (z. B. gegenüber dem politischen System).

Europäischer Gerichtshof für Menschenrechte (EGMR). Der EGMR mit Sitz in Straßburg ist ein ständiger Gerichthof zur Umsetzung der Europäischen Konvention zum Schutz der Menschenrechte und Grundfreiheiten. Der Katalog an → **Menschen**- und → **Grundrechten** muss bei der Gesetzgebung, Verwaltung und Rechtsprechung in den Unterzeichnerstaaten eingehalten werden. Bei einer Verletzung der Konventionen kann sich eine Einzelperson oder ein anderer Staat an den EGMR wenden.

Erwerbsarbeit. Diejenige Form der Arbeit, mit der Geld verdient werden soll. Gegensatz: Haus- und Familienarbeit, ehrenamtliche Arbeit, Hobbyarbeit.

Existenz (lat.; Bestehen) bezeichnet das Vorhandensein eines Dinges oder allgemein das menschliche Dasein. In der Umgangssprache wird der Begriff auch für die wirtschaftliche Lebensgrundlage eines Menschen benutzt. Um seine Existenz zu sichern, braucht der Mensch ein Mindestmaß an materiellen Gütern. → **Bedürfnisse**

Export. Ausfuhr oder Lieferung von im Inland hergestellten, veredelten oder weiterverarbeiteten Erzeugnissen ins Ausland.

Faktormarkt. Markt, auf dem Unternehmen die zur Güterproduktion notwendigen Produktionsfaktoren und Einsatzmengen wie Arbeitskräfte, Rohstoffe, Bauteile oder andere Erzeugnisse kaufen. Gegensatz: Gütermarkt. Faktormärkte sind z. B. der Arbeitsmarkt, der Kapital- und der Geldmarkt.

Fiskalpolitik (auch: Finanzpolitik). Alle politischen und gesetzgeberischen Maßnahmen, die der Ordnung und Gestaltung der öffentlichen Einnahmen und Ausgaben (Staatsfinanzen) dienen.

Flohmarkt ist ein Markt, auf dem gebrauchte Gegenstände von Privatleuten angeboten und verkauft werden. Der Name entstammt den spätmittelalterlichen Kleidergaben der Fürsten, welche dem Volk überlassen wurden. Diese Kleidungsstücke wurden gehandelt, wobei auch der eine oder andere Floh den Besitzer wechselte.

Föderalismus. Von Lat.: foedus = Bund; eine Zusammenfassung mehrerer Staaten unter einer gemeinsamen Regierung, wobei den einzelnen Mitgliedern weitgehend die Selbstverwaltung gelassen wird.

Fonds. Dieses französische Wort bezeichnet Geldmittel oder Vermögenswerte, die für bestimmte Zwecke angelegt und verwaltet werden. Man unterscheidet Aktien-, Renten- und Immobilienfonds. Bei Immobilienfonds kauft ein → **Investor** Anteile an Bürogebäuden, Einkaufszentren oder Wohnblöcken und hofft, dass sich der Wert seiner Anteile im Laufe der Zeit erhöht. Verkauft er dann die Anteile wieder, kann er dadurch mehr Geld zurückbekommen, als er eingezahlt hat.

Friends of the Earth International (FoEI) ist ein internationales Netzwerk verschiedener Umweltorganisationen mit über 5000 lokalen Aktivistengruppen in 71 Ländern der Erde, wobei jedes Land durch eine Organisation vertreten wird. Der deutsche Vertreter ist der Bund für Umwelt und Naturschutz Deutschland (BUND). Wesentliches Merkmal der 1971 gegründeten Organisation ist die Unabhängigkeit von politischen Parteien und wirtschaftlichen Interessen. Arbeitsschwerpunkte von FoEI sind Themen wie Landwirtschaft, Gentechnik, nachhaltiges Wirtschaften, Wald, Klima, Umwelt und Welthandel.

Gastarbeiter. In der Zeit des wirtschaftlichen Aufschwungs und der Vollbeschäftigung Mitte der 1950er-Jahre wurden Gastarbeiter im Ausland (z. B. Italien, Griechenland, Türkei, Portugal und Jugoslawien) angeworben, um den Mangel an Arbeitskräften in der westdeutschen Wirtschaft zu vermindern. Vor allem im Bergbau und in der Automobilindustrie sowie für andere arbeitsintensive Tätigkeiten benötigte man die Arbeitskräfte, weswegen hauptsächlich Männer ausgewählt wurden. Dem Großteil der Zugezogenen folgten ihre Familien, und Deutschland wurde für sie zur neuen Heimat.

Genfer Flüchtlingskonvention. Die Genfer Flüchtlingskonvention wurde am 28.7.1951 auf einer UN-Sonderkonferenz in Genf verabschiedet und trat am 22.4.1954 in kraft. Ergänzt wurde sie am 31.1.1967 durch das „Protokoll über die Rechtsstellung der Flüchtlinge", das am 4.10.1967 in kraft trat. Der Konvention und dem Protokoll sind jeweils 144 Staaten beigetreten. 141 Staaten sind beiden beigetreten. Die Konvention legt fest, wer Flüchtling ist, welchen rechtlichen Schutz, welche Hilfe und welche sozialen Rechte sie oder er von den Unterzeichnerstaaten erhalten soll. Sie definiert aber auch die Pflichten, die ein Flüchtling dem Gastland gegenüber erfüllen muss. Zudem schließt sie bestimmte Gruppen – etwa Kriegsverbrecher – vom Flüchtlingsstatus aus.

Gewalttat ist eine Handlung, die unter Anwendung von Gewalt oder Zwang durchgeführt wird und körperliche oder seelische Auswirkungen auf andere hat. Gewalttaten, wie Körperverletzung, Mord oder Vergewaltigung u. a., werden durch das Gesetz verfolgt und die Täter bestraft.

Gewinn. Ergebnis einer erfolgreichen wirtschaftlichen Tätigkeit.

Globalisierung kennzeichnet die Entstehung weltweiter Märkte für Waren, Kapital und Dienstleistungen sowie die damit verbundene internationale Verflechtung der Volkswirtschaften. Hauptakteure der Globalisierung sind multinationale (in vielen Staaten tätige) Unternehmen. Der Globalisierungsprozess wird durch neue Technologien im Kommunikations-, Informations- (weltweite Datennetze, Satellitenkommunikation) und Transportwesen (computergestützte Logistik) sowie neue Organisationsformen der Produktionsprozesse vorangetrieben. Diese Neuerungen ermöglichen es den Unternehmen, die → **Standortvorteile** weltweiter Produktionsstätten zu nutzen, statt an nationalen Standorten zu produzieren. Der Prozess der Globalisierung erhöht damit entscheidend den Wettbewerbsdruck zwischen den einzelnen Unternehmen und Ländern. Darüber

Weltweite Standorte des Chemie-Unternehmens BASF, 2008

hinaus hat er erhebliche Auswirkungen auf die Stabilität und Sicherheit der Arbeitsplätze.

Greenpeace ist eine 1971 in Vancouver (Kanada) gegründete internationale Organisation, die auf Umweltprobleme hinweist und versucht, Lösungen durchzusetzen. Besonders Aktionen gegen Kernwaffentests, die Ölgesellschaften, den Walfang und die Gentechnik machten die Organisation weltweit bekannt. Auch auf weitergreifende ökologische Probleme, wie die globale Erwärmung oder die Zerstörung der Regenwälder, machte Greenpeace durch Kampagnen aufmerksam, wobei die Aktionen ohne Gewaltanwendung durchgeführt werden sollen.

Grundbedürfnisse. Bedürfnisse, die befriedigt werden müssen, damit der Mensch sein Überleben sichern kann. Dazu zählen z. B. Ernährung, Unterkunft und Bekleidung, aber auch die Bereitstellung von lebenswichtigen Dingen wie Trinkwasser, sanitären Einrichtungen, Transportmitteln, Gesundheits- und Bildungseinrichtungen. Mit der Sicherung der Grundbedürfnisse kann auch das Existenzminimum beschrieben werden. Darüber hinaus gibt es weiterhin Kultur- und Luxusbedürfnisse.

Grundrechte sind die in den Verfassungen der jeweiligen Staaten aufgelisteten staatlich garantierten Freiheitsrechte des Individuums gegenüber der Staatsmacht. In Deutschland werden die Grundrechte in Abschnitt I des Grundgesetzes allen anderen grundgesetzlichen Regelungen vorangestellt. Die Grundrechte leiten sich von den → **Menschenrechten** her und sind für die Gesetzgebung, die vollziehende Gewalt sowie die Rechtsprechung bindend. Die Artikel 1–7, 10, 13, 14, 16a, 17 des Grundgesetzes (GG) verweisen direkt auf die Menschenrechte, während Artikel 8, 9, 11, 12, 16 ausschließlich auf deutsche Staatsbürger bezogen sind.

Güter sind die Mittel, welche der Befriedigung menschlicher → **Bedürfnisse** dienen. Unterschieden wird zwischen freien und wirtschaftlichen Gütern. Freie Güter sind im Überfluss vorhanden und kosten kein Geld (z. B. Luft, Meersand). Dagegen sind wirtschaftliche Güter knapp und haben einen Preis, weil ihre Herstellung Kosten verursacht. Sie werden in Sachgüter, Dienstleistungen und Rechte gegliedert. Sachgüter sind gegenständliche Güter, die unbeweglich (Immobilien, z. B. Haus) oder beweglich (Mobilien, z. B. Lebensmittel) sein können und in Produktionsgüter und Konsumgüter unterschieden werden. Außerdem werden sie nach der Dauer ihrer Nutzung in Gebrauchs- und Verbrauchsgüter gegliedert. Manche Konsumgüter werden als Luxusgüter bezeichnet, da sie über die Sicherung der Befriedigung der Grundbedürfnisse hinausgehen und nicht jedem zugänglich sind. Private Güter unterscheiden sich von öffentlichen Gütern (z. B. Straßen, Bildung, Frieden) dadurch, dass sie individuell, unter Ausschluss anderer genutzt oder konsumiert werden können und nicht zwingend der Allgemeinheit zugute kommen müssen.

Hartz-Gesetze. Gesetze, die im Sommer 2002 beschlossen wurden und auf den Vorschlägen einer Kommission um den ehemaligen VW-Manager Peter Hartz beruhen. Die Arbeitsmarktreformen basieren auf den Prinzipien „Fördern und Fordern". Hartz I und II schreiben die Einrichtung von Personal-Service-Agenturen zur Unterstützung der Arbeitsämter, die Förderung von Mini-Jobs und Ich-AGs sowie die Verschärfung von Regeln über die Zumutbarkeit angebotener Arbeit vor. Hartz III beinhaltete den Umbau der Arbeitsverwaltung zur Bundesagentur für Arbeit und Hartz IV die Zusammenlegung von Arbeitslosenhilfe und Sozialhilfe zum neuen Arbeitslosengeld II. Durch die Reform soll das Nebeneinander der Ämter beendet und Arbeitssuchende effektiver betreut werden.

Hierarchie. Das griechische Wort bezeichnet eine strenge Rangordnung. In einer Hierarchie hat jede Person ihre genau festgelegten Rechte, Befugnisse und Kompetenzen. Man kann sich eine Hierarchie als Pyramide vorstellen, an deren Spitze die ranghöchsten Personen stehen. Höher stehende Personen geben dabei den unteren Rängen Anweisungen. Hierarchien gibt es in vielen Bereichen: Kirche, Verwaltung des Staates, Länder und Gemeinden, Schule, Justiz und großen Wirtschaftsunternehmen.

Humanvermögen (auch Humankapital). Die Summe der wirtschaftlich nutzbaren Fähigkeiten, Kenntnisse und Verhaltensweisen der arbeitsfähigen Bevölkerung einer Volkswirtschaft.

Hurrikan bezeichnet einen tropischen Wirbelsturm, der mindestens Orkanstärke (Windstärke 12 = 118 km/h) hat und, im Gegensatz zu Taifunen oder Zyklonen, auf der nördlichen Hemisphäre (Erdhalbkugel) entstanden ist. Das Wort kommt ursprünglich aus den Maya-Sprachen und bedeutet „Gott des Windes". Durch die hohen Windgeschwindigkeiten, die Wellen und schwere Niederschläge sowie eine Ausdehnung von mehreren Kilometern können Hurrikane Tausende von Quadratkilometern verwüsten.

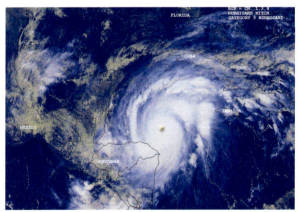

Satellitenbild Hurrikan Mitch in der Karibik, 1998

Identität kennzeichnet die Eigentümlichkeit, Besonderheit oder den Charakter eines Wesens und dient der Unterscheidung oder Abgrenzung der Menschen voneinander.

Ideologisch. Auf eine Weltanschauung oder ein System von Wertvorstellungen bezogen,

Industrielle Revolution bezeichnet den raschen Übergang von der Landwirtschaft zur Industrieproduktion und maschinell geprägten Wirtschaft sowie die damit verbundene Veränderung der gesellschaftlichen Verhältnisse. Ausgehend von England Mitte des 18. Jahrhunderts war das Zeitalter neben einer enormen Entwicklung von Technologie, Produktivität und Wissenschaft vielfach auch von sozialen Missständen gekennzeichnet, die im Massenelend und in der Ausbeutung der Arbeiter zum Ausdruck kamen. Folgenreiche technische Entwicklungen dieser Zeit waren die Dampflokomotive und das Dampfschiff, welche gleichzeitig eine Verbesserung der Verkehrswege nach sich zogen.

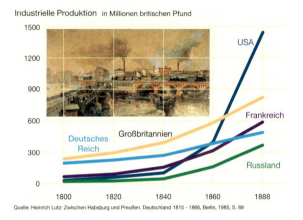

Industrielle Produktion in Millionen britischer Pfund

Quelle: Heinrich Lutz: Zwischen Habsburg und Preußen. Deutschland 1815 - 1866, Berlin, 1985, S. 89

Informationstechnologie (IT) ist ein Oberbegriff für die Informations- und Datenverarbeitung sowie die dafür benötigte Hard- und Software. Vier Teilgebiete werden unterschieden: Die Kommunikations-IT befasst sich mit dem Einsatz der Telekommunikation, also dem Informationsaustausch über weite Distanzen. Die Unterhaltungs-IT ist mit Spielgeräten und Multimedia-Anwendungen befasst. Die Business-IT beinhaltet die Verarbeitung von Informationen aus dem Handel, der Börse, von Versicherungen, Banken und dem Steuerwesen. Die Industrielle IT ist mit der Vernetzung der Maschinen in Herstellungs- und Produktionsprozessen innerhalb eines Werkes befasst, agiert zunehmend aber auch über die Werk- und Firmengrenzen hinweg.

Insolvenz. Zahlungsunfähigkeit, Pleite, kein Geld.

Internationaler Strafgerichtshof (IStGH). Der IStGH mit Sitz in Den Haag ist ein 2003 eingerichtetes ständiges Gericht zur Verurteilung von Verbrechen gegen das Völkerrecht. Besonders Kriegsverbrechen, Völkermord oder Verbrechen gegen die Menschlichkeit werden strafrechtlich verfolgt.

Investor. Anleger, der Geld am Kapitalmarkt investiert. Man unterscheidet ihn nach dem Anlegertyp in Privatinvestor und institutionellen Anleger, nach der Anlagemotivation und nach dem Objekt der Investitition, also ob beispielsweise Aktien eines Unternehmens oder andere Wertpapiere gekauft werden.

Jugendliche. Menschen in der Zeit zwischen Kindheit und Erwachsensein, also zwischen dem 13. und 21. Lebensjahr. Der Begriff wurde erst um 1800 eingeführt und beinhaltete ursprünglich eine von Kriminalität und Verwahrlosung gefährdete Personengruppe. Zu Beginn des 20. Jahrhunderts wurde Jugend erstmals als eine eigenständige Altersgruppe mit besonderen Wertvorstellungen wahrgenommen und der Begriff positiv umgedeu-

James Dean (1931–1955)

tet. Ab dem Ersten Weltkrieg kam es zur Entwicklung eines Jugendmythos, der in der Zeit des Nationalsozialismus weiter gesteigert wurde. In der zweiten Hälfte des 20. Jahrhunderts wurden die Jugendbewegungen zunehmend von Protest-Haltungen geprägt. Rock-'n'-Roll-Helden wie Bill Haley und Elvis sowie Filmidole wie James Dean und Marlon Brando vermittelten in den 1950er-Jahren das Bild eines neuen Typus des Jugendlichen. In Deutschland nannte man sie „Halbstarke", in England „Teds" und „Rocker". Ihr Markenzeichen waren zu Tollen geölte Haare, Lederjacken, Jeans und Motorroller oder Motorrad. Die Mädchen trugen Pferdeschwanz, Petticoat und Schminke im Gesicht. Rock-'n'-Roll-Konzerte und Filme wie „Jailhouse Rock" versetzten die Jugendlichen in Ekstase, die oft in Krawallen und demolierten Konzertsälen endete. Es folgten die Hippies und Blumenkinder der 1970er-Jahre, Jugendbewegungen wie Punk, Techno oder Hiphop. Eine entscheidende Entwicklung der Jugendkultur heute ist, dass es nicht mehr eine übergreifende Jugendkultur gibt, sondern eine Vielzahl von jugendlichen Szenen, deren Grenzen sich durchaus überschneiden können. Die Klage vieler Erwachsener, die heutige Jugend sei niemals in der Lage, das Werk der Alten fortzuführen, ist dabei so alt wie die Menschheit selbst. Erstaunlicherweise hat dieser Vorwurf sich im Lauf der Zeit immer wieder glänzend selbst widerlegt. Seit jeher und in allen Kulturen haben sich Jugendliche in Gruppen zusammengeschlossen, sich von der Welt der Erwachsenen abgegrenzt und nach eigenen Ausdrucksformen (Musik, Kleidung, Verhaltensweisen …) gesucht. Viele dieser Anstöße und Neuerungen wirken positiv in die Gesellschaft hinein.

Punker

Kalkulationszuschlag ist ein prozentualer Aufschlag, der sich nach folgender Formel berechnet:

$$\text{Kalkulationszuschlag in \%} = \frac{\text{Nettoverkaufspreis} - \text{Beschaffungspreis}}{\text{Beschaffungspreis}} \cdot 100$$

Kapital. Gesamtvermögen eines Unternehmens oder Individuums, welches in Sachkapital (Grundstücke, Gebäude, Wertgegenstände) und Finanzkapital (Bargeld, Bankguthaben) unterschieden wird.

Karl Marx. Geboren am 5. Mai 1818 in Trier, studierte er ab 1835 in Bonn und Berlin Jura, Philosophie und Geschichte, bevor er 1841 in Jena promovierte. Er war zunächst bei der „Rheinischen Zeitung" in Köln tätig, bevor er 1843 nach Paris emigrierte. Dort lernte er den Fabrikantensohn Friedrich Engels kennen, mit dem er seitdem eng zusammenarbeitete. Nach erneuter Emigration nach Brüssel veröffentlichten sie 1848 im Auftrag des Londoner Bundes der Kommunisten das „Kommunistische Manifest". Nachdem Karl Marx während der Revolutionsjahre 1848/49 nach Köln zurückgekehrt war, um die „Neue Rheinische Zeitung" herauszubringen, ging er im August 1849 endgültig ins Londoner Exil. Hier widmete er sich seinem Hauptwerk „Das Kapital" – der kritischen Darstellung des Kapitalismus. Durch seine Veröffentlichungen wurde er zu einem der Führer der neuen Sozialismus-Bewegung und gab ihr ein wissenschaftliches, ideologisches Fundament. Marx starb am 14. März 1883 in London.

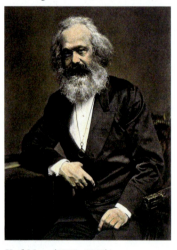
Karl Marx (1818–1883)

Kartell ist der vertragliche Zusammenschluss von Unternehmen, die rechtlich selbstständig bleiben, ihre wirtschaftliche Selbstständigkeit jedoch ganz oder zum Teil aufgeben, um daraus einen Wettbewerbsvorteil zu erzielen. Die am Kartell beteiligten Unternehmen verpflichten sich zu gemeinsamem wirtschaftlichem Handeln und zur Zahlung von Vertragsstrafen, sofern gegen Regelungen des Kartellvertrages verstoßen wird. Die Mitglieder eines Kartells versuchen oftmals die Vorteile eines → **Monopols** zu erreichen, wodurch der → **Wettbewerb** eingeschränkt oder verhindert wird. In Deutschland besteht daher auf der Grundlage des Gesetzes gegen Wettbewerbsbeschränkung ein Kartellverbot, dessen Einhaltung vom Bundeskartellamt kontrolliert wird.

Koalition. Der Begriff bezeichnet ein Bündnis unabhängiger Partner oder Parteien, das sich für einen bestimmten Zweck zusammengefunden hat. Meist wird ein solches Koalitionsbündnis nur für eine bestimmte Zeit vereinbart, wenn zum Beispiel Parteien alleine nicht genügend Stimmen haben, um regieren zu können. Ein solches Regierungsbündnis, das eine breite Mehrheit im Parlament hat, schafft es leichter, Gesetze durchzusetzen.

Konjunktur. Als Konjunktur bezeichnet man die Wechsellagen in der wirtschaftlichen Entwicklung. Sie lässt sich messen mit bestimmten Konjunkturindikatoren wie Aufträgen, Produktion, Umsatz, Beschäftigung, Preisen und Zinsen. Anhand dieser Indikatoren lässt sich ein stetes Auf und Ab der wirtschaftlichen Aktivitäten feststellen.

Diese Schwankungen folgen aufeinander wie Wellen. Das nennt man Konjunkturzyklus. Ein Konjunkturzyklus umfasst die Phasen Aufschwung, Hochkonjunktur (Boom), Abschwung, Rezession und Tiefstand (Depression).

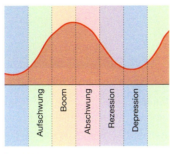

Konjukturkurve

Konkurrenz → **Wettbewerb**

konstruktives Misstrauensvotum. Wenn die Mehrzahl der Abgeordneten im Parlament der Meinung ist, dass die Regierung, ihr Chef oder einzelne Minister ihre Arbeit nicht gut oder nicht richtig machen, kann die Volksvertretung dem Regierungschef das Vertrauen entziehen. Dies kann die Mehrheit der Abgeordneten durch eine Abstimmung entscheiden. Das Parlament spricht dann in einem Votum (lat. Urteil, Stimme) das Misstrauen aus. Die ganze Regierung oder einzelne Mitglieder müssen in einem solchen Fall zurücktreten. In Deutschland ist im Grundgesetz in Artikel 67 nur das so genannte konstruktive („konstruktiv", also „aufbauend") Misstrauensvotum vorgesehen. So ist es nicht möglich, den Regierungschef einfach abzuwählen. Es muss gleichzeitig auch ein neuer Bundeskanzler gewählt werden, der dann eine neue Regierung bildet.

Konsumgüter. Sachgüter, die unmittelbar der Befriedigung menschlicher Bedürfnisse dienen und im Gegensatz zu den Investitionsgütern nicht als Produktionsmittel eingesetzt werden. Unterschieden wird in über einen längeren Zeitraum nutzbare Gebrauchsgüter (z. B. Wohnungseinrichtung oder Bekleidung) und Verbrauchsgüter (z. B. Lebensmittel), die nur einmal genutzt werden können.

Koran heißt die heilige Schrift des Islam. Gemäß dem Glauben der Muslime enthält der Koran die wörtliche Offenbarung Gottes (arab. Allah) an den Propheten Mohammed. Der Text wurde von den Anhängern Mohammeds aufgeschrieben, ist unterteilt in 114 Suren (Abschnitte) und dient als Gesetzbuch für das Alltagsleben.

Korruption. Lateinisch für Bestechlichkeit, Verderbtheit oder Verfall. Spricht man von Korruption, bedeutet es, dass jemand seine berufliche Stellung oder sein öffentliches Amt dazu missbraucht, um sich einen Vorteil zu verschaffen und dabei andere zu schädigen. Das ist verboten.

Langzeitarbeitslose. Form der Arbeitslosigkeit, bei der ein Arbeitssuchender ein Jahr oder länger ohne Beschäftigung ist. Die Wiederbeschäftigung dieses Personenkreises ist u. a. wegen des Verlustes an beruflicher Qualifikation mit zunehmender Dauer der Arbeitslosigkeit besonders schwierig.

Lean Production (engl. lean – schlank, athletisch fit). Die aus Japan stammende Produktionsmethode reduziert die Arbeitsgänge auf das Notwendigste. Das Managementsystem bezieht sich auf die Erstellung von Serienprodukten und Dienstleistungen mit relativ geringem Aufwand. Die Unternehmen setzen auf flache → **Hierarchien**, Auslagerung von Arbeitsgängen und die Organisation in Arbeitsgruppen. Ziele sind höhere Effizienz und Flexibilität sowie Kunden- und Qualitätsorientierung. Lean Management beinhaltet den Prozess kontinuierlicher Verbesserung. Ausgangspunkt eines Unternehmenswandels in Richtung Lean Management sind Leitgedanken wie Sparsamkeit, vorausschauendes Durchdenken der Handlungen, Erschließung von verfügbaren Ressourcen. Der Mitarbeiter stellt dabei eine der wichtigsten Ressourcen dar.

Legislaturperiode. Zeitraum zwischen zwei Wahlen, in welcher die Abgeordneten ihr Mandat wahrnehmen.

Lethargie. Das aus dem Griechischen stammende Wort bedeutet eine krankheitsbedingte Schlafsucht, Trägheit, Gleichgültigkeit, Teilnahms- und Interesselosigkeit.

Liberalisierung. Rücknahme oder Abschwächung bisher bestehender gesetzlicher Regelungen oder anderweitiger Verordnungen und Verhaltensvorschriften.

Liberalismus ist eine politische Weltanschauung, die auf die Ideen der Aufklärung zurückgeht und die Freiheiten des einzelnen Menschen in den Vordergrund stellt. Jede Form des geistigen, sozialen, politischen oder staatlichen Zwangs wird abgelehnt. Die wichtigsten Prinzipien des Liberalismus sind: das Recht auf Selbstbestimmung auf der Basis von Vernunft, die Beschränkung politischer Macht, die Freiheit gegenüber dem Staat und die Selbstregulierung der Wirtschaft auf der Basis persönlichen Eigentums. Der wirtschaftliche Liberalismus geht auf die Arbeiten von Adam Smith (1723–1790) zurück und legt das Privateigentum (insbesondere an den Produktionsmitteln), den freien Wettbewerb und den Freihandel als grundlegende Voraussetzungen für die Schaffung gesellschaftlichen Wohlstands fest. Die Liberalisierung führte zu dynamischen → **Industrialisierungsprozes-**

sen und der Entwicklung eines kapitalistischen Wirtschaftssystems.

Lohndumping. Unterschreitung eines ortsüblichen Lohns, die zu einer Existenzgefährdung des Arbeitnehmers führen kann.

Manufaktur. Manufakturen (von lat. manus = Hand, lat. facere = erbauen, tun, machen, herstellen) waren Produktionsbetriebe, die in Europa in der Frühen Neuzeit entstanden. In ihnen wurden verschiedene Handwerke in einem Arbeitshaus zusammengefasst und die Arbeitsvorgänge zergliedert (Arbeitsteilung). Sie lösten das mittelalterliche Handwerk ab, wurden dann aber von Fabriken abgelöst.

Marshallplan. Wiederaufbauprogramm der USA für die europäische Wirtschaft nach dem Zweiten Weltkrieg. Die Hilfsleistungen der USA bestanden nicht nur aus Krediten, sondern auch aus Waren, Rohstoffen und Lebensmitteln. Zwischen 1948 und 1952 wurden von den USA insgesamt rund 12,4 Milliarden Dollar bereitgestellt, davon 1,5 Milliarden Dollar für Westdeutschland.

Median-Einkommen. Bezogen auf das Einkommen bezeichnet der Begriff Median den Mittelwert. Man kann daher auch vom Durchschnittseinkommen sprechen. Das rechnerische Mittel der Einkommen ist die Summe aller Einkommen geteilt durch die Zahl der Personen.

Menschenrechte sind die angeborenen unveräußerlichen Rechte eines jeden Menschen. Sie sind überstaatlich, d. h. höher gestellt als die Rechte des Staates. Sie können daher auch nicht vom Staat verliehen, sondern nur anerkannt werden. Die Menschenrechte wurden von den Vereinten Nationen (→ **UNO**) im Jahr 1948 aufgeschrieben und gehen auf die Erklärung der Bürger- und Menschenrechte während der Französischen Revolution 1789 zurück. Viele Staaten, auch Deutschland, haben diese Rechte in ihrer Verfassung als → **Grundrechte** festgeschrieben. Dazu gehören zum Beispiel das Recht auf Leben, auf Freiheit und körperliche Unversehrtheit. Dies heißt, dass niemand gefoltert werden darf. Jeder hat auch das Recht, seine Meinung frei zu sagen, ohne dafür bestraft zu werden. Jeder Mensch soll außerdem glauben können, was er will, und darf keine Nachteile wegen seiner Religion erfahren. Das Wahlrecht bestimmt, dass die Menschen in demokratischen Wahlen regelmäßig wählen dürfen; das Recht auf Bildung besagt, dass alle Menschen etwas lernen dürfen, und das Recht auf Eigentum stellt sicher, dass jeder etwas als sein Eigentum besitzen darf. In vielen Ländern der Welt werden die Menschenrechte von der Staatsmacht missachtet, was zeigt, dass die Anerkennung der Menschenrechte keineswegs selbstverständlich ist und jeder aufpassen muss, dass der Staat diese Rechte achtet.

Modell. Vereinfachte Beschreibung der Wirklichkeit, wodurch Zusammenhänge, Bedingungen und Prognosen abgeleitet werden können.

Modelldarstellung des Planetensystems

Monopol. Griechisch für Vorrecht und alleiniger Anspruch. Von einem Monopol spricht man, wenn eine Person, ein Händler, ein Unternehmen oder Hersteller als alleiniger Verkäufer einer Ware oder einer Dienstleistung auftritt. Der Verkäufer hat dann keine → **Konkurrenz** und verfügt über eine große Macht.

Nachhaltigkeit → **Agenda 21**

Nationaldemokratische Partei Deutschlands (NPD). Eine 1964 gegründete deutsche Partei, die eine nationalistische, völkische und revanchistische Ideologie vertritt. Nach Einschätzung von zahlreichen Politikwissenschaftlern und Historikern weist sie eine programmatische und sprachliche Nähe zur NSDAP auf. Die Partei wird vom Bundesamt für Verfassungsschutz als rechtsextrem eingestuft.

OECD. Organisation für wirtschaftliche Zusammenarbeit und Entwicklung (englisch Organization for Economic Co-operation and Development), eine Internationale Organisation mit 34 Mitgliedstaaten, die sich Demokratie und Marktwirtschaft verpflichtet fühlen.

Ökonom. Wirtschaftswissenschaftler

Opferfest. Es gilt im Vergleich zum → **Ramadan** als das bedeutendere islamische Fest und wird daher das „große Fest" genannt. Das Opferfest ist nach seinem religiösen Stellenwert vergleichbar mit Weihnachten und der Ausdruck der Hingabe der Menschen unter den Willen Gottes. Zum Zeichen der Opferbereitschaft und des Gottvertrauens wird zu Ehren Allahs ein Tier geschlachtet. Die Methode, mit der das Tier getötet wird, nennt man „Schächten". Neben diesem Aspekt spielt auch die soziale Komponente eine wichtige Rolle, denn das Opfertier soll zum größten Teil an die Armen verteilt werden. Das Fest dauert vier Tage und wird mit einem gemeinschaftlichen Festgebet begangen. Verwandte, Bekannte und Freunde werden besucht und Segenswünsche sowie kleine Geschenke ausgetauscht.

Opposition. Wenn euch nicht passt, was Eltern, Lehrer oder die meisten eurer Mitschüler sagen und wollen, dann seid ihr in der Opposition. Das Wort kommt aus dem Lateinischen und bedeutet, im Widerspruch zur Mehrheit zu stehen. In der

Politik heißt das, dass Parteien im Deutschen Bundestag, die nicht zu den Regierungsparteien gehören, sich in der so genannten parlamentarischen Opposition befinden. Sie sind ein wichtiger Teil in der Demokratie, weil sie darauf achten, dass die Gesetze eingehalten werden.

Parlament. (Franz.: parler = reden) Volksvertretung, die aus einer oder zwei Kammern (z. B. Großbritannien: Ober- und Unterhaus) bestehen kann.

Patentstreit. Auseinandersetzung um die Frage, wer als Urheber bzw. Rechtsnachfolger des Urhebers einer Erfindung gilt.

Prognosen. Das Wort kommt aus dem Griechischen und bedeutet so viel wie Vorhersage. Die Voraussage über die Zukunft basiert dabei auf Beobachtungen und wissenschaftlichen Untersuchungen. Durch diese Forschungsergebnisse muss sie gut begründet werden. Der tägliche Wetterbericht, eine wirtschaftliche Prognose, wie die Entwicklung des Kaufverhaltens der Bevölkerung, Angaben über die Bevölkerungsentwicklung oder über den Ausgang von Wahlen stellen Beispiele für Prognosen aus dem täglichen Leben dar.

Protektionismus bezeichnet den Schutz inländischer Produzenten vor ausländischer Konkurrenz mithilfe von Verboten, mengenmäßigen Beschränkungen, Zöllen oder Auflagen. Der Protektionismus steht im Gegensatz zum Freihandel.

Ramadan. Der Fastenmonat Ramadan gilt im Islam als besonders heilige Zeit. Für Muslime sind mit dem gemeinschaftlichen, 30 Tage währenden Fasten die besondere Hingabe an Allah und Disziplin sowie Gewissenhaftigkeit im Glauben verbunden. Neben dem täglichen Fasten, also dem Verzicht auf Essen und Trinken von Sonnenauf- bis -untergang, ist diese Zeit durch zwei Feste bestimmt: die Nacht der Bestimmung und das Fest des Fastenbrechens, welches die Fastenzeit beendet.

Rechtsstaat. Staat, in dem die Gesetzgebung an die verfassungsmäßige Ordnung, die vollziehende Gewalt und die Rechtsprechung an Gesetz und Recht gebunden sind (s. Grundgesetz Art. 20. Abs. 3).

Reform. Umgestaltung, Veränderung oder Neuordnung mit dem Ziel, eine Verbesserung der Zustände zu erzielen. Oft sollen Reformen zu einer Senkung der Kosten und einer besseren Übersichtlichkeit führen. Beispiele: Gesundheits-, Steuerreform.

Der Reformvertrag von Lissabon. Mit der Vergrößerung der

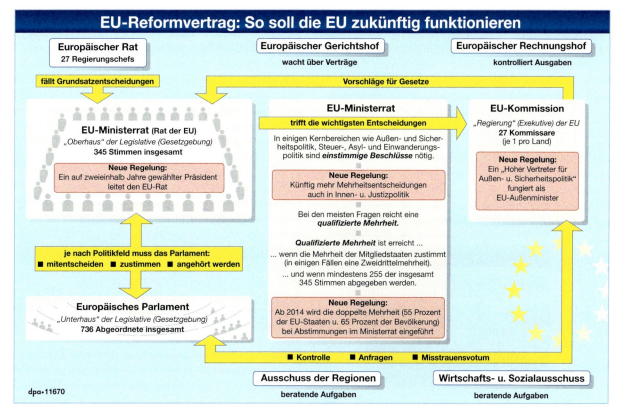

EU auf 25 und jetzt 27 Staaten wurde der politische Entscheidungsprozess, der in vielen Bereichen Einstimmigkeit vorsieht, immer schwieriger. Nach dem Scheitern einer neuen Europäischen Verfassung, die in allen Staaten der EU gelten sollte, wurde in einem Vertrag in Lissabon 2007 ein weiterer Versuch unternommen, die Entscheidungsabläufe in der EU zu modernisieren. Bis auf Irland stimmten alle EU-Staaten diesem Vertrag zu. Im Oktober 2009 wurde der Vertrag in Irland aber in einer zweiten Volksabstimmung mit großer Mehrheit angenommen. Am 1. Dezember 2009 trat der Vertrag in Kraft. Das bedeutet eine wesentliche Verbesserung der komplizierten Verfahren im Europa der 27 Mitgliederländer:

– Ab 2014 können Entscheidungen im Ministerrat nach dem Mehrheitsprinzip gefasst werden. Ein Beschluss gilt, wenn 55 % der Staaten zustimmen, diese Mehrheit muss 65 % der EU-Bevölkerung vertreten.
– Der Europäische Rat wird für zweieinhalb Jahre von einem Ratspräsidenten geleitet. Gewählt wurde der belgische Ministerpräsident Herman Van Rompuy.
– Ein für fünf Jahre bestellter Hoher Vertreter für Außen- und Sicherheitspolitik (Außenminister) leitet die Außenpolitik der EU. Gewählt wurde die britische Politikerin Catherine Ashton.
– Bei der Gesetzgebung der EU wirkt das EU-Parlament grundsätzlich in allen Fragen mit.
– Ein Land kann die EU verlassen, wenn es dies will.

Rezession. Wenn sich die wirtschaftliche Lage eines Landes verschlechtert, die Konjunkturkurve also nach unten geht, befindet es sich im Abschwung. Als Folge dieser Rezession (des Rückgangs) können Unternehmen weniger produzieren und müssen Mitarbeiter entlassen. Dadurch steigt die Zahl derjenigen, die vom Staat unterstützt werden müssen. Durch Konjunkturpolitik versucht die Regierung die Wirtschaft wieder anzukurbeln. So senkt sie beispielsweise die Steuern, um mehr Leute zum Kaufen anzuregen. → **Konjunktur**

Sicherheitsrat der Vereinten Nationen → **UN-Sicherheitsrat**

Shell-Jugendstudie. Die vom Mineralölkonzern Shell finanzierte Studie ist eine Untersuchung der Einstellungen, der Werte,

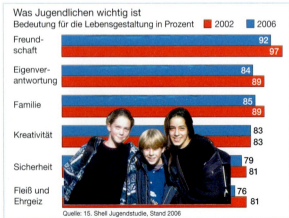

Was Jugendlichen wichtig ist
Bedeutung für die Lebensgestaltung in Prozent ■ 2002 ■ 2006

	2002	2006
Freundschaft	97	92
Eigenverantwortung	89	84
Familie	89	85
Kreativität	83	83
Sicherheit	81	79
Fleiß und Ehrgeiz	81	76

Quelle: 15. Shell Jugendstudie, Stand 2006

der Gewohnheiten und des Sozialverhaltens von Jugendlichen in Deutschland. Die Studie wird seit 1953 durchgeführt.

Simsen. Umgangssprachlich das Versenden von SMS-Nachrichten (Short Message Service) mit einem Mobiltelefon oder über das Internet zu einem zweiten Mobiltelefon, wobei häufig Abkürzungen, wie ALKLA, HDL, 4U, CU oder LOL verwendet werden.

Solidarität kommt aus dem Lateinisch-Französischen und bedeutet das Zusammengehörigkeitsgefühl von Individuen oder Gruppen in einem Sozialgefüge (auch von Staaten in internationalen Bündnissen). Solidarität äußert sich in gegenseitiger Hilfe und Unterstützung.

sozial. Der Begriff leitet sich vom lateinischen Wort „socius" ab und bedeutet „die Gemeinschaft/Gesellschaft betreffend", „gemeinnützig" oder „wohltätig".

Sozialprodukt – Nationaleinkommen ist eine statistische Größe, welche die Summe aller wirtschaftlichen Leistungen eines Landes d. h. aller Güter und Dienstleistungen, die investiert, getauscht oder verbraucht wurden, in einem Zeitabschnitt (meist ein Jahr) beschreibt. Das Sozialprodukt ist daher Ausdruck der Leistungskraft einer Volkswirtschaft und dient als Maß für die Wohlstandsentwicklung und Informationsquelle über die → **Konjunkturentwicklung**.

Soziale Marktwirtschaft. Deutschlands Wirtschaftsordnung ist die Soziale Marktwirtschaft. Sie wurde nach dem Zweiten Weltkrieg aus der Freien Marktwirtschaft entwickelt und maßgeblich durch die Wirtschaftsprofessoren Alfred Müller-Armack und Ludwig Erhard geprägt. Damit keine zu großen sozialen Ungerechtigkeiten entstehen, greift der Staat durch bestimmte Regeln und Gesetze in die Wirtschaft ein. Die Freiheit der Marktwirtschaft wird somit da eingeschränkt, wo sie unsozial ist und nur den Starken dienen, aber den weniger Starken schaden würde. Weiterhin wird das Privateigentum geschützt und versucht, den Wettbewerb aufrechtzuerhalten.

Soziogramm. Grafische Darstellung der Beziehungen innerhalb einer Gruppe, etwa einer Schulklasse oder eines Unternehmens.

Soziologe. Soziologen nennt man Wissenschaftler, die gesellschaftliche Zusammenhänge und das menschliche Verhalten erforschen.

Staatsform bezeichnet die politische Organisation eines Staates, die sich nach der Stellung des Staatsoberhaupts richtet. In der Gegenwart unterscheidet man zwischen den Staatsformen der Republik, der Monarchie und der Diktatur, wobei diese nach dem jeweiligen Regierungssystem weiter differenziert werden können.

Standortvorteil kennzeichnet die Attraktivität für Unternehmen, einen Standort zu wählen. Vorteile bilden die Standortfaktoren, die für ein Unternehmen positiv oder gewinnbringend sind. Man unterscheidet zwischen harten und weichen Standortfaktoren. Als harte Standortfaktoren gelten z. B. Steuern, Subventionen, der Absatzmarkt, die Infrastruktur, das Potenzial an Arbeitskräften und die verfügbaren Ressourcen. Sie werden hinsichtlich ihrer positiven Auswirkungen prognostiziert und in die Bilanz eines Unternehmens einbezogen. In manchen Fällen bilden sie auch notwendige Voraussetzungen zur Errichtung eines Unternehmens, so zum Beispiel die Nähe eines Gewässers als Kühlmittellieferant für ein Kraftwerk. Weiche Standortfaktoren, wie Freizeitmöglichkeiten oder das Bildungsangebot, die für die Anwerbung hoch qualifizierter Mitarbeiter entscheidend sein können, werden nicht in die Kostenrechnung eines Unternehmens integriert, spielen aber eine wichtige Rolle bei der Entscheidung über einen Standort.

Steve Jobs (1955-2011). US-amerikanischer Unternehmer, als Mitgründer und langjähriger Vorsitzender von Apple Inc. eine der bekanntesten Persönlichkeiten der Computerindustrie. Er half, das Konzept des Heimcomputers populär zu machen. Geschätztes Vermögen im März 2011: 8,3 Milliarden US-Dollar.

Subsidiarität Ein grundlegendes Prinzip, nach dem ein Problem nach Möglichkeit auf der niedrigsten Ebene und mit dem geringsten Aufwand bearbeitet wird, der zu einer sinnvollen Lösung erforderlich ist.

Treibhauseffekt. Ähnlich einem Gewächshaus, wo das Glas die Sonnenstrahlung hineinlässt, aber die Wärmestrahlung am Entweichen hindert, wirkt der Treibhauseffekt in der Erdatmosphäre. Die Sonne schickt kurzwellige Strahlung auf die Erde. Dort angekommen wird sie in Wärme umgewandelt und als langwellige Strahlung reflektiert. Ein Teil dringt durch die Atmosphäre wieder ins All. Der andere Teil der Wärmestrahlung wird reflektiert und auf die Erdoberfläche zurückgeworfen. Denn die Erde besitzt eine natürliche „Schutzglocke" – die Atmosphäre. Insbesondere Kohlendioxid (CO_2) sorgt dafür, dass die langwellige Wärmestrahlung nicht austreten kann. Der natürliche Treibhauseffekt sorgt dafür, dass es auf der Erde im Durchschnitt 15 Grad warm ist, ansonsten wären es minus 18 Grad. Seit der Industrialisierung wird der Treibhauseffekt durch Abgase verstärkt. Hauptgrund für den durch den Menschen verursachten Treibhauseffekt, ist der Anstieg von Treibhausgasen. Für rund 50 Prozent des Effekts wird Kohlendioxid (CO_2) verantwortlich gemacht. Es entsteht

Natürlicher Treibhauseffekt

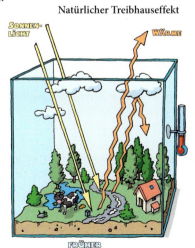

bei der Verbrennung von fossilen Brennstoffen wie Kohle, Öl oder Gas, beim Autofahren und in Kraftwerken. Die Folgen des verstärkten Treibhauseffektes sind nicht genau vorhersehbar. Viele Klimaforscher machen ihn aber für den weltweiten Temperaturanstieg verantwortlich. Die Experten rechnen

Vom Menschen beeinflusster Treibhauseffekt

bis zum Jahr 2100 mit einem Anstieg von bis zu 6 Grad Celsius. Dies hätte eine Verschiebung aller Klimazonen zur Folge. Außerdem könnten die Polkappen schmelzen, wodurch der Meeresspiegel ansteigen würde und tief liegende Küstenregionen überfluten würden. Bereits heute gibt es Anzeichen einer Klimaveränderung: zunehmende Wolkenbildung, der Anstieg des Meeresspiegels um 10 bis 25 Zentimeter innerhalb der letzten 100 Jahre, das Schmelzen der Alpengletscher und häufiger auftretende Naturkatastrophen wie Wirbelstürme oder Dürreperioden.

Umsatz. Menge der verkauften Produkte oder erbrachten Dienstleistungen multipliziert mit dem Verkaufspreis je Stück bzw. je Leistung. In der Gewinn-und-Verlust-Rechnung erscheint diese Größe als Umsatzerlös. Der Umsatz ist eine der wesentlichen Kennzahlen bei der Erfolgsbestimmung und zur Ermittlung von Wirtschaftlichkeit.

UNESCO. Die „United Nations Educational Scientific and Cultural Organization" (Organisation der Vereinten Nationen für Erziehung, Wissenschaft und Kultur) ist eine Sonderorganisation der Vereinten Nationen (→ **UNO**) und wurde 1945 gegründet. Diese weltweite Organisation, zu der 191 Staaten gehören, hat ihren Sitz in Paris. Die Aufgabe der UNESCO ist es insbesondere, Kindern und Erwachsenen, die nicht lesen und schreiben können, zu einer Schulausbildung zu verhelfen, weshalb vor allem Entwicklungsländer unterstützt werden. Daneben hilft die UNESCO auch Län-

Kloster Lorsch, Königshalle

dern, die Katastrophen wie Überschwemmungen oder Erdbeben erlitten haben, beim Wiederaufbau und verfasst die Liste des Welterbes. Diese setzt sich aus Weltkultur- und Weltnaturerbe zusammen und umfasst 878 Denkmäler in 145 Ländern. In Hessen gehören dazu das Kloster Lorsch mit seiner Torhalle, der Obergermanisch-Raetische Limes und die Grube Messel.

UN-Millenniumerklärung beinhaltet die gemeinsame Strategie von 189 Mitgliedsstaaten der → **UNO** zur globalen Entwicklung. Die in New York im Jahr 2000 verabschiedete Millenniumserklärung definiert acht wesentliche Entwicklungsziele: weltweite Bekämpfung von Hunger und Armut, Grundschulbildung für alle, Förderung der Gleichstellung der Geschlechter und Stärkung der Rolle der Frau, Senkung der Kindersterblichkeit, Verbesserung der Gesundheit von Müttern, Bekämpfung von HIV/AIDS, Malaria und anderen Krankheiten, Sicherung der ökologischen Nachhaltigkeit, Aufbau einer weltweiten Entwicklungspartnerschaft. Diese Verpflichtungen richten sich vor allem an die Regierungen, aber auch auf kommunaler Ebene werden entsprechende Maßnahmen verfolgt.

UNHCR. Ein Großteil der Hilfe für Flüchtlinge wird vom UNHCR organisiert, dem „United Nations High Commissioner for Refugees" (Hoher Flüchtlingskommissar der Vereinten Nationen). Das UNHCR ist eine Sonderorganisation der Vereinten Nationen, die 1951 gegründet wurde. Die erste Aufgabe vom

Titelbild der Zeitschrift „Flüchtlinge" vom UNHCR

UNHCR bestand ab 1951 darin, etwa einer Million größtenteils europäischer Zivilisten zu helfen, die wegen des Zweiten Weltkrieges ihre Heimat verlassen mussten. Ab den 1950er-Jahren wurde die Flüchtlingskrise zu einem globalen Problem. Sie erreichte Afrika und später Asien, und kehrte dann nach Europa zurück. Auf dem Höhepunkt der Krise, Mitte der 1990er-Jahre, half UNHCR 27 Millionen Menschen in einem einzigen Jahr. Insgesamt hat UNHCR seit seiner Gründung dazu beigetragen, dass 50 Millionen Flüchtlinge ein neues Leben beginnen konnten. (Im Internet unter www.unhcr.de, *Stand: 4.4.2008*)

UNO. Die United Nations Organization (Vereinte Nationen) mit Sitz in New York wurde nach dem Zweiten Weltkrieg am 26. Juni 1945 gegründet. Heute sind fast alle Staaten der Erde in der UNO. Die Ziele der UNO sind: die Erhaltung des Weltfriedens und der internationalen Sicherheit, die freundschaftliche Zusammenarbeit der Mitglieder sowie der Schutz der Menschenrechte. Daher versucht die UNO zu vermitteln, wenn es Probleme zwischen Staaten gibt, um einen Krieg zu verhindern. Zu den Hauptorganen der UNO zählen die Generalversammlung aller Mitglieder, der Generalsekretär, welcher die UNO nach außen hin repräsentiert, der Wirtschafts- und Sozialrat sowie der Internationale Gerichtshof in Den Haag. Eines der wichtigen Gremien ist der → **UN-Sicherheitsrat**. Zur Bewältigung der verschiedenen Teilaufgaben wurden Unterorganisationen der UNO, wie das Weltkinderhilfswerk UNICEF oder die → **UNESCO**, gegründet. Daneben dienen die UN-Friedenstruppen, umgangssprachlich Blauhelmsoldaten, zur Sicherung des Friedens in verschiedenen Konfliktregionen der Welt.

UN-Sicherheitsrat. Der Sicherheitsrat der Vereinten Nationen mit Sitz in New York hat 15 Mitglieder, wobei die USA, Russland, China, Frankreich und Großbritannien als ständige Mitglieder vertreten sind. Alle anderen Länder gehören nur zeitweise zum Sicherheitsrat. Der Rat verabschiedet Resolutionen (Beschlüsse), die meist eindeutige Forderungen enthalten, mit denen Streitigkeiten zwischen Ländern beigelegt werden sollen. Die ständigen Mitglieder haben dabei ein Vetorecht, können also Einspruch gegen die Beschlüsse einlegen. Außerdem gibt der Rat Empfehlungen zur friedlichen Beilegung von Streitigkeiten, verhängt Zwangsmaßnahmen wie Sanktionen oder Boykotte und beschließt die Entsendung von Friedenstruppen in Krisenregionen. Alle Maßnahmen des Sicherheitsrates dienen der Wahrung des Weltfriedens und der internationalen Sicherheit.

Zusammensetzung und Aufgaben des Sicherheitsrates

Verfassungsschutzbericht. Jährliche Veröffentlichung des Bundesamts für Verfassungsschutz (BfV) und des Bundesministeriums des Inneren (BMI) über verfassungswidrige Bestrebungen. Die Zusammenstellung unterteilt sich in rechts- und linksextremistische Bestrebungen, sicherheitsgefährdende extremistische und fundamentalistische Aktionen von Ausländern, Spionageaktivitäten, die Arbeit ausländischer Nachrichtendienste und die Dokumentation der Ausbreitung von Sekten wie Scientology.

virtuelles Ich. Als virtuell gilt eine Sache, die nicht in der Form existiert, wie sie erscheint. Ihrem Wesen und ihrer Wirkung nach ist sie aber einer real existierenden Sache vergleichbar. Eine virtuelle Welt, eine 3D-Umgebung, wird von ihren Teilnehmern erschaffen und weiterentwickelt. In dieser Onlinewelt kann fast alles erschaffen oder erreicht werden, was man sich vorstellen kann. Ein

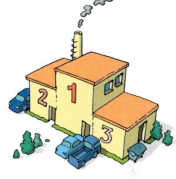

virtuelles Ich, also eine erdachte, digitale Figur, ermöglicht es, die eigene Persönlichkeit oder Wunschvorstellungen in der Computerwelt auszuleben. Dabei kann der virtuelle Charakter mit idealisierten Eigenschaften und Attributen geformt und gestaltet werden. Mithilfe einer realitätsnahen Simulation kann man in eine lebensechte, interaktive Welt eintauchen, indem man 3D-Inhalte entwirft. Das virtuelle Ich kann so zum Beispiel Land erwerben und bebauen, virtuelles Geld verdienen oder ein eigenes Unternehmen aufbauen.

Wahllokale sind öffentliche Orte, meist eine Schule oder das Rathaus, in welchen die Wahl stattfindet. Im Wahllokal befinden sich die Kabinen für die geheime Abstimmung und die Wahlurne, in welche die Stimmzettel eingeworfen werden. Die Wahlhelfer und -beobachter zählen am Ende der Wahl diese Zettel aus, um das Ergebnis zu bestimmen.

Weltbank (Bank für Wiederaufbau und Entwicklung) ist eine Sonderorganisation der UNO. Sie wurde am 27. Dezember 1945 mit dem Ziel gegründet, den Wiederaufbau von zerstörten Städten, Brücken und Straßen nach dem Zweiten Weltkrieg zu unterstützen. Heute fördert sie die wirtschaftliche Entwicklung in vielen Staaten der Erde und bekämpft die Armut in der Welt. Sie vergibt an arme Länder Kredite, mit denen zum Beispiel Straßen oder Kraftwerke gebaut werden, und sie berät Regierungen.

Welthandelsorganisation (WTO, engl. – World Trade Organization). Sonderorganisation der → **UNO** zur Gewährleistung eines freien Welthandels, gegründet am 15. April 1994 in Marrakesch (Marokko). Sie hat ihren Sitz in Genf. Wie auch die Weltbank und der Internationale Währungsfond soll die WTO die internationalen Handelsbeziehungen innerhalb verbindlicher Regelungen organisieren und überwachen, die weltweite wirtschaftliche Zusammenarbeit erleichtern sowie bei Handelskonflikten für eine effektive Streitschlichtung sorgen. Durch den Abbau von Zöllen und Handelshemmnissen sowie die Gleichbehandlung der Länder sollen die Handelsbeziehungen möglichst frei (liberal) und einfach gestaltet werden, der Lebensstandard und das Realeinkommen in den Mitgliedsstaaten erhöht sowie Vollbeschäftigung erreicht und gesichert werden.

Wettbewerb gibt es in vielen Lebensbereichen: Wenn zwei oder mehrere Menschen oder politische Parteien um eine bestimmte Sache kämpfen, handelt es sich um einen Wettbewerb. Bewerber treten in Konkurrenz zueinander. Dieses aus dem Lateinischen kommende Wort (concurrere) heißt nichts anderes als Wettbewerb. Oft findet er im Sport oder der Wirtschaft statt. Dort be-

deutet Wettbewerb, dass Unternehmen miteinander konkurrieren, um möglichst viele Kunden gewinnen, von deren Geld sie leben. Deswegen müssen sie bessere und kostengünstigere Produkte anbieten als ihre Konkurrenten. So steigt die Chance, dass sie die Produkte verkaufen. Dieser Wettbewerb ist in der Wirtschaft sehr wichtig. Experten sprechen davon, dass der Wettbewerb Motor für den Fortschritt und für das gute Funktionieren der Wirtschaft ist. Es heißt oft, dass Wettbewerb (Konkurrenz) das Geschäft belebt, denn die Firmen sind bestrebt, immer bessere Produkte zu entwickeln, um im Konkurrenzkampf zu bestehen.

WWF (World Wide Fund For Nature – Weltweite Stiftung für die Natur) ist eine der größten internationalen Naturschutzorganisationen der Welt. Sie wurde am 11. September 1961 gegründet und ist heute in mehr als 100 Ländern aktiv. Weltweit unterstützen fast fünf Millionen Förderer den WWF. Das Logo des WWF zeigt den Großen Panda. Modell für dieses Logo war die berühmte Pandabärin Chi Chi, die während der Gründung des WWF im Londoner Zoo lebte.

Werbeanzeige des WWF

Arbeitstechniken

Cluster erstellen

1. Schreibt in die Mitte eines leeren Blattes das Wort, zu dem ihr Ideen sammeln wollt. Kreist das Wort ein.

2. Schreibt nun die Wörter rund um das Wort auf, die euch genau jetzt in den Sinn kommen.

3. Verbindet die neuen Wörter durch Striche mit dem Kernwort.

4. Ihr könnt so viele Wörter aufschreiben, wie euch in ungefähr 5 bis 10 Minuten einfallen.

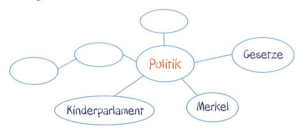

Mit dem Internet arbeiten

 Eine gute Möglichkeit, Informationen zu beschaffen, bietet das Internet. Allerdings solltet ihr folgende Hinweise bei der Arbeit mit dem Internet beachten.

Internetrecherche

Zunächst solltest du prüfen, ob die Internetrecherche sinnvoll ist. Sie kann sinnvoll sein, wenn

- ihr schnell Informationen benötigt,
- ihr aktuelles Datenmaterial sucht,
- ihr Material benötigt, über das die örtlichen Bibliotheken nicht oder nicht so schnell verfügen können,
- ihr vielleicht noch nicht genau wisst, welche Informationen es zu einem Thema gibt.

Aber Achtung: Heruntergeladene Inhalte solltet ihr nicht ungeprüft gelten lassen.

Wie finde ich was im Internet?

Am einfachsten ist es, wenn man die Adresse kennt. Sehr häufig wird inzwischen in Zeitungen, Zeitschriften und im Fernsehen die Internetadresse angegeben – sie beginnt mit „www". Achtet darauf, die Adresse genau anzugeben – vor allem die Punkte. Manche Adressen sind naheliegend: www.hessen.de

Viele Adressen sind hingegen unbekannt. Sie müssen über „Suchmaschinen" herausgefunden werden. Wichtige Suchmaschinen sind: www.google.de, www.metager.de, www.Yahoo.de, www.altavista.com Und die bekanntesten Suchmaschinen für Kinder findet ihr unter: www.blindekuh.de

Umgang mit Online-Lexika

Um erste Informationen zu einem Thema zu bekommen und eventuell noch ein paar Links zu erhalten, könnt ihr auch Online-Lexika verwenden. Hierbei müsst ihr unterscheiden zwischen zwei Arten von Lexika. Zum einen gibt es Lexika, deren Inhalt von einer abgegrenzten Expertengruppe zusammengetragen und geprüft wurde. Diese Experten stehen mit ihrem Namen für die Richtigkeit und Ausgewogenheit (d. h. keine einseitige Darstellung) der Angaben. Ein solches Lexikon findet ihr beispielsweise auf www.hanisauland.de oder bei der Bundeszentrale für politische Bildung (www.bpb.de).

Eine andere Art der Online-Lexika sind solche, zu denen jeder etwas beitragen kann. Der Vorteil: Diese Lexika wachsen schnell und enthalten viele Begriffe. Es wächst aber auch die Gefahr, dass die Informationen nicht richtig oder einseitig dargestellt sein könnten. Zwar überprüfen sich die freiwilligen Schreiber auch untereinander wie beispielsweise bei www.wikipedia.de – ihr findet diese Überprüfung, wenn ihr auf den Reiter „Diskussion" (M 1) klickt. Jedoch gilt gerade hier, dass die Informationen nicht ungeprüft übernommen werden dürfen.

M 1 Ausschnitt der Internetseite Wikipedia

Ein Interview durchführen

Arbeitsschritte für das Interview im Rathaus

1. Beratet in Gruppen darüber, wie man den Besuch im Rathaus vereinbaren kann (z. B. über die Vorbereitung des Telefonats mit der Amtsleiterin oder dem Amtsleiter, über die Beschaffung von Informationen über das Rathaus oder den Weg zum Rathaus).

2. In einem weiteren Schritt sammelt jeder Fragen, die an die Oberbürgermeisterin oder den Oberbürgermeister (oder eine andere Person, die euch Auskunft geben kann) gestellt werden sollen.

3. Alle Fragen werden nach Schwerpunkten sortiert:
   · Fragen zur Person
   · Fragen zur beruflichen Laufbahn
   · Fragen zur Bürgermeisterwahl usw.
   Findet weitere Themengebiete und sucht Fragen dazu.

4. Bereitet das Interview vor.
   Einigt euch auf eine Fragestellerin oder einen Fragesteller. Besprecht die technische Vorgehensweise (Aufnahmegerät) und den Ablauf.

M 2 Ein Interview mit der Oberbürgermeisterin

M 3 Beispiel für Themenbereiche und Fragen:

a) Aktuelle Lage der Gemeinde
Muss die Gemeinde sparen? Wenn ja, wo würden Sie sparen?

b) Aktuelle Bauvorhaben
Warum wird das Kaufhaus in der City abgerissen?

c) Voraussetzungen für das Amt
Muss man einer Partei angehören, um Bürgermeisterin zu werden?

d) Arbeit des Gemeinderats
Wie oft kommt der Gemeinderat zusammen?

M 1 So – besser nicht! Interviewversuch zum Thema Energieverbrauch der Schule

Karikaturen interpretieren

Karikaturen sind bewusst übertriebene Darstellungen zu politischen und gesellschaftlichen Problemen. Der Zeichner (Karikaturist) spitzt ein Problem zu, übertreibt oder untertreibt es. Oft kommentiert er es mit spitzen Bemerkungen. Wichtig ist es zu erkennen, was mit der Karikatur kritisiert wird.

Zur Interpretation einer Karikatur bieten sich die folgenden vier Schritte/Leitfragen an:

1. Was ist dargestellt? Was fällt besonders auf? Welches Problem zeigt die Karikatur?

2. Wie und mit welchen zeichnerischen Mitteln (Figuren, Objekte, Symbole) ist das Thema dargestellt?

3. Was will der Karikaturist damit erreichen? Ist eine bestimmte Einstellung oder Deutung erkennbar?

4. Was ist deine Meinung zur Aussage der Karikatur, und welche weiteren Fragen ergeben sich aus ihr?

Beispiel einer Karikaturinterpretation
Was sehe ich?
Die Karikatur zeigt im Vordergrund zwei Krankenschwestern, die einen älteren schwergewichtigen Mann aus dem Bett heben und sich dabei sehr anstrengen müssen. Der Mann sagt, indem er aus dem Fenster blickt: „… so was ist doch Männerarbeit!" Draußen sind zwei Frauen zu sehen, die auf einem Gerüst einer handwerklichen Tätigkeit nachgehen, dies zeigen der Hammer, die Helme und die Holzlatte.

Welches Problem ist dargestellt?
Es geht in der Karikatur um häufige Vorurteile über Frauen in der Berufswelt und über typische Frauenberufe und Männerberufe.

Wie ist das Thema dargestellt?
Der Karikaturist kennzeichnet die einzelnen Berufe durch typische Merkmale, wie Bauhelme oder den hellblauen Kittel der Krankenschwestern, und drückt Emotionen durch die Mimik der Personen aus. Am Gesichtsausdruck der Schwestern sowie an den Schweißtropfen erkennt man ihre Mühe, die weit aufgerissenen Augen zeigen die Verwunderung des Mannes.

Was will der Karikaturist erreichen?
Der Karikaturist will verdeutlichen, dass Frauen in typischen Frauenberufen (z. B. Pflegeberufe) oft körperlich sehr schwer arbeiten. Wenn sie aber „Männerberufe" (z. B. im Handwerk) ausüben, werden sie oft mit dem Vorurteil konfrontiert, dafür zu schwach zu sein. Die Karikatur soll zum Nachdenken darüber anregen.

Was ist deine Meinung zur Aussage der Karikatur?
Wie siehst du das Problem? Stimmst du dem Karikaturisten zu? Welche eigenen Erfahrungen kannst du anführen?

Lernplakate erstellen

Das Lernplakat dient der Ergebnissicherung. Man kann damit wichtige Lernergebnisse zusammenfassen und das, was man sich unbedingt merken will und anderen mitteilen möchte, veranschaulichen. Lernplakate können gut in Gruppen entworfen werden:

1. Die Teilnehmer legen den Inhalt des Lernplakates fest.

2. Sie verständigen sich über die Botschaft, die ihr Plakat vermitteln soll.

3. Sie sammeln Ideen über einen interessanten Spruch und die Überschriften.

Für die Fertigstellung werden Plakatkarton und dicke

Filzstifte benötigt.

· Für kurze Sprüche ist Hochformat besser geeignet als Querformat.
· Format, Bild und Text müssen gut zusammenwirken.
· Die Botschaft des Plakats muss auf weite Entfernung lesbar sein.

Mindmap

Eine Mindmap (= Gedankenkarte) anfertigen ist eine Arbeitstechnik, um ein Thema zu strukturieren und Zusammenhänge aufzuzeigen.
Gehe dazu folgendermaßen vor:

1. Verwende ein Blatt im Querformat.

2. Schreibe das Thema in die Mitte des Blattes und hebe es durch einen Kreis hervor.

3. Sammle alle Ideen, die dir zum Thema einfallen, zunächst auf einem „Schmierzettel".

4. Welche dieser Ideen sind besonders wichtig? Notiere die wichtigsten Hauptideen in Druckbuchstaben auf Linien (= Zweigen), die direkt vom Thema weggehen. Verwende dabei möglichst nur Stichwörter (Schlüsselbegriffe) oder kurze Formulierungen.

5. Füge für Unterpunkte eines Hauptastes weitere Nebenzweige ein.

6. Gestalte deine Mindmap durch Symbole, kleine Zeichnungen, Farben, unterschiedliche Schrift.

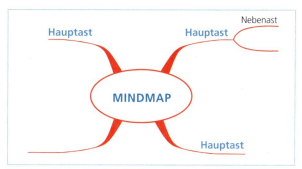

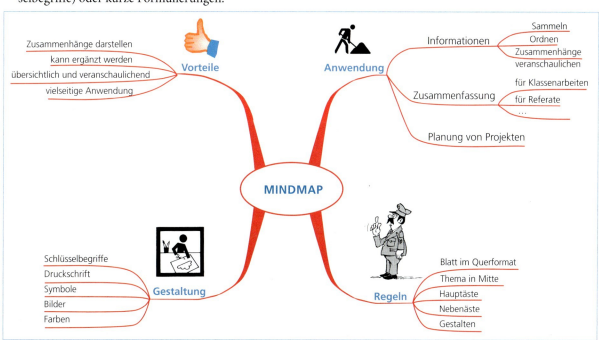

Schaubilder auswerten

Diagramme und Schaubilder begegnen uns täglich in Zeitungen und Zeitschriften, im Fernsehen und in Schulbüchern. Durch sie werden Zahlenangaben zeichnerisch dargestellt, damit zeitliche Entwicklungen, Zusammenhänge oder Vergleiche einfacher ersichtlich werden. Die folgenden Arbeitsschritte sind eine Hilfe bei der Auswertung von Diagrammen und Schaubildern.

Bedeutung von Prozentangaben

Sehr oft werden in Diagrammen auch Prozentangaben verwendet. Der Begriff Prozent stammt aus dem Italienischen (pro cento: von Hundert).
Prozentangaben bedeuten nichts anderes als **Hundertstel**. Es gilt z. B.:
100 % sind die Gesamtheit.

50 % sind $\frac{50}{100} = \frac{1}{2}$, also die Hälfte.

25 % sind $\frac{25}{100} = \frac{1}{4}$, also ein Viertel.

In Diagrammen und Schaubildern werden Prozentangaben manchmal auch sprachlich umschrieben. Es heißt z. B. „*Von 100 Befragten haben 17 …*", diese Umschreibung bedeutet das Gleiche wie „*17 % der Befragten haben …*".

Waren bei einer Frage mehrere Antworten gleichzeitig möglich (Mehrfachantworten), dann ist die Summe in Prozentangaben größer als 100 %.

1. Was wird dargestellt?
   · Wie heißt das Thema?
   · Sind alle Begriffe klar? Schlage unbekannte Begriffe in einem Lexikon nach oder frage nach.
   · Um welche Diagrammart handelt es sich?
   · Ist ein bestimmter Zeitraum oder Zeitpunkt dargestellt? Auf welche Region beziehen sich die Angaben?
   · Woher kommen die Informationen?

2. Was ist die Hauptaussage des Schaubildes?
   · Häufig sind zeitliche Entwicklungen ersichtlich. Kann man diese Entwicklungen näher beschreiben?
   · Welche Vergleiche der Zahlenangaben sind möglich? (Gibt es besonders große und besonders kleine Werte? Fallen bestimmte Werte besonders auf?)
   · Fasse die Hauptaussage in eigenen Worten zusammen.

3. Wie bewertest du das Schaubild?
   · Sind die Angaben des Schaubildes noch aktuell?
   · Gibt es Fehler oder Widersprüche?
   · Was meinst du zur Hauptaussage des Schaubildes?

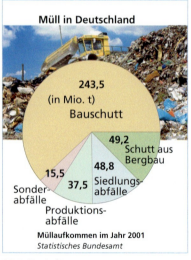

M 1 Kreisdiagramm

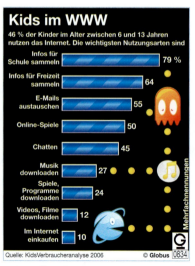

M 2 Balkendiagramm

M 3 Säulendiagramm

Werbung auswerten

Zur Auswertung von Werbeanzeigen und Werbespots bieten sich die folgenden Fragestellungen an:

A Leitfragen zur Auswertung von Werbeanzeigen

1. Welches Produkt wird beworben?

2. Welche Zielgruppe soll die Anzeige ansprechen?

3. Welche Informationen liefert die Werbung?

4. Welche Tricks der Werbemacher sind erkennbar?
   a Wie wird Aufmerksamkeit erreicht?
   b Welche Bedürfnisse werden angesprochen?
   c Welche Farben werden verwendet?
   d Was fällt am Bild/an den Bildern auf?
   e Welchen Unterhaltungswert hat die Werbung?
   f Welche sprachlichen Kunstgriffe fallen auf?
   g Was fällt außerdem noch besonders auf?

5. Was ist deine Meinung zu dieser Anzeige? Hier schreibst du deine persönliche Meinung. Wie gefällt dir die Werbung? Fühlst du dich von der Werbung angesprochen oder nicht? Begründe.

B Leitfragen zur Auswertung von Werbespots

1. Welches Produkt wird beworben?

2. Welche Zielgruppe soll der Spot ansprechen?

3. Welche Informationen liefert der Werbespot?

4. Welche Tricks der Werbemacher sind erkennbar?
   a Wie wird Aufmerksamkeit und Spannung erreicht? (Erzählt der Werbespot eine Geschichte? Welchen Unterhaltungswert hat der Spot? Wie schnell wechseln die Bildeinstellungen? …)
   b Welche Personen (Prominente, „Experten", Comicfiguren) kommen vor? Was verkörpern sie?
   c Welche Bedürfnisse, Wünsche und Gefühle werden angesprochen? Welche Stimmung wird durch Musik, Bildmotive und Farben erreicht?
   d Wird gesprochen, geschrieben oder gesungen?
   e Was fällt außerdem noch besonders auf?

5. Was ist deine Meinung zu diesem Werbespot?

Tipps:
· Es ist sinnvoll, den Werbespot mehrmals anzusehen und Beobachter für bestimmte Fragen einzuteilen.
· Viele Werbespots sind auch im Internet bei den jeweiligen Unternehmen oder z. B. unter www.kress.de und www.gwa.de zu finden.

Ein **Argumentationsposter** gestalten

Ein Argumentationsposter ist ein Hilfsmittel, mit dem ihre eine Argumentation, also eine Beweisführung zu einem bestimmten Thema entwickeln, systematisieren und vortragen könnt. Es sollte möglichst nur knappe Formulierungen oder Stichworte enthalten.

1. Die ersten Aussagen beschreiben die Situation, wie sie ist: IST.

2. Die nächsten Aussagen beziehen sich darauf, wie die Situation sein soll: SOLL.

3. In dem dritten Kasten wird begründet, warum das Soll notwendig ist: WARUM?

4. Im vierten Kasten wird eine Forderung formuliert, die kurz und knapp ausdrückt, was jetzt zu tun ist: APPELL

KARIKA-Tour

Mit der Arbeitstechnik KARIKA-Tour könnt ihr euch mithilfe unterschiedlicher Karikaturen einen Überblick über verschiedene Auslegungen eines Gesamtthemas verschaffen. Dazu werden mehrere Karikaturen an den Wandseiten des Kursraumes aufgehängt und in Kleingruppen betrachtet:

- Wie sieht der Karikaturist das Thema?
- Auf welches Problem macht er aufmerksam?
- Welcher Zusammenhang besteht zwischen den einzelnen Karikaturen?

Nach etwa 2 bis 3 Minuten wechseln die Gruppen auf ein Signal des Lehrers im Uhrzeigersinn zur nächsten Karikatur. Diese wird unter der gleichen Fragestellung betrachtet. So geht es weiter, bis der Rundgang abgeschlossen ist. Dann werden die Bilder abgehängt. Der Lehrer lässt nun jede Gruppe eine Karikatur ziehen. Mithilfe der Leitfragen (→ AT: **Karikaturen** auswerten) bespricht jede Gruppe ausführlich „ihre" Karikatur. In einer Tabelle können Stichworte zu den Fragen eingetragen werden, um anschließend im Plenum verglichen zu werden.

Einen **Kurzvortrag** halten

Ein Kurzvortrag ist eine Form der Präsentation, bei der Informationen zu einem Thema recherchiert, angemessen aufgearbeitet und vermittelt werden. Die grundsätzliche Gliederung eines Vortrages gestaltet sich nach dem Prinzip: Einleitung – Hauptteil – Schluss. Neben inhaltlichen Schwerpunkten spielen äußere Faktoren, wie Mimik, Gestik und Körpersprache sowie die unterstützende Visualisierung, eine wesentliche Rolle bei der Gestaltung eines Vortrages.

Zur Vorbereitung und Durchführung eines Kurzvortrages bieten sich folgende Schritte an:

1. Das Thema/Problem erfassen, um Klarheit über den Gegenstand und das Ziel des Vortrages zu erlangen.

2. Informationen recherchieren, sammeln und ordnen: Mithilfe der Literaturrecherche, einer → **Expertenbefragung** oder durch Beobachtungen werden verschiedene Aspekte des Themas beleuchtet. Aus der Fülle der Informationen werden Schwerpunkte festgelegt und das vorhandene Material danach sortiert.

3. Aufgrund der Schwerpunkte wird eine Vortragsgliederung entwickelt. Dabei können Baumdiagramme oder → **Mind-Maps** helfen.

4. Zur visuellen Unterstützung der inhaltlichen Aussagen muss verschiedenes Anschauungsmaterial eingesetzt werden. Dafür bieten sich Diagramme, Tabellen oder Bilder an. Außerdem sollte die Form der Informationsdarbietung bedacht werden. Beispielsweise ist eine Powerpoint-Präsentation oder eine Unterstützung durch Folien sinnvoll.

5. Ein Stichwortzettel, der als Wegweiser und Gedankenstütze dient, enthält die wichtigsten Angaben und Fakten des Vortrages. Er sollte übersichtlich gestaltet, gut lesbar und auf das Wesentlichste beschränkt sein.

6. Zentrale Aussagen des Vortrages werden in einem Handout zusammengefasst und für die Mitschüler vervielfältigt.

7. Damit die Umsetzung des Vortrages gelingt und man sich sicherer fühlt, empfiehlt es sich alles der Familie oder Freunden vorzutragen.

8. Mithilfe des Stichwortzettels und der Anschauungsbeispiele werden die Erkenntnisse weitgehend frei vorgetragen, wobei Blickkontakt mit möglichst vielen Zuhörern gehalten werden sollte. Für einen leichteren Zugang der Zuhörer zum Thema, bietet sich die Vorstellung der Gliederung zu Beginn des Vortrages an. Nach dem Vortrag können die Zuhörer Rückfragen stellen, um Begriffe und Sachverhalte präzisieren zu können.

Pro-und-Kontra-Tabelle erstellen

Die Pro-und-Kontra-Tabelle ist eine Form der Stoffsammlung für eine freie Erörterung. Dabei werden Für- und Wider-Argumente in tabellarischer Form aufgelistet und einander gegenübergestellt. Bei der Ausformulierung der Argumente werden diese begründet und mit Beispielen belegt. Sie können dabei leicht mit dem Gegenargument in Beziehung gesetzt und verglichen werden. Die schriftliche Gegenüberstellung von Pro- und Kontra-Argumenten folgt der Gliederung: Einleitung – Hauptteil – Schluss.

Beispiel: Sollte man das Rauchen in Gaststätten verbieten?

Pro	Kontra
Rauchen ist ungesund und kann Krebs verursachen	die Freiheit des Einzelnen wird eingeschränkt
Nichtraucher rauchen passiv mit, was sehr schädlich ist	Gastwirte befürchten weniger Gäste
Gesundheitskosten können gespart werden	Staat nimmt eine Menge Tabaksteuern ein
Jugendliche sehen keine schlechten Beispiele	Einhaltung schwer kontrollierbar

Quellenanalyse, -interpretation und -kritik

Die Quellenanalyse ist eine Rekonstruktion und Deutung von historischen Abläufen. Nach der Erschließung und Interpretation der Quellen entsteht eine erzählende Konstruktion der Vergangenheit.

1. Analyse und Interpretation:
Formale Kennzeichen: Textart, Verfasser (Stellung, Augenzeuge), Ort, Zeit, Adressat, historischer Kontext
Inhaltliche Merkmale: Thema, Inhaltsangabe, Aufbau/Gliederung und Gedankenführung, Kernaussagen, Thesen, Argumente, Folgerungen, Schlüsselbegriffe, sprachliche Besonderheiten (z. B. Metaphern, Vergleiche, …), Absicht des Verfassers = Erfassen der Aussageabsicht

2. Wertung und Kritik:
kritische Reflexion, Logik der Aussagen, Überprüfung des Erkenntniswertes, Quellenwert, Position bewerten, eigene Position einnehmen = Inhaltsbewertung

Eine Wandzeitung erstellen

Mit einer Wandzeitung könnt ihr Ideen, Vorschläge und Ergebnisse eurer Erarbeitung präsentieren. Die Arbeitsergebnisse werden so in geordneter Form den Mitschülern dargeboten. Die Wandzeitung könnt ihr im weiteren Unterricht wieder einbeziehen oder als Gedächtnishilfe benutzen. Bei der Gestaltung eurer Wandzeitung solltet ihr immer davon ausgehen, dass eure Mitschüler oder andere Leser noch nie etwas von dem Thema gehört haben. Die Umsetzung sollte daher so einfach und deutlich wie möglich sein.

· Zur Umsetzung eurer Wandzeitung benötigt ihr große Papierbögen (z. B. Tapetenreste) sowie Bilder, Diagramme, Texte (aus Zeitungen oder selbst verfasste) und Zitate zum Thema.
· Diese Informationen solltet ihr übersichtlich gegliedert auf der Papierfläche anordnen. Beachtet dabei, dass eine Wandzeitung aus der Ferne betrachtet wird und Lesbarkeit sowie Übersichtlichkeit wichtig sind.
· Um eure Präsentation noch deutlicher zu gestalten, könnt ihr Farben, verschiedene Schriftarten oder Pfeile zur Hervorhebung eingesetzen.

Arbeitsformen

Blitzlicht

Dabei gibt jedes Gruppenmitglied ein kurzes Statement zu einem Thema ab, wodurch das gesamte Meinungsspektrum deutlich wird. Auf eine Frage oder einen vorgegebenen Satzanfang äußern sich alle nacheinander in der Reihenfolge der Sitzordnung. Die Aussage sollte dabei möglichst kurz zusammengefasst werden.

Brainstorming in Einzel- und Gruppenarbeit

Brainstorming heißt übersetzt Gedankensturm. Es funktioniert folgendermaßen:

1. In Einzelarbeit sammelt jeder möglichst viele, auch ausgefallene oder „verrückte" Ideen. Zur späteren Auswertung bietet es sich an, jeden Gedanken auf ein eigenes Blatt oder Karteikärtchen zu schreiben.

2. Bildet anschließend Gruppen mit höchstens fünf Teilnehmern. Stellt euch innerhalb der Gruppe eure Ideen vor – bestimmt fallen euch dabei weitere Ideen ein, oder ihr könnt vorhandene Ideen zu neuen verbinden. Beachtet: Eine Bewertung ist streng verboten.

Expertenbefragung

Die Expertenbefragung folgt den Regeln der Arbeitstechnik →Ein **Interview** führen. Experten für ein bestimmtes Sachgebiet werden nach den Schritten zu verschiedenen Aspekten eines Themas befragt. Im Anschluss an das Interview müssen die erhaltenen Informationen kritisch ausgewertet werden, da Experten oft nur ihre eigene Meinung wiedergeben können und somit nicht zwangsläufig rechthaben müssen.

Gruppenhitliste

So erstellt ihr eine Gruppenhitliste:

1. Jeder schreibt auf seinen persönlichen Wahlzettel den für ihn wichtigsten Begriff zu einem Thema. (Ihr könnt auch mit mehreren Begriffen arbeiten.)

2. Vergleicht in der Gruppe. Erstellt eine Hitliste der am häufigsten genannten Begriffe.

3. Ihr könnt jetzt auch eine Klassenhitliste oder eine Schulhitliste erstellen.

Gruppenpuzzle

Diese Arbeitsform bietet sich an, wenn ihr in einer Gruppe ein Thema bearbeiten wollt, das verschiedene Gesichtspunkte hat. Nachdem ihr das Thema und die Unterthemen (Gesichtspunkte) benannt habt, geht ihr so vor:

1. Setzt euch in Stammgruppen je nach Anzahl der Unterthemen zusammen, in diesem Beispiel vier.

Entscheidet euch in der Gruppe, welches der Unterthemen euch am meisten interessiert. Teilt euch entsprechend der Themen auf.

2. Jede Gruppe hat einen zukünfigen Experten für jedes Thema benannt. Die Experten setzen sich nun in den Expertengruppen zusammen. Hier eignen sie sich die Informationen über das Thema an. Anschließend diskutieren sie, wie sie das bearbeitete Thema am besten erläutern können. Hierzu können kleine Skizzen, Mindmaps etc. angefertigt werden.

3. In der dritten Runde kehren die Experten wieder in ihre Stammgruppen zurück. Jeder Experte erläutert nun sein Spezialthema und klärt Rückfragen.

4. Sind die Stammgruppen fertig, kann das Hauptthema im Plenum diskutiert werden.

Ideenkarussell

Mit einem Ideenkarussell könnt ihr viele Gedanken zu einem Thema in der Gruppe sammeln. Geht dabei wie folgt vor:

1. Schreibt angefangene Sätze zum Thema an die Tafel.

> Ohne Autos werden wir...
>
> Energie gewinnen wir dann aus...
>
> Wenn es kalt wird, werden wir...

2. Schreibt weitere Satzanfänge hinzu.

3. Ergänzt sie, sodass vollständige Sätze entstehen. Wenn schon Ergänzungen da sind, lest diese, bevor ihr selbst schreibt.

4. Sprecht über die entstandenen Sätze.

Kartenabfrage

1. Bestimmt in der Klasse ein Thema, zu dem ihr eine Kartenabfrage durchführen wollt. Schreibt das Thema groß in die Mitte der Tafel.

2. Teilt euch in Gruppen zu etwa vier Schülern ein. Schreibt eure Gedanken auf Karten auf. Immer nur ein Gedanke pro Karte – schreibt groß und deutlich!

3. Wählt ein Moderatorenteam (2 bis 3 Schüler). Dieses Team sammelt nach etwa 5 bis 10 Minuten die Karten ein und heftet sie an die Tafel.

4. Sortiert nun gemeinsam die Karten. Findet Doppelungen und legt die Karten nach Unterthemen zusammen, denen ihr Überschriften gebt.

5. Mit dem Ergebnis könnt ihr nun weiterarbeiten: Ihr könnt zum Beispiel die einzelnen Themen in Gruppen genauer untersuchen.

Kugellager oder Karussellgespräch

Das Kugellagergespräch dient der Aktivierung aller Mitglieder einer Gruppe und dem Meinungsaustausch. Jeweils zwei Schüler kommen miteinander ins Gespräch, wobei die Diskussionspartner etwa alle fünf Minuten wechseln. Zur Durchführung eines Kugellagergespräches benötigt ihr eine gerade Zahl von Teilnehmern.

1. Alle Teilnehmer setzen sich in einem inneren und einem äußeren Kreis gegenüber.

2. Die Partner tauschen sich über das vereinbarte Thema zirka fünf Minuten aus.

3. Auf ein Signal des Spielleiters hin rutschen alle Schüler des Innenkreises im Uhrzeigersinn zwei Plätze weiter, sodass jeder einen neuen Gesprächspartner erhält.

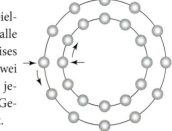

4. Nach Ablauf weiterer fünf Minuten, in denen sich die Partner über eigene und zuvor erhaltene Informationen austauschen, unterbricht der Spielleiter erneut. Nun rutscht der Außenkreis entgegen dem Uhrzeigersinn zwei Plätze weiter und es beginnt ein erneuter Gedankenaustausch …

Lernzirkel

Beim Lernzirkel findet ihr an vorbereiteten Plätzen verschiedene Materialien, die ihr selbstständig, d. h. ohne die Hilfe des Lehrers, bearbeiten sollt. Es steht euch frei, in welcher Reihenfolge ihr die Stationen bearbeitet und wie viel Zeit ihr für eine Aufgabe benötigt. Beachtet dabei aber, dass ihr mit der vom Lehrer vorgegebenen Gesamtzeit auskommen müsst. Ziel des Lernzirkels ist es, dass ihr trainiert, selbstständig zu arbeiten und unterschiedliche Aufgaben allein zu bewältigen.

Pro-und-Kontra-Diskussion

Eine Diskussion oder eine Erörterung ist ein Gespräch zwischen zwei oder mehreren Partnern. Eure verschiedenen Positionen stehen einander gegenüber und müssen durch passende Argumente begründet werden. Folgende Punkte gilt es zu beachten:

· Genaues Zuhören, Wiedergeben und Kommentieren der Aussagen eines Gesprächspartners.

· Der Austausch von Argumenten soll den Gesprächspartner von der anderen Meinung überzeugen und die strittige Frage bzw. das Problem lösen.

· Die Einigung geschieht häufig durch einen Kompromiss, den beide Gesprächsgruppen anerkennen.

· Für eine gute Diskussion müsst ihr die Regeln der Gesprachsführung beachten (höflich sein, andere Meinungen zulassen, Ausreden lassen, …).

Zur Durchführung einer Diskussion solltet ihr folgende Schritte beachten:

1. Legt eine strittige Frage oder ein Problem, welches verschiedene Meinungen bietet, fest.

2. Bildet Gruppen für die beiden verschiedenen Ansichten. Eine Gruppe vertritt die Pro-Seite, die andere die Kontra-Seite.

3. Sammelt Informationen und Argumente für eure Positionen. Je nach Thema bieten sich dafür verschiedene Wege an: z.B → **Interview**, → **Pro-Kontra-Tabelle**, → **Internetrecherche**

4. Ordnet und systematisiert eure Argumente. Dafür bietet sich an: → **Argumentationsposter**, → **Mindmap**

5. Führt die Diskussion in der Klasse durch. Vielleicht visualisiert ihr die Argumente noch einmal an der Tafel. Am Ende der Diskussion sollte es zu einer Einigung kommen.

Ein Quiz gestalten

Das Quiz ist eine spielerische Möglichkeit, Wissen abzufragen oder selbstständig zu vertiefen. Bei der Entwicklung eines eigenen Quiz könnt ihr euch von verschiedenen Fernsehshows anregen lassen.

Zur Gestaltung eines eigenen Wissens-Quiz könnt ihr folgendermaßen vorgehen:

1. Teilt die Klasse in Kleingruppen (3–5 Schüler) ein.

2. In Einzelarbeit sammelt jeder Ideen, Fragen oder Antworten zum Thema.

3. Alle Ideen werden in der Gruppe gesammelt und verglichen.

4. Anschließend werden Fragekärtchen mit vier Antwortmöglichkeiten angefertigt. Eine der Antworten muss korrekt, die anderen sollten überzeugend, aber falsch sein. Die korrekte Antwort kann markiert werden.

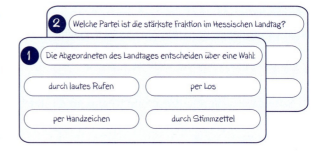

Spielregeln:
· Die Klasse wird in zwei Gruppen geteilt.
· Ein Moderator stellt die Fragen und entscheidet über die Richtigkeit der Lösungen.
· Je ein Schüler der Gruppe kommt nach vorn und bekommt die Frage vorgelesen. Derjenige, der die Antwort als Erster weiß, hebt die Hand.
· Für eine richtige Antwort bekommt die Gruppe einen Punkt.
· Die Gruppe mit den meisten Punkten hat gewonnen.

Rollenspiel

Jeder spielt in seinem Leben viele verschiedene Rollen, oft ohne es zu merken: die Rolle als Schüler, Tochter, Bruder, Kumpel, … Hinter allen diesen Rollen steht eine Person, die auf ihre Umgebung unterschiedlich reagiert. Das Rollenspiel bietet die Möglichkeit, sich in Situationen „hineinzuversetzen", in Rollen „hineinzuschlüpfen", um dabei zu verdeutlichen, wie Menschen in bestimmten Augenblicken denken, fühlen und handeln. Auch typische Streitsituationen können mit einem Rollenspiel aufgegriffen werden.

Zur Vorbereitung, Durchführung und Auswertung eines Rollenspiels solltet ihr folgendermaßen vorgehen:

1. Um welches Problem geht es? Was soll mit dem Rollenspiel geklärt werden? Welche Rollen gibt es? Wo findet die Handlung statt? Auf einer Situationskarte wird die Ausgangslage beschrieben.

2. Auf Rollenkarten werden die jeweiligen Rollen näher bestimmt. Sie werden als „Drehbuch" an die einzelnen Spieler verteilt. Hier wird festgelegt: Welche Einstellungen werden vertreten? Welche Ziele will der Einzelne erreichen? Wie soll er auftreten? Die Rollen werden verteilt.

3. Für jeden Spieler sind mehrere Beobachter zuständig. Sie untersuchen folgende Punkte: Hat sich der Spieler an seine Rolle gehalten und diese verständlich dargestellt? Haben seine Argumente überzeugt? Hat der Spieler laut und deutlich gesprochen?

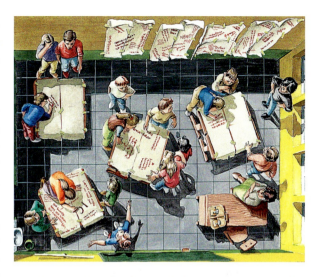

Selbstarbeit/Einzelarbeit

Bei der Selbstarbeit sollt ihr selbstständig, das heißt ohne die Hilfe des Lehrers oder des Banknachbarn, eine Aufgabe bzw. ein Thema bearbeiten. Das Tempo der Bearbeitung sowie verschiedene Schwerpunkte innerhalb der Aufgabe könnt ihr zwar selbst bestimmen, aber oft gibt der Lehrer euch eine Gesamtzeit für die Arbeit vor. Es kann sein, dass ihr die Ergebnisse eurer Arbeit den anderen Schülern vorstellen sollt. → AT: **Kurzvortrag halten**

Stummes Schreibgespräch

Für ein stummes Schreibgespräch benötigt ihr folgende Materialien:
Schere, Kreppband, Filz- oder Wachsmalstifte, Wandtapeten (von großen Papierrollen, Resttapeten oder Kartonpapier).
Je nach Gruppengröße werden auf mindestens zwei zusammengestellten Tischen zwei Wandtapeten in der Breite eines Tisches aneinandergelegt und mit Kreppband befestigt. Die Stühle werden beiseitegestellt.
Nun wird in großer Schrift auf jede Tapete eine Aufgabe oder eine Frage geschrieben.
Auf ein vereinbartes Zeichen wird für etwa 10 Minuten nicht mehr gesprochen. Ihr könnt euch während dieser Zeit nur noch schriftlich mitteilen.
Bis zu 15 Personen verteilen sich gleichmäßig um die Tischgruppe. Während der ganzen Zeit geht ihr langsam um die Tische und entscheidet selbst, wann, wie viel und

wo ihr etwas hinschreiben wollt. Wie in einem normalen Gespräch wird es möglich sein, viel zu schreiben oder erst einmal zu sehen, was die anderen schreiben. Ihr könnt Meinungen und Argumente hinschreiben, Beiträge von anderen kommentieren, sie bestärken oder ihnen widersprechen. Meinungsäußerungen anderer dürfen aber nicht durchgestrichen oder verändert werden.

Zielscheibe

Ihr könnt mit einer Zielscheibe ein Meinungsbild in der Klasse bildlich darstellen und anschließend besprechen.

1. Beschriftet eine Zielscheibe an der Tafel mit verschiedenen Meinungsfragen. Zum Beispiel: Sind Schulnoten nötig? Sollen Schüler die Unterrichtsthemen bestimmen? usw.

2. Nun gibt jeder mit einer Markierung (nah in der Mitte = hohe Zustimmung, weit außen = Ablehung) seine Stimme ab.

3. Betrachtet und besprecht gemeinsam das Ergebnis.

Aus dem Grundgesetz der Bundesrepublik Deutschland

Artikel 1

(1) Die Würde des Menschen ist unantastbar. Sie zu achten und zu schützen ist Verpflichtung aller staatlichen Gewalt.

(2) Das Deutsche Volk bekennt sich darum zu unverletzlichen und unveräußerlichen Menschenrechten als Grundlage jeder menschlichen Gemeinschaft, des Friedens und der Gerechtigkeit in der Welt.

(3) Die nachfolgenden Grundrechte binden Gesetzgebung, vollziehende Gewalt und Rechtsprechung als unmittelbar geltendes Recht.

Artikel 2

(1) Jeder hat das Recht auf die freie Entfaltung seiner Persönlichkeit, soweit er nicht die Rechte anderer verletzt und nicht gegen die verfassungsmäßige Ordnung oder das Sittengesetz verstößt.

(2) Jeder hat das Recht auf Leben und körperliche Unversehrtheit. Die Freiheit der Person ist unverletzlich. In diese Rechte darf nur auf Grund eines Gesetzes eingegriffen werden.

Artikel 3

(1) Alle Menschen sind vor dem Gesetz gleich.

(2) Männer und Frauen sind gleichberechtigt. Der Staat fördert die tatsächliche Durchsetzung der Gleichberechtigung von Frauen und Männern und wirkt auf die Beseitigung bestehender Nachteile hin.

(3) Niemand darf wegen seines Geschlechtes, seiner Abstammung, seiner Rasse, seiner Sprache, seiner Heimat und Herkunft, seines Glaubens, seiner religiösen oder politischen Anschauungen benachteiligt oder bevorzugt werden. Niemand darf wegen seiner Behinderung benachteiligt werden.

Artikel 4

(1) Die Freiheit des Glaubens, des Gewissens und die Freiheit des religiösen und weltanschaulichen Bekenntnisses sind unverletzlich.

(2) Die ungestörte Religionsausübung wird gewährleistet.

(3) Niemand darf gegen sein Gewissen zum Kriegsdienst mit der Waffe gezwungen werden. (…)

Artikel 5

(1) Jeder hat das Recht, seine Meinung in Wort, Schrift und Bild frei zu äußern und zu verbreiten und sich aus allgemein zugänglichen Quellen ungehindert zu unterrichten. Die Pressefreiheit und die Freiheit der Berichterstattung durch Rundfunk und Film werden gewährleistet. Eine Zensur findet nicht statt. (…)

(3) Kunst und Wissenschaft, Forschung und Lehre sind frei. Die Freiheit der Lehre entbindet nicht von der Treue zur Verfassung.

Artikel 6

(1) Ehe und Familie stehen unter dem besonderen Schutze der staatlichen Ordnung.

(2) Pflege und Erziehung der Kinder sind das natürliche Recht der Eltern und die zuvörderst ihnen obliegende Pflicht. Über ihre Betätigung wacht die staatliche Gemeinschaft. (…)

Artikel 7

(1) Das gesamte Schulwesen steht unter der Aufsicht des Staates.

(2) Die Erziehungsberechtigten haben das Recht, über die Teilnahme des Kindes am Religionsunterricht zu bestimmen. (…)

Artikel 8

(1) Alle Deutschen haben das Recht, sich ohne Anmeldung oder Erlaubnis friedlich und ohne Waffen zu versammeln.

(2) Für Versammlungen unter freiem Himmel kann dieses Recht durch Gesetz (…) beschränkt werden.

Artikel 9

(1) Alle Deutschen haben das Recht, Vereine und Gesellschaften zu bilden.

(2) Vereinigungen, deren Zwecke oder deren Tätigkeit den Strafgesetzen zuwiderlaufen oder die sich gegen die verfassungsmäßige Ordnung oder gegen den Gedanken der Völkerverständigung richten, sind verboten. (…)

Artikel 10

(1) Das Briefgeheimnis sowie das Post- und Fernmeldegeheimnis sind unverletzlich.

(2) Beschränkungen dürfen nur auf Grund eines Gesetzes angeordnet werden. (…)

Artikel 11

(1) Alle Deutschen genießen Freizügigkeit im ganzen Bundesgebiet. (…)

Artikel 12

(1) Alle Deutschen haben das Recht, Beruf, Arbeitsplatz und Ausbildungsstätte frei zu wählen. Die Berufsausübung kann durch Gesetz (…) geregelt werden.

(2) Niemand darf zu einer bestimmten Arbeit gezwungen werden, außer im Rahmen einer herkömmlichen allgemeinen, für alle gleichen öffentlichen Dienstleistungspflicht.

(3) Zwangsarbeit ist nur bei einer gerichtlich angeordneten Freiheitsentziehung zulässig.

Artikel 12a *

(1) Männer können vom vollendeten achtzehnten Lebensjahr an zum Dienst in den Streitkräften, im Bundesgrenzschutz oder in einem Zivilschutzverband verpflichtet werden.

(2) Wer aus Gewissensgründen den Kriegsdienst mit der Waffe verweigert, kann zu einem Ersatzdienst verpflichtet werden. (…)

Art 13

(1) Die Wohnung ist unverletzlich.

(2) Durchsuchungen dürfen nur durch den Richter, bei Gefahr im Verzuge auch durch die in den Gesetzen vorgesehenen anderen Organe angeordnet und nur in der dort vorgeschriebenen Form durchgeführt werden. (…)

Artikel 14

(1) Das Eigentum und das Erbrecht werden gewährleistet. Inhalt und Schranken werden durch die Gesetze bestimmt.

(2) Eigentum verpflichtet. Sein Gebrauch soll zugleich dem Wohle der Allgemeinheit dienen.

(3) Eine Enteignung ist nur zum Wohle der Allgemeinheit zulässig. (…)

Artikel 15

Grund und Boden, Naturschätze und Produktionsmittel können zum Zwecke der Vergesellschaftung durch ein Gesetz, das Art und Ausmaß der Entschädigung regelt, in Gemeineigentum (…) überführt werden. (…)

Artikel 16

(1) Die deutsche Staatsangehörigkeit darf nicht entzogen werden. (…)

(2) Kein Deutscher darf an das Ausland ausgeliefert werden. (…)

---

* Die Wehrpflicht wurde auf Beschluss der Bundesregierung zum 1. Juli 2011 ausgesetzt.

Artikel 16a

(1) Politisch Verfolgte genießen Asylrecht.

(2) Auf Absatz 1 kann sich nicht berufen, wer aus einem Mitgliedstaat der Europäischen Gemeinschaften oder aus einem anderen Drittstaat einreist, in dem die Anwendung des Abkommens über die Rechtsstellung der Flüchtlinge und der Konvention zum Schutze der Menschenrechte und Grundfreiheiten sichergestellt ist. (…)

Artikel 17

Jedermann hat das Recht, sich einzeln oder in Gemeinschaft mit anderen schriftlich mit Bitten oder Beschwerden an die zuständigen Stellen und an die Volksvertretung zu wenden.

Artikel 18

Wer die Freiheit der Meinungsäußerung, insbesondere die Pressefreiheit (Artikel 5 Abs. 1), die Lehrfreiheit (Artikel 5 Abs. 3), die Versammlungsfreiheit (Artikel 8), die Vereinigungsfreiheit (Artikel 9), das Brief-, Post- und Fernmeldegeheimnis (Artikel 10), das Eigentum (Artikel 14) oder das Asylrecht (Artikel 16a) zum Kampfe gegen die freiheitliche demokratische Grundordnung missbraucht, verwirkt diese Grundrechte. Die Verwirkung und ihr Ausmaß werden durch das Bundesverfassungsgericht ausgesprochen.

Artikel 19

(2) In keinem Falle darf ein Grundrecht in seinem Wesensgehalt angetastet werden.

Artikel 20

(1) Die Bundesrepublik Deutschland ist ein demokratischer und sozialer Bundesstaat.

(2) Alle Staatsgewalt geht vom Volke aus. Sie wird vom Volke in Wahlen und Abstimmungen und durch besondere Organe der Gesetzgebung, der vollziehenden Gewalt und der Rechtsprechung ausgeübt.

(3) Die Gesetzgebung ist an die verfassungsmäßige Ordnung, die vollziehende Gewalt und die Rechtsprechung sind an Gesetz und Recht gebunden.

(4) Gegen jeden, der es unternimmt, diese Ordnung zu beseitigen, haben alle Deutschen das Recht zum Widerstand, wenn andere Abhilfe nicht möglich ist.

Artikel 20a

Der Staat schützt auch in Verantwortung für die künftigen Generationen die natürlichen Lebensgrundlagen und die Tiere im Rahmen der verfassungsmäßigen Ordnung durch die Gesetzgebung und nach Maßgabe von Gesetz und Recht durch die vollziehende Gewalt und die Rechtsprechung.

Artikel 21

(1) Die Parteien wirken bei der politischen Willensbildung des Volkes mit. Ihre Gründung ist frei. Ihre innere Ordnung muss demokratischen Grundsätzen entsprechen. Sie müssen über die Herkunft und Verwendung ihrer Mittel sowie über ihr Vermögen öffentlich Rechenschaft geben.

(2) Parteien, die nach ihren Zielen oder nach dem Verhalten ihrer Anhänger darauf ausgehen, die freiheitliche demokratische Grundordnung zu beeinträchtigen oder zu beseitigen oder den Bestand der Bundesrepublik Deutschland zu gefährden, sind verfassungswidrig. Über die Frage der Verfassungswidrigkeit entscheidet das Bundesverfassungsgericht.

(…)

Register

Bildquellen

Titelbild: Cornelsen Verlag (Foto: Michael Miethe); 10 M1 Bernd Gerken, Borken; 11 M3 Fritz Behrendt; 12 M2 Getty-Images; 13 M1 picture-alliance/dpa/© dpa-Report/Oliver Berg; 13 M2 Verlagsarchiv; 14 M2 © Angela Gerry; 15 M2 Heinrich-Hertz-Schule/Nadia Linde, Hamburg; 17 M3 picture-alliance/dpa/© dpa/Emily Wabitsch; 19 M3 ullstein bild – Rufenach; 20 M1 Annette Pflügner; 20 M2 Mauritius Images/Kuchlbauer; 20 M3 picture-alliance/dpa/dpaweb/Peter Endig; 22 M1 picture-alliance/ZB/Peter Endig; 26 M1 Gerhard Mester; 26 M2, M4 Thomas Plaßmann; 27 M7 © saver/images.de; 29 M3 picture-alliance/ZB/Patrick Pleul; 30 M1 © Bettmann/CORBIS; 31 M4 l. JVA Adelsheim; 33 M3 picture-alliance/dpa/Polfoto Finn Frandsen; 34 M2 Landeszentrale für politische Bildung Baden-Württemberg; 35 M7 Elke Spanner/Spiegel Online; 36 M1.1 Jugend im Bund für Umwelt und Naturschutz Deutschland e. V. (BUNDjugend), Berlin; 36 M1.2 picture-alliance/dpa/epa; 36 M1.3 picture-alliance/ZB/Peter Endig; 36 M1.4 picture-alliance/dpa/Johannes Eisele; 37 M1.5 picture.alliance/dpa/dpaweb/Roland Weihrauch; 37 M1.6 VISUM/Sven Döring; 38 M2 Holger Appenzeller, Stuttgart; 39 M5 picture-alliance/dpa/© dpa/Friso Gentsch; 39 M6 picture-alliance/ZB/© dpa/Jens Wolf; 40 M1 Bundesbildstelle, Berlin; 40 M2 picture-alliance/dpa/Keycolor; 41 M5 Henning Lüders, Berlin; 42 M1 © Markus; 43 M5 picture-alliance/dpa/© dpa/Stephan Scheuer; 45 M4 Bund BUNDjugend, Berlin; 46 M1 picture-alliance/dpa/© dpa/Frank Rumpenhorst; 48 M1 picture-alliance/dpa; 50 M2 Gerhard Mester; 51 M3 Peter Schaaff, Düsseldorf; 52/53 picture-alliance/ZB/Peer Grimm; 52 u. picture-alliance/dpa/© dpa-Report; 53 m. l. picture-alliance/dpa; 53 u. l. picture-alliance/dpa; 53 u. r. picture-alliance/dpa/© dpa; 54 o. 1 Bundesbildstelle, Berlin; 54 o. 2 picture-alliance/dpa; 54 o. 3 vario-press/Ulrich Baumgarten; 54 o. 4 picture-alliance/dpa; 54 m. r. © Weinberg Clark/The Image Bank; 55 M3 picture-alliance/Mary Evans Picture Library; 56 M1 A picture-alliance/dpa/© dpa; 56 M1 B picture-alliance/dpa/© dpa-Report; 56 M1 C picture-alliance/ZB/© dpa-Report; 56 M1 D picture-alliance/dpa/© dpa; 57 M2 1, 3 Annette Müller, Berlin; 57 M2 2 picture-alliance/dpa/© dpa; 57 M2 4 picture-alliance/dpa/Matthias Hiekel; 60 M1 Bundesbildstelle/Hans Christian Plambeck; 61 M4 Gerhard Mester; 62 M3 picture-alliance/dpa/© dpa; 64 M1 O. Sandig, Berlin; 65 M3 Gerhard Mester; 69 M3 picture-alliance/dpa; 69 M4 picture-alliance/dpa/© dpa/Maurizio Gambarini; 70 M2 Günther Kellner; 71 M4 © Jupp Wolter, Stiftung Haus der Geschichte, Bonn; 72 M1 picture-alliance/dpa/© dpa; 73 M3 Gerhard Mester; 73 M2 o. picture-alliance/dpa/© dpa-Report/Alina Novopashina; 73 M2 u. picture-alliance/ZB/© dpa-Report/Karlheinz Schindler; 74 M1 picture-alliance/dpa Themendienst/Jens Schierenbeck; 75 M3 picture-alliance/dpa/Arne Dedert; 76 M1 E. Rudyk, Wiesbaden; 79 M4 Klaus Stuttmann; 80 M1 picture-alliance/dpa; 80 M2 Carmen Toledo, Rodenbach; 80 M3 ullstein bild – Fabricius; 81 M6 Peter Wirtz, Dormagen; 81 M7 picture-alliance/dpa/DB Linden Labs; 82 M1 picture-alliance/Arco Images GmbH; 84 M1 picture-alliance/ZB/Stefan Thomas; 84 M2 picture-alliance/dpa/Frank May; 85 M4 Carmen Toledo; 86 M2 Peter Wirtz, Dormagen; 86 M3 © Jacques M. Chenet/CORBIS; 89 M6 Sony Ericsson; 93 M6 Thomas Plaßmann; 94 M4 Waldemar Mandzel; 96 M5 Gerhard Mester; 96 M1 picture-alliance/ZB/Bernd Settnik; 96 M2 picture-alliance/dpa-Fotoreport/Harry Melchert; 98 M1 o. l. picture-alliance/Bildagentur-online/McPhoto; 98 M1 o. r. picture alliance/Christian Ohde/CHROMORANGE; 98 M1 u. l. picture-alliance/ZB/© dpa/Jens Kalaene; 98 M1 u. r. picture-alliance/GEORG HOCHMUTH/APA/picturedesk.com; 99 M5 picture alliance/Photo Alto/Teo Lannie; 100 M1 Heiko Sakurai; 102 M1 Caroline Schmidt, Berlin; 102 M2 J. Grabowski, Berlin; 104 M1 picture-alliance/dpa/© dpa/Rainer Jensen; 105 M4 picture-alliance/fStop/Antenna; 106 M1 picture-alliance/dpa/© dpa/Frank Rumpenhorst; 106 M2 picture-alliance/dpa/© dpa – Bildarchiv/Boris Roessler; 106 M3 picture-alliance/ZB/Jan-Peter Kasper; 108 M1 picture-alliance/dpa/© dpa/Heiko Lossie; 110 M1 Thomas Zimmermann; 112 M1 picture-alliance/dpa/dpaweb/Roland Weihrauch; 114 M1 picture-alliance/Sven Simon/Frank Hoermann; 115 M4 picture-alliance/dpa/dpaweb/© dpa – Report/Peter Förster; 115 M5 picture-alliance/dpa/© dpa/Maurizio Gambarini; 115 M6 Ben Grabowski, Berlin; 115 M8 picture-alliance/dpa/© dpa – Report/Frank Rumpenhorst; 118 M2 Horst Haitzinger; 119 M4 picture-alliance/dpa/© dpa/Abc News 24/handout; 120 M4 Horst Haitzinger; 122 M1 Heiko Sakurai; 127 M4 Reiner Schwalme/Cartooncommerz; 128 M1 Bundesministerium für Arbeit und Soziales; 129 M5 Walter Hanel; 130 M1 Luis Murschetz; 130 M2 Ameli Glienke-Holtfreter, Berlin; 130 M3 Thomas Plaßmann; 130 M4 Thomas Plaßmann; 131 M5 Walter Hanel 131 M6 Horst Haitzinger; 131 M7 Wolfgang Horsch; 131 M8 Karl-Heinz Schoenfeld; 131 M9 © Glienke-Holtfreter; 132 M1 l. CORBIS; 132 M1 r. plainpicture/Simon M.; 134 RS picture-alliance/akg-images; 135 M3 o. l. Europäische Kommission – Bildarchiv; 135 M3 o. r. picture-alliance/Sven Simon; 135 M3 u. l. Peter Wirtz, Dormagen; 135 M3 u. r. KNA-Bild; 136 M1 Matthias Hamel, Berlin; 139 M2 o. picture-alliance/dpa/Frank Leonhardt; 139 M2 u. picture-alliance/ZB/Jens Kalaene; 140 M1 Erich Rauschenbach; 140 M2 Christoph Berten, Berlin; 142 M1 picture-alliance/dpa-Report/Waltraud Grubitzsch; 143 M3 Gerhard Mester; 143 M5 Focus Verlag, Gießen; 144 M1 CARO/Meyerbroeker; 144 M2 picture-alliance/dpa/dpaweb/Arne Dedert; 144 M3 Walter Hanel; 146 M2 picture-alliance/KPA/Aquila; 147 M2 Horst Haitzinger; 150 M2 Gerhard Mester; 151 M5 picture-alliance/dpa/Achim Scheidemann; 152 Thomas Schulz, Berlin; 154 M2 Michael Teßmer, Hamburg; 155 M4 F.A.Z. Electronic Media GmbH/Foto: Rainer Wohlfahrt; 155 M6 Roger Schmidt, Buchholz; 158 M2 picture-alliance/dpa/Heiko Wolfraum; 158 M3 argum/Christian Lehsten; 159 M5 picture-alliance/allOver/TPH; 160 M1 Michael Seifert, Hannover; 161 u. l. Beltz Verlag, Weinheim; 164 M1 plainpicture/K. Hilse; 166 M1 Keystone/Dominique Ecken; 166 M2 photothek.net/Ute Grabowsky; 168 M1 o. l. Kinder- u. Jugendparlament, St. Augustin; 168 M1 m. l. Kerstin Ardelt, Freital; 168 M1 u. l. Karlheinz Oster; 168 M1 o. r. Verlagsarchiv; 168 M1 m. r. picture-alliance/dpa/Alexander Rüsche; 168 M1 u. r. project photos/Reinhard Eisele; 169 Uwe Brückner, Berlin; 170 M1 Informationszentrum Mobilfunk, Berlin; 171 M4 Informationszentrum Mobilfunk, Berlin; 172 M3 Uta Möhlenkamp, Berlin; 173 M5 Uta Möhlenkamp, Berlin; 176 M1 Thomas Plaßmann; 178 M1 o. l. Dietmar Gust, Berlin; 178 M1 u. l. Superbild, Berlin; 178 M1 o. r. Mauritius Images/Fancy; 178 M1 u. r. Claudia Rosenthal, Berlin; 179 M7 T-Mobile; 180/181 M1 Europäische Kommission – Bildarchiv; 180 u. l. The Economist; 180 u. m. Stern/Picture Press, Hamburg; 180 u. r. Spiegel-Verlag, Hamburg; 181 l. o. Spiegel-Verlag, Hamburg; 181 l. 2./3. v. o. Stern/Picture Press, Hamburg; 181 l. u. Spiegel-Verlag, Hamburg; 181 M2 l. FOCUS Verlag, Gießen; 181 M2 m. Spiegel-Verlag, Hamburg; 181 M2 r. FOCUS Verlag, Gießen; 182 M1 Henning Lüders, Berlin; 185 M4 Münchner Stadtmuseum; 186 M1 picture-alliance/ZB-Fotoreport/Ralf Hirschberger; 188 M1 Klaus Stuttmann; 191 M3 o. l. picture-alli-

Lösung zu Seite 307:
1. UNHCR; 2. WHO; 3. Sicherheitsrat; 4. Internationaler Gerichtshof in Den Haag; 5. WFC, WFP oder FAO; 6. UNIDO; 7. UNV; 8. ECAP; 9. Generalversammlung; 10. UNEP; 11. UNICEF; 12. IFAS; 13. ECOSOC; 14. INSTRAW; 15. Menschenrechtsgremien oder/und Sekretariat; 16. UPU; 17. UNCTAD oder WTO; 18. Abrüstungskommission des Sicherheitsrates; 19, UNESCO; 20. IAEA